쉽게 배우는

JSP 웹 프로그래밍

2판

지은이 **송미영** songsnail@naver.com

웹 기반의 관공서 위기관리 시스템·의학 용어 온라인 평가 시스템·중도 탈락 예방 시스템 개발, 앱 기반의 전자동화 및 교육용 게임 개발, 유니티를 이용한 가상현실 콘텐츠 개발 등 다양한 실무 경험을 쌓고 자바, 웹 프로그래밍(JSP/PHP), 스프링, 안드로이드 프로그래밍, 유니티 엔진, VR/AR 프로그래밍 등을 강의했습니다. 현재 수원여자대학교 교수로 재직하면서 컴퓨터 비전, 모바일 게임, 가상현실 등을 연구하고 있으며, 캡스톤 디자인 프로젝트나 경진대회, 공모전 등에서 학생들이 현장 실무 능력을 쌓도록 도와주는 지도교수로서 CATS(Computer Application Technology Study) 동아리를 운영 중입니다. 또한 다년간의 현장 실무 개발과 교육 강의를 통해 얻은 지식을 이해하기 쉬운 책으로 펴내기 위해 힘쓰고 있습니다. 저서로는 『JAVA 마스터』(한빛아카데미, 2023), 『단계별 예제로 배우는 안드로이드 프로그래밍 with 자바』(길벗캠퍼스, 2023), 『스프링 코딩 공작소』(길벗, 2022)가 있습니다.

쉽게 배우는 JSP 웹 프로그래밍 2판

초판발행 2023년 12월 8일
3쇄발행 2025년 1월 31일

지은이 송미영 / **펴낸이** 전태호
펴낸곳 한빛아카데미(주) / **주소** 서울시 서대문구 연희로2길 62 한빛아카데미(주) 2층
전화 02-336-7112 / **팩스** 02-336-7199
등록 2013년 1월 14일 제2017-000063호 / **ISBN** 979-11-5664-006-6 93000

총괄 박현진 / **책임편집** 김성무 / **교정** 권수연 / **진행** 박하나
디자인 윤혜원 / **전산편집** 이소연 / **제작** 박성우, 김정우
영업 김태진, 김성삼, 이정훈, 임현기, 이성훈, 김주성 / **마케팅** 김호철, 심지연

이 책에 대한 의견이나 오탈자 및 잘못된 내용은 출판사 홈페이지나 아래 이메일로 알려주십시오.
파본은 구매처에서 교환하실 수 있습니다. 책값은 뒤표지에 표시되어 있습니다.

홈페이지 www.hanbit.co.kr / 이메일 question@hanbit.co.kr

쉽게 배우는 JSP 웹 프로그래밍

2판

송미영 지음

한빛아카데미 Hanbit Academy, Inc.

단계별로 쇼핑몰을 구현하며 JSP 웹 프로그래밍의 기초부터 실무 활용까지 한 권으로 배운다!

대표적인 웹 프로그래밍 언어에는 ASP, PHP, 서블릿, JSP 등이 있습니다. ASP는 마이크로소프트에서 제작한 언어를 기반으로 하며 윈도우 계열을 사용합니다. 스크립트 방식으로 동적 웹 페이지를 구현할 수 있도록 지원하고 빠른 생산성과 편의성을 제공합니다. 하지만 비교적 많은 비용이 들며 현재는 마이크로소프트의 추가 지원이 끊긴 상태입니다.

PHP는 C 언어를 기반으로 한 빠른 생산성, 저렴한 유지 비용을 자랑하고 리눅스, 윈도우 등 멀티플랫폼을 지원합니다. HTML 코드에 삽입하여 정적인 HTML을 동적으로 변화시킬 수 있습니다. 그러나 보안이 취약하다는 것이 단점입니다.

JSP와 서블릿은 자바 언어를 이용하기 때문에 플랫폼이 독립적입니다. JSP는 표현 언어, JSTL 등과 같은 기능을 서블릿보다 많이 제공하므로 서블릿 기술의 확장이라 할 수 있습니다. 서블릿은 HTML과 자바 코드가 섞여 있어 유지 보수가 어렵지만 JSP는 이를 분리함으로써 유지 보수가 용이하고 코드의 길이를 줄일 수 있다는 것이 장점입니다.

이 책에서는 웹 애플리케이션 개발에 입문하는 독자나 웹 애플리케이션 개발 실무에 자신감을 얻고자 하는 독자를 위해 지금까지 꾸준히 인기를 끌고 있는 프로그래밍 언어인 자바를 기반으로 한 JSP 웹 프로그래밍 언어를 다룹니다. 웹 프로그래밍 언어를 배우는 목적은 웹 쇼핑몰 같은 동적 웹 애플리케이션을 개발하기 위함입니다. 그러나 독자가 웹 프로그래밍을 배우면서 가장 크게 느끼는 어려움은, 한 권의 책을 충실히 학습했음에도 실제로 웹 애플리케이션을 개발할 때 배운 내용을 어느 부분에 어떻게 적용할지 난감하다는 것입니다. 이는 대부분의 책이 이론과 기본 실습 위주로 설명하고 응용 실습은 책의 후반부에 맛보기 예제로만 제공하여 이해력이나 응용력을 독자의 몫으로 넘기기 때문이라고 생각합니다.

그에 반해 이 책은 최신 JSP 버전을 기반으로 JSP의 이론을 먼저 살펴보고 기본 및 실습 예제를 통해 개념에 대한 이해도를 높여줍니다. 그리고 학습한 개념과 사용법이 웹 애플리케이션 개발에 어떻게 적용되는지 파악할 수 있도록 최신 부트스트랩 프레임워크 CSS를 적용한 반응형 웹 쇼핑몰을 구축해보는 응용 실습으로 구성했습니다. 또한 세션을 이용한 장바구니, 쿠키를 이용한 주문 처리, 다국어 처리, 유효성 검사, JSTL의 SQL 문을 이용한 데이터베이스 등 웹 애플리케이션 개발에 필요한 다양한 기능을 다룹니다. 그 밖에 MVC 모델 2 기법을 이용하여 게시판을 구현해봅니다.

이번 개정을 통해 『쉽게 배우는 JSP웹 프로그래밍(2판)』은 버전 업그레이드 후 초판의 코드 오류를 점검하고 수정하였습니다. 또한 다음과 같은 내용 위주로 개정을 진행하였습니다.

- 실습 환경 최신 버전 업데이트 적용(JDK, 이클립스, 톰캣, MySQL)
- 1장에 서블릿 내용 추가
- 초판의 프로젝트 웹 쇼핑몰을 개정하면서 도서 쇼핑몰(북마켓)로 변경
- 〈요약〉에 빈칸을 뚫어 주관식 문제로 제공
- 〈연습문제〉 수정 및 추가(객관식 문제 추가)

많은 독자가 이 책을 통해 웹 애플리케이션 개발에 필요한 탄탄한 기초 지식을 쌓고 프로젝트 실무에 좀 더 자신감을 가질 수 있길 바랍니다. 끝으로 책을 집필하는 데 많은 도움을 준 한빛아카데미㈜의 김예원 님께 진심으로 감사의 말을 전합니다.

지은이 **송미영**

• 무엇을 다루는가

01 JSP의 개요 및 설치하기(1장)

JSP의 개요를 살펴보고 실습 환경을 구축합니다.

02 JSP 기본 문법 배우기(2~5장)

JSP의 기본 문법으로 스크립트 태그, 디렉티브 태그, 자바 액션 태그와 내장 객체를 다룹니다. 각 장에서 배운 기본 문법을 북마켓 구축에 적용하여 시작 페이지 만들기, 페이지 모듈화하기, 도서 목록 표시하기, 도서 상세 정보 표시하기 등을 실습합니다.

03 페이지 처리 기법 배우기(6~12장)

폼 태그, 파일 업로드, 유효성 검사, 다국어 처리, 보안 처리, 예외 처리, 필터 등을 다룹니다. 각 장에서 배운 내용을 북마켓 구축에 적용하여 도서 등록 페이지 만들기, 이미지 등록하기, 유효성 검사하기, 다국어 처리하기, 보안 처리하기 등을 실습합니다.

04 세션, 쿠키, 데이터베이스 배우기(13~16장)

세션, 쿠키, 데이터베이스 구축과 API 등을 다룹니다. 각 장에서 배운 내용을 북마켓 구축에 적용하여 장바구니 페이지 만들기, 주문 처리 페이지 만들기, 데이터베이스, 도서 조회/등록/수정/삭제하기 등을 실습합니다.

05 JSP 고급 문법 배우기(17~18장)

JSTL의 문법과 MVC에 관한 내용을 다룹니다. 각 장에서 배운 내용을 웹 쇼핑몰 구축에 적용하여 회원 가입/수정/탈퇴하기, 웹 게시판 만들기 등을 실습합니다.

• 학습 로드맵

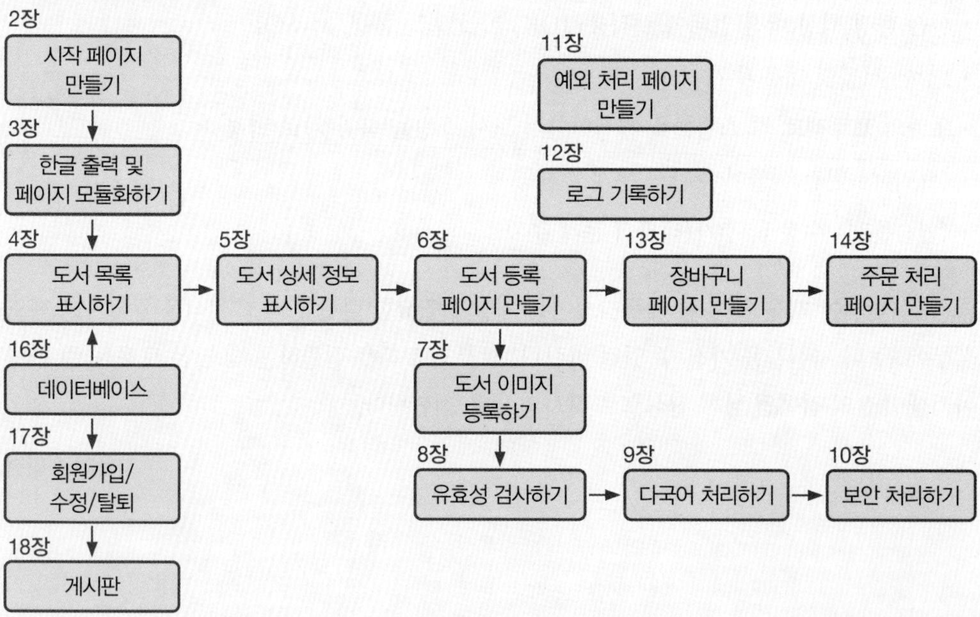

• 이 책의 구성 요소

단계별 학습을 통해 실무 능력의 향상을 돕고자 JSP의 기본 개념 ▶ 기본 예제 ▶ 실습 예제 ▶ 응용 실습 ▶ 요약 ▶ 연습문제 등으로 구성했습니다. 그 외에 추가로 학습할 필요가 있거나 알아두면 좋은 내용 등은 'NOTE' 코너에 담았습니다.

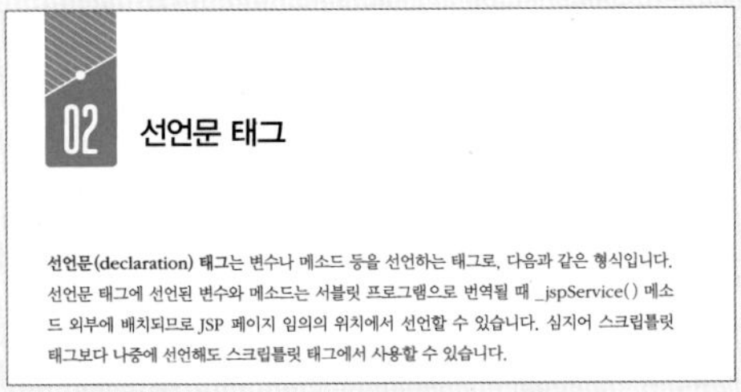

02 선언문 태그

선언문(declaration) 태그는 변수나 메소드 등을 선언하는 태그로, 다음과 같은 형식입니다. 선언문 태그에 선언된 변수와 메소드는 서블릿 프로그램으로 번역될 때 _jspService( ) 메소드 외부에 배치되므로 JSP 페이지 임의의 위치에서 선언할 수 있습니다. 심지어 스크립틀릿 태그보다 나중에 선언해도 스크립틀릿 태그에서 사용할 수 있습니다.

| 기본 개념 |

JSP 웹 애플리케이션을 개발하는 데 필요한 기본 개념을 설명합니다.

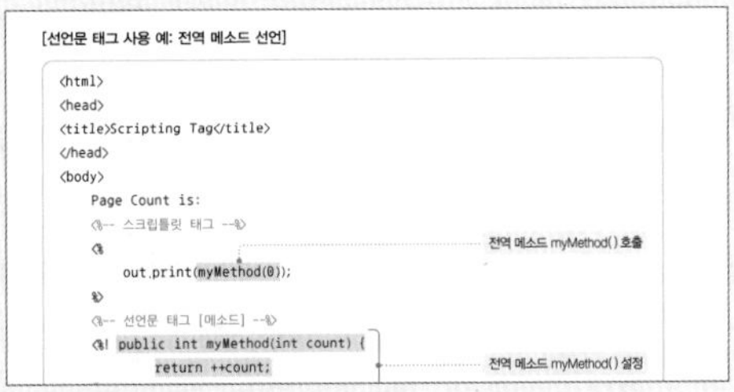

[선언문 태그 사용 예: 전역 메소드 선언]

```
<html>
<head>
<title>Scripting Tag</title>
</head>
<body>
    Page Count is:
    <%-- 스크립틀릿 태그 --%>
    <%
        out.print(myMethod(0));
    %>
    <%-- 선언문 태그 [메소드] --%>
    <%! public int myMethod(int count) {
            return ++count;
```


| 기본 예제 |

프로그램 예제를 통해 기본 문법을 익힙니다.

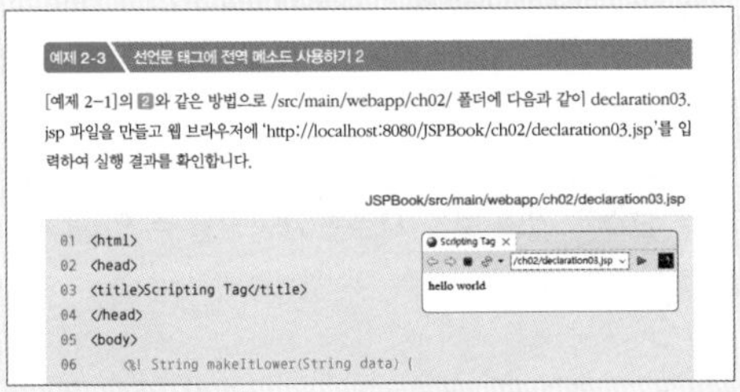

예제 2-3 선언문 태그에 전역 메소드 사용하기 2

[예제 2-1]의 2와 같은 방법으로 /src/main/webapp/ch02/ 폴더에 다음과 같이 declaration03.jsp 파일을 만들고 웹 브라우저에 'http://localhost:8080/JSPBook/ch02/declaration03.jsp'를 입력하여 실행 결과를 확인합니다.

JSPBook/src/main/webapp/ch02/declaration03.jsp

```
01 <html>
02 <head>
03 <title>Scripting Tag</title>
04 </head>
05 <body>
06     <%! String makeItLower(String data) {
```


| 실습 예제 |

스스로 실습해보면서 개념을 적용해봅니다.

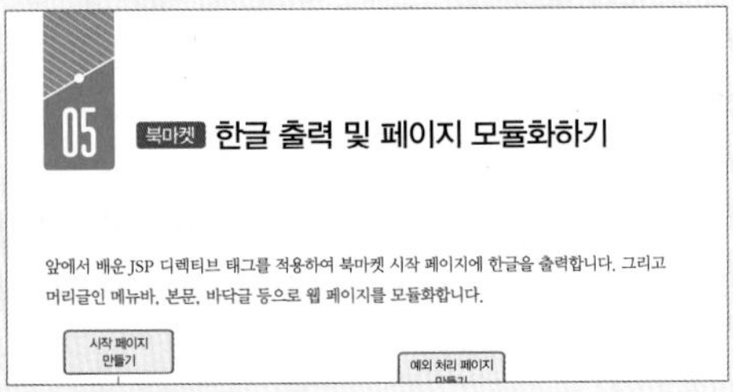

05 북마켓 한글 출력 및 페이지 모듈화하기

앞에서 배운 JSP 디렉티브 태그를 적용하여 북마켓 시작 페이지에 한글을 출력합니다. 그리고 머리글인 메뉴바, 본문, 바닥글 등으로 웹 페이지를 모듈화합니다.

| 응용 실습 |

실무에 적용할 수 있도록 해당 장에서 배운 내용을 누적하여 북마켓(도서 쇼핑몰)을 구축해봅니다.

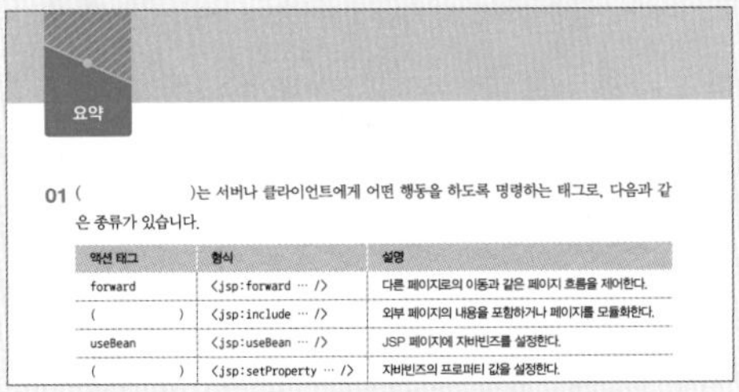

요약

01 (   )는 서버나 클라이언트에게 어떤 행동을 하도록 명령하는 태그로, 다음과 같은 종류가 있습니다.

액션 태그	형식	설명
forward	<jsp:forward … />	다른 페이지로의 이동과 같은 페이지 흐름을 제어한다.
( )	<jsp:include … />	외부 페이지의 내용을 포함하거나 페이지를 모듈화한다.
useBean	<jsp:useBean … />	JSP 페이지에 자바빈즈를 설정한다.
( )	<jsp:setProperty … />	자바빈즈의 프로퍼티 값을 설정한다.

| 요약 |

장이 끝날 때마다 핵심 내용을 요약·정리했습니다. 빈칸을 채우며 잘 기억하고 있는지 확인합니다.

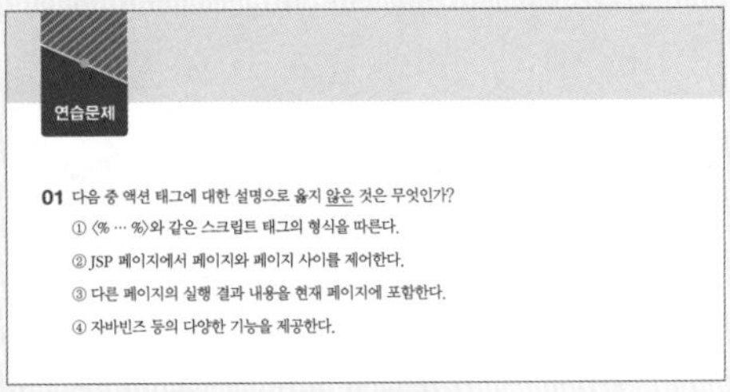

연습문제

01 다음 중 액션 태그에 대한 설명으로 옳지 않은 것은 무엇인가?
① <% … %>와 같은 스크립트 태그의 형식을 따른다.
② JSP 페이지에서 페이지와 페이지 사이를 제어한다.
③ 다른 페이지의 실행 결과 내용을 현재 페이지에 포함한다.
④ 자바빈즈 등의 다양한 기능을 제공한다.

| 연습문제 |

해당 장에서 배운 핵심 개념과 문법, 코드를 분석하는 문제를 통해 문제 해결 능력을 키워봅니다.

• **실습 자료**

실습에 필요한 자료는 아래 주소에서 내려받을 수 있습니다.
http://www.hanbit.co.kr/src/40006

• **실습 환경**

이 책의 실습 환경은 다음과 같습니다. 자료실에서 예제소스를 내려받으면 책에서 사용한 동일한 실습 환경 파일을 받을 수 있습니다.

• **운영체제** Windows 10, 11(Windows 8 이후 실습 가능)

항목	프로그램명	이 책의 버전
자바 개발 환경	JDK	JDK 20
웹 서버 환경	이클립스	이클립스 2023-03
통합 개발 환경	아파치 톰캣	Apache Tomcat 10
데이터베이스 환경	MySQL	MariaDB Server 8.3

• **강의 보조 자료**

한빛아카데미 홈페이지에서 '교수회원'으로 가입하신 분은 인증 후 교수용 강의 보조 자료를 제공받을 수 있습니다. 한빛아카데미 홈페이지 상단의 〈교수전용공간〉 메뉴를 클릭하세요.
http://www.hanbit.co.kr/academy

• **연습문제 해답 안내**

이 책은 대학 강의용 교재로 개발되었으므로 연습문제 해답을 제공하지 않습니다.

목차

Chapter 03 디렉티브 태그: 한글 출력 및 페이지 모듈화하기

Chapter 04 액션 태그: 도서 목록 표시하기

Chapter 05 내장 객체: 도서 상세 정보 표시하기

PART 03 페이지 처리 기법

Chapter 06 폼 태그: 도서 등록 페이지 만들기

Chapter 07 파일 업로드: 도서 이미지 등록하기

Chapter 10 시큐리티: 도서 등록 페이지의 보안 처리하기

Chapter 11 예외 처리: 예외 처리 페이지 만들기

Chapter 12 필터: 로그 기록하기

PART 04 JSP 고급 문법

Chapter 13 세션: 장바구니 페이지 만들기

Chapter 14 쿠키: 주문 처리 페이지 만들기

PART 01

JSP 기초 지식

PART 01

JSP
기초 지식

CHAPTER 01

JSP의 개요: 원리를 이해하고 개발 환경 구축하기

학습목표

- 웹의 개념과 동작 원리를 이해합니다.
- 서블릿과 JSP의 개념, 특징, 동작 과정을 이해합니다.
- JSP 프로그래밍에 필요한 개발 환경을 구축합니다.
- 동적 웹 프로젝트를 생성하여 간단한 프로그램을 실행합니다.
- 북마켓 프로젝트를 생성합니다.

01 웹과 JSP 프로그래밍의 이해

1 인터넷과 웹의 개요

인터넷과 웹의 개념을 살펴보고 웹의 동작 원리를 학습합니다.

인터넷과 웹

인터넷(internet)과 **웹**(web)은 대개 동의어로 쓰이지만 엄밀히 말하면 서로 다른 개념입니다. 인터넷은 컴퓨터가 서로 연결되어 TCP/IP라는 통신 프로토콜을 이용하여 정보를 주고받는 전 세계의 컴퓨터 네트워크입니다. 인터넷을 통해 광범위한 정보와 서비스를 제공할 수 있는데 그중 한 서비스가 웹입니다. 웹은 인터넷에 연결된 컴퓨터들을 통해 사람들이 정보를 공유할 수 있는 정보 공간으로, **월드 와이드 웹**(world wide web)의 줄임말입니다. 서로 다른 개념이지만, 인터넷의 활용에서 웹의 비중이 절대적 위치를 차지하여 흔히 인터넷과 웹을 같은 의미로 사용하는 것입니다.

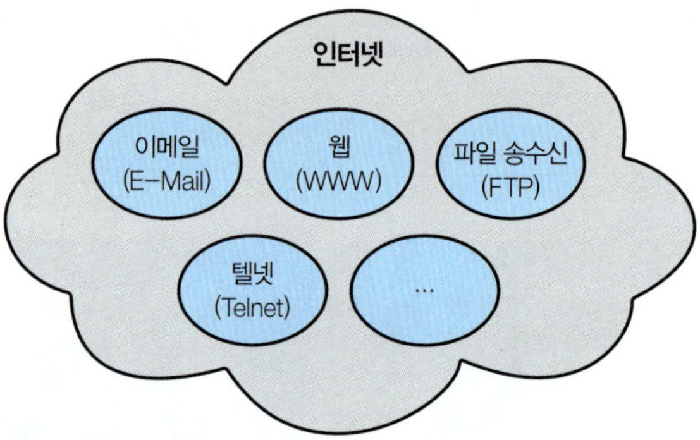

그림 1-1 인터넷과 웹

웹의 동작 원리

웹은 기본적으로 클라이언트/서버 방식으로 동작합니다. **클라이언트(웹 브라우저)**가 특정 페이지를 **웹 서버**에 요청하면(request) 이를 처리한 후 그 결과를 클라이언트에게 보내어 응답하는(response) 것입니다. 이를 치킨 주문에 빗대어 살펴봅시다. 우선 치킨 가게 전화번호를 찾아 전화를 걸고 집 주소와 메뉴를 말합니다. 주문(요청)을 받은 치킨 가게에서는 주문에 맞게 닭을 조리하여 해당 주소로 배달(응답)합니다.

컴퓨터 세계에서 이루어지는 웹의 동작에서 웹 서버는 치킨 가게에 해당합니다. 즉 웹 브라우저에 원하는 웹 서버 주소를 입력하면(요청) 웹 서버가 웹 브라우저를 통해 해당 웹 페이지를 제공합니다(응답). 이때 요청하는 쪽이 클라이언트(사용자)이고 응답하는 쪽이 서버(제공자)입니다. 클라이언트가 서버에 HTML 페이지나 파일을 요청하면 서버가 이에 응답하여 HTML 페이지나 파일을 클라이언트에게 제공하는 장소가 바로 웹입니다.

(a) 서버와 클라이언트 (b) 요청 및 응답 과정

그림 1-2 서버와 클라이언트의 동작 과정

가장 널리 쓰이는 웹 서버는 아파치(Apache), 톰캣(Tomcat), IIS(Internet Information Server) 등이고 이 책에서는 자바 서블릿(Servlet)과 JSP(Java Server Pages)를 지원하는 톰캣을 다룹니다.

2 정적 웹 페이지와 동적 웹 페이지

웹 페이지는 크게 **정적(static) 페이지**와 **동적(dynamic) 페이지**로 나눌 수 있습니다. 정적 웹 페이지는 컴퓨터에 저장된 텍스트 파일을 그대로 보는 것이고, 동적 웹 페이지는 저장된 내용을 다른 변수로 가공 처리하여 보는 것입니다. 정적 웹 페이지는 HTML(HyperText Markup Language)과 같은 웹 언어로 작성하고, 동적 웹 페이지는 PHP(Personal Home Page), ASP(Active Server Page), JSP와 같은 웹 언어로 작성합니다.

HTML은 가장 단순한 형태의 웹 언어입니다. [그림 1-3]과 같이 서버에 HTML, 이미지, 자바스크립트 등을 저장해두고, 클라이언트가 특정 HTML 문서를 요청하면 전송합니다. ❶ 사용자가 웹 브라우저에 URL을 입력하여 요청하면 ❷ 해당 URL의 웹 서버에서 수신된 파일을 검색하여 ❸ 이미 준비된 HTML 문서를 클라이언트에게 그대로 보내고 ❹ 웹 브라우저가 HTML 문서를 보여줍니다.

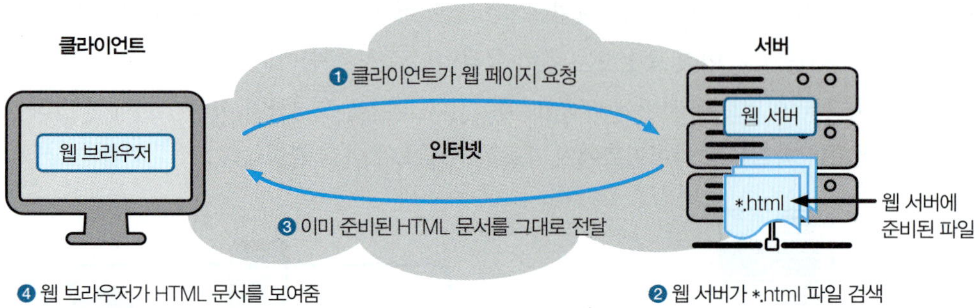

그림 1-3 정적 웹 페이지의 동작 방식

초기의 웹은 대부분 정적 웹 페이지를 서비스했습니다. 정적 웹 페이지는 미리 만들어놓은 정보만 보여주기 때문에 고객의 취향이나 변화에 적응할 수 없고, 새로운 것을 추가, 수정, 삭제하는 작업을 모두 수동으로 처리해야 하므로 관리하기가 어렵습니다. 하지만 동적인 요소가 없기 때문에 데이터베이스도 필요 없고 구축하기 쉬우며, 단순 문서로만 이루어져 있어 서버 간 통신이 거의 없고 속도가 빠릅니다. 또한 정적 문서로만 이루어져 있기 때문에 모든 호스팅 서버에서도 동작할 수 있다는 것이 장점입니다. 그러나 기술이 발전함에 따라 사용자의 기호에 맞게 능동적으로 변화하는 웹 페이지가 필요해져서 이를 위해 동적 웹 페이지를 제공하는 PHP, ASP, JSP와 같은 언어가 개발되었습니다. 현재 우리가 보는 대부분의 웹 페이지는 동적 웹 페이지라고 할 수 있습니다.

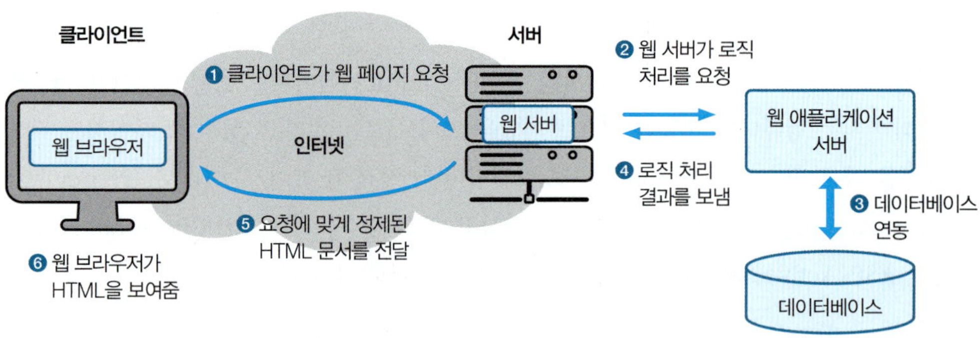

그림 1-4 동적 웹 페이지의 동작 방식

동적 웹 페이지는 사용자가 웹 페이지에 글을 작성하거나 환경 설정 등을 바꾸면 그 내용이 서버에 있는 데이터베이스에 저장되고 결과가 웹 페이지에 반영되는 형태로 동작합니다. 즉 [그림 1-4]와 같이 확장자가 ASP 또는 JSP인 웹 페이지를 요청하면 ASP는 DLL이나 OCX 같은 파일을 이용하고, JSP는 서블릿을 이용하여 요청을 처리합니다. 그런 다음 그 결과를 HTML 파일로 만들어 클라이언트에게 전송합니다. ❶ 사용자가 웹 브라우저에 URL을 입력하여 요청하면 ❷ 해당 URL의 웹 서버에서 요청을 분석하여 ❸ 데이터베이스 연동이 있다면 이를 처리한 후 ❹ 웹 서버는 그 결과를 전송받아 HTML 문서로 생성하여 ❺ 요청에 맞게 정제된 HTML 문서를 클라이언트에게 보내고 ❻ 웹 브라우저가 HTML 문서를 보여줍니다. 따라서 하나의 서버로부터 다른 결과를 응답받음으로써 사용자마다 요청에 따라 처리된 HTML 문서를 볼 수 있습니다. 로그인하면 개인에 대한 정보와 개인만의 화면으로 구성되는 웹 사이트가 동적 웹 페이지의 대표적인 예입니다.

3 서블릿과 JSP

웹 프로그래밍 언어는 클라이언트 측 실행 언어와 서버 측 실행 언어로 구분되며, 자바를 기반으로 하는 서블릿과 JSP는 서버 측 웹 프로그래밍 언어입니다. 원래는 선마이크로시스템스(오라클에 합병됨)가 자바를 기반으로 하는 서버 측 프로그래밍 방식인 서블릿을 먼저 개발했으나 서블릿 개발 방식이 그리 쉽지 않아 HTML 코드에 직접 삽입할 수 있도록 개발된 기술이 JSP입니다. JSP는 서블릿과 동떨어진 기술이 아니며, 실제로 웹 애플리케이션 서버에서 클라이언트에게 서비스될 때는 서블릿으로 변경됩니다.

서블릿이 자바 코드 안에 HTML 코드를 추가한다면 JSP는 HTML 코드 안에 자바 코드를 추가합니다.

서블릿의 개념과 특징

서블릿(Servlet)이란 자바를 사용하여 웹 페이지를 동적으로 생성하는 서버 측 웹 프로그래밍을 말하며 서블릿은 웹 서버의 성능을 향상하기 위해 사용되는 자바 클래스의 일종입니다. 서블릿은 JSP와 비슷한 점이 있지만, JSP가 HTML 문서 안에 Java 코드를 포함하고 있는 반면, 서블릿은 자바 코드 안에 HTML을 포함하고 있습니다.

■ 서블릿은 이식 가능합니다.

서블릿은 자바 프로그래밍 언어로 사용하기 때문에 플랫폼에 독립적입니다. 예를 들어 GlassFish

를 웹 서버로 사용하는 Windows 운영체제에서 서블릿을 만들고 나중에 Apache Tomcat 웹 서버가 있는 Unix, Linux와 같은 다른 운영체제에서 실행할 수 있습니다.

■ **서블릿은 효율적이고 확장 가능합니다.**

서블릿이 웹 서버에 배포되고 로드되면 클라이언트의 요청을 즉시 이행하기 시작할 수 있습니다. 웹 서버는 경량 스레드를 사용하여 서블릿을 호출하므로 자바의 멀티스레딩 기능을 사용하여 여러 클라이언트 요청을 동시에 서블릿에서 채울 수 있습니다. 서버가 모든 클라이언트 요청에 대해 새로운 프로세스를 시작해야 하는 CGI에 비해 서블릿은 효율적이고 확장 가능합니다.

> **NOTE CGI**
>
> CGI(Common Gateway Interface) 기술을 통해 웹 서버는 외부 프로그램을 호출하고 HTTP 요청 정보를 외부 프로그램에 전달하여 요청을 처리할 수 있습니다. CGI 기술에는 다음과 같은 문제점이 있습니다.
>
> - 클라이언트 수가 증가하면 응답을 보내는 데 더 많은 시간이 걸립니다.
> - 각 요청에 대해 프로세스를 시작하고 웹 서버는 시작 프로세스로 제한됩니다.
> - 플랫폼 의존 언어를 사용합니다(예 C, C++, perl 등).

■ **서블릿은 견고합니다.**

자바의 주요 기능(예 가비지 수집, 예외 처리, 자바 보안 관리자 등)을 상속함으로써 서블릿은 메모리 관리 문제 및 메모리 낭비를 줄일 수 있습니다. 이를 통해 서블릿에서 웹 애플리케이션을 안전하게 개발할 수 있고 오류 발생 가능성을 낮춥니다.

JSP의 개념과 특징

JSP(Java Server Pages/Jakarta Server Pages)는 자바 언어를 기반으로 하는 스크립트 언어로 HTML 내에 자바 코드를 삽입하여 웹 서버에서 동적으로 웹 페이지를 생성하여 웹 브라우저에 전달하는 서버측 스크립트 언어입니다. JSP는 실행 시에는 자바 서블릿으로 변환된 후 실행되므로 서블릿과 거의 유사하다고 볼 수 있습니다. 하지만 서블릿과는 달리 HTML 표준에 따라 작성되므로 웹 디자인하기에 편리합니다. 또한 JSP 태그 라이브러리를 사용하는 경우 자바 코딩 없이 태그만으로 간략히 기술이 가능하므로 생산성을 높일 수 있습니다.

> **NOTE Jakarta Server Pages**
>
> Jakarta Server Pages는 JSP(Java Server Pages)의 새로운 이름입니다. JakartaEE(자카르타EE)에서는 자바 네임스페이스가 Jakarta로, API 패키지명은 javax.*에서 Jakarta.*로 변경되었습니다.
>
> JakartaEE는 JavaEE를 대체하지 않고 둘 다 공존하고 있습니다. 다시 말해 JakartaEE는 JavaEE 8에서 하드포크된 새로운 플랫폼으로, 기존 JavaEE와 호환되지 않습니다. JavaEE는 계속 유지되기는 하지만 8버전을 마지막으로 더 이상의 릴리즈와 추가 기능이 제공되지 않고 있습니다. 따라서 개발자는 JavaEE를 계속 사용할 것인지 아니면 JakartaEE로 마이그레이션할 것인지 선택해야 합니다. 다행히도 JakartaEE로 마이그레이션을 지원하는 도구가 제공되고 JavaEE에 대한 패치도 계속 나올 것이기 때문에 당장 큰 이슈는 없을 것으로 예상합니다.

■ JSP는 서블릿 기술의 확장입니다.

JSP에서는 서블릿의 모든 기능을 사용할 수 있습니다. 즉 서블릿과 마찬가지로 JDBC, JNDI, EJB 등을 모두 포함하고 있는 강력한 엔터프라이즈 자바 API를 사용할 수 있습니다. 또한 쉽게 개발할 수 있도록 JSP에서는 내장 객체, 미리 정의된 태그, 표현식 언어와 사용자 정의 태그를 사용할 수 있습니다.

■ JSP는 유지 관리가 용이합니다.

서블릿 기술에는 프레젠테이션 로직과 비즈니스 로직이 섞여 있지만 JSP 기술의 경우 프레젠테이션 로직과 비즈니스 로직을 분리할 수 있기 때문에 관리하기가 쉽습니다.

■ JSP는 빠른 개발이 가능합니다.

코드를 수정했을 때 서블릿에서는 업데이트를 하고 다시 컴파일해야 합니다. 그러나 JSP의 경우 다시 컴파일하고 프로젝트를 배포할 필요가 없습니다.

■ JSP로 개발하면 코드 길이를 줄일 수 있습니다.

JSP에서는 액션 태그, JSTL(JavaServer Pages Standard Tag Library), 사용자 정의 태그 등의 다양한 태그와 표현 언어, 내장 객체 등을 사용함으로써 서블릿보다 코드를 줄일 수 있습니다.

NOTE 서블릿과 JSP의 차이

다음 표를 통해 서블릿과 JSP의 차이점을 살펴봅니다.

서블릿	JSP
자바 코드 안에 HTML 태그를 삽입한다.	HTML 코드 안에 자바 코드를 삽입한다.
HTML 태그를 문자열("")로 처리해야 한다.	자바 코드를 <% %> 태그 안에 처리해야 한다.
자바 코드 수정 시 다시 컴파일하고 배포해야 한다.	키워드가 태그화 되어 서블릿에 비해 배우기 쉽다.

4 서블릿과 JSP의 동작 과정

이번에는 서블릿과 JSP의 동작 과정을 간단히 살펴보겠습니다.

서블릿의 동작 과정

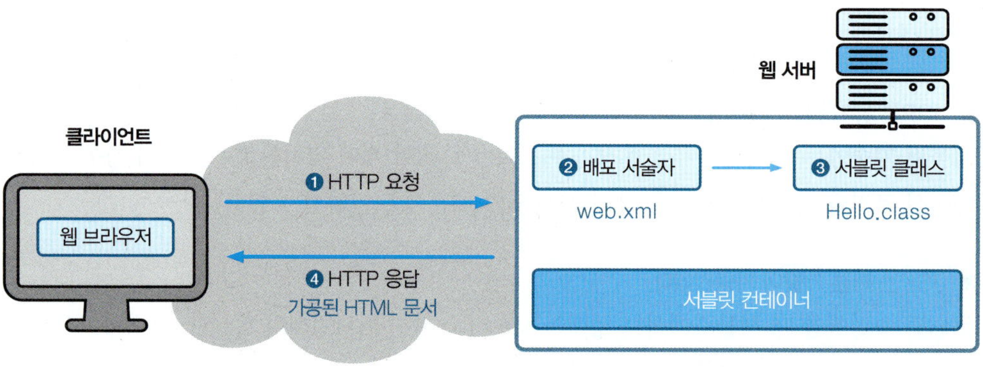

그림 1-5 서블릿 페이지의 동작 과정

❶ 클라이언트가 URL을 입력하면 해당 HTTP Request(요청)를 서버의 서블릿 컨테이너(Servlet Container)로 전송합니다. HTTP Request를 전송받은 서블릿 컨테이너는 HttpServletRequest, HttpServletResponse 두 객체를 생성합니다.

❷ 배포 서술자 web.xml을 기반으로 사용자가 요청한 URL을 분석하여 어느 서블릿 객체에 대한 요청인지를 찾습니다.

❸ 해당 서블릿 객체에서 service 메소드를 호출하며, 클라이언트의 POST, GET 여부에 따라 doGet() 또는 doPost()를 호출합니다. doGet(), doPost() 메소드는 동적 페이지를 생성한 후 HttpServletResponse 객체에 응답을 보냅니다.

❹ 웹 서버는 정적 웹 페이지처럼 *.class의 실행 결과를 웹 브라우저에 응답으로 전달하므로 웹 브라우저는 새로 가공된 HTML 페이지를 동적으로 처리한 결과를 보여줍니다. 웹 브라우저는 새로 가공된 HTML 페이지를 동적으로 처리한 결과를 보여주는 응답이 완료되면 HttpServletRequest, HttpServletResponse 두 객체를 소멸시킵니다.

JSP의 동작 과정

JSP 페이지는 하나의 서블릿 프로그램으로 변환되어 실행됩니다. 즉 다음 [그림 1-6]과 같이 Hello.jsp에서 Hello_jsp.java라는 서블릿 프로그램이 생성되고 이 서블릿 프로그램이 컴파일되어 Hello_jsp.class가 생성됩니다. 이때 서블릿 프로그램과 *.class를 생성하는 역할은 JSP 컨테이너(JSP 엔진)가 담당합니다. JSP 컨테이너를 웹 서버와 분리하여 설치할 수도 있고 웹 서버에 포함할 수도 있는데, 이 책에서 사용하는 톰캣은 JSP 컨테이너가 포함된 웹 서버입니다.

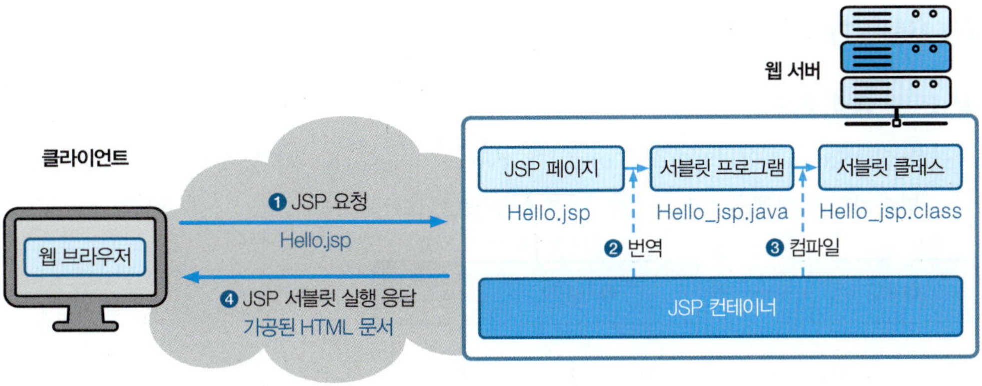

그림 1-6 JSP 페이지의 동작 과정

❶ 웹 브라우저가 웹 서버에 JSP를 요청합니다. 웹 서버는 요청된 Hello.jsp에서 jsp 확장자를 발견하여 JSP 페이지임을 확인하고 웹 서버에 있는 JSP 컨테이너에 전달합니다.

❷ JSP 컨테이너는 JSP 페이지를 서블릿 프로그램인 Hello_jsp.java로 변환합니다.

❸ JSP 컨테이너가 서블릿 프로그램을 컴파일하여 Hello_jsp.class로 만들고 이를 웹 서버에 전달합니다.

❹ 웹 서버는 정적 웹 페이지처럼 *.class의 실행 결과를 웹 브라우저에 응답으로 전달하므로 웹 브라우저는 새로 가공된 HTML 페이지를 동적으로 처리한 결과를 보여줍니다.

NOTE 웹 서버, 웹 컨테이너, 웹 애플리케이션 서버의 차이

- **웹 서버(Web Server):** HTTP 프로토콜을 이용하여 클라이언트(웹 브라우저)의 요청을 받아 HTML이나 오브젝트를 전송합니다. 클라이언트의 요청 중 웹 서버 자체적으로 처리할 수 없는 것은 컨테이너처럼 처리할 수 있는 곳으로 넘겨 처리하기도 합니다. 웹 서버만으로 구축된 서버는 웹 페이지, 이미지 등 정적 페이지를 생성합니다. 웹 서버의 예로는 아파치, IIS 등이 있습니다.
- **웹 컨테이너(Web Container):** 웹 컨테이너는 JSP와 서블릿을 실행할 수 있는 프로그램으로 서블릿 컨테이너라고도 합니다. 웹 서버에서 JSP를 요청하면 톰캣에서는 JSP 파일을 서블릿으로 변환하여 컴파일을 수행하고, 서블릿의 수행 결과를 웹 서버에 전달합니다. 서블릿 컨테이너의 개념과 동일한 JSP 컨테이너가 탑재되어 있는 WAS(Web Application Server)는 JSP 페이지를 컴파일하여 동적 페이지를 생성합니다.
- **웹 애플리케이션 서버(Web Application Server):** 웹에서 사용하는 컴포넌트를 올려놓고 사용하는 서버를 웹 애플리케이션 서버라고 합니다. 다시 말해 웹 서버와 웹 컨테이너를 결합한 서버입니다. 가장 많이 사용하는 WAS 서버는 톰캣, BEA의 웹로직(WebLogic) 등입니다.

5 서블릿과 JSP 생명 주기

서블릿의 생명 주기

서블릿에는 Servlet 인터페이스의 init(), service(), destroy()가 있으며, 서블릿의 생성부터 소멸까지의 과정에서 다음과 같은 역할을 수행합니다.

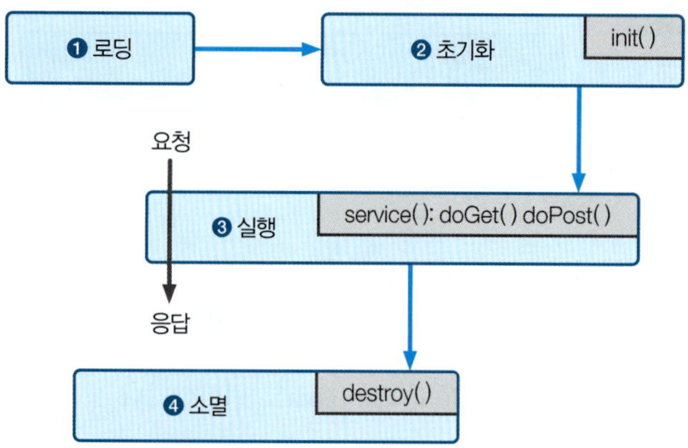

그림 1-7 서블릿의 생명 주기

❶ 로딩 단계

서블릿 객체가 처음 요청된 경우라면 서블릿 클래스를 메모리에서 로딩하여 객체를 생성해야 합니다. 생성된 객체는 메모리에 계속 존재하기 때문에 이후부터는 서블릿 객체가 새로 생성되지 않고, 메모리에 있는 서블릿 객체를 사용합니다.

❷ 초기화 단계: init( ) 메소드

서블릿이 처음 요청될 때 초기화하는 메소드입니다. 객체가 생성되면서 최초에 한 번만 호출됩니다. 따라서 해당 서블릿 클래스를 호출할 경우 init() 메소드를 호출할 필요 없이 기존에 있던 서블릿 클래스를 호출하면 됩니다.

❸ 실행 단계: service( ) 메소드

서블릿 컨테이너가 요청을 받고 응답을 줄 때 필요한 서블릿의 메소드입니다. 서블릿 인터페이스를 구현한 HttpServlet 클래스의 doGet(), doPost() 등의 메소드가 호출됩니다. 클라이언트의 요청이 있을 때 GET, POST 여부에 따라 실행됩니다. 여러 클라이언트가 동시에 요청하더라도 스레드가 생성되므로 수행 속도가 빠릅니다.

❹ 소멸 단계: destroy( ) 메소드

서블릿 클래스가 더 이상 사용되지 않으면 서블릿 컨테이너는 주기적으로 destory() 메소드를 호출하여 제거합니다. 제거된 서블릿 클래스를 다시 사용하려면 init() 메소드를 다시 호출해야 합니다.

JSP 생명 주기

JSP 페이지를 컴파일한 *.class에는 jspInit(), _jspService(), jspDestroy() 메소드가 존재하며, JSP 생성부터 소멸까지의 과정에서 다음과 같은 역할을 수행합니다.

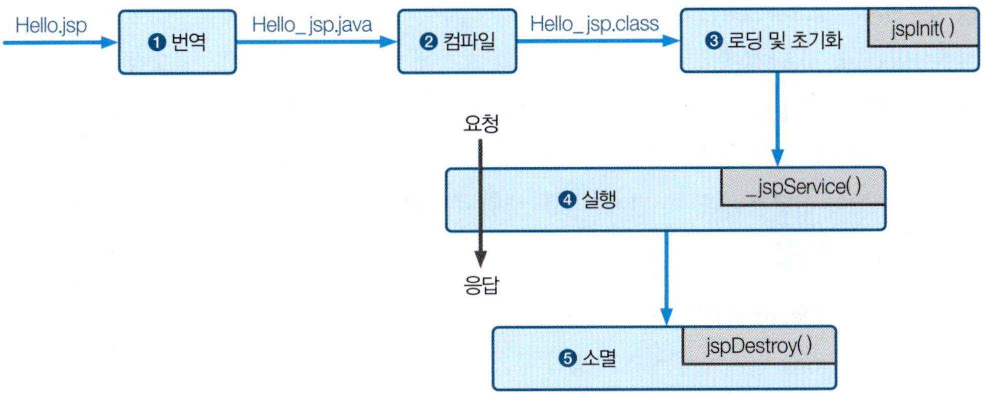

그림 1-8 JSP의 생명 주기

❶ **번역 단계**

번역(translation) 단계에서는 JSP 컨테이너가 JSP 소스 파일을 자바 코드(서블릿)로 변환합니다. [그림 1-8]에서는 Hello.jsp에 대한 요청이 Hello_jsp.java 파일로 변환되었습니다. 번역 단계에서 JSP 컨테이너는 JSP 파일을 읽고 구문을 분석합니다. JSP 컨테이너는 JSP 페이지와 페이지에 사용된 태그 라이브러리를 참조하는 사용자 정의 태그와 표준 디렉티브, 액션 태그의 구문 정확성을 검증합니다.

❷ **컴파일 단계**

컴파일(compilation) 단계에서는 JSP 컨테이너가 번역 단계에서 생성된 자바 코드인 서블릿을 컴파일하여 클래스 파일을 생성합니다. [그림 1-8]에서는 Hello_jsp.java 파일이 컴파일되어 Hello_jsp.class 파일이 생성되었습니다. 컴파일 단계에서는 자바 코드의 모든 구문을 검사합니다. 즉 JSP 페이지 내의 선언문, 처리문, 표현문 등의 스크립트 태그를 사용하여 삽입된 자바 코드의 구문 오류를 검사합니다.

❸ **로딩 및 초기화 단계: jspInit( ) 메소드**

로딩(loading) 및 초기화(initialization) 단계에서는 JSP 컨테이너가 앞의 두 단계에서 생성된 *.class를 로딩하고 클래스의 인스턴스를 작성합니다. 이때 인수가 없는 생성자를 사용합니다. [그림 1-8]에서는 Hello_jsp.class가 로딩되고 인스턴스가 만들어집니다. 이제 JSP 컨테이너는 서블릿의 init( ) 메소드, 즉 jspInit( ) 메소드를 호출하여 인스턴스가 된 객체를 초기화합니다. 일반적으로 초기화는 한 번만 수행되고 데이터베이스 연결, 파일 열기, 룩업 테이블 생성 등을 초기화합니다.

❹ **실행 단계: _jspService( ) 메소드**

실행(execution) 단계에서는 각 클라이언트의 요청에 대해 JSP 컨테이너가 요청 및 응답 객체를 전달하는 _jspService( ) 메소드를 실행합니다. 웹 브라우저가 JSP 페이지를 요청하여 페이지가 로딩 및 초기화될 때마다 JSP 컨테이너는 JSP에서 _jspService( ) 메소드를 호출하여 응답 객체를 전달합니다. 이 단계는 JSP 생명 주기가 끝날 때까지 모든 클라이언트의 요청에 대해 상호 작용을 합니다.

❺ **소멸 단계: jspDestroy( ) 메소드**

소멸(destruction) 단계에서는 JSP 생명 주기를 완료합니다. JSP 컨테이너는 실행되고 있는 JSP를 jspDestroy( ) 메소드를 사용하여 제거합니다. jspDestroy( ) 메소드는 서블릿의

destroy() 메소드에 해당합니다. 이 메소드는 데이터베이스 연결 해제 또는 열려 있는 파일 닫기 등을 수행해야 할 때 jspDestroy() 메소드를 오버라이딩합니다. JSP 컨테이너가 해당 서블릿 인스턴스를 제거할 때 어떤 활동을 정리하기 위해 jspDestroy() 메소드를 호출합니다.

NOTE jspInit( ), _jspService( ), jspDestroy( ) 메소드

jspInit( )와 jspDestroy( ) 메소드는 컨테이너가 기본 기능을 제공하기 때문에 오버라이딩이 선택 사항이지만, 기본적으로 _jspService( ) 메소드는 컨테이너가 추가하기 때문에 오버라이딩할 수 없습니다.

NOTE JSP 파일을 요청했을 때 번역 단계를 꼭 거치나요?

클라이언트가 서버에 요청하면 먼저 JSP 컨테이너에 요청합니다. JSP 컨테이너는 페이지를 변환(번역 및 컴파일 단계)할 필요가 있는지 확인합니다. 즉 JSP 컨테이너는 JSP 파일이 수정되었는지 확인하기 위해 서블릿 클래스가 JSP 페이지보다 오래된 것인지 확인합니다. 만약 JSP 파일이 수정된 경우(페이지가 컴파일된 적이 없는 경우 또는 최근 컴파일될 때 JSP가 수정된 경우) JSP 컨테이너는 다시 JSP 파일을 서블릿으로 변환하는 작업을 수행하고, 그렇지 않으면 변환 과정을 건너뜁니다. 변환하는 데 시간이 걸리므로 JSP 페이지가 수정되지 않았을 때는 성능 향상을 위해 변환을 수행하지 않는 것입니다.

02 JSP 개발 환경 구축

JSP 웹 페이지를 만들려면 먼저 다음과 같은 개발 환경 도구를 설치해야 합니다.

표 1-1 JSP 개발 환경 도구

요소	프로그램명	설명
자바 개발 환경	JDK	JSP는 HTML 코드 내에 자바 코드를 작성하기 때문에 자바 개발 도구인 JDK가 반드시 설치되어 있어야 한다.
웹 서버	톰캣	웹 프로그래밍 언어로 작성된 웹 페이지가 실행되어 웹 브라우저에 나타나도록 하기 위해 웹 컨테이너를 설치해야 한다. JSP 웹 컨테이너로 자주 사용되는 것 중에서 가장 유명한 것은 톰캣이다. 톰캣은 오픈소스 프로젝트로서 무료로 누구나 사용할 수 있다.
통합 개발 환경	이클립스	JSP 코드를 작성한 후 이를 컴파일하여 오류를 검사하고 실행 결과를 확인할 수 있는 통합 개발 환경(IDE)으로 개발자들에게 가장 인기 있는 이클립스를 선택하여 설치한다.

1 자바 설치하고 환경 설정하기

자바는 개발 분야에 따라 다양한 에디션으로 개발 도구를 제공하지만 특수한 분야가 아닐 때는 Java SE(Standard Edition)만으로도 충분합니다. 모든 자바 에디션은 자바 실행 환경인 JRE(Java Runtime Environment)와 자바 개발 키트인 JDK(Java Development Kit)를 포함합니다. 개발한 자바 프로그램을 실행하기만 할 때는 JRE로도 충분하지만 프로그램을 개발해야 할 때는 JDK를 설치해야 합니다.

JRE는 프로그램 실행에 필요한 JVM, 클래스 로더(class loader), 자바 API, 실행 시간 라이브러리 등을 포함하고 있습니다. 또한 JDK는 JRE를 비롯해 개발에 필요한 컴파일러, 디버거, 애플릿뷰어(Appletviewer) 등의 도구를 포함하고 있습니다.

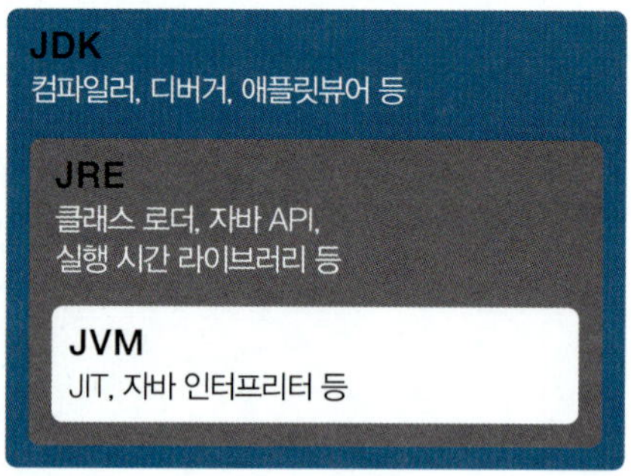

그림 1-9 JDK와 JRE의 관계

예제 1-1 JDK 설치하기

1 오라클 사이트에 접속하기: 오라클 사이트(http://www.oracle.com/kr/java)에 접속하여 [리소스]-[Java 다운로드]를 클릭합니다.

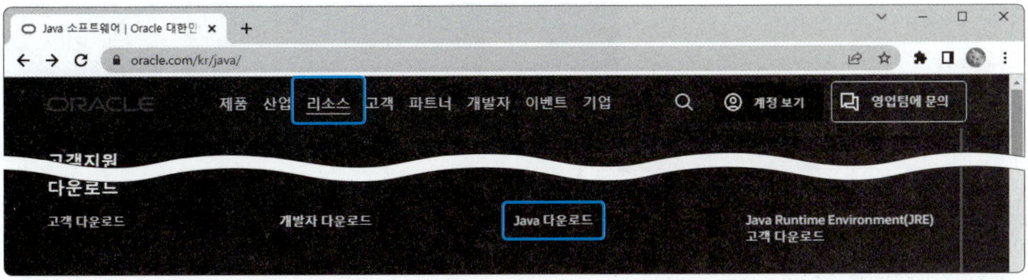

2 JDK SE 개발 키트 선택하기: Java Downloads 화면의 Java SE 개발 키트에서 버전(여기서는 자바20을 설치함)을 선택하고 아래의 플랫폼 탭에서 [Windows]를 선택한 후 [x64 Installer]의 파일을 클릭하여 다운로드합니다.

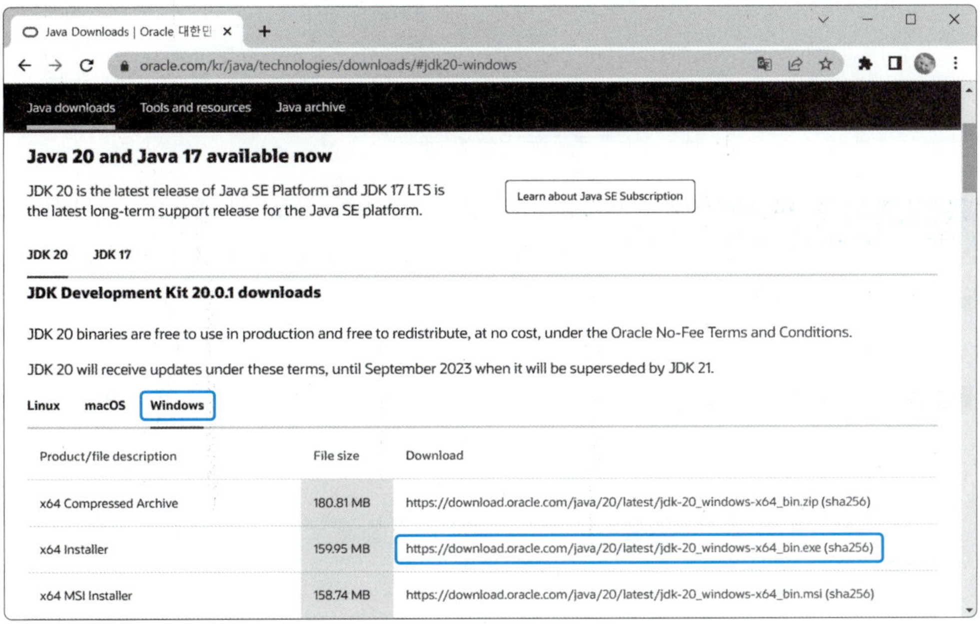

TIP 사용하는 운영체제가 몇 비트인지 모른다면 윈도우 탐색기를 실행하여 컴퓨터(또는 [내 PC]) 아이콘에서 마우스 오른쪽 버튼을 누르고 [속성] 메뉴를 선택하여 확인할 수 있습니다.

TIP JDK 최신 버전이 JDK20이 아닐 경우 Java archive를 클릭하여 JDK20을 설치하거나 최신 버전을 설치해도 괜찮습니다.

3 자바 설치하기: 다운로드한 설치 파일을 더블클릭하여 설치를 시작합니다. 각 설치 단계마다 기본 설정을 그대로 두고 〈Next〉 또는 〈다음〉을 클릭합니다. 마지막 화면에서 〈Close〉를 클릭하면 설치가 완료됩니다.

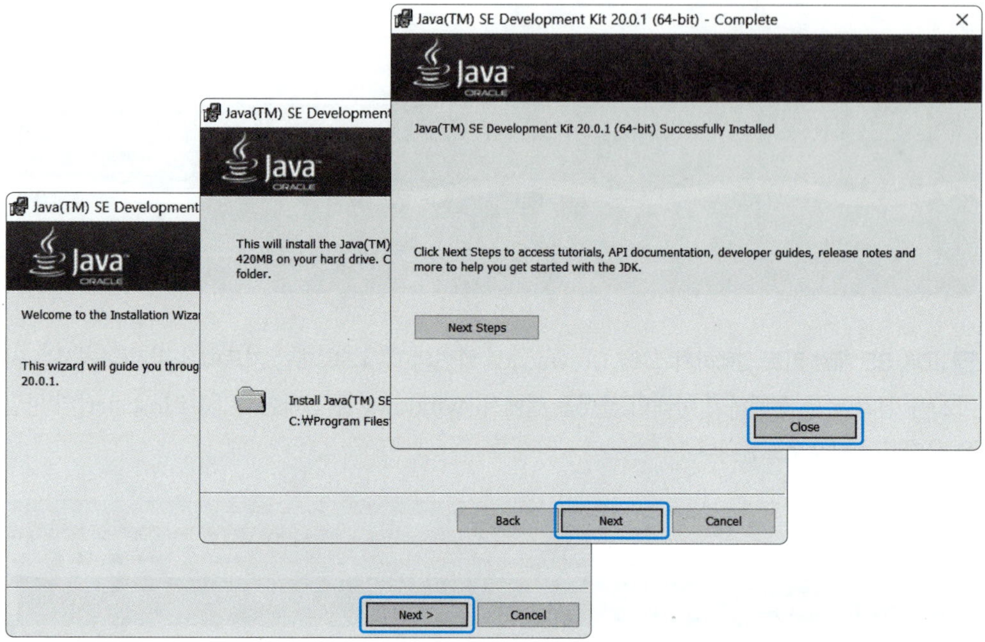

4 자바 설치 위치 확인하기: 자바를 기본 설정으로 설치하면 C:\Program Files\Java 폴더에 설치됩니다. Java\jdk버전번호\bin 폴더에는 자바 컴파일러 파일인 javac.exe와 JVM을 구동하는 파일인 java.exe가 있습니다.

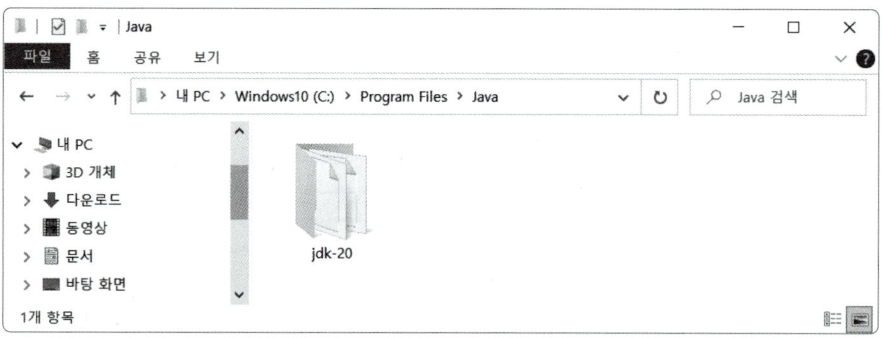

예제 1-2 자바 환경 변수 설정하기

cmd 콘솔 명령 프롬프트에서 javac로 컴파일하거나 다른 프로그램에서 자바 JDK를 참조하려면 윈도우 환경 변수를 지정해야 합니다.

1 [환경 변수] 대화상자 열기: 윈도우 탐색기의 ❶ [내 PC]에서 마우스 오른쪽 버튼을 누르고 ❷ [속성], ❸ [고급 시스템 설정] 메뉴를 선택합니다(윈도우 7에서는 [제어판]-[시스템 및 보안]-[시스템] 선택). ❹ [시스템 속성] 창의 [고급] 탭에서 〈환경 변수〉를 클릭합니다.

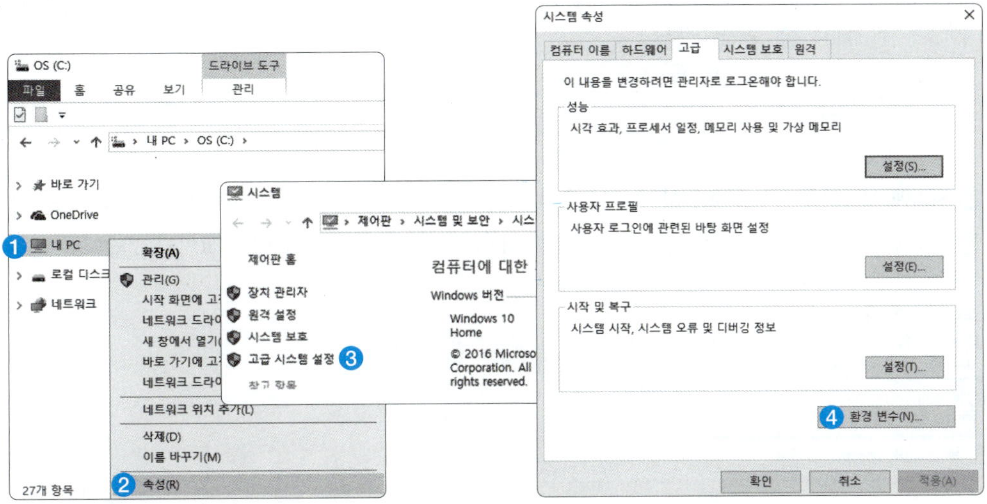

2 자바 환경 변수 설정하기: 환경 변수에는 사용자 변수와 시스템 변수가 있는데, 사용자 변수는 현재 로그인한 사용자에게만 적용되는 환경 변수이고 시스템 변수는 모든 사용자에게 적용되는 환경 변수입니다. ❶ '시스템 변수'의 〈새로 만들기〉를 클릭하여 ❷ JAVA_HOME 환경 변수 값에 JDK가 설치된 디렉터리 C:\Program Files\Java\jdk-20를 지정하고 ❸ 〈확인〉을 클릭합니다. ❹ '시스템 변수'의 Path 변수를 선택하고 ❺ 〈편집〉을 클릭합니다. [환경 변수 편집] 창에서 ❻ 〈새로 만들기〉를 클릭하여 ❼ Path 변수 값의 맨 끝에 앞의 변수 값과 구분하기 위한 세미콜론(;)을 입력하고, JDK가 설치된 위치를 설정한 환경 변수 %JAVA_HOME%bin을 추가한 후 ❽~❾ [확인]을 클릭하여 등록합니다. 이렇게 Path를 지정하면 C:\Program Files\Java\jdk-20\bin에 들어 있는 javac 컴파일러를 경로와 상관없이 아무 데서나 사용할 수 있습니다. 콘솔 화면에서 자주 사용하는 명령어는 이렇게 Path를 지정하면 사용하기 편리합니다.

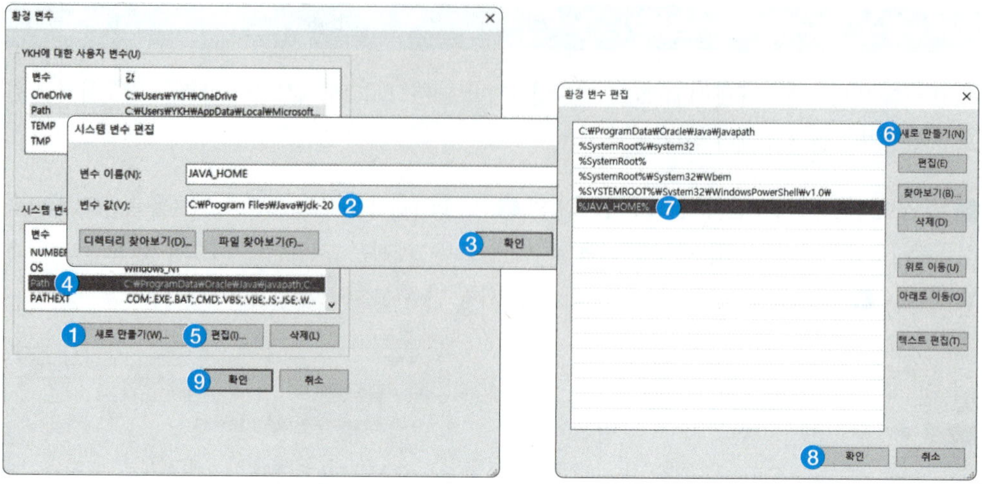

3 자바에 설정한 환경 변수 확인하기: 윈도우의 시작 버튼에서 'cmd'를 입력하여 [명령 프롬프트] 창을 띄우고 'javac –version'을 입력하여 설치된 JDK의 버전이 나오면 제대로 설치된 것입니다.

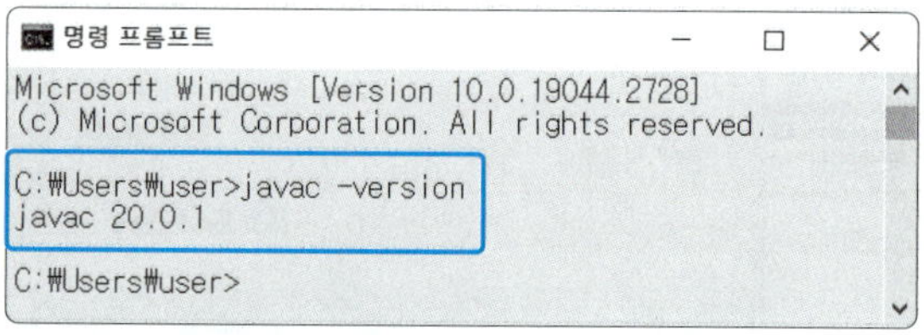

NOTE 자바 환경 변수를 설정하는 이유

보통 자바를 설치하면 컴퓨터의 어떤 경로에서든 자바 애플리케이션에 접근할 수 있도록 환경 변수를 설정하는데 그 이유는 다음과 같습니다. 첫째, 어떤 위치에서든 소스코드를 만들고 작업할 때 일일이 전체 경로 h를 사용하지 않기 위함입니다. 둘째, 클래스나 jar 파일 등을 참조하여 애플리케이션을 실행하기 위함입니다. 셋째, 버전별로 파일 관리를 쉽게하기 위함입니다.

2 웹 서버와 통합 개발 환경 설치하기

톰캣은 아파치소프트웨어재단(Apache Software Foundation)에서 개발한 웹 애플리케이션 서버입니다. 톰캣은 자바로 만들어진 웹 페이지를 구동하기 위한 엔진이라고 생각하면 됩니다. JSP로 웹 애플리케이션을 실행하기 위해 톰캣을 다운로드하고 설치해봅시다.

예제 1-3 톰캣 설치하기

1 아파치 사이트에 접속하여 다운로드하기: 아파치 사이트(http://tomcat.apache.org)에 접속하여 [Download]–[Tomcat10]을 선택합니다. 그리고 화면의 하단에서 '64–bit Windows zip(32비트 운영체제를 사용 중이라면 '32–bit Windows zip')'를 선택하여 다운로드합니다.

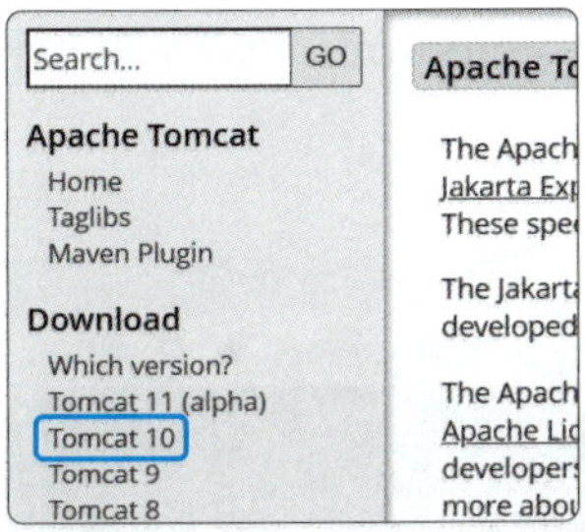

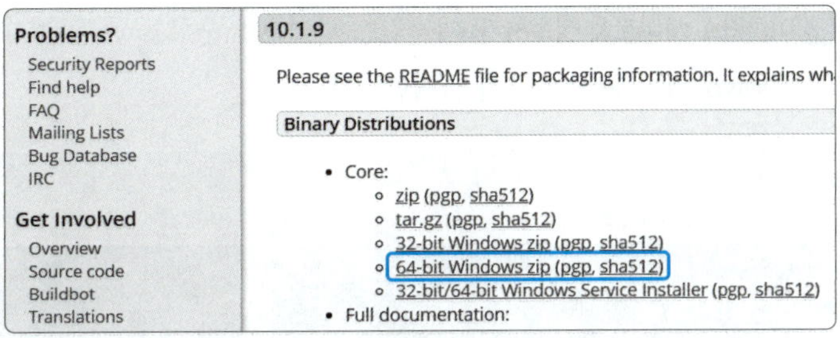

2 다운로드한 apache–tomcat–10.1.9–windows–x64.zip의 압축을 풀고 하위에 있는 apache–tomcat–10.1.9 폴더를 C 드라이브로 옮겨둡니다(C:\ 경로에 바로 압축을 풀어도 됩니다).

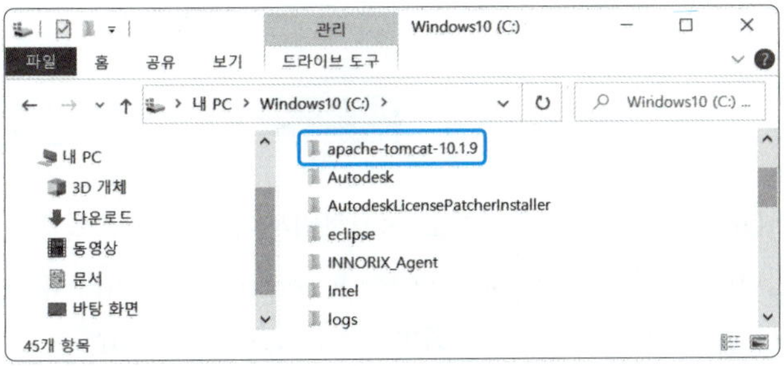

NOTE 톰캣 버전에 따른 주의 사항

- **톰캣 9버전 이하를 사용하는 경우**

기존 자바EE의 API 패키지명은 javax.*을 그대로 사용하면 되고, 기존 제공되는 자바 라이브러리(*.jar)도 그대로 사용하면 됩니다.

- **톰캣 10버전 이상을 사용하는 경우**

기존 자바EE의 변경된 자카르타EE의 API 패키지명은 Jakarta.*을 사용하므로 기존의 API 패키지명 javax.*을 Jakarta.*로 변경해야 하고, 기존에 제공되는 자바 라이브러리(*.jar)를 마이그레이션하여 사용해야 합니다.

이 책에서는 톰캣 10버전을 사용하며 이전 자바 라이브러리를 마이그레이션하는 방법은 7장에서 살펴봅니다. 또한 톰캣 9버전을 사용하는 사용자를 위해서 기존 버전의 라이브러리도 제공합니다. 다시 말해 자바 라이브러리를 마이그레이션 전, 후 파일을 모두 제공합니다.

예제 1-4 이클립스 다운로드하고 설치하기

이클립스는 자바 통합 개발 환경(IDE) 중 가장 많이 사용되는 개발 도구입니다. 자바를 기반으로 애플리케이션을 개발하기 위해 이클립스를 사용합니다. 이 책에서는 웹 개발에 필요한 기능이 들어 있는 Eclipse IDE for Java EE Developers 도구를 설치해봅시다.

1 이클립스 사이트에 접속하기: 이클립스 사이트(http://www.eclipse.org/downloads/)에 접속하여 〈Download Packages〉를 클릭합니다.

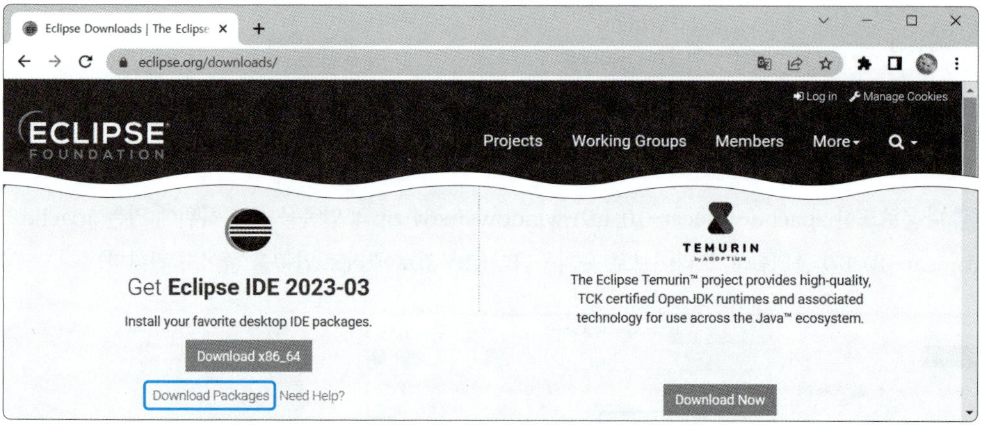

2 이클립스 설치 파일 다운로드하기: JDK 설치 때와 마찬가지로 설치하려는 컴퓨터의 운영체제에 맞는 이클립스 설치 파일을 선택합니다. 목록 중 'Eclipse IDE for Enterprise Java and Web Developers'의 'Windows x86_64'를 클릭합니다. 이어지는 화면에서 eclipse-jee-2023-03_R-win32-x86_64.zip 파일의 〈Download〉를 클릭하여 다운로드합니다.

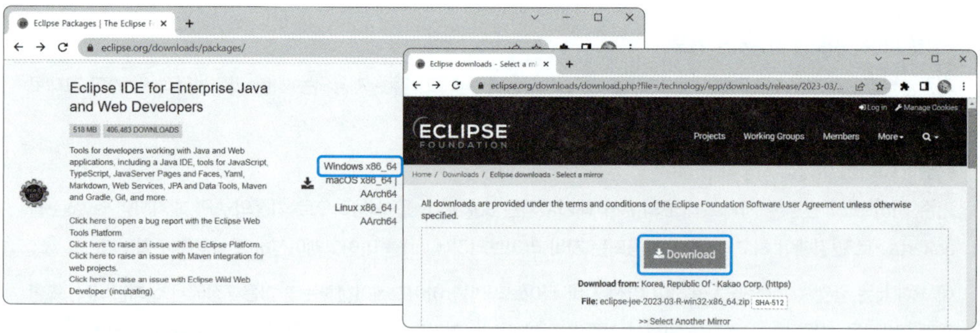

TIP 패키지(*.zip)가 아닌 실행 파일(*.exe)을 다운로드하면 JSP 애플리케이션을 개발하는 데 필요한 패키지를 별도로 다운로드해야 하므로 여러 패키지가 포함된 zip 파일을 다운로드하여 설치합니다.

3 설치 완료하고 실행하기: 다운로드한 설치 파일의 압축을 풀고 하위에 있는 eclipse 폴더를 C 드라이브로 옮겨둡니다. C:\eclipse 폴더 안의 eclipse.exe 파일을 더블클릭하여 이클립스를 실행합니다.

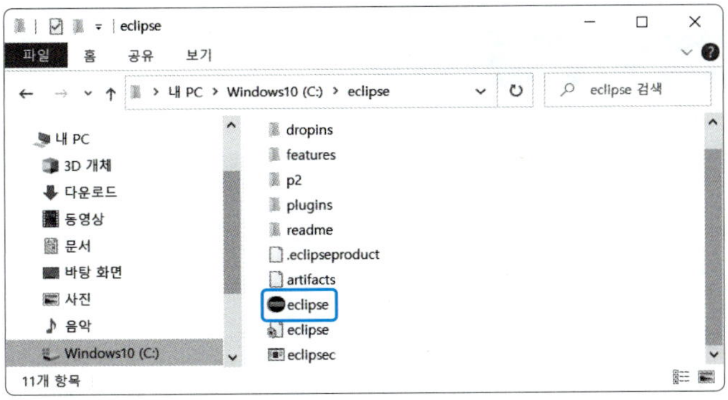

4 이클립스 작업 공간 설정하기: 이클립스를 실행하면 처음에 [Select a directory as workspace] 대화상자가 나타나는데, Workspace는 이클립스에서 생성한 프로젝트를 저장하는 공간입니다. 기본적으로 C:\Users\사용자\workspace 폴더로 지정되며 변경도 가능합니다. 작업 공간을 변경하지 않는 경우 〈Launch〉를 클릭합니다.

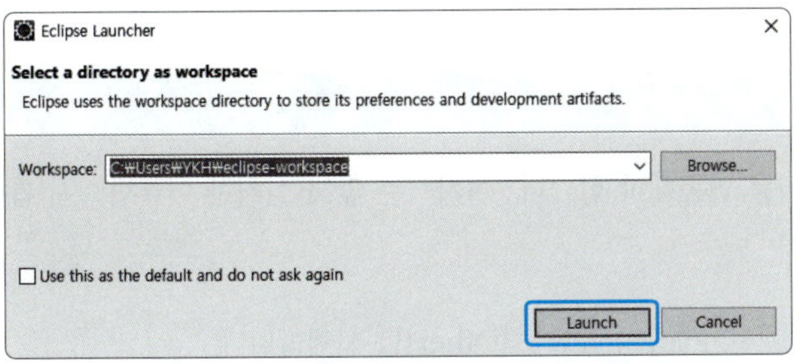

NOTE 작업 공간(workspace)을 꼭 확인해두세요.

이클립스의 작업 공간이 설정되면 그곳에서 스프링 프로젝트를 생성하여 코딩 및 실행 작업을 진행합니다. 이클립스에서 작업 공간을 처음 설정한 후 경로가 달라지면 기존에 작업한 내용이 보이지 않으므로, 이클립스를 실행할 때 나타나는 작업 공간을 꼭 확인해두어야 합니다. 만약 작업 공간을 여러 개 만들어놓았다면 [File]-[SwitchWorkspace] 메뉴에서 원하는 작업 공간을 선택하여 이동할 수 있습니다.

5 이클립스 실행 화면: [Welcome] 창 오른쪽 상단의 〈Hide〉를 클릭하면 이클립스 창이 나타납니다.

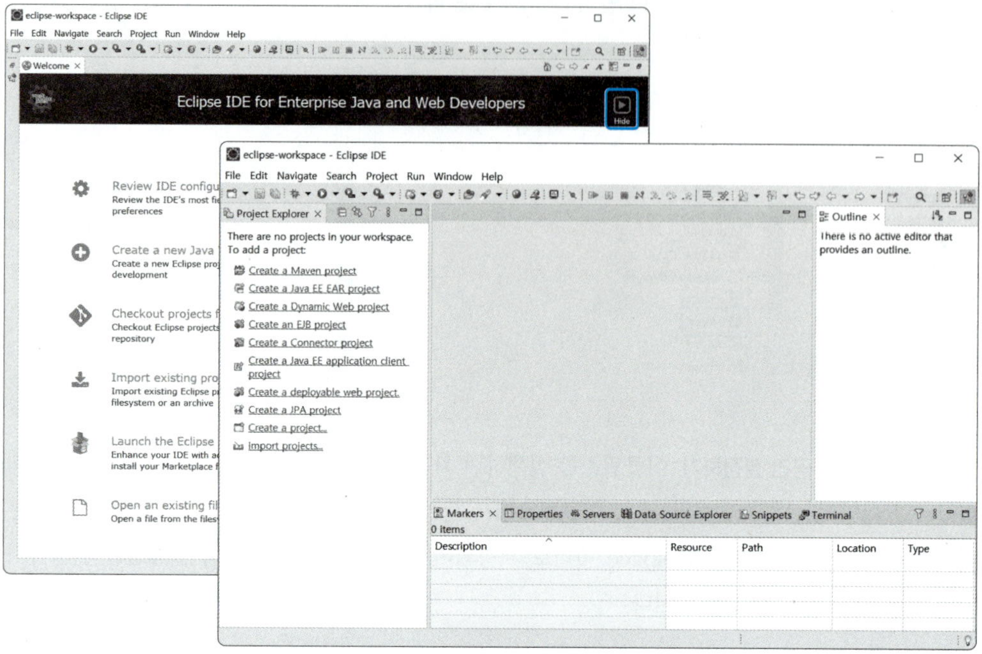

예제 1-5 이클립스와 톰캣 서버 연동하기

웹 프로젝트를 구동하려면 톰캣 웹 서버를 연동해야 합니다. 여기서는 앞서 설치한 이클립스에 톰캣 10버전이 연동되도록 설정하겠습니다.

1 Servers 프로젝트 생성하기: 이클립스에서 [File]−[New]−[Other]를 선택합니다.

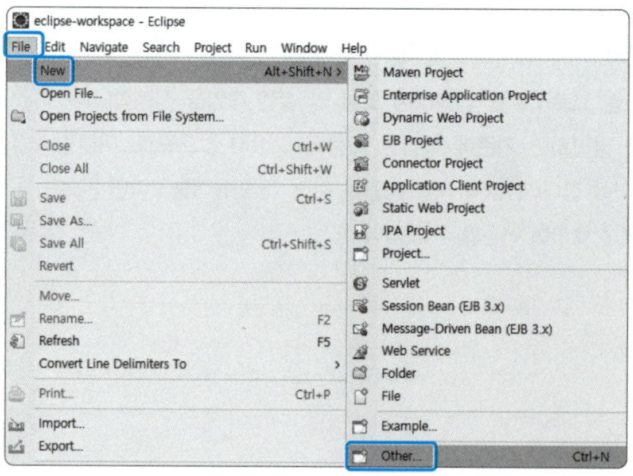

2 웹 서버 유형 설정하기: [Select a wizard] 창에서 [Server]–[Server]를 선택하고 〈Next〉를 클릭합니다. 그리고 [Define a New Server] 창에서 [Apache]–[Tomcat v10.1 Server]를 선택하고 〈Next〉를 클릭합니다.

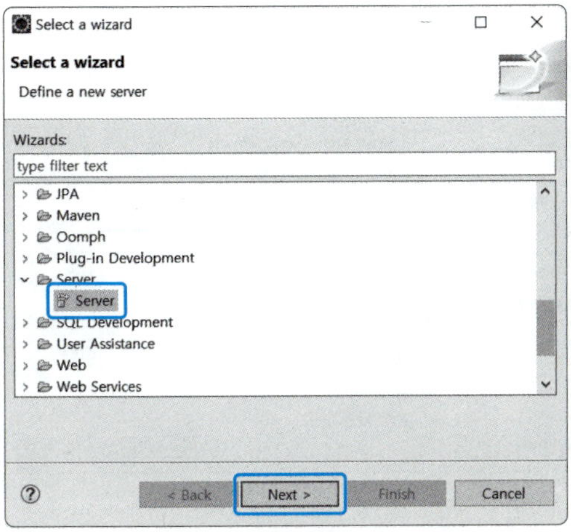

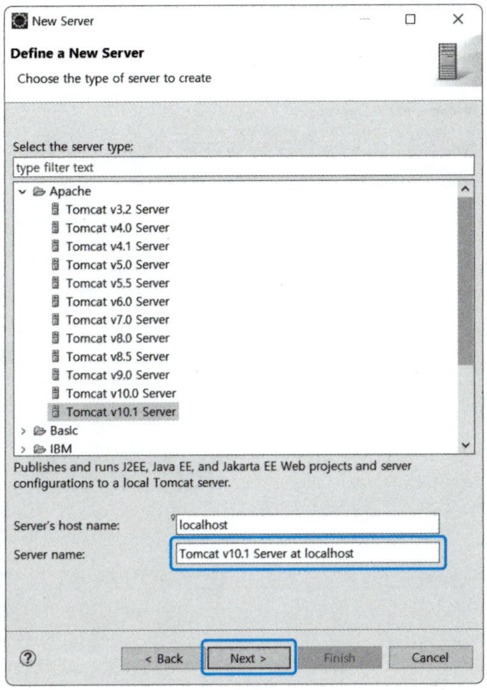

3 웹 서버 위치와 JRE 설정하기: [Tomcat Server] 창에서 〈Browse〉를 클릭하여 톰캣을 설치한 경로를 설정한 후 〈Finish〉를 클릭합니다.

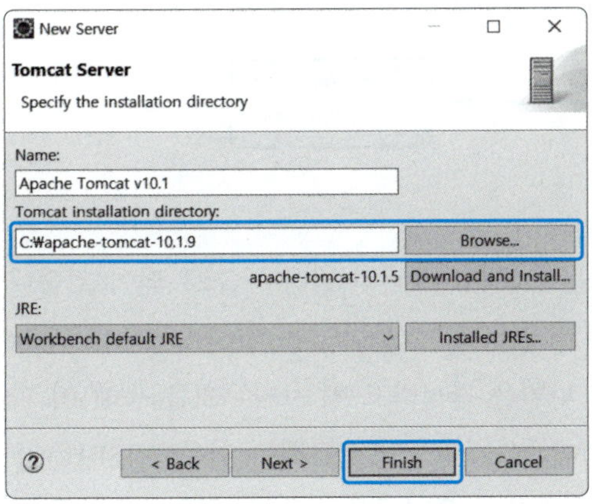

4 연동 확인하기: 이클립스의 프로젝트 탐색기에서 Servers 프로젝트가 생성된 것을 확인할 수 있으며, 이클립스 하단의 콘솔 창에서 [Servers] 탭 창을 보면 현재 추가된 서버 Tomcat v10.1 Server at localhost의 목록이 표시되어 있습니다. 또한 이클립스의 [Window]-[Preferences]를 선택하여 [Preperences] 창의 [Server]-[Runtime Environments]에서 Apache Tomcat v10.1 서버가 등록된 것을 확인할 수 있습니다.

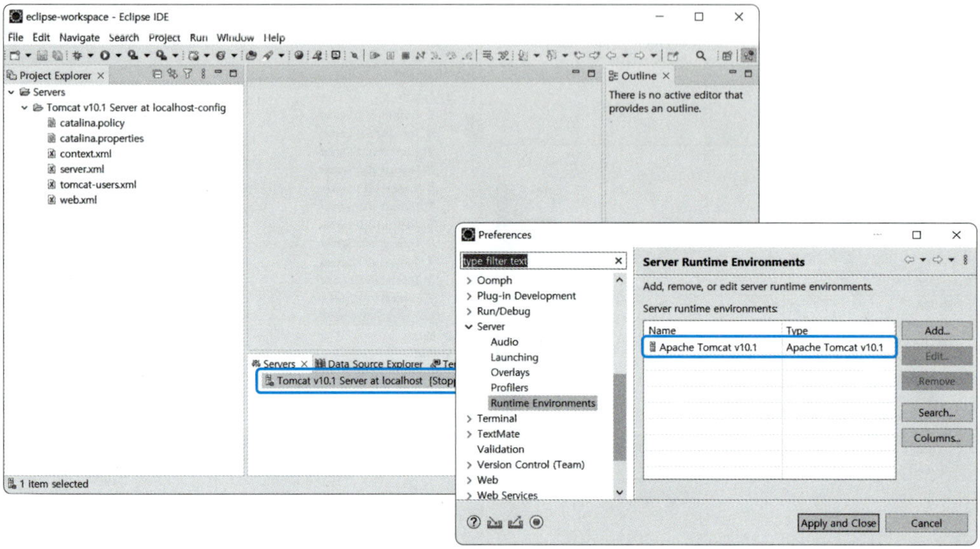

3 JSP 애플리케이션 만들고 실행하기

JSP 애플리케이션은 이클립스를 이용하여 프로젝트를 생성한 후 여기에 JSP 페이지를 작성하여 프로젝트를 실행하는 단계로, [그림 1-10]과 같은 과정을 거쳐 개발됩니다.

그림 1-10 JSP 애플리케이션 개발 과정

애플리케이션을 개발할 때 생성되는 프로젝트는 [그림 1-11]과 같은 구조로 되어 있습니다. 여기서 webapp은 웹 애플리케이션의 기본 또는 루트 폴더(web application root directory)입니다. 일반적으로 이 폴더에 JSP 파일을 작성하고 웹 브라우저를 통해 이 파일에 직접 접근할 수 있습니다. 예를 들어 웹 애플리케이션의 프로젝트 이름이 JSPBook이고 webapp 폴더에 hello.jsp를 작성했다면 웹 브라우저에서 http://localhost:8080/

JSPBook/hello.jsp로 접근하는 것입니다. 또는 webapp 하위에 jsp 폴더를 생성하고 여기에 hello.jsp를 작성하면 http://localhost:8080/JSPBook/jsp/hello.jsp로 접근할 수 있습니다. JSP 파일이나 정적 리소스 파일도 보안을 위해 WEB-INF 폴더에 배치할 수 있습니다.

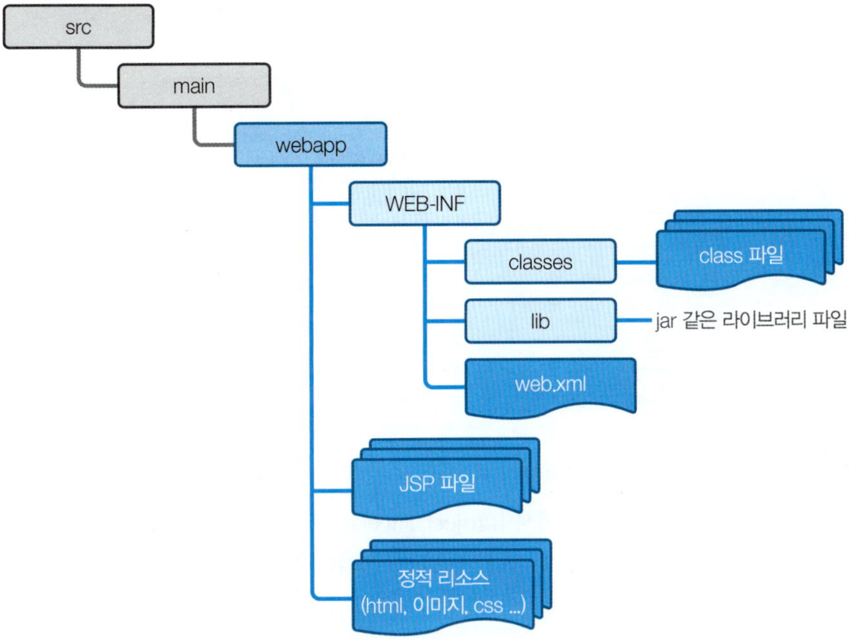

그림 1-11 동적 웹 프로젝트의 구조

예제 1-6 프로젝트 만들고 실행하기

동적 웹 프로젝트를 생성한 후 JSP 페이지를 하나 만들고 실행하여 JSP 애플리케이션 개발 전 과정을 연습해봅시다.

[프로젝트 생성하기]

1 동적 웹 프로젝트 생성하기: 이클립스의 [File]-[New]-[Dynamic Web Project]를 선택합니다.

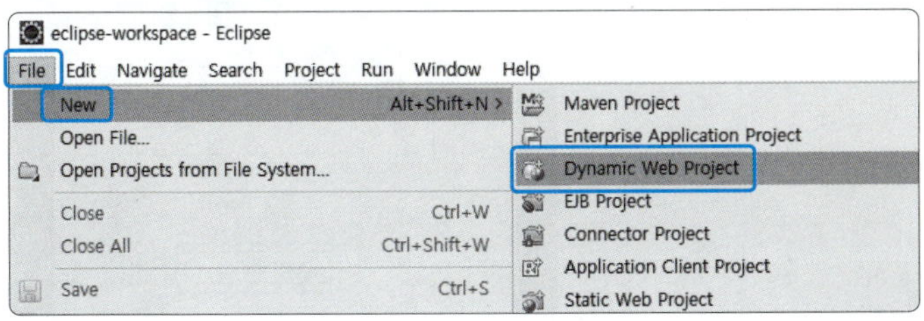

2 프로젝트 이름 설정하기: [New Dynamic Web Project] 창에서 프로젝트 이름에 'JSPBook'을 입력하고, Target runtime이 'Apache Tomcat v10.1'로 되어 있는지 확인한 후 〈Finish〉를 클릭합니다. 이때 프로젝트 탐색기에 생성된 JSPBook 프로젝트의 구조는 오른쪽 그림과 같습니다.

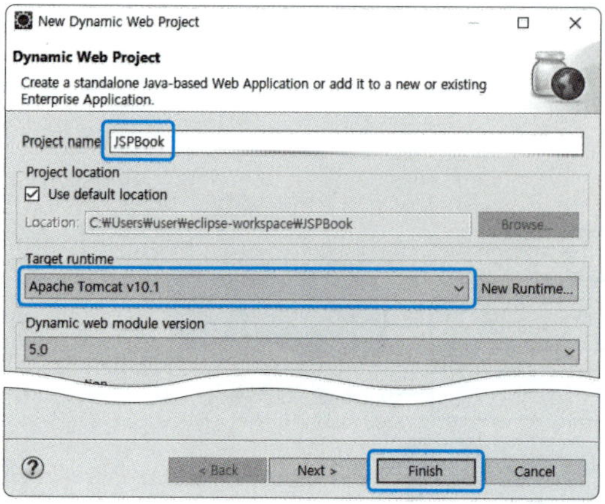

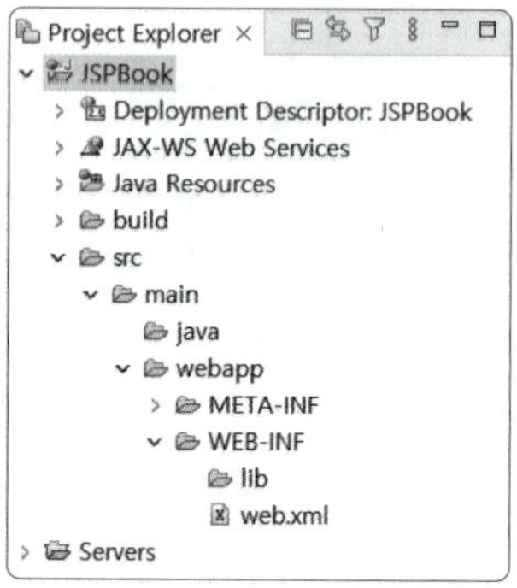

3 프로젝트 구성 설정하기: JSPBook 프로젝트에서 마우스 오른쪽 버튼을 누르고 [Properties]를 선택합니다. [Properties for JSPBook] 창에서 [Project Facets] 항목을 선택하고 Dynamic Web Module의 버전을 5.0으로 변경한 후 〈Apply and Close〉를 클릭합니다.

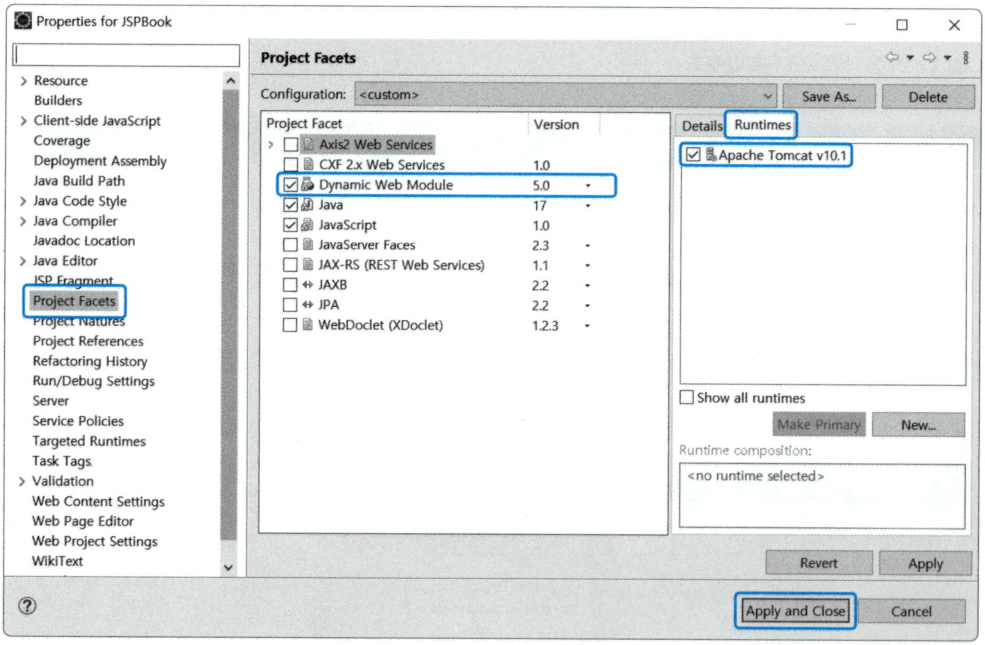

[JSP 페이지 작성하기]

4 JSP 파일 생성하기: ❶ JSPBook 프로젝트에서 마우스 오른쪽 버튼을 누르고 ❷ [New], ❸ [File]을 선택합니다. [New File] 창에서 현재 경로 ❹ JSPBook/src/main/webapp를 확인하고 ❺ 파일 이름에 'hello.jsp'를 입력한 후 ❻ 〈Finish〉를 클릭합니다.

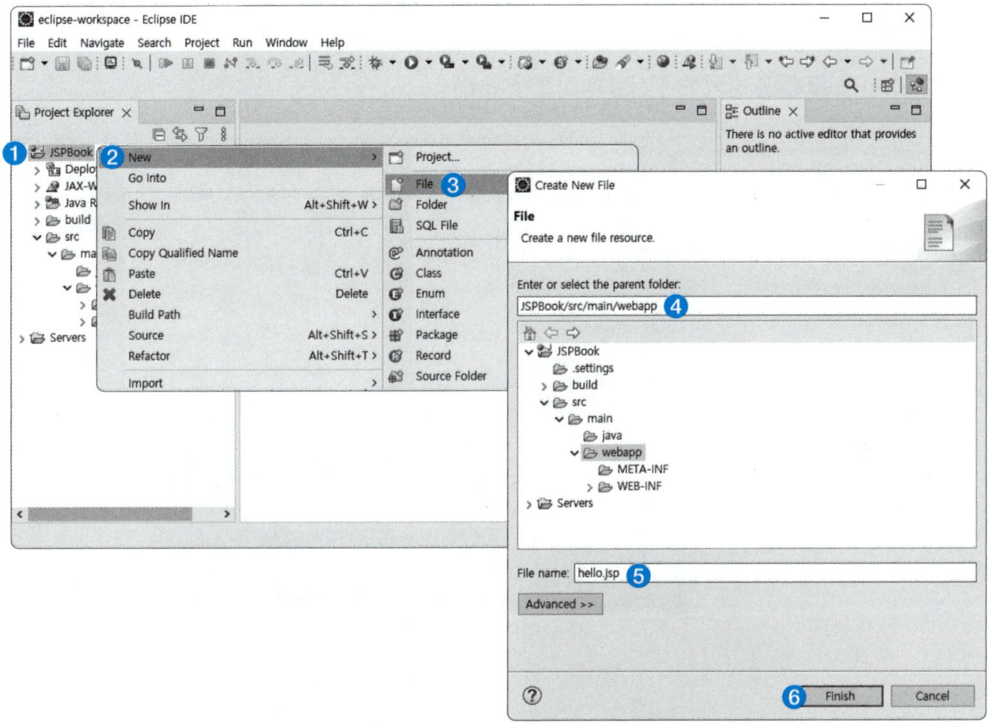

5 JSP 페이지 코드 작성하기: 생성된 hello.jsp 파일에 다음과 같이 작성하여 저장합니다.

hello.jsp

```
<html>
<head>
<title>Welcome</title>
</head>
<body>
    <h1>Hello JSP!!</h1>
    Hello! Java Server Pages.
</body>
</html>
```

[프로젝트 실행하기]

6 톰캣 서버에 등록하기: 이제 제대로 구현되었는지 실행해봅시다. JSPBook 프로젝트를 실행하려면 톰캣 서버도 실행해야 합니다. ❶ 이클립스의 아래쪽 창에서 [Servers] 탭을 선택합니다. ❷ Tomcat v10.1 Server at localhost에서 마우스 오른쪽 버튼을 누르고 ❸ [Add and Remove]를 선택합니다. ❹ 다음 창에서 JSPBook 프로젝트를 선택하고 ❺ 〈Add〉를 클릭(또는 더블클릭)하여 오른쪽에 추가한 후 ❻ 〈Finish〉를 클릭하여 Tomcat v10.1 Server at localhost 하위에 JSPBook 항목을 추가합니다. 그리고 ❼ ▶을 클릭하여 서버를 실행합니다.

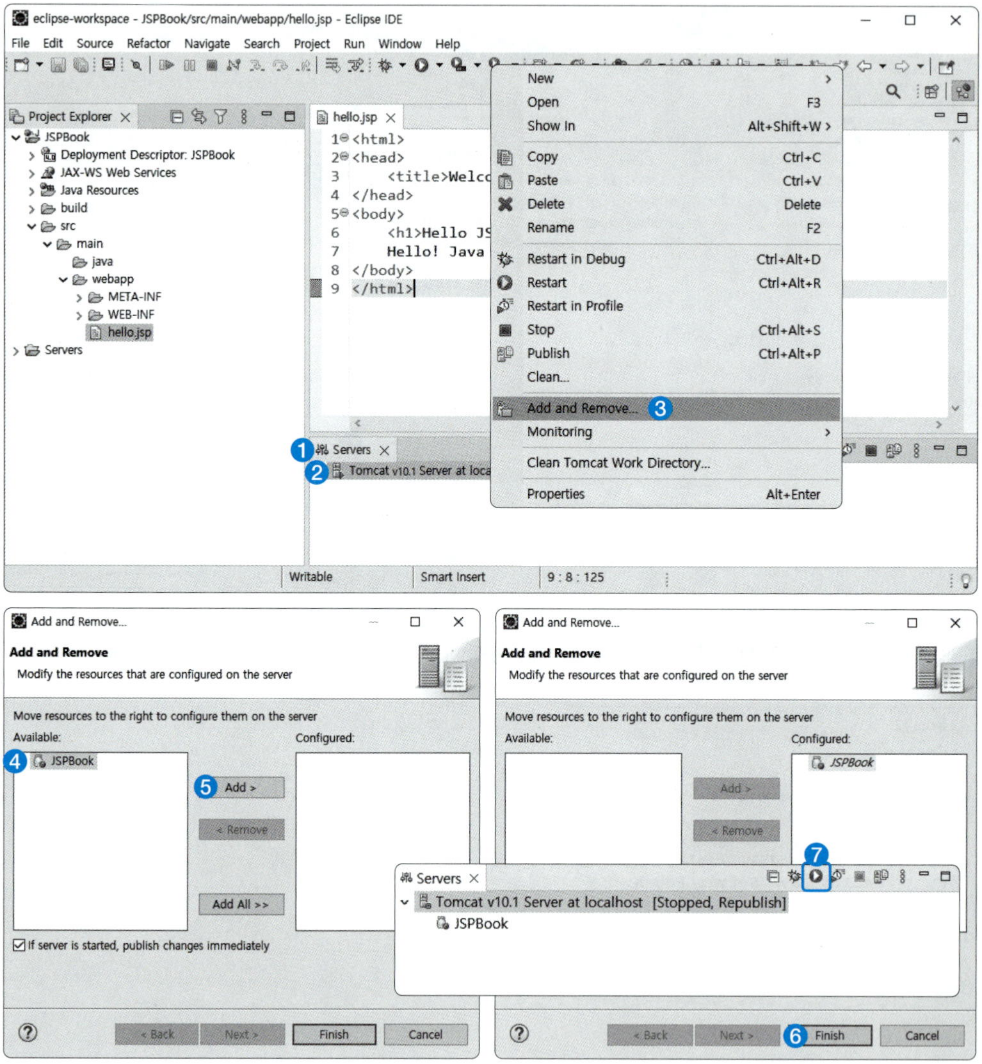

7 실행 결과 확인하기: 서버가 성공적으로 실행되면 JSPBook 프로젝트를 선택하고 이클립스의 ▶을 클릭하여 [Run As]–[Run on Server]를 선택합니다. 웹 브라우저에 'http://localhost:8080/JSPBook/hello.jsp'를 입력하여 실행 결과를 확인합니다.

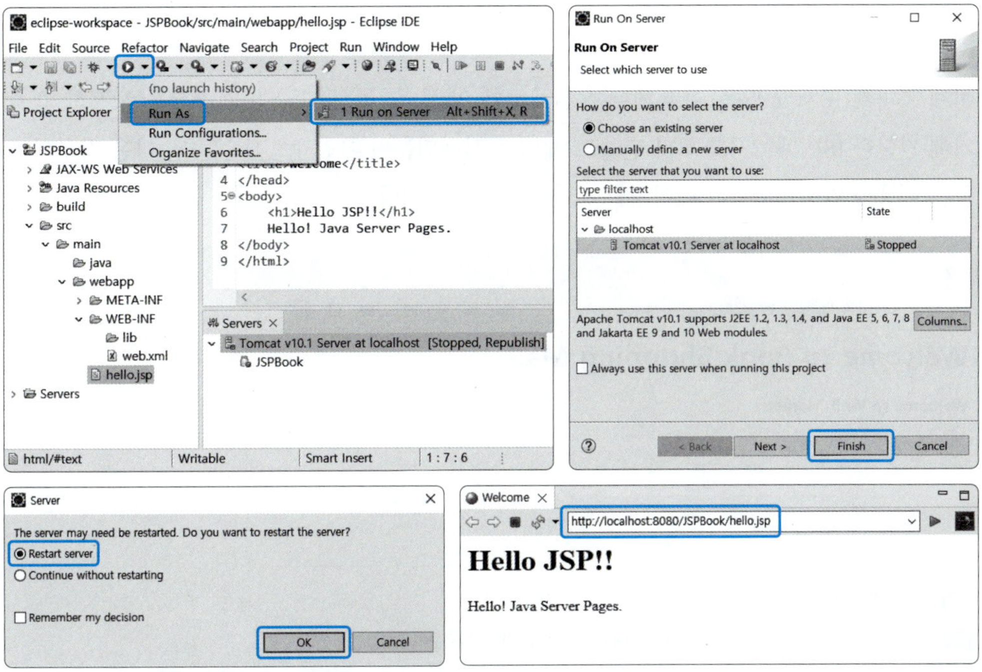

> **NOTE 프로젝트를 실행하는 다른 방법**
>
> 프로젝트 실행 시 해당 JSP 파일(hello.jsp)을 열어놓고 이클립스의 ▶을 클릭하여 [Run As]–[Run on Server]를 선택하면 웹 브라우저의 주소 창에 'http://localhost:8080/JSPBook/hello.jsp'를 직접 입력하지 않아도 다음과 같이 웹 브라우저에서 실행 결과를 확인할 수 있습니다. 또한 실행 결과를 확인하는 브라우저는 이클립스의 [Window]–[Web Browser] 메뉴를 이용하여 변경할 수 있습니다.
>
> 0 Internal Web Browser: 이클립스 내부의 웹 브라우저
>
> 1 Default system web browser: 시스템의 기본 웹 브라우저
>
> 2 Internet Explorer: 인터넷 익스플로러
>
> 3 Chrome: 크롬

03 북마켓 프로젝트 생성하기

이제 북마켓(도서 쇼핑몰) 프로젝트를 진행하기 위해 BookMarket 프로젝트를 생성한 후 여기에 간단한 JSP 페이지를 하나 만들고 제대로 실행되는지 확인해보겠습니다. 다음 장부터 배우는 내용을 바탕으로 JSP 페이지를 하나씩 완성해봅시다.

그림 1-12 북마켓 프로젝트의 실행

TIP 북마켓 프로젝트는 크롬 브라우저를 통해서 실행 결과를 확인합니다.

예제 1-7 북마켓 프로젝트 만들기

[예제 1-6]과 같은 방법으로 BookMarket 프로젝트를 만들고 실행합니다.

[프로젝트 생성하기]

1 동적 웹 프로젝트 생성하기: 이클립스의 [File]-[New]-[Dynamic Web Project]를 선택합니다.

2 프로젝트 이름 설정하기: [New Dynamic Web Project] 창에서 프로젝트 이름에 'BookMarket'을 입력하고, Target runtime이 'Apache Tomcat v10.1'으로 되어 있는지 확인한 후 〈Finish〉를 클릭합니다. 이때 프로젝트 탐색기에 생성된 BookMarket 프로젝트의 구조는 오른쪽 그림과 같습니다.

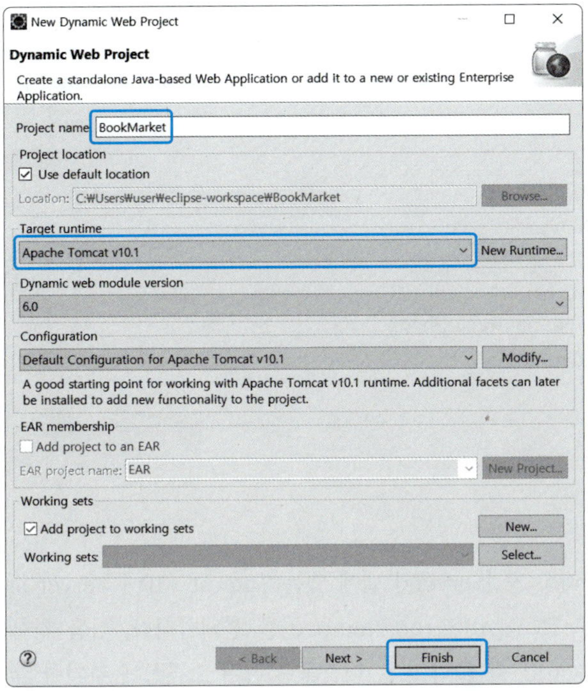

[JSP 페이지 작성하기]

3 JSP 파일 생성하기: BookMarket 프로젝트에서 마우스 오른쪽 버튼을 누르고 [New]–[File]을 선택합니다. [Create New File] 창에서 현재 경로 BookMarket/src/main/webapp을 확인하고 파일 이름에 'welcome.jsp'를 입력한 후 〈Finish〉를 클릭합니다.

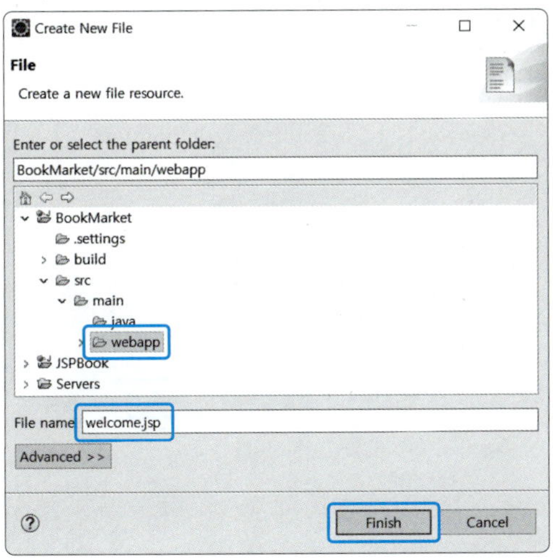

4 JSP 페이지 코드 작성하기: 생성된 welcome.jsp 파일에 다음과 같이 작성하여 저장합니다.

BookMarket/src/main/webapp/welcome.jsp

```
<html>
<head>
<title>Welcome</title>
</head>
<body>
	<h1>Welcome to Book Shopping Mall</h1>
	<h3>Welcome to Web Market!</h3>
</body>
</html>
```

[프로젝트 실행하기]

5 톰캣 서버에 등록하기: 이클립스의 아래쪽 창 [Servers] 탭에 있는 Tomcat v10.1 Server at localhost에서 마우스 오른쪽 버튼을 누르고 [Add and Remove]를 선택합니다. 다음 창에서 BookMarket 프로젝트를 선택하고 〈Add〉를 클릭(또는 더블클릭)하여 오른쪽에 추가한 후 〈Finish〉를 클릭하여 Tomcat v10.1 Server at localhost 하위에 BookMarket 항목을 추가합니다. 그리고 ▶을 클릭하여 서버를 실행합니다.

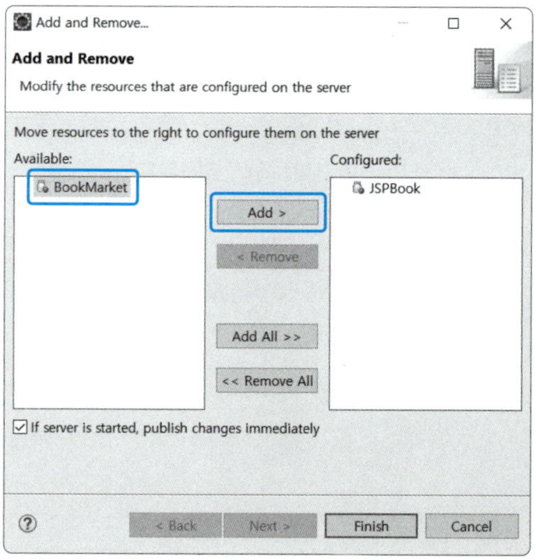

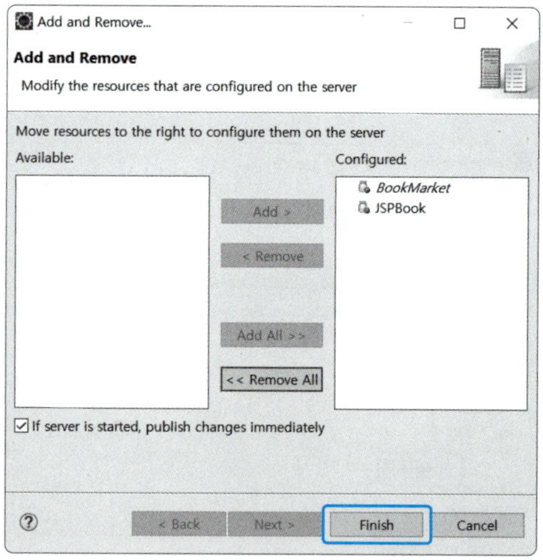

6 실행 결과 확인하기: 서버가 성공적으로 실행되면 welcome.jsp를 열어놓고 이클립스의 ▶을 클릭하여 [Run As]–[Run on Server]를 선택합니다.

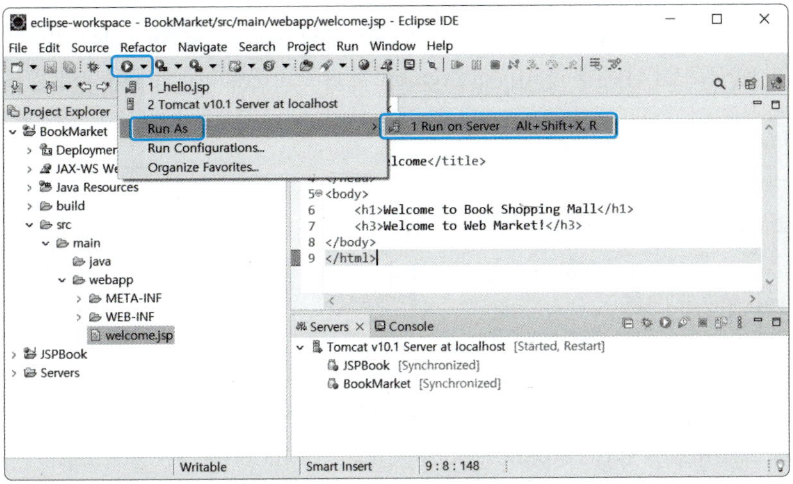

요약

01 인터넷은 컴퓨터가 서로 연결되어 (   )라는 통신 프로토콜을 이용하여 정보를 주고받는 전 세계의 (   )입니다. 인터넷을 통해 광범위한 정보와 서비스를 제공할 수 있는데 그중 한 서비스가 (   )입니다.

02 웹은 기본적으로 (   ) 방식으로 동작합니다. ((웹 브라우저))가 특정 페이지를 (   )에 요청하면 이를 처리한 후 그 결과를 (   )에게 보내어 응답하는 것입니다.

03 (   )는 컴퓨터에 저장된 텍스트 파일을 그대로 보는 것이고, (   )는 저장된 내용을 다른 변수로 가공 처리하여 보는 것입니다.

04 웹 프로그래밍 언어는 클라이언트 측 실행 언어와 서버 측 실행 언어로 구분되며, 자바를 기반으로 하는 (   )는 서버 측 웹 프로그래밍 언어 중 하나입니다.

05 (   ) 기술의 확장인 JSP는 유지 관리가 용이하고 빠른 개발이 가능하며 코드 길이를 줄일 수 있습니다.

06 JSP 페이지는 하나의 (   ) 프로그램으로 변환되어 실행됩니다.

07 JSP는 생성부터 파괴까지 번역 ▶ (   ) ▶ (   ) ▶ 실행 ▶ 소멸의 과정을 거칩니다.

08 JSP 애플리케이션은 이클립스를 이용하여 프로젝트를 생성한 후 여기에 JSP 페이지를 작성하여 프로젝트를 실행합니다.

09 JSP 개발 환경 도구는 다음과 같습니다.

요소	프로그램명	설명
자바 개발 환경	(　　　　)	JSP는 HTML 코드 내에 자바 코드를 작성하기 때문에 자바 개발 도구인 JDK가 반드시 설치되어 있어야 한다.
(　　　　)	톰캣	웹 프로그래밍 언어로 작성된 웹 페이지가 실행되어 웹 브라우저에 나타나도록 하기 위해 웹 컨테이너를 설치해야 한다. JSP 웹 컨테이너로 자주 사용되는 것 중에서 가장 유명한 것은 톰캣이다. 톰캣은 오픈 소스 프로젝트로서 무료로 누구나 사용할 수 있다.
통합 개발 환경	(　　　　)	JSP 코드를 작성한 후 이를 컴파일하여 오류를 검사하고 실행 결과를 확인할 수 있는 통합 개발 환경(IDE)으로 개발자들에게 가장 인기 있는 이클립스(Eclipse)를 선택하여 설치한다.

정답

01 TCP/IP, 컴퓨터 네트워크, 웹　02 클라이언트/서버, 클라이언트, 웹 서버, 클라이언트　03 정적 웹 페이지, 동적 웹 페이지
04 JSP　05 서블릿　06 서블릿　07 컴파일, 로딩 및 초기화　09 JDK, 웹 서버, 이클립스

연습문제

01 JSP는 무엇의 약자인가?

① Java Server Pages

② Java Special Pages

③ Java Static Pages

④ Java Showing Pages

02 다음 중 웹 프로그래밍 언어인 JSP의 특징에 대한 설명으로 옳지 않은 것은 무엇인가?

① JSP에서는 서블릿의 모든 기능을 사용할 수 있다.

② JSP는 로직을 분리할 수 있기 때문에 관리하기가 쉽다.

③ JSP는 코드를 수정하면 업데이트를 하고 다시 컴파일해야 한다.

④ JSP로 개발하면 다양한 태그를 사용하여 서블릿보다 코드 길이를 줄일 수 있다.

03 다음 중 JSP 라이프 사이클의 일부로, 호출되는 표준 메소드가 아닌 것은 무엇인가?

① jspInit()

② jspService()

③ _jspService()

④ jspDestroy()

04 다음 중 JSP 생명 주기의 초기화 단계에 대한 설명으로 옳지 않은 것은 무엇인가?

① 컨테이너가 JSP를 로드할 때 요청을 처리하기 전에 jspInit() 메소드를 호출한다.

② 초기화 단계에서 컨테이너가 _jspService() 메소드를 호출한다.

③ ①, ②번 두 가지 모두 해당된다.

④ ①, ②번 중 어느 쪽도 해당되지 않는다.

05 다음 중 JSP와 서블릿 간의 관계를 가장 잘 설명한 것은 무엇인가?

① 서블릿은 JSP 시맨틱을 기반으로 구축되며 모든 서블릿은 런타임 사용을 위해 JSP 페이지로 컴파일된다.

② JSP와 서블릿은 관련 없는 기술이다.

③ 서블릿과 JSP는 웹 요청을 처리하기 위한 경쟁 기술이며, 두 기술을 함께 사용하면 유용하지 않다.

④ JSP는 서블릿을 기반으로 구축되며 모든 JSP는 런타임 사용을 위해 서블릿으로 컴파일된다.

06 JSP 페이지가 컴파일되면 무엇으로 바뀌는지 고르시오.

① 애플릿 ② 서블릿

③ 애플리케이션 ④ 메일렛

07 다음 조건에 맞게 JSP 애플리케이션을 만들고 실행하여 결과를 확인하시오.

조건

❶ HelloJSP라는 이름의 프로젝트를 생성한다.

❷ src/main/webapp 폴더에 다음과 같은 hello.jsp 파일을 생성한다.
- 〈h1〉 태그를 이용하여 'Hello! JSP Programming'을 출력한다.
- 'Welcome to JSP'를 출력한다.

❸ 서버를 실행하고 웹 브라우저에 'http://localhost:8080/HelloJSP/hello.jsp'를 입력하여 실행 결과를 확인한다.

08 자기소개 페이지를 만들기 위해 다음 조건에 맞게 JSP 애플리케이션을 만들고 실행 결과를 확인하시오.

> **조건**
>
> ❶ HelloJSP2라는 이름의 프로젝트를 생성한다.
>
> ❷ src/main/webapp 폴더에 hello2.jsp 파일을 생성한다.
> - 〈h1〉 태그를 이용하여 'Self-Inroduction'을 출력한다.
> - 'Name : Hong Gil Son'과 'Department : MobileMedia'를 2행으로 출력한다.
>
> ❸ 서버를 실행하고 웹 브라우저에 'http://localhost:8080/HelloJSP2/hello2.jsp'를 입력하여 실행 결과를 확인한다.

09 프로젝트의 구조를 이해하기 위해 다음 조건에 맞게 JSP 애플리케이션을 만들고 실행 결과를 확인하시오.

> **조건**
>
> ❶ HelloJSP3이라는 이름의 프로젝트를 생성한다.
>
> ❷ src/main/webapp 폴더에 jsp 폴더를 만들고 다음과 같은 hello3.jsp 파일을 생성한다.
> - 〈h1〉 태그를 이용하여 'Welcome to JSP'를 출력한다.
> - 'JSP is Dynamic Web Page.'와 'JSP is Java Sever Pages.'를 2행으로 출력한다.
>
> ❸ 서버를 실행하고 웹 브라우저에 'http://localhost:8080/HelloJSP3/jsp/hello3.jsp'를 입력하여 실행 결과를 확인한다.

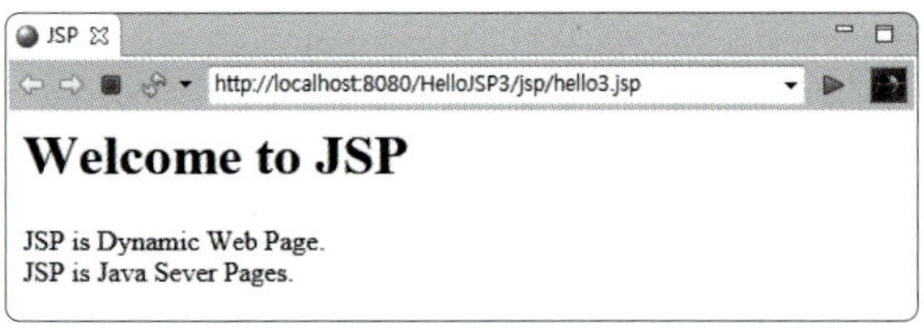

PART 02

JSP 기본 문법

PART 02

JSP 기본 문법

CHAPTER 02

스크립트 태그: 시작 페이지 만들기

학습목표

- 스크립트 태그의 개념과 특징을 이해합니다.
- 스크립트 태그 구성 요소의 사용법을 익힙니다.
- 스크립트 태그를 이용하여 북마켓의 시작 페이지를 만듭니다.
- 부트스트랩 CSS를 이용하여 북마켓의 시작 페이지를 변경합니다.

01 스크립트 태그의 개요

JSP는 태그를 이용하여 문법을 기술합니다. JSP 태그는 크게 스크립트 태그(script tag), 디렉티브 태그(directive tag), 액션 태그(action tag)로 나뉩니다. 스크립트 태그는 HTML 코드에 자바 코드를 넣어 프로그램이 수행하는 기능을 구현할 수 있습니다. 디렉티브 태그는 JSP 페이지를 어떻게 처리할 것인지 설정하여 JSP 페이지에 대한 정보를 JSP 컨테이너에 보냅니다. 액션 태그는 클라이언트/서버에 어떤 작동을 행하도록 명령을 지시하는 XML 형태의 태그로, JSP 페이지 사이에서 제어를 이동할 수도 있습니다.

[표 2-1]과 같이 스크립트 태그는 세 가지 종류가 있으며 모두 <% … %>를 사용합니다. JSP 페이지가 서블릿 프로그램에서 서블릿 클래스로 변환할 때, JSP 컨테이너가 자바 코드가 삽입되어 있는 스크립트 태그를 처리하고 나머지는 HTML 코드나 일반 텍스트로 간주합니다.

표 2-1 스크립트 태그의 종류

스크립트 태그	형식	설명
선언문(declaration)	<%! … %>	자바 변수나 메소드를 정의하는 데 사용한다.
스크립틀릿(scriptlet)	<% … %>	자바 로직 코드를 작성하는 데 사용한다.
표현문(expression)	<%= … %>	변수, 계산식, 메소드 호출 결과를 문자열 형태로 출력하는 데 사용한다.

JSP 페이지에 작성된 스크립트 태그가 어떻게 자바 서블릿 프로그램으로 번역되는지 예를 통해 살펴봅시다. 다음 예에서는 스크립트 태그를 사용하여 작성한 scripting.jsp 파일을 '톰캣설치ROOT\webapps\ROOT\'에 저장했다고 가정하겠습니다.

scripting.jsp

```
<html>
<head>
<title>Scripting Tag</title>
</head>
<body>
    <h2>Scripting Tag</h2>
```

```
    <%! int count = 3;

    String makeItLower(String data) {
      return data.toLowerCase();
    } %>

    <%
      for(int i = 1; i <= count; i++) {
          out.println("Java Server Pages " + i + ".<br>");
          }
    %>

    <%= makeItLower("Hello World") %>
</body>
</html>
```

❶ 선언문 태그를 사용하여 자바 변수와 메소드 정의

❷ 스크립틀릿 태그로 자바 로직 코드 작성

❸ 표현문 태그로 선언문의 메소드를 호출하여 문자열 형태로 출력

scripting.jsp가 웹 브라우저를 통해 요청되면 톰캣은 이 JSP 페이지를 서블릿 프로그램으로 번역하고 컴파일한 서블릿 클래스를 실행하여 웹 브라우저에 보여줍니다. 이때 서블릿 프로그램은 다음과 같은 구조가 되고, 서블릿 프로그램과 서블릿 클래스는 '톰캣설치 ROOT\work\Catalina\localhost\ROOT\org\apache\jsp\'에 각각 scripting_jsp.java, scripting_jsp.class로 보관됩니다.

scripting_jsp.java

```
…(생략)…
package org.apache.jsp;

import jakarta.servlet.*;
import jakarta.servlet.http.*;
import jakarta.servlet.jsp.*;

public final class scripting_jsp extends org.apache.jasper.runtime.HttpJspBase
implements org.apache.jasper.runtime.JspSourceDependent,
org.apache.jasper.runtime.JspSourceImports,
org.apache.jasper.runtime.JspSourceDirectives {
    int count = 3;
    String makeItLower(String data) {
```

❶ 선언부

```
        return data.toLowerCase();
    }
…(생략)…
public void _jspService(final jakarta.servlet.http.HttpServletRequest request,
final jakarta.servlet.http.HttpServletResponse response) throws java.
io.IOException, jakarta.servlet.ServletException {
…(생략)…
    for(int i=0; i <= count; i++) {
        out.println("Java Server Pages " + i + "<br>");        ❷ 처리부
    }
    out.write("\r\n");
    out.write("\r\n");
    out.write("\r\n");
    out.write("    ");
    out.print(makeItLower("Hello World"));        ❸ 출력부
…(생략)…
    }
}
```

위와 같이 선언문 태그로 작성한 코드는 서블릿 프로그램에서 선언부에 해당하고 _jspService() 메소드 외부에 배치됩니다. 그리고 스크립틀릿 태그로 작성된 코드는 서블릿 프로그램에서 처리부에 해당하고 _jspService() 메소드 내부에 배치됩니다. 또한 표현문 태그로 작성한 코드는 서블릿 프로그램에서 출력부에 해당하고, 표현문의 결과 값은 _jspService() 메소드 내부에 있는 out.print() 메소드의 매개변수가 되어 문자열 형태로 출력되어 다음과 같은 결과가 나옵니다. 이때 JSP 표현문 태그의 구문 전체는 서블릿 프로그램에서 out.print() 메소드의 매개변수가 되기 때문에 세미콜론(;)을 사용해서는 안 됩니다.

Scripting Tag

Java Server Pages 1.
Java Server Pages 2.
Java Server Pages 3.
hello world

02 선언문 태그

선언문 태그(declaration tag)는 변수나 메소드 등을 선언하는 태그로, 다음과 같은 형식입니다. 선언문 태그에 선언된 변수와 메소드는 서블릿 프로그램으로 번역될 때 _jspService() 메소드 외부에 배치되므로 JSP 페이지 임의의 위치에서 선언할 수 있습니다. 심지어 스크립틀릿 태그보다 나중에 선언해도 스크립틀릿 태그에서 사용할 수 있습니다.

```
<%! 자바 코드; %>
```

각 행이 세미콜론으로 끝나야 함

선언문 태그로 선언된 변수는 서블릿 프로그램으로 번역될 때 클래스 수준의 멤버 변수가 되므로 전역변수로 사용됩니다. 예를 들어 다음 코드에서 선언문 태그로 선언한 변수 count는 서블릿 프로그램으로 번역될 때 _jspService() 메소드 외부에 배치되어 해당 JSP 페이지의 모든 스크립트 태그가 참조할 수 있는 전역변수가 됩니다. 따라서 해당 JSP 페이지의 어느 위치에서도 참조할 수 있으므로 나중에 선언된 스크립틀릿 태그에서 사용할 수 있습니다. 반면 count 변수를 스크립틀릿 태그에서 참조하면 다음 서블릿 프로그램의 예에서 보듯이 _jspService() 메소드 내부에 들어갑니다.

[선언문 태그 사용 예: 전역변수 선언]

```
<html>
<head>
<title>Scripting Tag</title>
</head>
<%-- 선언문 태그 [메소드] --%>
<%! int count=0; %>
<body>
    Page Count is
    <%-- 스크립틀릿 태그 --%>
```

Page Count is 1

❶ 전역변수 count를 0으로 초기화

```
    <%
        out.println(++count);
    %>                                    ❷ 전역변수 count를 1 증가시킴
</body>
</html>
```

이 JSP 페이지는 다음과 같은 서블릿 프로그램으로 번역됩니다.

```
public final class hello_jsp extends org.apache.jasper.runtime.HttpJspBase
implements org.apache.jasper.runtime.JspSourceDependent, org.apache.jasper.runtime.
JspSourceImports, org.apache.jasper.runtime.JspSourceDirectives {
    int count=0; ❶
   ...
public void _jspService(final jakarta.servlet.http.HttpServletRequest request,
final jakarta.servlet.http.HttpServletResponse response) throws IOException,
ServletException {
        response.setContenType("text/html");
        ...
        out.write("<body>\r\n");
        out.write("Page count is \r\n");
        out.write("     ");
        out.print(++count); ❷
        out.write("\r\n");
        ...
    }
}
```

선언문 태그로 선언된 메소드는 전역변수처럼 전역 메소드로 사용됩니다. 다음 예시에서 선언문 태그로 선언된 myMethod() 메소드는 전역 메소드로, 먼저 선언된 스크립틀릿 태그의 out.print() 메소드에서 호출할 수 있습니다. 따라서 myMethod() 메소드의 매개변수 count에 0이 전달되어 'Page Count is: 1'이 출력됩니다.

[선언문 태그 사용 예: 전역 메소드 선언]

```
<html>
<head>
<title>Scripting Tag</title>
</head>
<body>
    Page Count is:
    <%-- 스크립틀릿 태그 --%>
    <%
        out.print(myMethod(0));
    %>
    <%-- 선언문 태그 [메소드] --%>
    <%! public int myMethod(int count) {
            return ++count;
    } %>
</body>
</html>
```

전역 메소드 myMethod() 호출

전역 메소드 myMethod() 설정

예제 2-1 선언문 태그에 전역변수 사용하기

1 프로젝트 생성하기: 1장에서 생성한 JSPBook 프로젝트를 그대로 사용합니다. 앞으로도 예제에서는 JSPBook 프로젝트를 계속 사용할 것입니다.

2 JSP 페이지 작성하기: JSPBook 프로젝트에서 마우스 오른쪽 버튼을 누르고 [New]−[Folder] 메뉴를 선택합니다. [New Folder] 창에서 현재 경로 JSPBook/src/main/webapp를 확인하고 폴더 이름에 'ch02'를 입력합니다. 생성된 ch02 폴더에서 마우스 오른쪽 버튼을 누르고 [New]−[File] 메뉴를 선택합니다. [New File] 창에서 현재 경로 JSPBook/src/main/webapp/ch02를 확인하고 파일 이름에 'declaration01.jsp'를 입력한 후 〈Finish〉를 클릭합니다. 그리고 declaration01.jsp 파일에 다음과 같이 작성하여 저장합니다.

JSPBook/src/main/webapp/ch02/declaration01.jsp

```
<html>
<head>
<title>Scripting Tag</title>
</head>
```

```
05 <body>
06     <%! int data=50; %>
07     <%
08         out.println("Value of the variable is:" + data);
09     %>
10 </body>
11 </html>
```

06행: 변수 data에 50을 저장하도록 선언문 태그를 작성합니다.

07~09행: out.println() 메소드를 이용하여 'Value of the variable is:50'을 출력하도록 스크립틀릿 태그를 작성합니다. 여기서 변수 data는 선언문 태그에 선언된 전역변수 값 50에 해당합니다.

3 프로젝트 실행하기: 웹 브라우저에 'http://localhost:8080/JSPBook/ch02/declaration01.jsp'를 입력하여 실행 결과를 확인합니다.

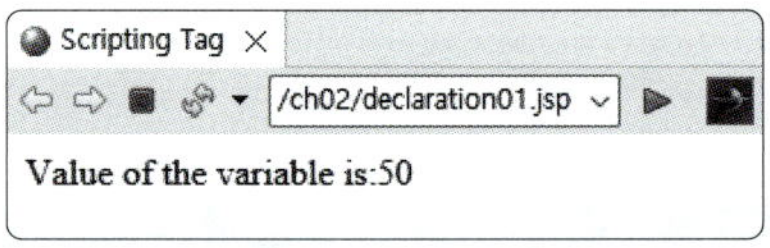

예제 2-2 선언문 태그에 전역 메소드 사용하기 1

[예제 2-1]의 2와 같은 방법으로 /src/main/webapp/ch02/ 폴더에 다음과 같이 declaration02.jsp 파일을 만들고 웹 브라우저에 'http://localhost:8080/JSPBook/ch02/declaration02.jsp'를 입력하여 실행 결과를 확인합니다.

JSPBook/src/main/webapp/ch02/declaration02.jsp

```
<html>
<head>
<title>Scripting Tag</title>
</head>
<body>
    <%! int sum(int a, int b) {
        return a + b;
    } %>
    <%
```

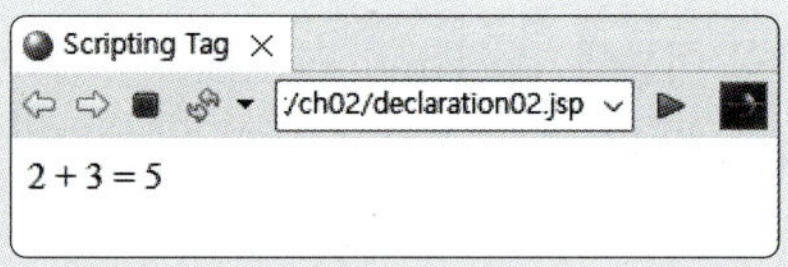

```
10          out.println("2 + 3 = " + sum(2, 3));
11      %>
12  </body>
13  </html>
```

06~08행: 전역 메소드 sum()을 선언하기 위해 선언문 태그를 작성합니다.

09~11행: out.println() 메소드를 이용하여 '2+3=5'를 출력하도록 스크립틀릿 태그를 작성합니다. 여기서 선언된 sum() 메소드는 선언문 태그에 선언된 전역 메소드인 sum()을 호출합니다.

예제 2-3 선언문 태그에 전역 메소드 사용하기 2

[예제 2-1]의 2와 같은 방법으로 /src/main/webapp/ch02/ 폴더에 다음과 같이 declaration03.jsp 파일을 만들고 웹 브라우저에 'http://localhost:8080/JSPBook/ch02/declaration03.jsp'를 입력하여 실행 결과를 확인합니다.

JSPBook/src/main/webapp/ch02/declaration03.jsp

```
01  <html>
02  <head>
03  <title>Scripting Tag</title>
04  </head>
05  <body>
06      <%! String makeItLower(String data) {
07          return data.toLowerCase();
08      } %>
09      <%
10          out.println(makeItLower("Hello World"));
11      %>
12  </body>
13  </html>
```

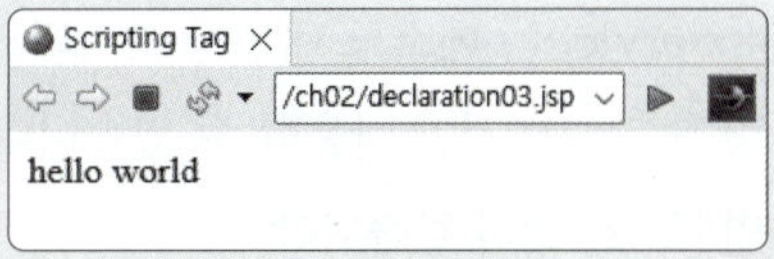

06~08행: 전역 메소드 makeItLower()를 선언하기 위해 선언문 태그를 작성합니다.

09~11행: out.println() 메소드로 makeItLower() 메소드를 호출하여 'Hello World'를 출력하도록 스크립틀릿 태그를 작성합니다. out.println() 메소드는 선언문 태그에 선언된 전역 메소드인 makeItLower()를 호출합니다.

03 스크립틀릿 태그

스크립틀릿 태그(scriptlet tag)는 자바 코드로 이루어진 로직 부분을 표현하며, 다음과 같은 형식으로 out 객체를 사용하지 않고도 쉽게 HTML 응답을 만들어낼 수 있습니다. 스크립틀릿 태그는 가장 일반적으로 사용되며 변수 또는 메소드 호출, 유효식 등 다수를 포함할 수 있습니다. 모든 텍스트, HTML 태그, 또는 JSP 요소는 스크립틀릿 태그 외부에 있어야 합니다.

```
<% 자바 코드; %>
```
각 행이 세미콜론으로 끝나야 함

스크립틀릿 태그에 작성된 자바 코드는 서블릿 프로그램으로 변환될 때 _jspService() 메소드 내부에 복사됩니다. 각 클라이언트의 요청에 대해 _jspService() 메소드가 호출되므로 이 메소드의 내부 코드가 클라이언트의 요청마다 실행되어야 하기 때문입니다. 그리고 _jspService() 메소드 내부에 복사되므로 지역변수가 되어 이 태그에 선언된 변수는 스크립틀릿 태그 내에서만 사용할 수 있습니다. 앞서 살펴본 선언문 태그와 스크립틀릿 태그를 비교하면 [표 2-2]와 같습니다.

표 2-2 선언문 태그와 스크립틀릿 태그의 비교

선언문 태그	스크립틀릿 태그
변수뿐만 아니라 메소드를 선언할 수 있다.	스크립틀릿 태그는 메소드 없이 변수만을 선언할 수 있다.
서블릿 프로그램으로 변환될 때 _jspService() 메소드 외부에 배치된다.	서블릿 프로그램으로 변환될 때 _jspService() 메소드 내부에 배치된다.

다음은 스크립틀릿 태그로 선언된 지역변수의 예로, 스크립틀릿 태그에 out.println() 메소드를 사용하여 웹 브라우저에 'Page Count is 1'을 출력합니다. 스크립틀릿 태그 내의 마지막 행은 반드시 세미콜론으로 종료해야 합니다.

[스크립틀릿 태그 사용 예]

```
<html>
<head>
<title>Scripting Tag</title>
</head>
<%
    int count = 0;
%>
<body>
    Page Count is
    <%
        out.println(++count);
    %>
</body>
</html>
```

지역변수 count를 0으로 초기화

지역변수 count를 1 증가시킴

Page Count is 1

예제 2-4 스크립틀릿 태그에 지역변수 사용하기

/src/main/webapp/ch02/ 폴더에 다음과 같이 웹 페이지를 작성하고 웹 브라우저에 'http://localhost:8080/JSPBook/ch02/scriptlet01.jsp'를 입력하여 실행 결과를 확인합니다.

JSPBook/src/main/webapp/ch02/scriptlet01.jsp

```
01 <html>
02 <head>
03 <title>Scripting Tag</title>
04 </head>
05 <body>
06     <%
07         int a = 2;
08         int b = 3;
09         int sum = a + b;
10         out.println("2 + 3 = " + sum);
11     %>
12 </body>
13 </html>
```

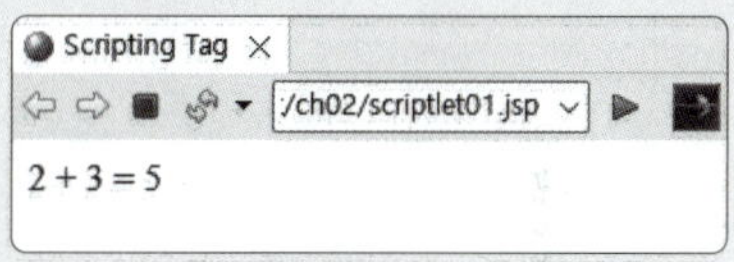

06~11행: 지역변수 a, b에 값을 저장하도록 스크립틀릿 태그를 작성합니다.

예제 2-5 스크립틀릿 태그에 0부터 10까지 짝수 출력하기

/src/main/webapp/ch02/ 폴더에 다음과 같이 웹 페이지를 작성하고 웹 브라우저에 'http://localhost:8080/JSPBook/ch02/scriptlet02.jsp'를 입력하여 실행 결과를 확인합니다.

JSPBook/src/main/webapp/ch02/scriptlet02.jsp

```
01 <html>
02 <head>
03 <title>Scripting tag</title>
04 </head>
05 <body>
06     <%
07         for (int i=0; i <= 10; i++) {
08             if (i % 2==0)
09                 out.println(i + "<br>");
10         }
11     %>
12 </body>
13 </html>
```

06~11행: 0부터 10까지의 짝수를 출력하도록 스크립틀릿 태그를 작성합니다.

04 표현문 태그

표현문 태그(expression tag)는 다음과 같이 〈%=와 %〉를 사용하여 웹 브라우저에 출력할 부분을 표현합니다. 표현문 태그를 이용하여 선언문 태그 또는 스크립틀릿 태그에서 선언된 변수나 메소드의 반환 값을 외부로 출력할 수 있습니다. 표현문 태그는 스크립틀릿 태그에서 사용할 수 없으므로 이 경우에는 out.print() 메소드를 사용해야 합니다.

```
<%= 자바 코드 %>
```

각 행을 세미콜론으로 종료할 수 없음

표현문 태그에 숫자, 문자, 불린(boolean) 등의 기본 데이터 타입과 자바 객체 타입도 사용 가능합니다. 그리고 표현문 태그에 작성된 모든 자바 코드의 값은 문자열로 변환되어 웹 브라우저에 출력됩니다. 기본 데이터 타입은 toString()을 통해 출력되고, 자바 객체 타입은 java.lang.Object 클래스의 toString() 메소드를 사용하거나 자체에서 선언한 toString()을 사용하여 출력됩니다.

다음은 표현문 태그 〈%= %〉에 선언된 ++count의 결과 값을 출력하는 예입니다.

[표현문 태그 사용 예]

```
<html>
<head>
<title>Scripting Tag</title>
</head>
<%
    int count=0;
%>
<body>
    Page Count is
    <%=++count %>
</body>
</html>
```

지역변수 count를 1 증가시킴

Page Count is 1

예제 2-6 표현문 태그로 현재 날짜 출력하기

/src/main/webapp/ch02/ 폴더에 다음과 같이 웹 페이지를 작성하고 웹 브라우저에 'http://localhost:8080/JSPBook/ch02/expression01.jsp'를 입력하여 실행 결과를 확인합니다.

JSPBook/src/main/webapp/ch02/expression01.jsp

```
01 <html>
02 <head>
03 <title>Scripting Tag</title>
04 </head>
05 <body>
06     <p> Today's date: <%=new java.util.Date() %></p>
07 </body>
08 </html>
```

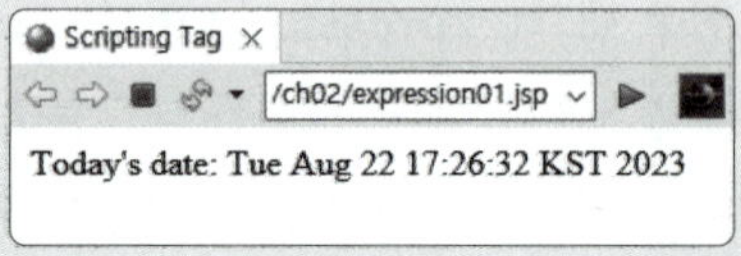

06행: 현재 날짜를 출력하도록 표현문 태그를 작성합니다.

예제 2-7 표현문 태그로 연산 결과 출력하기

/src/main/webapp/ch02/ 폴더에 다음과 같이 웹 페이지를 작성하고 웹 브라우저에 'http://localhost:8080/JSPBook/ch02/expression02.jsp'를 입력하여 실행 결과를 확인합니다.

JSPBook/src/main/webapp/ch02/expression02.jsp

```
<html>
<head>
<title>Scripting Tag</title>
</head>
<body>
    <%
        int a=10;
        int b=20;
        int c=30;
    %>
    <%=a + b + c %>
</body>
</html>
```

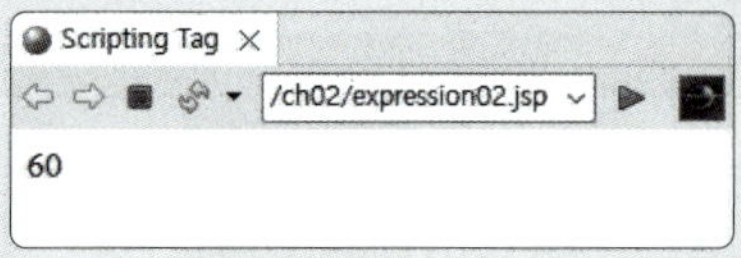

06~10행: 변수 a, b, c에 값을 저장하도록 스크립틀릿 태그를 작성합니다.

11행: 스크립틀릿 태그에 선언한 변수 a, b, c의 값을 출력하도록 표현문 태그를 작성합니다.

NOTE JSP 주석과 HTML 주석 태그

• JSP 주석 태그(comments tag)

JSP 웹 컨테이너가 무시하는 텍스트를 표시합니다. 주석 태그는 JSP 페이지의 일부를 주석 처리하여 숨길 때 유용합니다. 주석은 프로그램의 실행에는 영향을 미치지 않지만 프로그램의 이해 및 소스코드의 분석을 위해 반드시 기술할 것을 권장합니다.

주석 태그는 JSP 웹 페이지에서만 사용되며, 웹 브라우저를 통해 해당 페이지의 출력 결과를 확인하거나 웹 브라우저상에서 소스 보기를 해도 주석 태그 내의 내용이 표시되지 않습니다. 즉 주석 태그에 포함된 내용은 주석 처리이므로 화면에 표시되지도 않고 실행되지도 않습니다.

JSP 주석의 구문은 다음과 같습니다.

주석 태그 구문	<%-- JSP 주석 처리 내용 --%>

[적용 예: JSP 웹 페이지에서 주석 처리하기]

```
<html>
<head>
<title>A Comment Test</title></head>
<body>
<h2>A Test of Comments</h2>
<%-- This comment will not be visible in the page source --%>
</body>
</html>
```

```
A Test of Comments
```

위의 예에서 주석 태그 <%-- --%>는 JSP 엔진에 의해 무시되는 내용으로 웹 브라우저에 출력되지 않습니다.

• HTML 주석(<!-- ~ -->)

서블릿으로 변환할 때 주석이 무시되지 않고 실행되는 페이지에서 주석으로 처리됩니다. 따라서 주석 안에 포함된 표현문 태그와 스크립틀릿 태그가 모두 컴파일됩니다. HTML 주석의 경우 name이라는 변수가 없다면 변수가 정의되지 않은 것에 대한 오류 메시지를 표시합니다. 그러나 JSP 주석의 경우 주석문 안에 포함된 코드를 모두 무시하므로 name이라는 변수가 없더라도 오류 메시지를 표시하지 않습니다.

05 북마켓 시작 페이지 만들기

JSP 스크립트 태그를 적용하여 북마켓의 시작 페이지를 만듭니다. 그리고 JSP 페이지를 웹 브라우저에 표현하기 위해 부트스트랩 프레임워크에서 제공하는 스타일시트를 적용하여 출력합니다.

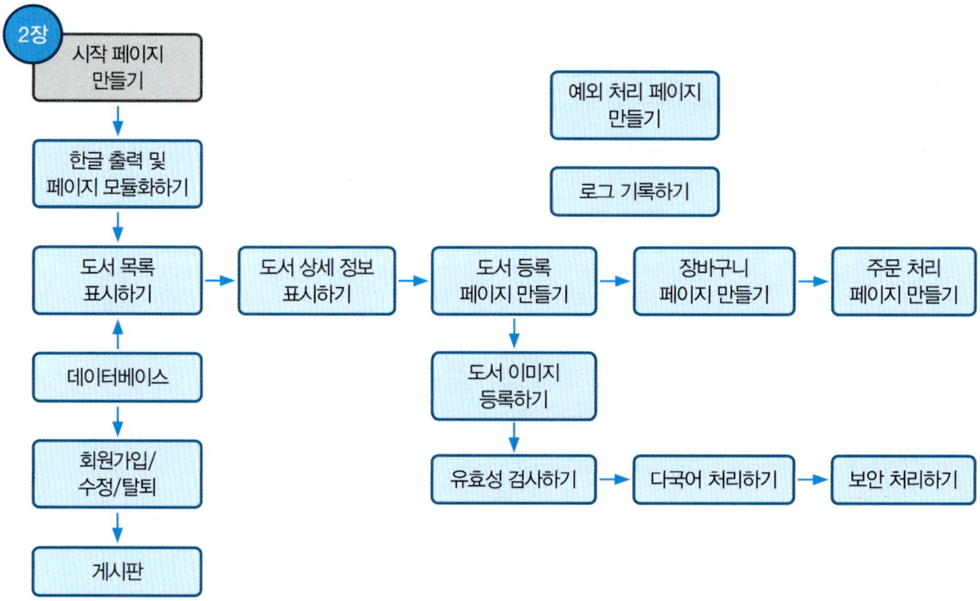

그림 2-1 시작 페이지 만들기

여기서 부트스트랩은 웹 디자인을 쉽게하기 위해 몇 가지 CSS의 클래스 선택자와 정의된 스타일시트, 자바스크립트 플러그인을 모아놓은 강력한 프론트엔드 프레임워크입니다. 즉 부트스트랩은 반응형이며 모바일 우선인 웹 프로젝트를 개발할 때 가장 인기 있는 HTML, CSS, JS 프레임워크입니다. 트위터 내부에서 개발하던 라이브러리로 각종 UI 컴포넌트를 모아놓은 종합 선물 세트라 할 수 있는 부트스트랩을 이용하면 간단한 스크립트와 CSS/HTML만으로 깔끔한 형태의 UI/UX를 구성할 수 있습니다. 디자인에 익숙지 않은 개발자가 데모 또는 프로토타입을 만드는 데 매우 유용하며, 구현하기 까다로운 여러 Javascript action도 간단하게 라이브러리로 제공하므로 쉽게 사용할 수 있습니다.

TIP 자세한 내용은 https://getbootstap.com이나 https://bootstrap.kr 페이지를 참고하세요.

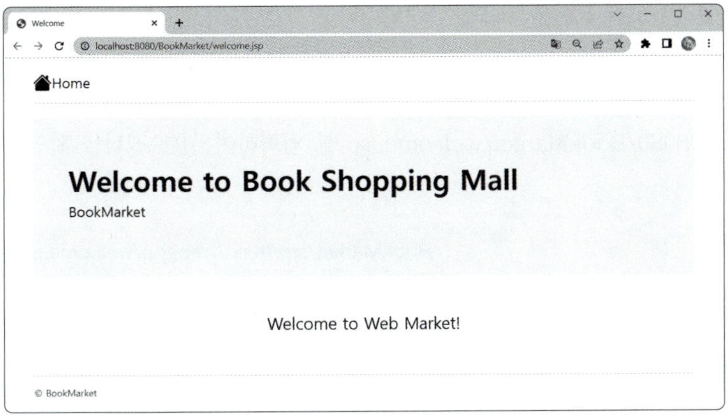

그림 2-2 완성된 북마켓 시작 페이지

TIP 1장에서 실행 브라우저를 크롬으로 변경하였습니다. JSP 파일에 부트스트랩을 적용하여 프로젝트의 실행 결과를 확인하려면 실행 브라우저를 꼭 변경해야 합니다.

예제 2-8 북마켓 시작 페이지 만들기

북마켓의 시작 페이지를 만들고 부트스트랩 프레임워크에서 제공하는 스타일시트를 적용해봅시다.

1 시작 페이지 작성하기: welcome.jsp 파일을 다음과 같이 수정한 후 웹 브라우저에 'http://localhost:8080/BookMarket/welcome.jsp'를 입력하고 실행합니다.

BookMarket/src/main/webapp/welcome.jsp

```
<html>
<head>
<title>Welcome</title>
</head>
<body>
    <%! String greeting = "Welcome to Book Shopping Mall";
    String tagline = "Welcome to Web Market!"; %>
    <h1><%= greeting %></h1>
    <h3><%= tagline %></h3>
</body>
</html>
```

06~07행: 변수 greeting, tagline에 각각 문자열을 저장하도록 선언문 태그를 작성합니다.

08행: 변수 greeting의 값을 출력하도록 표현문 태그를 작성합니다.

09행: 변수 tagline의 값을 출력하도록 표현문 태그를 작성합니다.

2 부트스트랩 CSS 적용하기: 부트스트랩에서 제공하는 스타일시트를 시작 페이지에 적용하고 웹 브라우저에 'http://localhost:8080/BookMarket/welcome.jsp'를 입력하여 실행 결과를 확인합니다.

BookMarket/src/main/webapp/welcome.jsp

```
01 <html >
02 <head>
03     <link href="https://cdn.jsdelivr.net/npm/bootstrap@5.3.1/dist/css/
       bootstrap.min.css" rel="stylesheet">
04 <title>Welcome</title>
05 </head>
06 <body>
07 <div class="container py-4">
08     <header class="pb-3 mb-4 border-bottom">
09         <a href="./welcome.jsp" class="d-flex align-items-center text-dark
           text-decoration-none">
10         <svg  width="32" height="32" fill="currentColor" class="bi bi-house
           -fill" viewBox="0 0 16 16">
11         <path d="M8.707 1.5a1 1 0 0 0-1.414 0L.646 8.146a.5.5 0 0 0 .708.708L8
           2.207l6 .646 6.647a.5.5 0 0 0 .708-.708L13 5.793V2.5a.5.5 0 0 0-.5-.5h-
           1a.5.5 0 0 0-.5.5v1.293L8.707 1.5Z"/>
12         <path d="m8 3.293 6 6V13.5a1.5 1.5 0 0 1-1.5 1.5h-9A1.5 1.5 0 0 1 2
           13 .5V9.293l6-6Z"/>
13         </svg>
14         <span class="fs-4">Home</span>
15       </a>
16     </header>
17
18 <%! String greeting="Welcome to Book Shopping Mall";
19 String tagline="Welcome to Web Market!"; %>
20
21     <div class="p-5 mb-4 bg-body-tertiary rounded-3">
```

부트스트랩 5.3버전 설정

❺ 아이콘 표시

❻ Home 메뉴 표시

❶ 메뉴 영역

❷ 중간 타이틀 영역

```
22      <div class="container-fluid py-5">
23        <h1 class="display-5 fw-bold"><%=greeting %></h1>
24        <p class="col-md-8 fs-4">BookMarket</p>
25      </div>
26    </div>
27
28    <div class="row align-items-md-stretch   text-center">
29      <div class="col-md-12">
30        <div class="h-100 p-5">
31          <h3><%=tagline %></h3>
32        </div>
33      </div>
34    </div>
35
36    <footer class="pt-3 mt-4 text-body-secondary border-top">
37      &copy; BookMarket
38    </footer>
39  </div>
40  </body>
41  </html>
```

❸ 본문 영역

❹ 바닥글 영역

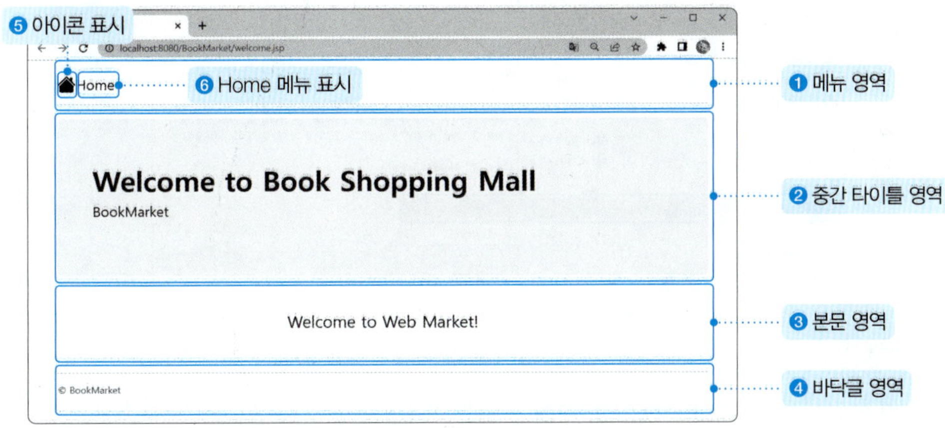

08~16행: 웹 페이지의 메뉴 표시 줄을 표현하도록 부트스트랩 CSS를 작성합니다.

18~19행: 변수 greeting, tagline에 각각 문자열을 저장하도록 선언문 태그를 작성합니다. 이 두 변수는 전역변수로 어디에서나 호출하여 사용할 수 있습니다.

21~26행: 웹 페이지의 제목을 표현하도록 부트스트랩 CSS를 작성합니다. 23행에서는 변수 greeting의 값인 'Welcome to Book Shopping Mall'을 출력하도록 표현문 태그를 작성합니다.

28~34행: 웹 페이지의 본문을 표현하도록 부트스트랩 CSS를 작성합니다. 31행에서는 변수 tagline의 값인 'Welcome to Web Market!'을 출력하도록 표현문 태그를 작성합니다.

36~38행: 웹 페이지의 바닥글 '©BookMarket'을 표현하도록 부트스트랩 CSS를 작성합니다.

NOTE 웹 애플리케이션 배포하기

단순한 JSP 파일은 FTP로 파일을 불러와 편집해서 저장할 수도 있지만 복잡한 파일이라면 배포 파일(war 파일) 하나로 만들어서 웹 애플리케이션을 업데이트합니다. 앞에서 작성한 JSP 웹 애플리케이션을 실제 사용할 서버에 배포하는 방법을 살펴봅시다.

❶ 서버가 실행되고 있을 때는 ■을 클릭하여 서버를 정지한 후 BookMarket 프로젝트에서 마우스 오른쪽 버튼을 누르고 [Export]-[WAR file]을 선택합니다.

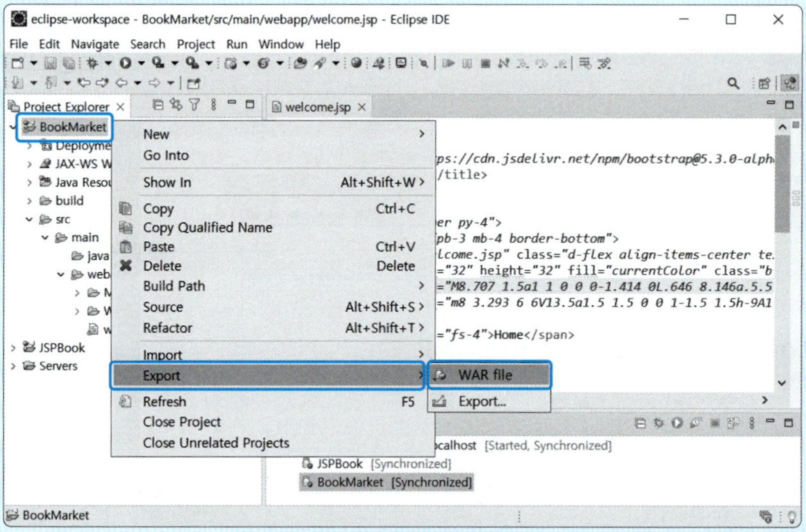

❷ [Export] 창에서 Destination 항목의 〈Browse〉를 클릭하여 내보낼 위치를 지정합니다(여기서는 톰캣 서버가 설치된 폴더의 하위 폴더인 webapps\ROOT로 지정했습니다). 배포 시 자바 파일이 포함되도록 Export source files 항목에 체크 표시를 하고, 기존 WAR 파일이 있으면 덮어쓰기 위해 Overwrite existing file 항목에 체크 표시를 한 후 〈Finish〉를 클릭하면 C:\apache-tomcat-10.1.9\webapps\ROOT에 BookMarket.war 파일이 생성됩니다. 생성된 BookMarket.war 파일의 압축을 해제합니다.

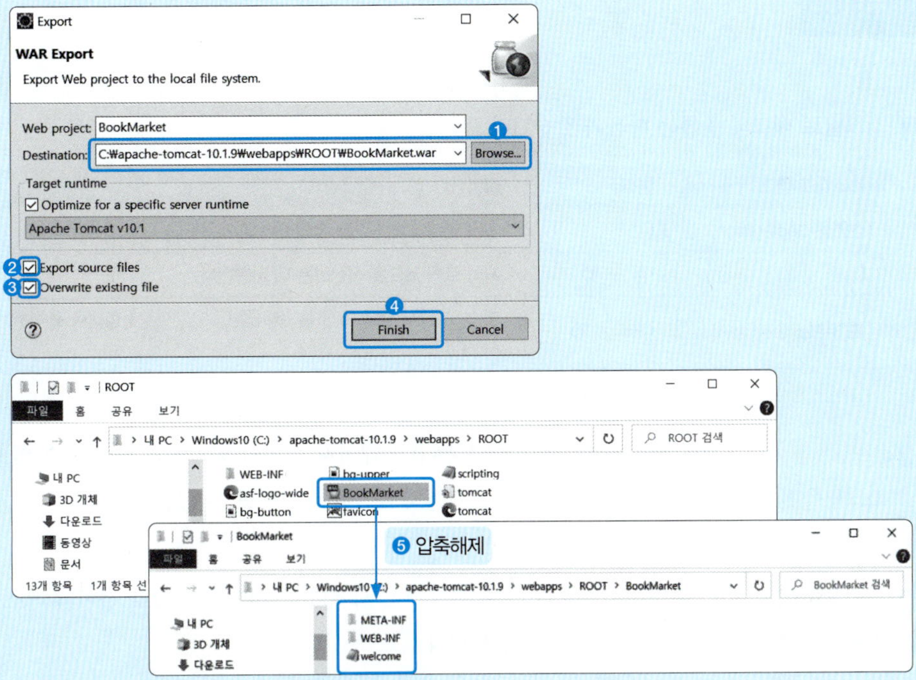

③ C:\apache-tomcat-10.1.9\bin 폴더에 있는 startup.bat 파일을 더블클릭하여 톰캣 서버를 실행한 후 웹 브라우저에 'http://localhost:8080/BookMarket/welcome.jsp'를 입력하면 welcome.jsp를 이클립스에서 실행한 결과와 같습니다.

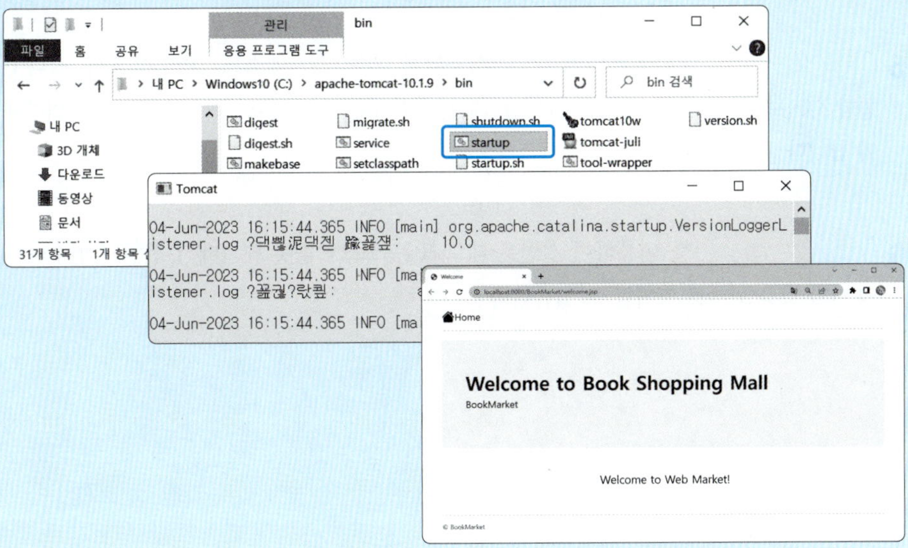

요약

01 스크립트 태그의 종류는 다음과 같습니다.

스크립트 태그	형식	설명
선언문(declaration)	(　　　　)	자바 변수나 메소드를 정의하는 데 사용한다.
(　　　　　　)	<% … %>	자바 로직 코드를 작성하는 데 사용한다.
표현문(expression)	<%= … %>	변수, 계산식, 메소드 호출 결과를 (　　　　) 형태로 출력하는 데 사용한다.

02 (　　　　　　)에 선언된 변수와 메소드는 JSP 페이지 임의의 위치에서 선언할 수 있으며, 스크립틀릿 태그보다 나중에 선언해도 스크립틀릿 태그에서 사용할 수 있습니다.

03 선언문 태그로 선언된 변수는 (　　　　　　)로 사용되고, 선언문 태그로 선언된 메소드는 전역변수처럼 (　　　　　　)로 사용됩니다.

04 스크립틀릿 태그는 (　　　　　　) 객체를 사용하지 않고도 쉽게 (　　　　　　) 응답을 만들어낼 수 있습니다.

05 (　　　　　　)는 가장 일반적으로 사용되며 변수 또는 메소드 선언, 유효식 등 다수를 포함할 수 있습니다. 모든 텍스트, HTML 태그, 또는 JSP 요소는 (　　　　　　) 외부에 있어야 합니다.

06 (　　　　　　)를 이용하여 선언문 태그 또는 스크립틀릿 태그에서 선언된 변수나 메소드의 반환 값을 외부로 출력할 수 있습니다.

07 표현문 태그는 스크립틀릿 태그에서 사용할 수 없으므로 이 경우에는 (   ) 메소드를 사용해야 합니다.

08 표현문 태그에 숫자, 문자, 불 등의 기본 데이터 타입과 자바 객체 타입도 사용할 수 있습니다. 그리고 표현문 태그에 작성된 모든 자바 코드의 값은 (   )로 변환되어 웹 브라우저에 출력됩니다.

정답

01 <%! … %>, 스크립틀릿(scriptlet), 문자열 02 선언문 태그 03 전역변수, 전역 메소드 04 out, HTML 05 스크립틀릿 태그, 스크립틀릿 태그 06 표현문 태그 07 out.print( ) 08 문자열

연습문제

01 다음 중 스크립트 태그로 사용하는 형식은 무엇인가?

① 〈% … %〉 ② 〈jsp …〉

③ 〈%@ … %〉 ④ 〈! …〉

02 다음 중 스크립트 태그의 종류와 형식으로 옳지 않은 것은 무엇인가?

① 선언문 태그: 〈%! … %〉

② 스트립틀릿 태그: 〈% … %〉

③ 표현문 태그: 〈%= … %〉

④ 액션 태그: 〈% … %〉

03 다음 중 선언문 태그와 스크립틀릿 태그의 차이점에 대한 설명으로 옳지 않은 것은 무엇인가?

① 선언문 태그는 변수뿐만 아니라 메소드를 선언할 수 있다.

② 스크립틀릿 태그는 메소드 없이 변수만을 선언할 수 있다.

③ 선언문 태그는 서블릿 프로그램으로 변환될 때 _jspService( ) 메소드 내부에 배치된다.

④ 스크립틀릿 태그는 서블릿 프로그램으로 변환될 때 _jspService( ) 메소드 내부에 배치된다.

04 다음 중 애플리케이션 실행 결과에는 보이지 않는 JSP 주석 표기법으로 올바른 것은 무엇인가?

① 〈%-- JSP 주석 처리 내용 --%〉

② 〈!-- JSP 주석 처리 내용 --〉

③ //-- JSP 주석 처리 내용 --//

④ /* JSP 주석 처리 내용 */

05 다음 프로그램에 대한 설명으로 올바른 것은 무엇인가?

```
Page Count is
<%
    out.println(++count);
%>
<% int count=0; %>
```

① 오류 없음　　② 런타임 에러

③ 변수 count에 값이 할당되지 않았음　　④ 출력 없음

06 스크립틀릿 태그 내에 작성된 〈% out.println(++count); %〉 대신에 사용할 수 있는 태그로 올바른 것은 무엇인가?

① 〈%= ++count; %〉　　② 〈%= ++count %〉

③ 〈%= count+1 %〉　　④ 〈%= count+1; %〉

07 선언문 태그를 이용하여 다음 조건에 맞게 JSP 애플리케이션을 만들고 실행 결과를 확인하시오.

조건

❶ declaration.jsp 파일을 생성한다.
- 선언문 태그에 문자형 전역변수를 선언하여 'Hello, Java Server Pages'를 저장한다.
- 문자형 변수 값을 반환하는 전역 메소드 getString()을 작성한다.
- getString() 메소드를 호출하여 문자형 변수 값을 출력한다.

❷ 웹 브라우저에 'http://localhost:8080/Exercise/ch02/declaration.jsp'를 입력하여 실행 결과를 확인한다.

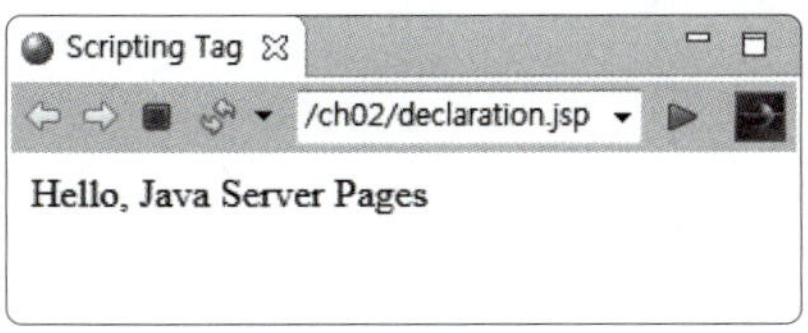

08 스크립틀릿 태그를 이용하여 다음 조건에 맞게 JSP 애플리케이션을 만들고 실행 결과를 확인하시오.

조건

❶ scriptlet.jsp 파일을 생성한다.
- 스크립틀릿 태그를 이용하여 java.util.Date 형 지역변수에 현재 날짜를 저장한다.
- 현재 날짜 값을 출력한다.

❷ 웹 브라우저에 'http://localhost:8080/Exercise/ch02/scriptlet.jsp'를 입력하여 실행 결과를 확인한다.

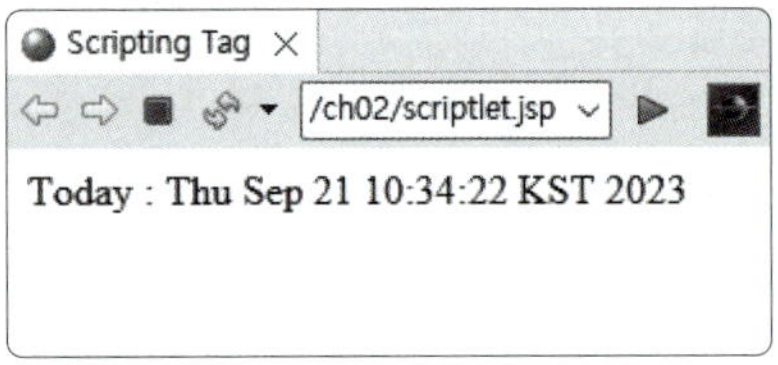

09 표현문 태그를 이용하여 다음 조건에 맞게 JSP 애플리케이션을 만들고 실행 결과를 확인하시오.

조건

❶ expression.jsp 파일을 생성한다.
- 표현문 태그에 java.util.Calendar 클래스를 이용하여 현재 시간을 출력한다.

❷ 웹 브라우저에 'http://localhost:8080/Exercise/ch02/expression.jsp'를 입력하여 실행 결과를 확인한다.

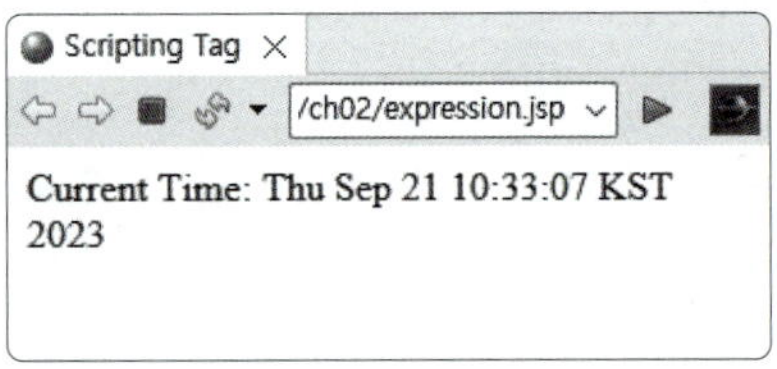

CHAPTER 03

디렉티브 태그: 한글 출력 및 페이지 모듈화하기

학습목표

- 디렉티브 태그의 개념과 특징을 이해합니다.
- 디렉티브 태그 구성 요소의 사용법을 익힙니다.
- 디렉티브 태그를 이용하여 북마켓 페이지에 한글을 출력하고 페이지를 모듈화합니다.

01 디렉티브 태그의 개요

디렉티브 태그(directive tag)는 JSP 페이지를 어떻게 처리할 것인지를 설정하는 태그입니다. 디렉티브 태그는 JSP 페이지가 서블릿 프로그램에서 서블릿 클래스로 변환할 때 JSP 페이지와 관련된 정보를 JSP 컨테이너에 지시하는 메시지입니다. 따라서 디렉티브 태그는 JSP 페이지를 수정하여 다시 컴파일하는 경우에만 역할을 수행하기 때문에 개별 HTML 응답에 특별한 영향을 미치지 않습니다.

[표 3-1]과 같이 디렉티브 태그는 세 종류이며 모두 〈%@ … %〉를 사용합니다. 또한 각 디렉티브 태그는 다양한 속성을 가집니다.

표 3-1 디렉티브 태그의 종류

디렉티브 태그	형식	설명
page	〈%@ page … %〉	JSP 페이지에 대한 정보를 설정한다.
include	〈%@ include … %〉	JSP 페이지의 특정 영역에 다른 문서를 포함한다.
taglib	〈%@ taglib … %〉	JSP 페이지에서 사용할 태그 라이브러리를 설정한다.

02 page 디렉티브 태그

page 디렉티브 태그는 현재 JSP 페이지에 대한 정보를 설정하는 태그로 형식은 다음과 같습니다. page 디렉티브 태그는 JSP 페이지가 생성할 콘텐츠 유형의 문서, 사용할 자바 클래스, 오류 페이지 설정, 세션 사용 여부, 출력 버퍼의 존재 유무 등과 같이 JSP 컨테이너가 JSP 페이지를 실행하는 데 필요한 정보를 설정할 수 있습니다. page 디렉티브 태그는 JSP 페이지의 어디에서든 선언할 수 있지만 일반적으로 JSP 페이지의 최상단에 선언하는 것을 권장합니다.

```
<%@ page 속성1="값1" [속성2="값2" … ] %>
```

<%와 @ 사이에 공백이 없어야 함

표 3-2 page 디렉티브 태그의 속성

속성	설명	기본값
language	현재 JSP 페이지가 사용할 프로그래밍 언어를 설정한다.	java
contentType	현재 JSP 페이지가 생성할 문서의 콘텐츠 유형을 설정한다.	text/html
pageEncoding	현재 JSP 페이지의 문자 인코딩을 설정한다.	ISO-8859-1
import	현재 JSP 페이지가 사용할 자바 클래스를 설정한다.	
session	현재 JSP 페이지의 세션 사용 여부를 설정한다.	true
buffer	현재 JSP 페이지의 출력 버퍼 크기를 설정한다.	8KB
autoFlush	출력 버퍼의 동작 제어를 설정한다.	true
isThreadSafe	현재 JSP 페이지의 멀티스레드 허용 여부를 설정한다.	true
info	현재 JSP 페이지에 대한 설명을 설정한다.	
errorPage	현재 JSP 페이지에 오류가 발생했을 때 보여줄 오류 페이지를 설정한다.	
isErrorPage	현재 JSP 페이지가 오류 페이지인지 여부를 설정한다.	false
isELIgnored	현재 JSP 페이지의 표현 언어(EL) 지원 여부를 설정한다.	false
isScriptingEnabled	현재 JSP 페이지의 스크립트 태그 사용 여부를 설정한다.	

하나의 page 디렉티브 태그에 하나 또는 여러 개의 속성을 설정할 수 있습니다. 또는 여러 개의 속성마다 개별적으로 page 디렉티브 태그를 선언할 수 있습니다. 그리고 import 속성을 제외한 속성은 JSP 페이지에 한 번씩만 설정할 수 있습니다.

1 language 속성

language 속성은 현재 JSP 페이지에서 사용할 프로그래밍 언어를 설정하는 데 사용합니다. 기본값은 java이지만 향후 JSP 컨테이너가 자바 이외의 언어를 지원할 수 있도록 하기 위한 속성입니다. 다음은 JSP 페이지가 사용할 프로그래밍 언어로 자바를 설정하는 예입니다. JSP 페이지는 자체적으로 자바 언어를 지원하므로 이를 생략할 수 있습니다.

[language 속성 사용 예: 자바 프로그래밍 언어 설정]

```
<%@ page language="java" %>
```

2 contentType 속성

contentType 속성은 현재 JSP 페이지의 콘텐츠 유형(MIME-type)을 설정하는 데 사용합니다. 콘텐츠 유형은 주로 text/html, text/xml, text/plain 등이며, 기본값은 text/html로 HTML을 출력하는 JSP 페이지는 contentType을 사용할 필요가 없습니다. 다음은 JSP 페이지가 생성할 문서의 콘텐츠 유형으로 text/html을 설정하는 예입니다.

[contentType 속성 사용 예: text/html 콘텐츠 유형 설정]

```
<%@ page contentType="text/html" %>
```

또한 contentType 속성은 문자열 세트(charset)를 설정하여 JSP 페이지의 전체 문자열을 변경할 수 있습니다. 다음은 응답 JSP 페이지의 문자열 세트로 utf-8을 사용하도록 설정하는 예입니다.

[contentType 속성 사용 예: utf-8 문자열 세트 설정]

```
<%@ page contentType="text/html; charset=utf-8" %>
```

예제 3-1 page 디렉티브 태그에 콘텐츠 유형을 마이크로소프트 워드 문서로 설정하기

1 프로젝트 생성하기: 1장에서 생성한 JSPBook 프로젝트를 사용합니다.

2 JSP 페이지 작성하기: JSPBook 프로젝트에서 마우스 오른쪽 버튼을 누르고 [New]–[Folder] 메뉴를 선택합니다. [New Folder] 창에서 현재 경로 JSPBook/src/main/webapp를 확인하고 폴더 이름에 'ch03'을 입력합니다. 생성된 ch03 폴더에서 마우스 오른쪽 버튼을 누르고 [New]–[File] 메뉴를 선택합니다. [New File] 창에서 현재 경로 JSPBook/src/main/webapp/ch03을 확인하고 파일 이름에 'page_contentType01.jsp'를 입력한 후 〈Finish〉를 클릭합니다. 그리고 page_contentType01.jsp 파일에 다음과 같이 작성하여 저장합니다.

JSPBook/src/main/webapp/ch03/page_contentType01.jsp

```
01 <%@ page contentType="application/msword" %>
02 <html>
03 <head>
04 <title>Directives Tag</title>
05 </head>
06 <body>
07     Today is: <%=new java.util.Date() %>
08 </body>
09 </html>
```

01행: 콘텐츠 유형을 application/msword로 설정하도록 page 디렉티브 태그의 contentType 속성을 작성합니다.

3 프로젝트 실행하기: 웹 브라우저에 'http://localhost:8080/JSPBook/ch03/page_contentType01.jsp'를 입력하여 실행 결과를 확인합니다.

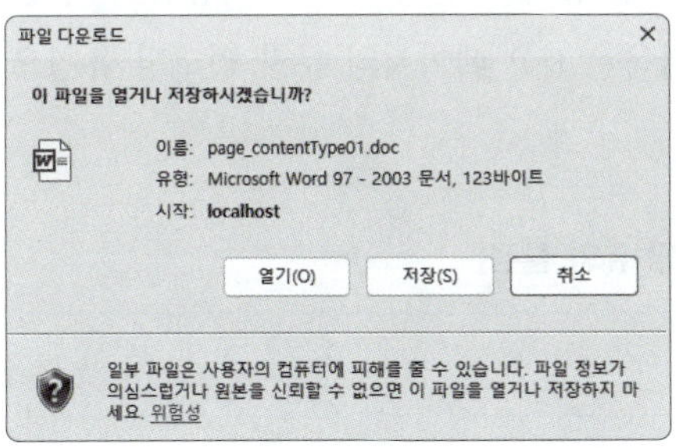

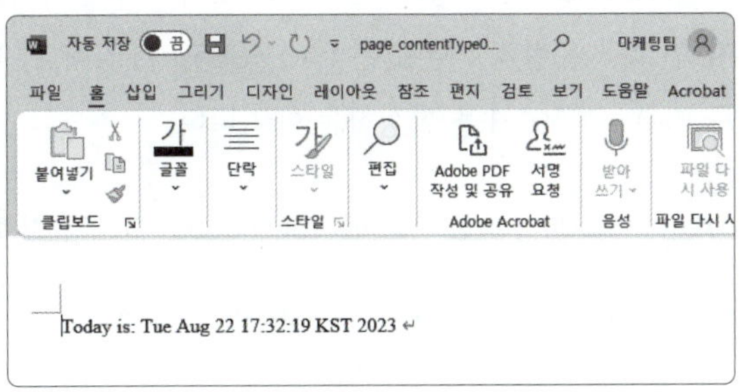

웹 브라우저에 URL을 입력하면 왼쪽 그림과 같이 msword로 저장하는 대화상자가 열립니다. 〈열기〉를 클릭하면 오른쪽 그림과 같이 현재 시각이 출력된 워드 창이 열립니다.

예제 3-2 page 디렉티브 태그에 콘텐츠 유형을 XML 문서로 한글 출력 설정하기

[예제 3-1]의 2와 같은 방법으로 /src/main/webapp/ch03/ 폴더에 다음과 같이 page_contentType02.jsp 파일을 만들고 웹 브라우저에 'http://localhost:8080/JSPBook/ch03/page_contentType02.jsp'를 입력하여 실행 결과를 확인합니다.

JSPBook/src/main/webapp/ch03/page_contentType02.jsp

```
01 <%@ page contentType="text/xml; charset=utf-8" %>
02 <html>
03 <head>
04 <title>Directives Tag</title>
05 </head>
06 <body>
07     <h2>contentType 디렉티브 태그</h2>
08     <h4>text/html : HTML 출력</h4>
09     <h4>charset=utf-8 : 문자 인코딩</h4>
10 </body>
11 </html>
```

01행: 콘텐츠 유형을 text/xml로 설정하고 한글을 출력하기 위한 문자열 세트를 utf-8로 설정하도록 page 디렉티브 태그의 contentType 속성을 작성합니다.

3 pageEncoding 속성

pageEncoding 속성은 현재 JSP 페이지의 문자 인코딩 유형을 설정하는 데 사용합니다. 문자 인코딩 유형의 기본값은 ISO-8859-1입니다. 다음은 JSP 페이지의 문자 인코딩 유형으로 ISO-8859-1을 설정하는 예입니다.

[pageEncoding 속성 사용 예: ISO-8859-1 문자 인코딩 유형 설정]

```
<%@ page pageEncoding="ISO-8859-1" %>
```

이 예는 다음에서 보듯이 contentType 속성의 문자열 세트를 설정한 것과 같은 기능을 합니다.

```
<%@ page contentType="text/html; charset=iso-8859-1" %>
```

4 import 속성

import 속성은 현재 JSP 페이지에서 사용할 자바 클래스를 설정하는 데 쓰입니다. 둘 이상의 자바 클래스를 포함하는 경우 쉼표(,)로 구분하여 연속해서 여러 개의 자바 클래스를 설정할 수 있습니다. 또는 여러 개의 자바 클래스를 각각 별도로 설정할 수도 있습니다. 다음은 JSP 페이지가 사용할 자바 패키지 java.io.*를 설정하는 예입니다.

[import 속성 사용 예: 자바 패키지 java.io.* 설정]

```
<%@ page import="java.io.*" %>
```

다음은 JSP 페이지가 java.io.*와 java.lang.* 패키지를 참조하여 사용하는 예입니다.

[import 속성의 다중 자바 클래스 참조 예: java.io.*와 java.lang.* 패키지 설정]

```
<%@ page import="java.io.*, java.lang.*" %>
```

위의 예에서는 기본적으로 JSP 컨테이너가 자동으로 java.io.*와 java.lang.* 패키지를 가져와 사용합니다. 이를 다음과 같이 개별적으로 설정할 수도 있습니다.

```
<%@ page import="java.io.*" %>
<%@ page import="java.lang.*" %>
```

예제 3-3 page 디렉티브 태그에 Date 클래스를 이용하여 현재 날짜 출력하기

/src/main/webapp/ch03/ 폴더에 다음과 같이 웹 페이지를 작성하고 웹 브라우저에 'http://localhost:8080/JSPBook/ch03/page_import.jsp'를 입력하여 실행 결과를 확인합니다.

JSPBook/src/main/webapp/ch03/page_import.jsp

```
01 <html>
02 <head>
03 <title>Directives Tag</title>
04 </head>
05 <body>
06     <%@ page import="java.util.Date" %>
07     Today is <%=new Date() %>
08 </body>
09 </html>
```

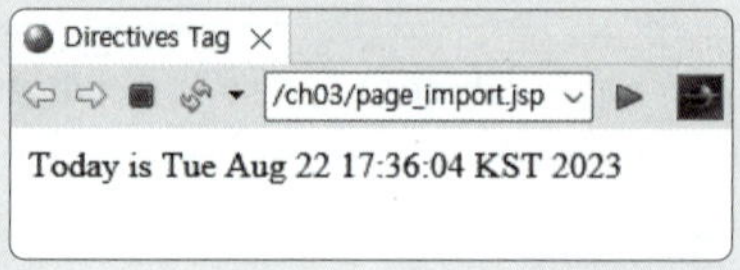

06행: java.util.Date 패키지를 사용하기 위해 page 디렉티브 태그의 import 속성을 작성합니다.

07행: 현재 날짜를 출력하도록 표현문 태그를 작성합니다.

5 session 속성

session 속성은 현재 JSP 페이지의 HTTP 세션 사용 여부를 설정하는 데 사용합니다. 기본값은 세션을 자동으로 사용하는 true이며, 세션을 사용하지 않으려면 false로 설정합니다. 다음은 JSP 페이지가 세션을 사용하도록 true로 설정하는 예입니다. 이처럼 session 속성 값이 true이면 현재 JSP 페이지에서 JSP 내장 객체(5장에서 설명함)인 session 변수를 사용할 수 있습니다. 만약 session 속성 값을 false로 설정하면 해당 JSP 페이지에서 내장 객체인 session 변수를 사용할 수 없다는 의미이므로 해당 페이지에 대해 세션을 유지 관리할 수 없습니다.

[session 속성 사용 예: session 내장 객체 사용을 위한 true 설정]

```
<%@ page session="true" %>
```

NOTE session 속성을 사용하는 이유

세션은 일반적으로 웹 애플리케이션이 실행되는 동안 사용자가 웹 애플리케이션의 데이터를 가져와 확인할 수 있는 권한을 부여받기 위해 사용합니다. 예를 들면 사용자가 은행 계좌에 로그인하여 로그아웃(또는 세션 만료)할 때까지 모든 데이터에 접근할 수 있습니다. 따라서 JSP 페이지에 대한 세션을 유지하려면 세션 속성이 true여야 합니다.

TIP JSP 내장 객체인 session에 관한 자세한 내용은 5장과 13장을 참고하세요.

6 buffer 속성

buffer 속성은 현재 JSP 페이지의 출력 버퍼 크기를 설정하는 데 사용합니다. 이 속성 값은 none과 '버퍼 크기'로 설정할 수 있습니다. 속성 값을 none으로 설정하면 출력 버퍼를 채우지 않고 웹 브라우저로 직접 보내게 됩니다.

[buffer 속성 사용 예: 출력 버퍼 크기를 none으로 설정]

```
<%@ page buffer="none" %>
```

'버퍼 크기'로 속성 값을 설정하면 출력 버퍼에 먼저 기록한 후 웹 브라우저로 보냅니다. 이때 기본 버퍼 크기는 서버의 고유한 값이지만 일반적으로 8KB입니다. 다음은 버퍼 크기를 32KB로 설정하는 예입니다. 이렇게 설정하면 페이지가 완료되는 경우나 출력이 명확하게 되는 경우를 제외하고는 출력 버퍼에 출력 내용이 최소한 32KB 누적될 때까지 웹 브라우저에 전송되지 않습니다.

[buffer 속성 사용 예: 출력 버퍼 크기를 32KB로 설정]

```
<%@ page buffer="32KB" %>
```

예제 3-4 page 디렉티브 태그에 출력 버퍼 크기를 16KB로 설정하기

/src/main/webapp/ch03/ 폴더에 다음과 같이 웹 페이지를 작성하고 웹 브라우저에 'http://localhost:8080/JSPBook/ch03/page_buffer.jsp'를 입력하여 실행 결과를 확인합니다.

JSPBook/src/main/webapp/ch03/page_buffer.jsp

```
<html>
<head>
<title>Directives Tag</title>
</head>
<body>
    <%@ page buffer="16kb" %>
    Today is: <%=new java.util.Date() %>
</body>
</html>
```

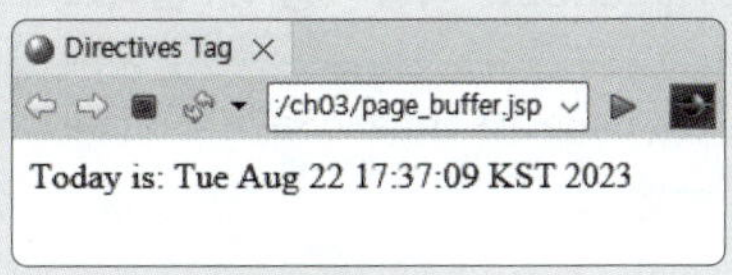

06행: 출력 버퍼 크기를 16KB로 설정하기 위해 page 디렉티브 태그의 buffer 속성을 작성합니다.

07행: 현재 날짜를 출력하도록 표현문 태그를 작성합니다.

7 autoFlush 속성

autoFlush 속성은 자동으로 출력 버퍼를 비우는 것을 제어하는 데 사용합니다. 즉 출력 버퍼가 채워진 경우 자동으로 버퍼에 있는 데이터를 웹 브라우저로 보내고 버퍼를 비울지 또는 버퍼 오버플로의 예외를 나타낼지 등의 처리를 설정하는 것입니다. 기본값은 true이며, 다음과 같이 속성 값을 true로 설정하면 출력 버퍼가 채워질 때마다 자동으로 웹 브라우저에 보내고 버퍼를 비웁니다. 반면에 false로 설정하면 출력 버퍼가 가득 채워질 때 버퍼 오버플로의 예외를 발생시킵니다.

[autoFlush 속성 사용 예: 출력 버퍼 자동 비우기를 위한 true 설정]

```
<%@ page autoFlush="true" %>
```

8 isThreadSafe 속성

isThreadSafe 속성은 현재 JSP 페이지에서 멀티스레드의 동작을 제어하는 데 사용합니다. 즉 여러 요청이 동시에 수신되는 경우 JSP 페이지가 어떻게 동작해야 하는지를 JSP 컨테이너에 지시하여 응답할 수 있게 합니다. 기본값은 true이며, 다음과 같이 속성 값을 true로 설정하면 JSP 페이지에 대해 수신된 여러 요청이 동시에 처리됩니다. 반면에 false로 설정하면 JSP 페이지에 대한 요청이 순차적으로 처리됩니다.

[isThreadSafe 속성 사용 예: 멀티스레드 처리를 위한 true 설정]

```
<%@ page isThreadSafe="true" %>
```

9 info 속성

info 속성은 현재 JSP 페이지에 대한 설명을 설정하는 데 사용합니다. 따라서 JSP 개발자가 페이지의 기능을 이해하는 데 도움을 줍니다. 이 속성은 JSP 페이지의 설명 부분으로서 주석문의 기능과 같기 때문에 JSP 컨테이너는 info 속성을 무시합니다.

[info 속성 사용 예: JSP 페이지 설명을 위한 설정]

```
<%@ page info="Home Page JSP" %>
```

NOTE info 속성이 서블릿에서 사용되는 방법

JSP 페이지에 <%@ page info="Home Page JSP" %>와 같이 선언하면 JSP 컨테이너는 info 속성에 대응하여 서블릿 인터페이스 getServletInfo( ) 메소드를 사용합니다. 즉 JSP 컨테이너는 info 속성 값인 설명 메시지를 검색하여 다음과 같이 getServletInfo( ) 메소드를 생성합니다.

```
public String getServletInfo() {
    return "Home Page JSP";
}
```

예제 3-5 page 디렉티브 태그에 현재 웹 페이지의 설명 작성하기

/src/main/webapp/ch03/ 폴더에 다음과 같이 웹 페이지를 작성하고 웹 브라우저에 'http://localhost:8080/JSPBook/ch03/page_info.jsp'를 입력하여 실행 결과를 확인합니다.

JSPBook/src/main/webapp/ch03/page_info.jsp

```
01 <%@ page contentType="text/html; charset=utf-8" %>
02 <html>
03 <head>
04 <title>Directives Tag</title>
05 </head>
06 <body>
07     <%@ page info="Date 클래스를 이용한 날짜 출력하기" %>
08     Today is <%=new java.util.Date() %>
09 </body>
10 </html>
```

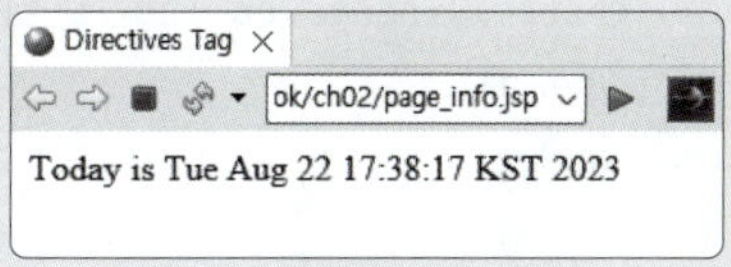

07행: 웹 페이지 설명을 설정하기 위해 page 디렉티브 태그의 info 속성을 작성합니다.

08행: 현재 날짜를 출력하도록 표현문 태그를 작성합니다.

10 errorPage 속성

errorPage 속성은 현재 JSP 페이지가 실행되는 동안 오류가 발생하면 특정 오류 페이지로 이동하는 데 사용합니다. 웹 서버가 제공하는 기본 오류 페이지를 사용하지 않고 이동할 오류 페이지의 URL을 설정합니다. 다음은 JSP 페이지에 오류가 발생했을 때 오류 페이지로 설정한 MyErrorPage.jsp로 자동 이동하는 예입니다.

[errorPage 속성 사용 예: 이동할 오류 페이지 MyErrorPage.jsp 설정]

```
<%@ page errorPage="MyErrorPage.jsp" %>
```

TIP errorPage에 관한 자세한 내용은 11장을 참고하세요.

예제 3-6 page 디렉티브 태그에 이동할 특정 오류 페이지 작성하기

1 /src/main/webapp/ch03/ 폴더에 다음과 같이 웹 페이지를 작성하고 웹 브라우저에 'http://localhost:8080/JSPBook/ch03/page_errorPage.jsp'를 입력하여 실행 결과를 확인합니다.

JSPBook/src/main/webapp/ch03/page_errorPage.jsp

```
01 <html>
02 <head>
03 <title>Directives Tag</title>
04 </head>
05 <body>
06     <%
07         String str=null;
08         out.println(str.toString());
09     %>
10 </body>
11 </html>
```

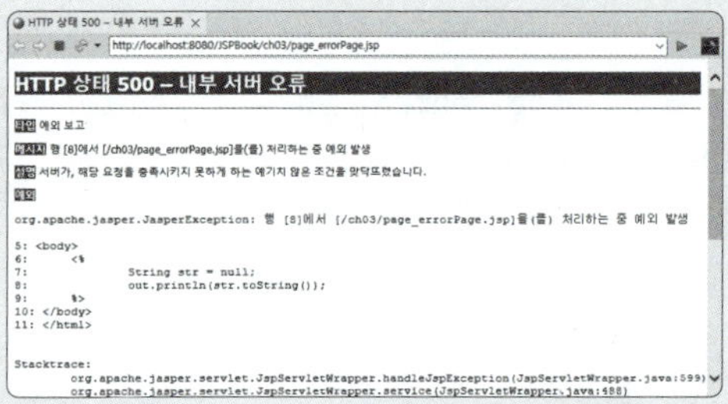

06~09행: 변수 str에 값을 저장하고 저장된 값을 출력하도록 스크립틀릿 태그를 작성합니다.

2 /src/main/webapp/ch03/ 폴더에 있는 page_errorPage.jsp 파일의 page 디렉티브 태그를 다음과 같이 추가 수정하고, 웹 브라우저에 'http://localhost:8080/JSPBook/ch03/page_errorPage.jsp'를 입력하여 실행 결과를 확인합니다.

JSPBook/src/main/webapp/ch03/page_errorPage.jsp

```
01 <%@ page errorPage="page_errorPage_error.jsp" %>
02 <html>
03 <head>
04 <title>Directives Tag</title>
05 </head>
06 <body>
07     <%
08         String str=null;
09         out.println(str.toString());
10     %>
11 </body>
12 </html>
```

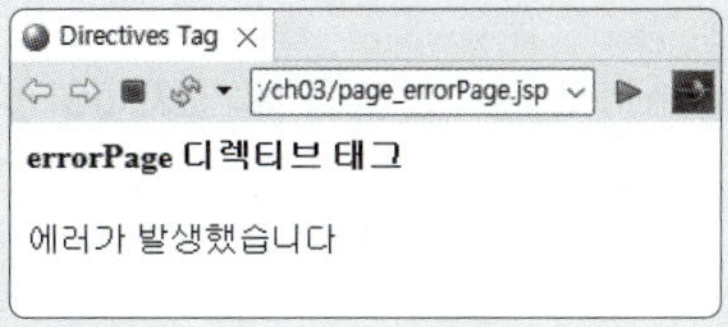

01행: 현재 JSP 페이지에 오류가 발생하면 오류 페이지로 이동하기 위해 page 디렉티브 태그의 errorPage 속성을 작성합니다.

07~10행: 변수 str에 값을 저장하고 저장된 값을 출력하도록 스크립틀릿 태그를 작성합니다.

JSPBook/src/main/webapp/ch03/page_errorPage_error.jsp

```
<%@ page contentType="text/html; charset=utf-8" %>
<html>
<head>
<title>Directives Tag</title>
</head>
<body>
    <h4>errorPage 디렉티브 태그</h4>
    에러가 발생했습니다
</body>
</html>
```

11 isErrorPage 속성

isErrorPage 속성은 현재 JSP 페이지가 오류 페이지인지 여부를 설정하는 데 사용합니다. 기본 값은 false이며 예외 처리를 위한 내장 객체인 exception 변수를 사용할 수 없습니다. 속성 값을 true로 설정하면 현재 JSP 페이지는 오류 페이지가 됩니다. 만약 다른 JSP 페이지에서 오류가 발생하면, 호출되는 오류 페이지는 true가 설정된 JSP 페이지가 됩니다.

[isErrorPage 속성 사용 예: 현재 JSP 페이지가 오류 페이지가 되도록 true 설정]

```
<%@ page isErrorPage="true" %>
```

TIP isErrorPage에 관한 자세한 내용은 11장을 참고하세요.

예제 3-7 page 디렉티브 태그에 현재 JSP 페이지를 오류 페이지로 설정하기

/src/main/webapp/ch03/ 폴더에 다음과 같이 웹 페이지를 작성하고 웹 브라우저에 'http://localhost:8080/JSPBook/ch03/page_isErrorPage.jsp'를 입력하여 실행 결과를 확인합니다.

JSPBook/src/main/webapp/ch03/page_isErrorPage.jsp

```
01 <%@ page errorPage="page_isErrorPage_error.jsp" %>
02 <html>
03 <head>
04 <title>Directives Tag</title>
05 </head>
06 <body>
07     <%
08         String str=null;
09         out.println(str.toString());
10     %>
11 </body>
12 </html>
```

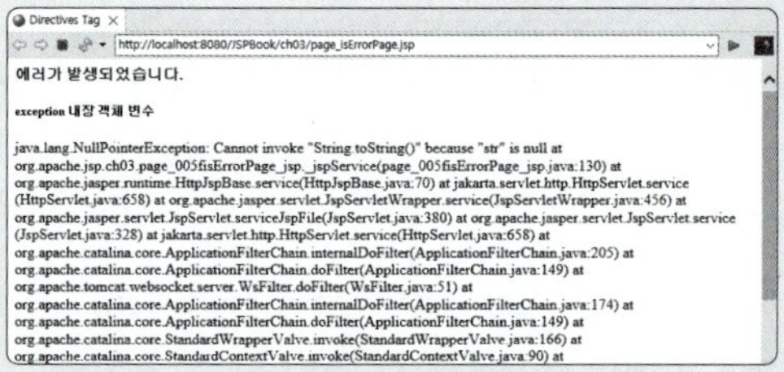

01행: 현재 JSP 페이지에 오류가 발생했을 때 오류 페이지로 이동하기 위해 page 디렉티브 태그의 errorPage 속성을 작성합니다.

07~10행: 변수 str에 값을 저장하고 저장된 값을 출력하도록 스크립틀릿 태그를 작성합니다.

JSPBook/src/main/webapp/ch03/page_isErrorPage_error.jsp

```
<%@ page contentType="text/html; charset=utf-8" %>
<%@ page isErrorPage="true" %>
```

```
03  <html>
04  <head>
05  <title>Directives Tag</title>
06  </head>
07  <body>
08      <h4>에러가 발생했습니다.</h4>
09      <h5>exception 내장 객체 변수</h5>
10      <%
11          exception.printStackTrace(new java.io.PrintWriter(out));
12      %>
13  </body>
14  </html>
```

02행: 현재 JSP 페이지가 오류 페이지인지 여부를 설정하도록 page 디렉티브 태그의 isErrorPage 속성을 작성합니다.

10~12행: 내장 객체 exception 변수 값을 출력하도록 스크립틀릿 태그를 작성합니다.

12 isELIgnored 속성

isELIgnored 속성은 현재 JSP 페이지의 표현 언어(expression language) 사용 여부를 설정하는 데 사용합니다. 기본값은 false이며 JSP 페이지에 표현 언어의 표현식 '${}'를 사용할 수 있습니다. 속성 값을 true로 설정하면 JSP 페이지에 사용된 표현 언어의 표현식을 처리할 수 없기 때문에 정적 텍스트로 처리됩니다.

[isELIgnored 속성 사용 예: 표현 언어를 처리하지 않기 위한 true 설정]

```
<%@ page isELIgnored="true" %>
```

예제 3-8 page 디렉티브 태그에 표현 언어를 사용할 수 없도록 설정하기

1 /src/main/webapp/ch03/ 폴더에 다음과 같이 웹 페이지를 작성하고 웹 브라우저에 'http://localhost:8080/JSPBook/ch03/page_isELIgnored.jsp'를 입력하여 실행 결과를 확인합니다.

JSPBook/src/main/webapp/ch03/page_isELIgnored.jsp

```
01 <%@ page contentType="text/html; charset=utf-8" %>
02 <html>
03 <head>
04 <title>Directives Tag</title>
05 </head>
06 <body>
07     <%
08         request.setAttribute("RequestAttribute", "request 내장 객체");
09     %>
10     ${requestScope.RequestAttribute}
11 </body>
12 </html>
```

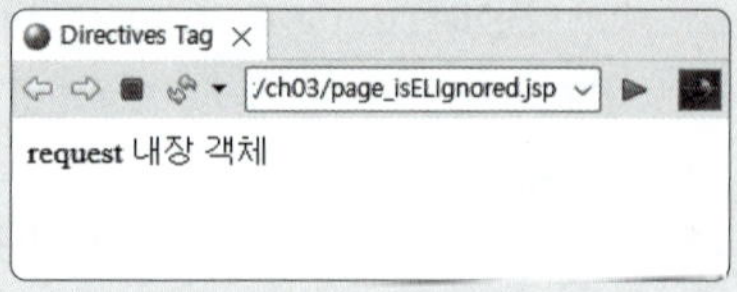

07~09행: 내장 객체 request 변수의 setAttribute() 메소드를 이용하여 RequestAttribute 변수에 값을 저장하도록 스크립틀릿 태그를 작성합니다.

10행: RequestAttribute 변수에 값을 출력하도록 표현 언어 ${}를 작성합니다.

2 /src/main/webapp/ch03/ 폴더에 있는 page_isELIgnored.jsp 파일의 page 디렉티브 태그를 다음과 같이 추가 수정하고, 웹 브라우저에 'http://localhost:8080/JSPBook/ch03/page_isELIgnored.jsp'를 입력하여 실행 결과를 확인합니다.

JSPBook/src/main/webapp/ch03/page_isELIgnored.jsp

```
<%@ page contentType="text/html; charset=utf-8" %>
<%@ page isELIgnored="true" %>
<html>
<head>
<title>Directives Tag</title>
</head>
<body>
    <%
        request.setAttribute("RequestAttribute", "request 내장 객체");
    %>
    ${requestScope.RequestAttribute}
```

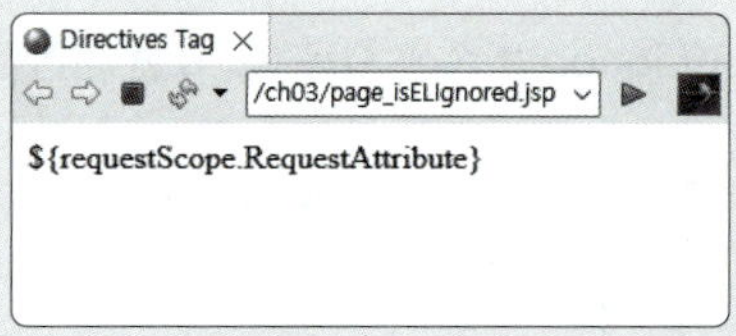

```
12 </body>
13 </html>
```

02행: 현재 JSP 페이지에 표현 언어를 사용할 수 없도록 page 디렉티브 태그의 isELIgnored 속성을 작성합니다.

13 isScriptingEnabled 속성

isScriptingEnabled 속성은 스크립트 태그(선언문, 스크립틀릿, 표현문) 사용 여부를 설정하는 데 사용합니다. 속성 값은 true나 false이며 true로 설정하면 기본 스크립트 태그를 사용할 수 있습니다. false로 설정하면 스크립트 태그를 제한하기 때문에 스크립트 태그를 사용하는 경우 번역 시 오류가 발생합니다.

[isScriptingEnabled 속성 사용 예: 스크립트 태그를 사용하지 않기 위한 false 설정]

```
<%@ page isScriptingEnabled="false" %>
```

03 include 디렉티브 태그

include 디렉티브 태그는 이름에서 알 수 있듯이 현재 JSP 페이지의 특정 영역에 외부 파일의 내용을 포함하는 태그이며 형식은 다음과 같습니다. 현재 JSP 페이지에 포함할 수 있는 외부 파일은 HTML, JSP, 텍스트 파일 등입니다. include 디렉티브 태그는 JSP 페이지 어디에서든 선언할 수 있습니다.

```
<%@ include file="파일명" %>
```

여기서 file 속성 값은 현재 JSP 페이지에 포함할 내용을 가진 외부 파일명입니다. 이때 외부 파일이 현재 JSP 페이지와 같은 디렉터리에 있으면 파일명만 설정하고, 그렇지 않으면 전체 URL(또는 상대 경로)을 설정해야 합니다.

include 디렉티브 태그는 서블릿 프로그램으로 번역될 때 현재 JSP 페이지와 설정된 다른 외부 파일의 내용이 병합되어 번역됩니다. 즉 현재 JSP 페이지에서 include 디렉티브 태그가 사용된 위치에 설정된 파일의 원본 내용을 '있는 그대로' 붙여넣은 다음 전체 페이지를 자바 코드(서블릿)로 변환합니다.

NOTE include 디렉티브 태그를 사용하는 이유

include 디렉티브 태그를 사용하는 대신 현재 JSP 페이지에 외부 파일의 내용을 추가하는 방법은 없을까요? 외부 파일의 내용을 복사하여 현재 JSP 페이지에 붙여넣을 수 있지만 이는 좋은 방법이 아닙니다. 예를 들어 머리글과 바닥글에 해당하는 외부 파일 2개와 100개의 JSP 페이지가 있는 경우를 생각해봅시다. 만약 JSP 페이지 100개에 외부 파일 2개의 내용을 복사하여 붙여넣었을 때 이 외부 파일의 내용을 변경해야 한다면 JSP 페이지 100개를 모두 수정 편집해야 합니다. 하지만 include 디렉티브 태그를 사용하면 모든 외부 파일을 포함하므로 외부 파일의 내용을 변경할 때마다 특정 외부 파일만 수정 편집하면 됩니다.

이처럼 include 디렉티브 태그를 사용하면 코드 재사용의 가능성을 향상할 수 있습니다. 즉 웹 애플리케이션의 모든 JSP 페이지에 공통된 특정 코드나 데이터를 하나의 별도 외부 파일로 만들면 이 외부 파일을 모든 JSP 페이지에 포함할 수 있기 때문입니다.

include 디렉티브 태그는 머리글과 바닥글 같은 공통된 부분을 별도의 JSP 파일로 만들어 웹 페이지를 모듈화할 수 있습니다. 그래서 코드를 재사용하고 중복된 코드를 줄임으로써 유지 보수 측면에서 매우 유용합니다.

다음은 include 디렉티브 태그를 사용하여 현재 JSP 페이지의 머리글과 바닥글에 해당하는 header.jsp와 footer.jsp 파일을 포함하는 예입니다. 이 두 외부 파일은 현재 JSP 페이지와 같은 디렉터리에 있습니다. 만약 두 외부 파일과 현재 JSP 페이지가 다른 디렉터리에 있다면 전체 경로를 지정해야 합니다.

[include 디렉티브 태그 사용 예]

```
<html>
<body>
<%@ include file="header.jsp" %>      header.jsp 파일의 내용을 이 JSP 페이지에 포함함
Today is: <%=java.util.Calendar.getInstance().getTime() %>
<%@ include file="footer.jsp" %>      footer.jsp 파일의 내용을 이 JSP 페이지에 포함함
</body>
</html>
```

위의 예는 include 디렉티브 태그를 사용하는 표준적인 방법입니다. 웹 애플리케이션에서 웹 페이지를 만들 때마다 최상단의 머리글과 최하단의 바닥글이 모두 동일한 경우에 적용할 수 있습니다. 다음 [그림 3-1]과 같이 머리글과 바닥글을 별도의 외부 파일로 만들어 모든 JSP 페이지에 include 디렉티브 태그를 사용하여 외부 파일을 포함합니다. 이처럼 공통된 부분을 외부 파일로 만들면 머리글이나 바닥글의 내용을 변경해야 할 때마다 한 곳에서 할 수 있습니다.

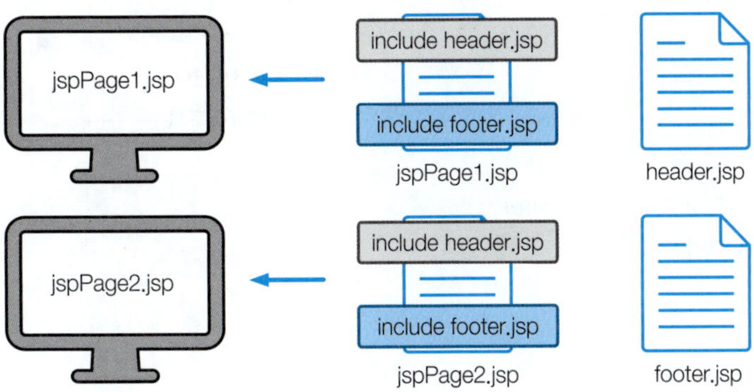

그림 3-1 include 디렉티브 태그로 머리글과 바닥글에 외부 파일 포함하기

include 디렉티브 태그의 또 다른 사용을 살펴봅시다. [그림 3-2]는 웹 애플리케이션에서 일반적으로 사용되는 몇 가지 기능을 포함하는 별도의 외부 파일을 만들고, 그 기능을 사용하고자 하는 웹 페이지에 포함하는 경우입니다.

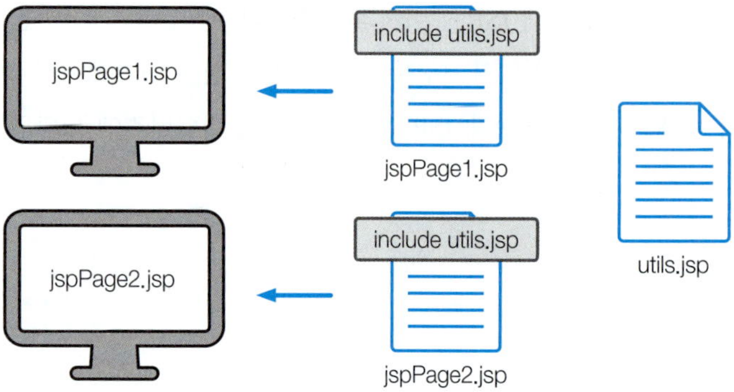

그림 3-2 include 디렉티브 태그로 특정 외부 파일 포함하기

이처럼 include 디렉티브 태그는 웹 애플리케이션의 중복된 코드나 공통된 코드를 모듈화할 수 있으므로 매우 유용합니다.

예제 3-9 include 디렉티브 태그로 외부 파일의 내용 포함하기

/src/main/webapp/ch03/ 폴더에 다음과 같이 웹 페이지를 작성하고 웹 브라우저에 'http://localhost:8080/JSPBook/ch03/include01.jsp'를 입력하여 실행 결과를 확인합니다.

JSPBook/src/main/webapp/ch03/include01.jsp

```
<%@ page contentType="text/html; charset=utf-8" %>
<html>
<head>
<title>Directives Tag</title>
</head>
<body>
    <%@ include file="include01_header.jsp" %>
    <h4>---------- 현재 페이지 영역 ----------</h4>
</body>
</html>
```

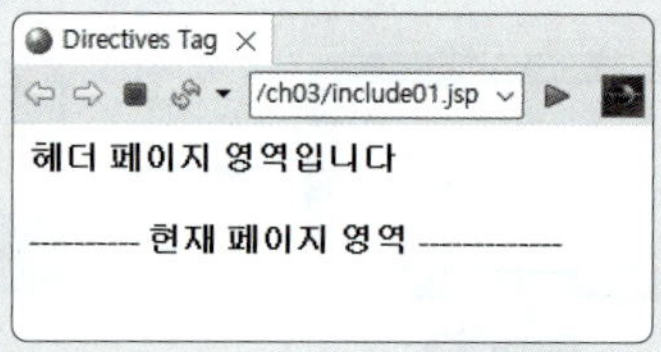

07행: 외부 파일 include01_header.jsp의 내용을 포함하도록 include 디렉티브 태그를 작성합니다.

JSPBook/src/main/webapp/ch03/include01_header.jsp

```
<%@ page contentType="text/html; charset=utf-8" %>
<html>
<head>
<title>Directives Tag</title>
</head>
<body>
    <h4>헤더 페이지 영역입니다</h4>
</body>
</html>
```

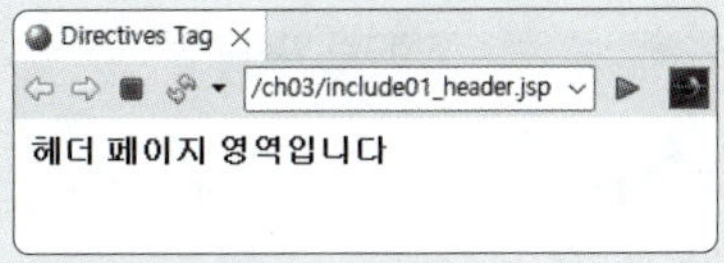

예제 3-10 include 디렉티브 태그로 머리글과 바닥글에 외부 파일 내용 포함하기

/src/main/webapp/ch03/ 폴더에 다음과 같이 웹 페이지를 작성하고 웹 브라우저에 'http://localhost:8080/JSPBook/ch03/include02.jsp'를 입력하여 실행 결과를 확인합니다.

JSPBook/src/main/webapp/ch03/include02.jsp

```
01 <%@ page contentType="text/html; charset=utf-8" %>
02 <html>
03 <head>
04 <title>Directives Tag</title>
05 </head>
06 <body>
07     <%@ include file="include02_header.jsp" %>
08     <p>방문해 주셔서 감사합니다.</p>
09     <%@ include file="include02_footer.jsp" %>
10 </body>
11 </html>
```

07행: 외부 파일 include02_header.jsp의 내용을 포함하도록 include 디렉티브 태그를 작성합니다.

09행: 외부 파일 include02_footer.jsp의 내용을 포함하도록 include 디렉티브 태그를 작성합니다.

JSPBook/src/main/webapp/ch03/include02_header.jsp

```
01 <%@ page contentType="text/html; charset=utf-8" %>
02 <%!
03     int pageCount=0;
04     void addCount() {
05         pageCount++;
06     }
07 %>
08 <%
09     addCount();
10 %>
11 <p>이 사이트 방문은 <%=pageCount %>번째 입니다.</p>
```

02~07행: 변수 pageCount에 값을 저장하고 변수 값을 1씩 증가시키는 함수 addCount()를 선언하도록 선언문 태그를 작성합니다.

08~10행: 함수 addCount()를 호출하도록 스크립틀릿 태그를 작성합니다.

11행: 변수 pageCount의 값을 출력하도록 표현문 태그를 작성합니다.

JSPBook/src/main/webapp/ch03/include02_footer.jsp

```
01 Copyright ©JSPBook
```

04 taglib 디렉티브 태그

taglib 디렉티브 태그는 현재 JSP 페이지에 표현 언어, JSTL, 사용자 정의 태그(custom tag) 등 태그 라이브러리를 설정하는 태그이며 형식은 다음과 같습니다.

```
<%@ taglib uri="경로" prefix="태그 식별자" %>
```

여기서 uri 속성은 사용자가 정의한 태그의 설정 정보를 가진 경로 주소이고, prefix 속성은 uri에 설정한 사용자가 정의한 태그를 식별하기 위한 고유 이름입니다. 해당 JSP 페이지 내에서 uri 속성 값을 그대로 사용하면 복잡하므로 prefix 속성 값이 대신 식별할 수 있게 해주는 것입니다.

taglib 디렉티브 태그가 서블릿 프로그램으로 번역될 때 uri 속성 값은 JSP 컨테이너에 사용자가 정의한 태그 라이브러리의 위치를 알려줍니다. prefix 속성 값은 사용자가 정의한 태그 라이브러리의 접두어 태그가 무엇인지 JSP 컨테이너에 알려주는 역할을 합니다.

다음은 taglib 디렉티브 태그에 태그 라이브러리로 JSTL을 설정하는 예입니다. 여기서 uri 속성 값은 JSTL의 Core 태그 라이브러리의 위치를 나타내고, prefix 속성 값은 JSTL의 Core 태그를 식별하기 위한 접두어로 c를 사용합니다.

[taglib 디렉티브 태그 사용 예]

```
<%@ page contentType="text/html; charset=utf-8" %>
<%@ taglib uri="http://java.sun.com/jsp/jstl/core" prefix="c" %>
<html>
<head>
<title>JSTL</title>
</head>
<body>
    <c:out value="JSTL Core 태그 라이브러리" />
</body>
</html>
```

JSTL Core 태그 라이브러리

NOTE JSTL 태그

일반적으로 웹 애플리케이션에서 쉽게 접할 수 있는 것은 JSTL 태그 라이브러리입니다. 유용한 JSP 태그의 모음인 JSTL은 자주 사용되는 핵심 기능을 제공합니다. 반복문, 조건문과 같은 논리적 구조 작업, XML 문서 조작, 국제화 태그 조작, SQL 조작 수행을 위한 태그 등을 지원합니다.

JSTL을 사용하려면 src/main/webapp/WEB-INF/lib/ 디렉터리의 위치에 jstl.jar 라이브러리 파일이 있어야 합니다. 이 파일은 Apache Standard Taglib 페이지에서 다운로드할 수 있습니다.

TIP 자세한 내용은 9장 다국어처리에서 jstl 라이브러리 관련 마이그레이션을 참고하세요.

예제 3-11 taglib 태그에 JSTL의 Core 태그를 설정하여 1부터 10까지 출력하기

/src/main/webapp/ch03/ 폴더에 다음과 같이 웹 페이지를 작성하고, /WEB-INF/lib/ 폴더에 JSTL 태그 라이브러리인 JSTL-1.2.jar 파일을 추가합니다. 그리고 웹 브라우저에 'http://localhost:8080/JSPBook/ch03/taglib.jsp'를 입력하여 실행 결과를 확인합니다.

JSPBook/src/main/webapp/ch03/taglib.jsp

```
01 <%@ taglib prefix="c" uri="http://java.sun.com/jsp/jstl/core" %>
02 <html>
03 <head>
04 <title>Directives Tag</title>
05 </head>
06 <body>
07     <c:forEach var="k" begin="1" end="10" step="1">
08         <c:out value="${k}" />
09     </c:forEach>
10 </body>
11 </html>
```

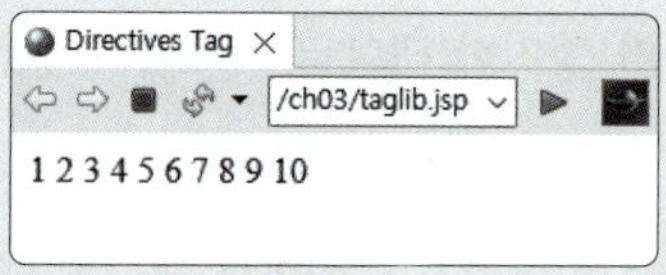

01행: JSTL의 Core 태그를 사용하기 위해 taglib 태그를 작성합니다.

07~09행: 변수 k가 1부터 10까지 1씩 증가하도록 JSTL의 Core 태그 반복문 <c:forEach>…</c:forEach> 태그를 작성합니다.

08행: 변수 k 값을 출력하도록 <c:out> 태그를 작성합니다.

05 북마켓 한글 출력 및 페이지 모듈화하기

앞에서 배운 JSP 디렉티브 태그를 적용하여 북마켓 시작 페이지에 한글을 출력합니다. 그리고 머리글인 메뉴바, 본문, 바닥글 등으로 웹 페이지를 모듈화합니다.

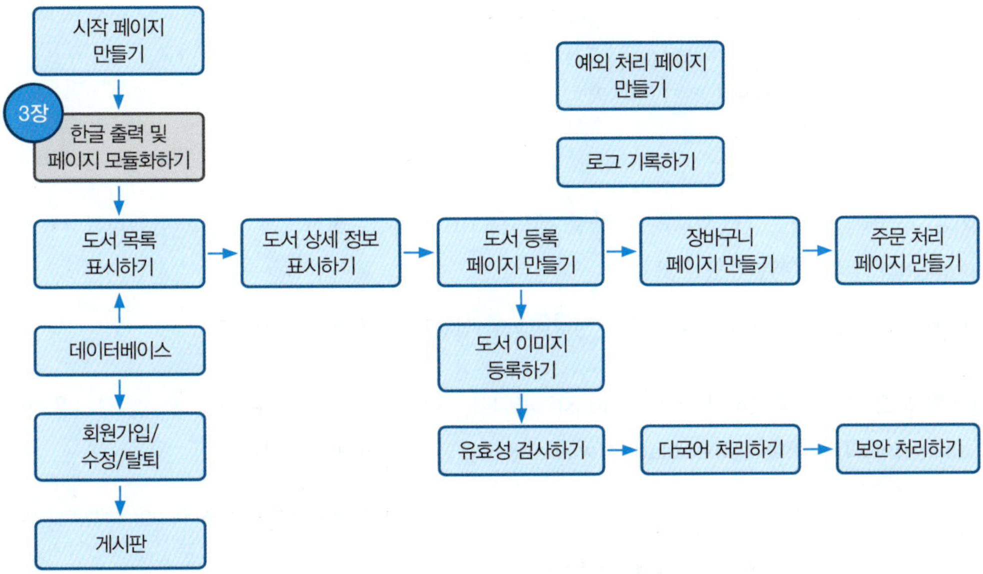

그림 3-3 웹 페이지 모듈화하기

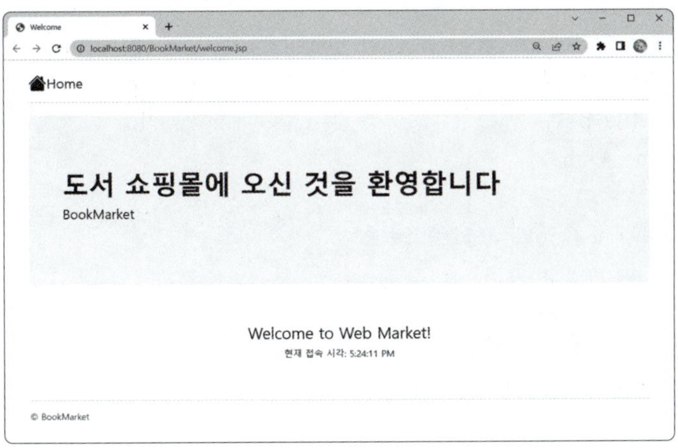

그림 3-4 완성된 북마켓(도서 쇼핑몰) 시작 페이지

예제 3-12 한글 및 현재 접속 시각 출력하기

북마켓의 시작 페이지에 한글을 출력한 후 현재 접속 시각을 출력해봅시다.

1 한글 출력하기: welcome.jsp 파일을 다음과 같이 수정한 후 웹 브라우저에 'http://localhost:8080/BookMarket/welcome.jsp'를 입력하여 실행합니다.

BookMarket/src/main/webapp/welcome.jsp

```
01 <%@ page contentType="text/html; charset=utf-8" %>
02 …(생략)…
03     <%! String greeting="도서 쇼핑몰에 오신 것을 환영합니다";
04     String tagline="Welcome to Web Market!"; %>
05     …(생략)…
```

01행: 콘텐츠 유형은 HTML로, 문자열 세트는 utf-8로 설정하도록 page 디렉티브 태그의 contentType 속성을 작성합니다.

03행: 변수 greeting에 한글 문자열을 저장하도록 선언문 태그를 작성합니다.

2 현재 접속 시각 출력하기: welcome.jsp 파일을 다음과 같이 추가 수정한 후 웹 브라우저에 'http://localhost:8080/BookMarket/welcome.jsp'를 입력하여 실행합니다.

BookMarket/src/main/webapp/welcome.jsp

```
<%@ page contentType="text/html; charset=utf-8" %>
<%@ page import="java.util.Date" %>
    …(생략)…
  <div class="row align-items-md-stretch text-center">
    <div class="col-md-12">
      <div class="h-100 p-5">
        <h3><%=tagline %></h3>
        <%
            Date day=new java.util.Date();
            String am_pm;
            int hour=day.getHours();
            int minute=day.getMinutes();
            int second=day.getSeconds();
            if (hour / 12==0) {
```

```
15                    am_pm = "AM";
16                } else {
17                    am_pm = "PM";
18                    hour = hour - 12;
19                }
20                String CT = hour + ":" + minute + ":" + second + " " + am_pm;
21                out.println("현재 접속 시각: " + CT + "\n");
22            %>
23    …(생략)…
```

02행: java.util.Date 패키지를 사용하기 위해 page 디렉티브 태그의 import 속성을 작성합니다.

08~22행: 현재 시각을 출력하도록 스크립틀릿 태그를 작성합니다.

09행: 현재 날짜와 시각을 얻어오기 위해 Date 클래스의 인스턴스 day를 생성합니다.

11~13행: Date 클래스의 인스턴스 day를 통해 현재 시, 분, 초를 얻어오도록 작성합니다.

14~19행: 현재 시각이 12 이하이면 'AM'을 출력하고 12를 초과하면 'PM'을 출력하도록 설정합니다.

18행: 현재 시각이 13~23시이면 1~11시로 표현하도록 작성합니다.

20행: 현재 시각을 '시 : 분 : 초 AM/PM' 형식으로 출력하도록 작성합니다.

21행: 현재 접속 시각을 출력하도록 작성합니다.

예제 3-13 웹 페이지 모듈화하기

다음과 같이 북마켓의 시작 페이지를 머리글, 본문, 바닥글로 구분하여 웹 페이지를 모듈화해봅시다.

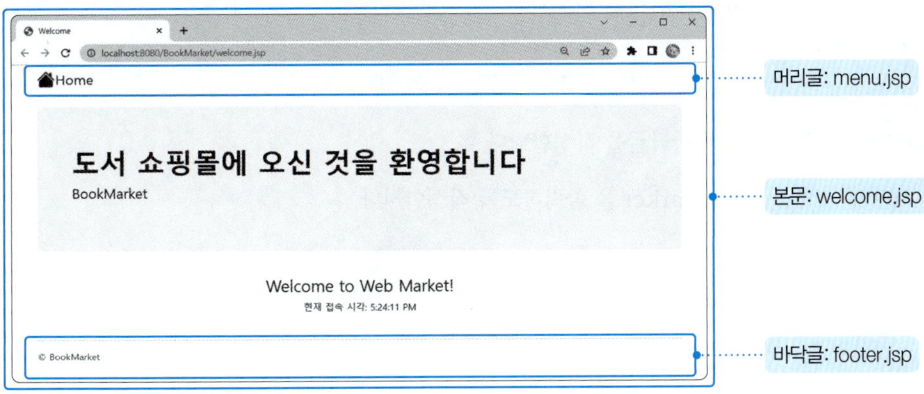

1 머리글 JSP 페이지 작성하기: /src/main/webapp/ 폴더 안에 머리글에 해당하는 menu.jsp 파일을 생성하고 다음과 같이 작성합니다.

BookMarket/src/main/webapp/menu.jsp

```
01 <header class="pb-3 mb-4 border-bottom">
02 <a href="./welcome.jsp" class="d-flex align-items-center text-dark text-decoration-none">
03     <svg width="32" height="32" fill="currentColor" class="bi bi-house-fill" viewBox="0 0 16 16">
04     <path d="M8.707 1.5a1 1 0 0 0-1.414 0L.646 8.146a.5.5 0 0 0 .708.708L8 2.207l6.646 6.647a.5.5 0 0 0 .708-.708L13 5.793V2.5a.5.5 0 0 0-.5-.5h-1a.5.5 0 0 0-.5.5v1.293L8.707 1.5Z"/>
05     <path d="m8 3.293 6 6V13.5a1.5 1.5 0 0 1-1.5 1.5h-9A1.5 1.5 0 0 1 2 13.5V9.293l6-6Z"/>
06     </svg>
07     <span class="fs-4">Home</span>
08 </a>
09 </header>
```

01~09행: 부트스트랩 CSS로 웹 페이지의 메뉴바인 머리글을 작성합니다.

2 바닥글 JSP 페이지 작성하기: /src/main/webapp/ 폴더 안에 바닥글에 해당하는 footer.jsp 파일을 생성하고 다음과 같이 작성합니다.

BookMarket/src/main/webapp/footer.jsp

```
01 <footer class="pt-3 mt-4 text-body-secondary border-top">
02     &copy; BookMarket
03 </footer>
```

01~03행: 부트스트랩 CSS로 바닥글을 작성합니다.

02행: 카피라이터 '© BookMarket'을 출력하도록 작성합니다.

3 JSP 페이지 모듈화하기: welcome.jsp 파일을 다음과 같이 수정한 후 웹 브라우저에 'http://localhost:8080/BookMarket/welcome.jsp'를 입력하여 실행합니다.

BookMarket/src/main/webapp/welcome.jsp

```
01 <%@ page contentType="text/html; charset=utf-8" %>
02 …(생략)…
03 <div class="container py-4">
04   <%@ include file="menu.jsp" %>
05   <%! String greeting="도서 쇼핑몰에 오신 것을 환영합니다";
06   String tagline="Welcome to Web Market!"; %>
07   …(생략)…
08   <%@ include file="footer.jsp" %>
09 </div>
10 </body>
11 </html>
```

04행: 머리글에 해당하는 menu.jsp 파일의 내용을 포함하도록 include 디렉티브 태그를 작성합니다.

08행: 바닥글에 해당하는 footer.jsp 파일의 내용을 포함하도록 include 디렉티브 태그를 작성합니다.

요약

01 (   )란 JSP 페이지를 어떻게 처리할 것인지를 설정하는 태그로, 다음과 같은 종류가 있습니다.

스크립트 태그	형식	설명
page	<%@ page … %>	JSP 페이지에 대한 정보를 설정한다.
include	<%@ include … %>	JSP 페이지의 특정 영역에 다른 문서를 포함한다.
taglib	<%@ taglib … %>	JSP 페이지에서 사용할 태그 라이브러리를 설정한다.

02 (   ) 디렉티브 태그는 JSP 웹 페이지의 최상단에 선언하는 것을 권장하며 다음과 같은 속성을 가집니다.

속성	설명	기본값
language	현재 JSP 페이지가 사용할 프로그래밍 언어를 설정한다.	java
( )	현재 JSP 페이지가 생성할 문서의 콘텐츠 유형을 설정한다.	text/html
pageEncoding	현재 JSP 페이지의 문자 인코딩을 설정한다.	ISO-8859-1
( )	현재 JSP 페이지가 사용할 자바 클래스를 설정한다.	
session	현재 JSP 페이지의 세션 사용 여부를 설정한다.	true
( )	현재 JSP 페이지의 출력 버퍼 크기를 설정한다.	8KB
autoFlush	출력 버퍼의 동작 제어를 설정한다.	true
isThreadSafe	현재 JSP 페이지의 멀티스레드 허용 여부를 설정한다.	true
info	현재 JSP 페이지에 대한 설명을 설정한다.	
( )	현재 JSP 페이지에 오류가 발생했을 때 보여줄 오류 페이지를 설정한다.	
isErrorPage	현재 JSP 페이지가 오류 페이지인지 여부를 설정한다.	false
( )	현재 JSP 페이지의 표현 언어(EL) 지원 여부를 설정한다.	false
isScriptingEnabled	현재 JSP 페이지의 스크립트 태그 사용 여부를 설정한다.	

03 JSP 페이지에 포함할 수 있는 외부 파일에는 HTML, JSP, 텍스트 파일 등이 있으며, (   ) 디렉티브 태그는 JSP 페이지 어디에서든 선언할 수 있습니다.

04 include 디렉티브 태그는 머리글과 바닥글 같은 공통된 부분을 별도의 JSP 파일로 만들어 웹 페이지를 (   )할 수 있으므로 중복된 코드가 줄어들어 유지 보수 측면에서 매우 유용합니다.

05 (   ) 디렉티브 태그를 사용하기 위해서는 prefix 속성과 uri 속성을 지정해야 합니다.

정답

01 디렉티브 태그 **02** page, contentType, import, buffer, errorPage, isELIgnored **03** include **04** 모듈화 **05** taglib

연습문제

01 다음 중 디렉티브 태그로 사용하는 형식은 무엇인가?

① 〈% … %〉　　② 〈jsp …〉

③ 〈%@ … %〉　　④ 〈! …〉

02 다음 중 스크립트 태그의 종류와 형식으로 옳지 <u>않은</u> 것은 무엇인가?

① page 태그: 〈%@ page … %〉

② include 태그: 〈%@ include… %〉

③ taglib 태그: 〈%@ taglib= … %〉

④ action 태그: 〈%@ action … %〉

03 JSP 페이지가 사용할 자바 클래스를 설정하기 위한 page 디렉티브 태그의 속성은 무엇인가?

① language　　② import

③ info　　④ contentType

04 JSP 페이지의 특정 영역에 다른 외부 파일의 내용을 포함하는 디렉티브 태그는 무엇인가?

① page 디렉티브 태그　　② include 디렉티브 태그

③ taglib 디렉티브 태그　　④ action 디렉티브 태그

05 JSP 페이지에 표현 언어, JSTL, 사용자 정의 태그(custom tag) 등 태그 라이브러리를 설정하는 디렉티브 태그는 무엇인가?

① page 디렉티브 태그　　② include 디렉티브 태그

③ taglib 디렉티브 태그　　④ action 디렉티브 태그

06 다음 프로그램의 밑줄에 들어갈 올바른 것은 무엇인가?

```
<%@ page ____________ ="java.util.Date" %>
Today is <%= new Date()%>
```

① language ② import

③ info ④ contentType

07 다음 프로그램의 밑줄에 들어갈 올바른 것은 무엇인가?

```
<%@ ____________ uri="http://java.sun.com/jsp/jstl/core" prefix="c" %>
<c:out value="JSTL Core 태그 라이브러리"/>
```

① page ② include

③ taglib ④ import

08 page 디렉티브 태그를 이용하여 다음 조건에 맞게 JSP 애플리케이션을 만들고 실행 결과를 확인하시오.

조건

1. page.jsp 파일을 생성한다.
   - page 디렉티브 태그에 java.util.Date, java.lang.Math 클래스를 이용하여 현재 날짜와 5의 제곱을 출력한다.
2. 웹 브라우저에 'http://localhost:8080/Exercise/ch03/page.jsp'를 입력하여 실행 결과를 확인한다.

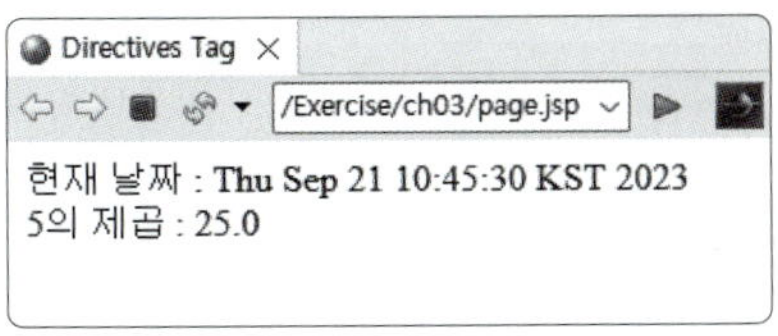

09 include 디렉티브 태그를 이용하여 다음 조건에 맞게 JSP 애플리케이션을 만들고 실행 결과를 확인하시오.

> **조건**
>
> ❶ header.jsp 파일을 생성한다.
> - 〈h4〉 태그를 이용하여 'Hello, Java Server Pages.'를 선언한다.
>
> ❷ include.jsp 파일을 생성한다.
> - include 디렉티브 태그를 이용하여 외부 파일 header.jsp의 내용을 포함한다.
> - java.util.Calendar 클래스를 이용하여 현재 시간을 출력한다.
>
> ❸ 웹 브라우저에 'http://localhost:8080/Exercise/ch03/include.jsp'를 입력하여 실행 결과를 확인한다.

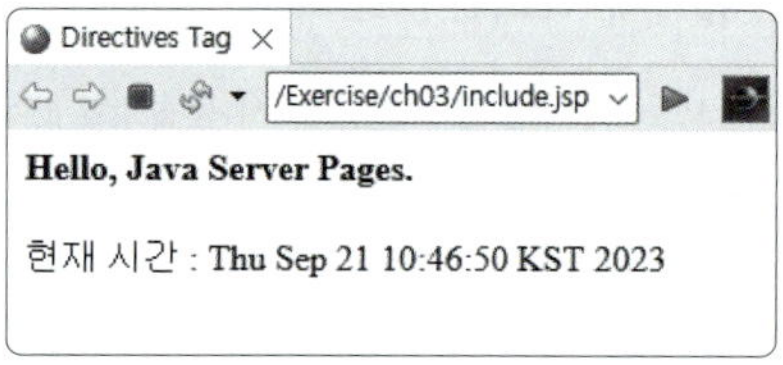

10 taglib 디렉티브 태그를 이용하여 다음 조건에 맞게 JSP 애플리케이션을 만들고 실행 결과를 확인하시오.

> **조건**
>
> ❶ /WEB-INF/lib/ 폴더에 JSTL 태그 라이브러리인 JSTL-1.2.jar 파일을 추가한다.
>
> ❷ taglib.jsp 파일을 생성한다.
> - taglib 디렉티브 태그에 JSTL의 Core 태그를 설정하여 0부터 10까지의 짝수를 출력한다.
>
> ❸ 웹 브라우저에 'http://localhost:8080/Exercise/ch03/taglib.jsp'를 입력하여 실행 결과를 확인한다.

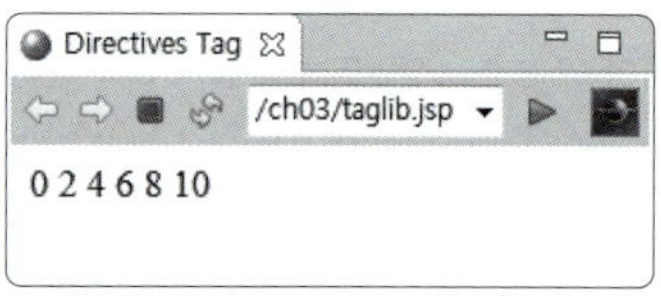

CHAPTER 04

액션 태그: 도서 목록 표시하기

학습목표

- 액션 태그의 개념과 특징을 이해합니다.
- 액션 태그 구성 요소의 사용법을 익힙니다.
- 액션 태그를 이용하여 북마켓의 도서 목록을 출력합니다.

01 액션 태그의 개요

액션 태그는 서버나 클라이언트에게 어떤 행동을 하도록 명령하는 태그로 스크립트 태그, 주석, 디렉티브 태그와 함께 JSP 페이지를 구성하는 태그입니다. 액션 태그는 JSP 페이지에서 페이지와 페이지 사이를 제어하거나, 다른 페이지의 실행 결과 내용을 현재 페이지에 포함하거나, 자바빈즈(JavaBeans) 등의 다양한 기능을 제공합니다.

액션 태그에는 다양한 종류가 있으며, 〈% … %〉와 같은 스크립트 태그의 형식을 따르지 않고 XML 형식 〈jsp: … /〉를 사용합니다. 액션 태그는 반드시 끝나는 태그 /〉로 마무리해야 합니다.

표 4-1 액션 태그의 종류

액션 태그	형식	설명
forward	〈jsp:forward … /〉	다른 페이지로의 이동과 같은 페이지 흐름을 제어한다.
include	〈jsp:include … /〉	외부 페이지의 내용을 포함하거나 페이지를 모듈화한다.
useBean	〈jsp:useBean … /〉	JSP 페이지에 자바빈즈를 설정한다.
setProperty	〈jsp:setProperty … /〉	자바빈즈의 프로퍼티 값을 설정한다.
getProperty	〈jsp:getProperty … /〉	자바빈즈의 프로퍼티 값을 얻어온다.
param	〈jsp:param … /〉	〈jsp:forward〉, 〈jsp:include〉, 〈jsp:plugin〉 태그에 인자를 추가한다.
plugin	〈jsp:plugin … /〉	웹 브라우저에 자바 애플릿을 실행한다. 자바 플러그인에 대한 OBJECT 또는 EMBED 태그를 만드는 브라우저별 코드를 생성한다.
element	〈jsp:element … /〉	동적 XML 요소를 설정한다.
attribute	〈jsp:attribute … /〉	동적으로 정의된 XML 요소의 속성을 설정한다.
body	〈jsp:body … /〉	동적으로 정의된 XML 요소의 몸체를 설정한다.
text	〈jsp:text … /〉	JSP 페이지 및 문서에서 템플릿 텍스트를 작성한다.

여기서는 주요 액션 태그인 forward, include, param, useBean, setProperty, getProperty에 대해 자세히 살펴보겠습니다.

02 forward 액션 태그

forward 액션 태그는 현재 JSP 페이지에서 다른 페이지로 이동하는 태그로 형식은 다음과 같습니다. JSP 컨테이너는 현재 JSP 페이지에서 forward 액션 태그를 만나면 그전까지 출력 버퍼에 저장되어 있던 내용을 모두 삭제합니다. 그리고 forward 액션 태그에 설정된 페이지로 프로그램의 제어가 이동합니다.

```
<jsp:forward page="파일명" />  ← 반드시 끝나는 태그가 있어야 함
또는
<jsp:forward page="파일명">   </jsp:forward>
```

여기서 page 속성 값은 현재 JSP 페이지에서 이동할 페이지의 외부 파일명입니다. 이때 외부 파일은 현재 JSP 페이지와 같은 디렉터리에 있으면 파일명만 설정하고, 그렇지 않으면 전체 URL(또는 상대 경로)을 설정해야 합니다.

다음은 웹 브라우저의 주소란에 first.jsp를 요청하면 JSP 컨테이너가 first.jsp를 실행하다가 forward 액션 태그 <jsp:forward>를 만나서 이 태그의 page 속성 값인 second.jsp로 이동하는 예입니다.

[forward 액션 태그 사용 예]

first.jsp

```
<%@ page contentType="text/html; charset=utf-8" %>
<html>
<head>
<title>Action Tag</title>
</head>
<body>
    <h3>이 파일은 first.jsp입니다.</h3>
    <jsp:forward page="second.jsp" />
    <p> ===first.jsp의 페이지=====
</body>
</html>
```

second.jsp

```
<%@ page contentType="text/html; charset=utf-8" %>
<html>
<head>
<title>Action Tag</title>
</head>
<body>
    <h3>이 파일은 second.jsp입니다.</h3>
    Today is : <%=new java.util.Date() %>
</body>
</html>
```

TIP 이때 second.jsp는 반드시 first.jsp와 동일한 디렉터리에 있어야 합니다. 그렇지 않으면 second.jsp가 위치한 전체 경로를 지정해야 합니다.

다음의 웹 브라우저 실행 결과를 보면 처음에 요청한 URL인 first.jsp 파일의 내용은 없고 second.jsp 파일의 내용만 있습니다. 그런데 웹 브라우저의 주소란은 처음에 요청한 first.jsp입니다.

이 파일은 second.jsp입니다.

Today is : Tue Aug 22 17:54:07 KST 2023

이는 다음 [그림 4-1]과 같이 forward 액션 태그의 페이지 흐름이 발생하기 때문입니다.

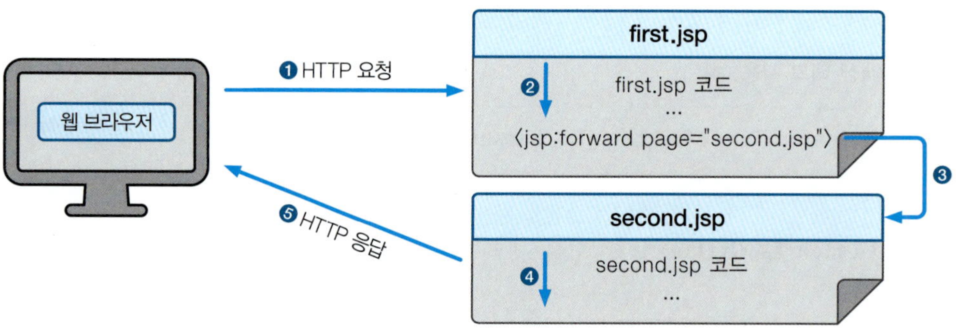

그림 4-1 forward 액션 태그의 페이지 흐름 처리 과정

❶ 웹 브라우저에서 웹 서버로 first.jsp를 요청합니다.

❷ JSP 컨테이너는 요청된 first.jsp를 실행합니다.

❸ first.jsp를 실행하다가 forward 액션 태그를 만나면 지금까지 저장된 출력 버퍼의 내용을 삭제하고 프로그램 제어를 page 속성에서 설정한 second.jsp로 이동합니다(포워딩).

❹ second.jsp를 실행합니다.

❺ JSP 컨테이너는 second.jsp를 실행한 결과를 웹 브라우저에 응답으로 보냅니다.

> **NOTE forward 액션 태그 사용 시 주의점**
>
> 웹 서버는 forward 액션 태그를 수행할 때 출력 버퍼를 지우므로 현재 페이지에서 forward 액션 태그가 선언된 지점 이전까지 생성된 HTML 코드가 손실됩니다. 그러나 현재 페이지가 이미 전달 버퍼로 채워진 경우에는 전달이 중단될 때까지 해당 내용을 웹 서버에서 응답으로 보냅니다. 이렇게 하면 잘못된 페이지가 클라이언트로 전송될 수 있습니다. 따라서 큰 출력을 생성하는 페이지에서 forward 액션 태그를 호출할 때는 신중해야 합니다.

예제 4-1 forward 액션 태그로 현재 날짜와 시각을 출력하는 페이지로 이동하기

1 프로젝트 생성하기: 1장에서 생성한 JSPBook 프로젝트를 사용합니다.

2 JSP 페이지 작성하기: JSPBook 프로젝트에서 마우스 오른쪽 버튼을 누르고 [New]-[Folder] 메뉴를 선택합니다. [New Folder] 창에서 현재 경로 JSPBook/src/main/webapp을 확인하고 폴더 이름에 'ch04'를 입력합니다. 생성된 ch04 폴더에서 마우스 오른쪽 버튼을 누르고 [New]-[File] 메뉴를 선택합니다. [New File] 창에서 현재 경로 JSPBook/src/main/webapp/ch04를 확인하고 파일 이름에 'forward.jsp'를 입력한 후 〈Finish〉를 클릭합니다. 그리고 forward.jsp 파일에 다음과 같이 작성하여 저장합니다.

JSPBook/src/main/webapp/ch04/forward.jsp

```
<%@ page contentType="text/html; charset=utf-8" %>
<html>
<head>
<title>Action Tag</title>
</head>
<body>
    <h2>forward 액션 태그</h2>
    <jsp:forward page="forward_date.jsp" />
    <p> -------------------------------
</body>
</html>
```

08행: 외부 파일 forward_date.jsp의 내용을 출력하도록 forward 액션 태그의 page 속성을 작성합니다.

또한 /src/main/webapp/ch04/ 폴더에 forward_date.jsp 파일을 만든 후 다음과 같이 작성하여 저장합니다.

JSPBook/src/main/webapp/ch04/forward_date.jsp

```
01 <%@ page contentType="text/html; charset=utf-8" %>
02 <html>
03 <head>
04 <title>Action Tag</title>
05 </head>
06 <body>
07     <p> 오늘의 날짜 및 시간
08     <p> <%=(new java.util.Date()).toLocaleString() %>
09 </body>
10 </html>
```

08행: 현재 로케일의 날짜를 얻어오기 위해 Date 클래스를 작성합니다.

3 프로젝트 실행하기: 웹 브라우저에 'http://localhost:8080/ch04/forward.jsp'를 입력하여 실행 결과를 확인합니다.

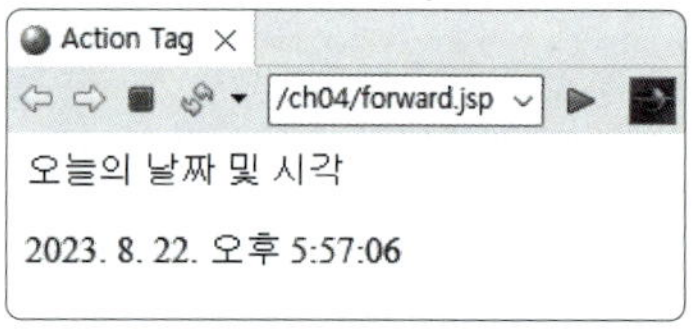

NOTE 액션 태그를 사용하는 이유

액션 태그는 스크립트 태그와 마찬가지로 JSP 페이지에서 자바 코드를 삽입할 수 있는 태그를 의미합니다. 액션 태그는 스크립트 태그를 이용하여 JSP 페이지에 직접 자바 코드를 작성하는 것을 피하기 위해 사용합니다. 즉, JSP 페이지를 작성할 때 자바 코드의 삽입을 되도록 최소화하여 유지 보수를 효율적으로 하는 것이 목적입니다.

03 include 액션 태그

include 액션 태그는 include 디렉티브 태그처럼 현재 JSP 페이지의 특정 영역에 외부 파일의 내용을 포함하는 태그로 형식은 다음과 같습니다. 현재 JSP 페이지에 포함할 수 있는 외부 파일에는 HTML, JSP, 서블릿 페이지 등이 있습니다.

```
<jsp:include page="파일명" flush="false" />
```

page 속성 값은 현재 JSP 페이지 내에 포함할 내용을 가진 외부 파일명입니다. 이때 외부 파일은 현재 JSP 페이지와 같은 디렉터리에 있으면 파일명만 설정하고, 그렇지 않으면 전체 URL(또는 상대 경로)을 설정해야 합니다.

flush 속성 값은 설정한 외부 파일로 제어가 이동할 때 현재 JSP 페이지가 지금까지 출력 버퍼에 저장한 결과를 처리합니다. 기본값은 false이고, true로 설정하면 외부 파일로 제어가 이동할 때 현재 JSP 페이지가 지금까지 출력 버퍼에 저장된 내용을 웹 브라우저에 출력하고 출력 버퍼를 비웁니다.

NOTE flush 속성 값

일반적으로 flush 속성은 false로 지정하는 것이 좋습니다. true로 지정하면 일단 출력 버퍼를 웹 브라우저에 전송하는데 이때 헤더 정보도 같이 전송됩니다. 헤더 정보가 웹 브라우저에 전송되고 나면 헤더 정보를 추가해도 결과가 반영되지 않습니다.

include 액션 태그는 forward 액션 태그처럼 외부 파일을 포함한다는 점이 비슷하지만, 포함된 외부 파일이 실행된 후 현재 JSP 페이지로 제어를 반환하는 것에서 차이가 있습니다. 또한 JSP 컨테이너는 현재 JSP 페이지에서 include 액션 태그를 만나면 include 액션 태그에 설정된 외부 파일의 실행 내용이 현재 JSP 페이지의 출력 버퍼에 추가 저장되어 출력됩니다.

다음 예에서는 웹 브라우저의 주소란에 first.jsp를 요청하면 JSP 컨테이너가 first.jsp를 실행하다가 include 액션 태그를 만나면 이 태그의 page 속성 값인 second.jsp로 이동합니다.

그리고 second.jsp의 실행이 끝나면 first.jsp로 제어를 반환합니다.

[include 액션 태그 사용 예]

first.jsp

```
<%@ page contentType="text/html; charset=utf-8" %>
<html>
<head>
<title>Action Tag</title>
</head>
<body>
    <h3>이 파일은 first.jsp입니다.</h3>
    <jsp:include page="second.jsp" flush="false" />
    <p>Jakarta Server Page</p>
</body>
</html>
```

second.jsp

```
<%@ page contentType="text/html; charset=utf-8" %>
<html>
<head>
<title>Action Tag</title>
</head>
<body>
    <h3>이 파일은 second.jsp입니다.</h3>
    Today is : <%=new java.util.Date() %>
</body>
</html>
```

TIP 이때 second.jsp는 반드시 first.jsp와 동일한 디렉터리에 있어야 합니다. 그렇지 않으면 second.jsp가 위치한 전체 경로를 지정해야 합니다.

웹 브라우저의 실행 결과를 보면 처음에 요청한 URL인 first.jsp 파일의 내용과 second.jsp 파일의 내용이 모두 있습니다. 그런데 웹 브라우저의 주소란은 처음에 요청한 fisrt.jsp입니다.

이는 다음 [그림 4-2]와 같이 include 액션 태그의 페이지 흐름이 발생하기 때문입니다.

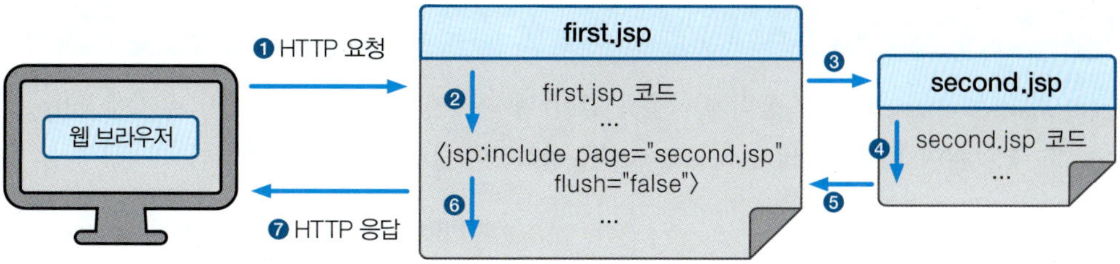

그림 4-2 include 액션 태그의 처리 과정

❶ 웹 브라우저에서 웹 서버로 first.jsp를 요청합니다.

❷ JSP 컨테이너는 요청받은 first.jsp를 처리하고 first.jsp 내의 출력 내용이 출력 버퍼에 저장됩니다.

❸ 이때 〈jsp:include page="second.jsp" flush="false" /〉 문장을 만나면 하던 작업을 멈추고 프로그램 제어를 second.jsp로 이동합니다.

❹ second.jsp를 실행하고 second.jsp 내의 출력 내용이 출력 버퍼에 저장됩니다.

❺ second.jsp의 처리가 끝나면 다시 first.jsp로 프로그램의 제어가 이동하는데, 이동 위치는 〈jsp:include page="second.jsp" flush="false" /〉 문장의 다음 행이 됩니다.

❻ first.jsp의 나머지 부분을 처리하고, 출력할 내용이 있으면 출력 버퍼에 저장합니다.

❼ JSP 컨테이너는 출력 버퍼의 내용을 웹 브라우저에 응답으로 보냅니다.

NOTE include 액션 태그와 include 디렉티브 태그의 차이

include 액션 태그와 include 디렉티브 태그는 현재 JSP 페이지에 다른 페이지를 포함하는 기능을 제공한다는 점이 비슷해 보입니다. 그러나 include 디렉티브 태그는 단순하게 다른 페이지의 내용이 텍스트로 포함되지만, include 액션 태그는 다른 페이지의 처리 결과 내용을 포함합니다. 좀 더 자세히 살펴보면 include 액션 태그와 include 디렉티브 태그는 다음과 같은 차이가 있습니다.

구분	include 액션 태그	include 디렉티브 태그
처리 시간	요청 시 자원을 포함한다.	번역 시 자원을 포함한다.
기능	별도의 파일로 요청 처리 흐름을 이동한다.	현재 페이지에 삽입한다.
데이터 전달 방법	request 기본 내장 객체나 param 액션 태그를 이용하여 파라미터를 전달한다.	페이지 내의 변수를 선언한 후 변수에 값을 저장한다.
용도	화면 레이아웃의 일부분을 모듈화할 때 주로 사용한다.	다수의 JSP 웹 페이지에서 공통으로 사용되는 코드나 저작권과 같은 문장을 포함하는 경우에 사용한다.
기타	동적 페이지에 사용한다.	정적 페이지에 사용한다.

예제 4-2 include 액션 태그에 현재 날짜와 시각을 출력하는 페이지 포함하기

/src/main/webapp/ch04/ 폴더에 다음과 같이 웹 페이지를 작성하고 웹 브라우저에 'http://localhost:8080/JSPBook/ch04/include.jsp'를 입력하여 실행 결과를 확인합니다.

JSPBook/src/main/webapp/ch04/include.jsp

```
01 <%@ page contentType="text/html; charset=utf-8" %>
02 <html>
03 <head>
04 <title>Action Tag</title>
05 </head>
06 <body>
07     <h2>include 액션 태그</h2>
08     <jsp:include page="include_date.jsp" flush="true" />
09     <p> ------------------------------
10 </body>
11 </html>
```

08행: 외부 파일 include_date.jsp의 내용을 포함하여 출력하도록 include 액션 태그의 page 속성을 작성합니다.

JSPBook/src/main/webapp/ch04/include_date.jsp

```
01 <%@ page contentType="text/html; charset=utf-8" %>
02 <html>
03 <head>
04 <title>Action Tag</title>
05 </head>
06 <body>
07     <p> 오늘의 날짜 및 시각
08     <p> <%=(new java.util.Date()).toLocaleString() %>
09 </body>
10 </html>
```

08행: 현재 로케일의 날짜를 얻어오기 위해 Date 클래스를 작성합니다.

04 param 액션 태그

param 액션 태그는 현재 JSP 페이지에서 다른 페이지에 정보를 전달하는 태그로 형식은 다음과 같습니다.

```
<jsp:forward page="파일명">
    <jsp:param name="매개변수명1" value="매개변수값1 "/>
    [<jsp:param name="매개변수명2" value="매개변수값2 "/> … ]
</jsp:forward>
```

param 액션 태그는 단독으로 사용되지 못하며 〈jsp:forward〉나 〈jsp:include〉 태그의 내부에 사용됩니다. 또한 다른 페이지에 여러 개의 정보를 전송해야 할 때는 다중의 param 액션 태그를 사용할 수 있습니다.

다음은 include 액션 태그에서 param 액션 태그를 이용하는 예로, first.jsp 파일에서 second.jsp 파일로 매개변수 date 값을 전송하여 출력하는 경우입니다. second.jsp 파일에서 request 내장 객체의 getParameter() 메소드로 매개변수 date 값을 전달받습니다.

TIP request 내장 객체에 관한 자세한 내용은 5장을 참고하세요.

[jsp:param 액션 태그 사용 예]

first.jsp

```
<%@ page contentType="text/html; charset=utf-8" %>
<html>
<head>
<title>Action Tag</title>
</head>
<body>
    <h3>이 파일은 first.jsp입니다.</h3>
    <jsp:include page="second.jsp">
        <jsp:param name="date" value="<%=new java.util.Date() %>" />
    </jsp:include>
```

이 파일은 first.jsp입니다.

Today is : Mon Aug 21 10:02:51 KST 2023

Jakarta Server Page

```
    <p>Jakarta Server Page</p>
</body>
</html>
```

second.jsp

```
<%@ page contentType="text/html; charset=utf-8" %>
<html>
<head>
<title>Action Tag</title>
</head>
<body>
    Today is : <%=request.getParameter("date") %>
</body>
</html>
```

예제 4-3 forward 액션 태그와 param 액션 태그에 아이디와 이름 전달하기

/src/main/webapp/ch04/ 폴더에 다음과 같이 웹 페이지를 작성하고 웹 브라우저에 'http://localhost:8080/JSPBook/ch04/param01.jsp'를 입력하여 실행 결과를 확인합니다.

JSPBook/src/main/webapp/ch04/param01.jsp

```
<%@ page contentType="text/html; charset=utf-8" %>
<html>
<head>
<title>Action Tag</title>
</head>
<body>
    <h3>param 액션 태그</h3>
    <jsp:forward page="param01_data.jsp">
        <jsp:param name="id" value="admin" />
        <jsp:param name="name" value='<%=java.net.URLEncoder.encode("관리자") %>' />
    </jsp:forward>
    <p> Jakarta Server Page
</body>
</html>
```

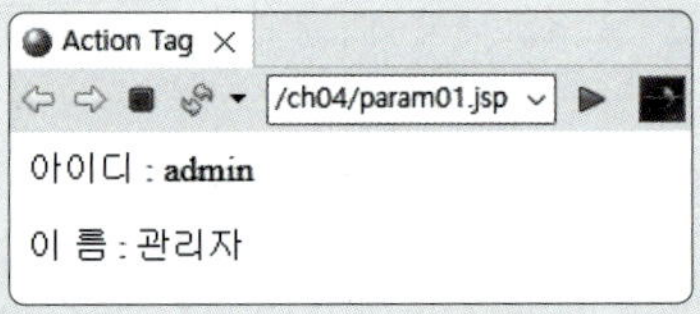

08행: 외부 파일 param01_data.jsp의 내용을 출력하도록 forward 액션 태그의 page 속성을 작성합니다.

09행: 매개변수 id와 값을 전송하기 위해 param 액션 태그를 작성합니다.

10행: 매개변수 name과 값을 전송하기 위해 param 액션 태그를 작성합니다. 한글이 깨지지 않도록 java.net.URLEncoder.encode() 메소드를 사용합니다.

JSPBook/src/main/webapp/ch04/param01_data.jsp

```
01 <%@ page contentType="text/html; charset=utf-8" %>
02 <html>
03 <head>
04 <title>Action Tag</title>
05 </head>
06 <body>
07     <p> 아이디 : <%=request.getParameter("id") %>
08         <%
09             String name=request.getParameter("name");
10         %>
11     <p> 이 름 : <%=java.net.URLDecoder.decode(name) %>
12 </body>
13 </html>
```

07, 09행: 전송된 id 값과 name 값을 받도록 request 내장 객체의 getParameter() 메소드를 작성합니다.

11행: name 값을 출력하도록 표현문 태그를 작성합니다. java.net.URLDecoder.decode() 메소드는 한글이 깨지지 않도록 java.net.URLEncoder.encode() 메소드로 전송된 데이터를 받습니다.

예제 4-4 include 액션 태그와 param 액션 태그에 제목과 현재 날짜 전달하기

/src/main/webapp/ch04/ 폴더에 다음과 같이 웹 페이지를 작성하고 웹 브라우저에 'http://localhost:8080/JSPBook/ch04/param02.jsp'를 입력하여 실행 결과를 확인합니다.

JSPBook/src/main/webapp/ch04/param02.jsp

```
01 <%@ page contentType="text/html; charset=utf-8" %>
02 <html>
03 <head>
04 <title>Action Tag</title>
05 </head>
06 <body>
07     <h3>param 액션 태그</h3>
08     <jsp:include page="param02_data.jsp">
09         <jsp:param name="title" value='<%=java.net.URLEncoder.encode("오늘의 날짜와 시각") %>' />
10         <jsp:param name="date" value="<%=java.util.Calendar.getInstance().getTime() %>" />
11     </jsp:include>
12 </body>
13 </html>
```

08행: 외부 파일 param02_data.jsp의 내용을 포함하여 출력하도록 include 액션 태그의 page 속성을 작성합니다.

09행: 매개변수 title과 값을 전송하기 위해 param 액션 태그를 작성합니다. 한글이 깨지지 않도록 java.net.URLEncoder.encode() 메소드를 사용합니다.

10행: 매개변수 date와 값을 전송하기 위해 param 액션 태그를 작성합니다.

JSPBook/src/main/webapp/ch04/param02_data.jsp

```
<%@ page contentType="text/html; charset=utf-8" %>
<html>
<head>
<title>Action Tag</title>
</head>
<body>
    <%
        String title=request.getParameter("title");
    %>
    <h3><%=java.net.URLDecoder.decode(title) %></h3>
```

```
11         Today is :<%=request.getParameter("date") %>
12  </body>
13  </html>
```

08행: 전송된 title 값을 받도록 request 내장 객체의 getParameter( ) 메소드를 작성합니다.

10행: title 값을 출력하도록 표현문 태그를 작성합니다.

11행: 전송된 date 값을 받도록 request 내장 객체의 getParameter( ) 메소드를 작성합니다.

05 자바빈즈 액션 태그

JSP 페이지의 주요 기능 중 하나는 데이터를 보여주는 것입니다. 그런데 하나의 JSP 페이지에서 데이터를 보여주기 위한 자바 코드와 단순히 화면을 출력하는 HTML 코드를 함께 작성하면 기능을 확장하거나 코드를 재사용하는 데 어려움이 있습니다. 따라서 프로그램의 효율을 높이기 위해 화면을 출력하는 부분과 데이터를 처리하는 로직 부분을 구분하여 작성하고, 로직 부분의 코드에는 자바빈즈라는 클래스를 사용합니다.

1 자바빈즈의 개요

자바빈즈는 동적 콘텐츠 개발을 위해 자바 코드를 사용하여 자바 클래스로 로직을 작성하는 방법입니다. 다시 말해 JSP 페이지에서 화면을 표현하기 위한 계산식이나 자료의 처리를 담당하는 자바 코드를 따로 분리하여 작성하는 것을 의미합니다.

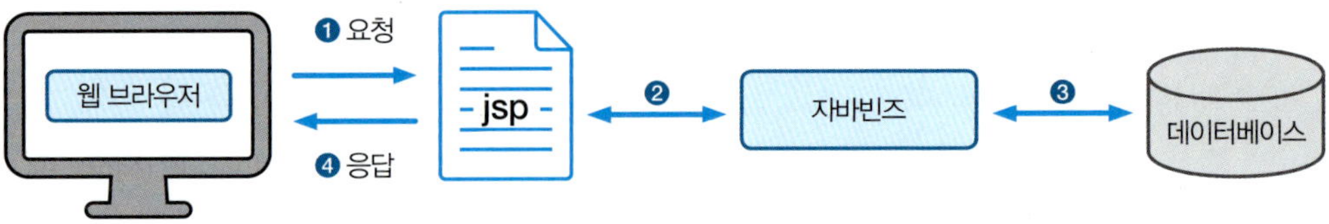

그림 4-3 JSP와 자바빈즈의 흐름

❶ 웹 브라우저가 JSP 페이지에 요청을 전송합니다.

❷ JSP 페이지는 자바빈즈와 통신합니다.

❸ 자바빈즈가 데이터베이스에 연결됩니다.

❹ JSP 페이지가 브라우저에 응답합니다.

자바빈즈는 데이터 표현을 목적으로 하는 자바 클래스이기 때문에 기존의 자바 클래스를 작성하는 방법과 동일합니다. 자바빈즈는 데이터를 담는 멤버 변수인 **프로퍼티**(property)와 데이터를 가져오거나 저장하는 메소드로 구성됩니다. 자바빈즈를 작성할 때는 다음 규칙을 따라야 합니다.

- 자바 클래스는 java.io.Serializable 인터페이스를 구현해야 합니다.
- 인수가 없는 기본 생성자가 있어야 합니다.
- 모든 멤버 변수인 프로퍼티는 private 접근 지정자로 설정해야 합니다.
- 모든 멤버 변수인 프로퍼티는 Getter/Setter( ) 메소드가 존재해야 합니다. Getter( ) 메소드는 멤버 변수에 저장된 값을 가져올 수 있는 메소드이고, Setter( ) 메소드는 멤버 변수에 값을 저장할 수 있는 메소드입니다.

TIP java.io.Serializable 인터페이스는 생략할 수 있지만 자바빈즈 규약에 명시된 내용으로, 자바빈즈에 저장된 프로퍼티를 포함한 채로 파일 시스템에 저장되거나 네트워크로 전송될 수 있도록 객체 직렬화를 제공해야 하므로 implement 해야 합니다.

[자바빈즈 작성 예]

```
package com.dto;
import java.io.Serializable;
public class MemberBean implements java.io.Serializable {
    private int id;
    private String name;
    public MemberBean() {
    }
    public int getId() {
        return id;
    }
    public void setId(int id) {
        this.id=id;
    }
    public String getName() {
        return name;
    }
    public void setName(String name) {
        this.name=name;
    }
}
```

❶ (java.io.Serializable)
❸ 멤버 변수(프로퍼티) 정의
❷ 기본 생성자
❹ Getter/Setter( ) 메소드

TIP 자바빈즈를 작성할 때 멤버 변수의 Getter/Setter( ) 메소드를 직접 작성하여 만들 수 있으나 멤버 변수가 많으면 상당히 번거롭습니다. 이럴 때는 이클립스에서 [Source]–[Generate Getters and Setters] 메뉴를 선택하면 멤버 변수의 Getter/Setter( ) 메소드를 자동으로 추가할 수 있습니다.

이렇게 작성된 자바빈즈는 JSP 페이지에서 useBean, setProperty, getProperty 등의 자바빈즈 액션 태그와 스크립트 태그에 자바 코드와 같이 사용할 수 있습니다. 또한 폼 페이지의 입력 데이터나 HTML 페이지에서 넘어오는 데이터를 쉽게 자바빈즈 객체로 저장할 수 있습니다.

2 useBean 액션 태그로 자바빈즈 사용하기

useBean 액션 태그는 JSP 페이지에서 자바빈즈를 사용하기 위해 실제 자바 클래스를 선언하고 초기화하는 태그로 형식은 다음과 같습니다.

```
<jsp:useBean id="자바빈즈 식별이름" class="자바빈즈 이름" scope="범위" />
```

useBean 액션 태그는 설정된 id 속성과 scope 속성을 바탕으로 자바빈즈의 객체를 검색하고, 객체가 발견되지 않으면 빈 객체를 생성합니다.

표 4-2 useBean 액션 태그의 속성

속성	설명
id	자바빈즈를 식별하기 위한 이름이다.
class	패키지 이름을 포함한 자바빈즈 이름이다. 자바빈즈는 인수가 없는 기존 생성자가 있어야 하며 추상 클래스를 사용할 수 없다.
scope	자바빈즈가 저장되는 영역을 설정한다. page(기본값), request, session, application 중 하나의 값을 사용한다.

다음은 앞에서 작성한 자바빈즈 MemberBean을 JSP 페이지에서 사용하기 위해 useBean 액션 태그로 자바빈즈를 선언하고 초기화하는 예입니다.

[useBean 액션 태그 사용 예]

```
<jsp:useBean id="member" class="com.dto.MemberBean" scope="page" />
```

위의 예는 다음 자바 코드와 동일합니다.

```
MemberBean member=(MemberBean) request.getAttribute("member");
if (member==null) {
    member=new MemberBean();
```

```
        request.setAttribute("member", member);
    }
```

예제 4-5 useBean 액션 태그에 Date 클래스를 사용하여 현재 날짜와 시각 출력하기

/src/main/webapp/ch04/ 폴더에 다음과 같이 웹 페이지를 작성하고 웹 브라우저에 'http://localhost:8080/JSPBook/ch04/useBean01.jsp'를 입력하여 실행 결과를 확인합니다.

JSPBook/src/main/webapp/ch04/useBean01.jsp

```
01 <%@ page contentType="text/html; charset=utf-8" %>
02 <html>
03 <head>
04 <title>Action Tag</title>
05 </head>
06 <body>
07     <jsp:useBean id="date" class="java.util.Date" />
08     <p> <%
09             out.print("오늘의 날짜 및 시각");
10         %>
11     <p> <%=date %>
12 </body>
13 </html>
```

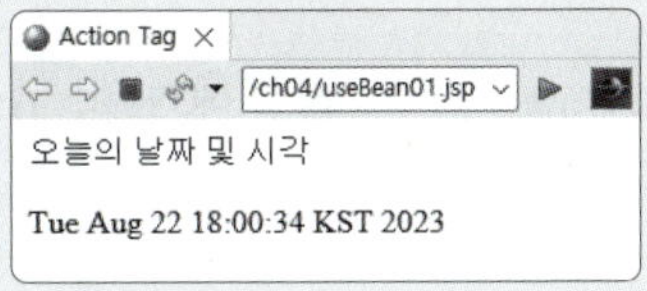

07행: 자바빈즈로 Date 클래스를 사용하도록 useBean 액션 태그를 작성합니다.

08~10행: out 내장 객체 변수를 통해 설정한 문자열을 출력하도록 스크립틀릿 태그를 작성합니다.

11행: useBean 액션 태그에 id 속성 값으로 현재 날짜와 시각을 출력하도록 표현문 태그를 작성합니다.

예제 4-6 자바빈즈 Calculator를 생성하고 useBean 액션 태그에 Calculator 클래스를 사용하여 숫자 출력하기

1 /src/main/java/ 폴더에 다음과 같이 Calculator 클래스를 생성하여 세제곱을 계산하는 process() 메소드를 작성합니다. Calculator 클래스를 생성할 때 패키지 이름에 'ch04.com.dao'를 입력합니다.

JSPBook/src/main/java/ch04/com/dao/Calculator.java

```
01 package ch04.com.dao;
02
03 public class Calculator {
04     public int process(int n) {
05         return n * n * n;
06     }
07 }
```

01행: Calculator 클래스를 생성할 때 패키지 이름을 ch04.com.dao로 작성하면 자동으로 추가됩니다.

04~06행: 정수 유형의 매개변수 n의 세제곱을 계산하고 이를 반환하는 process( ) 메소드를 작성합니다.

2 /src/main/webapp/ch04/ 폴더에 다음과 같이 웹 페이지를 작성하고 웹 브라우저에 'http://localhost:8080/JSPBook/ch04/useBean02.jsp'를 입력하여 실행 결과를 확인합니다.

JSPBook/src/main/webapp/ch04/useBean02.jsp

```
01 <%@ page contentType="text/html; charset=utf-8" %>
02 <html>
03 <head>
04 <title>Action Tag</title>
05 </head>
06 <body>
07     <jsp:useBean id="bean" class="ch04.com.dao.Calculator" />
08     <%
09         int m=bean.process(5);
10         out.print("5의 3제곱 : " + m);
11     %>
12 </body>
13 </html>
```

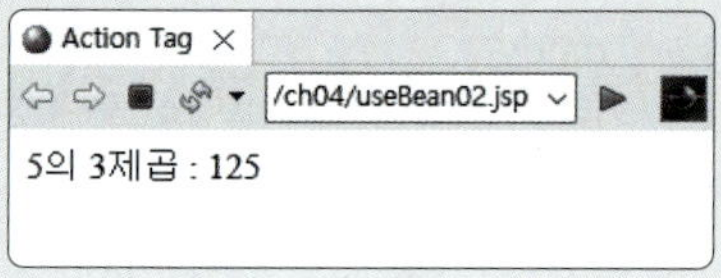

07행: 자바빈즈로 Calculator 클래스를 사용하도록 useBean 액션 태그를 작성합니다.

08~11행: useBean 액션 태그에 id 속성 값을 통해 Calculator 클래스의 process( ) 메소드를 호출하여 반환된 결과 값을 out 내장 객체 변수를 통해 출력하도록 스크립틀릿 태그를 작성합니다.

예제 4-7 자바빈즈 Person을 생성하고 useBean 액션 태그에 Person 클래스를 사용하여 아이디와 이름 출력하기

1 /src/main/java/ 폴더의 ch04.com.dao 패키지에 Person 클래스를 생성하고, 다음과 같이 멤버 변수 id, name을 갖도록 작성합니다.

JSPBook/src/main/java/ch04/com/dao/Person.java

```
01 package ch04.com.dao;
02
03 public class Person {
04     private int id=20230821;
05     private String name="홍길순";
06
07     public Person() {
08
09     }
10
11     public int getId() {
12         return id;
13     }
14
15     public void setId(int id) {
16         this.id=id;
17     }
18
19     public String getName() {
20         return name;
21     }
22
23     public void setName(String name) {
24         this.name=name;
25     }
26 }
```

01행: Person 클래스를 생성할 때 패키지 이름을 ch04.com.dao로 작성하면 자동으로 추가됩니다.

04행: 정수 유형의 멤버 변수 id와 초깃값을 작성합니다.

05행: 문자열 유형의 멤버 변수 name과 초깃값을 작성합니다.

07~09행: 인수 없는 기본 생성자 Person()을 작성합니다. 기본 생성자는 이클립스에서 [Source]–[Generate Constructors from Superclass]를 선택하면 자동으로 추가됩니다.

11~25행: 멤버 변수 id, name에 대한 Getter/Setter() 메소드를 작성합니다. 이 메소드는 이클립스에서 [Source]–[Generate Getters and Setters]를 선택하면 자동으로 추가됩니다.

2 /src/main/webapp/ch04/ 폴더에 다음과 같이 웹 페이지를 작성하고 웹 브라우저에 'http://localhost:8080/JSPBook/ch04/useBean03.jsp'를 입력하여 실행 결과를 확인합니다.

JSPBook/src/main/webapp/ch04/useBean03.jsp

```
01 <%@ page contentType="text/html; charset=utf-8" %>
02 <html>
03 <head>
04 <title>Action Tag</title>
05 </head>
06 <body>
07     <jsp:useBean id="person" class="ch04.com.dao.Person" scope="request" />
08     <p> 아이디 : <%=person.getId() %>
09     <p> 이 름 : <%=person.getName() %>
10 </body>
11 </html>
```

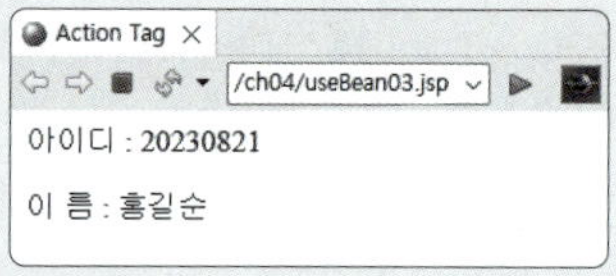

07행: 자바빈즈로 Person 클래스를 사용하도록 useBean 액션 태그를 작성합니다.

08~09행: useBean 액션 태그에 id 속성 값을 통해 Person 클래스의 getId(), getName() 메소드를 각각 호출하여 반환된 결과 값을 출력하도록 표현문 태그를 작성합니다.

예제 4-8 useBean 액션 태그에 [예제 4-7]에서 생성한 자바빈즈 Person으로 아이디와 이름을 설정하여 출력하기

/src/main/webapp/ch04/ 폴더에 다음과 같이 웹 페이지를 작성하고 웹 브라우저에 'http://localhost:8080/JSPBook/ch04/useBean04.jsp'를 입력하여 실행 결과를 확인합니다.

JSPBook/src/main/webapp/ch04/useBean04.jsp

```
01 <%@ page contentType="text/html; charset=utf-8" %>
02 <html>
03 <head>
04 <title>Action Tag</title>
05 </head>
06 <body>
07     <jsp:useBean id="person" class="ch04.com.dao.Person" scope="request" />
08     <p> 아이디 : <%=person.getId() %>
09     <p> 이 름 : <%=person.getName() %>
10     <%
11         person.setId(20230824);
12         person.setName("홍길동");
13     %>
14     <jsp:include page="useBean03.jsp" />
15 </body>
16 </html>
```

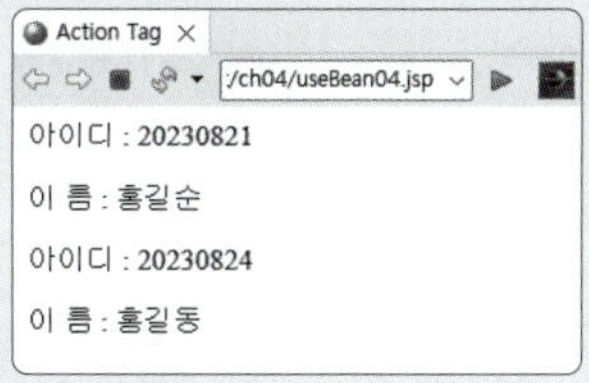

10~13행: useBean 액션 태그에 id 속성 값을 통해 Person 클래스의 setId(), setName() 메소드를 호출하여 새로운 값을 저장하도록 스크립틀릿 태그를 작성합니다.

14행: 외부 파일 useBean03.jsp의 내용을 포함하여 출력하도록 include 액션 태그의 page 속성을 작성합니다.

3 setProperty 액션 태그로 프로퍼티의 값 저장하기

setProperty 액션 태그는 useBean 액션 태그와 함께 자바빈즈의 Setter() 메소드에 접근하여 자바빈즈의 멤버 변수인 프로퍼티의 값을 저장하는 태그로 형식은 다음과 같습니다.

```
<jsp:setProperty name="자바빈즈 식별이름" property="프로퍼티 이름" value="값" />
```

setProperty 태그는 폼 페이지로부터 전달되는 요청 파라미터의 값을 직접 저장하거나 자바빈즈의 프로퍼티로 변경하여 값을 저장할 수 있습니다. 또는 모든 자바빈즈 프로퍼티 이름과 동일하게 요청 파라미터를 설정할 수 있습니다.

표 4-3 setProperty 액션 태그의 속성

속성	설명
name	useBean 태그에 id 속성 값으로 설정된 자바빈즈를 식별하기 위한 이름이다.
property	자바빈즈의 프로퍼티 이름이다. 만약 프로퍼티 이름에 '*'를 사용하면 모든 요청 파라미터가 자바빈즈 프로퍼티의 Setter( ) 메소드에 전달됨을 의미한다.
value	변경할 자바빈즈의 프로퍼티 값이다. 만약 프로퍼티 값이 null이거나 존재하지 않는 요청 파라미터인 경우에는 SetProperty 액션 태그가 무시된다.
param	자바빈즈의 프로퍼티 값을 전달하는 요청 파라미터의 이름이다. param과 value를 동시에 모두 사용할 수 없으며 하나를 선택하여 사용하는 것은 가능하다.

다음은 앞에서 작성한 자바빈즈 MemberBean의 멤버 변수인 프로퍼티 id에 admin 값을 저장하기 위한 setProperty 액션 태그의 예입니다. 프로퍼티 id에 저장된 값을 출력하려면 name 속성 값 member를 통해 getId( ) 메소드를 호출하면 됩니다.

[setProperty 액션 태그 사용 예]

```
<jsp:setProperty name="member" property="id" value="admin" />
```

[자바빈즈의 프로퍼티 값 출력 예]

```
<% out.println("아이디 : "+member.getId()); %>
```

위에서 name 속성 값은 자바빈즈를 식별하기 위해 사용한 useBean 액션 태그의 id 속성 값입니다. 그러므로 setProperty 액션 태그를 사용하려면 다음과 같이 useBean 액션 태그에 id 속성 값이 설정되어 있어야 합니다.

```
<jsp:useBean id="member" class="com.dto.MemberBean" scope="page" />
```

폼 페이지의 입력 데이터나 HTML 페이지로부터 전달되는 데이터를 자바빈즈에 쉽게 저장할 수 있는 다양한 setProperty 액션 태그의 예를 살펴봅시다.

■ **요청 파라미터 이름과 자바빈즈의 프로퍼티 이름이 일치하는 경우**

다음은 폼 페이지에서 요청 파라미터 이름이 자바빈즈의 프로퍼티 이름과 동일하여 id로 값이 전달되는 예입니다.

```
//폼 페이지
<form action="memberProcess.jsp" method="post">
    <input name="id" value="admin" />
</form>
```

```
//jsp 페이지
<jsp:setProperty name="member" property="id" />
```

■ **요청 파라미터 이름과 자바빈즈의 프로퍼티 이름이 일치하지 않는 경우**

다음은 폼 페이지에서 요청 파라미터 이름이 자바빈즈의 프로퍼티 이름과 동일하지 않아 id가 아닌 userId로 값이 전달되는 예입니다.

```
//폼 페이지
<form action="memberProcess.jsp" method="post">
    <input name="userId" value="admin" />
</form>
```

```
//jsp 페이지
<jsp:setProperty name="member" property="id" param="userId" />
```

■ **요청 파라미터 이름과 자바빈즈의 프로퍼티 이름이 모두 일치하는 경우**

다음은 폼 페이지에서 모든 요청 파라미터 이름이 자바빈즈의 모든 프로퍼티 이름과 동일하게 값이 전달되는 예입니다.

```
//폼 페이지
<form action="memberProcess.jsp" method="post">
    <input name="id" value="admin" />
    <input name="name" value="관리자" />
</form>
```

```
//jsp 페이지
<jsp:setProperty name="member" property="*" />
```

예제 4-9 setProperty 액션 태그에 자바빈즈 Person으로 아이디와 이름을 설정하여 출력하기

/src/main/webapp/ch04/ 폴더에 다음과 같이 웹 페이지를 작성하고 웹 브라우저에 'http://localhost:8080/JSPBook/ch04/setProperty.jsp'를 입력하여 실행 결과를 확인합니다.

JSPBook/src/main/webapp/ch04/setProperty.jsp

```
01 <%@ page contentType="text/html; charset=utf-8" %>
02 <html>
03 <head>
04 <title>Action Tag</title>
05 </head>
06 <body>
07 <jsp:useBean id="person" class="ch04.com.dao.Person" scope="request" />
08 <jsp:setProperty name="person" property="id" value="20230824" />
09 <jsp:setProperty name="person" property="name" value="홍길동" />
10 <p> 아이디 : <% out.println(person.getId()); %>
11 <p> 이 름 : <% out.println(person.getName()); %>
12 </body>
13 </html>
```

07행: 자바빈즈로 Person 클래스를 사용하도록 useBean 액션 태그를 작성합니다.

08~09행: useBean 액션 태그의 id 속성 값을 통해 자바빈즈 Person의 프로퍼티 id와 name에 값을 저장하도록 setProperty 액션 태그를 작성합니다.

10~11행: useBean 액션 태그의 id 속성 값을 통해 Person 클래스의 getId(), getName() 메소드를 호출하여 반환된 값을 out 내장 객체 변수를 이용하여 출력하도록 스크립틀릿 태그를 작성합니다.

4 getProperty 액션 태그로 프로퍼티의 값 가져오기

getProperty 액션 태그는 useBean 액션 태그와 함께 자바빈즈의 Getter() 메소드에 접근하여 자바빈즈의 멤버 변수인 프로퍼티의 값을 가져오는 태그로 형식은 다음과 같습니다.

```
<jsp:getProperty name="자바빈즈 식별이름" property="프로퍼티 이름" />
```

표 4-4 getProperty 액션 태그의 속성

속성	설명
name	useBean 태그에 id 속성 값으로 설정된 자바빈즈를 식별하기 위한 이름이다.
property	자바빈즈의 프로퍼티 이름이다. 만약 프로퍼티 이름에 '*'를 사용하면 모든 요청 파라미터가 자바빈즈 프로퍼티의 Getter( ) 메소드에 전달됨을 의미한다.

다음은 앞에서 작성한 자바빈즈 MemberBean의 멤버 변수인 프로퍼티 name에 저장된 값을 가져오기 위한 getProperty 액션 태그의 예입니다. 프로퍼티 name에 저장된 값을 출력하려면 name 속성 값 member를 통해 getName( ) 메소드를 호출하면 됩니다.

[getProperty 액션 태그 사용 예]

```
<jsp:getProperty name="member" property="name" />
```

[자바빈즈의 프로퍼티 값 출력 예]

```
<% out.println(member.getName()); %>
```

예제 4-10 getProperty 액션 태그에 자바빈즈 Person을 이용하여 아이디와 이름을 가져와 출력하기

/src/main/webapp/ch04/ 폴더에 다음과 같이 웹 페이지를 작성하고 웹 브라우저에 'http://localhost:8080/JSPBook/ch04/getProperty01.jsp'를 입력하여 실행 결과를 확인합니다.

JSPBook/src/main/webapp/ch04/getProperty01.jsp

```
<%@ page contentType="text/html; charset=utf-8" %>
<html>
<head>
<title>Action Tag</title>
</head>
<body>
    <jsp:useBean id="person" class="ch04.com.dao.Person" scope="request" />
    <p> 아이디 : <jsp:getProperty name="person" property="id" />
    <p> 이 름 : <jsp:getProperty name="person" property="name" />
</body>
</html>
```

07행: 자바빈즈로 Person 클래스를 사용하도록 useBean 액션 태그를 작성합니다.

08~09행: useBean 액션 태그의 id 속성 값을 통해 자바빈즈 Person의 프로퍼티 id와 name에 값을 가져와 출력하도록 getProperty 액션 태그를 작성합니다.

예제 4-11 getProperty 액션 태그에 자바빈즈 Person을 이용하여 아이디와 이름을 전달받아 출력하기

/src/main/webapp/ch04/ 폴더에 다음과 같이 웹 페이지를 작성하고 웹 브라우저에 'http://localhost:8080/JSPBook/ch04/getProperty02.jsp'를 입력하여 실행 결과를 확인합니다.

JSPBook/src/main/webapp/ch04/getProperty02.jsp

```
01 <%@ page contentType="text/html; charset=utf-8" %>
02 <html>
03 <head>
04 <title>Action Tag</title>
05 </head>
06 <body>
07     <jsp:useBean id="person" class="ch04.com.dao.Person"></jsp:useBean>
08     <jsp:setProperty name="person" property="id" value="20230824" />
09     <jsp:setProperty name="person" property="name" value="홍길동" />
10     <p> 아이디 : <jsp:getProperty property="id" name="person" />
11     <p> 이 름 : <jsp:getProperty property="name" name="person" />
12 </body>
13 </html>
```

07행: 자바빈즈로 Person 클래스를 사용하도록 useBean 액션 태그를 작성합니다.

08~09행: useBean 액션 태그의 id 속성 값을 통해 자바빈즈 Person의 프로퍼티 id와 name에 값을 저장하도록 setProperty 액션 태그를 작성합니다.

10~11행: useBean 액션 태그의 id 속성 값을 통해 자바빈즈 Person의 프로퍼티 id와 name에 값을 가져와 출력하도록 getProperty 액션 태그를 작성합니다.

06 북마켓 도서 목록 표시하기

JSP 페이지에 데이터를 보여주기 위한 자바 클래스인 자바빈즈를 작성하고 자바빈즈 액션 태그를 적용하여 북마켓의 도서 목록을 출력합니다. 그리고 include 액션 태그를 적용하여 메뉴바와 본문, 바닥글 등으로 페이지를 모듈화합니다.

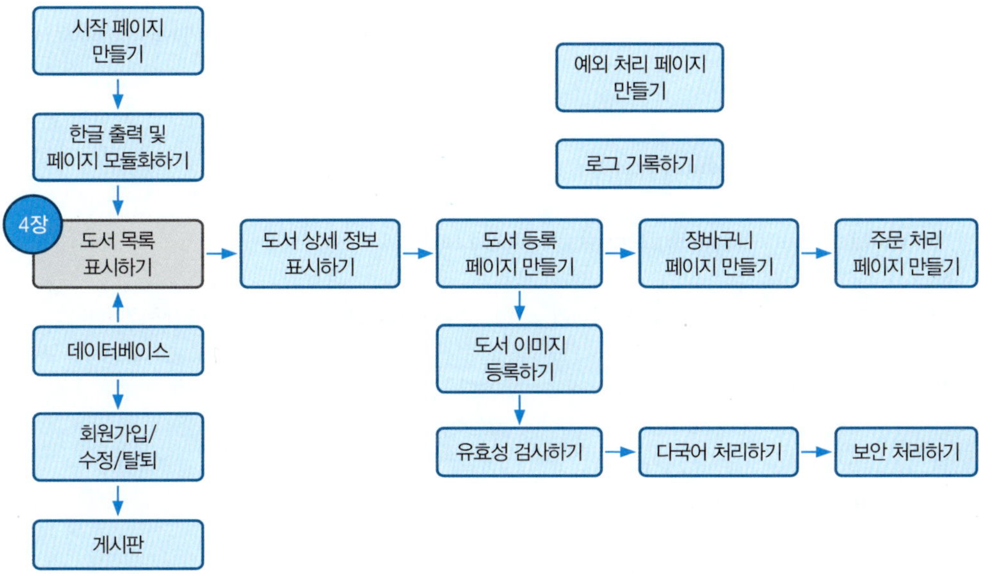

그림 4-4 도서 목록 표시하기

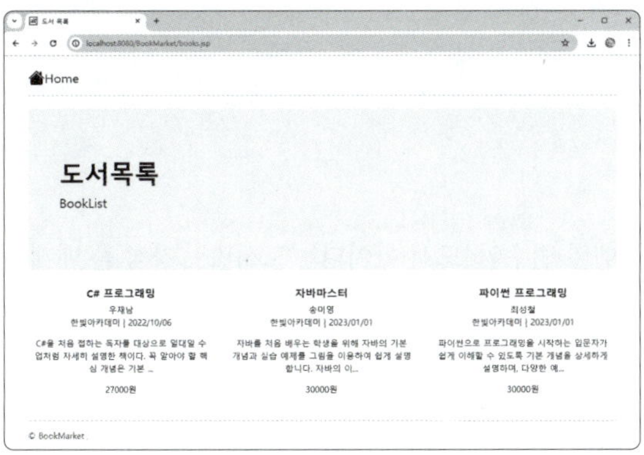

그림 4-5 완성된 북마켓의 도서 목록

예제 4-12 도서 목록 표시하기

도서 쇼핑몰의 도서 목록을 관리하고 저장하는 상품 관련 클래스를 만들고 이를 출력하는 페이지를 만들어봅시다.

[도서 클래스 만들기]

1 도서 클래스 생성하기: /src/main/java/ 폴더에 dto 패키지를 생성하고 이 패키지에 Book 클래스를 생성합니다.

2 멤버 변수 선언하기: 생성된 Book 클래스에 다음과 같이 멤버 변수를 작성합니다.

BookMarket/src/main/java/dto/Book.java

```
package dto;

import java.io.Serializable;

public class Book implements Serializable {

    private static final long serialVersionUID = -4274700572038677000L;

    private String bookId;      //도서 ID
    private String name;        //도서명
    private int unitPrice;      //가격
    private String author;      //저자
    private String description; //설명
    private String publisher;   //출판사
    private String category;    //분류
    private long unitsInStock;  //재고개수
    private String releaseDate; //출판일(월/년)
    private String condition;   //신제품 or 구제품 or 리퍼브제품
}
```

3 기본 생성자 작성하기: 기본 생성자와 선언된 멤버 변수인 '도서 아이디', '도서명', '가격'을 매개변수로 하는 생성자를 추가 작성합니다.

BookMarket/src/main/java/dto/Book.java

```
01 package dto;
02
03 import java.io.Serializable;
04
05 public class Book implements Serializable {
06     …(생략)…
07     public Book() {
08         super();
09     }
10
11     public Book(String bookId, String name, Integer unitPrice) {
12         this.bookId = bookId;
13         this.name = name;
14         this.unitPrice = unitPrice;
15     }
16 }
```

07~09행: 기본 생성자 Book()은 이클립스에서 [Source]−[Generate Constructors from Superclass] 메뉴를 선택한 후, 다음 왼쪽 그림과 같이 창이 나타나면 'Object'를 선택하고 〈Generate〉를 클릭하여 기본 생성자를 자동으로 추가 생성합니다.

11~15행: Book() 생성자는 이클립스에서 [Source]−[Generate Constructors Using Fields] 메뉴를 선택한 후, 다음 오른쪽 그림과 같이 창이 나타나면 'bookId', 'name', 'unitPrice'를 선택하고 〈Generate〉를 클릭하여 생성자를 자동으로 추가 생성합니다.

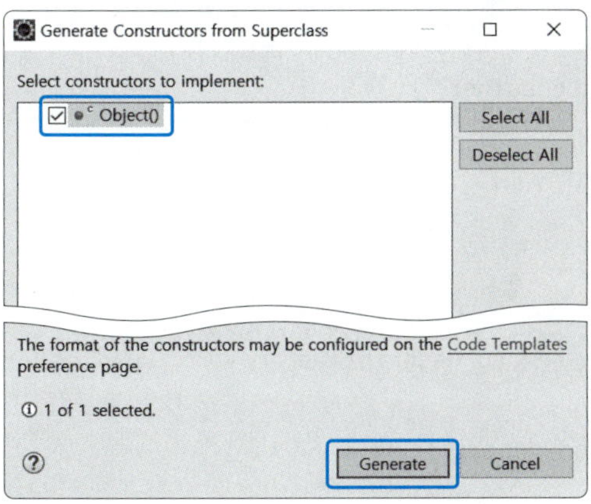

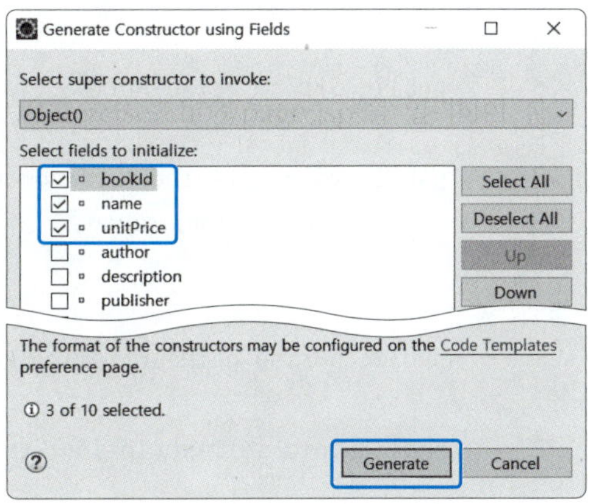

4 모든 멤버 변수의 Setter/Getter( ) 메소드 작성하기: 모든 멤버 변수의 Setter/Getter( ) 메소드를 각각 추가 작성합니다.

BookMarket/src/main/java/dto/Book.java

```
package dto;

import java.io.Serializable;

public class Book implements Serializable{
    …(생략)…
    public String getBookId() { return bookId; }

    public void setBookId(String bookId) {
            this.bookId = bookId;
    }

    public String getName() { return name; }

    public void setName(String name) {
            this.name = name;
    }

    public int getUnitPrice() { return unitPrice; }

    public void setUnitPrice(int unitPrice) {
            this.unitPrice = unitPrice;
    }

    public String getAuthor() { return author; }

    public void setAuthor(String author) {
            this.author = author;
    }

    public String getDescription() { return description; }

    public void setDescription(String description) {
```

```
34              this.description = description;
35      }
36
37      public String getPublisher() { return publisher; }
38
39      public void setPublisher(String publisher) {
40              this.publisher = publisher;
41      }
42
43      public String getCategory() { return category; }
44
45      public void setCategory(String category) {
46              this.category = category;
47      }
48
49      public long getUnitsInStock() { return unitsInStock; }
50
51      public void setUnitsInStock(long unitsInStock) {
52              this.unitsInStock = unitsInStock;
53      }
54
55      public String getReleaseDate() { return releaseDate; }
56
57      public void setReleaseDate(String releaseDate) {
58              this.releaseDate = releaseDate;
59      }
60
61      public String getCondition() { return condition; }
62
63      public void setCondition(String condition) {
64              this.condition = condition;
65      }
66  }
```

07~85행: 각각의 필드에 대한 Setter/Getter() 메소드는 이클립스에서 [Source]-[Generate Getters and Setters] 메뉴를 선택한 후, 다음과 같은 창이 나타나면 모든 필드를 선택하고 〈Generate〉를 클릭하여 각각의 메소드를 자동으로 추가 생성합니다.

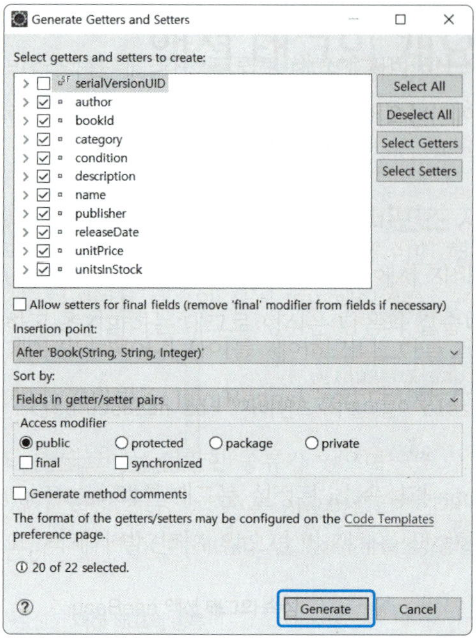

[자바빈즈로 사용할 도서 데이터 접근 클래스 만들기]

5 자바빈즈로 사용할 클래스 만들기: /src/main/java/ 폴더에 dao 패키지를 생성하고 이 패키지에 BookRepository 클래스를 생성합니다.

6 멤버 변수와 기본 생성자 만들기: 생성된 BookRepository 클래스에 다음과 같이 작성합니다.

BookMarket/src/main/java/dao/BookRepository.java

```
package dao;

import java.util.ArrayList;
import dto.Book;

public class BookRepository {

    private ArrayList<Book> listOfBooks = new ArrayList<Book>();

    public BookRepository() {
        Book book1= new Book("ISBN1234","C# 프로그래밍", 27000);
```

```java
        book1.setAuthor("우재남");
        book1.setDescription("C#을 처음 접하는 독자를 대상으로 일대일 수업처럼 자세히 설명한 책이다. 꼭 알아야 할 핵심 개념은 기본 예제로 최대한 쉽게 설명했으며, 중요한 내용은 응용 예제, 퀴즈, 셀프 스터디, 예제 모음으로 한번 더 복습할 수 있다.");
        book1.setPublisher("한빛아카데미");
        book1.setCategory("IT모바일");
        book1.setUnitsInStock(1000);
        book1.setReleaseDate("2022/10/06");

        Book book2 = new Book("ISBN1235", "자바마스터", 30000);
        book2.setAuthor("송미영");
        book2.setDescription("자바를 처음 배우는 학생을 위해 자바의 기본 개념과 실습 예제를 그림을 이용하여 쉽게 설명합니다. 자바의 이론적 개념→기본 예제→프로젝트 순으로 단계별 학습이 가능하며, 각 챕터의 프로젝트를 실습하면서 온라인 서점을 완성할 수 있도록 구성하였습니다.");
        book2.setPublisher("한빛아카데미");
        book2.setCategory("IT모바일");
        book2.setUnitsInStock(1000);
        book2.setReleaseDate("2023/01/01");

        Book book3 = new Book("ISBN1236", "파이썬 프로그래밍",  30000);
        book3.setAuthor("최성철");
        book3.setDescription("파이썬으로 프로그래밍을 시작하는 입문자가 쉽게 이해할 수 있도록 기본 개념을 상세하게 설명하며, 다양한 예제를 제시합니다. 또한 프로그래밍의 기초 원리를 이해하면서 파이썬으로 데이터를 처리하는 기법도 배웁니다.");
        book3.setPublisher("한빛아카데미");
        book3.setCategory("IT모바일");
        book3.setUnitsInStock(1000);
        book3.setReleaseDate("2023/01/01");

        listOfBooks.add(book1);
        listOfBooks.add(book2);
        listOfBooks.add(book3);
    }
}
```

09행: 도서 목록을 저장하기 위한 ArrayList〈Book〉 객체 타입의 변수 listOfBooks를 작성합니다.

13~41행: 기본 생성자를 만든 후 3개의 도서 정보를 설정하고 ArrayList〈Book〉 객체 타입의 변수 listOfBooks에 저장하도록 작성합니다.

7 도서 목록을 가져오는 메소드 만들기: 생성된 BookRepository 클래스에 다음과 같이 추가 작성합니다.

BookMarket/src/main/java/dao/BookRepository.java

```
01 package dao;
02 …(생략)…
03 public class BookRepository {
04     …(생략)…
05     public ArrayList<Book> getAllBooks() {
06         return listOfBooks;
07     }
08 }
```

05~07행: 객체 타입의 변수 listOfBooks에 저장된 모든 도서 목록을 가져오는 getAllBooks() 메소드를 작성합니다.

[도서 목록 표시하기]

8 도서 목록 출력 웹 페이지 만들기: src/main/webapp에 books.jsp 파일을 생성하고 다음과 같이 작성한 후 웹 브라우저에 'http://localhost:8080/BookMarket/books.jsp'를 입력하여 실행합니다.

BookMarket/src/main/webapp/books.jsp

```
<%@ page contentType="text/html; charset=utf-8" %>
<%@ page import="java.util.ArrayList" %>
<%@ page import="dto.Book" %>
<jsp:useBean id="bookDAO" class="dao.BookRepository" scope="session" />
<html>
<head>
<link href="https://cdn.jsdelivr.net/npm/bootstrap@5.3.0-alpha1/dist/css/bootstrap.min.css" rel="stylesheet">
```

```
<title>도서 목록</title>
</head>
<body>
<div class="container py-4">
  <%@ include file="menu.jsp" %>

  <div class="p-5 mb-4 bg-body-tertiary rounded-3">
    <div class="container-fluid py-5">
      <h1 class="display-5 fw-bold">도서목록</h1>
      <p class="col-md-8 fs-4">BookList</p>
    </div>
  </div>
  <%
      ArrayList<Book> listOfBooks = bookDAO.getAllBooks();
  %>

  <div class="row align-items-md-stretch   text-center">
    <%
       for (int i = 0; i < listOfBooks.size(); i++) {
          Book book = listOfBooks.get(i);
    %>
    <div class="col-md-4">
        <div class="h-100 p-2">
          <h5><b><%=book.getName() %></b></h5>
          <p> <%=book.getAuthor() %>
          <br><%=book.getPublisher() %> | <%=book.getReleaseDate() %>
          <p> <%=book.getDescription().substring(0,60) %>...
          <p> <%=book.getUnitPrice() %>원
        </div>
    </div>
    <%
      }
    %>
  </div>
  <%@ include file="footer.jsp" %>
</div>
```

```
45 </body>
46 </html>
```

02행: java.util.ArrayList 패키지를 사용하기 위해 page 디렉티브 태그의 import 속성을 작성합니다.

03행: 생성된 도서 클래스 dto.Book 패키지를 사용하기 위해 page 디렉티브 태그의 import 속성을 작성합니다.

04행: 자바빈즈로 생성한 BookRepository 클래스를 사용하도록 useBean 액션 태그를 작성합니다.

13행: 머리글에 해당하는 menu.jsp 파일의 내용을 포함하도록 include 디렉티브 태그를 작성합니다.

21~23행: useBean 액션 태그의 id 속성 값을 통해 BookRepository 클래스의 getAllBooks() 메소드를 호출하여 반환된 결과 값을 ArrayList〈Book〉 객체 타입의 변수 listOfBooks에 저장하도록 스크립틀릿 태그를 작성합니다.

26~29행: 객체 타입의 변수 listOfBooks에 저장된 상품 목록 개수만큼 실행하도록 반복문을 작성합니다. 28행은 상품 정보를 가져와 Book 객체 타입의 변수 book에 저장하도록 작성합니다.

32~36행: Book 객체 타입의 변수 book에 저장된 도서명, 도서 상세 정보, 도서 가격을 출력하도록 표현문 태그를 작성합니다.

39~41행: 27행의 반복문 시작({)을 닫도록 스크립틀릿 태그를 작성합니다.

43행: 바닥글에 해당하는 footer.jsp 파일의 내용을 포함하도록 include 디렉티브 태그를 작성합니다.

요약

01 (   )는 서버나 클라이언트에게 어떤 행동을 하도록 명령하는 태그로, 다음과 같은 종류가 있습니다.

액션 태그	형식	설명
forward	<jsp:forward … />	다른 페이지로의 이동과 같은 페이지 흐름을 제어한다.
( )	<jsp:include … />	외부 페이지의 내용을 포함하거나 페이지를 모듈화한다.
useBean	<jsp:useBean … />	JSP 페이지에 자바빈즈를 설정한다.
( )	<jsp:setProperty … />	자바빈즈의 프로퍼티 값을 설정한다.
getProperty	<jsp:getProperty … />	자바빈즈의 프로퍼티 값을 얻어온다.
( )	<jsp:param … />	<jsp:forward>, <jsp:include>, <jsp:plugin> 태그에 인자를 추가한다.
plugin	<jsp:plugin … />	웹 브라우저에 자바 애플릿을 실행한다. 자바 플러그인에 대한 OBJECT 또는 EMBED 태그를 만드는 브라우저별 코드를 생성한다.
element	<jsp:element … />	동적 XML 요소를 설정한다.
( )	<jsp:attribute … />	동적으로 정의된 XML 요소의 속성을 설정한다.
body	<jsp:body … />	동적으로 정의된 XML 요소의 몸체를 설정한다.
text	<jsp:text … />	JSP 페이지 및 문서에서 템플릿 텍스트를 작성한다.

02 JSP 컨테이너는 현재 JSP 페이지에서 (   ) 액션 태그를 만나면 그전까지 출력 버퍼에 저장되어 있던 내용을 모두 삭제합니다. 그리고 (   ) 액션 태그에 설정된 페이지로 프로그램의 제어가 이동합니다.

03 (   ) 액션 태그를 사용하여 JSP 페이지에 포함할 수 있는 외부 파일에는 HTML, JSP, 서블릿 페이지 등이 있습니다.

04 (   ) 액션 태그는 단독으로 사용되지 못하며 <jsp:forward>나 <jsp:include> 태그의 내부에 사용됩니다. 또한 다른 페이지에 여러 개의 정보를 전송해야 할 때는 다중의 (   ) 액션 태그를 사용할 수 있습니다.

05 ( )는 동적 콘텐츠 개발을 위해 자바 코드를 사용하여 자바 클래스로 로직을 작성하는 방법을 의미합니다.

- ( ) 액션 태그로 자바빈즈 사용하기: JSP 페이지에서 자바빈즈를 사용하기 위해 실제 자바 클래스를 선언하고 초기화하는 태그입니다.
- ( ) 액션 태그로 프로퍼티의 값 저장하기: useBean 액션 태그와 함께 자바빈즈의 Setter() 메소드에 접근하여 자바빈즈의 멤버 변수인 프로퍼티의 값을 저장하는 태그입니다.
- ( ) 액션 태그로 프로퍼티의 값 가져오기: useBean 액션 태그와 함께 자바빈즈의 Getter() 메소드에 접근하여 자바빈즈의 멤버 변수인 프로퍼티의 값을 가져오는 태그입니다.

정답

01 액션 태그, include, setProperty, param, attribute **02** forward, forward **03** include **04** param, param
05 자바빈즈, useBean, setProperty, getProperty

연습문제

01 다음 중 액션 태그에 대한 설명으로 옳지 않은 것은 무엇인가?

① 〈% … %〉와 같은 스크립트 태그의 형식을 따른다.

② JSP 페이지에서 페이지와 페이지 사이를 제어한다.

③ 다른 페이지의 실행 결과 내용을 현재 페이지에 포함한다.

④ 자바빈즈 등의 다양한 기능을 제공한다.

02 forward 액션 태그에 대한 설명으로 옳지 않은 것은 무엇인가?

① 다른 페이지로의 이동과 같은 페이지 흐름을 제어한다.

② 이전 페이지 및 이동 페이지의 모든 내용을 출력한다.

③ 이전 페이지의 내용은 없고 이동한 페이지의 내용만을 출력한다.

④ page 속성 값은 현재 JSP 페이지에서 이동할 페이지의 외부 파일명을 설정한다.

03 include 액션 태그에 대한 설명으로 옳지 않은 것은 무엇인가?

① 외부 페이지의 내용을 포함하거나 페이지를 모듈화한다.

② request 기본 내장 객체나 param 액션 태그를 이용하여 파라미터를 전달한다.

③ 정적 페이지에 사용한다.

④ 요청 시 자원을 포함한다.

04 자바빈즈를 작성할 때 따라야 할 규칙이 아닌 것은 무엇인가?

① 자바 클래스는 java.io.Serializable 인터페이스를 반드시 구현해야 한다.

② 인수가 없는 기본 생성자가 있어야 한다.

③ 모든 멤버 변수인 프로퍼티는 private 접근 지정자로 설정해야 한다.

④ 모든 멤버 변수인 프로퍼티는 Getter/Setter( ) 메소드가 존재해야 한다.

05 자바빈즈에 사용하는 액션 태그로 옳지 않은 것은 무엇인가?

① useBean 액션 태그

② setBean 액션 태그

③ getProperty 액션 태그

④ setProperty 액션 태그

06 다음은 include 액션 태그에서 second.jsp 파일로 매개변수 date 값을 전송하는 프로그램의 밑줄에 들어갈 올바른 것은 무엇인가?

```
<jsp:include page="second.jsp">
   <jsp: __________ name="date" value="<%=new java.util.Date() %>" />
</jsp:include>
```

① param

② request

③ var

④ response

07 다음 프로그램의 밑줄에 들어갈 올바른 것은 무엇인가?

```
<jsp: __________ id="date"  class="java.util.Date" />
  <%
     out.print("오늘의 날짜 및 시각" + date );
  %>
```

① javaBean

② useBean

③ getProperty

④ setProperty

08 forward 액션 태그를 이용하여 다음 조건에 맞게 JSP 애플리케이션을 만들고 실행 결과를 확인하시오.

조건

❶ forward.jsp 파일을 생성한다.

- 〈h4〉 태그에 '구구단 출력하기'를 작성한다.
- forward 액션 태그로 구구단을 출력하는 forward_data.jsp 파일로 이동하도록 작성한다.
- param 액션 태그로 숫자 5를 출력하는 forward_data.jsp 파일에 전달하도록 작성한다.

❷ forward_data.jsp 파일을 생성한다.

- 전달받은 숫자 5의 구구단을 출력하도록 작성한다.

❸ 웹 브라우저에 'http://localhost:8080/Exercise/ch04/forward.jsp'를 입력하여 실행 결과를 확인한다.

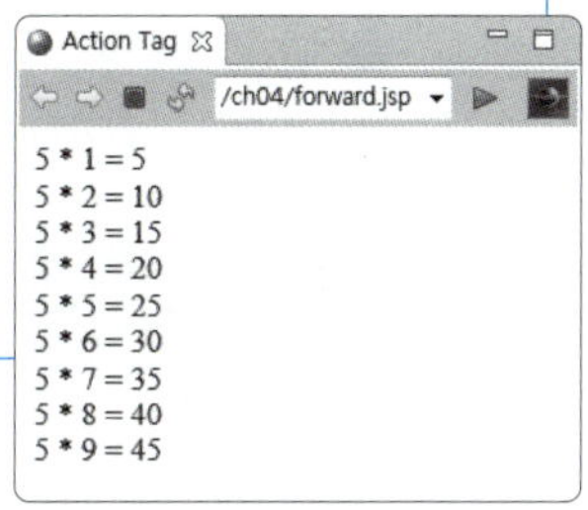

09 include 액션 태그를 이용하여 다음 조건에 맞게 JSP 애플리케이션을 만들고 실행 결과를 확인하시오.

조건

❶ include.jsp 파일을 생성한다.

- 〈h4〉 태그에 '구구단 출력하기'를 작성한다.
- include 액션 태그로 구구단을 출력하는 include_data.jsp 파일로 이동하도록 작성한다.
- param 액션 태그로 숫자 5를 출력하는 include_data.jsp 파일에 전달하도록 작성한다.

❷ include_data.jsp 파일을 생성한다.

- 전달받은 숫자 5의 구구단을 출력하도록 작성한다.

❸ 웹 브라우저에 'http://localhost:8080/Exercise/ch04/include.jsp'를 입력하여 실행 결과를 확인한다.

10 다음 조건에 맞게 JSP 애플리케이션을 만들고 실행 결과를 확인하시오.

조건

❶ src 폴더에 ch04.com.dao 패키지로 GuGuDan 클래스를 생성하여 곱셈을 계산하는 process( ) 메소드를 작성한다.

❷ useBean.jsp 파일을 생성한다.
- useBean 액션 태그에 GuGuDan 클래스를 사용하도록 작성한다.
- 〈h4〉 태그에 '구구단 출력하기'를 작성한다.
- 숫자 5에 대해 GuGuDan 클래스의 process( ) 메소드를 호출하여 구구단을 출력한다.

❸ 웹 브라우저에 'http://localhost:8080/Exercise/ch04/useBean.jsp'를 입력하여 실행 결과를 확인한다.

CHAPTER 05

내장 객체: 도서 상세 정보 표시하기

학습목표

- 내장 객체의 개념과 특징을 이해합니다.
- 내장 객체 구성 요소의 사용법을 익힙니다.
- 내장 객체를 이용하여 북마켓의 도서 상세 정보를 출력합니다.

01 내장 객체의 개요

내장 객체(implicit object)는 JSP 페이지에서 사용할 수 있도록 JSP 컨테이너에 미리 정의된 객체로 그 종류가 다양합니다. JSP 페이지가 서블릿 프로그램으로 번역될 때 JSP 컨테이너가 자동으로 내장 객체를 멤버 변수, 메소드 매개변수 등의 각종 참조 변수(객체)로 포함합니다. 그래서 JSP 페이지에 별도의 import 문 없이 자유롭게 사용할 수 있습니다. 그리고 스크립틀릿 태그나 표현문 태그에 선언을 하거나 객체를 생성하지 않고도 직접 호출하여 사용할 수 있습니다.

표 5-1 내장 객체의 종류

내장 객체	반환 유형	설명
request	javax.servlet.http.HttpServletRequest	웹 브라우저의 HTTP 요청 정보를 저장한다.
response	javax.servlet.http.HttpServletResponse	웹 브라우저의 HTTP 요청에 대한 응답 정보를 저장한다.
out	javax.servlet.jsp.jsp.jspWriter	JSP 페이지에 출력할 내용을 담고 있는 출력 스트림이다.
session	javax.servlet.http.HttpSession	웹 브라우저의 정보를 유지하기 위한 세션 정보를 저장한다(13장 참고).
application	javax.servlet.ServletContext	웹 애플리케이션의 콘텍스트 정보를 저장한다.
pageContext	javax.servlet.jsp.PageContext	JSP 페이지의 정보를 저장한다.
page	java.lang.Object	JSP 페이지를 구현한 자바 클래스로 JSP 페이지 자체를 나타낸다.
config	javax.servlet.ServletConfig	JSP 페이지의 설정 정보를 저장한다.
exception	java.lang.Throwable	JSP 페이지의 예외 발생을 처리한다(11장 참고).

2장에서 작성한 scripting.jsp 파일을 살펴보면 JSP 페이지가 자바 서블릿 프로그램으로 번역될 때 내장 객체가 자동으로 포함된 것을 확인할 수 있습니다.

다음 예와 같이 내장 객체는 서블릿 프로그램에서 모두 _jspService() 메소드 내부에 있습니다. 그리고 메소드 매개변수인 request, reponse를 비롯해 pageContext, session, application, config, out, page 등은 메소드 내에서 참조할 수 있는 참조 변수입니다.

```java
…(생략)…                                                           scripting_jsp.java
public final class scripting_jsp extends org.apache.jasper.runtime.HttpJspBase
implements org.apache.jasper.runtime.JspSourceDependent, org.apache.jasper.
runtime.JspSourceImports {
…(생략)…
public void _jspService(final jakarta.servlet.http.HttpServletRequest request,
final jakarta.servlet.http.HttpServletResponse response) throws
java.io.IOException, jakarta.servlet.ServletException {
…(생략)…
    final jakarta.servlet.jsp.PageContext pageContext;
    jakarta.servlet.http.HttpSession session = null;
    final jakarta.servlet.ServletContext application;
    final jakarta.servlet.ServletConfig config;
    jakarta.servlet.jsp.JspWriter out = null;
    final java.lang.Object page = this;
    jakarta.servlet.jsp.JspWriter _jspx_out = null;
    jakarta.servlet.jsp.PageContext _jspx_page_context = null;
    …(생략)…
    }
}
```

매개변수로 선언된 request 내장 객체

매개변수로 선언된 response 내장 객체

미리 선언된 기타 내장 객체

모든 내장 객체는 JSP 컨테이너가 관리하는 객체로, 이 중 request, session, application, pageContext를 이용하여 속성을 관리할 수 있습니다. 속성은 각각의 내장 객체가 존재하는 동안 JSP 페이지 사이에서 정보를 주고받거나 공유하는 데 사용됩니다. 이렇게 속성을 처리하는 메소드는 다음과 같이 네 종류입니다.

표 5-2 속성 처리 메소드의 종류

메소드	반환 유형	설명
setAttribute(String name, Object value)	void	해당 내장 객체의 속성 이름이 name인 속성 값을 value로 저장한다.
getAttribute(String name)	Object	해당 내장 객체의 속성 이름이 name인 속성 값을 가져온다.
removeAttribute(String name)	void	해당 내장 객체의 속성 이름이 name인 속성을 삭제한다.
getAttributeNames()	java.util.Enumeration	해당 내장 객체의 모든 속성 이름을 가져온다(단, pageContext 내장 객체는 이 메소드를 제공하지 않는다).

02 request 내장 객체

request 내장 객체는 JSP 페이지에서 가장 많이 사용되는 기본 내장 객체로, 웹 브라우저에서 서버의 JSP 페이지로 전달하는 정보를 저장합니다. 즉 폼 페이지로부터 입력된 데이터를 전달하는 요청 파라미터 값을 JSP 페이지로 가져옵니다. JSP 컨테이너는 웹 브라우저에서 서버로 전달되는 정보를 처리하기 위해 jakarta.servlet.http.HttpServletRequest 객체 타입의 request 내장 객체를 사용하여 사용자의 요구 사항을 얻어냅니다.

1 요청 파라미터 관련 메소드

요청 파라미터는 사용자가 폼 페이지에 데이터를 입력한 후 서버에 전송할 때 전달되는 폼 페이지의 입력된 정보 형태를 말합니다. 이러한 요청 파라미터는 〈name=value〉 형식으로 웹 브라우저에서 서버의 JSP 페이지로 전송됩니다.

요청 파라미터는 폼 페이지에서 〈input type="text"…〉처럼 입력 양식이 텍스트 유형일 때 값을 입력하지 않으면 서버로 빈 문자열이 전송됩니다. 하지만 체크 박스와 라디오 버튼 유형일 때 어떤 것도 선택하지 않고 전송하면 요청 파라미터 자체가 전달되지 않습니다.

표 5-3 요청 파라미터 관련 메소드의 종류

요청 파라미터 관련 메소드	반환 유형	설명
getParameter(String name)	String	요청 파라미터 이름이 name인 값을 전달받는다. 요청 파라미터 값이 없으면 null을 반환한다.
getParameterValues(String name)	String[]	모든 요청 파라미터 이름이 name인 값을 배열 형태로 전달받는다. 요청 파라미터 값이 없으면 null을 반환한다.
getParameterNames()	java.util.Enumeration	모든 요청 파라미터의 이름과 값을 Enumeration 객체 타입으로 전달받는다.
getParameterMap()	java.util.Map	모든 요청 파라미터의 이름과 값을 Map 객체 타입으로 전달받는다[Map 객체 타입은 (요청 파라미터 이름, 값) 형식으로 구성된다].

TIP 폼 페이지의 입력 양식에 관한 자세한 내용은 6장을 참고하세요.

다음은 request 내장 객체의 getParameter() 메소드를 이용하여 폼 페이지에서 입력된 데이터를 전달하는 요청 파라미터 값을 출력하는 예입니다. 폼의 입력 양식에 '홍길순'을 입력하고 〈전송〉을 클릭하면 요청 파라미터가 '입력 양식 이름=값' 형식인 'name=홍길순'으로 전송되고, JSP 페이지는 전송된 요청 파라미터 이름 name을 통해 값을 받습니다. 만약 폼의 입력 양식 값을 입력하지 않으면 요청 파라미터의 값으로 빈 문자열이 전송됩니다.

[request 내장 객체 사용 예: 요청 파라미터 값 출력하기]

request.jsp

```
<%@ page contentType="text/html; charset=utf-8" %>
<html>
<head>
<title>Implicit Objects</title>
</head>
<body>
    <form action="process.jsp" method="post">
        <p>
            이 름 : <input type="text" name="name">
            <input type="submit" value="전송">
    </form>
</body>
</html>
```

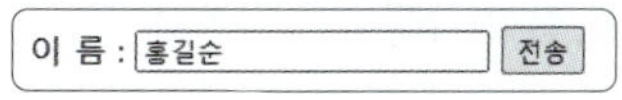

process.jsp

```
<%@ page contentType="text/html; charset=utf-8" %>
<html>
<head>
<title>Implicit Objects</title>
</head>
<body>
    <%
        request.setCharacterEncoding("utf-8");
        String name=request.getParameter("name");
    %>
    <p> 이 름 :<%=name %>
</body>
</html>
```

폼에서 한글 입력을 정상적으로 처리하려면 반드시 필요함

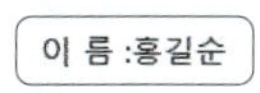

예제 5-1 request 내장 객체로 폼 페이지로부터 아이디와 비밀번호를 전송받아 출력하기

1 프로젝트 생성하기: 1장에서 생성한 JSPBook 프로젝트를 사용합니다.

2 JSP 페이지 작성하기: JSPBook 프로젝트에서 마우스 오른쪽 버튼을 누르고 [New]–[Folder] 메뉴를 선택합니다. [New Folder] 창에서 현재 경로 JSPBook/src/main/webapp을 확인하고 폴더 이름에 'ch05'를 입력합니다. 생성된 ch05 폴더에서 마우스 오른쪽 버튼을 누르고 [New]–[File] 메뉴를 선택합니다. [New File] 창에서 현재 경로 JSPBook/src/main/webapp/ch05를 확인하고 파일 이름에 'request01.jsp'를 입력한 후 〈Finish〉를 클릭합니다. 그리고 request01.jsp 파일에 다음과 같이 작성하여 저장합니다.

JSPBook/src/main/webapp/ch05/request01.jsp

```
<%@ page contentType="text/html; charset=utf-8" %>
<html>
<head>
<title>Implicit Objects</title>
</head>
<body>
    <form action="request01_process.jsp" method="post">
        <p> 아 이 디 : <input type="text" name="id">
        <p> 비밀번호 : <input type="text" name="passwd">
        <p> <input type="submit" value="전송" />
    </form>
</body>
</html>
```

또한 /src/main/webapp/ch05/ 폴더에 request01_process.jsp 파일을 만들고 다음과 같이 작성하여 저장합니다.

JSPBook/src/main/webapp/ch05/request01_process.jsp

```
<%@ page contentType="text/html; charset=utf-8" %>
<html>
<head>
<title>Implicit Objects</title>
</head>
```

```
06 <body>
07     <%
08         request.setCharacterEncoding("utf-8");
09         String userid = request.getParameter("id");
10         String password = request.getParameter("passwd");
11     %>
12     <p> 아이디 : <%=userid %>
13     <p> 비밀번호 : <%=password %>
14 </body>
15 </html>
```

08행: 폼 페이지에서 입력한 한글을 처리하도록 request 내장 객체의 setCharacterEncoding() 메소드에 문자 인코딩 유형을 utf-8로 작성합니다.

09~10행: 입력된 아이디와 비밀번호를 폼 문으로부터 전송받도록 request 내장 객체의 getPara meter() 메소드를 작성합니다.

12~13행: 폼 문으로부터 전송받은 아이디와 비밀번호를 출력하도록 표현문 태그를 작성합니다.

3 프로젝트 실행하기: 웹 브라우저에 'http://localhost:8080/ch05/request01.jsp'를 입력하여 실행 결과를 확인합니다. 그리고 사용자 아이디와 비밀번호를 입력한 후 〈전송〉을 클릭하여 실행 결과를 확인합니다.

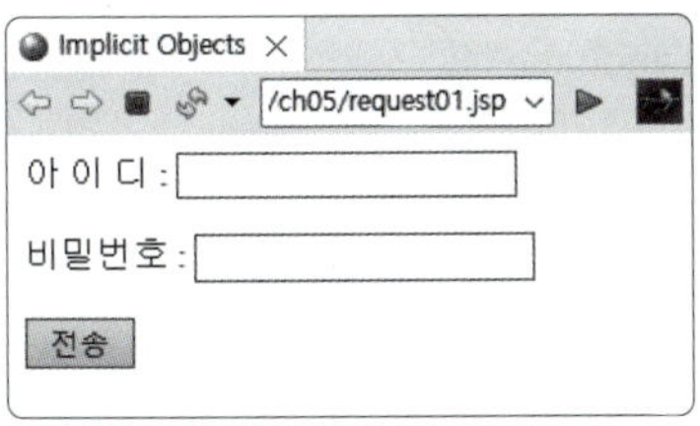

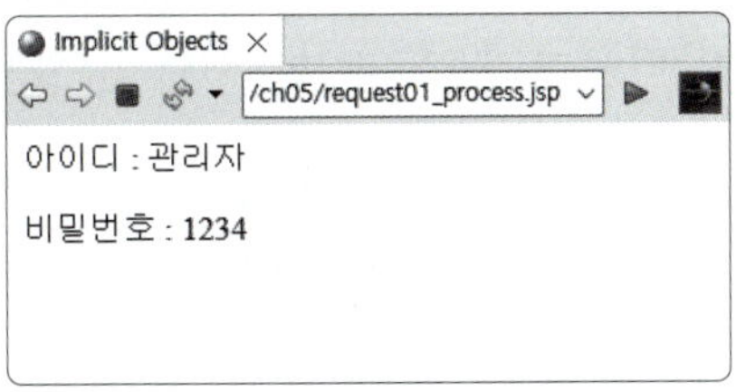

2 요청 HTTP 헤더 관련 메소드

웹 브라우저는 HTTP 헤더에 부가적인 정보를 담아 서버로 전송합니다. [표 5-4]와 같이 request 내장 객체는 헤더 정보나 쿠키 관련 정보를 얻을 수 있는 메소드를 제공합니다.

표 5-4 요청 HTTP 헤더 관련 메소드의 종류

요청 HTTP 헤더 관련 메소드	반환 유형	설명
getHeader(String name)	String	설정한 name의 헤더 값을 가져온다.
getHeaders(String name)	Enumeration	설정한 name의 헤더 목록 값을 가져온다.
getHeaderNames()	Enumeration	모든 헤더 이름을 가져온다.
getIntHeader(String name)	int	설정한 name의 헤더 값을 정수로 가져온다.
getDateHeader(String name)	long	설정한 name의 헤더 값을 시간 값으로 가져온다.
getCookies()	javax.servlet.http.Cookie	모든 쿠키 값을 가져온다.

다음은 request 내장 객체의 HTTP 관련 메소드를 이용하여 헤더 정보를 출력하는 예로, 요청 HTTP 헤더 정보 중에서 헤더 이름 host와 accept-language의 값을 출력합니다.

[request 내장 객체 사용 예: 요청 HTTP 헤더 정보 값 출력하기]

```
<%@ page contentType="text/html; charset=utf-8" %>
<html>
<head>
<title>Implicit Objects</title>
</head>
<body>
    <%
        String hostValue=request.getHeader("host");
        String alValue=request.getHeader("accept-language");

        out.print("호스트명 : " + hostValue + "<br>");
        out.print("설정된 언어 : " + alValue + "<br>");
    %>
</body>
</html>
```

호스트명 : localhost:8080
설정된 언어 : ko-KR

예제 5-2 request 내장 객체로 모든 HTTP 헤더 정보 값 출력하기

/src/main/webapp/ch05/ 폴더에 다음과 같이 웹 페이지를 작성하고 웹 브라우저에 'http://localhost:8080/JSPBook/ch05/request02.jsp'를 입력하여 실행 결과를 확인합니다.

```
01 <%@ page import="java.util.Enumeration" %>
02 <html>
03 <head>
04 <title>Implicit Objects</title>
05 </head>
06 <body>
07     <%
08         Enumeration en=request.getHeaderNames();
09         while (en.hasMoreElements()) {
10             String headerName=(String) en.nextElement();
11             String headerValue=request.getHeader(headerName);
12     %>
13     <%=headerName %> : <%=headerValue %><br>
14     <%
15         }
16     %>
17 </body>
18 </html>
```

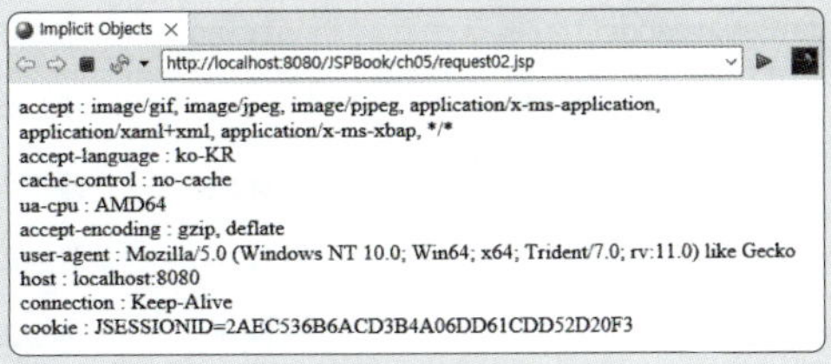

08행: 모든 헤더 이름을 가져오도록 request 내장 객체의 getHeaderNames() 메소드를 작성하고, 이를 모두 저장하도록 Enumeration 객체 타입의 변수 en을 작성합니다.

09행: Enumeration 객체 타입의 변수 en의 hasMoreElements() 메소드를 통해 저장된 헤더 이름이 있을 때까지 반복하도록 while 문을 작성합니다.

10행: 현재 헤더 이름을 가져오도록 Enumeration 객체 타입의 변수 en의 nextElement() 메소드를 작성합니다.

11행: 설정된 헤더 이름의 값을 가져오도록 request 내장 객체의 getHeader() 메소드를 작성합니다.

13행: 현재 헤더 이름과 값을 출력하도록 표현문 태그를 작성합니다.

14~16행: 9행의 while 문을 닫도록 스크립틀릿 태그를 작성합니다.

❸ 웹 브라우저/서버 관련 메소드

[표 5-5]와 같이 request 내장 객체는 웹 브라우저의 요청 및 서버 관련 정보를 얻을 수 있는 메소드를 제공합니다.

표 5-5 웹 브라우저/서버 관련 메소드의 종류

웹브라우저/서버 관련 메소드	반환 유형	설명
getRemoteAddr()	String	웹 브라우저의 IP 주소를 가져온다.
getContentLength()	long	웹 브라우저의 요청 파라미터 길이를 가져온다.
getCharacterEncoding()	String	웹 브라우저의 문자 인코딩을 가져온다.
getContentType()	String	웹 브라우저의 콘텐츠 유형을 가져온다.
getProtocol()	String	웹 브라우저의 요청 프로토콜을 가져온다.
getMethod()	String	웹 브라우저의 HTTP 요청 메소드(GET, POST)를 가져온다.
getRequestURI()	String	웹 브라우저가 요청한 URI 경로를 가져온다.
getContextPath()	String	현재 JSP 페이지의 웹 애플리케이션 콘텍스트 경로를 가져온다.
getServerName()	String	서버 이름을 가져온다.
getServerPort()	int	실행 중인 서버 포트 번호를 가져온다.
getQueryString()	String	웹 브라우저의 전체 요청 파라미터 문자열[물음표(?) 다음 URL에 할당된 문자열]을 가져온다.

다음은 request 내장 객체의 웹 브라우저와 서버 관련 메소드를 이용하여 웹 브라우저와 서버 정보를 출력하는 예입니다. 웹 브라우저 정보로는 요청 정보 길이, 전송 방식, 요청 URI 등을, 서버 정보로는 서버 이름과 포트를 출력합니다. 앞의 예제 파일 request.jsp와 process.jsp를 변경하여 출력해봅시다.

[request 내장 객체 사용 예: 웹 브라우저/서버 정보 출력하기]

request.jsp

```
<%@ page contentType="text/html; charset=utf-8" %>
<html>
<head>
<title>Implicit Objects</title>
</head>
<body>
    <form action="process.jsp" method="post">
        <p> 이 름 : <input type="text" name="name">
            <input type="submit" value="전송">
    </form>
</body>
</html>
```

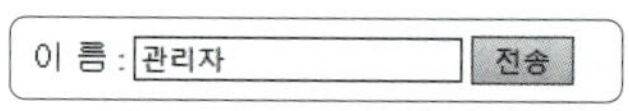

process.jsp

```
<%@ page contentType="text/html; charset=utf-8" %>
<html>
<head>
<title>Implicit Objects</title>
</head>
<body>
    <%
        request.setCharacterEncoding("utf-8");
        String name=request.getParameter("name");
    %>
    <p>
        이 름 : <%=name %><br>
        요청 정보 길이 : <%=request.getContentLength() %><br>
        클라이언트 전송 방식 : <%=request.getMethod() %><br>
        요청 URI : <%=request.getRequestURI() %><br>
        서버 이름 : <%=request.getServerName() %><br>
        서버 포트 : <%=request.getServerPort() %><br>
</body>
</html>
```

```
이 름 : 관리자
요청 정보 길이 : 32
클라이언트 전송 방식 : POST
요청 URI : /JSPBook/ch05/process.jsp
서버 이름 : localhost
서버 포트 : 8080
```

예제 5-3 request 내장 객체로 모든 웹 브라우저 및 서버 정보 값 출력하기

/src/main/webapp/ch05/ 폴더에 다음과 같이 웹 페이지를 작성하고 웹 브라우저에 'http://localhost:8080/JSPBook/ch05/request03.jsp'를 입력하여 실행 결과를 확인합니다.

JSPBook/src/main/webapp/ch05/request03.jsp

```
<%@ page contentType="text/html; charset=utf-8" %>
<html>
<head>
    <title>Implicit Objects</title>
</head>
<body>
    <p>클라이언트 IP : <%=request.getRemoteAddr() %></p>
    <p>요청 정보 길이 : <%=request.getContentLength() %></p>
    <p>요청 정보 인코딩 : <%=request.getCharacterEncoding() %></p>
    <p>요청 정보 콘텐츠 유형 : <%=request.getContentType() %></p>
```

```
11       <p>요청 정보 프로토콜 : <%=request.getProtocol() %></p>
12       <p>요청 정보 전송방식 : <%=request.getMethod() %></p>
13       <p>요청 URI : <%=request.getRequestURI() %></p>
14       <p>콘텍스트 경로 : <%=request.getContextPath() %></p>
15       <p>서버이름 : <%=request.getServerName() %></p>
16       <p>서버포트 : <%=request.getServerPort() %></p>
17       <p>쿼리문 : <%=request.getQueryString() %></p>
18   </body>
19   </html>
```

07행: 웹 브라우저의 IP 주소를 가져오도록 request 내장 객체의 getRemoteAddr() 메소드를 작성하고, 이를 출력하도록 표현문 태그를 작성합니다.

08행: 웹 브라우저의 요청 정보 길이를 가져오도록 request 내장 객체의 getContentLength() 메소드를 작성하고, 이를 출력하도록 표현문 태그를 작성합니다.

09행: 웹 브라우저의 요청 정보 인코딩을 가져오도록 request 내장 객체의 getCharacterEncoding() 메소드를 작성하고, 이를 출력하도록 표현문 태그를 작성합니다.

10행: 웹 브라우저의 요청 정보 콘텐츠 유형을 가져오도록 request 내장 객체의 getContentType() 메소드를 작성하고, 이를 출력하도록 표현문 태그를 작성합니다.

11행: 웹 브라우저의 요청 정보 프로토콜을 가져오도록 request 내장 객체의 getProtocol() 메소드를 작성하고, 이를 출력하도록 표현문 태그를 작성합니다.

12행: 웹 브라우저의 요청 정보 전송 방식(GET, POST)을 가져오도록 request 내장 객체의 getMethod() 메소드를 작성하고, 이를 출력하도록 표현문 태그를 작성합니다.

13행: 웹 브라우저에 요청한 URI 경로를 가져오도록 request 내장 객체의 getRequestURI() 메소드를 작성하고, 이를 출력하도록 표현문 태그를 작성합니다.

14행: 현재 JSP 페이지의 웹 애플리케이션 콘텍스트 경로를 가져오도록 request 내장 객체의 getContextPath() 메소드를 작성하고, 이를 출력하도록 표현문 태그를 작성합니다.

15행: 서버 이름을 가져오도록 request 내장 객체의 getServerName() 메소드를 작성하고, 이를 출력하도록 표현문 태그를 작성합니다.

16행: 실행 중인 서버 포트를 가져오도록 request 내장 객체의 getServerPort() 메소드를 작성하고, 이를 출력하도록 표현문 태그를 작성합니다.

17행: 웹 브라우저의 전체 요청 파라미터 문자열(쿼리문)을 가져오도록 request 내장 객체의 getQueryString() 메소드를 작성하고, 이를 출력하도록 표현문 태그를 작성합니다.

NOTE 속성을 공유할 수 있는 유효 범위

내장 객체가 존재하는 동안 사용할 수 있는 속성의 영역(scope)은 page, request, session, application입니다.

영역	내장 객체	속성의 유효 범위
page	pageContext	해당 페이지가 클라이언트에게 서비스를 제공하는 동안 유효하다.
request	request	클라이언트의 요청이 처리되는 동안 유효하다.
session	session	세션이 유지되는 동안 유효하다.
application	application	웹 애플리케이션이 실행되고 있는 동안 유효하다.

03 response 내장 객체

response 내장 객체는 사용자의 요청을 처리한 결과를 서버에서 웹 브라우저로 전달하는 정보를 저장합니다. 즉 서버는 응답 헤더와 요청 처리 결과 데이터를 웹 브라우저로 보냅니다.

JSP 컨테이너는 서버에서 웹 브라우저로 응답하는 정보를 처리하기 위해 jakarta.servlet.http.HttpServletResponse 객체 타입의 response 내장 객체를 사용하여 사용자의 요청에 응답합니다.

1 페이지 이동 관련 메소드

사용자가 새로운 페이지를 요청할 때와 같이 페이지를 강제로 이동하는 것을 **리다이렉션(redirection)**이라고 합니다. 서버는 웹 브라우저에 다른 페이지로 강제 이동하도록 response 내장 객체의 리다이렉션 메소드를 제공합니다. 페이지 이동 시에는 문자 인코딩을 알맞게 설정해야 합니다.

NOTE 페이지 이동 방법

- **포워드(forward) 방식:** 현재 JSP 페이지에서 이동할 URL로 요청 정보를 그대로 전달하므로 사용자가 최초로 요청한 정보가 이동된 URL에서도 유효합니다. 그러나 이동된 URL이 웹 브라우저의 주소 창에 나타나지 않고 처음 요청한 URL이 나타나기 때문에 이동 여부를 사용자가 알 수 없습니다.

```
<jsp:forward page="이동할 페이지"/>
```

- **리다이렉트(redirect) 방식:** 처음 요청받은 현재 JSP 페이지로부터 이동할 URL을 웹 브라우저로 반환합니다. 이때 웹 브라우저에서는 새로운 요청을 생성하여 이동할 URL에 다시 요청을 전송하므로 처음 보낸 요청 정보가 이동된 URL에서는 유효하지 않습니다. 즉 클라이언트가 새로 페이지를 요청한 것과 같은 방식으로 페이지가 이동합니다. 따라서 이동된 URL이 웹 브라우저의 주소 창에 보이는 것입니다.

```
response.sendRedirect("이동할 페이지")
```

표 5-6 페이지 이동 관련 메소드의 종류

페이지 이동 관련 메소드	반환 유형	설명
sendRedirect(String url)	void	설정한 URL 페이지로 강제 이동한다.

다음은 response 내장 객체의 sendRedirect() 메소드를 이용하여 www.google.com으로 이동하는 예입니다. 웹 브라우저에 response.jsp를 입력하면 이동된 페이지의 URL인 www.google.com으로 바뀌어 나타납니다.

[response 내장 객체 사용 예: 페이지 이동하기]

response.jsp

```
<html>
<head>
<title>Implicit Objects</title>
</head>
<body>
    <%
        response.sendRedirect("http://www.google.com");
    %>
</body>
</html>
```

예제 5-4 response 내장 객체로 페이지 이동하기

로그인을 위한 폼 페이지에서 사용자의 아이디와 비밀번호를 입력받고 이를 검증하는 예제입니다. 아이디와 비밀번호가 일치하면 성공 페이지로 이동하고, 그렇지 않으면 로그인 페이지로 이동합니다.

1 /src/main/webapp/ch05/ 폴더에 다음과 같이 웹 페이지를 작성하고 웹 브라우저에 'http://localhost:8080/JSPBook/ch05/response01.jsp'를 입력하여 실행 결과를 확인합니다.

JSPBook/src/main/webapp/ch05/response01.jsp

```
<%@ page contentType="text/html; charset=utf-8" %>
<html>
<head>
<title>Implicit Objects</title>
</head>
```

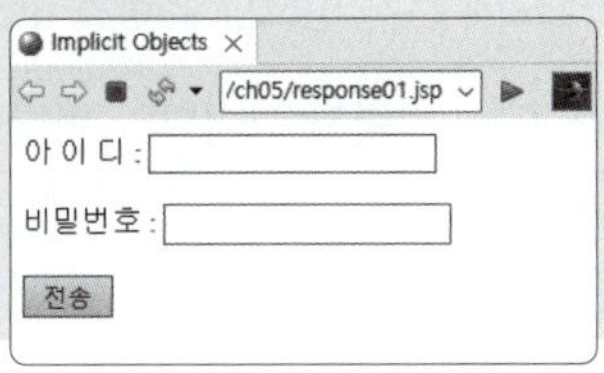

```
<body>
    <form action="response01_process.jsp" method="post">
        <p> 아 이 디 : <input type="text" name="id">
        <p> 비밀번호 : <input type="text" name="passwd">
        <p> <input type="submit" value="전송">
    </form>
</body>
</html>
```

JSPBook/src/main/webapp/ch05/response01_process.jsp

```
01 <%@ page contentType="text/html; charset=utf-8" %>
02 <html>
03 <head>
04 <title>Implicit Objects</title>
05 </head>
06 <body>
07     <%
08         request.setCharacterEncoding("utf-8");
09         String userid=request.getParameter("id");
10         String password=request.getParameter("passwd");
11 
12         if (userid.equals("관리자") && password.equals("1234")) {
13             response.sendRedirect("response01_success.jsp");
14         } else {
15             response.sendRedirect("response01_failed.jsp");
16         }
17     %>
18 </body>
19 </html>
```

08행: 폼 페이지에서 입력한 한글을 처리하도록 request 내장 객체의 setCharacterEncoding() 메소드에 문자 인코딩 유형을 utf-8로 작성합니다.

09~10행: 입력된 아이디와 비밀번호를 폼 문으로부터 전송받도록 request 내장 객체의 getParameter() 메소드를 작성합니다.

12~16행: 폼 문으로부터 전송받은 아이디와 비밀번호와 일치하면 response01_success.jsp로 이동하고, 일치하지 않으면 response01_failed.jsp 페이지로 이동하도록 response 내장 객체의 sendRedirect( ) 메소드를 작성합니다.

2 사용자의 아이디(=관리자)와 비밀번호(=1234)가 일치할 때 실행하는 페이지, 일치하지 않을 때 실행하는 페이지를 /src/main/webapp/ch05/ 폴더에 작성합니다.

JSPBook/src/main/webapp/ch05/response01_success.jsp

```
<%@ page contentType="text/html; charset=utf-8" %>
<html>
<head>
<title>Implicit Objects</title>
</head>
<body>
    로그인을 성공했습니다!!
</body>
</html>
```

JSPBook/src/main/webapp/ch05/response01_failed.jsp

```
<%@ page contentType="text/html; charset=utf-8" %>
<html>
<head>
<title>Implicit Objects</title>
</head>
<body>
    <p> 로그인을 실패했습니다.
    <p> <a href="./response01.jsp"> 로그인 가기</a>
</body>
</html>
```

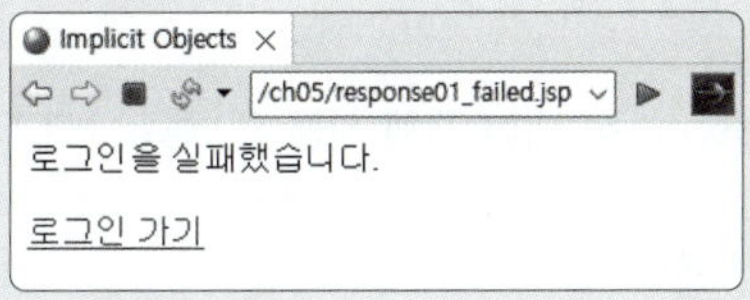

2 응답 HTTP 헤더 관련 메소드

응답 HTTP 헤더 관련 메소드는 서버가 웹 브라우저에 응답하는 정보에 헤더를 추가하는 기능을 제공합니다. 헤더 정보에는 주로 서버에 대한 정보가 저장되어 있습니다.

표 5-7 응답 HTTP 헤더 관련 메소드의 종류

응답 HTTP 헤더 관련 메소드	반환 유형	설명
addCookie(Cookie cookie)	void	쿠키를 추가한다.
addDateHeader(String name, long date)	void	설정한 헤더 이름 name에 날짜/시간을 추가한다.
addHeader(String name, String value)	void	설정한 헤더 이름 name에 value를 추가한다.
addIntHeader(String name, int value)	void	설정한 헤더 이름 name에 정수 값 value를 추가한다.
setDateHeader(String name, long date)	void	설정한 헤더 이름 name에 날짜/시간을 설정한다.
setHeader(String name, String value)	void	설정한 헤더 이름 name에 문자열 값 value를 설정한다.
setIntHeader(String name, int value)	void	설정한 헤더 이름 name에 정수 값 value를 설정한다.
containsHeader(String name)	boolean	설정한 헤더 이름 name이 HTTP 헤더에 포함되었는지 여부를 확인한다. 포함하고 있는 경우 true를 반환하고, 그렇지 않은 경우 false를 반환한다.
getHeader(String name)	String	설정한 헤더 이름 name 값을 가져온다.

다음은 response 내장 객체의 응답 HTTP 헤더 관련 메소드를 이용하여 헤더 정보를 추가 및 설정하여 출력하는 예입니다. contentType 헤더 이름을 추가하고 Cache-control, date 헤더 이름에 대해 값을 설정한 후 각 헤더 이름에 대한 값을 가져와 출력합니다.

[response 내장 객체 사용 예: 응답 HTTP 헤더에 정보 추가하기]

```
Cache-control : use_cache
contentType : text/html; charset =utf-8
date : Thu, 01 Jan 1970 00:00:00 GMT
```

```
<html>
<head>
<title>Implicit Objects</title>
</head>
<body>
    <%
        response.setHeader("Cache-control", "use_cache");
        response.addHeader("contentType", "text/html; charset=utf-8");
        response.setDateHeader("date", 1L);
    %>
    Cache-control : <%=response.getHeader("Cache-control") %><br>
    contentType : <%=response.getHeader("contentType") %><br>
```

```
    date : <%=response.getHeader("date") %>
</body>
</html>
```

예제 5-5 response 내장 객체로 5초마다 JSP 페이지 갱신하기

/src/main/webapp/ch05/ 폴더에 다음과 같이 웹 페이지를 작성하고 웹 브라우저에 'http://localhost:8080/JSPBook/ch05/response02.jsp'를 입력하여 실행 결과를 확인합니다.

JSPBook/src/main/webapp/ch05/response02.jsp

```
01 <%@ page contentType="text/html; charset=utf-8" %>
02 <html>
03 <head>
04 <title>Implicit Objects</title>
05 </head>
06 <body>
07     <p> 이 페이지는 5초마다 새로고침 됩니다.
08         <%
09             response.setIntHeader("Refresh", 5);
10         %>
11     <p> <%=(new java.util.Date()) %>
12 </body>
13 </html>
```

09행: 5초마다 JSP 페이지가 갱신되도록 response 내장 객체의 setIntHeader() 메소드를 작성합니다.

11행: 5초마다 JSP 페이지가 갱신된 시각을 출력하도록 표현문 태그를 작성합니다.

3 응답 콘텐츠 관련 메소드

response 내장 객체는 웹 브라우저로 응답하기 위해 MIME 유형, 문자 인코딩, 오류 메시지, 상태 코드 등을 설정하고 가져오는 응답 콘텐츠 관련 메소드를 제공합니다. 다음은 response 내장 객체의 응답 콘텐츠 관련 메소드를 이용하여 웹 브라우저의 콘텐츠 정보를 설정하는 예입니다. 문자 인코딩과 콘텐츠 유형에 대해 값을 설정하고 각각의 값을 가져와 출력합니다.

표 5-8 응답 콘텐츠 관련 메소드의 종류

응답 콘텐츠 관련 메소드	반환 유형	설명
setContentType(String type)	void	웹 브라우저에 응답할 MIME 유형을 설정한다.
getContentType()	String	웹 브라우저에 응답할 MIME 유형을 가져온다.
setCharacterEncoding(String charset)	void	웹 브라우저에 응답할 문자 인코딩을 설정한다.
getCharacterEncoding()	String	웹 브라우저에 응답할 문자 인코딩을 가져온다.
sendError(int status_code, String message)	void	웹 브라우저에 응답할 오류(코드 및 오류 메시지)를 설정한다.
setStatus(int statuscode)	void	웹 브라우저에 응답할 HTTP 코드를 설정한다.

[response 내장 객체 사용 예: 응답 콘텐츠 설정하기]

```
<%@ page contentType="text/html; charset=utf-8" %>
<html>
<head>
<title>Implicit Objects</title>
</head>
<body>
    <%
        response.setCharacterEncoding("utf-8");
        response.setContentType("text/html; charset=utf-8");
    %>
    <p> 문자 인코딩 : <%=response.getCharacterEncoding() %>
    <p> 콘텐츠 유형 : <%=response.getContentType() %>
</body>
</html>
```

문자 인코딩 : utf-8

콘텐츠 유형 : text/html;charset=utf-8

예제 5-6 response 내장 객체로 오류 응답 코드와 오류 메시지 보내기

/src/main/webapp/ch05/ 폴더에 다음과 같이 웹 페이지를 작성하고 웹 브라우저에 'http://localhost:8080/JSPBook/ch05/response03.jsp'를 입력하여 실행 결과를 확인합니다.

JSPBook/src/main/webapp/ch05/response03.jsp

```
01 <%@ page contentType="text/html; charset=utf-8" %>
02 <html>
03 <head>
04 <title>Implicit Objects</title>
05 </head>
06 <body>
07     <%
08         response.sendError(404, "요청 페이지를 찾을 수 없습니다");
09     %>
10 </body>
11 </html>
```

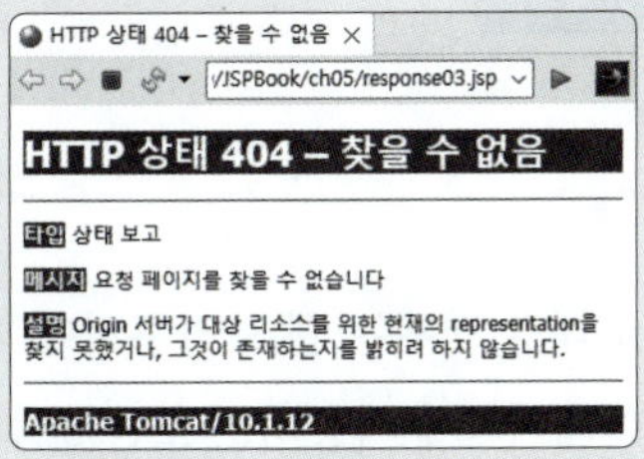

07~09행: 웹 브라우저에 응답할 오류로 404 코드 및 오류 메시지를 출력하도록 response 내장 객체의 sendError() 메소드를 작성합니다.

04 out 내장 객체

out 내장 객체는 웹 브라우저에 데이터를 전송하는 출력 스트림 객체입니다. JSP 컨테이너는 JSP 페이지에 사용되는 모든 표현문 태그와 HTML, 일반 텍스트 등을 out 내장 객체를 통해 웹 브라우저에 그대로 전달합니다. out 내장 객체는 스크립틀릿 태그에 사용하여 단순히 값을 출력하는 표현문 태그(<%= … %>)와 같은 결과를 얻을 수 있습니다.

표 5-9 out 내장 객체 메소드의 종류

out 내장 객체 메소드	반환 유형	설명
print(String str)	void	설정된 str 값을 웹 브라우저에 출력한다.
println(String str)	void	설정된 str 값을 웹 브라우저에 출력한다. 이때 줄 바꿈(\r\n 또는 \n)이 적용되지 않는다.
newLine()	void	줄바꿈(\r\n 또는 \n)을 출력한다.
getBufferSize()	int	현재 출력 버퍼의 크기를 가져온다.
getRemaining()	int	현재 남아 있는 출력 버퍼의 크기를 가져온다.
clear()	void	현재 출력 버퍼에 저장되어 있는 내용을 웹 브라우저에 전송하지 않고 비운다. 만약 버퍼가 이미 플러시되었다면 IOException이 발생한다.
clearBuffer()	void	현재 출력 버퍼에 저장되어 있는 내용을 웹 브라우저에 전송하지 않고 비운다. 만약 버퍼가 이미 플러시되었다면 IOException이 발생하지 않는다.
flush()	void	현재 출력 버퍼에 저장되어 있는 내용을 웹 브라우저에 전송하고 비운다.
isAutoFlush()	boolean	출력 버퍼가 채워졌을 때의 처리를 결정한다. 자동으로 플러시하는 경우 true를 반환하고, 그렇지 않은 경우 false를 반환한다.

다음은 out 내장 객체의 println() 메소드를 이용하여 설정된 문자열을 출력하는 예입니다. out 내장 객체는 스크립틀릿 태그 내에 사용하여 표현식 태그처럼 결과 값을 출력합니다. 이때 println() 메소드에는 줄 바꿈이 적용되지 않기 때문에 줄 바꿈을 위해
 태그를 사용합니다.

[out 내장 객체 사용 예]

```
<%@ page contentType="text/html; charset=utf-8" %>
<html>
<head>
<title>Implicit Objects</title>
</head>
<body>
    <%
        out.println("Hello!");
        out.println("Jakarta Server Pages 입니다.");
    %>
</body>
</html>
```

Hello! Jakarta Server Pages 입니다.

```
<%@ page contentType="text/html; charset=utf-8" %>
<html>
<head>
<title>Implicit Objects</title>
</head>
<body>
    <%
        out.println("Hello!" + "<br>");
        out.println("Jakarta Server Pages 입니다.");
    %>
</body>
</html>
```

Hello!
Jakarta Server Pages 입니다.

예제 5-7 out 내장 객체로 오늘의 날짜 및 시각 출력하기

/src/main/webapp/ch05/ 폴더에 다음과 같이 웹 페이지를 작성하고 웹 브라우저에 'http://localhost:8080/JSPBook/ch05/out01.jsp'를 입력하여 실행 결과를 확인합니다.

JSPBook/src/main/webapp/ch05/out01.jsp

```
01 <%@ page contentType="text/html; charset=utf-8" %>
02 <html>
03 <head>
04 <title>Implicit Objects</title>
05 </head>
06 <body>
07     <%
08         out.println("오늘의 날짜 및 시각 " + "<br>");
09         out.println(java.util.Calendar.getInstance().getTime());
10     %>
11 </body>
12 </html>
```

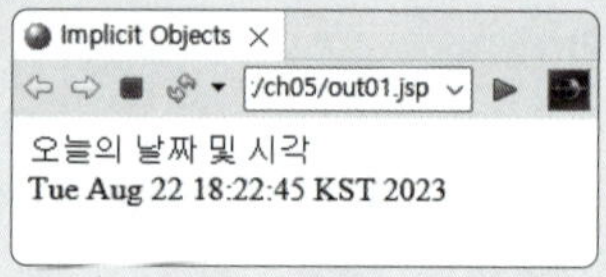

08행: 설정한 문자열을 출력하도록 out 내장 객체의 println() 메소드를 작성합니다. println() 메소드는 줄 바꿈이 되지 않으므로 줄 바꿈을 위해
을 작성합니다.

09행: 오늘의 날짜 및 시각을 출력하도록 out 내장 객체의 println() 메소드를 작성합니다.

예제 5-8 out 내장 객체로 폼 페이지에서 아이디와 비밀번호를 전송받아 출력하기

/src/main/webapp/ch05/ 폴더에 다음과 같이 웹 페이지를 작성하고 웹 브라우저에 'http://localhost:8080/JSPBook/ch05/out02.jsp'를 입력하여 실행 결과를 확인합니다.

JSPBook/src/main/webapp/ch05/out02.jsp

```
<%@ page contentType="text/html; charset=utf-8" %>
<html>
<head>
<title>Implicit Objects</title>
</head>
<body>
    <form action="out02_process.jsp" method="post">
        <p> 아 이 디 : <input type="text" name="id">
        <p> 비밀번호 : <input type="text" name="passwd">
        <p> <input type="submit" value="전송" />
    </form>
```

```
</body>
</html>
```

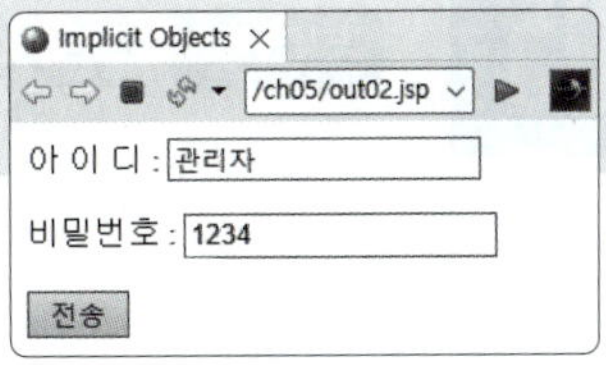

JSPBook/src/main/webapp/ch05/out02_process.jsp

```
01 <%@ page contentType="text/html; charset=utf-8" %>
02 <html>
03 <head>
04 <title>Implicit Objects</title>
05 </head>
06 <body>
07     <%
08         request.setCharacterEncoding("utf-8");
09         String userid=request.getParameter("id");
10         String password=request.getParameter("passwd");
11     %>
12     <p> 아 이 디 :<% out.println(userid); %>
13     <p> 비밀번호 :<% out.println(password); %>
14 </body>
15 </html>
```

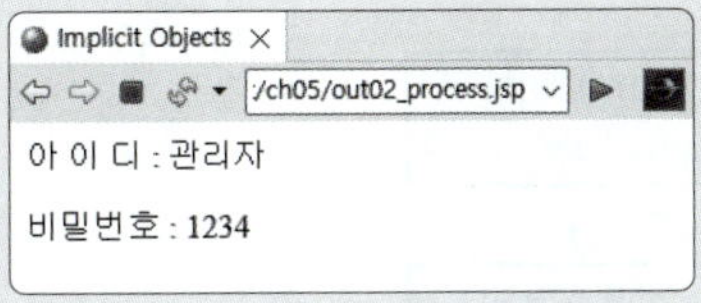

08행: 폼 페이지에서 입력한 한글을 처리하도록 request 내장 객체의 setCharacterEncoding() 메소드에 문자 인코딩 유형을 utf-8로 작성합니다.

09~10행: 입력된 아이디와 비밀번호를 폼 문으로부터 전송받도록 request 내장 객체의 getParameter() 메소드를 작성합니다.

12~13행: 폼 문으로부터 전송받은 아이디와 비밀번호를 출력하도록 out 내장 객체의 println() 메소드를 작성합니다.

05 북마켓 도서 상세 정보 표시하기

내장 객체를 적용하여 북마켓의 도서 목록 중에서 선택한 도서의 상세 정보를 출력하고, 북마켓 시작 페이지의 현재 접속 시각이 자동으로 갱신되게 합니다.

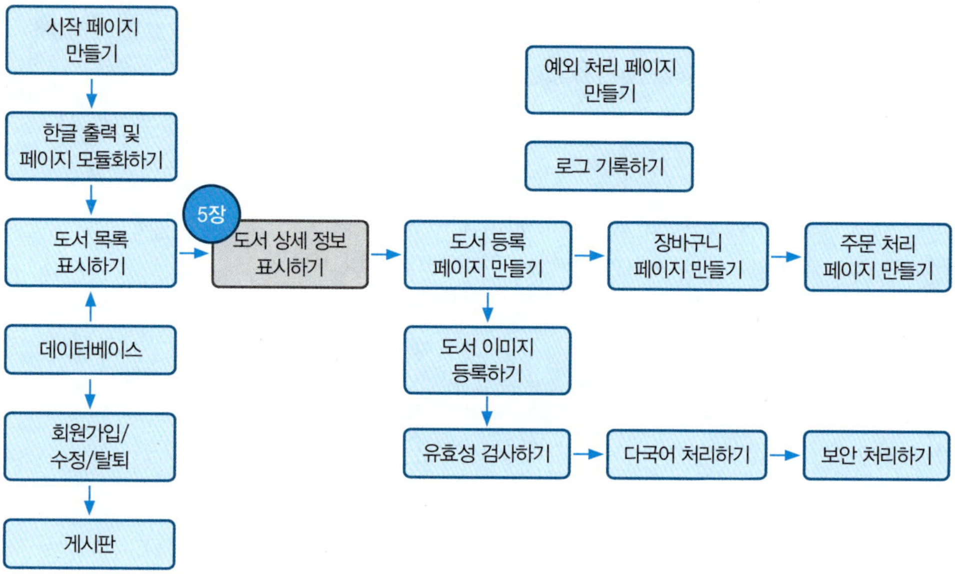

그림 5-1 도서 상세 정보 표시하기

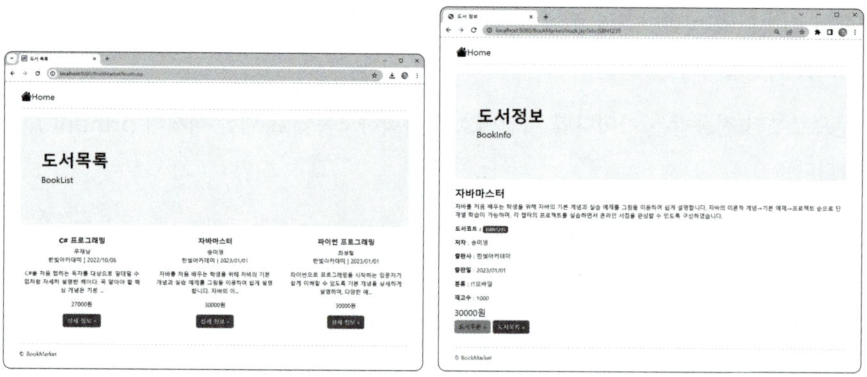

그림 5-2 완성된 북마켓 도서 상세 정보

예제 5-9 도서 상세 정보 표시하기

도서 쇼핑몰의 도서 목록 중에 선택한 도서의 상세 정보를 출력하는 페이지를 만들어봅시다.

1 도서 상세 정보를 가져오는 메소드 만들기: BookRepository 클래스에 다음과 같이 추가 작성합니다.

BookMarket/src/main/java/dao/BookRepository.java

```
01 package dao;
02 …(생략)…
03 public class BookRepository {
04     …(생략)…
05     public Book getBookById(String bookId) {
06         Book bookById = null;
07 
08         for (int i = 0; i < listOfBooks.size(); i++) {
09             Book book = listOfBooks.get(i);
10             if (book != null && book.getBookId() != null &&
               book.getBookId().equals(bookId)) {
11                 bookById = book;
12                 break;
13             }
14         }
15         return bookById;
16     }
17 }
```

05~16행: 객체 변수 listOfBooks에 저장된 모든 도서 목록에서 도서 아이디와 일치하는 도서를 가져오는 getBookById( ) 메소드를 작성합니다.

2 도서 상세 정보 버튼 만들기: books.jsp 파일에 다음과 같이 추가 작성합니다.

BookMarket/src/main/webapp/books.jsp

```
<%@ page contentType="text/html; charset=utf-8" %>
    …(생략)…
            <p> <%=book.getUnitPrice() %>원
            <p> <a href="./book.jsp?id=<%=book.getBookId() %>"
```

```
            class="btn btn-secondary" role="button"> 상세 정보 &raquo;></a>
05          </div>
06      …(생략)…
```

04행: 도서 아이디에 대한 상세 정보 페이지가 연결되도록 〈상세 정보〉 버튼을 작성합니다.

3 도서 상세 정보 페이지 만들기: book.jsp 파일을 생성하고 다음과 같이 작성합니다.

BookMarket/src/main/webapp/book.jsp

```
<%@ page contentType="text/html; charset=utf-8" %>
<%@ page import="dto.Book" %>
<jsp:useBean id="bookDAO" class="dao.BookRepository" scope="session" />

<html>
<head>
<link href="https://cdn.jsdelivr.net/npm/bootstrap@5.3.0-alpha1/dist/css/
bootstrap.min.css" rel="stylesheet">

<title>도서 정보</title>
</head>
<body>
<div class="container py-4">
   <%@ include file="menu.jsp" %>

  <div class="p-5 mb-4 bg-body-tertiary rounded-3">
    <div class="container-fluid py-5">
      <h1 class="display-5 fw-bold">도서정보</h1>
      <p class="col-md-8 fs-4">BookInfo</p>
    </div>
  </div>

  <%
      String id=request.getParameter("id");
      Book book=bookDAO.getBookById(id);
  %>
```

```
26     <div class="row align-items-md-stretch">
27             <div class="col-md-12">
28                 <h3><b><%=book.getName() %></b></h3>
29                 <p> <%=book.getDescription() %>
30                 <p> <b>도서코드 : </b><span class="badge text-bg-danger">
                   <%=book.getBookId() %></span>
31                 <p> <b>저자</b> : <%=book.getAuthor() %>
32                 <p> <b>출판사</b> : <%=book.getPublisher() %>
33                 <p> <b>출판일</b> : <%=book.getReleaseDate() %>
34                 <p> <b>분류</b> : <%=book.getCategory() %>
35                 <p> <b>재고수</b> : <%=book.getUnitsInStock() %>
36                 <h4><%=book.getUnitPrice() %>원</h4>
37                 <p> <a href="#" class="btn btn-info"> 도서주문 &raquo;</a>
38                 <a href="./books.jsp" class="btn btn-secondary"> 도서
                   목록 &raquo;</a>
39             </div>
40     </div>
41    <jsp:include page="footer.jsp" />
42 </div>
43 </body>
44 </html>
```

02행: 생성한 도서 클래스 dto.Book 패키지를 사용하기 위해 page 디렉티브 태그의 import 속성을 작성합니다.

03행: 자바빈즈로 생성한 BookRepository 클래스를 사용하도록 useBean 액션 태그를 작성합니다.

13행: 머리글에 해당하는 menu.jsp 파일의 내용을 포함하도록 include 디렉티브 태그를 작성합니다.

23행: 도서 목록 페이지로부터 전달되는 도서 아이디를 전송받도록 request 내장 객체의 getParameter() 메소드를 작성합니다.

24행: useBean 액션 태그에 id 속성 값을 통해 BookRepository 클래스의 getBookById() 메소드를 호출하여 반환된 결과 값을 Book 객체 타입의 변수 book에 저장하도록 작성합니다.

28~36행: Book 객체 타입의 변수 book에 저장된 도서명, 도서 상세 정보, 도서 코드, 저자, 출판사, 출판일, 분류, 재고수, 도서 가격 등을 출력하도록 표현문 태그를 작성합니다. 표현문 태그로 작성한 것을 다음과 같이 out 내장 객체의 println( ) 메소드로 변경할 수 있습니다.

```
<h3><% out.println(book.getName() ); %></h3>
<p> <% out.println(book.getDescription() ); %>
<p> <b>도서 코드 : </b>
<span class="badge badge-danger"> <%=book.getBookId() %></span>
<p> <b>저자</b> : <% out.println( book.getAuthor() ); %>
<p> <b>출판사</b> : <% out.println( book.getPublisher() ); %>
<p> <b>분류</b> : <% out.println(book.getCategory() ); %>
<p> <b>재고수</b> : <% out.println(book.getUnitsInStock() ); %>
<h4><% out.println(book.getUnitPrice()) ; %>원</h4>
```

37, 38행: 〈도서주문〉, 〈도서목록〉 버튼을 작성합니다.

4 프로젝트 실행하기: 웹 브라우저에 'http://localhost:8080/BookMarket/books.jsp'를 입력하여 실행하고 해당 페이지에서 〈상세 정보〉를 클릭하여 실행 결과를 확인합니다.

예제 5-10 시작 페이지의 접속 시각 자동 갱신하기

welcome.jsp에 다음과 같이 추가 작성한 후 웹 브라우저에 'http://localhost:8080/BookMarket/welcome.jsp'를 입력하여 실행합니다.

BookMarket/src/main/webapp/welcome.jsp

```
01 <%@ page contentType="text/html; charset=utf-8" %>
02      …(생략)…
03                  response.setIntHeader("Refresh", 5);
04                  Date day=new java.util.Date();
05                  String am_pm;
06      …(생략)…
```

03행: 5초마다 JSP 페이지가 갱신되도록 response 내장 객체의 setIntHeader( ) 메소드를 작성합니다.

요약

01 (   )는 JSP 페이지에서 사용할 수 있도록 JSP 컨테이너에 미리 정의된 객체를 의미합니다.

02 내장 객체는 JSP 페이지에 별도의 (   ) 문 없이 자유롭게 사용할 수 있으며, 스크립틀릿 태그나 표현문 태그에 선언을 하거나 객체를 생성하지 않고도 직접 호출하여 사용할 수 있습니다.

03 (   ) 내장 객체는 JSP 페이지에서 가장 많이 사용되는 기본 내장 객체로, 웹 브라우저에서 서버의 JSP 페이지로 전달하는 정보를 저장합니다.

04 (   ) 내장 객체는 사용자의 요청을 처리한 결과를 서버에서 웹 브라우저로 전달하는 정보를 저장합니다.

05 (   ) 내장 객체는 웹 브라우저에 데이터를 전송하는 (   ) 객체입니다.

정답

01 내장 객체　02 import　03 request　04 response　05 out, 출력 스트림

연습문제

01 다음 중 내장 객체의 종류로 옳지 <u>않은</u> 것은 무엇인가?

① request ② include

③ response ④ out

02 폼 페이지로부터 입력된 데이터를 전달하는 요청 파라미터 값을 JSP 페이지로 가져오는 내장 객체는 무엇인가?

① request ② include

③ response ④ out

03 request 내장 객체로 웹브라우저/서버와 관련된 메소드에 대한 설명으로 옳지 <u>않은</u> 것은 무엇인가?

① getRemoteAddr(): 웹 브라우저의 IP 주소를 가져온다.

② getContentType(): 웹 브라우저의 콘텐츠 유형을 가져온다.

③ getRequestURI(): 웹 브라우저가 요청한 URI 경로를 가져온다.

④ getQuery(): 웹 브라우저의 전체 요청 파라미터 문자열[물음표(?) 다음 URL에 할당된 문자열]을 가져온다.

04 서버가 웹 브라우저에 다른 페이지로 강제 이동하는 내장 객체와 관련된 메소드는 무엇인가?

① request.sendRedirect()

② request.forward()

③ response.forward()

④ response.sendRedirect()

05 스크립트 태그의 표현문과 같이 데이터를 출력하는 내장 객체는 무엇인가?

① request ② include

③ response ④ out

06 사용자의 요청을 처리한 결과를 서버에서 웹 브라우저로 전달하는 정보를 저장하는 내장 객체는 무엇인가?

① request　　② include

③ response　　④ out

07 다음은 out 내장 객체로 오늘의 날짜와 시각을 출력하는 프로그램이다. 밑줄에 들어갈 올바른 것은 무엇인가?

```
<%
    out. ________ ("오늘의 날짜 및 시각 " + "<br>");
    out. ________ (java.util.Calendar.getInstance().getTime());
%>
```

① println　　② sprintf

③ output　　④ printf

08 request 내장 객체를 이용하여 다음 조건에 맞게 JSP 애플리케이션을 만들고 실행 결과를 확인하시오.

조건

1. request.jsp 파일을 생성한다.
   - input 태그 내에 text 유형을 이용하여 아이디, 비밀번호 항목을 작성한다.
   - form 태그의 action 속성 값은 request_process.jsp로, method 속성 값은 get으로 작성한다.
2. request_process.jsp 파일을 생성한다.
   - request 내장 객체의 getQueryString() 메소드를 이용하여 전송된 요청 파라미터와 값을 출력한다.
3. 웹 브라우저에 'http://localhost:8080/Exercise/ch05/request.jsp'를 입력하여 실행 결과를 확인한다.

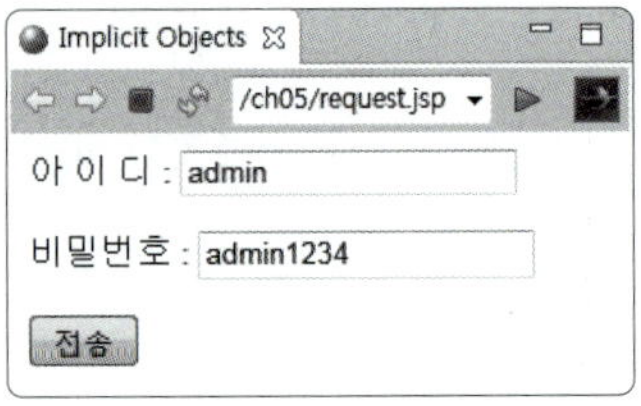

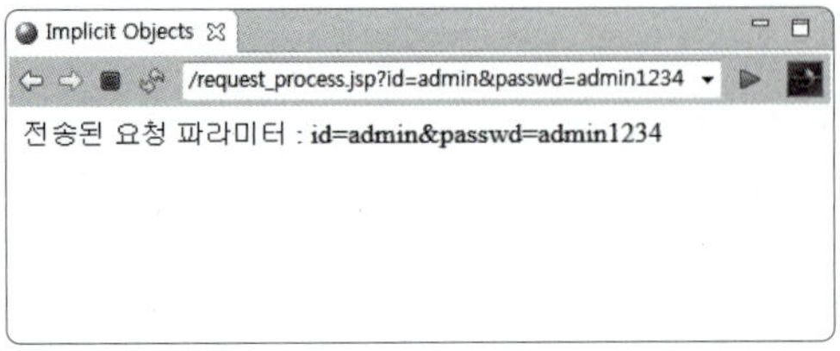

09 response 내장 객체를 이용하여 다음 조건에 맞게 JSP 애플리케이션을 만들고 실행 결과를 확인하시오.

조건

❶ response.jsp 파일을 생성한다.
- response 내장 객체의 setHeader() 메소드를 이용하여 5초마다 페이지를 갱신하도록 작성한다.
- java.util.Calendar 클래스를 이용하여 현재 시간을 출력하도록 작성한다.
- 〈Google 홈페이지로 이동하기〉를 클릭하면 response_data.jsp 파일을 연결하도록 작성한다.

❷ response_data.jsp 파일을 생성한다.
- response 내장 객체의 sendRedirect() 메소드를 이용하여 구글 홈페이지로 이동하도록 작성한다.

❸ 웹 브라우저에 'http://localhost:8080/Exercise/ch05/response.jsp'를 입력하여 실행 결과를 확인한다.

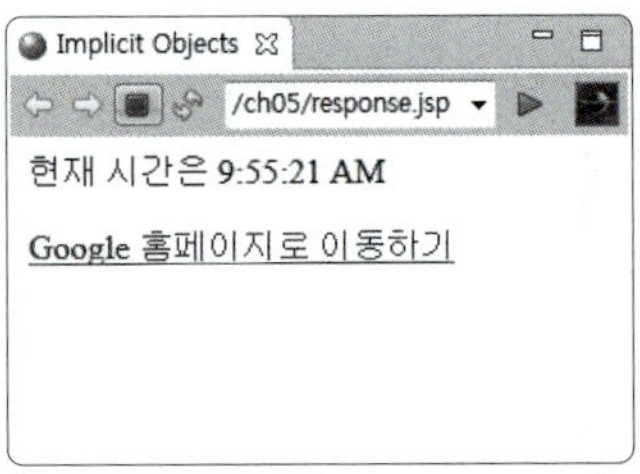

PART 03

페이지 처리 기법

PART 03

페이지
처리 기법

CHAPTER 06

폼 태그: 도서 등록 페이지 만들기

학습목표

- 폼의 개념과 특징을 이해합니다.
- 폼 태그 구성 요소의 사용법을 익힙니다.
- 폼 데이터를 처리하는 방법을 이해합니다.
- 폼 태그를 이용하여 북마켓의 도서 등록 페이지를 출력합니다.

01 폼 처리의 개요

폼(form)은 사용자가 웹 브라우저를 통해 입력된 모든 데이터를 한 번에 웹 서버로 전송하는 양식입니다. 전송한 데이터는 웹 서버가 처리하고 처리 결과에 따라 다른 웹 페이지를 보여줍니다. 폼은 사용자와 웹 애플리케이션이 상호 작용하는 중요한 기술 중 하나입니다. 즉 사용자가 어떤 내용을 원하는지, 사용자의 요구 사항이 무엇인지 파악할 때 가장 많이 사용하는 웹 애플리케이션의 필수적인 요소입니다. 다음 그림은 이에 대한 폼 처리 과정을 보여줍니다.

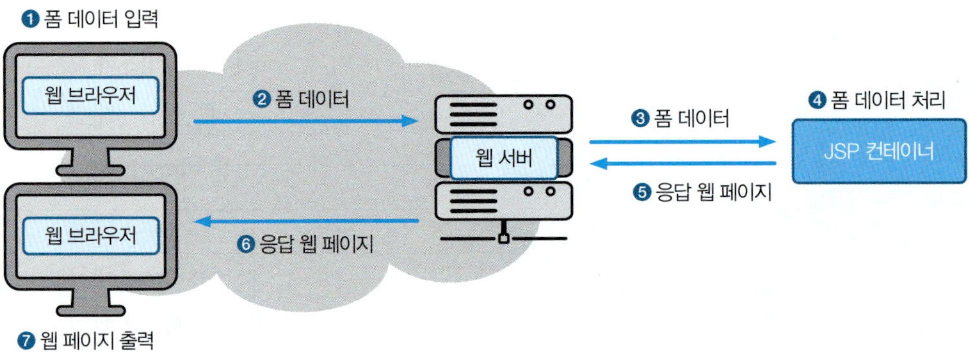

그림 6-1 폼 데이터 처리 과정

❶ 폼이 있는 웹 페이지를 요청하고 폼 내용을 입력합니다. ❷ 폼 안에 있는 모든 데이터를 웹 서버로 보냅니다. ❸ 웹 서버는 전송받은 폼 데이터를 처리하기 위해 JSP 컨테이너로 넘깁니다. ❹ JSP 컨테이너는 폼 데이터를 처리합니다. ❺ 처리 결과에 따라 새로운 웹 페이지를 웹 서버로 보냅니다. ❻ 웹 서버는 전송받은 웹 페이지를 웹 브라우저로 보냅니다. ❼ 웹 브라우저는 전송받은 결과 웹 페이지를 보여줍니다.

표 6-1 폼을 구성하는 태그의 종류

태그	설명	태그	설명
`form`	폼을 정의하는 태그로 최상위 태그이다.	`select`	항목을 선택할 수 있는 태그이다.
`input`	사용자가 입력할 수 있는 태그이다.	`textarea`	여러 줄을 입력할 수 있는 태그이다.

02 form 태그

form 태그는 사용자가 다양한 정보를 입력하고 서로 전달할 때 사용하는 태그입니다. 단독으로 쓰이지 않고 사용자가 다양한 정보를 입력하는 양식을 포함하는 최상위 태그로 형식은 다음과 같습니다. 이 태그의 속성을 이용하여 폼 데이터를 전송할 때 어디로 보낼지, 어떤 방식으로 보낼지 설정할 수 있습니다. 한편 form 태그의 모든 속성은 필수가 아니라 선택적으로 사용합니다.

```
<form 속성1 = "값1" [속성2 = "값2" …]>
  // 다양한 입력 양식 태그(<input>, <select>, <textarea>)
</form>
```

표 6-2 form 태그의 속성

속성	설명
action	폼 데이터를 받아 처리하는 웹 페이지의 URL을 설정한다.
method	폼 데이터가 전송되는 HTTP 방식을 설정한다.
name	폼을 식별하기 위한 이름을 설정한다.
target	폼 처리 결과의 응답을 실행할 프레임을 설정한다.
enctype	폼을 전송하는 콘텐츠 MIME 유형을 설정한다.
accept-charset	폼 전송에 사용할 문자 인코딩을 설정한다.

다음은 form 태그에 필요한 기본 속성인 action, method와 그 밖에 name, accept-charset 속성을 설정하는 예입니다. 폼을 전송할 HTTP 방식의 기본값이 GET이므로 method 속성을 생략할 수 있습니다.

[form 태그 사용 예]

```
<html>
<head>
```

```
<title>Form Processing</title>
</head>
<body>
    <form action="http://localhost:8080/ch06/process.jsp" method="get"
            name="login" accept-charset="utf-8">
          …(생략)…
    </form>
</body>
</html>
```

form 태그의 method 속성은 웹 브라우저에서 웹 서버로 정보를 전송하는 방법으로 GET 방식과 POST 방식이 있습니다. 웹 브라우저에서 입력된 모든 데이터를 서버로 전송하는 기능은 동일하지만 방식이 다릅니다.

GET 방식은 폼 데이터를 URL 끝에 붙여서 전송하므로 웹 브라우저의 주소 표시 줄에 그대로 나타납니다. 그리고 구분자로 물음표(?)를 사용하여 URL 뒤에 name=value와 같은 형식의 요청 파라미터를 붙이기 때문에 URL과 요청 파라미터를 구분합니다. 또한 여러 개의 요청 파라미터를 전송할 경우 구분자 앰퍼샌드(&)를 사용하여 연결합니다. 그러나 POST 방식은 GET 방식과 달리 내부적으로 전송하기 때문에 웹 브라우저의 주소 표시 줄에 구분자가 나타나지 않습니다.

NOTE GET 방식과 POST 방식의 차이

URL 끝에 데이터를 붙여 보내는 GET 방식은 데이터가 외부에 노출되어 보안에 취약합니다. 따라서 개인 정보 등을 보호해야 할 때는 POST 방식을 사용해야 합니다. 또한 GET 방식은 지정된 리소스에서 데이터를 요청할 때, 즉 읽을 때 사용합니다. 반면 POST 방식은 지정된 리소스에서 데이터를 처리할 때, 즉 쓰고, 수정하고, 삭제할 때 사용합니다. 그러므로 보안이 필요하지 않으면서 지정된 리소스에서 자원을 읽는 경우 GET 방식을 사용하고, 그렇지 않은 경우 POST 방식을 사용하면 됩니다.

구분	GET 방식	POST 방식
전송 형태	이름과 값의 형태로 URL에 포함되어 전송	HTTP 헤더 속에 감춰서 전송
전송량	제한적(4,096B)	제한 없음
속도	빠름	느림
보안	없음	있음

03 input 태그

input 태그는 사용자가 텍스트 입력이나 선택 등을 다양하게 할 수 있도록 공간을 만드는 태그로 형식은 다음과 같습니다. input 태그는 종료 태그 없이 단독으로 사용할 수 있습니다.

```
<input 속성1 = "값1" [속성2 = "값2" …]>
```

표 6-3 input 태그의 기본 속성

속성	속성 값	설명
type	text	기본값으로 한 줄의 텍스트를 입력할 때 사용한다.
	radio	라디오 버튼으로 열거된 것 중 하나만 선택할 때 사용한다.
	checkbox	체크 박스로 열거된 것 중 다중 선택을 할 때 사용한다.
	password	암호를 입력할 때 사용한다.
	hidden	보이지 않게 숨겨서 값을 전송할 때 사용한다.
	file	파일 업로드를 위한 파일을 선택할 때 사용한다.
	button	버튼 모양을 출력할 때 사용한다.
	reset	폼에 입력된 값을 모두 초기화할 때 사용한다.
	submit	폼에 입력된 값을 모두 서버에 전송할 때 사용한다.
name	텍스트	입력 양식을 식별하는 이름을 설정한다.
value	텍스트	입력 양식의 초깃값을 설정한다.

다음은 아이디와 비밀번호를 입력받을 수 있도록 input 태그를 설정하는 예입니다. 아이디는 일반 텍스트를 입력받도록 type 속성을 text로 설정하고, 비밀번호는 암호 형식인 type 속성을 password로 설정하여 입력된 글자를 가리도록 작성했습니다.

[input 태그 사용 예]

```
<%@ page contentType = "text/html; charset = utf-8" %>
<html>
```

```
<head>
<title>Form Processing</title>
</head>
<body>
    <form action="#" method="get">
        <p> 아 이 디: <input type="text" name="id">
        <p> 비밀번호: <input type="password" name="passwd">
        <p> <input type="submit" value="전송">
    </form>
</body>
</html>
```

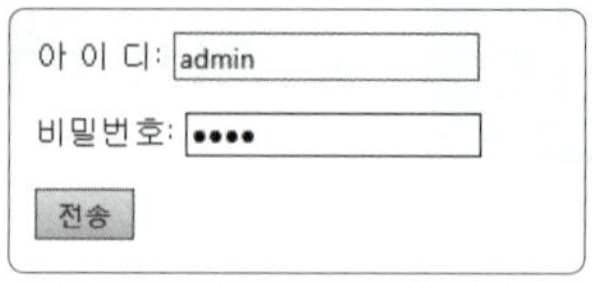

NOTE input 태그의 기본 속성 외에 사용되는 속성

속성	속성 값	설명
readonly		입력 양식을 읽기 전용으로 설정한다.
maxlength	숫자	입력 양식의 최대 입력 글자 수를 설정한다. type = "text"인 경우에만 사용한다.
size	숫자	입력 양식의 너비를 설정한다. type = "text"인 경우에만 사용한다.
disabled		해당 입력 양식을 비활성화로 설정한다. 모든 폼 구성 태그에 사용한다.
checked		기본값을 선택할 때 설정한다. type = "checkbox" 또는 type = "radio"인 경우에만 사용한다.

• **HTML5의 추가된 속성**

속성	속성 값	설명
required		입력 양식을 필수 태그로 설정한다. 필수 태그를 입력하지 않고 <submit> 버튼을 누르면 오류 메시지가 웹 브라우저에 출력된다.
autofocus		웹 페이지가 로딩되자마자 해당 입력 양식의 포커스를 설정한다.
placeholder	텍스트	입력 양식의 힌트를 설정한다.
pattern	regexp	정규 표현식을 사용하여 특정 범위 내의 유효한 값을 입력받을 때 사용한다.

예제 6-1 form 태그와 input 태그로 간단한 회원 가입 양식 만들기

1 프로젝트 생성하기: 1장에서 생성한 JSPBook 프로젝트를 사용합니다.

2 JSP 페이지 작성하기: JSPBook/src/main/webapp/ 폴더에 ch06 폴더를 만든 후 form01.jsp 파일을 생성하고 다음과 같이 작성합니다.

JSPBook/src/main/webapp/ch06/form01.jsp

```
01 <%@ page contentType="text/html; charset=utf-8" %>
02 <html>
03 <head>
04 <title>Form Processing</title>
05 </head>
06 <body>
07     <h3>회원 가입</h3>
08     <form action="#" name="member" method="post">
09         <p> 아이디 : <input type="text" name="id"> <input type="button"
               value="아이디 중복 검사">
10         <p> 비밀번호 : <input type="password" name="passwd">
11         <p> 이름 : <input type="text" name="name">
12         <p> 연락처 : <input type="text" maxlength="4" size="4" name="phone1">
13             - <input type="text" maxlength="4" size="4" name="phone2"> -
14             <input type="text" maxlength="4" size="4" name="phone3">
15         <p> 성별 : <input type="radio" name="sex" value="남성" checked>남성
16             <input type="radio" name="sex" value="여성">여성
17         <p> 취미 : 독서<input type="checkbox" name="hobby1" checked>
18             운동<input type="checkbox" name="hobby2">
19             영화<input type="checkbox" name="hobby3">
20         <p> <input type="submit" value="가입하기">
21             <input type="reset" value="다시쓰기">
22     </form>
23 </body>
24 </html>
```

9행: 아이디 값을 입력받도록 input 태그의 type 속성 값을 text로 작성하고 name 속성을 작성합니다. 또한 〈아이디 중복 검사〉 버튼을 만들기 위해 input 태그의 type 속성 값을 button으로 작성합니다.

10행: 입력되는 비밀번호가 보이지 않도록 input 태그의 type 속성 값을 password로 작성합니다.

11행: 이름 값을 입력받도록 input 태그의 type 속성 값을 text로 작성하고 name 속성을 작성합니다.

12~14행: 연락처 값을 입력받도록 input 태그 3개의 type 속성 값을 text로 작성하고 name 속성을 작성합니다.

15~16행: 성별 값 중 하나만 선택 입력받도록 input 태그 2개의 type 속성 값을 radio로 작성하고 name 속성 값을 sex로 작성합니다. 그리고 '남성'이 초깃값으로 선택되도록 checked 속성을 설정합니다.

17~19행: 취미 값 중 여러 개를 선택 입력받도록 input 태그 3개의 type 속성 값을 checkbox로 작성하고 name 속성 값을 각각 작성합니다. 그리고 '독서'가 초깃값으로 선택되도록 checked 속성을 설정합니다.

20~21행: 입력된 데이터를 서버로 전송하도록 input 태그의 type 속성 값을 submit로 작성합니다. 또한 입력된 데이터를 지우도록 input 태그의 type 속성 값을 reset으로 작성합니다.

3 프로젝트 실행하기: 웹 브라우저에 'http://localhost:8080/JSPBook/ch06/form01.jsp'를 입력하여 실행 결과를 확인합니다.

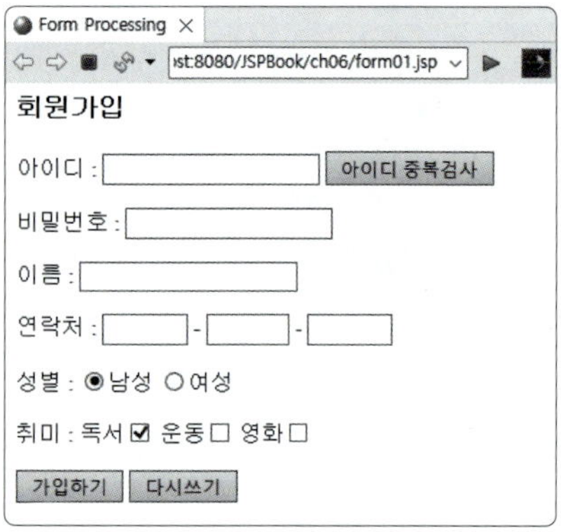

04 select 태그

select 태그는 여러 개의 항목이 나타나는 목록 상자에서 항목을 선택하는 태그로 형식은 다음과 같습니다. select 태그에는 시작 태그와 종료 태그가 있으며, 리스트 박스에 여러 항목을 추가 삽입하기 위해 반드시 **option 태그**를 포함해야 합니다.

```
<select 속성1 = "값1" [속성2 = "값2" …]>
    <option 속성1 = "값" [속성1]> 항목1</option>
    <option 속성2 = "값" [속성2]> 항목2</option>
    …(생략)…
</select>
```

표 6-4 select 태그의 속성

속성	속성 값	설명
name	텍스트	목록 상자의 이름을 설정한다.
size	숫자	한 번에 표시할 항목의 개수를 설정한다.
multiple		다중 선택이 가능하도록 한다. Ctrl 을 눌러 목록 상자의 항목을 다중 선택한다.

표 6-5 option 태그의 속성

속성	속성 값	설명
value	텍스트	항목의 값을 설정한다.
selected		해당 항목을 초깃값으로 선택한다.
disabled		항목을 비활성화한다.

다음은 목록 상자에서 도시명 항목을 선택할 수 있도록 select 태그를 설정하는 예입니다. 도시명 항목은 option 태그를 이용하여 삽입합니다. 여기서는 select 태그에 size 속성 값을 3으로 설정하여 목록 상자의 항목이 3개입니다. 만약 size 속성을 생략하면 목록 상자의 항목이 1개가 됩니다.

[select 태그 사용 예]

```
<%@ page contentType="text/html; charset=utf-8" %>
<html>
<head>
<title>Form Processing</title>
</head>
<body>
    <form action="#" method="get">
        <p> <select name="city" size="3">
                <option value="서울시">서울특별시</option>
                <option value="경기도">경기도</option>
                <option value="인천시">인천광역시</option>
                <option value="충청도">충청도</option>
                <option value="전라도">전라도</option>
                <option value="경상도">경상도</option>
            </select>
        <p> <input type="submit" value="전송">
    </form>
</body>
</html>
```

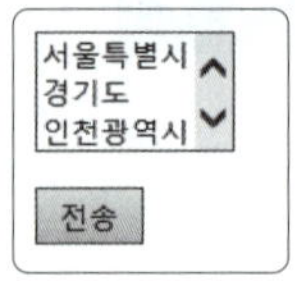

NOTE 〈optgroup〉 태그

optgroup 태그로 항목을 그룹으로 만들 수 있습니다. label 속성을 사용하여 그룹으로 만들 이름을 설정하며, optgroup 태그 하위에 option 태그를 포함해야 합니다.

- **optgroup 태그 사용 예**

```
…(생략)…
        <p> <select name="city">
            <optgroup label="서울특별시">
                <option value="seocho-gu">서초구</option>
                <option value="gangnam-gu">강남구</option>
                <option value="songpa-gu">송파구</option>
            </optgroup>
            <optgroup label="경기도">
                <option value="seongnam-si">성남시</option>
                <option value="suwon-si">수원시</option>
                <option value="yongin-si">용인시</option>
```

```
            </optgroup>
         </select>
…(생략)…
```

예제 6-2 select 태그로 [예제 6-1] 회원 가입 양식의 연락처 수정하기

src/main/webapp/ch06/ 폴더에 있는 form01.jsp 파일의 연락처 입력 형식을 다음과 같이 수정하여 웹 페이지를 작성하고, 웹 브라우저에 'http://localhost:8080/JSPBook/ch06/form02.jsp'를 입력하여 실행 결과를 확인합니다.

JSPBook/src/main/webapp/ch06/form02.jsp

```
01 <%@ page contentType="text/html; charset=utf-8" %>
02     …(생략)…
03         <p> 연락처 : <select name="phone1">
04                 <option value="010">010</option>
05                 <option value="011">011</option>
06                 <option value="016">016</option>
07                 <option value="017">017</option>
08                 <option value="019">019</option>
09             </select> - <input type="text" maxlength="4" size="4"
               name="phone2"> - <input type="text" maxlength="4" size="4"
               name="phone3">
10     …(생략)…
```

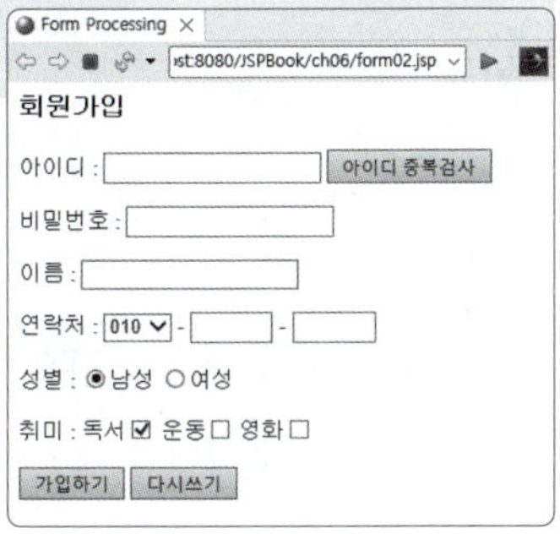

03~09행: 연락처 입력 값 중에서 첫 번째 번호는 사용자가 번호를 선택할 수 있도록 select 태그와 option 태그로 작성합니다. 또한 두 번째와 세 번째 번호는 사용자가 직접 번호를 입력하도록 input 태그의 type 속성 값을 text로 작성하고 name 속성을 작성합니다.

05 textarea 태그

textarea 태그는 여러 줄의 텍스트를 입력할 수 있는 태그로 형식은 다음과 같습니다. 기본적으로 textarea 태그의 너비와 높이를 지정하기 위해 cols와 rows 속성을 설정합니다. 기본값은 〈textarea〉와 〈/textarea〉 태그 사이에 설정하면 됩니다. textarea 태그의 가장 큰 특징은 입력 폼 안에 사용된 태그와 띄어쓰기가 그대로 출력된다는 것입니다.

```
<textarea cols="너비 값" rows="높이 값">
…(생략)…
</textarea>
```

표 6-6 textarea 태그의 속성

속성	속성 값	설명
name	텍스트	이름을 설정한다.
cols	숫자	입력할 텍스트 영역의 너비(열 크기)를 설정한다.
rows	숫자	입력할 텍스트 영역의 높이(행 크기)를 설정한다.
wrap	off	줄 바꿈을 설정한다. wrap="off": 줄 바꿈을 하지 않고 문장을 입력할 때 수평 스크롤바가 생기고 옆으로 계속 문장이 입력된다.
	soft	wrap="soft": Enter를 누르지 않아도 텍스트라인 끝에서 자동으로 행이 바뀐다.
	hard	wrap="hard": soft 상태와 비슷하며 실제 내용을 서버에 전송할 때 캐리지 리턴 문자를 전달한다.

다음은 textarea 태그를 사용하여 여러 줄을 입력받는 예입니다. cols와 rows 속성을 각각 30, 3으로 설정했습니다.

[textarea 태그 사용 예]

```
<%@ page contentType="text/html; charset=utf-8" %>
<html>
```

```
<head>
<title>Form Processing</title>
</head>
<body>
    <form action="#" method="get">
        <textarea name="comment" cols="30" rows="3"></textarea>
        <p> <input type="submit" value="전송" />
            <input type="reset" value="취소" />
    </form>
</body>
</html>
```

예제 6-3 textarea 태그로 [예제 6-2]의 회원 가입 양식에 가입 인사 추가하기

/src/main/webapp/ch06/ 폴더에 있는 form02.jsp 파일에 다음과 같이 회원 가입 양식을 추가하여 웹 페이지를 작성하고, 웹 브라우저에 'http://localhost:8080/JSPBook/ch06/form03.jsp'를 입력하여 실행 결과를 확인합니다.

JSPBook/src/main/webapp/ch06/form03.jsp

```
01 <%@ page contentType="text/html; charset=utf-8" %>
02     …(생략)…
03         <p> 취미 : 독서<input type="checkbox" name="hobby1" checked>
04             운동<input type="checkbox" name="hobby2">
05             영화<input type="checkbox" name="hobby3">
06         <p> <textarea name="comment" cols="30"
            rows="3" placeholder="가입 인사를 입력해주세요"></textarea>
07     …(생략)…
```

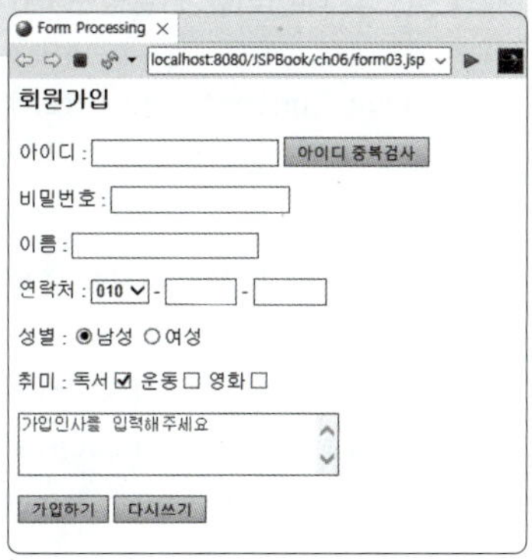

06행: 가입 인사 값을 여러 줄로 입력받도록 너비와 높이를 각각 30, 3으로 하여 textarea 태그를 작성합니다.

06 폼 데이터 처리

JSP에서 가장 많이 사용하는 기능 중 하나는 사용자가 웹 브라우저의 폼 페이지에 입력한 데이터를 서버로 전달하여 서버가 이를 처리하는 것입니다. 이렇게 폼 데이터를 처리함으로써 표현문이나 스크립틀릿 태그에 request 내장 객체를 이용하여 폼 페이지에서 전달된 값을 얻을 수 있습니다.

1 요청 파라미터의 값 받기

request 내장 객체는 웹 브라우저가 서버로 보낸 요청에 대한 다양한 정보를 담고 있어 getParameter() 메소드를 이용하여 요청 파라미터의 값을 얻을 수 있습니다.

```
String 변수=request.getParameter("요청 파라미터 이름");
```

TIP request 내장 객체의 요청 파라미터 관련 메소드에 관한 자세한 내용은 5장을 참고하세요.

다음은 폼 페이지에서 선택된 체크 박스를 전송받는 예입니다. 폼 페이지에서 '독서'와 '영화'를 선택하고 〈전송〉을 클릭하면 체크 박스를 선택한 경우 on이, 선택하지 않은 경우 null이 전송됩니다. 이때 폼 페이지에 설정된 체크 박스의 수만큼 request 내장 객체의 getParameter() 메소드를 호출하여 전송하는 데이터를 받습니다.

[체크 박스의 데이터를 전달받는 예]

index.jsp

```
<%@ page contentType="text/html; charset=utf-8" %>
<html>
<head>
<title>Form Processing</title>
</head>
<body>
    <form action="process.jsp" method="POST">
        <p> 독서<input type="checkbox" name="reading">
```

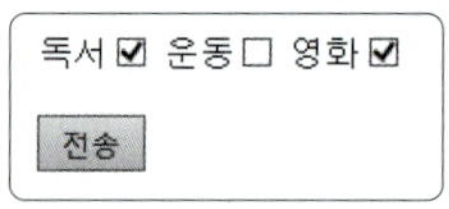

```
            운동<input type="checkbox" name="exercise">
            영화<input type="checkbox" name="movie">
        <p> <input type="submit" value="전송">
    </form>
</body>
</html>
```

process.jsp

```
<%@ page contentType="text/html; charset=utf-8" %>
<html>
<head>
<title>Form Processing</title>
</head>
<body>
    <p> 독서 : <%=request.getParameter("reading") %>
    <p> 운동 : <%=request.getParameter("exercise") %>
    <p> 영화 : <%=request.getParameter("movie") %>
</body>
</html>
```

독서 : on

운동 : null

영화 : on

예제 6-4 [예제 6-3]의 회원 가입 양식에서 폼 데이터 전송받기

/src/main/webapp/ch06/ 폴더에 있는 form03.jsp 파일의 action 속성을 다음과 같이 수정하여 웹 페이지를 작성하고, 웹 브라우저에 'http://localhost:8080/JSPBook/ch06/form04.jsp'를 입력하여 실행 결과를 확인합니다.

JSPBook/src/main/webapp/ch06/form04.jsp

```
01 <%@ page contentType="text/html; charset=utf-8" %>
02 …(생략)…
03     <form action="form04_process.jsp" name="member" method="post">
04             …(생략)…
```

03행: 입력 양식에 입력된 데이터를 서버로 전송하여 폼 데이터를 처리할 수 있도록 form 태그의 action 속성 값, method 방식을 작성합니다.

JSPBook/src/main/webapp/ch06/form04_process.jsp

```
<%@ page contentType="text/html; charset=utf-8" %>
<html>
<head>
<title>Form Processing</title>
</head>
<body>
    <%
        request.setCharacterEncoding("UTf-8");

        String id=request.getParameter("id");
        String passwd=request.getParameter("passwd");
        String name=request.getParameter("name");
        String phone1=request.getParameter("phone1");
        String phone2=request.getParameter("phone2");
        String phone3=request.getParameter("phone3");
        String sex=request.getParameter("sex");
        String hobby1=request.getParameter("hobby1");
        String hobby2=request.getParameter("hobby2");
        String hobby3=request.getParameter("hobby3");
        String comment=request.getParameter("comment");
    %>
    <p> 아이디 : <%=id %>
    <p> 비밀번호 : <%=passwd %>
    <p> 이름 : <%=name %>
    <p> 연락처 : <%=phone1 %>-<%=phone2 %>-<%=phone3 %>
    <p> 성별 : <%=sex %>
    <p> 취미 : <%=hobby1 %> <%=hobby2 %> <%=hobby3 %>
    <p> 가입 인사 : <%=comment %>
</body>
</html>
```

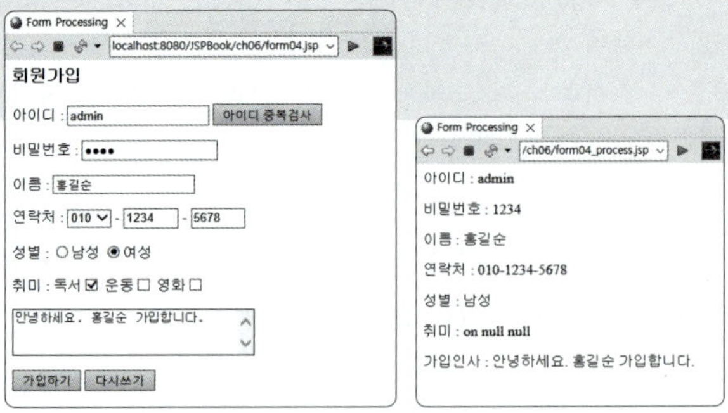

08행: 폼 페이지에서 입력된 데이터를 서버로 전송할 때 한글이 깨지지 않도록 문자 인코딩 유형을 utf-8로 하여 request 내장 객체의 setCharacterEncoding() 메소드를 작성합니다.

10, 11, 12, 16, 20행: 폼 페이지에서 입력된 아이디, 비밀번호, 이름, 성별, 가입 인사 값을 얻어오도록 요청 파라미터 이름 id, passwd, name, sex, comment로 request 내장 객체의 getParameter() 메소드를 작성합니다.

13~15행: 폼 페이지에서 입력된 연락처 값을 얻어오도록 요청 파라미터 이름 phone1, phone2, phone3으로 request 내장 객체의 getParameter() 메소드를 작성합니다.

17~19행: 폼 페이지에서 입력된 취미 값을 얻어오도록 요청 파라미터 이름 hobby1, hobby2, hobby3으로 request 내장 객체의 getParameter() 메소드를 작성합니다.

22~28행: 폼 페이지에서 전달받은 폼 데이터의 값을 출력하도록 표현문 태그를 작성합니다.

예제 6-5 [예제 6-4]의 회원 가입 양식에서 폼 데이터 전송받기

/src/main/webapp/ch06/ 폴더에 있는 form04.jsp 파일에서 체크 박스의 name 속성 값을 다음과 같이 동일하게 수정하여 웹 페이지를 작성하고, 웹 브라우저에 'http://localhost:8080/JSPBook/ch06/form05.jsp'를 입력하여 실행 결과를 확인합니다.

JSPBook/src/main/webapp/ch06/form05.jsp

```
01 <%@ page contentType="text/html; charset=utf-8" %>
02 …(생략)…
03     <form action="form05_process.jsp" name="member" method="post">
04 …(생략)…
05         <p> 취미 : 독서<input type="checkbox" name="hobby" value="독서"
               checked>
06             운동<input type="checkbox" name="hobby" value="운동">
07             영화<input type="checkbox" name="hobby" value="영화">
08         <p> <textarea name="comment" cols="30" rows="3" placeholder=
               "가입 인사를 입력해주세요"></textarea>
09 …(생략)…
```

05~07행: 취미 값 중 여러 개를 선택하여 입력받도록 input 태그 3개의 type 속성 값을 checkbox로 작성하고 name 속성 값을 동일하게 hobby로 작성합니다. 그리고 '독서'가 초깃값으로 선택되도록 checked 속성을 설정합니다.

```
<%@ page contentType="text/html; charset=utf-8" %>
<html>
<head>
<title>Form Processing</title>
</head>
<body>
    <%
        request.setCharacterEncoding("UTF-8");

        String id=request.getParameter("id");
        String passwd=request.getParameter("passwd");
        String name=request.getParameter("name");
        String phone1=request.getParameter("phone1");
        String phone2=request.getParameter("phone2");
        String phone3=request.getParameter("phone3");
        String sex=request.getParameter("sex");
        String[] hobby=request.getParameterValues("hobby");
        String comment=request.getParameter("comment");
    %>
    <p> 아이디 : <%=id %>
    <p> 비밀번호 : <%=passwd %>
    <p> 이름 : <%=name %>
    <p> 연락처 : <%=phone1 %>-<%=phone2 %>-<%=phone3 %>
    <p> 성별 : <%=sex %>

    <p> 취미 : <%
            if (hobby !=null) {
                for (int i=0; i < hobby.length; i++) {
                    out.println(" " + hobby[i]);
                }
            }
        %>
    <p> 가입 인사 : <%=comment %>
</body>
</html>
```

17행: 폼 페이지에서 입력된 취미 값을 배열로 얻어오도록 요청 파라미터 이름을 hobby로 request 내장 객체의 getParameterValues() 메소드를 작성합니다.

26~32행: 17행에서 배열에 저장된 취미 값을 출력하도록 표현문 태그를 작성합니다.

2 요청 파라미터의 전체 값 받기

getParameter() 메소드를 이용하면 폼 페이지가 서버로 보낸 요청 파라미터 값을 얻을 수 있습니다. 그런데 입력 데이터가 다수이거나 입력 양식이 다양하면 이를 전송받기 위해 최악의 경우 입력 양식에 맞춰 전달받는 데이터의 수만큼 request 내장 객체의 getParameter() 메소드를 설정해야 합니다. 이때 다음과 같은 일괄 처리 메소드를 이용하면 웹 브라우저에서 서버로 전송되는 요청 파라미터를 설정하지 않아도 모든 값을 전달받을 수 있습니다. 또한 텍스트 박스, 라디오 버튼, 드롭다운 박스와 같은 다양한 유형에 대해 한 번에 폼 데이터를 전달받을 수 있습니다.

표 6-7 폼 데이터의 일괄 처리 메소드

메소드	형식	설명
getParameterNames()	java.util.Enumeration	모든 입력 양식의 요청 파라미터 이름을 순서에 상관없이 Enumeration(열거형) 형태로 전달받는다.
hasMoreElements()	boolean	Enumeration(열거형) 요소가 있으면 true를 반환하고, 그렇지 않으면 false를 반환한다.
nextElement()	E(Enumeration객체를 생성할 때의 타입)	Enumeration(열거형) 요소를 반환한다.

[체크 박스의 전체 데이터를 전달받는 예]

process.jsp

```
<%@ page contentType="text/html; charset=utf-8" %>
<%@ page import="java.io.*, java.util.*" %>
<html>
<head>
<title>Form Processing</title>
</head>
<body>
    <table border="1">
        <tr>
```

요청 파라미터 이름	요청 파라미터 값
reading	on
movie	on

```
            <th>요청 파라미터 이름</th>
            <th>요청 파라미터 값</th>
        </tr>
        <%
            Enumeration paramNames = request.getParameterNames();
            while (paramNames.hasMoreElements()) {
                String name = (String) paramNames.nextElement();
                out.print("<tr><td>" + name + " </td>\n");
                String paramValue = request.getParameter(name);
                out.println("<td> " + paramValue + "</td></tr>\n");
            }
        %>
    </table>
</body>
</html>
```

위의 예는 index.jsp 페이지에서 '독서'와 '영화'를 선택하고 〈전송〉을 클릭하면 request 내장 객체의 getParameterNames( ) 메소드를 호출하여 모든 요청 파라미터를 가져옵니다. hasMoreElements( ) 메소드는 전송된 요청 파라미터가 없을 때까지 반복합니다. nextElement( ) 메소드는 각 요청 파라미터의 이름을 가져와 getParameter( ) 메소드에 의해 요청 파라미터의 값을 얻어옵니다.

예제 6-6 [예제 6-4]의 회원 가입 양식에서 폼 데이터를 한 번에 전송받기

/src/main/webapp/ch06/ 폴더에 있는 form05.jsp 파일의 action 속성을 다음과 같이 수정하여 웹 페이지를 작성하고, 웹 브라우저에 'http://localhost:8080/JSPBook/ch06/form06.jsp'를 입력하여 실행 결과를 확인합니다.

JSPBook/src/main/webapp/ch06/form06.jsp

```
<%@ page contentType="text/html; charset=utf-8" %>
…(생략)…
    <form action="form06_process.jsp" name="member" method="post">
…(생략)…
```

```
01 <%@ page contentType="text/html; charset=utf-8" %>
02 <%@ page import="java.io.*, java.util.*" %>
03 <html>
04 <head>
05 <title>Form Processing</title>
06 </head>
07 <body>
08     <table border="1">
09         <tr>
10             <th>요청 파라미터 이름</th>
11             <th>요청 파라미터 값</th>
12         </tr>
13         <%
14             request.setCharacterEncoding("UTF-8");
15 
16             Enumeration paramNames=request.getParameterNames();
17             while (paramNames.hasMoreElements()) {
18                 String name=(String) paramNames.nextElement();
19                 out.print("<tr><td>" + name + " </td>\n");
20                 String paramValue=request.getParameter(name);
21                 out.println("<td> " + paramValue + "</td></tr>\n");
22             }
23         %>
24     </table>
25 </body>
26 </html>
```

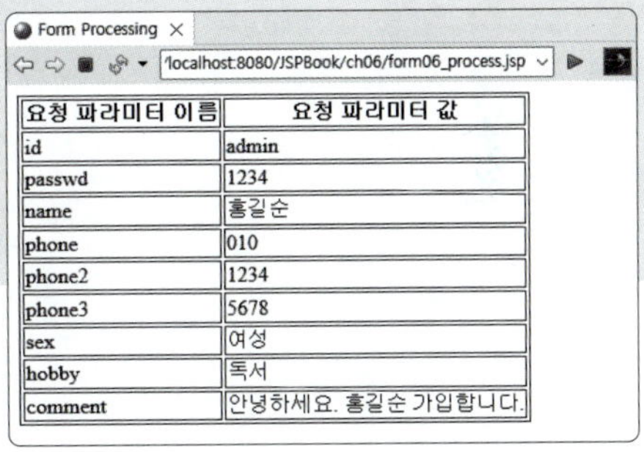

16행: 폼 페이지에서 전송된 요청 파라미터를 받도록 request 내장 객체의 getParameterNames() 메소드를 작성합니다.

17행: 폼 페이지에서 전송된 요청 파라미터가 없을 때까지 반복하도록 hasMoreElements() 메소드를 작성합니다.

18행: 폼 페이지에서 전송된 요청 파라미터의 이름을 가져오도록 nextElement() 메소드를 작성합니다.

19행: 폼 페이지에서 전송된 요청 파라미터의 이름을 출력하도록 out 내장 객체의 print() 메소드를 작성합니다.

20행: 폼 페이지에서 전송된 요청 파라미터의 값을 얻어오도록 18행에서 얻어온 요청 파라미터 이름으로 request 내장 객체의 getParameter() 메소드를 작성합니다.

21행: 폼 페이지에서 전송된 요청 파라미터의 값을 출력히도록 out 내상 객체의 println() 메소드를 작성합니다.

07 북마켓 도서 등록 페이지 만들기

폼 태그를 적용하여 북마켓의 도서 정보를 등록하는 폼 페이지를 만들고, 사용자로부터 새로운 도서 정보 데이터를 입력받아 도서 정보를 등록하여 출력합니다.

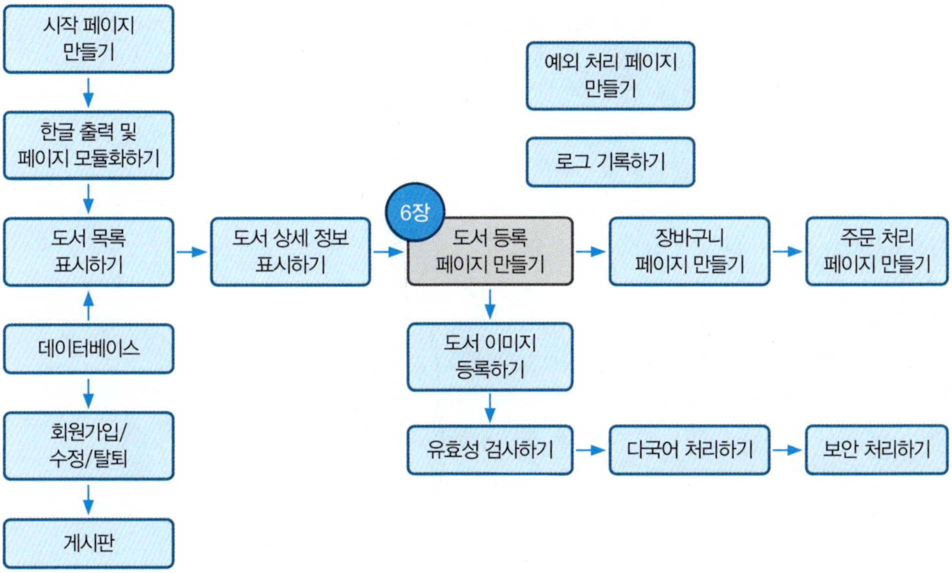

그림 6-2 도서 등록 페이지 만들기

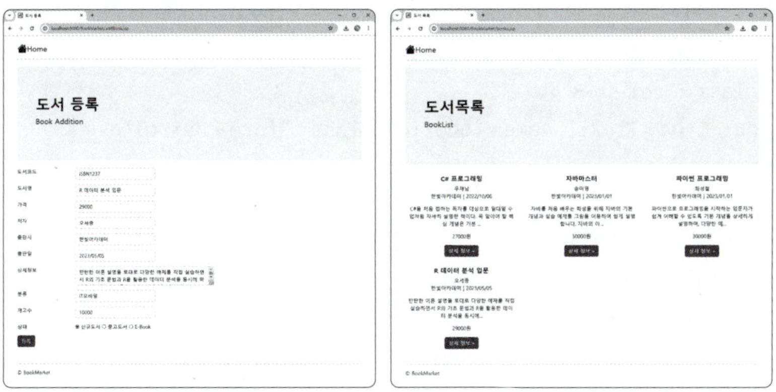

그림 6-3 완성된 북마켓 도서 등록 페이지

예제 6-7 도서 정보 등록 페이지 만들기

북마켓의 도서 정보를 등록하는 페이지를 만들어봅시다. addBook.jsp 파일을 생성하고 다음과 같이 작성합니다.

BookMarket/src/main/webapp/addBook.jsp

```
<%@ page contentType="text/html; charset=utf-8" %>
<html>
<head>
<link href="https://cdn.jsdelivr.net/npm/bootstrap@5.3.0-alpha1/dist/css/bootstrap.min.css" rel="stylesheet">
<title>도서 등록</title>
</head>
<body>
<div class="container py-4">
  <%@ include file="menu.jsp" %>

  <div class="p-5 mb-4 bg-body-tertiary rounded-3">
    <div class="container-fluid py-5">
      <h1 class="display-5 fw-bold">도서 등록</h1>
      <p class="col-md-8 fs-4">Book Addition</p>
    </div>
  </div>

  <div class="row align-items-md-stretch">
    <form name="newBook" action="./processAddBook.jsp" method="post">
      <div class="mb-3 row">
        <label class="col-sm-2">도서코드</label>
        <div class="col-sm-3">
          <input type="text" name="bookId" class="form-control">
        </div>
      </div>
      <div class="mb-3 row">
        <label class="col-sm-2">도서명</label>
        <div class="col-sm-3">
          <input type="text" name="name" class="form-control">
        </div>
```

```
        </div>
        <div class="mb-3 row">
          <label class="col-sm-2">가격</label>
          <div class="col-sm-3">
            <input type="text" name="unitPrice" class="form-control">
          </div>
        </div>
        <div class="mb-3 row">
          <label class="col-sm-2">저자</label>
          <div class="col-sm-3">
            <input type="text" name="author" class="form-control">
          </div>
        </div>
        <div class="mb-3 row">
          <label class="col-sm-2">출판사</label>
          <div class="col-sm-3">
            <input type="text" name="publisher" class="form-control">
          </div>
        </div>
        <div class="mb-3 row">
          <label class="col-sm-2">출판일</label>
          <div class="col-sm-3">
            <input type="text" name="releaseDate" class="form-control">
          </div>
        </div>

        <div class="mb-3 row">
          <label class="col-sm-2">상세정보</label>
          <div class="col-sm-5">
            <textarea name="description" cols="50" rows="2"
            class="form-control" placeholder="100자 이상 적어주세요"></textarea>
          </div>
        </div>
        <div class="mb-3 row">
          <label class="col-sm-2">분류</label>
          <div class="col-sm-3">
            <input type="text" name="category" class="form-control">
```

```
67         </div>
68       </div>
69       <div class="mb-3 row">
70         <label class="col-sm-2">재고수</label>
71         <div class="col-sm-3">
72           <input type="text" name="unitsInStock" class="form-control">
73         </div>
74       </div>
75       <div class="mb-3 row">
76         <label class="col-sm-2">상태</label>
77         <div class="col-sm-5">
78           <input type="radio" name="condition" value="New"> 신규도서
79           <input type="radio" name="condition" value="Old"> 중고도서
80           <input type="radio" name="condition" value="EBook"> E-Book
81         </div>
82       </div>
83       <div class="mb-3 row">
84         <div class="col-sm-offset-2 col-sm-10">
85           <input type="submit" class="btn btn-primary" value="등록">
86         </div>
87       </div>
88     </form>
89   </div>
90   <jsp:include page="footer.jsp" />
91 </div>
92 </body>
93 </html>
```

19행: 입력 양식에 입력된 데이터를 서버로 전송하여 폼 데이터를 처리하도록 form 태그의 action 속성 값, method 방식을 작성합니다.

23, 29, 35행: 도서 아이디, 도서명, 가격을 입력받도록 input 태그의 type 속성 값을 text로 작성하고 name 속성 값을 각각 bookId, name, unitPrice로 작성합니다.

60행: 도서 설명 값을 여러 줄로 입력받도록 너비와 높이를 각각 50, 2로 하여 textarea 태그를 작성하고 name 속성 값을 description으로 작성합니다.

41, 47, 53, 66, 72행: 저자, 출판사, 출판일, 분류, 재고 수 값을 입력받도록 input 태그의 type 속

성 값을 text로 작성하고 name 속성 값을 각각 author, publisher, releaseDate, category, unitsInStock으로 작성합니다.

78~80행: 도서 상태 값 중 하나만 선택 입력받도록 input 태그 3개의 type 속성 값을 radio로 작성하고 name 속성 값을 condition으로 작성합니다.

85행: 입력된 데이터를 서버로 전송하도록 input 태그의 type 속성 값을 submit로 작성합니다.

예제 6-8 도서 정보 등록 데이터 처리하기

북마켓의 도서 정보 등록 페이지에서 입력된 데이터를 저장하는 메소드를 만들고 새로 등록한 도서 정보를 출력해봅시다.

1 신규 도서 데이터를 저장하는 메소드 만들기: BookRepository 클래스에 다음과 같이 추가 작성합니다.

BookMarket/src/main/java/dao/BookRepository.java

```
01 package dao;
02 …(생략)…
03 public class BookRepository {
04
05     private ArrayList<Book> listOfBooks = new ArrayList<Book>();
06     private static BookRepository instance = new BookRepository();
07
08     public static BookRepository getInstance() {
09         return instance;
10     }
11     …(생략)…
12     public void addBook(Book book) {
13         listOfBooks.add(book);
14     }
15 }
```

06행: BookRepository 클래스의 기본 생성자에 대한 객체 변수 instance를 작성합니다.

08~10행: 객체 변수 instance에 대한 Getter() 메소드를 작성합니다.

12~14행: 객체 변수 listOfBooks에 새로운 도서 정보를 등록하는 addBook() 메소드를 작성합니다.

2 신규 도서 등록 처리 페이지 만들기: processAddBook.jsp 파일을 생성하고 다음과 같이 작성합니다.

BookMarket/src/main/webapp/processAddBook.jsp

```
<%@ page contentType="text/html; charset=utf-8" %>
<%@ page import="dto.Book" %>
<%@ page import="dao.BookRepository" %>

<%
  request.setCharacterEncoding("UTF-8");

  String bookId=request.getParameter("bookId");
  String name=request.getParameter("name");
  String unitPrice=request.getParameter("unitPrice");
  String author=request.getParameter("author");
  String publisher=request.getParameter("publisher");
  String releaseDate=request.getParameter("releaseDate");
  String description=request.getParameter("description");
  String category=request.getParameter("category");
  String unitsInStock=request.getParameter("unitsInStock");
  String condition=request.getParameter("condition");

  int price;

  if (unitPrice.isEmpty())
     price=0;
  else
     price=Integer.valueOf(unitPrice);

  long stock;

  if (unitsInStock.isEmpty())
     stock=0;
  else
     stock=Long.valueOf(unitsInStock);

  BookRepository dao=BookRepository.getInstance();
```

```
34
35    Book newBook = new Book();
36    newBook.setBookId(bookId);
37    newBook.setName(name);
38    newBook.setUnitPrice(price);
39    newBook.setAuthor(author);
40    newBook.setPublisher(publisher);
41    newBook.setReleaseDate(releaseDate);
42    newBook.setDescription(description);
43    newBook.setCategory(category);
44    newBook.setUnitsInStock(stock);
45    newBook.setCondition(condition);
46
47    dao.addBook(newBook);
48
49    response.sendRedirect("books.jsp");
50  %>
```

06행: 폼 페이지에서 입력된 데이터를 서버로 전송할 때 한글이 깨지지 않도록 문자 인코딩 유형을 utf-8로 하여 request 내장 객체의 setCharacterEncoding() 메소드를 작성합니다.

08~17행: 폼 페이지에서 입력된 도서 아이디, 도서명, 가격, 저자, 출판사, 출판일, 설명, 분류, 재고 수, 도서 상태 등의 값을 얻어오도록 요청 파라미터 이름 bookId, name, unitPrice, author, publisher, releaseDate, description, category, unitsInStock, condition으로 request 내장 객체의 getParameter() 메소드를 작성합니다.

21~24행: 폼 페이지에서 도서 가격이 입력되지 않은 경우 0으로, 입력된 경우 정수형으로 변경하도록 작성합니다.

28~31행: 폼 페이지에서 도서 재고 수가 입력되지 않은 경우 0으로, 입력된 경우 정수형으로 변경하도록 작성합니다.

35~47행: 폼 페이지에서 입력된 데이터를 저장하도록 BookRepository 클래스의 addBook() 메소드를 호출합니다.

49행: books.jsp 페이지로 강제 이동하도록 response 내장 객체의 sendRedirect() 메소드를 작성합니다.

3 도서 목록 페이지 수정하기: books.jsp 파일에 신규 등록된 도서를 출력하기 위해 다음과 같이 수정합니다.

BookMarket/src/main/webapp/books.jsp

```
01 <%@ page contentType="text/html; charset=utf-8" %>
02 <%@ page import="java.util.ArrayList" %>
03 <%@ page import="dto.Book" %>
04 <%@ page import="dao.BookRepository" %>
05 …(생략)…
06   <div class="p-5 mb-4 bg-body-tertiary rounded-3">
07     <div class="container-fluid py-5">
08       <h1 class="display-5 fw-bold">도서목록</h1>
09       <p class="col-md-8 fs-4">BookList</p>
10     </div>
11   </div>
12   <%
13     BookRepository dao=BookRepository.getInstance();
14     ArrayList<Book> listOfBooks=dao.getAllBooks();
15   %>
16   <div class="row align-items-md-stretch text-center">
17 …(생략)…
```

04행: 기존에 작성된 useBean 액션 태그를 삭제하고 상품 접근 클래스 dao.BookRepository 패키지로 변경합니다. 이때 상품 접근 클래스 dao.BookRepository 패키지를 사용하기 위해 page 디렉티브 태그의 import 속성을 작성합니다.

13~14행: BookRepository 클래스의 객체 변수 instance를 호출하는 getInstance() 메소드를 작성합니다. 이를 통해 getAllBooks() 메소드를 호출하여 반환 결과 값을 ArrayList<Book> 객체 타입의 변수 listOfBooks에 저장합니다.

4 도서 상세 정보 페이지 수정하기: book.jsp 파일에 신규 등록된 도서 상세 정보를 출력하기 위해 다음과 같이 수정합니다.

BookMarket/src/main/webapp/book.jsp

```
01 <%@ page contentType="text/html; charset=utf-8" %>
02 <%@ page import="dto.Book" %>
03 <%@ page import="dao.BookRepository" %>
04 …(생략)…
05   <%
06     String id=request.getParameter("id");
07     BookRepository dao=BookRepository.getInstance();
08     Book book=dao.getBookById(id);
09   %>
10   <div class="row align-items-md-stretch">
11     <div class="col-md-12">
12 …(생략)…
```

03행: 기존에 작성된 useBean 액션 태그를 삭제하고 도서 접근 클래스 dao.BookRepository 패키지로 변경합니다. 이때 도서 접근 클래스 dao.BookRepository 패키지를 사용하기 위해 page 디렉티브 태그의 import 속성을 작성합니다.

07~08행: BookRepository 클래스의 객체 변수 instance를 호출하는 getInstance() 메소드를 작성합니다. 이를 통해 getBookById() 메소드를 호출하여 반환 결과 값을 Book 객체 타입의 변수 book에 저장합니다.

요약

01 (   )은 사용자가 웹 브라우저를 통해 입력된 모든 데이터를 한 번에 웹 서버로 전송하는 양식으로, 사용자와 웹 애플리케이션이 상호 작용하는 중요한 기술 중 하나입니다.

02 (   ) 태그는 사용자가 다양한 정보를 입력하고 서로 전달할 때 사용하는 태그입니다. 단독으로 쓰이지 않고 사용자가 다양한 정보를 입력하는 양식을 포함하는 최상위 태그입니다.

03 (   ) 태그는 사용자가 텍스트 입력이나 선택 등을 다양하게 할 수 있도록 공간을 만드는 태그로, 종료 태그 없이 단독으로 사용할 수 있습니다.

04 (   ) 태그는 여러 개의 항목이 나타나는 목록 상자에서 항목을 선택하는 태그입니다. 시작 태그와 종료 태그가 있으며, 리스트 박스에 여러 항목을 추가 삽입하기 위해 반드시 (   ) 태그를 포함해야 합니다.

05 (   ) 태그는 여러 줄의 텍스트를 입력할 수 있는 태그입니다. 가장 큰 특징은 입력 폼 안에 사용된 태그와 띄어쓰기가 그대로 출력된다는 것입니다.

06 JSP에서는 사용자가 웹 브라우저의 폼 페이지에 입력한 데이터를 서버로 전달하여 서버가 이를 처리합니다. 이렇게 폼 데이터를 처리함으로써 표현문이나 스크립틀릿 태그에 (   ) 내장 객체를 이용하여 폼 페이지에서 전달된 값을 얻을 수 있습니다.

정답

01 폼　02 form　03 input　04 select, option　05 textarea　06 request

연습문제

01 폼을 구성하는 태그의 종류로 옳지 않은 것은 무엇인가?

① form: 폼을 정의하는 태그로 최상위 태그이다.

② input: 사용자가 입력할 수 있는 태그이다.

③ select: 항목을 선택할 수 있는 태그이다.

④ textarea: 한 줄을 입력할 수 있는 태그이다.

02 form 태그의 속성으로 옳지 않은 것은 무엇인가?

① action: 폼 데이터를 받아 처리하는 웹 페이지의 URL을 설정한다.

② method: 폼 데이터가 전송되는 HTTP 방식을 설정한다.

③ name: 폼을 식별하기 위한 이름으로 중복으로 설정할 수 있다.

④ enctype: 폼을 전송하는 콘텐츠 MIME 유형을 설정한다.

03 input 태그의 type 속성 값으로 옳지 않은 것은 무엇인가?

① text: 기본값으로 한 줄의 텍스트를 입력할 때 사용한다.

② password: 암호를 입력할 때 사용한다.

③ reset: 폼에 입력된 값을 모두 초기화할 때 사용한다.

④ checkbox: 체크박스로 열거된 것 중 하나만 선택할 때 사용한다.

04 input 태그의 type 속성 값 중에서 보이지 않게 숨겨서 값을 전송할 때 사용하는 속성 값은 무엇인가?

① text

② password

③ reset

④ hidden

05 다음 중 단일 요청 파라미터의 값을 받는 메소드는 무엇인가?

① request.getParameter()

② request.getParameterNames()

③ request.getParameterValues()

④ request.nextElement()

06 다음은 폼 페이지에서 회원 가입 양식에 연락처를 입력하는 프로그램이다. 이 프로그램의 밑줄에 들어갈 올바른 것은 무엇인가?

```
<form action="#" method="get">
  <p> 연락처 : <__________ name="phone1">
    <option value="02">02</option>
    <option value="031">031</option>
    <option value="032">032</option>
    </__________> - <input type="text" maxlength="4" size="4" name=
          "phone2"> - <input type="text" maxlength="4" size="4"
          name="phone3">
</form>
```

① request　　② select

③ input　　④ textarea

07 다음은 폼 페이지에서 여러 줄의 텍스트를 입력할 수 있도록 작성한 것이다. 프로그램의 밑줄에 들어갈 올바른 것은 무엇인가?

```
<form action="#" method="get">
    <__________ name="comment" cols="30" rows="3"></__________>
    <p> <input type="submit" value="전송" />
    <input type="reset" value="취소" />
</form>
```

① textarea　　② string

③ text　　④ area

08 form 태그를 이용하여 다음 조건에 맞게 JSP 애플리케이션을 만들고 실행하여 결과를 확인하시오.

조건

❶ form01.jsp 파일을 생성한다.
- input 태그 내에 text 유형을 이용하여 이름, 주소, 이메일 항목을 작성한다.
- form 태그에 action 속성 값은 form01_process.jsp로 작성한다.

❷ form01_process.jsp 파일을 생성한다.
- request 내장 객체의 getParameter() 메소드를 이용하여 전송된 요청 파라미터 값을 전달받는다.
- StringBuffer 클래스를 이용하여 전송된 요청 파라미터 값을 저장하여 출력한다.

❸ 웹 브라우저에 'http://localhost:8080/Exercise/ch06/form01.jsp'를 입력하여 실행 결과를 확인한다.

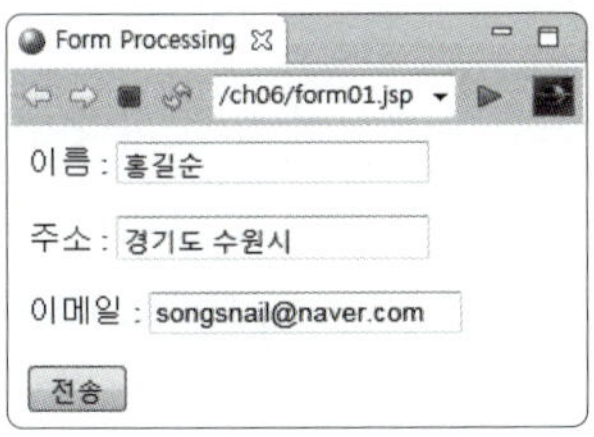

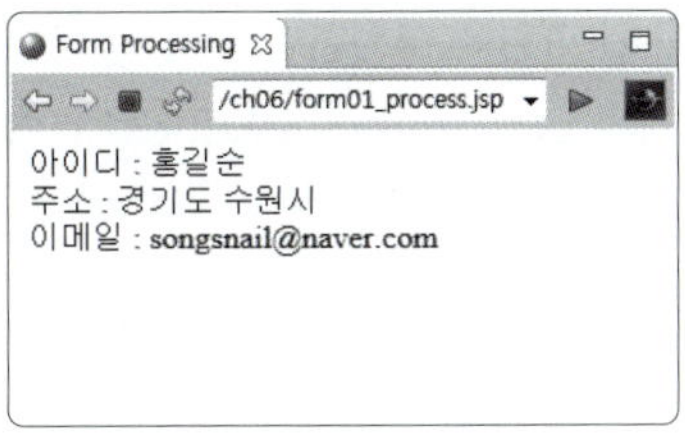

09 form 태그를 이용하여 다음 조건에 맞게 JSP 애플리케이션을 만들고 실행하여 결과를 확인하시오.

조건

❶ form02.jsp 파일을 생성한다.
- input 태그 내에 text 유형을 이용하여 이름, 주소, 이메일 항목을 작성한다.
- form 태그에 action 속성 값은 form02_process.jsp로 작성한다.

❷ form02_process.jsp 파일을 생성한다.
- Enumeration 클래스를 이용하여 전송된 모든 요청 파라미터 값을 전달받는다.
- StringBuffer 클래스를 이용하여 전송된 요청 파라미터 이름과 값을 저장하여 출력한다.

❸ 웹 브라우저에 'http://localhost:8080/Exercise/ch06/form02.jsp'를 입력하여 실행 결과를 확인한다.

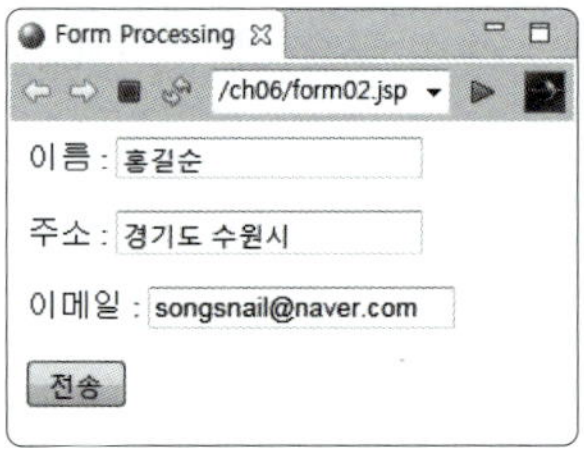

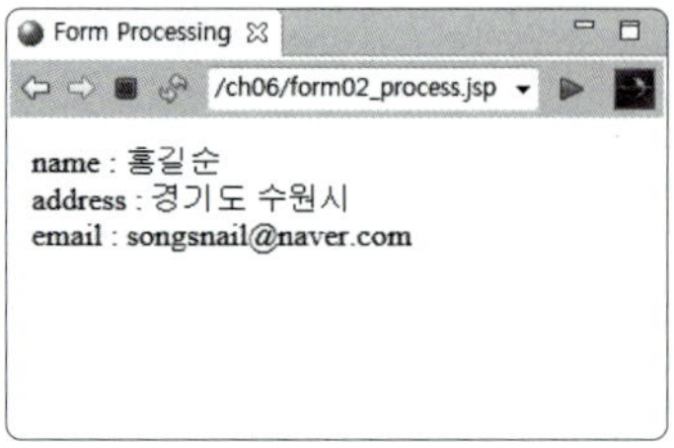

10 form 태그를 이용하여 다음 조건에 맞게 JSP 애플리케이션을 만들고 실행하여 결과를 확인하시오.

조건

❶ form03.jsp 파일을 생성한다.
- input 태그 내에 checkbox 유형을 이용하여 오렌지, 사과, 바나나 항목을 작성한다.
- form 태그에 action 속성 값은 form03_process.jsp로 작성한다.

❷ form03_process.jsp 파일을 생성한다.
- request 내장 객체의 getParameterValues() 메소드를 이용하여 요청 파라미터 값을 전달받아 출력한다.

❸ 웹 브라우저에 'http://localhost:8080/Exercise/ch06/form03.jsp'를 입력하여 실행 결과를 확인한다.

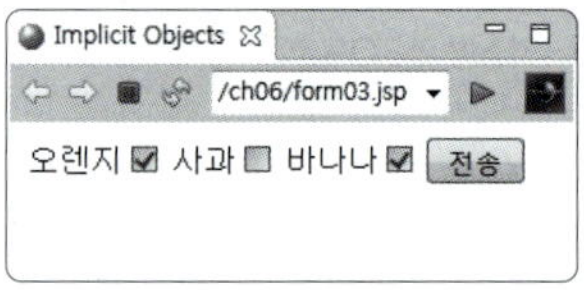

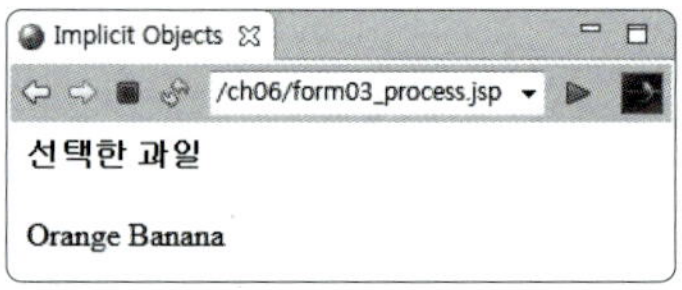

CHAPTER 07

파일 업로드: 도서 이미지 등록하기

학습목표

- 파일 업로드의 개념과 특징을 이해합니다.
- MultipartRequest를 이용한 파일 업로드 방법을 익힙니다.
- Commons-FileUpload를 이용한 파일 업로드 방법을 익힙니다.
- 파일 업로드 방법을 이용하여 북마켓의 도서 이미지를 등록합니다.

01 파일 업로드의 개요

파일 업로드(file upload)는 웹 브라우저에서 서버로 파일을 전송하여 서버에 저장하는 것을 말합니다. 서버로 업로드할 수 있는 파일에는 텍스트 파일, 바이너리 파일, 이미지 파일, 문서 등 다양한 유형이 있습니다. 웹 브라우저에서 서버로 파일을 전송하기 위해 JSP 페이지에 폼 태그를 사용하고, 전송된 파일을 서버에 저장하기 위해 오픈 라이브러리를 이용해야 합니다.

1 파일 업로드를 위한 JSP 페이지

웹 브라우저에서 서버로 파일을 전송하기 위해 JSP 페이지에 폼 태그를 작성할 때 몇 가지 중요한 규칙을 따라야 하며 그 형식은 다음과 같습니다.

```
<form action="JSP 파일" method="POST" enctype="multipart/form-data">
    <input type="file" name="요청 파라미터 이름">
</form>
```

❶ form 태그의 method 속성은 반드시 POST 방식으로 설정해야 합니다.

❷ form 태그의 enctype 속성은 반드시 multipart/form-data로 설정해야 합니다.

❸ form 태그의 action 속성은 파일 업로드를 처리할 JSP 파일로 설정해야 합니다.

❹ 파일 업로드를 위해 input 태그의 type 속성을 file로 설정해야 합니다. 만약 여러 파일을 업로드하려면 2개 이상의 input 태그를 사용하고 name 속성에 서로 다른 값을 설정합니다.

다음은 JSP 페이지에 파일 업로드를 위한 폼 태그를 사용하는 예입니다.

[파일 업로드를 위한 폼 태그 사용 예]

```
<%@ page contentType="text/html; charset=utf-8" %>
<html>
<head>
<title>File Upload</title>
```

```
</head>
<body>
    <form method="post" enctype="multipart/form-data" action="process.jsp">   ← ❶ ❷ ❸
        <p> 제목 : <input type="text" name="title">
        <p> 파일 : <input type="file" name="fileName">   ← ❹
        <p> <input type="submit" value="submit">
    </form>
</body>
<html>
```

2 파일 업로드 처리 방법

웹 브라우저에서 서버로 파일을 업로드하면 서버는 요청 파라미터를 분석하여 파일을 찾고 서버의 자원(파일 저장 폴더)에 저장하는 과정을 거칩니다. 이러한 파일 업로드의 처리는 단순한 자바 코드로 작성하여 처리할 수 없어 다음과 같이 오픈 라이브러리인 cos.jar 또는 commons-fileupload.jar를 사용해야 합니다.

표 7-1 파일 업로드 처리 방법

종류	특징	필요한 라이브러리
MultipartRequest 이용하기	가장 간단한 방법	cos.jar
아파치 API 이용하기	편리하고 강력한 API 제공	commons-fileupload.jar commons-io.jar

NOTE JavaEE에서 JakartaEE로 마이그레이션하는 방법

마이그레이션이란 데이터나 소프트웨어를 현행 시스템 환경에서 새로운 환경으로 시스템을 전환하는 것을 의미합니다. 그래서 톰캣 10버전을 사용할 경우 기존에 톰캣 9버전 이하에서 사용하던 라이브러리를 새로운 환경 시스템에 맞게 다음과 같이 마이그레이션해야 합니다.

톰캣 9와 톰캣 10은 API 구현체가 완전히 달라졌습니다. 톰캣 9까지는 JavaEE가 적용되고, 톰캣 10부터는 JakartaEE가 적용됩니다. 서블릿 5.0은 JakartaEE부터 지원되므로, 해당 버전의 서블릿을 JavaEE로 구동하거나, 더 낮은 버전의 서블릿을 JakartaEE로 구동하면 서블릿이 정상적으로 동작하지 않아 404 오류가 발생합니다.

	JavaEE	JakartaEE
서블릿(Servlet)	javax.servlet	Jakarta.servlet
톰캣 버전	10.0 이전까지	10.0 이후부터

JavaEE와 JakartaEE는 자바 코드의 내부 로직이나 구조적으로 많은 것이 변경되었습니다. 대표적으로 직접 확인할 수 있는 것은 패키지의 변경입니다. 따라서 Javax.*을 Jakarta.*로 변경하는 것만으로도 마이그레이션이 가능합니다.

❶ 아파치 톰캣 사이트(https://tomcat.apache.org/)에 접속하여 [Download]–[Tomcat Migration Tool for Jakarta EE] 메뉴를 선택하여 jakartaee-migration-1.0.7-shaded.jar 파일을 다운로드합니다.

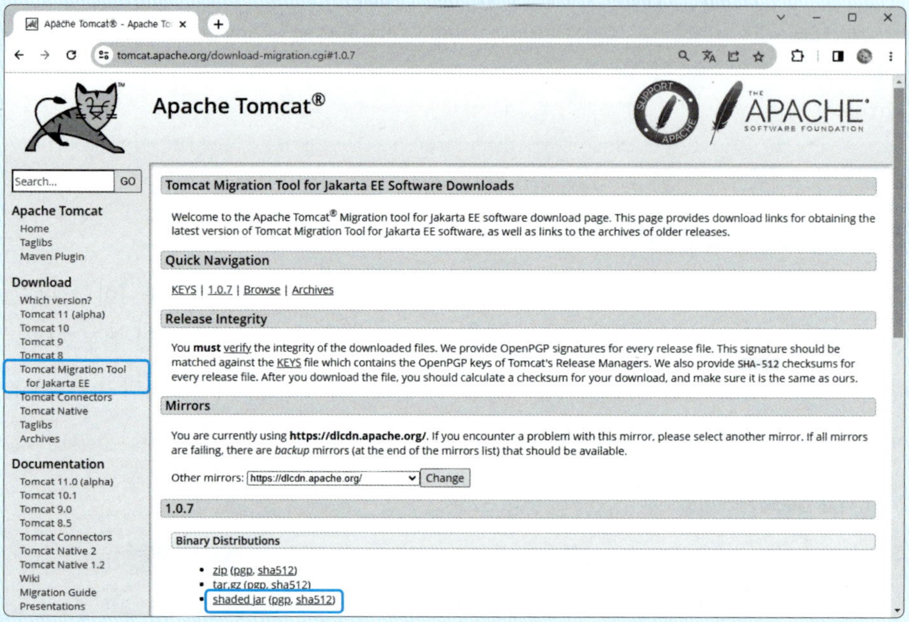

❷ 다운로드한 jakartaee-migration-1.0.7-shaded.jar 파일과 파일 업로드 라이브러리 파일(cos.jar, commons-fileupload.jar, commons-io.jar) 위치를 동일한 곳(C 드라이브)으로 이동합니다.

❸ [명령 프롬프트(cmd)] 창에서 다음과 같은 명령어를 입력하여 마이그레이션합니다.

```
명령 프롬프트> java -jar jakartaee-migration-1.0.7-shaded.jar 원시파일명.jar 목적파일명.jar
```

예 cos.jar을 마이그레이션 하는 경우:

C:\> java -jar jakartaee-migration-1.0.7-shaded.jar cos.jar cos_2.jar

TIP 목적파일명은 cos.jar을 마이그레이션했을 때 생성될 새로운 파일의 이름을 의미합니다.

❹ 목적파일명.jar을 웹 애플리케이션의 /src/main/webapp/WEB-INF/lib/ 폴더에 포함합니다.

02 MultipartRequest를 이용한 파일 업로드

MultipartRequest는 웹 페이지에서 서버로 업로드되는 파일 자체만 다루는 클래스입니다. 웹 브라우저가 전송한 multipart/form-data 유형과 POST 방식의 요청 파라미터 등을 분석한 후 일반 데이터와 파일 데이터를 구분하여 파일 데이터에 접근합니다. 또한 한글 인코딩 값을 얻기 쉽고, 서버의 파일 저장 폴더에 동일한 파일명이 있으면 파일명을 자동으로 변경합니다.

MultipartRequest 클래스는 cos(com.oreilly.servlet) 패키지에 포함되어 있는 파일 업로드 컴포넌트로, 오픈 라이브러리 cos.jar를 다음 배포 사이트에서 직접 다운로드해서 사용합니다. 그리고 JSP 페이지에 page 디렉티브 태그의 import 속성을 사용하여 패키지 com.oreilly.servlet.*을 설정해야 합니다.

- **배포 사이트:** http://www.servlets.com/cos/
- **다운로드 파일:** cos-22.05.zip

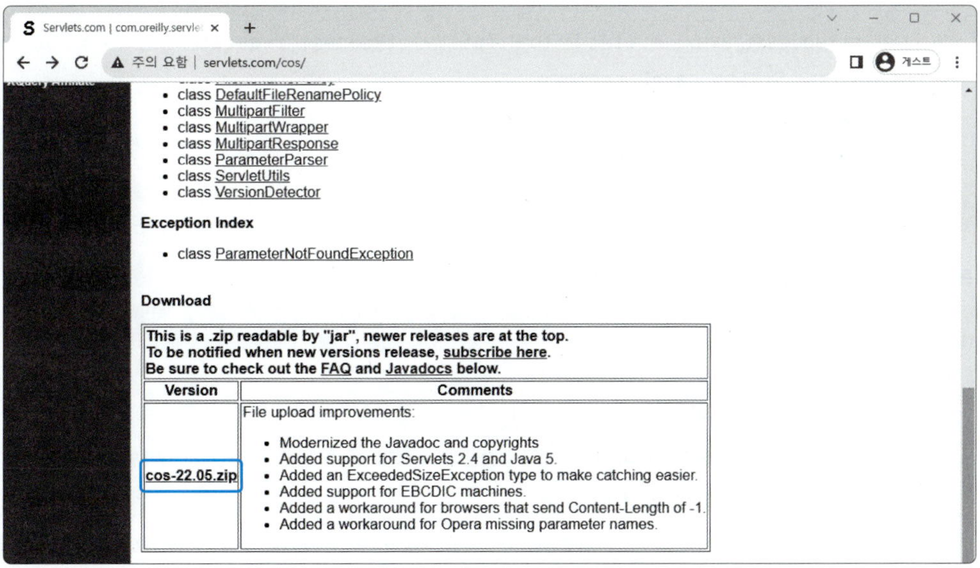

그림 7-1 cos 파일 다운로드 페이지

NOTE 오픈 라이브러리 cos.jar 설치 방법

❶ 배포 사이트에서 cos-22.05.zip 파일을 다운로드합니다.

❷ cos-22.05.zip 파일의 압축을 풉니다.

❸ 압축을 푼 파일의 lib 폴더에 있는 cos.jar 파일을 찾습니다.

❹ 웹 애플리케이션의 /src/main/webapp/WEB-INF/lib/ 폴더에 cos.jar 파일을 포함합니다. 또는 서버 톰캣/lib/ 폴더와 자바 JDK의 lib 폴더에 cos.jar 파일을 포함합니다.

MultipartRequest 클래스를 이용하여 파일을 업로드하려면 먼저 MultipartRequest 객체를 생성합니다. 그리고 생성된 객체를 통해 MultipartRequest 클래스가 제공하는 메소드를 사용하여 웹 브라우저가 전송한 multipart/form-data 유형의 요청 파라미터를 읽어오고 파일을 업로드합니다.

1 MultipartRequest 클래스 생성

MultipartRequest 클래스는 다양한 생성자를 제공합니다. 그중에서 한글 인코딩 값을 쉽게 얻을 수 있고, 업로드되는 파일이 서버에 저장된 기존 파일과 중복될 때 자동으로 변경해주는 생성자의 형식은 다음과 같습니다.

```
MultipartRequest(javax.servlet.http.HttpServletRequest request,
    java.lang.String saveDirectory,
    int maxPostSize,
    java.lang.String encoding,
    FileRenamePolicy policy)
```

표 7-2 MultipartRequest 생성자의 매개변수

매개변수	설명
request	Request 내장 객체를 설정한다.
saveDirectory	서버의 파일 저장 경로를 설정한다.
maxPostSize	파일의 최대 크기(바이트 단위)를 설정한다. 최대 크기를 초과하면 IOException이 발생한다.
encoding	인코딩 유형을 설정한다.
policy	파일명 변경 정책을 설정한다. saveDirectory에 파일명이 중복되는 경우 덮어쓰기 여부를 설정하며, 설정하지 않으면 덮어쓴다.

다음은 MultipartRequest 클래스를 생성하는 예입니다. 웹 브라우저에서 전송되는 파일을 서버의 C:\upload\ 경로에 저장하며, 파일의 최대 크기는 5MB(5×1,024×1,024B)이고, 파일명의 인코딩 유형은 utf-8로 설정했습니다. 또한 서버에 저장된 파일명 중복을 처리하기 위해 DefaultFileRenamePolicy 클래스를 사용했습니다. 즉 DefaultFileRenamePolicy 클래스는 서버에 동일한 파일이 존재하면 웹 브라우저에서 전송된 파일명 뒤에 숫자를 덧붙여 파일명이 중복되지 않게 합니다. DefaultFileRenamePolicy 클래스를 사용하려면 JSP 페이지에 page 디렉티브 태그의 import 속성으로 패키지 com.oreilly.servlet.multipart.*를 설정해야 합니다.

[MultipartRequest 클래스 생성 예]

```
<%@ page import="com.oreilly.servlet.*" %>
<%@ page import="com.oreilly.servlet.multipart.*" %>
…(생략)…
MultipartRequest multi=new MultipartRequest(request,
                        "C:\\upload", 5*1024*1024, "utf-8",
                        new DefaultFileRenamePolicy())
```

2 MultipartRequest 메소드

웹 브라우저에서 전송한 multipart/form-data 유형의 요청 파라미터를 쉽게 읽어오고 파일을 업로드할 수 있도록 MultipartRequest 클래스에는 다양한 메소드가 있습니다. 웹 브라우저에서 전송되는 요청 파라미터 중 일반 데이터는 getParameter() 메소드로 값을 받을 수 있지만 파일의 경우 getFileNames() 메소드를 이용하여 데이터를 받습니다.

표 7-3 MultipartRequest 메소드의 종류

메소드	유형	설명
getContentType(String name)	String	업로드된 파일의 콘텐츠 유형을 반환한다. 업로드된 파일이 없으면 null을 반환한다.
getParameter(String name)	String	요청 파라미터 이름이 name인 값을 전달받는다.
getParameterNames()	java.util.Enumeration	요청 파라미터 이름을 Enumeration 객체 타입으로 반환한다.
getFile(String name)	java.io.File	서버에 업로드된 파일에 대한 파일 객체를 반환한다. 업로드된 파일이 없으면 null을 반환한다.

getFileNames()	java.util.Enumeration	폼 페이지에 input 태그 내 type 속성 값이 file로 설정된 요청 파라미터의 이름을 반환한다.
getFilesystemName(String name)	String	사용자가 설정하여 서버에 실제로 업로드된 파일명을 반환한다. 파일명이 중복되면 변경된 파일명을 반환한다.
getOriginalFileName(String name)	String	사용자가 업로드한 실제 파일명을 반환한다. 파일명이 중복되면 변경 전의 파일명을 반환한다.

다음은 1절에서 작성한 JSP 페이지에서 입력된 제목과 파일을 전송하여 제목과 업로드할 파일에 대한 정보를 출력하는 예입니다.

[MultipartRequest 클래스의 메소드 사용 예: 요청 파라미터 정보 출력하기]

```
<%@ page contentType="text/html; charset=utf-8" %>
<%@ page import="com.oreilly.servlet.*" %>
<%@ page import="com.oreilly.servlet.multipart.*" %>
<%@ page import="java.util.*" %>
<%@ page import="java.io.*" %>
<%
    MultipartRequest multi=new MultipartRequest(request, "C:\\upload", 5 *
    1024 * 1024, "utf-8", new DefaultFileRenamePolicy());

    String title=multi.getParameter("title");
    out.println("<h3>" + title + "</h3>");

    Enumeration files=multi.getFileNames();
    String name=(String) files.nextElement();

    String filename=multi.getFilesystemName(name);
    String original=multi.getOriginalFileName(name);

    out.println("실제 파일 이름 : " + original + "<br>");
    out.println("저장 파일 이름 : " + filename + "<br>");
%>
```

실행 결과

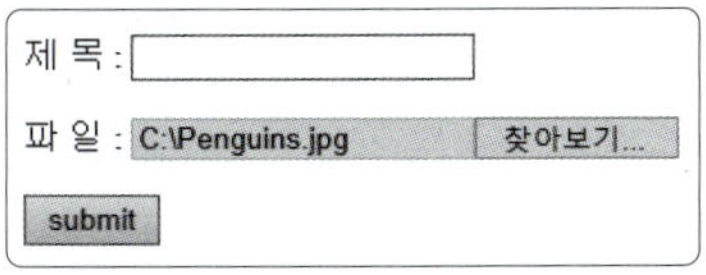

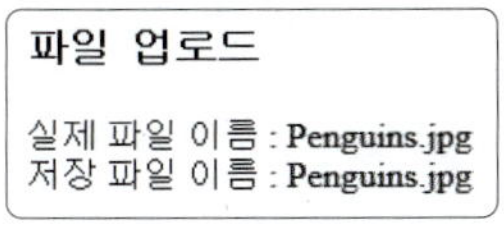

(a) 파일명이 중복되지 않는 경우

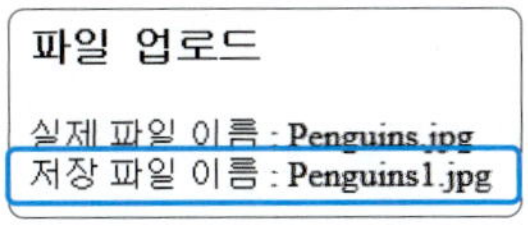

(b) 파일명이 중복되는 경우

예제 7-1 MultipartRequest 클래스를 이용하여 파일 업로드 및 정보 출력하기

1 프로젝트 생성하기: 1장에서 생성한 JSPBook 프로젝트를 사용합니다.

2 cos.jar 라이브러리 등록하기: 오픈 라이브러리 cos.jar 파일을 다운로드하여 /src/main/webapp/WEB-INF/lib/ 폴더에 추가합니다.

3 JSP 페이지 작성하기: JSPBook/src/main/webapp/ 폴더에 ch07 폴더를 만든 후 fileupload01.jsp, fileupload01_process.jsp 파일을 생성하고 다음과 같이 작성합니다.

JSPBook/src/main/webapp/ch07/fileupload01.jsp

```
<%@ page contentType="text/html; charset=utf-8" %>
<html>
<head>
<title>File Upload</title>
</head>
<body>
    <form name="fileForm" method="post" enctype="multipart/form-data"
    action="fileupload01_process.jsp">
        <p> 이 름 : <input type="text" name="name">
        <p> 제 목 : <input type="text" name="subject">
        <p> 파 일 : <input type="file" name="filename">
        <p> <input type="submit" value="파일 올리기">
    </form>
</body>
</html>
```

07행: 파일 업로드를 위한 폼 태그에 method 속성 값은 post로, enctype 속성 값은 multipart/form-data로 작성합니다. 그리고 업로드된 파일을 처리하기 위한 action 속성 값을 작성합니다.

08~09행: 이름과 제목 값을 입력받도록 input 태그의 type 속성 값을 text로 작성하고 name 속성을 작성합니다.

10행: 파일을 입력받도록 input 태그의 type 속성 값을 file로 작성하고 name 속성을 작성합니다.

11행: 입력된 데이터를 서버로 전송하도록 input 태그의 type 속성 값을 submit로 작성합니다.

JSPBook/src/main/webapp/ch07/fileupload01_process.jsp

```
<%@ page contentType="text/html; charset=utf-8" %>
<%@ page import="com.oreilly.servlet.*" %>
<%@ page import="com.oreilly.servlet.multipart.*" %>
<%@ page import="java.util.*" %>
<%@ page import="java.io.*" %>
<%
    MultipartRequest multi=new MultipartRequest(request, "C:\\upload", 5 * 1024 * 1024, "utf-8", new DefaultFileRenamePolicy());

    Enumeration params=multi.getParameterNames();

    while (params.hasMoreElements()) {
        String name=(String) params.nextElement();
        String value=multi.getParameter(name);
        out.println(name + " = " + value + "<br>");
    }
    out.println("-----------------------------------<br>");

    Enumeration files=multi.getFileNames();

    while (files.hasMoreElements()) {
        String name=(String) files.nextElement();
        String filename=multi.getFilesystemName(name);
        String original=multi.getOriginalFileName(name);
        String type=multi.getContentType(name);
        File file=multi.getFile(name);

```

```
27            out.println("요청 파라미터 이름 : " + name + "<br>");
28            out.println("실제 파일 이름 : " + original + "<br>");
29            out.println("저장 파일 이름 : " + filename + "<br>");
30            out.println("파일 콘텐츠 유형 : " + type + "<br>");
31
32            if (file!=null) {
33                out.println(" 파일 크기 : " + file.length());
34                out.println("<br>");
35            }
36        }
37    %>
```

02행: MultipartRequest 클래스를 사용하도록 page 디렉티브 태그의 import 속성 값에 패키지 com.oreilly.servlet.*을 작성합니다.

03행: DefaultFileRenamePolicy 클래스를 사용하도록 page 디렉티브 태그의 import 속성 값에 패키지 com.oreilly.servlet.multipart.*를 작성합니다.

07행: MultipartRequest 클래스를 생성하도록 서버 파일 저장 경로는 C:\upload\, 파일의 최대 크기는 5MB(5×1,024×1,024B), 파일명의 인코딩 유형은 utf-8로 하고, 서버에 동일한 파일이 존재하면 전송된 파일명 뒤에 숫자를 덧붙여 파일명이 중복되지 않도록 DefaultFileRenamePolicy 클래스로 작성합니다.

09행: 폼 페이지에서 전송된 요청 파라미터를 받도록 MultipartRequest 객체 타입의 getParameterNames() 메소드를 작성합니다.

11행: 폼 페이지에서 전송된 요청 파라미터가 없을 때까지 반복하도록 hasMoreElements() 메소드를 작성합니다.

12행: 폼 페이지에서 전송된 요청 파라미터의 이름을 가져오도록 nextElement() 메소드를 작성합니다.

13행: 폼 페이지에서 전송된 요청 파라미터의 값을 얻어오도록 12행에서 얻어온 요청 파라미터의 이름으로 MultipartRequest 객체 타입의 getParameter() 메소드를 작성합니다.

14행: 폼 페이지에서 전송된 요청 파라미터의 값을 출력하도록 out 내장 객체의 println() 메소드를 작성합니다.

18행: 폼 페이지에서 전송된 요청 파라미터 중 파일을 전달받도록 MultipartRequest 객체 타입의 getFileNames() 메소드를 작성합니다.

20행: 폼 페이지에서 전송된 요청 파라미터 중 파일이 없을 때까지 반복하도록 hasMoreElements() 메소드를 작성합니다.

21행: 폼 페이지에서 전송된 요청 파라미터 중 파일을 가져오도록 nextElement() 메소드를 작성합니다.

22행: 폼 페이지에서 전송되어 서버에 업로드된 파일을 가져오도록 MultipartRequest 객체 타입의 getFilesystemName() 메소드를 작성합니다.

23행: 폼 페이지에서 전송된 파일이 서버에 저장되기 전의 파일 이름을 가져오도록 MultipartRequest 객체 타입의 getOriginalFileName() 메소드를 작성합니다.

24행: 폼 페이지에서 전송된 파일의 콘텐츠 유형을 가져오도록 MultipartRequest 객체 타입의 getContentType() 메소드를 작성합니다.

25행: 폼 페이지에서 전송된 파일을 가져오도록 MultipartRequest 객체 타입의 getFile() 메소드를 작성합니다.

27~35행: 21~25행에서 저장된 각각의 값을 출력하도록 out 내장 객체의 println() 메소드를 작성합니다.

4 프로젝트 실행하기: 웹 브라우저에 'http://localhost:8080/JSPBook/ch07/fileupload01.jsp'를 입력하여 실행 결과를 확인합니다. 실행된 폼 페이지에 데이터를 입력한 후 〈파일 올리기〉를 클릭하여 실행 결과를 확인합니다.

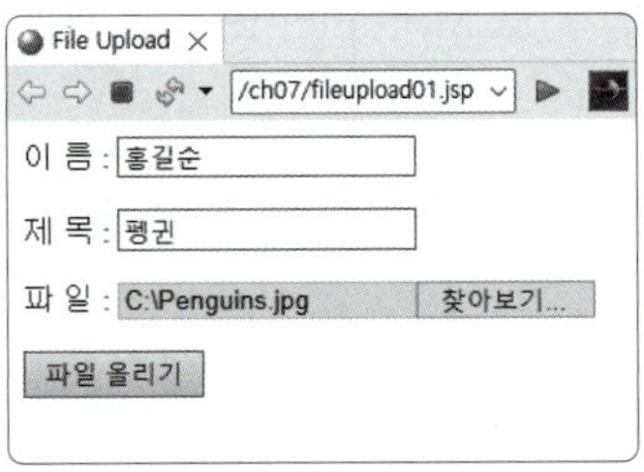

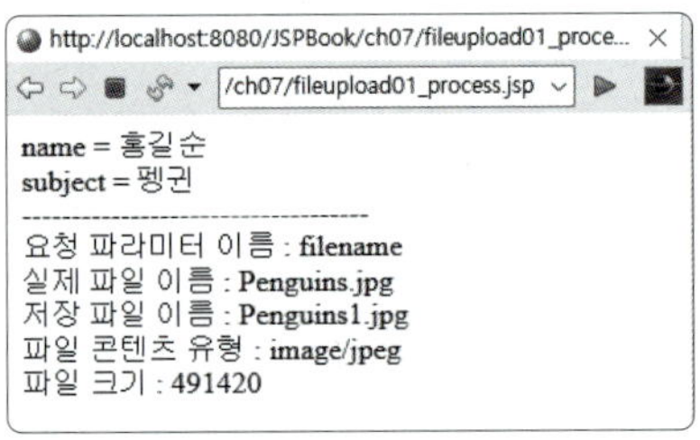

예제 7-2 MultipartRequest 클래스를 이용하여 여러 파일 업로드 및 정보 출력하기

1 오픈 라이브러리 cos.jar 파일을 다운로드하여 /src/main/webapp/WEB-INF/lib/ 폴더에 추가합니다.

2 /src/main/webapp/ch07/ 폴더에 다음과 같이 웹 페이지를 작성하고 웹 브라우저에 'http://localhost:8080/JSPBook/ch07/fileupload02.jsp'를 입력하여 실행 결과를 확인합니다. 실행된 폼 페이지에 데이터를 입력한 후 〈파일 올리기〉를 클릭하여 실행 결과를 확인합니다.

JSPBook/src/main/webapp/ch07/fileupload02.jsp

```
01 <%@ page contentType="text/html; charset=utf-8" %>
02 <html>
03 <head>
04 <title>File Upload</title>
05 </head>
06 <body>
07     <form name="fileForm" method="post" enctype="multipart/form-data"
       action="fileupload02_process.jsp">
08         <p> 이 름1 : <input type="text" name="name1">
09             제 목1 : <input type="text" name="subject1">
10             파 일1 : <input type="file" name="filename1">
11         <p> 이 름2 : <input type="text" name="name2">
12             제 목2 : <input type="text" name="subject2">
13             파 일2 : <input type="file" name="filename2">
14         <p> 이 름3 : <input type="text" name="name3">
15             제 목3 : <input type="text" name="subject3">
16             파 일3 : <input type="file" name="filename3">
17         <p> <input type="submit" value="파일 올리기">
18     </form>
19 </body>
20 </html>
```

07행: 파일 업로드를 위한 폼 태그에 method 속성 값은 post로, enctype 속성 값은 multipart/form-data로 작성합니다. 그리고 업로드된 파일을 처리하기 위한 action 속성 값을 작성합니다.

08, 09, 11, 12, 14, 15행: 이름, 제목 값을 입력받도록 input 태그의 type 속성 값을 text로 작성하고 name 속성을 작성합니다.

10, 13, 16행: 파일을 입력받도록 input 태그의 type 속성 값을 file로 작성하고 name 속성을 작성합니다.

17행: 입력된 데이터를 서버로 전송하도록 input 태그의 type 속성 값을 submit로 작성합니다.

JSPBook/src/main/webapp/ch07/fileupload02_process.jsp

```
<%@ page contentType="text/html; charset=utf-8" %>
<%@ page import="com.oreilly.servlet.*" %>
<%@ page import="com.oreilly.servlet.multipart.*" %>
<%@ page import="java.util.*" %>
<%@ page import="java.io.*" %>
<html>
<head>
<title>File Upload</title>
</head>
<body>
    <%
        MultipartRequest multi=new MultipartRequest(request, "C:\\upload",
        5 * 1024 * 1024, "utf-8", new DefaultFileRenamePolicy());

        String name1=multi.getParameter("name1");
        String subject1=multi.getParameter("subject1");

        String name2=multi.getParameter("name2");
        String subject2=multi.getParameter("subject2");

        String name3=multi.getParameter("name3");
        String subject3=multi.getParameter("subject3");

        Enumeration files=multi.getFileNames();

        String file3=(String) files.nextElement();
        String filename3=multi.getFilesystemName(file3);

        String file2=(String) files.nextElement();
        String filename2=multi.getFilesystemName(file2);

```

```
31          String file1 = (String) files.nextElement();
32          String filename1 = multi.getFilesystemName(file1);
33      %>
34      <table border = "1">
35          <tr>
36              <th width = "100">이름</th>
37              <th width = "100">제목</th>
38              <th width = "100">파일</th>
39          </tr>
40          <%
41              out.print("<tr><td>" + name1 + " </td>");
42              out.print("<td>" + subject1 + " </td>");
43              out.println("<td> " + filename1 + "</td></tr>\n");
44
45              out.print("<tr><td>" + name2 + " </td>");
46              out.print("<td>" + subject2 + " </td>");
47              out.println("<td> " + filename2 + "</td></tr>\n");
48
49              out.print("<tr><td>" + name3 + " </td>");
50              out.print("<td>" + subject3 + " </td>");
51              out.println("<td> " + filename3 + "</td></tr>\n");
52          %>
53      </table>
54  </body>
55  </html>
```

02행: MultipartRequest 클래스를 사용하도록 page 디렉티브 태그의 import 속성 값에 패키지 com.oreilly.servlet.*을 작성합니다.

03행: DefaultFileRenamePolicy 클래스를 사용하도록 page 디렉티브 태그의 import 속성 값에 패키지 com.oreilly.servlet.multipart.*를 작성합니다.

12행: MultipartRequest 클래스를 생성하도록 서버 파일 저장 경로는 C:\upload\, 파일의 최대 크기는 5MB(5×1,024×1,024B), 파일명의 인코딩 유형은 utf-8로 하고, 서버에 동일한 파일이 존재하면 전송된 파일명 뒤에 숫자를 덧붙여 파일명이 중복되지 않도록 DefaultFileRenamePolicy 클래스로 작성합니다.

14~21행: 폼 페이지에서 입력된 이름, 제목 값을 얻어오도록 요청 파라미터 이름을 설정하여 MultipartRequest 객체 타입의 getParameter( ) 메소드를 작성합니다.

23행: 폼 페이지에서 전송되어 서버에 업로드된 여러 개의 파일을 가져오도록 MultipartRequest 객체 타입의 getFileNames( ) 메소드를 작성하여 Enumeration 객체 타입에 저장합니다.

25~32행: Enumeration 객체 타입에 저장된 파일을 하나씩 가져오도록 nextElement( ) 메소드를 작성하고, 해당 파일명을 가져오도록 MultipartRequest 객체 타입의 getFilesystemName( ) 메소드를 작성합니다.

41~51행: 14~32행에서 저장된 각각의 값을 출력하도록 out 내장 객체의 println( ) 메소드를 작성합니다.

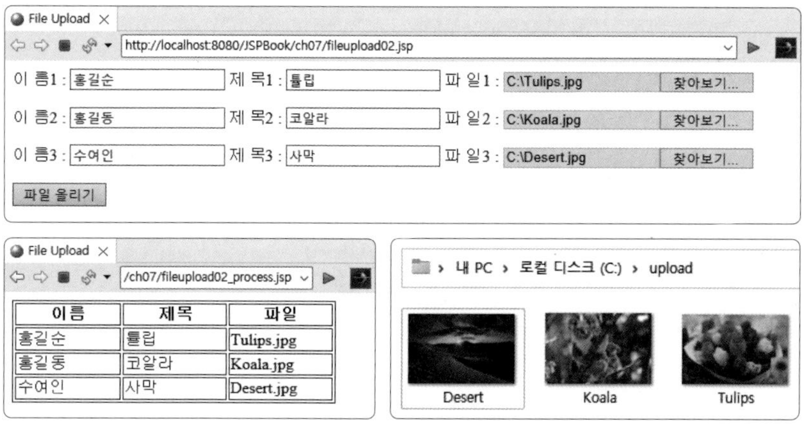

03 Commons-FileUpload를 이용한 파일 업로드

파일 업로드 패키지인 Commons-FileUpload는 서버의 메모리상에서 파일 처리가 가능하도록 지원합니다. 이 패키지는 Commons-io 패키지를 바탕으로 작성되었기 때문에 웹 브라우저에서 서버로 파일을 업로드하기 위해 오픈 라이브러리 commons-fileupload.jar, commons-io.jar 파일을 다음 배포 사이트에서 직접 다운로드해서 사용합니다. 그리고 JSP 페이지에 page 디렉티브 태그의 import 속성을 사용하여 패키지 org.apache.commons.fileupload.*를 설정해야 합니다.

- **배포 사이트:** http://commons.apache.org/downloads
- **다운로드 파일:** commons-fileupload-1.5.bin.zip, commons-io-2.13.0-bin.zip

TIP 해당 라이브러리의 최신 버전을 확인하거나 다운로드하려면 https://mvnrepository.com/ 사이트를 참고하세요.

NOTE 오픈 라이브러리 Commons-FileUpload.jar, commons-io.jar 설치 방법

❶ 배포 사이트에서 commons-fileupload-1.5-bin.zip와 commons-io-2.13.0-bin.zip 파일을 다운로드합니다(commons-fileupload-1.5-bin.zip 파일은 배포사이트의 'Archives..'에서 다운로드 받습니다).

❷ 다운로드한 두 파일의 압축을 풉니다.

❸ 압축을 푼 두 파일의 commons-fileupload-1.5-bin, commons-io-2.13.0-bin 폴더에 있는 commons-fileupload-1.5.jar, commons-io-2.13.0.jar 파일을 찾습니다.

❹ 웹 애플리케이션의 /src/main/webapp/WEB-INF/lib 폴더에 commons-fileupload-1.5.jar, commonsio-2.13.0.jar 파일을 포함합니다. 또는 서버 톰캣의 lib 폴더와 자바 JDK의 lib 폴더에 commons-fileupload-1.5.jar, commons-io-2.13.0.jar 파일을 포함합니다.

Commons-FileUpload를 이용하여 파일을 업로드하려면 먼저 Commons-FileUpload 패키지에 포함되어 있는 DiskFileUpload 객체를 생성합니다(❶). 생성된 객체를 통해 DiskFileUpload 클래스가 제공하는 메소드를 사용하여 웹 브라우저가 전송한 multipart/form-data 유형의 요청 파라미터를 가져옵니다(❷). 그리고 FileItem 클래스의 메소드를 사용하여 요청 파라미터가 일반 데이터인지 파일인지 분석 및 처리하여 파일을 업로드합니다(❸).

다음은 1절에서 작성한 JSP 페이지에서 입력된 제목과 파일을 전송하여 Commons-FileUpload 패키지로 파일을 업로드하고 출력하는 예입니다.

[Commons-FileUpload 패키지로 파일을 업로드하는 예]

```
<%@ page contentType="text/html; charset=utf-8" %>
<%@ page import="org.apache.commons.fileupload.*" %>
<%@ page import="java.io.*" %>
<%@ page import="java.util.*" %>
<html>
<head>
<title>File Upload</title>
</head>
<body>
    <%
        String fileUploadPath="C:\\upload";

        DiskFileUpload upload=new DiskFileUpload(); ❶

        List items=upload.parseRequest(request); ❷

        Iterator params=items.iterator();

        while (params.hasNext()) {
            FileItem item=(FileItem) params.next();
            if (item.isFormField()) {
                String title=item.getString("UTF-8");
                out.println("<h3>" + title + "</h3>");
            } else {
                String fileName=item.getName();
                fileName=fileName.substring(fileName.lastIndexOf("\\") + 1);
                File file=new File(fileUploadPath + "/" + fileName);
                item.write(file);
                out.println("파일 이름 : " + fileName + "<br>");
            }   ❸
        }
    %>
```

```
</body>
</html>
```

표 7-4 DiskFileUpload 클래스의 메소드

메소드	유형	설명
setRepositoryPath(String repositoryPath)	void	업로드된 파일을 임시로 저장할 디렉터리를 설정한다.
setSizeMax(long sizeMax)	void	최대 파일의 크기를 설정한다.
setSizeThreshold(int sizeThreshold)	void	메모리상에 저장할 최대 크기를 설정한다.
parseRequest (HttpServletRequest req)	List<FileItem>	multipart/form-data 유형의 요청 파라미터를 가져온다.

표 7-5 FileItem 클래스의 메소드

메소드	유형	설명
isFormField()	boolean	요청 파라미터가 파일이 아니라 일반 데이터인 경우 true를 반환한다.
getFieldName()	String	요청 파라미터의 이름을 얻어온다.
getString()	String	기본 문자 인코딩을 사용하여 요청 파라미터의 값을 얻어온다.
getString(String encoding)	String	설정한 문자 인코딩을 사용하여 요청 파라미터의 값을 얻어온다.
getName()	String	업로드된 파일(경로 포함)의 이름을 얻어온다.
getSize()	long	업로드된 파일의 크기를 얻어온다.
get()	byte[]	업로드된 파일을 바이트 배열로 얻어온다.
islnMemory()	boolean	업로드된 파일이 메모리에 저장된 상태인 경우 true를 반환하고, 임시 디렉터리에 저장된 경우 false를 반환한다.
delete()	void	파일과 관련된 자원을 삭제한다. 메모리상에 저장된 경우 할당된 메모리를 반환하고, 임시 파일로 저장된 경우 파일을 삭제한다.
write()	void	파일과 관련된 자원을 저장한다.
getContentType()	String	웹 브라우저가 전송하는 콘텐츠 유형을 반환하고, 정의되어 있지 않은 경우 null을 반환한다.

NOTE FileItem 클래스로 업로드 파일을 저장하는 방법

❶ write( ) 메소드를 사용합니다.

❷ getInputStream( ) 메소드로 입력 스트림으로부터 바이트 데이터를 가져와 FileOutputStream( )을 사용하여 파일에 출력합니다.

❸ get( ) 메소드로 가져온 바이트 배열을 FileOutputStream을 사용하여 파일에 출력합니다.

write( ) 메소드는 주로 로컬 디스크에 직접 업로드한 파일을 저장할 때 사용하고, getInputStream( )이나 get( ) 메소드는 업로드한 파일에 특별한 처리를 하거나 데이터베이스와 같이 디스크가 아닌 영역에 업로드한 파일을 저장할 때 사용합니다.

TIP FileItem 클래스의 메소드는 https://commons.apache.org/proper/commons-fileupload/apidocs/org/apache/commons/fileupload/FileItem.html 사이트를 참고하세요.

예제 7-3 Commons-FileUpload를 이용하여 파일 업로드하기

1 오픈 라이브러리 commons-fileupload.jar, commons-io.jar 파일을 다운로드하여 /src/main/webapp/WEB-INF/lib/ 폴더에 추가합니다.

2 /src/main/webapp/ch07/ 폴더에 다음과 같이 웹 페이지를 작성하고 웹 브라우저에 'http://localhost:8080/JSPBook/ch07/fileupload03.jsp'를 입력하여 실행 결과를 확인합니다. 실행된 폼 페이지에 데이터를 입력한 후 〈파일 올리기〉를 클릭하여 실행 결과를 확인합니다.

JSPBook/src/main/webapp/ch07/fileupload03.jsp

```
<%@ page contentType="text/html; charset=utf-8" %>
<html>
<head>
<title>File Upload</title>
</head>
<body>
    <form action="fileupload03_process.jsp" method="post" enctype=
    "multipart/form-data">
        <p> 파 일 : <input type="file" name="filename">
        <p> <input type="submit" value="파일 올리기">
    </form>
</body>
</html>
```

07행: 파일 업로드를 위한 폼 태그에 method 속성 값은 post로, enctype 속성 값은 multipart/form-data로 작성합니다. 그리고 업로드된 파일을 처리하기 위한 action 속성 값을 작성합니다.

08행: 파일을 입력받도록 input 태그의 type 속성 값을 file로 작성하고 name 속성을 작성합니다.

09행: 입력된 데이터를 서버로 전송하도록 input 태그의 type 속성 값을 submit로 작성합니다.

JSPBook/src/main/webapp/ch07/fileupload03_process.jsp

```
<%@ page contentType="text/html; charset=utf-8" %>
<%@ page import="org.apache.commons.fileupload.*" %>
<%@ page import="java.util.*" %>
<%@ page import="java.io.*" %>
<html>
<head>
<title>File Upload</title>
</head>
<body>
    <%
        String fileUploadPath="C:\\upload";

        DiskFileUpload upload=new DiskFileUpload();

        List items=upload.parseRequest(request);

        Iterator params=items.iterator();

        while (params.hasNext()) {
            FileItem fileItem=(FileItem) params.next();
            if (!fileItem.isFormField()) {
                String fileName=fileItem.getName();
                fileName=fileName.substring(fileName.lastIndexOf("\\") + 1);
                File file=new File(fileUploadPath + "/" + fileName);
                fileItem.write(file);
            }
        }
    %>
</body>
</html>
```

02행: Commons-FileUpload 패키지를 사용하도록 page 디렉티브 태그의 import 속성 값에 패키지 org.apache.commons.fileupload.*를 작성합니다.

11행: 폼 페이지에서 전송된 파일을 저장할 서버의 경로를 작성합니다.

13행: 파일 업로드를 위해 DiskFileUpload 클래스를 생성합니다.

15행: 폼 페이지에서 전송된 요청 파라미터를 전달받도록 DiskFileUpload 객체 타입의 parse Request() 메소드를 작성합니다.

17행: 폼 페이지에서 전송된 요청 파라미터를 Iterator 클래스로 변환합니다.

19행: 폼 페이지에서 전송된 요청 파라미터가 없을 때까지 반복하도록 Iterator 객체 타입의 hasNext() 메소드를 작성합니다.

20행: 폼 페이지에서 전송된 요청 파라미터의 이름을 가져오도록 Iterator 객체 타입의 next() 메소드를 작성합니다.

21~26행: 폼 페이지에서 전송된 요청 파라미터가 파일이면 서버의 파일 저장 경로에 업로드 파일을 저장하도록 작성합니다.

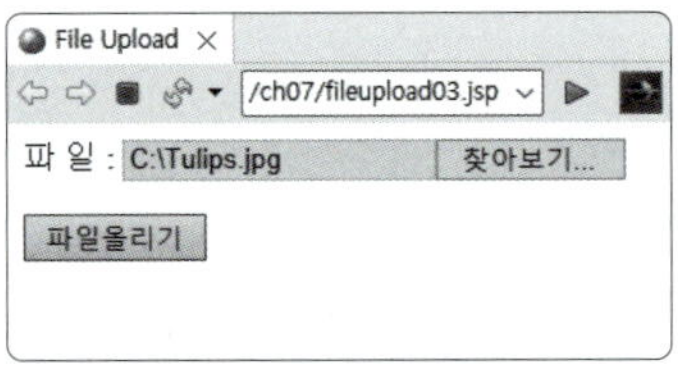

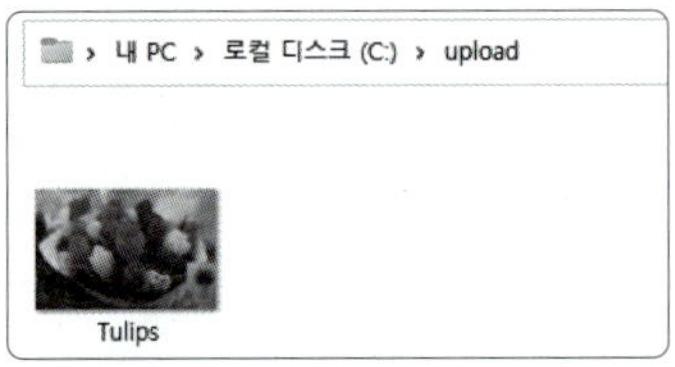

예제 7-4 Commons-FileUpload를 이용하여 파일 업로드 및 정보 출력하기

/src/main/webapp/ch07/ 폴더에 다음과 같이 웹 페이지를 작성하고 웹 브라우저에 'http://localhost:8080/JSPBook/ch07/fileupload04.jsp'를 입력하여 실행 결과를 확인합니다. 실행된 폼 페이지에 데이터를 입력한 후 〈파일 올리기〉를 클릭하여 실행 결과를 확인합니다.

JSPBook/src/main/webapp/ch07/fileupload04.jsp

```
<%@ page contentType="text/html; charset=utf-8" %>
<html>
<head>
<title>File Upload</title>
</head>
```

```
06 <body>
07     <form name="fileForm" method="post" enctype="multipart/form-data"
       action="fileupload04_process.jsp">
08         <p> 이 름 : <input type="text" name="name">
09         <p> 제 목 : <input type="text" name="subject">
10         <p> 파 일 : <input type="file" name="filename">
11         <p> <input type="submit" value="파일 올리기">
12     </form>
13 </body>
14 </html>
```

07행: 파일 업로드를 위한 폼 태그에 method 속성 값은 post로, enctype 속성 값은 multipart/form-data로 작성합니다. 그리고 업로드된 파일을 처리하기 위한 action 속성 값을 작성합니다.

08~09행: 이름, 제목 값을 입력받도록 input 태그의 type 속성 값을 text로 작성하고 name 속성을 작성합니다.

10행: 파일을 입력받도록 input 태그의 type 속성 값을 file로 작성하고 name 속성을 작성합니다.

11행: 입력된 데이터를 서버로 전송하도록 input 태그의 type 속성 값을 submit로 작성합니다.

JSPBook/src/main/webapp/ch07/fileupload04_process.jsp

```
<%@ page contentType="text/html; charset=utf-8" %>
<%@ page import="org.apache.commons.fileupload.*" %>
<%@ page import="java.io.*" %>
<%@ page import="java.util.*" %>
<html>
<head>
<title>File Upload</title>
</head>
<body>
    <%
        String path="C:\\upload";

        DiskFileUpload upload=new DiskFileUpload();

        upload.setSizeMax(1000000);
```

```
16          upload.setSizeThreshold(4096);
17          upload.setRepositoryPath(path);
18
19          List items = upload.parseRequest(request);
20          Iterator params = items.iterator();
21
22          while (params.hasNext()) {
23              FileItem item = (FileItem) params.next();
24
25              if (item.isFormField()) {
26                  String name = item.getFieldName();
27                  String value = item.getString("utf-8");
28                  out.println(name + " = " + value + "<br>");
29              } else {
30                  String fileFieldName = item.getFieldName();
31                  String fileName = item.getName();
32                  String contentType = item.getContentType();
33
34                  fileName = fileName.substring(fileName.lastIndexOf("\\") + 1);
35                  long fileSize = item.getSize();
36
37                  File file = new File(path + "/" + fileName);
38                  item.write(file);
39
40                  out.println("------------------------------------<br>");
41                  out.println("요청 파라미터 이름 : " + fileFieldName + "<br>");
42                  out.println("저장 파일 이름 : " + fileName + "<br>");
43                  out.println("파일 콘텐츠 유형 : " + contentType + "<br>");
44                  out.println("파일 크기 : " + fileSize);
45              }
46          }
47      %>
48  </body>
49  </html>
```

02행: Commons-FileUpload 패키지를 사용하도록 page 디렉티브 태그의 import 속성 값에 패키지 org.apache.commons.fileupload.*를 작성합니다.

11행: 폼 페이지에서 전송된 파일을 저장할 서버의 경로를 작성합니다.

13행: 파일 업로드를 위해 DiskFileUpload 클래스를 생성합니다.

15~17행: 업로드할 파일의 최대 크기, 메모리상에 저장할 최대 크기, 업로드된 파일을 임시로 저장할 경로를 작성합니다.

19행: 폼 페이지에서 전송된 요청 파라미터를 받도록 DiskFileUpload 클래스의 parseRequest() 메소드를 작성합니다.

20행: 폼 페이지에서 전송된 요청 파라미터를 Iterator 클래스로 변환합니다.

22행: 폼 페이지에서 전송된 요청 파라미터가 없을 때까지 반복하도록 Iterator 객체 타입의 hasNext() 메소드를 작성합니다.

23행: 폼 페이지에서 전송된 요청 파라미터의 이름을 가져오도록 Iterator 객체 타입의 next() 메소드를 작성합니다.

25~29행: 폼 페이지에서 전송된 요청 파라미터가 일반 데이터이면 요청 파라미터의 이름과 값을 출력하도록 out 내장 객체의 println() 메소드를 작성합니다.

29~45행: 폼 페이지에서 전송된 요청 파라미터가 파일이면 30행은 요청 파라미터의 이름, 31행은 저장 파일의 이름, 32행은 파일 콘텐츠 유형, 35행은 파일 크기에 대한 정보를 가져와 출력하도록 out 내장 객체의 println() 메소드를 작성합니다.

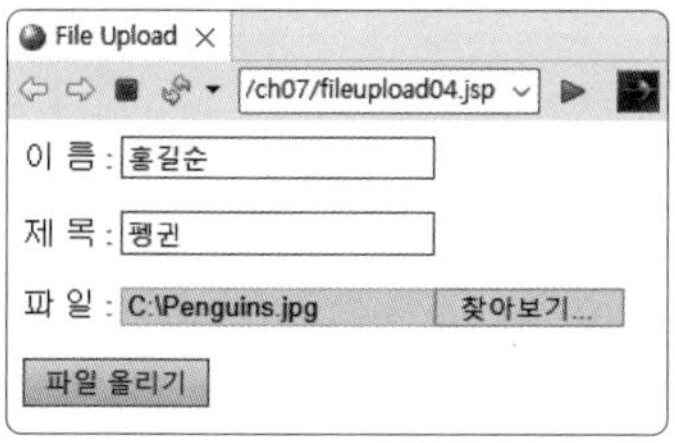

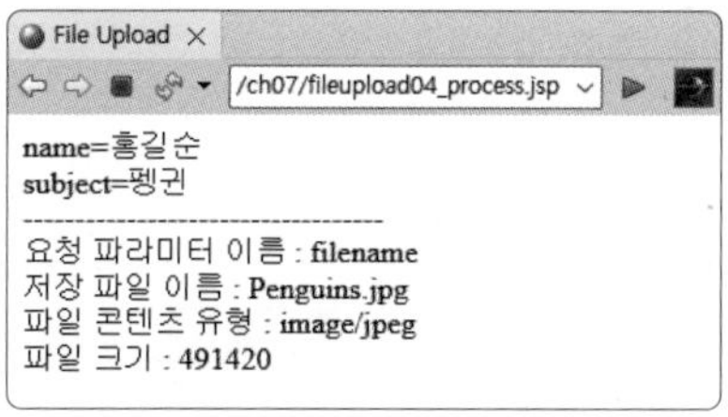

04 북마켓 도서 이미지 등록하기

파일 업로드 처리 방법을 이용하여 도서 이미지를 등록할 수 있는 폼 페이지를 만들고 도서 이미지를 업로드하여 도서 이미지를 출력합니다.

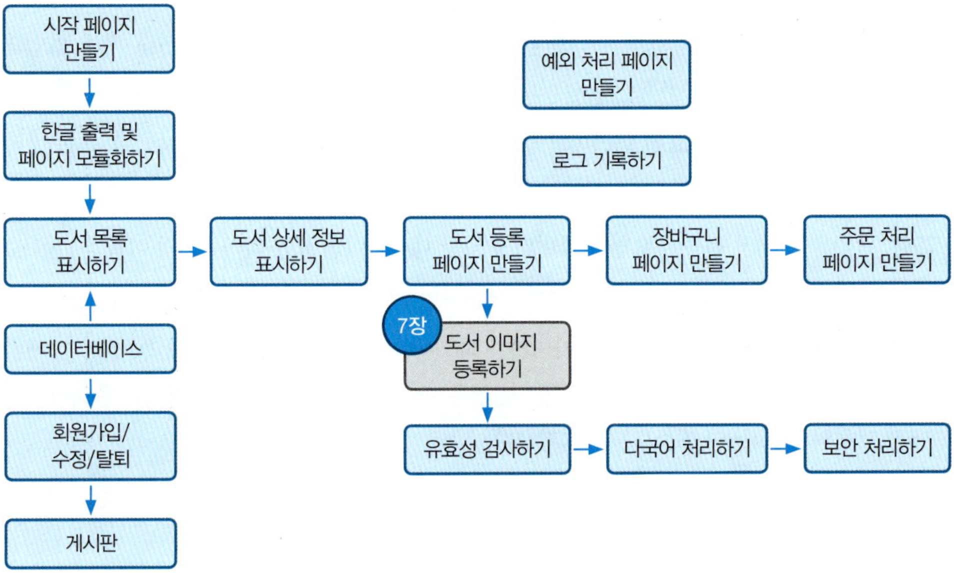

그림 7-2 도서 이미지 등록하기

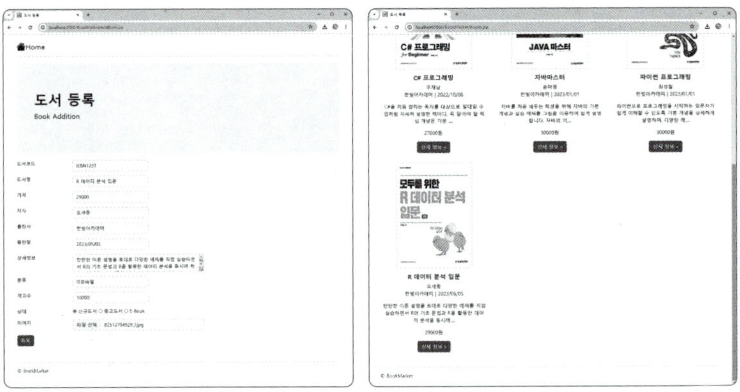

그림 7-3 완성된 북마켓의 도서 이미지

예제 7-5 정적 리소스(도서 이미지 및 부트스트랩 CSS) 관리하기

1 도서 클래스에 멤버 변수 추가하기: 도서 이미지를 저장 및 관리하기 위해 Book 클래스에 다음과 같이 필드를 선언합니다.

BookMarket/src/main/java/dto/Book.java

```
package dto;

import java.io.Serializable;

public class Book implements Serializable {
      …(생략)…
   private String condition;          //신도서 or 중고품 or 재생품
   private String filename;           //이미지 파일명
}
```

2 추가된 멤버 변수의 Setter/Getter( ) 메소드 작성하기: 추가된 멤버 변수 filename의 Setter/Getter( ) 메소드를 각각 추가합니다.

BookMarket/src/main/java/dto/Book.java

```
package dto;

import java.io.Serializable;

public class Book implements Serializable {
      …(생략)…
   public String getFilename() {
      return filename;
   }

   public void setFilename(String filename) {
      this.filename=filename;
   }
}
```

3 도서 데이터 접근 클래스 수정하기: BookRepository 클래스의 기본 생성자에 도서 이미지를 설정하도록 다음과 같이 추가 작성합니다.

BookMarket/src/main/java/dao/BookRepository.java

```
package dao;
…(생략)…
public class BookRepository {
  …(생략)…
  public BookRepository() {
    …(생략)…
    book1.setReleaseDate("2022/10/06");
    book1.setFilename("ISBN1234.jpg");
    …(생략)…
    book2.setReleaseDate("2023/01/01");
    book2.setFilename("ISBN1235.jpg");
          …
    book3.setReleaseDate("2023/01/01");
    book3.setFilename("ISBN1236.jpg");
    …(생략)…
  }
  …(생략)…
}
```

4 정적 리소스 관리 폴더 만들기: /src/main/webapp/ 폴더에 resources 폴더를 생성하고, 여기에 이미지 파일을 관리하는 images 폴더와 부트스트랩 파일(bootstrap.css)을 관리하는 css 폴더를 생성합니다.

- image 폴더에 이미지 파일명을 도서 아이디로 하여 등록합니다.
- css 폴더에 부트스트랩 CSS 파일(bootstrap.min.css)을 다운로드하여 등록합니다.

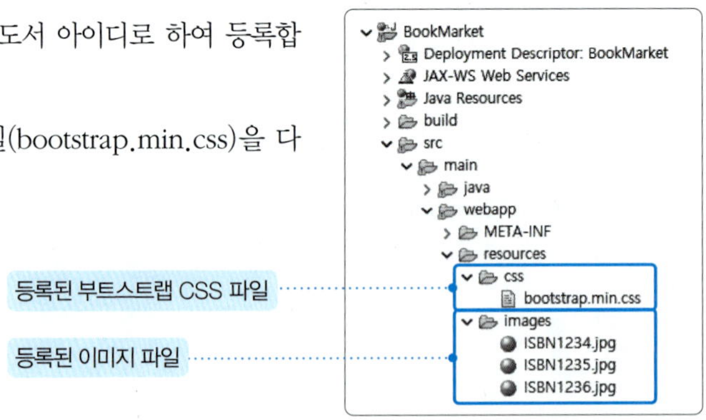

NOTE 부트스트랩 CSS 파일 설치 방법

❶ 배포 사이트(http://getbootstrap.com/)에서 bootstrap-5.3.0-dist.zip 파일을 다운로드합니다.

❷ bootstrap-5.3.0-dist.zip 파일의 압축을 풉니다.

❸ 압축을 푼 파일의 css 폴더에 있는 bootstrap.min.css 파일을 찾습니다.

❹ 웹 애플리케이션의 /src/main/webapp/resources/css/ 폴더에 bootstrap.min.css 파일을 포함합니다.

5 도서 목록 페이지 수정하기: books.jsp 파일에 부트스트랩 CSS를 포함하고 도서 이미지를 출력하기 위해 다음과 같이 수정합니다.

BookMarket/src/main/webapp/books.jsp

```
<%@ page contentType="text/html; charset=utf-8" %>
…(생략)…
<link rel="stylesheet" href="./resources/css/bootstrap.min.css" />
<title>도서 목록</title>
…(생략)…
    <div class="col-md-4">
      <div class="h-100 p-2">
        <img src="./resources/images/<%=book.getFilename() %>" style=
        "width : 250; height : 350" />
        <h5><b><%=book.getName() %></b></h5>
        <p> <%=book.getAuthor() %>
…(생략)…
```

6 도서 상세 정보 페이지 수정하기: book.jsp 파일에 부트스트랩 CSS를 포함하고 도서 이미지를 출력하기 위해 다음과 같이 수정한 후 웹 브라우저에 'http://localhost:8080/BookMarket/books.jsp'를 입력하여 실행합니다.

BookMarket/src/main/webapp/book.jsp

```
<%@ page contentType="text/html; charset=utf-8" %>
…(생략)…
<head>
<link rel="stylesheet" href="./resources/css/bootstrap.min.css" />
<title>도서 상세 정보</title>
```

```
…(생략)…
  <div class="row align-items-md-stretch">
    <div class="col-md-5">
      <img src="./resources/images/<%=book.getFilename() %>" style=
      "width : 70%">
    </div>
    <div class="col-md-6">
      <h3><b><%=book.getName() %></b></h3>
…(생략)…
```

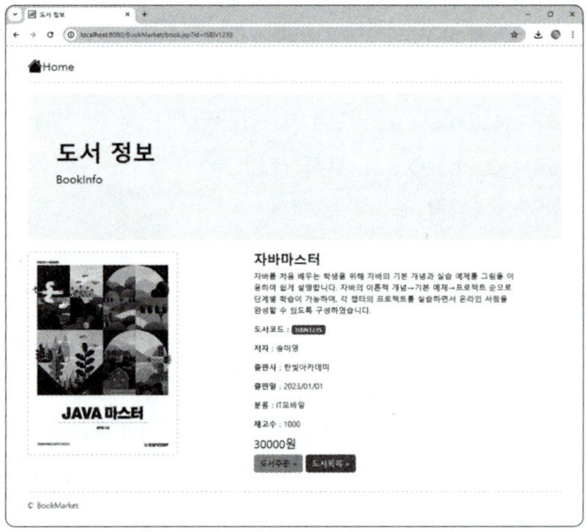

예제 7-6 도서 이미지 업로드하기

1 오픈 라이브러리 cos.jar 등록하기: MultipartRequest 클래스를 이용한 파일 업로드를 위해 /src/main/webapp/WEB-INF/lib/ 폴더에 cos.jar 파일을 등록합니다.

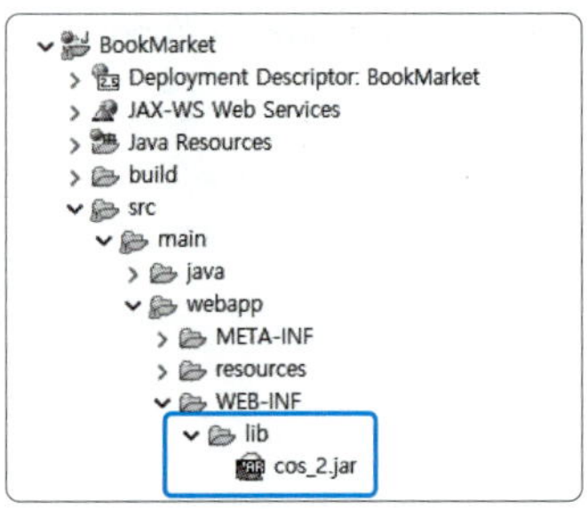

TIP cos.jar 파일은 톰캣 10버전에서 사용할 수 있도록 마이그레이션해야 합니다.

2 도서 정보 등록 페이지 수정하기: addBook.jsp 파일에 부트스트랩 CSS를 포함하고 도서 이미지 파일을 업로드하기 위해 다음과 같이 수정합니다.

BookMarket/src/main/webapp/addBook.jsp

```
01 <%@ page contentType="text/html; charset=utf-8" %>
02 <html>
03 <head>
04 <link rel="stylesheet" href="./resources/css/bootstrap.min.css" />
05 <title>도서 등록</title>
06 …(생략)…
07   <div class="row align-items-md-stretch">
08     <form name="newBook" action="./processAddBook.jsp" class="form
       -horizontal" method="post" enctype="multipart/form-data">
09     …(생략)…
10       <div class="mb-3 row">
11         <label class="col-sm-2">상태</label>
12         <div class="col-sm-5">
13           <input type="radio" name="condition" value="New"> 신규도서
14           <input type="radio" name="condition" value="Old"> 중고도서
15           <input type="radio" name="condition" value="EBook"> E-Book
16         </div>
17       </div>
18       <div class="mb-3 row">
19         <label class="col-sm-2">이미지</label>
20         <div class="col-sm-5">
21           <input type="file" name="BookImage" class="form-control">
22         </div>
23       </div>
24     …(생략)…
```

08행: 파일 업로드를 위한 폼 태그에 method 속성 값은 post로, enctype 속성 값은 multipart/form-data로 작성합니다. 그리고 업로드된 파일을 처리하기 위한 action 속성 값을 작성합니다.

18~23행: 파일을 입력받도록 input 태그의 type 속성 값을 file로 작성하고 name 속성을 작성합니다.

3 도서 등록 처리 페이지 수정하기: processAddBook.jsp 파일에 도서 이미지 파일을 업로드하기 위해 다음과 같이 수정합니다.

BookMarket/src/main/webapp/processAddBook.jsp

```
<%@ page contentType="text/html; charset=utf-8" %>
<%@ page import="dto.Book" %>
<%@ page import="dao.BookRepository" %>
<%@ page import="com.oreilly.servlet.*" %>
<%@ page import="com.oreilly.servlet.multipart.*" %>
<%@ page import="java.util.*" %>
<%
  request.setCharacterEncoding("UTF-8");

  String filename="";
  String realFolder="C:\\Users\\user\\eclipse-workspace\\.metadata\\.plugins\\org.eclipse.wst.server.core\\tmp0\\wtpwebapps\\BookMarket\\resources\\images";
  int maxSize=5 * 1024 * 1024;   //최대 업로드될 파일의 크기 5MB
  String encType="utf-8";        //인코딩 유형

  MultipartRequest multi=new MultipartRequest(request, realFolder, maxSize, encType, new DefaultFileRenamePolicy());

  String bookId=multi.getParameter("bookId");
  String name=multi.getParameter("name");
  String unitPrice=multi.getParameter("unitPrice");
  String author=multi.getParameter("author");
  String publisher=multi.getParameter("publisher");
  String releaseDate=multi.getParameter("releaseDate");
  String description=multi.getParameter("description");
  String category=multi.getParameter("category");
  String unitsInStock=multi.getParameter("unitsInStock");
  String condition=multi.getParameter("condition");

  Enumeration files=multi.getFileNames();
  String fname=(String) files.nextElement();
  String fileName=multi.getFilesystemName(fname);

```

현재 BookMarket 프로젝트가 생성된 위치 경로

```
32    Integer price;
33
34    if (unitPrice.isEmpty())
35      price=0;
36    else
37      price=Integer.valueOf(unitPrice);
38
39    long stock;
40
41    if (unitsInStock.isEmpty())
42      stock=0;
43    else
44      stock=Long.valueOf(unitsInStock);
45
46    BookRepository dao=BookRepository.getInstance();
47
48    Book newBook=new Book();
49    newBook.setBookId(bookId);
50    newBook.setName(name);
51    newBook.setUnitPrice(price);
52    newBook.setAuthor(author);
53    newBook.setPublisher(publisher);
54    newBook.setPublisher(releaseDate);
55    newBook.setDescription(description);
56    newBook.setCategory(category);
57    newBook.setUnitsInStock(stock);
58    newBook.setCondition(condition);
59    newBook.setFilename(fileName);
60
61    dao.addBook(newBook);
62
63    response.sendRedirect("books.jsp");
64  %>
```

04행: MultipartRequest 클래스를 사용하도록 page 디렉티브 태그의 import 속성 값에 패키지 com.oreilly.servlet.*을 작성합니다.

05행: DefaultFileRenamePolicy 클래스를 사용하도록 page 디렉티브 태그의 import 속성 값에 패키지 com.oreilly.servlet.multipart.*를 작성합니다.

06행: Enumeration 클래스를 사용하도록 page 디렉티브 태그의 import 속성 값에 패키지 java.util.*을 작성합니다.

11~13행: 서버 파일 저장 경로는 상대경로로, 파일의 최대 크기는 5MB(5×1,024×1,024B), 파일명의 인코딩 유형은 utf-8로 작성합니다.

15행: MultipartRequest 객체를 생성하도록 MultipartRequest 생성자를 작성합니다. 매개변수로 11~13행에 설정된 값과 DefaultFileRenamePolicy 클래스를 설정합니다.

17~26행: 폼 페이지에서 입력된 요청 파라미터 값을 얻어오도록 요청 파라미터의 이름을 설정하여 MultipartRequest 객체 타입의 getParameter() 메소드를 작성합니다.

28행: 폼 페이지에서 전송된 요청 파라미터 중 파일을 받도록 MultipartRequest 객체 타입의 getFileNames() 메소드를 작성합니다.

29행: 폼 페이지에서 전송된 요청 파라미터 중 파일을 받도록 Enumeration 객체 타입의 next Element() 메소드를 작성합니다.

30행: 폼 페이지에서 전송되어 서버에 업로드된 파일을 가져오도록 MultipartRequest 객체 타입의 getFilesystemName() 메소드를 작성합니다.

59행: 폼 페이지에서 전송된 요청 파라미터 중 파일 이름을 저장하도록 Book 객체 타입의 setFile name() 메소드를 작성합니다.

요약

01 파일 업로드는 웹 브라우저에서 (   )로 파일을 전송하여 서버에 저장하는 것을 말합니다.

02 웹 브라우저에서 서버로 파일을 전송하기 위해 JSP 페이지에 (   ) 태그를 사용하고, 전송된 파일을 서버에 저장하기 위해 오픈 라이브러리를 이용해야 합니다.

03 (   ) 클래스를 이용하여 파일을 업로드하려면 먼저 (   ) 객체를 생성합니다. 그리고 생성된 객체를 통해 (   ) 클래스가 제공하는 메소드를 사용하여 웹 브라우저가 전송한 multipart/form-data 유형의 요청 파라미터를 읽어오고 파일을 업로드합니다.

04 (   )를 이용하여 파일을 업로드하려면 먼저 (   ) 패키지에 포함되어 있는 DiskFileUpload 객체를 생성합니다.

05 생성된 객체를 통해 DiskFileUpload 클래스가 제공하는 메소드를 사용하여 웹 브라우저가 전송한 multipart/form-data 유형의 요청 파라미터를 가져옵니다. 그리고 (   ) 클래스의 메소드를 사용하여 요청 파라미터가 일반 데이터인지 파일인지 분석 및 처리하여 파일을 업로드합니다.

정답

01 서버 02 폼 03 MultipartRequest, MultipartRequest, MultipartRequest 04 Commons-FileUpload, Commons-FileUpload 05 FileItem

연습문제

01 파일 업로드를 위한 form 태그 내에 반드시 설정해야 하는 기법으로 옳지 않은 것은 무엇인가?

① form 태그의 method 속성은 반드시 POST 방식으로 설정해야 한다.

② form 태그의 enctype 속성은 반드시 multipart/form-data로 설정해야 한다.

③ form 태그의 action 속성은 파일 업로드를 처리할 JSP 파일로 설정해야 한다.

④ 파일 업로드를 위해 input 태그의 type 속성을 file로 설정해야 한다. 만약 여러 파일을 업로드하려면 2개 이상의 input 태그를 사용하고 name 속성에 서로 다른 같은 값으로 설정해야 한다.

02 MultipartRequest를 이용한 파일 업로드 메소드의 종류로 옳지 않은 것은 무엇인가?

① getParameter(): 요청 파라미터 이름이 name인 값을 전달받는다.

② getFile(): 서버에 업로드된 파일에 대한 파일 객체를 반환한다.

③ getParameterNames(): 요청 파라미터 이름을 Enumeration 객체 타입으로 반환한다.

④ getFileName(): 폼 페이지에 input 태그의 type 속성 값이 file로 설정된 요청 파라미터의 이름을 반환한다.

03 MultipartRequest를 이용한 파일 업로드로, 메소드에서 사용자가 설정하여 서버에 실제로 업로드된 파일명을 반환하고 파일명이 중복되면 변경된 파일명을 반환하는 메소드는 무엇인가?

① getParameter()

② getFilesystemName()

③ getOriginalFileName()

④ getFileNames()

04 MultipartRequest를 이용한 파일 업로드로, 메소드에서 사용자가 업로드한 실제 파일명을 반환하고, 파일명이 중복되면 변경 전의 파일명을 반환하는 메소드는 무엇인가?

① getParameter()

② getFilesystemName()

③ getOriginalFileName()

④ getFileNames()

05 다음은 MultipartRequest 클래스를 이용하여 파일 업로드 및 정보를 출력하는 프로그램이다. 밑줄에 들어갈 올바른 것은 무엇인가?

```
<form name="fileForm" method="post" enctype="  ________  "
 action="fileupload01_process.jsp">
   <p> 이 름 : <input type="text" name="name">
   <p> 제 목 : <input type="text" name="subject">
   <p> 파 일 : <input type="  ________  " name="filename">
   <p> <input type="submit" value="파일 올리기">
</form>
```

① multipart/form-data, file

② multipart/form, file

③ multipart/form-data, text

④ multipart/form, text

06 다음은 MultipartRequest 클래스를 이용하여 파일을 업로드하는 프로그램이다. 밑줄에 들어갈 올바른 것은 무엇인가?

```
<%
    MultipartRequest multi=new MultipartRequest(request, "C:\\upload",
    5 * 1024 * 1024, "utf-8", __________);
    ...
%>
```

① new FileItem()

② new MultipartRequest()

③ new DiskFileUpload

④ new DefaultFileRenamePolicy()

07 DiskFileUpload를 이용한 파일 업로드 메소드의 종류로 옳지 않은 것은 무엇인가?

① setRepositoryPath(): 업로드된 파일을 임시로 저장할 디렉터리를 설정한다.

② setSizeMax(): 최대 파일의 크기를 설정한다.

③ setSizeThreshold(): 메모리상에 저장할 최대 크기를 설정한다.

④ setParseRequest(): multipart/form-data 유형의 요청 파라미터를 가져온다.

08 DiskFileUpload를 이용한 파일 업로드에서 FileItem 클래스의 메소드 종류로 옳지 않은 것은 무엇인가?

① setWrite(): 파일과 관련된 자원을 저장한다.

② getFieldName(): 요청 파라미터의 이름을 얻어온다.

③ getName(): 업로드된 파일(경로 포함)의 이름을 얻어온다.

④ getSize(): 업로드된 파일의 크기를 얻어온다.

09 MultipartRequest 클래스를 사용하여 다음 조건에 맞게 JSP 애플리케이션을 만들고 실행하여 결과를 확인하시오.

조건

❶ /WEB-INF/lib/ 폴더에 파일 업로드를 위한 라이브러리인 cos.jar 파일을 추가한다.

❷ fileupload01.jsp 파일을 생성한다.

- input 태그 내에 file 유형을 이용하여 파일 항목을 작성한다.
- form 태그에 action 속성 값은 fileupload01_process.jsp로, enctype 속성 값은 multipart/form-data로 작성한다.

❸ fileupload01_process.jsp 파일을 생성한다.

- MultipartRequest 클래스를 사용하여 요청 파라미터 이름, 실제 파일 이름, 저장 파일 이름, 파일 콘텐츠 유형, 파일 크기 등을 출력한다.

❹ 웹 브라우저에 'http://localhost:8080/Exercise/ch07/fileupload01.jsp'를 입력하여 실행 결과를 확인한다.

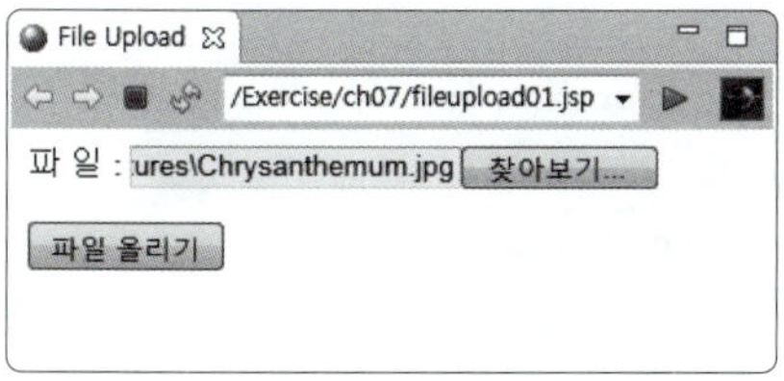

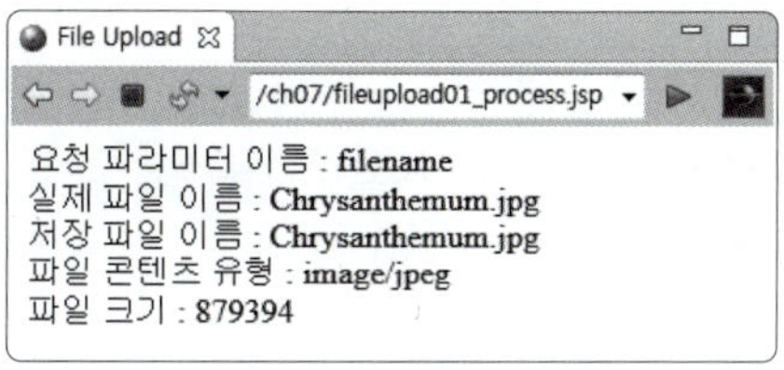

10 Commons-FileUpload 패키지를 이용하여 다음 조건에 맞게 JSP 애플리케이션을 만들고 실행하여 결과를 확인하시오.

조건

❶ /WEB-INF/lib/ 폴더에 파일 업로드를 위한 라이브러리인 commons-fileupload.jar와 commons-io.jar 파일 파일을 추가한다.

❷ fileupload02.jsp 파일을 생성한다.
- input 태그 내에 file 유형을 이용하여 파일 항목을 작성한다.
- form 태그에 action 속성 값은 fileupload02_process.jsp로, enctype 속성 값은 multipart/form-data로 작성한다.

❸ fileupload02_process.jsp 파일을 생성한다.
- Commons-FileUpload 패키지를 사용하여 요청 파라미터 이름, 저장 파일 이름, 파일 콘텐츠 타입, 파일 크기 등을 출력한다.

❹ 웹 브라우저에 'http://localhost:8080/Exercise/ch07/fileupload02.jsp'를 입력하여 실행 결과를 확인한다.

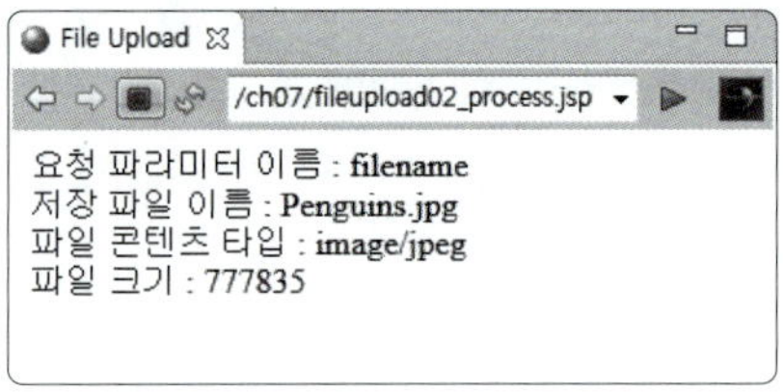

CHAPTER 08

유효성 검사: 도서 등록 데이터의 유효성 검사하기

학습목표

- 유효성 검사의 개념을 이해합니다.
- 유효성 검사를 위한 핸들러 함수의 작성 방법을 익힙니다.
- 유효성 검사를 처리하는 방법을 익힙니다.
- 유효성 검사를 이용하여 도서 상품 등록 데이터를 검증합니다.

01 유효성 검사의 개요

유효성 검사(validation)는 사용자가 폼 페이지에서 입력한 데이터 값이 서버로 전송되기 전에 특정 규칙에 맞게 입력되었는지 검증하는 것을 말합니다. 다시 말해 사용자가 실수로 유효하지 않은 데이터 값을 입력하면 부적합하다고 판단하여 다시 폼 페이지로 되돌려 사용자에게 오류가 있음을 알려줍니다. 이러한 유효성 검사의 예로는 폼 페이지에서 나이를 입력할 때 숫자를 인식하는 검사, 회원 가입 시 아이디 중복 검사, 로그인 인증 시 아이디와 비밀번호 검사, IP 패킷 검사 등을 들 수 있습니다.

NOTE 유효성 검사가 필요한 이유와 검사 항목

웹 애플리케이션에서 폼 데이터의 유효성 검사가 필요한 가장 큰 이유는 보안 공격, 잘못된 데이터, 사용자의 실수로 예상 가능한 오류 등을 방지할 수 있기 때문입니다. 유효성 검사 기능을 이용하면 다양한 사용자가 폼 데이터를 입력해도 폼 페이지의 동일한 입력 양식과 형태를 유지할 수 있습니다.

입력 양식이 있는 폼 페이지를 만들 때 반드시 점검해야 할 유효성 검사의 항목은 다음과 같습니다.

- 입력 데이터가 null인지 확인하는 유효성 검사
- 날짜나 이메일을 입력할 때 형식에 맞는지 확인하는 유효성 검사
- 나이를 입력할 때 숫자인지 확인하는 유효성 검사
- 입력 데이터의 제한 길이를 초과했는지 확인하는 유효성 검사
- 로그인 인증 시 아이디와 비밀번호를 확인하는 유효성 검사
- 회원 가입 시 아이디 중복 여부를 확인하는 유효성 검사

1 유효성 검사를 위한 핸들러 함수

핸들러 함수는 폼 페이지에서 이벤트가 발생했을 때(〈submit〉을 클릭한 경우)의 유효성 검사를 위해 매핑하는 메소드로, 자바스크립트를 이용하여 유효성 검사를 위한 코드를 작성합니다. 자바스크립트는 웹 브라우저에서 유효성 검사를 처리하므로 서버에서 처리하는 것보다 속도가 빠르고 서버에 과부하를 주지 않습니다.

핸들러 함수에서는 사용자가 폼 페이지에 입력한 데이터 값이 서버로 전송되기 전에 특정 규

칙에 맞게 입력되었는지를 검사합니다. 입력된 데이터가 유효성 검사를 통과하면 서버로 전송하고, 그렇지 않으면 서버 전송을 취소하고 사용자에게 오류 메시지를 보여주는 역할을 합니다.

```
<script type="text/javascript">
    function 핸들러 함수() {
        var str=document.폼이름.입력항목이름.value;
    }
</script>
<form name="폼이름">
    …(생략)…
    <input type="submit" onclick="핸들러 함수()">
</form>
```

유효성 검사를 위해 핸들러 함수를 만드는 과정은 다음과 같습니다.

❶ input 태그의 type 속성 값이 submit인 경우 onclick 속성을 이용하여 핸들러 함수를 설정합니다. 또는 form 태그의 onsubmit 속성 값에 설정합니다.

❷ 자바스크립트를 이용하여 <script>…</script> 내에 핸들러 함수를 작성합니다. <script>…</script> 구문은 JSP 페이지의 어디에 위치해도 괜찮습니다.

❸ 폼 페이지에서 입력된 데이터 값을 핸들러 함수로 가져오기 위해 form 태그의 name 속성 또는 forms 객체를 이용합니다. forms 객체를 이용하는 경우, forms 객체는 배열의 형태이기 때문에 length 속성으로 크기를 알 수 있고 배열 값인 index는 form 태그가 나타나는 순서로 0부터 시작합니다.

다음은 폼 페이지에서 입력된 아이디와 비밀번호 값을 핸들러 함수 checkForm()으로 가져와 출력하는 예입니다.

[핸들어 함수 사용 예]

```
<%@ page contentType="text/html; charset=utf-8" %>
<html>
<head>
<title>Validation</title>
```

```
</head>
<script type="text/javascript">
    function checkForm() {
        alert("이름은 " + document.frm.name.value + "입니다");
    }
</script>
<body>
    <form name="frm">
        <p> 이름 : <input type="text" name="name">
            <input type="submit" value="전송" onclick="checkForm()">
    </form>
</body>
</html>
```

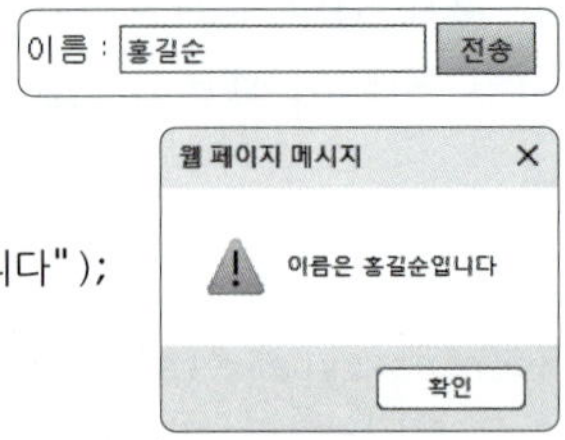

NOTE **form 태그의 id 속성을 이용하여 핸들러 함수로 폼 입력 데이터 값을 가져오는 다른 방법**

form 태그가 <form id="loginForm">이라면 다음과 같이 접근합니다.

```
var form=document.getElementsTagName("form")[0];
var form=document.getElementById("loginForm");
```

[적용 예]

```
<%@ page contentType="text/html; charset=utf-8" %>
<html>
<head>
<title>Validation</title>
</head>
<script type="text/javascript">
    function CheckForm() {
        var form=document.getElementById("frm");
        alert("이름은 " + form.name.value + "입니다");
    }
</script>
<body>
    <form id="frm">
        <p> 이름 : <input type="text" name="name">
            <input type="submit" value="전송" onclick="CheckForm()">
    </form>
</body>
</html>
```

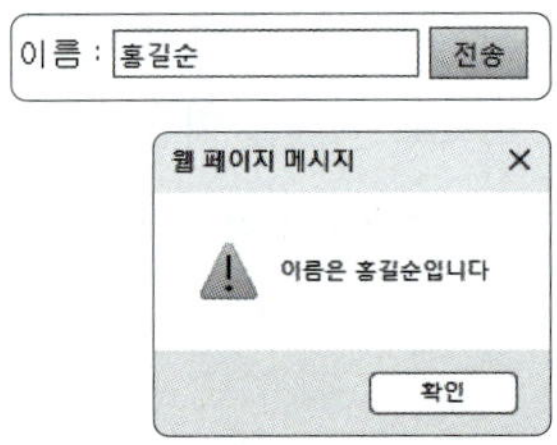

예제 8-1 폼 페이지에 입력한 아이디와 비밀번호 출력하기

1 프로젝트 생성하기: 1장에서 생성한 JSPBook 프로젝트를 사용합니다.

2 JSP 페이지 작성하기: JSPBook/src/main/webapp/ 폴더에 ch08 폴더를 만든 후 validation01.jsp 파일을 생성하고 다음과 같이 작성합니다.

JSPBook/src/main/webapp/ch08/validation01.jsp

```
01 <%@ page contentType="text/html; charset=utf-8" %>
02 <html>
03 <head>
04 <title>Validation</title>
05 </head>
06 <script type="text/javascript">
07     function checkForm() {
08         alert("아이디 : " + document.loginForm.id.value + "\n" +
09                 "비밀번호 : " + document.loginForm.passwd.value);
10     }
11 </script>
12 <body>
13     <form name="loginForm">
14         <p> 아 이 디 : <input type="text" name="id">
15         <p> 비밀번호 : <input type="password" name="passwd">
16         <p> <input type="submit" value="전송" onclick="checkForm()">
17     </form>
18 </body>
19 </html>
```

06~11행: 자바스크립트로 폼 페이지에 입력 항목의 데이터를 검사하는 핸들러 함수 checkForm()을 작성합니다.

08~09행: 폼 페이지에 입력한 아이디와 비밀번호 값을 출력합니다.

13~17행: name 속성 값이 loginForm인 폼 문을 작성합니다. 14행과 15행에서는 아이디와 비밀번호 값을 입력받도록 input 태그를 작성합니다. 16행에서는 〈전송〉을 클릭하면 핸들러 함수 checkForm()이 실행되도록 onclick 속성을 작성합니다.

3 프로젝트 실행하기: 웹 브라우저에 'http://localhost:8080/JSPBook/ch08/validation01.jsp'를 입력하여 실행 결과를 확인합니다.

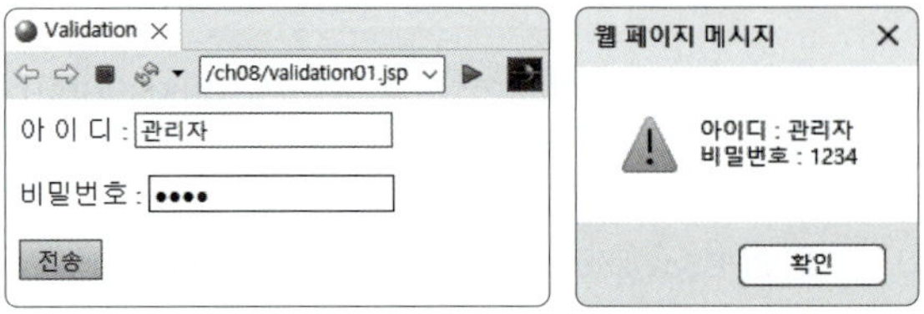

2 유효성 검사 처리 방법

사용자가 폼 페이지에 입력한 데이터 값이 서버로 전송되기 전에 웹 브라우저에서 검증하는 방법으로는 기본 유효성 검사와 데이터 형식 유효성 검사가 있습니다.

표 8-1 유효성 검사의 종류

유효성 검사	설명
기본 유효성 검사	폼 페이지에 입력된 데이터 값의 존재 유무를 검사한다.
데이터 형식 유효성 검사	폼 페이지에 입력된 데이터 값이 특정 패턴에 적합한지 여부를 검사하며 정규 표현식을 사용한다.

02 기본 유효성 검사

기본 유효성 검사는 사용자가 폼 페이지의 입력 항목에 입력한 데이터 값이 있는지 없는지 확인하고 데이터 길이, 숫자 등 기본적인 것이 맞는지 검사합니다. 이와 같이 폼 페이지의 입력 데이터 길이를 확인하여 데이터의 유무를 검증하는 것은 기본 유효성 검사에 해당합니다.

1 데이터 유무 확인하기

데이터 값의 유무에 대한 검사에서는 예를 들어 회원 가입 페이지에서 사용자가 아이디와 비밀번호 등의 필수 입력 항목을 입력하지 않고 〈전송〉을 클릭하면 입력하지 않았다는 오류 메시지가 나타납니다. 이때 입력 데이터의 유무를 검사하는 형식은 다음과 같습니다.

```
document.폼이름.입력양식이름.value == ""
```

다음은 폼 페이지에 입력한 데이터 값의 유무를 검사하는 예입니다. 만약 입력된 데이터 값이 없으면 오류 메시지를 출력합니다.

[입력 데이터의 유무 검사 예]

```
<%@ page contentType="text/html; charset=utf-8" %>
<html>
<head>
<title>Validation</title>
</head>
<script type="text/javascript">
    function checkForm() {
        if (document.frm.name.value == "") {
            alert("이름을 입력해주세요.");
            document.frm.name.select();
        }
    }
```

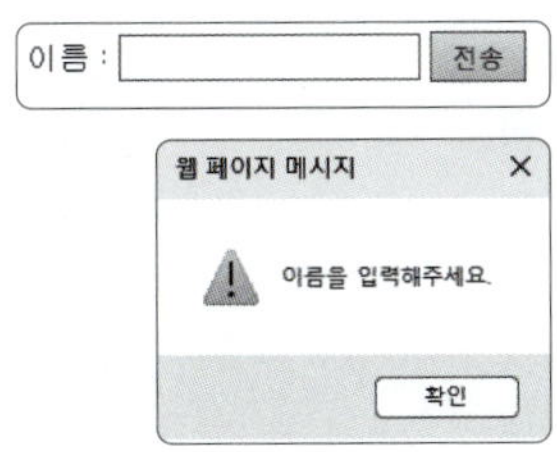

```
</script>
<body>
    <form name="frm">
        <p> 이름 : <input type="text" name="name">
            <input type="submit" value="전송" onclick="checkForm()">
    </form>
</body>
</html>
```

예제 8-2 폼 페이지에 입력한 데이터(아이디와 비밀번호) 값의 유무 검사하기

/src/main/webapp/ch08/ 폴더에 다음과 같이 웹 페이지를 작성하고 웹 브라우저에 'http://localhost:8080/JSPBook/ch08/validation02.jsp'를 입력하여 실행 결과를 확인합니다.

JSPBook/src/main/webapp/ch08/validation02.jsp

```
<%@ page contentType="text/html; charset=utf-8" %>
<html>
<head>
<title>Validation</title>
</head>
<script type="text/javascript">
    function checkLogin() {
        var form=document.loginForm;
        if (form.id.value=="") {
            alert("아이디를 입력해주세요.");
            form.id.focus();
            return false;
        } else if (form.passwd.value=="") {
            alert("비밀번호를 입력해주세요");
            form.passwd.focus();
            return false;
        }
        form.submit();
    }
</script>
<body>
```

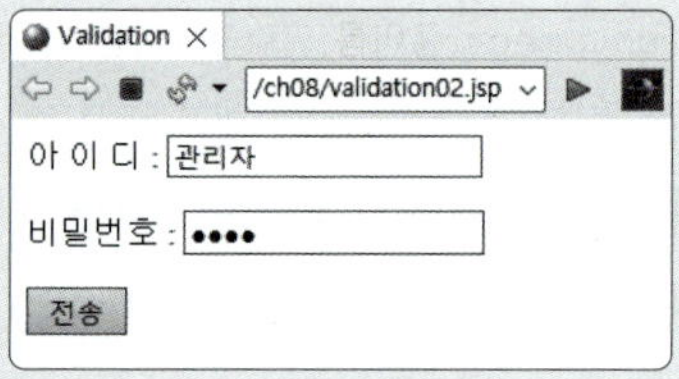

```
22     <form name="loginForm" action="validation02_process.jsp" method=
       "post">
23         <p> 아 이 디 : <input type="text" name="id">
24         <p> 비밀번호 : <input type="password" name="passwd">
25         <p> <input type="button" value="전송" onclick="checkLogin()">
26     </form>
27 </body>
28 </html>
```

06~20행: 자바스크립트로 폼 페이지에 입력 항목의 데이터를 검사하는 핸들러 함수 checkLogin()을 작성합니다.

09~13행: 아이디가 입력되었는지 검사합니다. 아이디가 입력되지 않으면 오류 메시지를 출력하고 해당 입력 항목에 커서가 놓입니다.

13~17행: 비밀번호가 입력되었는지 검사합니다. 비밀번호가 입력되지 않으면 오류 메시지를 출력하고 해당 입력 항목에 커서가 놓입니다.

18행: 폼 페이지에서 입력한 데이터 값을 서버로 전송합니다.

22~26행: name 속성 값이 loginForm인 폼 문을 작성합니다. 23행과 24행에서는 아이디와 비밀번호 값을 입력받도록 input 태그를 작성합니다. 25행에서는 〈전송〉을 클릭하면 핸들러 함수 checkLogin()이 실행되도록 onclick 속성을 작성합니다.

JSPBook/src/main/webapp/ch08/validation02_process.jsp

```
<%@ page contentType="text/html; charset=utf-8" %>
<html>
<head>
<title>Validation</title>
</head>
<body>
    <h3>입력에 성공했습니다.</h3>
    <%
        request.setCharacterEncoding("utf-8");
        String id=request.getParameter("id");
        String passwd=request.getParameter("passwd");
    %>
```

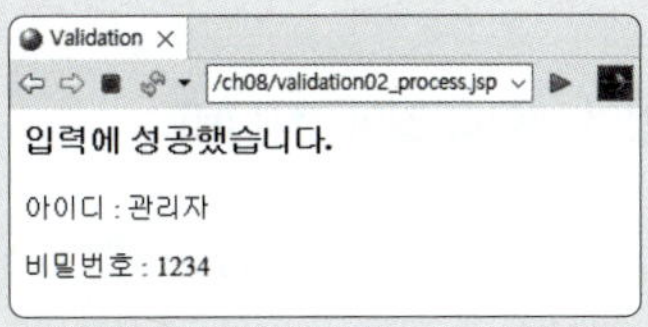

```
13        <p> 아이디 : <%=id %>
14        <p> 비밀번호 : <%=passwd %>
15  </body>
16  </html>
```

09행: 폼 페이지에 입력한 한글을 처리하도록 request 내장 객체의 setCharacterEncoding() 메소드에 문자 인코딩 유형을 utf-8로 작성합니다.

10~11행: 폼 문에 입력한 아이디와 비밀번호를 전송받도록 request 내장 객체의 getParameter() 메소드를 작성합니다.

13~14행: 폼 문에서 전송받은 아이디와 비밀번호를 출력하도록 표현문 태그를 작성합니다.

2 데이터 길이 확인하기

데이터 길이에 대한 검사는 회원 가입 페이지에서 아이디, 비밀번호 등과 같은 입력 데이터의 제한 길이를 검사하는 것으로 형식은 다음과 같습니다. 예를 들면 입력 데이터의 조건으로 아이디와 비밀번호는 4~12자 이내로 영어와 숫자를 혼합해서 입력할 것, 첫 문자는 숫자로 시작할 수 없음 등을 검사하는 것입니다.

```
document.폼이름.입력양식이름.value.length
```

다음은 이름의 입력 데이터 길이를 검사하는 예입니다. 이름의 입력 데이터 길이를 6~12자로 제한하여 유효하지 않은 값이 입력되면 오류 메시지를 출력합니다.

[입력 데이터 길이 검사 예]

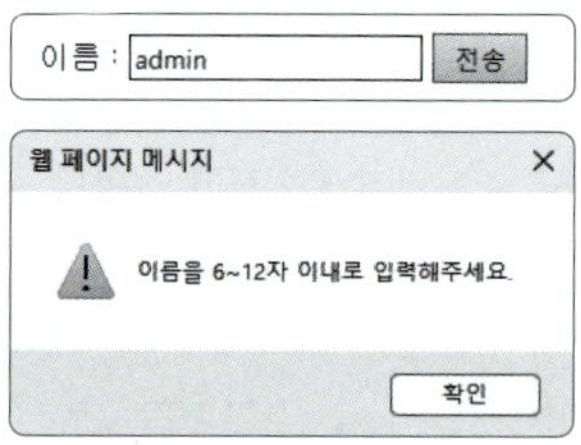


```
<%@ page contentType="text/html; charset=utf-8" %>
<html>
<head>
<title>Validation</title>
</head>
<script type="text/javascript">
    function checkForm() {
        if (document.frm.name.value.length < 6 || document.frm.name.value.length > 12) {
```

```
                alert("이름을 6~12자 이내로 입력해주세요.");
                document.frm.name.select();
            }
        }
</script>
<body>
    <form name="frm">
        <p> 이름 : <input type="text" name="name">
        <input type="submit" value="전송" onclick="checkForm()">
    </form>
</body>
</html>
```

예제 8-3 폼 페이지에 입력한 데이터(아이디와 비밀번호) 값의 길이 검사하기

/src/main/webapp/ch08/ 폴더에 다음과 같이 웹 페이지를 작성하고 웹 브라우저에 'http://localhost:8080/JSPBook/ch08/validation03.jsp'를 입력하여 실행 결과를 확인합니다.

JSPBook/src/main/webapp/ch08/validation03.jsp

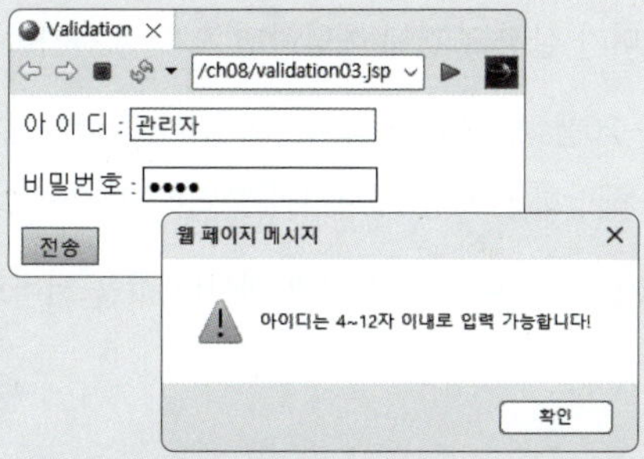


```
<%@ page contentType="text/html; charset=utf-8" %>
<html>
<head>
<title>Validation</title>
</head>
<script type="text/javascript">
    function checkLogin() {
        var form=document.loginForm;

        if (form.id.value.length < 4 || form.id.value.length > 12) {
            alert("아이디는 4~12자 이내로 입력 가능합니다!");
            form.id.select();
            return;
        }

        if (form.passwd.value.length < 4) {
             alert("비밀번호는 4자 이상으로 입력해야 합니다!");
```

```
18                form.passwd.select();
19                return;
20            }
21
22            form.submit();
23        }
24    </script>
25    <body>
26        <form name="loginForm" action="validation03_process.jsp" method="post">
27            <p> 아 이 디 : <input type="text" name="id">
28            <p> 비밀번호 : <input type="password" name="passwd">
29            <p> <input type="button" value="전송" onclick="checkLogin()">
30        </form>
31    </body>
32    <html>
```

06~24행: 자바스크립트로 폼 페이지에 입력 항목의 데이터를 검사하는 핸들러 함수 checkLogin()을 작성합니다.

10~14행: 입력된 아이디의 문자 길이가 4자 미만이거나 12자를 초과하는지 검사합니다. 입력된 아이디가 설정 조건에 해당하면 오류 메시지를 출력하고 해당 입력 항목에 커서가 놓입니다.

16~20행: 입력된 비밀번호의 문자 길이가 4자 미만인지 검사합니다. 입력된 비밀번호가 설정 조건에 해당하면 오류 메시지를 출력하고 해당 입력 항목에 커서가 놓입니다.

22행: 폼 페이지에 입력된 데이터 값을 서버로 전송합니다.

JSPBook/src/main/webapp/ch08/validation03_process.jsp

```
<%@ page contentType="text/html; charset=utf-8" %>
<html>
<head>
<title>Validation</title>
</head>
<body>
    <h3>입력에 성공했습니다.</h3>
    <%
```

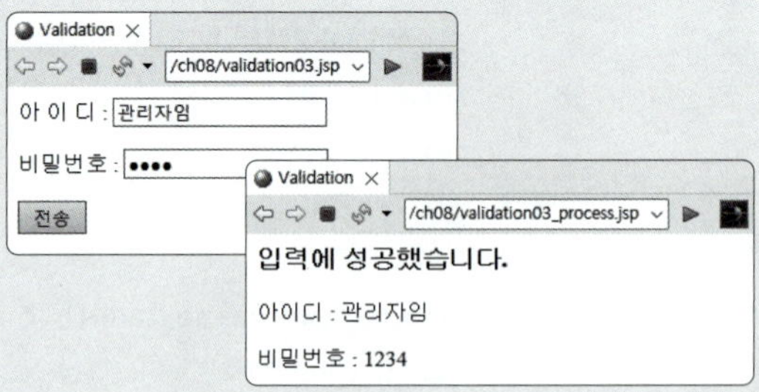

```
09        request.setCharacterEncoding("utf-8");
10        String id=request.getParameter("id");
11        String passwd=request.getParameter("passwd");
12    %>
13    <p> 아이디 : <%=id %>
14    <p> 비밀번호 : <%=passwd %>
15 </body>
16 </html>
```

09행: 폼 페이지에 입력한 한글을 처리하도록 request 내장 객체의 setCharacterEncoding() 메소드에 문자 인코딩 유형을 utf-8로 작성합니다.

10~11행: 폼 문에 입력한 아이디와 비밀번호를 전송받도록 request 내장 객체의 getParameter() 메소드를 작성합니다.

13~14행: 폼 문에서 전송받은 아이디와 비밀번호를 출력하도록 표현문 태그를 작성합니다.

3 숫자 여부 확인하기

숫자 여부는 isNaN() 함수를 활용하여 검사합니다. isNaN은 isNotaNumber의 약자이며, isNaN() 함수의 인자 값이 숫자이면 false를 반환하고 숫자가 아니면 true를 반환합니다.

```
isNaN(document.폼이름.입력양식이름.value)
```

다음은 이름의 입력 데이터가 숫자인지 검사하는 예입니다. 입력 데이터 값이 숫자로 시작할 수 없게 하고, 유효하지 않은 값이 입력되면 오류 메시지를 출력합니다.

[입력 데이터의 숫자 여부 검사 예]

```
<%@ page contentType="text/html; charset=utf-8" %>
<html>
<head>
<title>Validation</title>
</head>
<script type="text/javascript">
    function checkForm() {
```

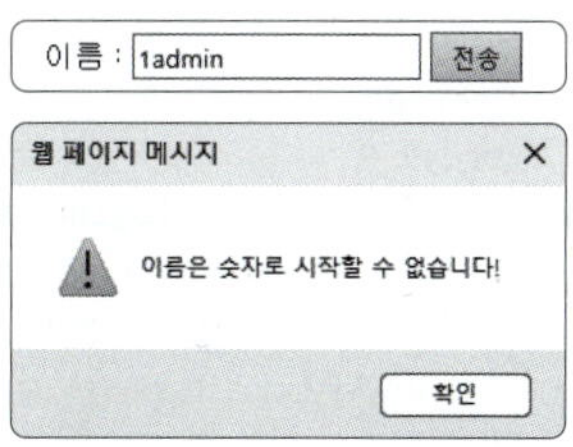

```
        if (!isNaN(document.frm.name.value.substr(0, 1))) {
            alert("이름은 숫자로 시작할 수 없습니다!");
            document.frm.name.select();
        }
    }
</script>
<body>
    <form name="frm">
        <p> 이름 : <input type="text" name="name">
            <input type="submit" value="전송" onclick="checkForm()">
    </form>
</body>
</html>
```

NOTE 조건에 맞지 않는 키 입력을 방지하는 방법

키 입력에 관한 이벤트가 발생할 수 있도록 폼 페이지의 입력 양식에 onkeypress 속성을 사용하여 핸들러 함수를 설정합니다. 핸들러 함수를 통해 들어온 키 값을 구별하기 위해 event 객체의 keyCode 속성을 사용하며, 이 속성은 아스키코드 값으로 키 값을 구별합니다.

[적용 예: 숫자 키 외에 입력한 키의 유효성 검사하기]

```
<%@ page contentType="text/html; charset=utf-8" %>
<html>
<head>
<title>Validation</title>
</head>
<script type="text/javascript">
    function CheckKey() {
        alert(event.keyCode );
        if(!(event.keyCode>=48 && event.keyCode<=57)) {
            alert("숫자만 입력 가능합니다");
            event.returnValue=false;
        }
    }
</script>
<body>
    <form name="loginForm" action="#" method="post">
        <p> 나 이 : <input type="text" name="age" onkeypress="CheckKey()">
            <input type="submit" value="전송">
    </form>
</body>
</html>
```

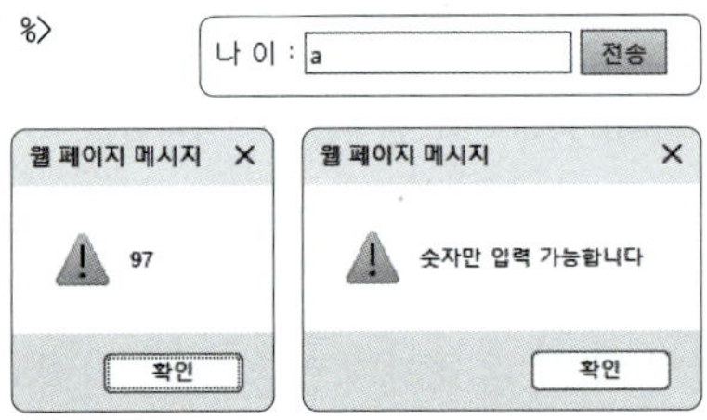

event.returnValue는 입력받은 키 값의 반환 여부를 불 값으로 설정합니다. 앞의 예와 같이 event.returnValue를 false로 지정하면 조건문에 기술하지 않은 키 값을 받았을 때 그 값이 입력되지 않게 합니다. 그 외의 키 값은 다음과 같습니다.

구분	키 값 범위
숫자만 입력	event.keyCode >= 48 && event.keyCode <= 57
영어만 입력	(event.keyCode >= 65 && event.keyCode <= 90) || (event.keyCode >= 97 && event.keyCode <= 122)
특수문자만 입력	(event.keyCode >= 33 && event.keyCode <= 47) || (event.keyCode >= 58 && event.keyCode <= 64) || (event.keyCode >= 91 && event.keyCode <= 96) || (event.keyCode >= 123 && event.keyCode <= 126)
한글만 입력	event.keyCode >= 12592|| event.keyCode <= 12687

예제 8-4 폼 페이지에 입력한 비밀번호 값이 숫자인지 검사하기

/src/main/webapp/ch08/ 폴더에 다음과 같이 웹 페이지를 작성하고 웹 브라우저에 'http://localhost:8080/JSPBook/ch08/validation04.jsp'를 입력하여 실행 결과를 확인합니다.

JSPBook/src/main/webapp/ch08/validation04.jsp

```
<%@ page contentType="text/html; charset=utf-8" %>
<html>
<head>
<title>Validation</title>
</head>
<script type="text/javascript">
    function checkLogin() {
        var form=document.loginForm;

            for (i=0; i < form.id.value.length; i++) {
                var ch=form.id.value.charAt(i);

                if ((ch<'a'|| ch>'z') && (ch>'A'|| ch<'Z') && (ch>'0'|| ch<'9')) {
                    alert("아이디는 영문 소문자만 입력 가능 합니다!");
                    form.id.select();
                    return;
```

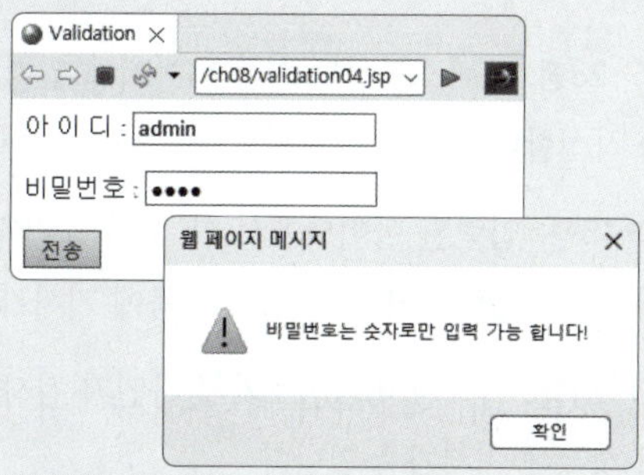

```
17                }
18            }
19
20            if (isNaN(form.passwd.value)) {
21                alert("비밀번호는 숫자만 입력 가능 합니다!");
22                form.passwd.select();
23                return;
24            }
25
26            form.submit();
27        }
28    </script>
29    <body>
30        <form name="loginForm" action="validation04_process.jsp" method=
          "post">
31            <p> 아 이 디 : <input type="text" name="id">
32            <p> 비밀번호 : <input type="password" name="passwd">
33            <p> <input type="button" value="전송" onclick="checkLogin()">
34        </form>
35    </body>
36    </html>
```

06~28행: 자바스크립트로 폼 페이지에 입력 항목의 데이터를 검사하는 핸들러 함수 checkLogin()을 작성합니다.

10~18행: 입력된 아이디에서 한 문자씩 가져와 영문 소문자인지 검사하고, 그렇지 않은 경우 오류 메시지를 출력하고 해당 입력 항목에 커서가 놓이도록 입력된 아이디의 문자 길이만큼 반복합니다.

20~24행: 입력된 비밀번호가 숫자인지 검사합니다. 숫자가 아니면 오류 메시지를 출력하고 해당 입력 항목에 커서가 놓입니다.

26행: 폼 페이지에 입력된 데이터 값을 서버로 전송합니다.

JSPBook/src/main/webapp/ch08/validation04_process.jsp

```
<%@ page contentType="text/html; charset=utf-8" %>
<html>
<head>
```

```
04 <title>Validation</title>
05 </head>
06 <body>
07     <h3>입력에 성공했습니다.</h3>
08     <%
09         request.setCharacterEncoding("utf-8");
10         String id = request.getParameter("id");
11         String passwd = request.getParameter("passwd");
12     %>
13     <p> 아이디 : <%= id %>
14     <p> 비밀번호 : <%= passwd %>
15 </body>
16 </html>
```

09행: 폼 페이지에 입력한 한글을 처리하도록 request 내장 객체의 setCharacterEncoding( ) 메소드에 문자 인코딩 유형을 utf-8로 하는 스크립틀릿 태그를 작성합니다.

10, 11행: 폼 문에 입력한 아이디, 비밀번호를 전송받도록 request 내장 객체의 getParameter( ) 메소드를 작성하고 이를 출력하도록 표현문 태그를 작성합니다.

03 데이터 형식 유효성 검사

데이터 형식 유효성 검사는 사용자가 폼 페이지의 입력 항목에 입력한 데이터 값이 특정 형태에 적합한지 검사하기 위해 **정규 표현식**(regular expression)을 사용하는 방법으로 기본 유효성 검사보다 복잡합니다.

1 정규 표현식 사용하기

정규 표현식은 특정한 규칙을 가진 문자열의 집합을 표현하는 데 사용하는 형식 언어입니다. 즉 문자열의 특정 형태를 찾아내기 위해 패턴으로 표현한 수식입니다. 이러한 정규 표현식은 주민등록번호, 전화번호, 이메일과 같이 데이터 형식의 패턴이 일정한 데이터를 검사하는 데 이용하며, 다음 두 가지 형식 중 하나를 사용할 수 있습니다. 첫 번째는 객체 초기화(object initializer)를 사용하는 방법으로, 입력된 표현식이 거의 바뀌지 않는 상수 형태일 때 주로 사용합니다. 두 번째는 RegExp 객체를 이용하는 방법으로, 정규 표현식이 자주 변경될 때 주로 사용합니다.

```
var 변수 이름 = /정규 표현식/[Flag];
```

```
var 변수 이름 = new RegExp('정규 표현식',['Flag']);
```

여기서 Flag는 정규 표현식의 끝인 / 다음에 오는 문자열로 생략할 수 있으며, 주로 사용하는 것은 다음과 같이 세 종류입니다.

표 8-2 Flag의 종류

Flag	설명
i	Ignore Case: 문자열의 대문자와 소문자를 구별하지 않고 검출한다.
g	Global: 문자열 내의 모든 패턴을 검출한다.
m	Multi Line: 문자열에 줄 바꿈 행이 있는지 검출한다.

Flag를 설정하지 않으면 문자열 내에 검색 대상이 많이 있어도 한 번만 검출합니다. 정규 표현식에 따라 문자열을 판단하는 메소드는 다음과 같습니다.

표 8-3 정규 표현식의 메소드 종류

메소드	설명
test()	매개변수 값으로 전달되는 문자열이 정규 표현식에 부합한지 판단하여 true/false를 반환한다.
exec()	매개변수 값으로 전달되는 문자열에서 정규 표현식에 부합된 문자열을 추출하여 반환한다.

다음은 폼 페이지에 입력된 데이터 값에서 정규 표현식 /Java/에 해당하는 문자열을 찾는 예로, 정규 표현식 문자열을 찾기 위해 exec() 메소드를 사용합니다.

[정규 표현식 문자열을 찾는 예]

```
<%@ page contentType="text/html; charset=utf-8" %>
<html>
<head>
<title>Validation</title>
</head>
<script type="text/javascript">
    function checkForm() {
        var regExp=/Java/i;     //var regExp=new RegExp('java','i');와 같음
        var str=document.frm.title.value;
        var result=regExp.exec(str);
        alert(result[0]);
    }
</script>
<body>
    <form name="frm">
        <p> 제목 : <input type="text" name="title">
            <input type="submit" value="전송" onclick="checkForm()">
    </form>
</body>
</html>
```

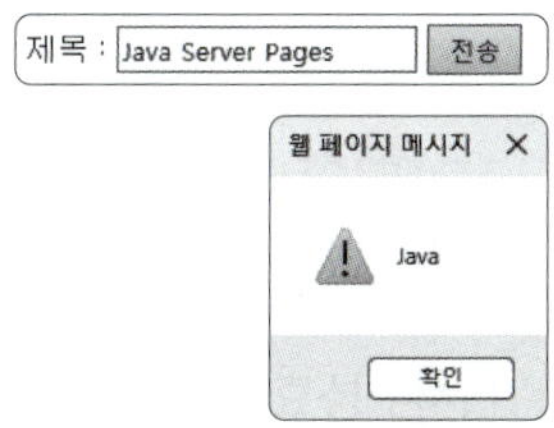

2 정규 표현식의 표현 방법

정규 표현식에서 사용하는 기호를 메타 문자라고 합니다. **메타 문자**는 정규 표현식 내부에서 특정한 의미를 가진 문자로, 공통적인 기본 메타 문자의 종류는 다음과 같습니다.

표 8-4 기본 메타 문자의 종류

메타 문자	설명
^x	문자열이 x로 시작된다.
x$	문자열이 x로 종료된다.
.x	임의의 한 문자를 표현한다(문자열이 x로 끝남).
x+	x가 한 번 이상 반복된다.
x?	x가 존재하거나 존재하지 않는다.
x*	x가 0번 이상 반복된다.
x¦y	x 또는 y를 찾는다(or 연산자를 의미).
(x)	( ) 안의 내용을 캡처하고 그룹화한다.
(x)(y)	그룹화할 때 자동으로 앞에서부터 그룹 번호를 부여해서 캡처한다. 그룹화된 결과 데이터는 배열 형식으로 들어간다.
(x)(?:y)	캡처하지 않은 그룹을 생성할 경우 ?:를 사용한다. 결과 값 배열에 캡처하지 않은 그룹은 들어가지 않는다.
x{n}	x를 n번 반복한 문자를 찾는다.
x{n,}	x를 n번 이상 반복한 문자를 찾는다.
x{n,m}	x를 n번 이상 m번 이하 반복한 문자를 찾는다.

메타 문자 중 독특한 성질을 띤 **문자 클래스**인 [ ]가 있습니다. 문자 클래스는 그 내부에 해당하는 문자열의 범위 중 한 문자만 선택한다는 것을 의미하며, 문자 클래스 내부에서는 메타 문자를 사용할 수 없거나 의미가 다르게 사용됩니다.

표 8-5 문자 클래스의 종류

문자 클래스	설명
[xy]	x 또는 y를 찾는다.
[^xy]	x, y를 제외하고 문자 하나를 찾는다(문자 클래스 내의 ^은 not을 의미).
[x-z]	x부터 z 사이의 문자 중 하나를 찾는다.
\^	^(특수문자)을 식에 문자 자체로 포함한다.
\b	문자와 공백 사이의 문자를 찾는다.

\B	공백을 제외한 문자와 문자 사이의 문자를 찾는다.
\d	숫자를 찾는다.
\D	숫자가 아닌 값을 찾는다.
\s	공백 문자를 찾는다.
\S	공백이 아닌 문자를 찾는다.
\t	Tab 문자를 찾는다.
\v	Vertical Tab 문자를 찾는다.
\w	알파벳 + 숫자 + _을 찾는다.
\W	알파벳 + 숫자 + _을 제외한 모든 문자를 찾는다.

다음은 폼 페이지에 입력된 데이터 값의 첫 문자가 숫자가 아닌지 검사하는 예입니다. 입력된 데이터 값에서 데이터 형식의 문자열을 찾기 위해 정규 표현식의 test() 메소드를 사용합니다.

[입력 데이터의 첫 문자가 숫자인지 검사하는 예]

```
<%@ page contentType="text/html; charset=utf-8" %>
<html>
<head>
<title>Validation</title>
</head>
<script type="text/javascript">
    function checkForm() {
        var str=document.frm.name.value;
        var regExp=/^[a-z|A-Z|ㄱ-ㅎ|ㅏ-ㅣ|가-힣]/;
        if (!regExp.test(str)) {
            alert("이름은 숫자로 시작할 수 없습니다!");
            return;
        }
    }
</script>
<body>
    <form name="frm">
        <p> 이름 : <input type="text" name="name">
        <input type="submit" value="전송" onclick="checkForm()">
    </form>
```

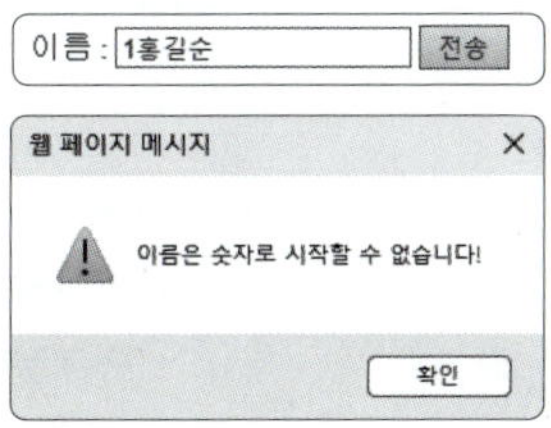

```
</body>
</html>
```

예제 8-5 회원 가입 폼 페이지에 입력한 데이터 형식 유효성 검사하기

/src/main/webapp/ch08/ 폴더에 다음과 같이 웹 페이지를 작성하고 웹 브라우저에 'http://localhost:8080/JSPBook/ch08/validation05.jsp'를 입력하여 실행 결과를 확인합니다.

JSPBook/src/main/webapp/ch08/validation05.jsp

```
<%@ page contentType="text/html; charset=utf-8" %>
<html>
<head>
<title>Validation</title>
</head>
<script type="text/javascript">
    function checkMember() {

        var regExpId = /^[a-z|A-Z|ㄱ-ㅎ|ㅏ-ㅣ|가-힣]/;
        var regExpName = /^[가-힣]*$/;
        var regExpPasswd = /^[0-9]*$/;
        var regExpPhone = /^\d{3}-\d{3,4}-\d{4}$/;
        var regExpEmail = /^[0-9a-zA-Z]([-_\.]?[0-9a-zA-Z])*@[0-9a-zA-Z]([-_\.]?[0-9a-zA-Z])*\.[a-zA-Z]{2,3}$/i;

        var form = document.Member;

        var id = form.id.value;
        var name = form.name.value;
        var passwd = form.passwd.value;
        var phone = form.phone1.value + "-" + form.phone2.value + "-" + form.phone3.value;
        var email = form.email.value;

        if (!regExpId.test(id)) {
            alert("아이디는 문자로 시작해주세요!");
            form.id.select();
```

```
            return;
        }
        if (!regExpName.test(name)) {
            alert("이름은 한글만 입력해주세요!");
            return;
        }
        if (!regExpPasswd.test(passwd)) {
            alert("비밀번호는 숫자만 입력해주세요!");
            return;
        }
        if (!regExpPhone.test(phone)) {
            alert("연락처 입력을 확인해주세요!");
            return;
        }
        if (!regExpEmail.test(email)) {
            alert("이메일 입력을 확인해주세요!");
            return;
        }

        form.submit();

    }
</script>
<body>
    <h3>회원 가입</h3>
    <form action="validation05_process.jsp" name="Member" method="post">
        <p> 아이디 : <input type="text" name="id">
        <p> 비밀번호 : <input type="password" name="passwd">
        <p> 이름 : <input type="text" name="name">
        <p> 연락처 : <select name="phone1">
            <option value="010">010</option>
            <option value="011">011</option>
            <option value="016">016</option>
            <option value="017">017</option>
            <option value="019">019</option>
           </select> - <input type="text" maxlength="4" size="4" name
           ="phone2"> -
```

```
62                <input type="text" maxlength="4" size="4" name="phone3">
63            <p> 이메일 : <input type="text" name="email">
64            <p> <input type="button" value="가입하기" onclick="checkMember()">
65        </form>
66    </body>
67    </html>
```

06~48행: 자바스크립트로 폼 페이지에서 입력 항목의 데이터를 검사하는 핸들러 함수 checkMember()를 작성합니다.

09행: 영문 대문자와 소문자, 한글, 한글의 자음과 모음만 검사하도록 정규 표현식을 작성합니다.

10행: 이름에 대해 한글만 검사하도록 정규 표현식을 작성합니다.

11행: 숫자만 검사하도록 정규 표현식을 작성합니다.

12행: 전화번호 형태인지 검사하도록 정규 표현식을 작성합니다.

13행: 이메일 형태인지 검사하도록 정규 표현식을 작성합니다.

17~21행: 폼 페이지에서 입력 항목인 아이디, 이름, 비밀번호, 전화번호, 이메일 등의 입력 데이터를 저장합니다.

23~27행: 입력된 아이디가 09행의 정규 표현식에 해당하는지 검사합니다. 정규 표현식에 해당하지 않으면 오류 메시지를 출력하고 해당 입력 항목에 커서가 놓입니다.

28~31행: 입력된 이름이 10행의 정규 표현식에 해당하는지 검사합니다. 정규 표현식에 해당하지 않으면 오류 메시지를 출력하고 해당 입력 항목에 커서가 놓입니다.

32~35행: 입력된 비밀번호가 11행의 정규 표현식에 해당하는지 검사합니다. 정규 표현식에 해당하지 않으면 오류 메시지를 출력하고 해당 입력 항목에 커서가 놓입니다.

36~39행: 입력된 연락처가 12행의 정규 표현식에 해당하는지 검사합니다. 정규 표현식에 해당하지 않으면 오류 메시지를 출력하고 해당 입력 항목에 커서가 놓입니다.

40~43행: 입력된 이메일이 13행의 정규 표현식에 해당하는지 검사합니다. 정규 표현식에 해당하지 않으면 오류 메시지를 출력하고 해당 입력 항목에 커서가 놓입니다.

45행: 폼 페이지에 입력된 데이터 값을 서버로 전송합니다.

52~64행: name 속성 값이 Member인 폼 문을 작성합니다. 아이디, 비밀번호, 이름, 연락처, 이

메일 값을 입력받도록 input 태그와 select 태그를 작성합니다. 64행에서는 〈가입하기〉를 클릭하면 핸들러 함수 checkMember()가 실행되도록 onclick 속성을 작성합니다.

JSPBook/src/main/webapp/ch08/validation05_process.jsp

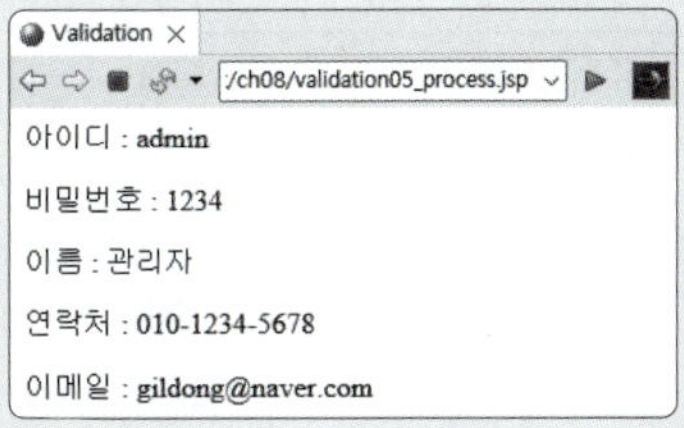


```
01 <%@ page contentType="text/html; charset=utf-8" %>
02 <html>
03 <head>
04 <title>Validation</title>
05 </head>
06 <body>
07     <%
08         request.setCharacterEncoding("UTF-8");
09     %>
10     <p> 아이디 : <%=request.getParameter("id") %>
11     <p> 비밀번호 : <%=request.getParameter("passwd") %>
12     <p> 이름 : <%=request.getParameter("name") %>
13     <p> 연락처 : <%=request.getParameter("phone1") %>-<%=request.getParameter
       ("phone2") %>-<%=request.getParameter("phone3") %>
14     <p> 이메일 : <%=request.getParameter("email") %>
15 </body>
16 </html>
```

07~09행: 폼 페이지에서 입력한 한글을 처리하도록 request 내장 객체의 setCharacterEncoding() 메소드에 문자 인코딩 유형을 utf-8로 하는 스크립틀릿 태그를 작성합니다.

10~14행: 폼 페이지에 입력된 아이디, 비밀번호, 이름, 연락처, 이메일을 전송받도록 request 내장 객체의 getParameter() 메소드를 작성하고 이를 출력하도록 표현문 태그를 작성합니다.

NOTE 자주 사용되는 패턴

다음은 폼 페이지에 입력 양식의 데이터 형식으로 주로 사용되는 정규 표현식의 예입니다.

데이터 형식	패턴
숫자만	^[0-9]*$
영문자만	^[a-zA-Z]*$
한글만	^[가-]*$
영문자와 숫자만	^[a-zA-Z0-9]*$

<table>
<tr><td>이메일</td><td>^[0-9a-zA-Z]([-_\.]?[0-9a-zA-Z])*@[0-9a-zA-Z]([-_\.]?[0-9a-zA-Z])*\.[a-zA-Z]{2,3}$/i</td></tr>
<tr><td>휴대전화</td><td>^01(?:0|1|[6-9]) - (?:\d{3}|\d{4}) - \d{4}$
^\d{3}-\d{3,4}-\d{4}$</td></tr>
<tr><td>전화번호</td><td>^\d{2,3} - \d{3,4} - \d{4}</td></tr>
<tr><td>주민등록번호</td><td>\d{6} \- [1-4]\d{6}</td></tr>
<tr><td>IP 주소</td><td>([0-9]{1,3}) \. ([0-9]{1,3}) \. ([0-9]{1,3}) \. ([0-9]{1,3})</td></tr>
<tr><td>URL</td><td>^(file|gopher|news|nntp|telnet|https?|ftps?|sftp):\/\/([a-z0-9-]+\.)+[a-z0-9]{2,4}.*$</td></tr>
<tr><td>날짜</td><td>\d{1,2}\/\d{1,2}\/\d{2,4}$</td></tr>
</table>

더 다양한 정규 표현식은 http://regexlib.com에서 확인할 수 있습니다.

04 북마켓 도서 등록 데이터의 유효성 검사하기

유효성 검사 처리 방법을 이용하여 도서 등록 페이지에서 사용자에게 도서 등록 데이터를 입력받아 유효성을 검증합니다.

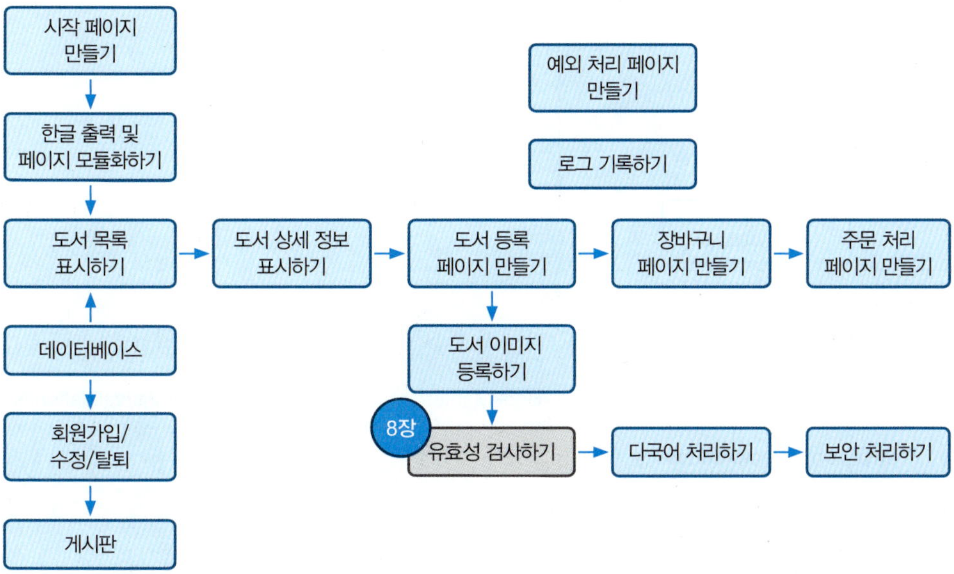

그림 8-1 도서 등록 데이터의 유효성 검사하기

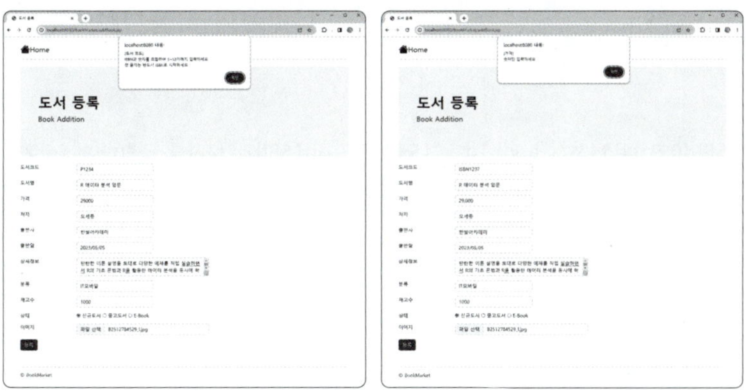

그림 8-2 완성된 북마켓 도서 등록 데이터의 유효성 검사

예제 8-6 도서 등록 페이지의 유효성 검사하기

1 자바스크립트 관리 폴더 만들기: /src/main/webapp/resources/ 폴더에 자바스크립트 파일을 관리하는 js 폴더를 만들고 이 폴더에 validation.js 파일을 생성합니다.

2 유효성 검사를 위한 핸들러 함수 작성하기: validation.js 파일에 다음과 같이 작성합니다.

BookMarket/src/main/webapp/resources/js/validation.js

```
function CheckAddBook() {

  var bookId = document.getElementById("bookId");
  var name = document.getElementById("name");
  var unitPrice = document.getElementById("unitPrice");
  var unitsInStock = document.getElementById("unitsInStock");
  var description = document.getElementById("description");

  // 도서아아디 체크
  if (!check(/^ISBN[0-9]{4,11}$/, bookId, "[도서 코드]\nISBN과 숫자를 조합하여 5~12
     자까지 입력하세요\n첫 글자는 반드시 ISBN로 시작하세요"))
     return false;

  // 도서명 체크
  if (name.value.length < 4 || name.value.length > 50) {
    alert("[도서명]\n최소 4자에서 최대 50자까지 입력하세요");
```

```
    name.focus();
    return false;
  }

  // 도서 가격 체크
  if (unitPrice.value.length==0 || isNaN(unitPrice.value)) {
    alert("[가격]\n숫자만 입력하세요");
    unitPrice.focus();
    return false;
  }

  if (unitPrice.value < 0) {
    alert("[가격]\n음수를 입력할 수 없습니다");
    unitPrice.focus();
    return false;
  }

  // 재고 수 체크
  if (isNaN(unitsInStock.value)) {
    alert("[재고 수]\n숫자만 입력하세요");
    unitsInStock.focus();
    return false;
  }

  if (description.value.length < 100) {
    alert("[상세설명]\n최소 100자 이상 입력하세요");
    description.focus();
    return false;
  }

  function check(regExp, e, msg) {
    if (regExp.test(e.value)) {
      return true;
    }
    alert(msg);
    e.focus();
    return false;
```

```
53     }
54
55     document.newBook.submit()
56  }
```

01~56행: 자바스크립트로 폼 페이지에 입력 항목의 데이터를 검사하는 핸들러 함수 CheckAddBook()를 작성합니다.

03~07행: 폼 페이지에서 유효성 검사를 위한 입력 항목인 도서 아이디, 도서명, 가격, 재고 수, 설명 등의 id 속성 값으로 입력 데이터를 가져올 수 있도록 getElementById() 메소드를 작성합니다. 만약 입력 항목의 name 속성 값을 사용한다면 다음과 같이 변경해도 됩니다.

```
var bookId = document.newBook.bookId.value;
var name = document.newBook.name.value;
var unitPrice = document.newBook.unitPrice.value;
var unitsInStock = document.newBook.unitsInStock.value;
var description = document.newBook.description.value;
```

10~11행: 입력된 도서 아이디가 정규 표현식과 일치하는지 검사합니다. 정규 표현식은 반드시 ISBN으로 시작하고 숫자를 조합하여 문자 길이가 5~12자입니다. 정규 표현식과 일치하지 않으면 오류 메시지를 출력하고 해당 입력 항목에 커서가 놓입니다.

14~18행: 입력된 도서명의 문자 길이가 4~50자인지 검사합니다. 설정 조건에 해당하지 않으면 오류 메시지를 출력하고 해당 입력 항목에 커서가 놓입니다.

21~25행: 입력된 도서 가격의 문자 길이가 0인지 숫자인지 검사합니다. 설정 조건에 해당하지 않으면 오류 메시지를 출력하고 해당 입력 항목에 커서가 놓입니다.

27~31행: 입력된 도서 가격이 음수인지 검사합니다. 설정 조건에 해당하면 오류 메시지를 출력하고 해당 입력 항목에 커서가 놓입니다.

34~38행: 입력된 도서 재고 수가 숫자가 아닌지를 검사합니다. 설정 조건에 해당하면 오류 메시지를 출력하고 해당 입력 항목에 커서가 놓입니다.

40~44행: 입력된 도서 설명의 문자 길이가 100자 이상인지를 검사합니다. 설정 조건에 해당하면 오류 메시지를 출력하고 해당 입력 항목에 커서가 놓입니다.

46~53행: 입력 항목에 대해 정규 표현식으로 검사하여 오류가 있으면 오류 메시지를 출력하고 해당 입력 항목에 커서가 놓이도록 check() 함수를 작성합니다.

55행: 폼 페이지에 입력된 데이터 값을 서버로 전송합니다.

3 도서 등록 페이지 수정하기: addBook.jsp 파일을 다음과 같이 추가 수정합니다.

BookMarket/src/main/webapp/addBook.jsp

```
<%@ page contentType="text/html; charset=utf-8" %>
<html>
<head>
<link rel="stylesheet" href="./resources/css/bootstrap.min.css" />
<script type="text/javascript" src="./resources/js/validation.js"></script>
<title>도서 등록</title>
</head>
<body>
…(생략)…
    <div class="mb-3 row">
      <label class="col-sm-2">도서 코드</label>
      <div class="col-sm-3">
        <input type="text" id="bookId" name="bookId" class="form-control">
      </div>
    </div>
    <div class="mb-3 row">
      <label class="col-sm-2">도서명</label>
      <div class="col-sm-3">
        <input type="text" id="name" name="name" class="form-control">
      </div>
    </div>
    <div class="mb-3 row">
      <label class="col-sm-2">가격</label>
      <div class="col-sm-3">
        <input type="text" id="unitPrice" name="unitPrice" class=
        "form-control">
      </div>
    </div>
    …(생략)…
```

```
29      <div class="mb-3 row">
30        <label class="col-sm-2">상세정보</label>
31        <div class="col-sm-5">
32          <textarea name="description" id="description" cols="50" rows="2"
          class="form-control" placeholder="100자 이상 적어주세요"></textarea>
33        </div>
34      </div>
35      …(생략)…
36      <div class="mb-3 row">
37        <label class="col-sm-2">재고 수</label>
38        <div class="col-sm-3">
39          <input type="text" id="unitsInStock" name="unitsInStock" class
          ="form-control">
40        </div>
41      </div>
42      …(생략)…
43      <div class="mb-3 row">
44        <div class="col-sm-offset-2 col-sm-10">
45          <input type="button" class="btn btn-primary" value="등록" onclick
          ="CheckAddBook()">
46        </div>
47      </div>
48    …(생략)…
```

05행: 폼 페이지에 입력 항목의 데이터를 검사하는 핸들러 함수가 저장된 자바스크립트 파일 validation.js를 가져오도록 작성합니다.

13, 19, 25, 32, 39행: 폼 페이지에 입력된 도서 아이디, 도서명, 가격, 설명, 재고 수에 대해 유효성 검사를 할 수 있도록 각각 id 속성 값을 작성합니다.

45행: 〈등록〉을 클릭하면 핸들러 함수 CheckAddBook()이 실행되도록 onclick 속성을 작성합니다.

요약

01 (   )는 사용자가 폼 페이지에서 입력한 데이터 값이 서버로 전송되기 전에 특정 규칙에 맞게 입력되었는지 검증하는 것을 말합니다. (   )를 위한 핸들러 함수는 폼 페이지에서 이벤트가 발생했을 때(〈submit〉를 클릭한 경우)의 유효성 검사를 위해 매핑하는 메소드입니다.

02 (   )는 사용자가 폼 페이지의 입력 항목에 입력한 데이터 값이 있는지 없는지 확인하고 데이터 길이, 숫자 등 기본적인 것이 맞는지 검사합니다.

03 (   )에 대한 검사는 회원 가입 페이지에서 아이디, 비밀번호 등과 같은 입력 데이터의 제한 길이를 확인합니다.

04 숫자 여부는 (   ) 함수를 활용하여 검사합니다.

05 데이터 형식 유효성 검사는 사용자가 폼 페이지의 입력 항목에 입력한 데이터 값이 특정 형태에 적합한지 검사하기 위해 (   )을 사용하는 방법으로 기본 유효성 검사보다 복잡합니다.

06 (   )은 특정한 규칙을 가진 문자열의 집합을 표현하는 데 사용하는 형식 언어입니다.

07 정규 표현식에서 사용하는 기호를 (   )라고 합니다. (   )는 정규 표현식 내부에서 특정한 의미를 가진 문자입니다.

정답

01 유효성 검사, 유효성 검사 **02** 기본 유효성 검사 **03** 데이터 길이 **04** isNaN() **05** 정규 표현식 **06** 정규 표현식
07 메타 문자, 메타 문자

연습문제

01 사용자가 폼 페이지에서 입력한 데이터 값이 서버로 전송되기 전에 특정 규칙에 맞게 입력되었는지 검증하는 것은 무엇인가?

① 유효성 검사 ② 오류 검사

③ 폼 페이지 검사 ④ 예외처리

02 유효성 검사가 필요한 이유에 해당하지 않는 것은 무엇인가?

① 보안 공격 방지 ② 잘못된 데이터 방지

③ 예상 가능한 오류 방지 ④ 예외처리 방지

03 유효성 검사로 옳지 않은 것은 무엇인가?

① 데이터 유무 확인하기 ② 예외처리 확인하기

③ 숫자 여부 확인하기 ④ 데이터 길이 확인하기

04 숫자 여부를 확인하는 유효성 검사의 메소드는 무엇인가?

① isNaN() ② boolNaN()

③ isNotaNumber() ④ boolNotaNumber()

05 사용자가 폼 페이지의 입력 항목에 입력한 데이터 값이 특정 형태에 적합한지 검사하는 것은 무엇인가?

① 기본 유효성 검사 ② 데이터 형식 유효성 검사

③ 데이터 값 유효성 검사 ④ 예외 처리 유효성 검사

06 정규 표현식의 표현으로 잘못 짝지어진 것은 무엇인가?

① ^x: 문자열이 x로 시작된다. ② x$: 문자열이 x로 종료된다.

③ x*: x가 1번 이상 반복된다. ④ x{n}: x를 n번 반복한 문자를 찾는다.

07 정규 표현식을 이용한 유효성 검사로 데이터 형식과 패턴이 잘못 짝지어진 것은 무엇인가?

① 숫자만: ^[0-9]*$

② 영문자만: ^[a-zA-Z]*$

③ 휴대전화: ^\d{2,3} - \d{3,4} - \d{4}$

④ 주민등록번호: \d{6} \- [1-4]\d{6}

08 비밀번호가 아이디를 포함하지 않도록 다음 조건에 맞게 JSP 애플리케이션을 만들고 실행하여 결과를 확인하시오.

조건

1. validation01.jsp 파일을 생성한다.
   - input 태그 내에 text 유형을 이용하여 아이디, 비밀번호 항목을 작성한다.
   - form 태그에 action 속성 값은 validation_process.jsp로 작성한다.
   - 아이디, 비밀번호 항목이 입력되지 않으면 위의 그림과 같이 "아이디(or 비밀번호)를 입력해주세요"라는 메시지 창을 띄우도록 작성한다.
   - 비밀번호에 아이디 값을 포함하면 위의 그림과 같이 메시지 창을 띄우도록 작성한다.
2. validation_process.jsp 파일을 생성한다.
   - request 내장 객체의 getParameter() 메소드를 사용하여 요청 파라미터 값을 출력한다.
3. 웹 브라우저에 'http://localhost:8080/Exercise/ch08/validation01.jsp'를 입력하여 실행 결과를 확인한다.

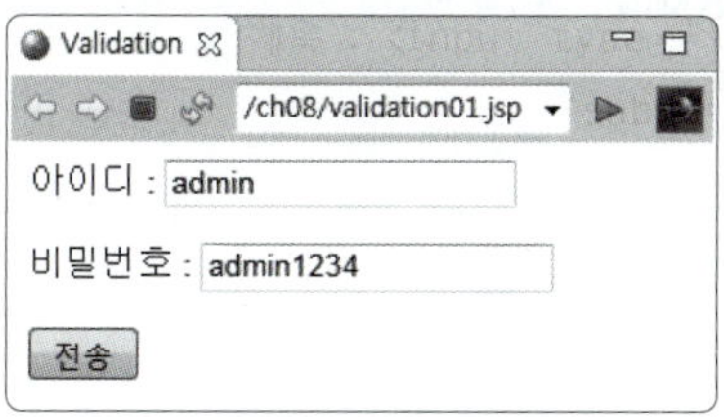

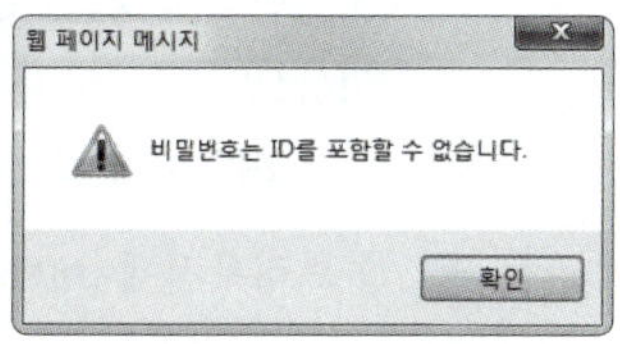

09 비밀번호가 연속 3자 이상의 영문, 숫자가 되지 않도록 다음 조건에 맞게 JSP 애플리케이션을 만들고 실행하여 결과를 확인하시오.

조건

1. validation02.jsp 파일을 생성한다.
   - input 태그 내에 text 유형을 이용하여 아이디, 비밀번호, 비밀번호 확인 항목을 작성한다.
   - 비밀번호에 영문과 숫자가 3자 연속하면 위의 그림과 같이 메시지 창을 띄우도록 작성한다.
2. 웹 브라우저에 'http://localhost:8080/Exercise/ch08/validation02.jsp'를 입력하여 실행 결과를 확인한다.

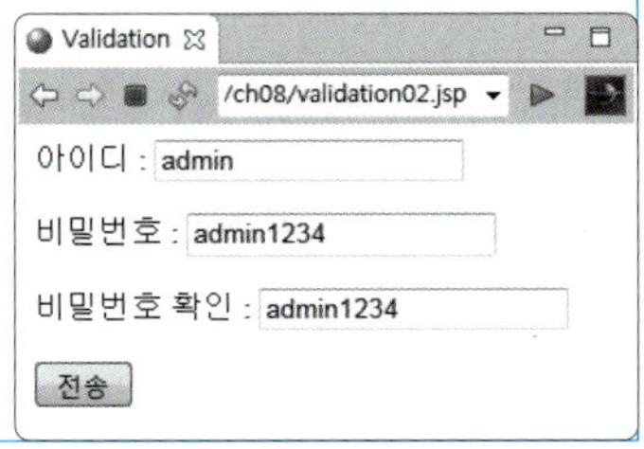

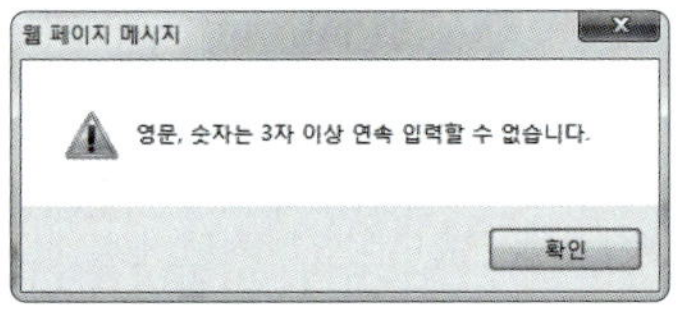

10 비밀번호가 영문+숫자+특수기호로 구성되고, 8자 이상이 되도록 다음 조건에 맞게 JSP 애플리케이션을 만들고 실행하여 결과를 확인하시오.

조건

1. validation03.jsp 파일을 생성한다.
   - input 태그 내에 text 유형을 이용하여 아이디, 비밀번호, 비밀번호 확인 항목을 작성한다.
   - 비밀번호에 영문, 숫자, 특수기호를 포함하여 8자리 이상으로 구성하지 않으면 위의 그림과 같이 메시지 창을 띄우도록 작성한다.
2. 웹 브라우저에 'http://localhost:8080/Exercise/ch08/validation03.jsp'를 입력하여 실행 결과를 확인한다.

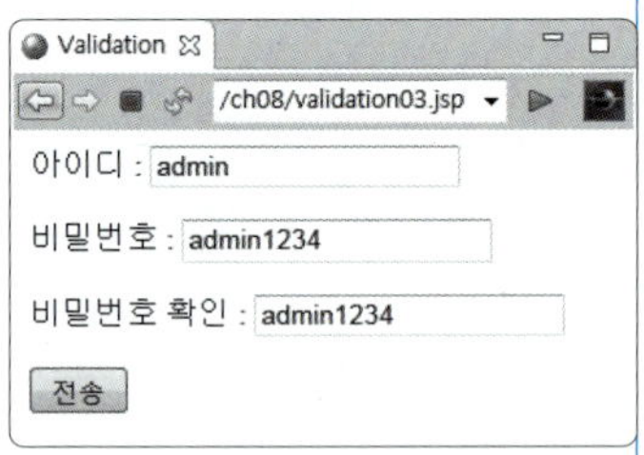

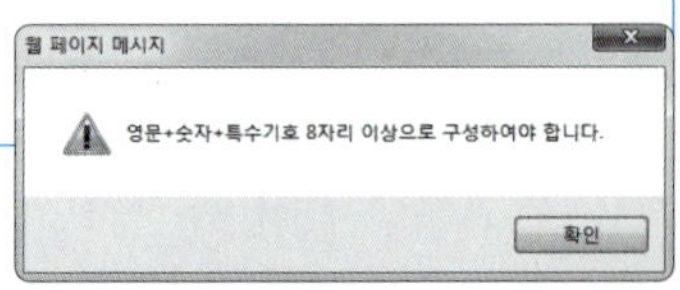

CHAPTER 09

다국어 처리: 도서 등록 페이지의 다국어 처리하기

학습목표

- 다국어 처리의 개념을 이해합니다.
- Locale 클래스를 이용한 다국어 처리 방법을 익힙니다.
- JSTL fmt 태그를 이용한 다국어 처리 방법을 익힙니다.
- 다국어 처리를 이용하여 한글/영문 도서 등록 페이지를 만듭니다.

01 다국어 처리의 개요

다국어 처리는 웹 브라우저를 사용하는 국가에 따라 다양한 언어 및 지역을 지원하는 서비스를 말합니다. 즉 다른 언어와 지역적 차이를 기술 변경 없이 소프트웨어에 바로 적용하는 것입니다. 예전에는 국제적인 환경에서 서비스될 웹 사이트를 구축할 때 국가별로 페이지를 만들어야 했습니다. 이렇게 국가별 언어로 변형하여 웹 사이트를 제작하고 유지 관리하는 일은 시간이 오래 걸리고 어렵습니다.

하지만 JSP 페이지에 JSTL의 fmt 태그를 이용하면 언어별로 페이지를 따로 만들 필요 없이 아주 간단하게 다국어를 지원할 수 있습니다. 다국어는 다양한 언어와 지역에 적용될 수 있도록 하는 국제화(internationalization, i18n)와 언어별 구성 요소를 추가하여 특정 지역의 언어나 문화에 맞추는 지역화(localization, L10n)를 포함합니다.

NOTE i18n과 L10n의 의미

국제화를 I18N 또는 i18n으로 표기하고 지역화를 L10N 또는 l10n으로 표기하기도 합니다. 이는 internationalization과 localization의 첫 글자와 마지막 글자를 제외한 나머지 글자를 그 수로 표현한 것입니다. 즉 I18N은 'I+18자+N'을 의미합니다. 그런데 L의 소문자와 대문자 I가 비슷해 보이기 때문에 i18n과 L10n을 주로 사용합니다. 그 외에 다국어화(multilingualization, m17n)라는 표현을 사용하기도 합니다.

1 지역화

지역화(localization)는 사용 국가별 환경에서 특정 언어와 지역에 맞게 적합화하는 것으로, 줄여서 L10n으로 표기하기도 합니다. 지역화에 주로 고려되는 사항은 다음과 같습니다.

- 숫자, 날짜, 시간의 형식
- 화폐의 표시
- 키보드의 지원
- 문자열의 순서와 정렬
- 심벌, 아이콘, 색상

- 문화에 따라 오해의 소지가 있거나 의미가 없는 문자, 그림
- 지역별 법률의 차이

2 국제화

국제화(internationalization)는 여러 국가에서 사용할 수 있도록 다국어를 지원하는 것으로, 줄여서 i18n으로 표기하기도 합니다. 국제화는 어느 국가에서나 사용할 수 있게 하는 지역화 기능을 포함합니다. 국제화는 주로 다음과 같은 처리를 포함하여 지원해야 합니다.

- 국제화 지원은 유니코드의 사용이나 기존의 인코딩을 적절히 처리하고 사용자 인터페이스에 표시할 문자열에는 문자 코드가 포함되지 않도록 설계 및 개발해야 합니다.
- 국제화를 처리하는 정보에 언어 정보를 포함하거나, 세로쓰기/가로쓰기/우측에서 좌측으로의 가로쓰기 등 언어의 특성을 반영하는 처리 등을 지원해야 합니다.
- 날짜와 시간 표시, 지역의 달력, 숫자 표시, 리스트의 정렬과 표시, 인명이나 주소의 처리 등 언어의 특성(언어적·지역적·문화적 특성 등)에 대한 사용자 설정을 지원해야 합니다.
- 국제화는 사용자의 요청이나 설정에 따라 필요시 사용되도록 지역화 정보를 코드와 분리해야 합니다.

02 Locale 클래스를 이용한 다국어 처리

Locale 클래스는 특정 지리적·정치적·문화적 지역을 나타내는 클래스로, 사용자의 지역 환경에 따라 결정되는 지역적 문화(언어, 날짜, 시간 등)의 정보를 담고 있습니다. 예를 들어 웹 페이지에 보이는 메시지가 여러 가지 언어로 주어졌을 때 사용자가 어떤 언어로 출력할 것인지 결정할 수 있게 하는 수단이 바로 Locale 클래스입니다. Locale 클래스는 단순한 메시지뿐 아니라 숫자, 날짜, 시간 등을 표현하는 데 사용됩니다.

Locale 객체의 생성은 request 내장 객체를 이용하여 현재 웹 브라우저에 미리 정의된 언어나 국가 정보를 가져오는 방법으로 형식은 다음과 같습니다. Locale 클래스를 사용하려면 JSP 페이지에 page 디렉티브 태그의 import 속성으로 패키지 java.util.Locale을 설정해야 합니다.

```
java.util.Locale request.getLocale();
```

NOTE Locale 클래스를 생성하는 또 다른 방법

- **인스턴스화 방법**

```
Locale locale=new Locale("ko", "KR");
```

- **미리 정의된 필드 값을 사용하는 방법**

```
Locale locale=Locale.KOREA;
```

1 로케일 감지하기

웹 브라우저에 설정된 국가와 언어 이름을 통해 사용자는 해당 국가의 언어로 웹 브라우저를 볼 수 있습니다. 이처럼 웹 브라우저에 설정된 국가와 언어 이름을 알아내는 것을 로케일 감지라고 합니다. 다음의 메소드를 이용하면 웹 브라우저에 설정된 국가나 언어 정보를 얻어올 수 있습니다.

표 9-1 로케일 감지 메소드의 종류

메소드	반환 유형	설명
getDefault()	static Locale	디폴트 로케일의 현재 값을 가져온다.
getCountry()	String	현재 로케일의 국가/지역 코드(대문자)를 가져온다.
getDisplayCountry()	String	현재 로케일의 국가 이름을 가져온다.
getLanguage()	String	현재 로케일의 언어 코드(소문자)를 가져온다.
getDisplayLanguage()	String	현재 로케일의 언어 이름을 얻어온다.

다음은 웹 브라우저에서 JSP 페이지 요청 시 현재 로케일의 언어 및 국가를 표시하는 예입니다.

[로케일 감지 메소드 사용 예]

```
<%@ page contentType="text/html; charset=utf-8" %>
<%@ page import="java.util.Locale" %>
<%
    Locale locale=request.getLocale();
    String displayLanguage=locale.getDisplayLanguage();
    String language=locale.getLanguage();
    String displayCountry=locale.getDisplayCountry();
    String country=locale.getCountry();
%>
<html>
<head>
<title>Localization</title>
</head>
<body>
    <%
        out.println("로케일 언어 : " + displayLanguage + "<br />");
        out.println("로케일 언어 코드 : " + language + "<br />");
        out.println("로케일 국가 : " + displayCountry + "<br />");
        out.println("로케일 국가 코드 : " + country + "<br />");
    %>
</body>
</html>
```

```
로케일 언어 : 한국어
로케일 언어 코드 : ko
로케일 국가 : 대한민국
로케일 국가 코드 : KR
```

2 로케일 표현하기

언어 설정

다양한 국가별 언어를 제대로 표현하기 위해 response 내장 객체의 setHeader() 메소드를 사용합니다. 이 메소드에 Content-Language 헤더 값을 언어 코드로 설정하고 HTML 엔티티 코드나 이름을 사용하면 모든 특수문자를 출력할 수 있습니다.

다음은 스페인어를 출력하는 예입니다. response 내장 객체의 setHeader() 메소드를 이용하여 Content-Language 헤더 값에 스페인어 코드 es를 설정합니다. 그리고 스페인어의 ñ, ¡ 같은 특수문자를 출력하기 위해 HTML 엔티티 이름을 사용합니다.

[로케일의 언어 설정 예]

```
<%@ page contentType="text/html; charset=utf-8" %>
<%@ page import="java.util.Locale" %>
<%
    response.setContentType("text/html");
    response.setHeader("Content-Language", "es");
    String title="Espa&ntilde;ol";
%>
<html>
<head>
<title>
    <% out.print(title); %>
</title>
</head>
<body>
    <p>Idioma : <% out.print(title); %></p>
    <p>&iexcl;Hola Mundo!</p>
</body>
</html>
```

Idioma : Español

¡Hola Mundo!

날짜와 시간 설정

사용자의 로케일에 따라 특정 날짜와 시간 형식을 표현하기 위해 DateFormat 클래스의 getDateTimeInstance() 메소드를 사용합니다. DateFormat 클래스를 사용하려면 JSP 페이지에 page 디렉티브 태그의 import 속성으로 패키지 java.text.DateFormat을 설정해야 합니다.

다음은 웹 브라우저에 설정된 로케일의 특정 날짜와 시간 형식을 출력하는 예입니다.

[로케일의 날짜와 시간 설정 예]

```
<%@ page contentType="text/html; charset=utf-8" %>
<%@ page import="java.util.Locale,java.util.Date" %>
<%@ page import="java.text.DateFormat" %>
<html>
<head>
<title>Internationalization</title>
</head>
<body>
    <%
        Locale locale=request.getLocale();
        String date=DateFormat.getDateTimeInstance(DateFormat.FULL,
        DateFormat.SHORT, locale).format(new Date());
    %>
    <p> 로케일의 날짜 형식
    <p> <% out.print(date); %>
</body>
</html>
```

로케일의 날짜 형식

2023년 9월 7일 목요일 오전 11:26

통화와 숫자 설정

사용자의 로케일에 따라 특정 통화와 숫자를 표현하기 위해 NumberFormat 클래스의 getCurrencyInstance() 메소드를 사용합니다. 또한 특정 비율을 표현하는 데에는 getPercentInstance() 메소드를 사용합니다. NumberFormat 클래스를 사용하려면 JSP 페이지에 page 디렉티브 태그의 import 속성으로 패키지 java.text.NumberFormat을 설정해야 합니다.

다음은 웹 브라우저에 설정된 로케일의 특정 통화와 숫자 형식을 출력하는 예입니다.

[로케일의 통화와 숫자 설정 예]

```
<%@ page contentType="text/html; charset=utf-8" %>
<%@ page import="java.util.Locale,java.util.Date" %>
<%@ page import="java.text.NumberFormat" %>
<html>
<head>
<title>Internationalization</title>
</head>
<body>
    <%
        Locale locale=request.getLocale();
        NumberFormat curency=NumberFormat.getCurrencyInstance(locale);
        NumberFormat percentage=NumberFormat.getPercentInstance(locale);
        String fcurency=curency.format(1234567);
        String fpercentage=percentage.format(0.25);
    %>
    <p> 로케일의 통화 형식 : <% out.print(fcurency); %>
    <p> 로케일의 비율 형식 : <% out.print(fpercentage); %></p>
</body>
</html>
```

로케일의 통화 형식 : ₩1,234,567

로케일의 비율 형식 : 25%

예제 9-1 사용자의 로케일에 따라 국가, 날짜, 통화 형식 출력하기

1 프로젝트 생성하기: 1장에서 생성한 JSPBook 프로젝트를 사용합니다.

2 JSP 페이지 작성하기: JSPBook/src/main/webapp/ 폴더에 ch09 폴더를 만든 후 locale01.jsp 파일을 생성하고 다음과 같이 작성합니다.

JSPBook/src/main/webapp/ch09/locale01.jsp

```
<%@ page contentType="text/html; charset=utf-8" %>
<%@ page import="java.text.NumberFormat" %>
<%@ page import="java.text.DateFormat" %>
<%@ page import="java.util.*" %>
<html>
<head>
<title>Internationalization</title>
```

```
08 </head>
09 <body>
10     <h3>현재 로케일의 국가, 날짜, 통화</h3>
11     <%
12         Locale locale=request.getLocale();
13         Date currentDate=new Date();
14         DateFormat dateFormat=DateFormat.getDateInstance(DateFormat.FULL,locale);
15         NumberFormat numberFormat=NumberFormat.getNumberInstance(locale);
16     %>
17     <p> 국가 : <%=locale.getDisplayCountry() %>
18     <p> 날짜 : <%=dateFormat.format(currentDate) %>
19     <p> 숫자 (12345.67) : <%=numberFormat.format(12345.67) %>
20 </body>
21 </html>
```

02행: NumberFormat 클래스를 사용하도록 page 디렉티브 태그의 import 속성 값에 패키지 java.text.NumberFormat을 작성합니다.

03행: DateFormat 클래스를 사용하도록 page 디렉티브 태그의 import 속성 값에 패키지 java.text.DateFormat을 작성합니다.

04행: Date 클래스를 사용하도록 page 디렉티브 태그의 import 속성 값에 패키지 java.util.*을 작성합니다.

12행: Locale 클래스를 이용하여 현재 웹 브라우저에 미리 정의된 로케일을 가져오도록 작성합니다.

13행: 현재 시스템 날짜를 얻어오도록 작성합니다.

14행: 현재 로케일로 DateFormat 클래스를 생성하도록 작성합니다.

15행: 현재 로케일로 NumberFormat 클래스를 생성하도록 작성합니다.

17~19행: 현재 로케일의 국가, 날짜 형식, 통화 형식을 출력하도록 표현문 태그를 작성합니다.

3 프로젝트 실행하기: 웹 브라우저에 'http://localhost:8080/ch09/locale01.jsp'를 입력하여 실행 결과를 확인합니다.

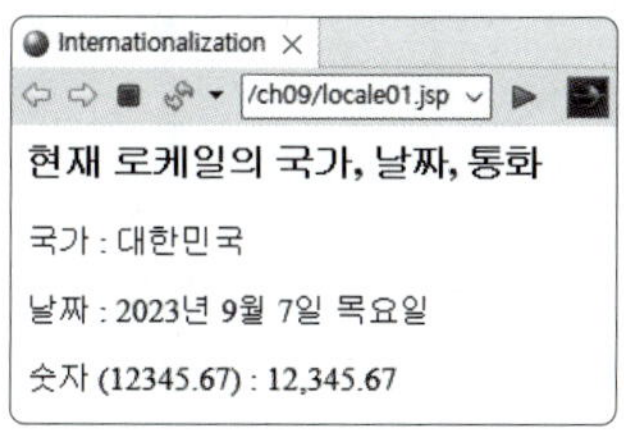

4 현재 로케일을 미국으로 변경하기: 웹 브라우저의 환경 설정(=크롬 맞춤설정 및 제어(⋮)) 메뉴바에서 ❶ [설정]을 선택하고 ❷ [설정] 창에서 [언어]를 선택합니다. ❸ [기본 언어] 항목에서 〈언어 추가〉를 클릭하여 ❹ [언어 추가] 창에서 '영어(미국)–English(United States)'를 선택하고 ❺ 〈추가〉를 클릭합니다. ❻ [기본 언어] 항목에서 현재 선택한 영어의 클릭하여 가장 위로 이동 메뉴를 선택하여 ❼ 영어가 가장 위로 위치하도록 이동합니다.

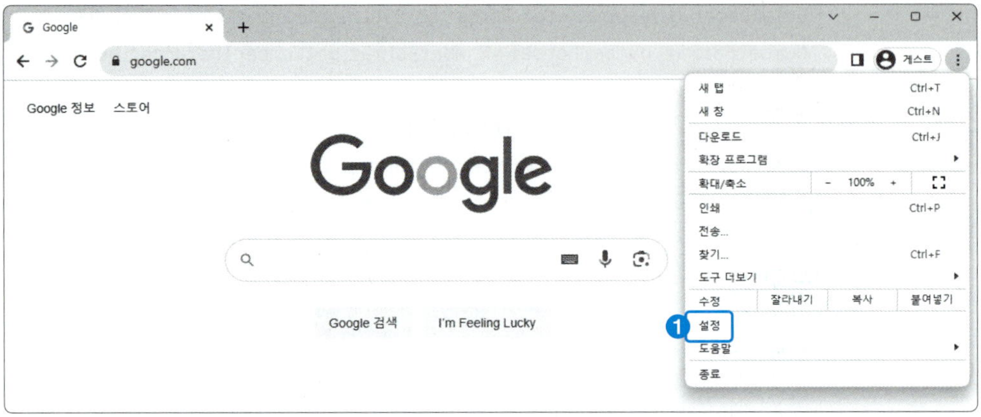

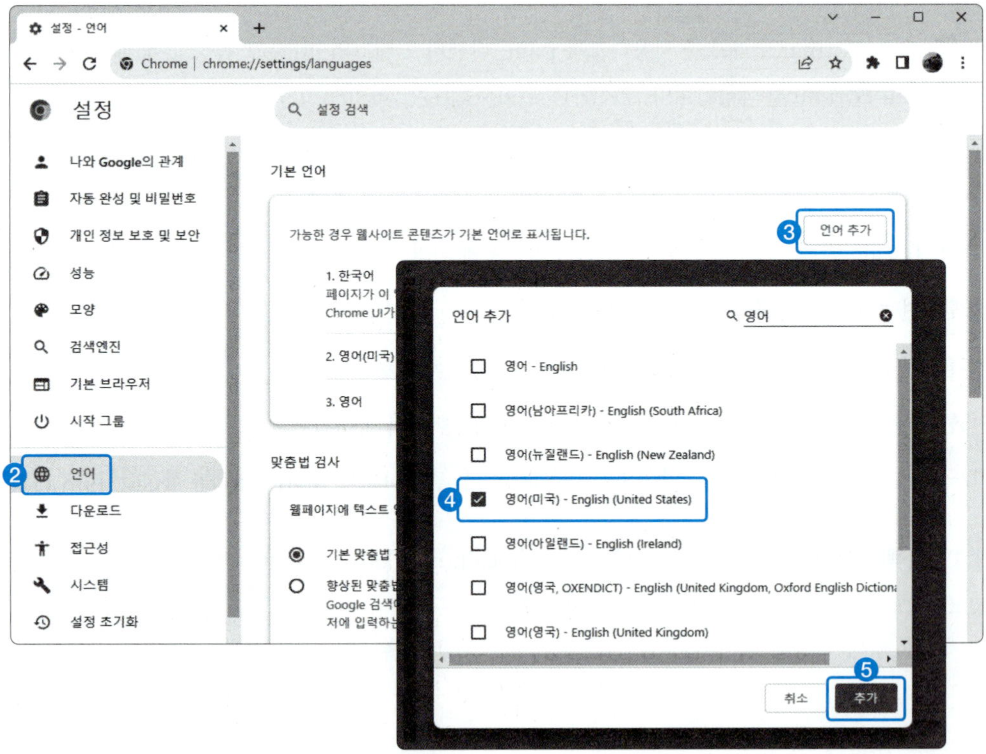

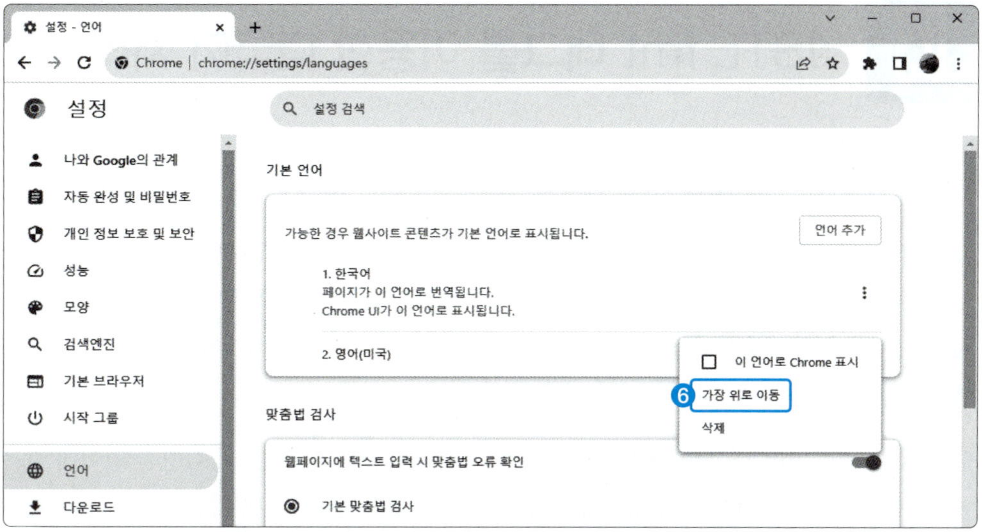

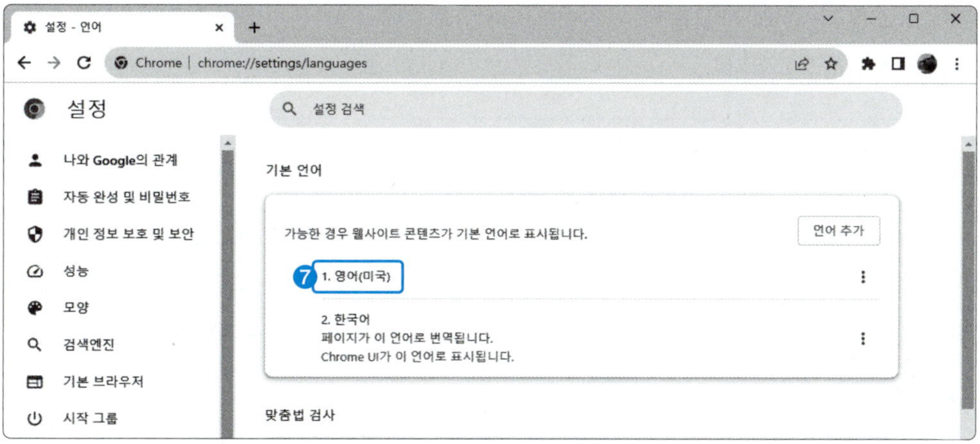

5 프로젝트 재실행하기: 웹 브라우저에 'http://localhost:8080/ch09/locale01.jsp'를 입력하여 실행 결과를 확인합니다.

03 JSTL fmt 태그를 이용한 다국어 처리

JSTL fmt 태그는 다국어 문서 처리를 위한 국제화 및 지역화 태그입니다. 날짜와 숫자 등을 형식화하는 기능을 제공하는 JSTL 라이브러리인 JSTL fmt 태그는 특정 지역에 따라 다른 메시지를 출력할 때 사용합니다. 예를 들면 한글 웹 브라우저는 한글 메시지를 출력할 때, 영문 웹 브라우저는 영어 메시지를 출력할 때 유용합니다.

이와 같이 JSTL fmt 태그는 중복 작업을 없애고 하나의 JSP 페이지에서 다양한 언어에 맞는 메시지를 출력하게 합니다. JSTL fmt 태그 라이브러리를 사용하려면 다음과 같이 JSP 페이지에 taglib 디렉티브 태그로 서식 라이브러리를 포함해야 합니다. 또한 JSTL 라이브러리인 jstl.jar 파일이 필요합니다.

```
<%@ taglib prefix="fmt" uri="http://java.sun.com/jsp/jstl/fmt" %>
```

여기서 uri 속성은 사용자가 정의한 태그의 설정 정보가 담긴 경로 주소입니다. prefix 속성은 uri에 설정한 주소를 사용자가 정의한 태그로 식별하는 데 쓰이는 고유 이름입니다. uri 속성 값을 그대로 사용하면 복잡하므로 prefix 속성 값이 대신 식별할 수 있게 해주는 것입니다.

- **배포 사이트:** http://mvnrepository.com
- **다운로드 파일:** jstl-1.2.jar

표 9-2 JSTL fmt 태그의 종류

구분	태그 유형	설명
Locale 설정	setLocale	로케일을 설정한다.
	requestEncoding	요청 파라미터의 문자 인코딩을 설정한다.
메시지 처리	bundle	사용할 리소스번들을 설정한다.
	message	리소스번들에서 로케일에 맞는 메시지를 가져와 출력한다.
	setBundle	리소스번들을 읽어와 특정 변수에 저장한다.
날짜	formatDate	날짜 형식을 표현한다.
	parseDate	문자열에서 원하는 패턴의 날짜 형식으로 변환한다.

숫자	parseNumber	문자열에서 원하는 패턴의 숫자 형식으로 변환한다.
	formatNumber	숫자 형식을 표현한다.
시간	setTimeZone	특정 범위의 시간대를 설정한다.
	timeZone	시간대를 설정한다.

NOTE 아파치 톰캣에 제공하는 JSTL 라이브러리 설치 방법

❶ 아파치 톰캣 사이트(https://tomcat.apache.org)에 접속하여 [Download]-[Taglibs] 메뉴를 선택한 후 taglibs-standard-impl-1.2.5.jar, taglibs-standard-spec-1.2.5.jar, taglibs-standard-jstlel-1.2.5.jar 파일을 모두 다운로드합니다.

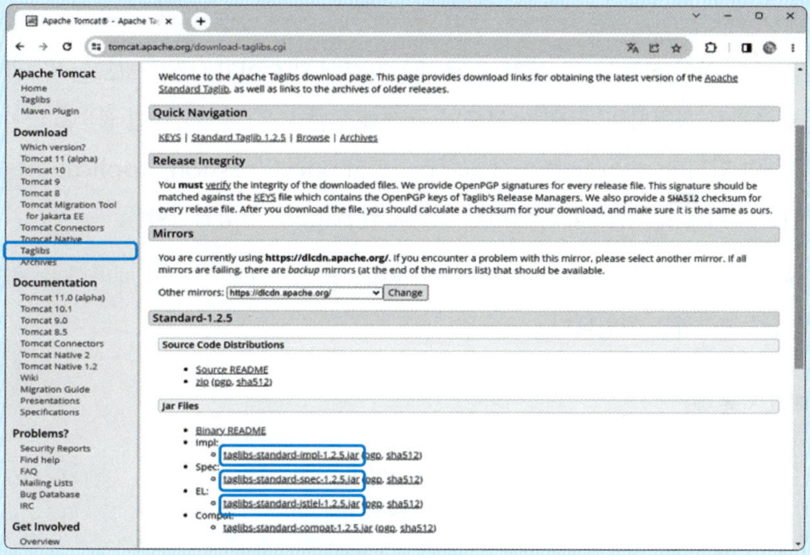

❷ 다운로드한 taglibs-standard-impl-1.2.5.jar, taglibs-standard-spec-1.2.5.jar, taglibs-standard-jstlel-1.2.5.jar을 톰캣 10버전으로 마이그레이션합니다.

TIP 마이그레이션 방법은 7장을 참고하세요.

❸ 웹 애플리케이션의 /src/main/webapp/WEB-INF/lib/ 폴더에 마이그레이션한 모든 파일을 포함합니다. 또는 서버 톰캣의 lib/ 폴더와 자바 JDK의 lib 폴더에 마이그레이션한 모든 파일을 포함합니다.

1 로케일 설정 태그의 기능과 사용법

setLocale 태그

setLocale 태그는 국제화 태그가 사용할 로케일을 설정하는 태그로 형식은 다음과 같습니다. setLocale 태그는 다국어를 지원하는 웹 페이지를 만들 때 리소스번들(ResourceBundle)인 *.properties 파일과 연계하여 사용합니다.

```
<fmt:setLocale
    value="언어 코드[_국가 코드]"
    [scope="{page|request|session|application}"] /> //기본값은 page
```

value 속성 값에서 언어 코드는 두 글자로 된 소문자로서 필수이고, 국가 코드는 두 글자로 된 대문자로서 추가로 설정합니다. 언어 코드와 국가 코드를 모두 설정하려면 붙임표(–)나 밑줄(_)로 구분해야 합니다. scope 속성 값으로 page, request, session, application 중 하나를 설정하거나 생략할 수 있는데, 생략하면 기본값인 page로 설정됩니다.

다음은 setLocale 태그에 언어 코드를 한국어, 일본어, 영어 등으로 설정할 때마다 변경된 로케일 값을 가져와 출력하는 예입니다.

[setLocale 태그 사용 예]

```
<%@ page contentType="text/html; charset=utf-8" %>
<%@ taglib prefix="fmt" uri="http://java.sun.com/jsp/jstl/fmt" %>
<html>
<head>
<title>Internationalization</title>
</head>
<body>
    <%=response.getLocale() %>

    <fmt:setLocale value="ko" />
    <p><%=response.getLocale() %>

    <fmt:setLocale value="ja" />
    <p><%=response.getLocale() %>
```

```
ko_KR
ko
ja
en
```

```
    <fmt:setLocale value="en" />
    <p><%=response.getLocale() %>
</body>
</html>
```

requestEncoding 태그

requestEncoding 태그는 요청 파라미터의 문자 인코딩을 설정하는 태그로 형식은 다음과 같습니다. 이 태그는 request 내장 객체의 setCharacterEncoding() 메소드와 동일한 역할을 합니다.

```
<fmt:requestEncoding value="문자 인코딩" />
```

다음은 requestEncoding 태그에 요청 파라미터의 문자 인코딩을 euc-kr로 설정하는 예입니다.

[requestEncoding 태그 사용 예]

```
<%@ page contentType="text/html; charset=euc-kr" %>
<%@ taglib prefix="fmt" uri="http://java.sun.com/jstl/fmt" %>
<html>
<head>
<title>Internationalization</title>
</head>
<body>
    <fmt:requestEncoding value="euc-kr" />
    요청 파라미터 :
    <%
       out.print(request.getParameter("id"));
    %>
    <form method="post" action="#">
        <p> 아이디 <input type="text" name="id">
        <input type="submit" value="전송">
    </form>
</body>
</html>
```

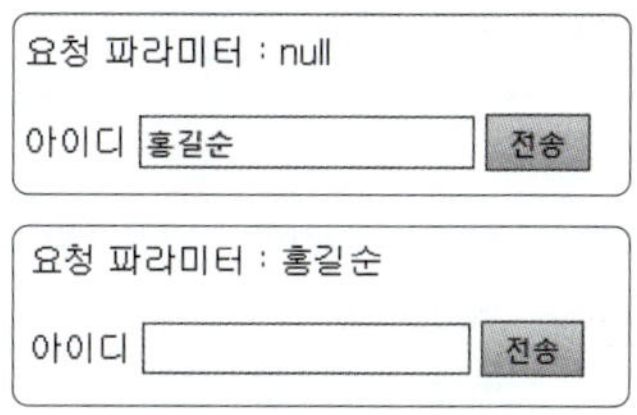

2 메시지 처리 태그의 기능과 사용법

리소스번들

리소스번들은 메시지 처리 태그에서 사용하는 파일로 메시지번들이라고도 합니다. 리소스번들로 사용하는 파일은 보통 WEB-INF/classes/ 폴더에 있습니다. 리소스번들은 java.util.Properties 클래스에 정의된 방법으로 메시지를 읽어오기 때문에 확장자가 properties인 파일이 반드시 있어야 합니다. java.util.Properties 클래스는 알파벳이나 숫자, 라틴 문자 외의 언어를 유니코드 값으로 표현합니다.

표 9-3 리소스번들로 사용하는 *.properties 파일의 종류

*.properties 파일	설명
파일 이름.properties	기본 메시지일 때 사용한다.
파일 이름_ko.properties	한글 메시지일 때 사용한다.
파일 이름_en.properties	영어 메시지일 때 사용한다.

다음은 리소스번들로 사용하는 *.properties 파일에 한글과 영어 메시지를 작성하는 예입니다.

[한글, 영문 리소스번들 작성 예]

```
//message_ko.properties 파일인 경우
NAME = 홍길순
```

```
//message_en.properties 파일인 경우
NAME = your name
```

> **NOTE 리소스번들로 사용하는 *.properties 파일**
>
> 리소스번들로 사용하는 *.properties 파일은 보통 WEB-INF/classes/ 폴더 안에 위치하며 디렉터리의 깊이에 따라서 패키지 형식의 이름으로 되어 있습니다. 로케일이 ko이면 testBundle_ko.properties 파일을 읽어오고, 로케일이 맞지 않으면 testBundle.properties처럼 언어 코드가 붙지 않은 파일을 읽어옵니다.
>
> *.properties 파일의 내용은 한글로 직접 입력할 수 없기 때문에 한글에 해당하는 유니코드로 변환해서 입력해야 합니다. 또는 이클립스에서 PropertiesEditor 플러그인을 사용하면 좀 더 쉽게 작성할 수 있습니다.

bundle 태그

bundle 태그는 사용할 리소스번들을 설정하는 태그로 형식은 다음과 같습니다. 이 태그는 리소스번들로 사용할 *.properties 파일을 읽어오는 역할을 하며 message 태그와 함께 사용합니다.

```
<fmt:bundle basename="리소스번들" [prefix="key 이름"]>
    //body 내용
</fmt:bundle>
```

여기서 basename 속성 값의 리소스번들에는 반드시 확장자가 properties인 파일을 설정해야 합니다. prefix 속성 값은 bundle 태그 내부에서 사용되는 message 태그의 key 속성 값 앞에 자동으로 붙는 문자열을 의미합니다.

message 태그

message 태그는 bundle 태그에 설정한 리소스번들에서 메시지를 읽어와 출력하는 태그로 형식은 다음과 같습니다.

```
<fmt:message
    key="메시지 key 이름"
    [bundle="setBundle 태그의 변수 이름"]
    [var="메시지를 저장하는 변수 이름"]
    [scope="{page|request|session|application}"] /> //기본값은 page
```

여기서 key 속성 값은 리소스번들로 사용하는 *.properties 파일에서 메시지를 읽어와 var 속성 값인 메시지 변수에 저장합니다.

다음은 메시지 처리 태그를 이용하여 리소스번들의 메시지를 가져와 출력하는 예입니다. 먼저 /src/main/java/ 폴더에 resourceBundle 폴더를 생성합니다. 그리고 이 폴더에 영어와 한글 메시지를 저장하는 리소스번들로 각각 message_en.properties, message.properties 파일을 작성합니다. 마지막으로 bundle 태그와 message 태그로 리소스번들에서 메시지를 가져와 출력합니다.

[bundle 태그와 message 태그 사용 예]

```
//message_en.properties 파일인 경우
name=admin
hello=How are You

//message.properties 파일인 경우
name=\uAD00\uB9AC\uC790                //"관리자" 유니코드
hello=\uC548\uB155\uD558\uC138\uC694   //"안녕하세요" 유니코드
```

```
<%@ page contentType="text/html; charset=utf-8" %>
<%@ taglib prefix="fmt" uri="http://java.sun.com/jsp/jstl/fmt" %>
<html>
<head>
<title>Internationalization</title>
</head>
<body>
    <fmt:bundle basename="resourceBundle.message">
        <p> <fmt:message key="name" />
            <fmt:message key="hello" var="msg" />
        <p> ${msg}
    </fmt:bundle>
</body>
</html>
```

관리자

안녕하세요

setBundle 태그

setBundle 태그는 리소스번들을 가져와 변수로 저장한 후 JSP 페이지 어디에서나 사용할 수 있는 태그로 형식은 다음과 같습니다. 이 태그는 bundle 태그를 대체하여 사용할 수 있습니다.

```
<fmt:setBundle
    basename="리소스번들"
    [var="리소스번들을 저장할 변수 이름"]
    [scope="{page|request|session|application}"] /> //기본값은 page
```

여기서 var 속성 값에 설정한 변수는 message 태그의 bundle 속성 값에 사용합니다.

다음은 위의 예에서 bundle 태그를 setBundle로 변경한 예로 실행 결과는 동일합니다.

[setBundle 태그와 message 태그 사용 예]

```
<%@ page contentType="text/html; charset=utf-8" %>
<%@ taglib prefix="fmt" uri="http://java.sun.com/jsp/jstl/fmt" %>
<html>
<head>
<title>Internationalization</title>
</head>
<body>
    <fmt:setBundle var="message" basename="resourceBundle.message" />
    <p> <fmt:message bundle="${message}" key="name" />
        <fmt:message bundle="${message}" key="hello" var="msg" />
    <p> ${msg}
</body>
</html>
```

```
관리자
안녕하세요
```

예제 9-2 사용자의 로케일에 따라 리소스번들의 메시지 출력하기

1 JSTL fmt 태그를 사용하기 위해 jstl-1.2.jar 파일을 다운로드하여 /src/main/webapp/WEB-INF/lib/ 폴더에 추가합니다.

2 /src/main/java/ 폴더에 ch09.com.bundle 패키지를 만든 후 이 패키지에 한글과 영문의 리소스번들(*.properties) 파일을 생성하고 다음과 같이 작성합니다.

JSPBook/src/main/java/ch09/com/bundle/myBundle.properties

```
title=자바 서버 페이지
username=관리자
password=1234
```

JSPBook/src/main/java/ch09/com/bundle/myBundle_en.properties

```
title=Java Server Pages
username=admin
password=1234
```

3 /src/main/webapp/ch09/ 폴더에 다음과 같이 웹 페이지를 작성하고 웹 브라우저에 'http://localhost:8080/JSPBook/ch09/jstl_fmt01.jsp'를 입력하여 실행 결과를 확인합니다.

JSPBook/src/main/webapp/ch09/jstl_fmt01.jsp

```
01 <%@ page contentType="text/html; charset=utf-8" %>
02 <%@ taglib prefix="fmt" uri="http://java.sun.com/jsp/jstl/fmt" %>
03 <html>
04 <head>
05 <title>Internationalization</title>
06 </head>
07 <body>
08    <p> --------기본 로케일--------
09          <fmt:setBundle basename="ch09.com.bundle.myBundle" var=
            "resourceBundle" />
10       <p> 제목 : <fmt:message key="title" bundle="${resourceBundle}" />
11       <p> <fmt:message key="username" var="userMsg" bundle=
           "${resourceBundle}" />
12          이름 : ${userMsg}
13
14       <p> --------영문 로케일 --------
15          <fmt:setLocale value="en" />
16          <fmt:setBundle basename="ch09.com.bundle.myBundle" var=
            "resourceBundle" />
17       <p> 제목 : <fmt:message key="title" bundle="${resourceBundle}" />
18       <p> 이름 : <fmt:message key="username" bundle="${resourceBundle}" />
19 </body>
20 </html>
```

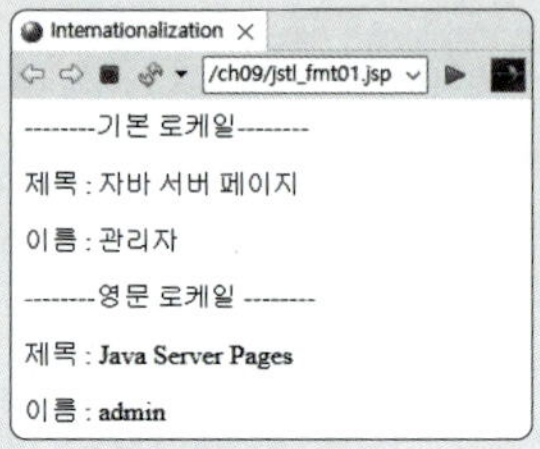

02행: JSTL fmt 태그 라이브러리를 사용하도록 taglib 디렉티브 태그를 작성합니다.

09행: 현재 로케일에 따라 리소스번들이 위치한 ch09/com/bundle/ 디렉터리에 myBundle.properties를 가져오도록 <fmt:setBundle> 태그에 basename 속성을 작성합니다. 그리고 가져온 리소스번들을 저장하도록 var 속성을 작성합니다.

10행: 현재 로케일에 따라 리소스번들에서 title 메시지를 가져와 출력하도록 <fmt:message> 태그에 key 속성 값을 작성합니다.

11~12행: 현재 로케일에 따라 리소스번들에서 username 메시지를 가져와 출력하도록 〈fmt:

message〉 태그에 key 속성 값을 작성하고, 이를 저장하도록 var 속성을 작성합니다. var 속성 값을 이용하여 출력하도록 표현 언어 ${}를 작성합니다.

15행: 현재 로케일을 영문 코드로 설정하도록 〈fmt:setLocale〉 태그를 작성합니다.

16행: 현재 로케일에 따라 리소스번들이 위치한 ch09/com/bundle/ 디렉터리에 myBundle_en.properties를 가져오도록 〈fmt:setBundle〉 태그에 basename 속성을 작성하고, 이를 저장하도록 var 속성을 작성합니다. 그리고 가져온 리소스번들을 저장하도록 var 속성을 작성합니다.

17행: 현재 로케일에 따라 리소스번들에서 title 메시지를 가져와 출력하도록 〈fmt:message〉 태그에 key 속성 값을 작성합니다.

18행: 현재 로케일에 따라 리소스번들에서 username 메시지를 가져와 출력하도록 〈fmt:message〉 태그에 key 속성 값을 작성하고, 이를 저장하도록 var 속성을 작성합니다. var 속성 값을 이용하여 출력하도록 표현 언어 ${}를 작성합니다.

3 숫자 태그의 기능과 사용법

formatNumber 태그

formatNumber 태그는 숫자를 형식에 맞춰 출력하는 태그로 형식은 다음과 같습니다.

```
<fmt:formatNumber value="형식화할 숫자"
        [type="{number|currency|percent}"]              //기본값은 number
        [pattern="사용자 정의 패턴"]
        [currencyCode="통화 코드"]          //type ="currency"일 때만 적용
        [currencySymbol="통화 기호"]        //type ="currency"일 때만 적용
        [grupingUsed="천 단위마다 구분 기호{true|false}"]      //기본값은 true
        [maxIntegerDigits="최대 자릿수"]
        [minIntegerDigits="최소 자릿수"]
        [maxFractionDigits="소수점 이하 최대 자릿수"]
        [minFractionDigits="소수점 이하 최소 자릿수"]
        [var="형식화된 결과를 저장할 변수 이름"]
        [scope="{page|request|session|application}"] />      //기본값은 page
```

다음은 formatNumber 태그를 이용하여 숫자를 다양한 형식으로 출력하는 예입니다.

[formatNumber 태그 사용 예]

```
<%@ page contentType="text/html; charset=utf-8" %>
<%@ taglib prefix="fmt" uri="http://java.sun.com/jsp/jstl/fmt" %>
<html>
<head>
<title>Internationalization</title>
</head>
<body>
    <p> 숫자 : <fmt:formatNumber value="1234.567" type="number" />
    <p> 통화 : <fmt:formatNumber value="1234.567" type="currency"
        currencySymbol="원" />
    <p> 퍼센트 : <fmt:formatNumber value="1234.567" type="percent" />
    <p> 패턴(.0000): <fmt:formatNumber value="1234.567" pattern=".0000" />
</body>
</html>
```

숫자 : 1,234.567

통화 : 원1,235

퍼센트 : 123,457%

패턴(.0000): 1234.5670

parseNumber 태그

parseNumber 태그는 formatNumber 태그와 반대로 사용자가 설정한 패턴 문자열에서 숫자를 추출하는 태그로 형식은 다음과 같습니다.

```
<fmt:parseNumber value="파싱할 숫자"
        [type="{number|currency|percent}"]
        [pattern="사용자 정의 패턴"]
        [parseLocale="파싱의 기본 형식 패턴을 제공하는 로케일"]
        [integerOnly="{true|false}"]
        [var="파싱 결과를 저장할 변수 이름"]
        [scope="{page|request|session|application}"] />
```

다음은 parseNumber 태그를 이용하여 설정된 형식에 맞게 숫자를 출력하는 예입니다.

[parseNumber 태그 사용 예]

```
<%@ page contentType="text/html; charset=utf-8" %>
<%@ taglib prefix="fmt" uri="http://java.sun.com/jsp/jstl/fmt" %>
```

```
<html>
<head>
<title>Internationalization</title>
</head>
<body>
    <p> 패턴(없음) : <fmt:parseNumber value="1234.567" />
    <p> 패턴(0000.000) : <fmt:parseNumber value="1234.567" pattern="0000.000" />
    <p> 패턴(####.###) : <fmt:parseNumber value="1234.567" pattern="####.###" />
</body>
</html>
```

패턴(없음) :1234.567

패턴(0000.000) : 1234.567

패턴(####.###) : 1234.567

예제 9-3 사용자의 로케일에 따라 숫자를 다양한 형식에 맞춰 출력하기

/src/main/webapp/ch09/ 폴더에 다음과 같이 웹 페이지를 작성하고 웹 브라우저에 'http://localhost:8080/JSPBook/ch09/jstl_fmt02.jsp'를 입력하여 실행 결과를 확인합니다.

JSPBook/src/main/webapp/ch09/jstl_fmt02.jsp

```
<%@ page contentType="text/html; charset=utf-8" %>
<%@ taglib prefix="fmt" uri="http://java.sun.com/jsp/jstl/fmt" %>
<html>
<head>
<title>Internationalization</title>
</head>
<body>
    <p> 숫자 : <fmt:formatNumber value="3200100" />
    <p> <fmt:formatNumber value="3200100" type="number" />
    <p> <fmt:formatNumber value="3200100" type="number" groupingUsed="false" />
    <p> <fmt:formatNumber value="3200100" type="currency" groupingUsed="true" />
    <p> <fmt:formatNumber value="3200100" type="currency" currencySymbol="&" />
    <p> <fmt:formatNumber value="0.45" type="percent" />
    <p> <fmt:formatNumber value="3200100" minIntegerDigits="10" minFractionDigits="2" />
    <p> <fmt:formatNumber value="3200100.45" pattern=".000" />
    <p> <fmt:formatNumber value="3200100.456" pattern="#,#00.0#" />
```

```
17  </body>
18  </html>
```

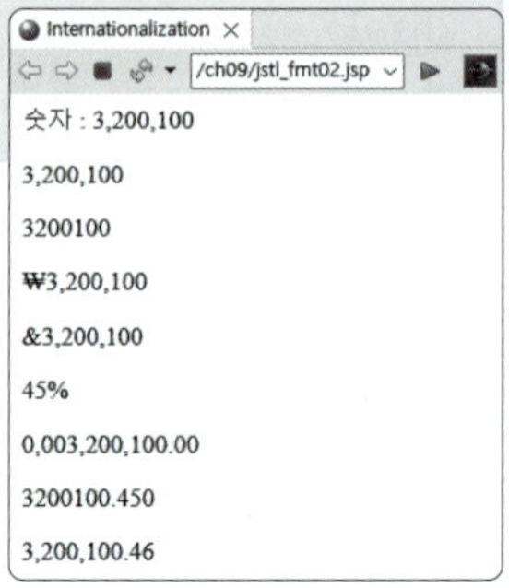

08행: 설정된 숫자 그대로 표현하도록 〈fmt:formatNumber〉 태그에 속성 없이 작성합니다.

09행: 설정된 숫자를 숫자 형식으로 표현하도록 〈fmt:formatNumber〉 태그에 type 속성 값을 number로 작성합니다.

10행: 설정된 숫자를 숫자 형식으로 표현하도록 〈fmt:formatNumber〉 태그에 type 속성 값을 number로 작성하고, 천 단위마다 구분 기호(,) 없이 표현하도록 groupingUsed 속성 값을 false로 작성합니다.

11행: 설정된 숫자를 통화 형식으로 표현하도록 〈fmt:formatNumber〉 태그에 type 속성 값을 currency로 작성하고, 천 단위마다 구분 기호(,)를 표현하도록 groupingUsed 속성 값을 true로 작성합니다.

12행: 설정된 숫자를 통화 형식으로 표현하도록 〈fmt:formatNumber〉 태그에 type 속성 값을 currency로 작성하고 통화 기호는 앰퍼샌드(&)로 작성합니다.

13행: 설정된 숫자를 퍼센트 형식으로 표현하도록 〈fmt:formatNumber〉 태그에 type 속성 값을 percent로 작성합니다.

14행: 설정된 숫자를 최대 열 자리, 소수점 둘째 자리까지 표현하도록 〈fmt:formatNumber〉 태그에 minIntegerDigits와 minFractionDigits 속성을 작성합니다.

15행: 설정된 숫자를 '.000' 형식으로 표현하도록 〈fmt:formatNumber〉 태그에 pattern 속성 값을 작성합니다.

16행: 설정된 숫자를 '#,#00.0#' 형식으로 표현하도록 〈fmt:formatNumber〉 태그에 pattern 속성 값을 작성합니다.

4 날짜 태그의 기능과 사용법

formatDate 태그

formatDate 태그는 날짜 정보를 담고 있는 객체를 형식화하여 출력하는 태그로, 형식은 다음과 같습니다.

```
<fmt:formatDate value="형식화할 날짜"
        [type="{time|date|both}"]
        [dateStyle="{default|short|medium|long|full}"]
        [timeStyle="{default|short|medium|long|full}"]
        [pattern="사용자 정의 패턴"]
        [timeZone="타임존"]
        [var="형식화된 결과를 저장할 변수 이름"]
        [scope="{page|request|session|application}"] />
```

다음은 formatDate 태그를 이용하여 날짜를 다양한 형식으로 출력하는 예입니다.

[formatDate 태그 사용 예]

```
<%@ page contentType="text/html; charset=utf-8" %>
<%@ taglib prefix="fmt" uri="http://java.sun.com/jsp/jstl/fmt" %>
<html>
<head>
<title>Internationalization</title>
</head>
<body>
    <jsp:useBean id="now" class="java.util.Date" />
    <p> date 형식 : <fmt:formatDate value="${now}" type="date" />
    <p> time 형식 : <fmt:formatDate value="${now}" type="time" />
    <p> both 형식 : <fmt:formatDate value="${now}" type="both" />
</body>
</html>
```

```
date 형식 : 2023. 9. 7.
time 형식 : 오후 4:07:48
both 형식 : 2023. 9. 7. 오후 4:07:48
```

parseDate 태그

parseDate 태그는 문자열로 표시된 날짜와 시간 값을 java.util.Date로 변환하는 태그로, 형식은 다음과 같습니다.

```
<fmt:parseDate value="파싱할 날짜"
    [type="{time|date|both}"]
    [dateStyle="{default|short|medium|long|full}"]
    [timeStyle="{default|short|medium|long|full}"]
```

```
    [pattern="사용자 정의 패턴"]
    [timeZone="타임존"]
    [parseLocale="파싱의 기본 형식 패턴을 제공하는 로케일"]
    [var="파싱 결과를 저장할 변수 이름"]
    [scope="{page|request|session|application}"] />
```

다음은 parseDate 태그를 이용하여 설정된 문자열을 날짜 형식으로 출력하는 예입니다.

[parseDate 태그 사용 예]

```
<%@ page contentType="text/html; charset=utf-8" %>
<%@ taglib prefix="fmt" uri="http://java.sun.com/jsp/jstl/fmt" %>
<html>
<head>
<title>Internationalization</title>
</head>
<body>
    <p> <fmt:parseDate value="20230927230605" pattern="yyyyMMddHHmmss" />
    <p> <fmt:parseDate pattern="yyyyMMddHHmmss"> 20230927230605 </fmt:parseDate>
    <p> <fmt:parseDate value="20230927230605" pattern="yyyyMMddHHmmss"
        var="date" scope="page" />
    <p><fmt:formatDate value="${date}" pattern="yyyy-MM-dd HH:mm" />
</body>
</html>
```

Wed Sep 27 23:06:05 KST 2023

Wed Sep 27 23:06:05 KST 2023

2023-09-27 23:06

예제 9-4 사용자의 로케일에 따라 날짜 형태 출력하기

/src/main/webapp/ch09/ 폴더에 다음과 같이 웹 페이지를 작성하고 웹 브라우저에 'http://localhost:8080/JSPBook/ch09/jstl_fmt03.jsp'를 입력하여 실행 결과를 확인합니다.

JSPBook/src/main/webapp/ch09/jstl_fmt03.jsp

```
<%@ page contentType="text/html; charset=utf-8" %>
<%@ taglib prefix="fmt" uri="http://java.sun.com/jsp/jstl/fmt" %>
<html>
<head>
```

```
05 <title>Internationalization</title>
06 </head>
07 <body>
08     <p> <jsp:useBean id="now" class="java.util.Date" />
09     <p> <fmt:formatDate value="${now}" type="date" />
10     <p> <fmt:formatDate value="${now}" type="time" />
11     <p> <fmt:formatDate value="${now}" type="both" />
12     <p> <fmt:formatDate value="${now}" type="both" dateStyle="default"
           timeStyle="default" />
13     <p> <fmt:formatDate value="${now}" type="both" dateStyle="short"
           timeStyle="short" />
14     <p> <fmt:formatDate value="${now}" type="both" dateStyle="medium"
           timeStyle="medium" />
15     <p> <fmt:formatDate value="${now}" type="both" dateStyle="long"
           timeStyle="long" />
16     <p> <fmt:formatDate value="${now}" type="both" dateStyle="full"
           timeStyle="full" />
17     <p> <fmt:formatDate value="${now}" type="both" pattern="yyyy년MM월dd일
           HH시mm분ss초 E요일" />
18 </body>
19 </html>
```

08행: Date 클래스를 이용하여 현재 날짜를 얻어오도록 <jsp:useBean> 태그를 작성합니다.

09~10행: 현재 날짜를 날짜 형식, 시간 형식으로 표현하도록 <fmt:formatDate> 태그에 type 속성 값을 date, time으로 작성합니다.

11행: 현재 날짜를 날짜와 시간의 모든 형식으로 표현하도록 <fmt:formatDate> 태그에 type 속성 값을 both로 작성합니다.

12~16행: 현재 날짜를 날짜와 시간의 모든 형식으로 표현하도록 <fmt:formatDate> 태그에 type 속성 값을 both로 작성합니다. 그리고 기본 형식, 짧은 형식, 중간 형식, 긴 형식, 전체 표현 형식으로 표현하도록 dateStyle 속성 값과 timeStyle 속성 값을 default, short, medium, long, full로 작성합니다.

17행: 현재 날짜를 'yyyy년MM월dd일 HH시mm분ss초 E요일' 패턴으로 표현하도록 〈fmt:formatDate〉 태그에 pattern 속성 값을 작성합니다.

5 시간 태그의 기능과 사용법

timeZone 태그

timeZone 태그는 시간대별로 시간을 처리하는 태그로, 형식은 다음과 같습니다.

```
<fmt:timeZone value="타임존">

</fmt:timeZone>
```

[timeZone 태그 사용 예]

```
<%@ page contentType="text/html; charset=utf-8" %>
<%@ taglib prefix="fmt" uri="http://java.sun.com/jsp/jstl/fmt" %>
<html>
<head>
<title>Internationalization
</title>
</head>
<body>
    <jsp:useBean id="now" class="java.util.Date" />
    <p> 한국 : <fmt:formatDate value="${now}" type="both" dateStyle="full"
        timeStyle="full"/>
    <p> <fmt:timeZone value="GMT-8">
        뉴욕 : <fmt:formatDate value="${ now }" type="both" dateStyle="full"
        timeStyle="full" />
        </fmt:timeZone>
    <p> <fmt:timeZone value="GMT">
        런던 : <fmt:formatDate value="${ now }" type="both" dateStyle="full"
        timeStyle="full" />
        </fmt:timeZone>
</body>
</html>
```

한국 : 2023년 9월 7일 목요일 오후 4시 32분 32초 대한민국 표준시

뉴욕 : 2023년 9월 6일 수요일 오후 11시 32분 32초 GMT-08:00

런던 : 2023년 9월 7일 목요일 오전 7시 32분 32초 그리니치 표준시

setTimeZone 태그

setTimeZone 태그는 특정 영역 범위의 시간대별로 시간을 처리하는 태그로, 형식은 다음과 같습니다.

```
<fmt:setTimeZone value="타임존"
        [var="시간대 결과를 저장할 변수 이름"]
        [scope="{page|request|session|application}"] />
```

[setTimeZone 태그 사용 예]

```
<%@ page contentType="text/html; charset=utf-8" %>
<%@ taglib prefix="fmt" uri="http://java.sun.com/jsp/jstl/fmt" %>
<html>
<head>
<title>Internationalization</title>
</head>
<body>
    <jsp:useBean id="now" class="java.util.Date" />
    <p> 한국 : <fmt:formatDate value="${now}" type="both" dateStyle="full"
        timeStyle="full"/>
    <p> <fmt:setTimeZone value="GMT-8" />
        뉴욕 : <fmt:formatDate value="${ now }" type="both" dateStyle="full"
        timeStyle="full" />
    <p> <fmt:setTimeZone value="GMT"/>
        런던 : <fmt:formatDate value="${ now }" type="both" dateStyle="full"
        timeStyle="full" />
</body>
</html>
```

```
한국 : 2023년 9월 7일 목요일 오후 4시 35분 11초 대한민국 표준시
뉴욕 : 2023년 9월 6일 수요일 오후 11시 35분 11초 GMT-08:00
런던 : 2023년 9월 7일 목요일 오전 7시 35분 11초 그리니치 표준시
```

예제 9-5 사용자의 로케일에 따라 타임존 출력하기

/src/main/webapp/ch09/ 폴더에 다음과 같이 웹 페이지를 작성하고 웹 브라우저에 'http://localhost:8080/JSPBook/ch09/jstl_fmt04.jsp'를 입력하여 실행 결과를 확인합니다.

JSPBook/src/main/webapp/ch09/jstl_fmt04.jsp

```
01 <%@ page contentType="text/html; charset=utf-8" %>
02 <%@ taglib prefix="fmt" uri="http://java.sun.com/jsp/jstl/fmt" %>
03 <html>
04 <head>
05 <title>Internationalization</title>
06 </head>
07 <body>
08     <jsp:useBean id="now" class="java.util.Date" />
09     <p> 한국 : <fmt:formatDate value="${now}" type="both" dateStyle="full"
           timeStyle="full" />
10     <p> <fmt:timeZone value="America/New_York">
11         뉴욕 : <fmt:formatDate value="${ now }" type="both" dateStyle="full"
           timeStyle="full" />
12         </fmt:timeZone>
13     <p> <fmt:timeZone value="Europe/London">
14         런던 : <fmt:formatDate value="${ now }" type="both" dateStyle="full"
           timeStyle="full" />
15         </fmt:timeZone>
16 </body>
17 </html>
```

09, 11, 14행: 현재 날짜를 날짜와 시간의 모든 형식으로 표현하도록 〈fmt:formatDate〉 태그에 type 속성 값을 both로 작성합니다. 그리고 전체 표현 형식으로 표현하도록 dateStyle 속성 값과 timeStyle 속성 값을 full로 작성합니다.

10~12행: 현재 날짜의 시간대를 America/New_York(=GTM−8) 형식으로 표현하도록 〈fmt:timeZone〉 태그를 작성합니다.

13~15행: 현재 날짜의 시간대를 Europe/London(GTM) 형식으로 표현하도록 〈fmt:timeZone〉 태그를 작성합니다.

04 북마켓 도서 등록 페이지의 다국어 처리하기

JSTL fmt 태그를 적용하여 북마켓의 도서 등록 페이지를 한글/영문으로 변경할 수 있는 다국어 페이지를 만듭니다.

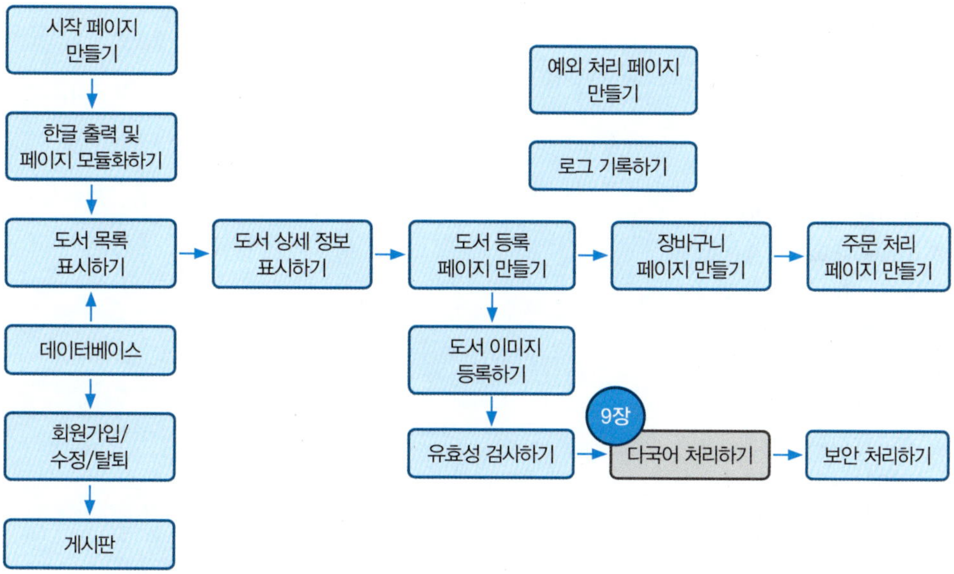

그림 9-1 도서 등록 페이지의 다국어 처리하기

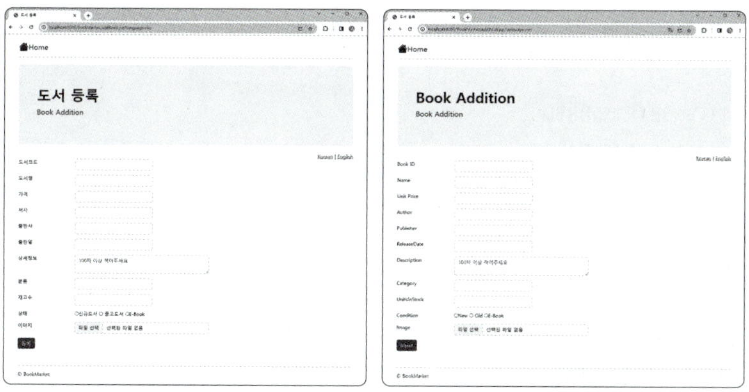

그림 9-2 완성된 북마켓 다국어 도서 등록 페이지

예제 9-6 JSTL fmt 태그를 이용하여 도서 등록 페이지의 다국어 처리하기

1 JSTL 라이브러리 jstl-1.2.jar 등록하기: JSTL fmt 태그를 사용하기 위해 jstl-1.2.jar 파일을 다운로드하여 /src/main/webapp/WEB-INF/lib/ 폴더에 추가합니다.

2 한글 리소스번들 만들기: /src/main/java/ 폴더에 bundle 폴더를 만든 후 이 폴더에 message.properties 파일을 생성하고 다음과 같이 메시지를 작성합니다.

BookMarket/src/main/java/bundle/message.properties

```
title=도서 등록
bookId=도서 코드
name=도서명
unitPrice=가격
author=저자
publisher=출판사
releaseDate=출판일
description=상세 설명
category=분류
unitsInStock=재고수량
condition=상태
condition_New=새 도서
condition_Old=중고 도서
condition_Ebook=E-Book
bookImage=이미지
button=등록
```

위의 메시지는 한글이므로 실제로 설정되는 메시지는 다음과 같습니다.

```
title=\uB3C4\uC11C \uB4F1\uB85D
bookId=\uB3C4\uC11C\uCF54\uB4DC
name=\uB3C4\uC11C\uBA85
unitPrice=\uAC00\uACA9
author=\uC800\uC790
publisher=\uCD9C\uD310\uC0AC
releaseDate=\uCD9C\uD310\uC77C
description=\uC0C1\uC138\uC815\uBCF4
```

```
category=\uBD84\uB958
unitsInStock=\uC7AC\uACE0\uC218
condition=\uC0C1\uD0DC
condition_New=\uC2E0\uADDC\uB3C4\uC11C
condition_Old=\uC911\uACE0\uB3C4\uC11C
condition_Ebook=E-Book
bookImage=\uC774\uBBF8\uC9C0
button=\uB4F1\uB85D
```

3 영문 리소스번들 만들기: /src/main/java/bundle/ 폴더에 message_en.properties 파일을 생성하고 다음과 같이 메시지를 작성합니다.

BookMarket/src/main/java/bundle/message_en.properties

```
title=Book Addition
bookId=Book ID
pname=Name
unitPrice=Unit Price
author=Author
publisher=Publisher
releaseDate=ReleaseDate
description=Description
category=Category
unitsInStock=Units in Stock
condition=Condition
condition_New=New
condition_Old=Old
condition_Ebook=E-Book
bookImage=Image
button=Insert
```

4 도서 등록 페이지의 다국어 처리하기: 다국어 처리를 위해 addBook.jsp 파일을 다음과 같이 수정합니다.

BookMarket/src/main/webapp/addBook.jsp

```
<%@ page contentType="text/html; charset=utf-8" %>
<%@ taglib prefix="fmt" uri="http://java.sun.com/jsp/jstl/fmt" %>
<html>
<head>
<link rel="stylesheet" href="./resources/css/bootstrap.min.css" />
<script type="text/javascript" src="./resources/js/validation.js"></script>
<title>도서 등록</title>
</head>
<body>
<fmt:setLocale value='<%=request.getParameter("language") %>' />
<fmt:bundle basename="bundle.message">
<div class="container py-4">
  <%@ include file="menu.jsp" %>

  <div class="p-5 mb-4 bg-body-tertiary rounded-3">
    <div class="container-fluid py-5">
      <h1 class="display-5 fw-bold"><fmt:message key="title" /></h1>
        <p class="col-md-8 fs-4">Book Addition</p>
    </div>
  </div>

  <div class="row align-items-md-stretch">
    <div class="text-end">
      <a href="?language=ko">Korean</a> | <a href="?language=en">English </a>
    </div>
    <form name="newBook" action="./processAddBook.jsp" method="post"
    enctype="multipart/form-data">
    <div class="mb-3 row">
      <label class="col-sm-2"><fmt:message key="bookId" /></label>
      <div class="col-sm-3">
       <input type="text" name="bookId" id="bookId" class="form-control">
      </div>
    </div>
    <div class="mb-3 row">
      <label class="col-sm-2"><fmt:message key="name" /></label>
      <div class="col-sm-3">
```

```
      <input type="text" name="name" id="name" class="form-control">
    </div>
  </div>
  <div class="mb-3 row">
    <label class="col-sm-2"><fmt:message key="unitPrice" /></label>
    <div class="col-sm-3">
      <input type="text" name="unitPrice" id="unitPrice" class=
      "form-control">
    </div>
  </div>
  <div class="mb-3 row">
    <label class="col-sm-2"><fmt:message key="author" /></label>
    <div class="col-sm-3">
      <input type="text" name="author" class="form-control">
    </div>
  </div>
  <div class="mb-3 row">
    <label class="col-sm-2"><fmt:message key="publisher" /></label>
    <div class="col-sm-3">
      <input type="text" name="publisher" class="form-control">
    </div>
  </div>
  <div class="mb-3 row">
    <label class="col-sm-2"><fmt:message key="releaseDate" /></label>
    <div class="col-sm-3">
      <input type="text" name="releaseDate" class="form-control">
    </div>
  </div>
  <div class="mb-3 row">
    <label class="col-sm-2"><fmt:message key="description" /></label>
    <div class="col-sm-5">
      <textarea name="description" id="description" cols="50" rows="2"
      class="form-control" placeholder="100자 이상 적어주세요"></textarea>
    </div>
  </div>
  <div class="mb-3 row">
    <label class="col-sm-2"><fmt:message key="category" /></label>
```

```
        <div class="col-sm-3">
          <input type="text" name="category" class="form-control">
        </div>
      </div>
      <div class="mb-3 row">
        <label class="col-sm-2"><fmt:message key="unitsInStock" /></label>
        <div class="col-sm-3">
          <input type="text" name="unitsInStock" 1 id="unitsInStock" class="form-control">
        </div>
      </div>
      <div class="mb-3 row">
        <label class="col-sm-2"><fmt:message key="condition" /></label>
        <div class="col-sm-5">
          <input type="radio" name="condition" value="New"><fmt:message key="condition_New" />
          <input type="radio" name="condition" value="Old"><fmt:message key="condition_Old" />
          <input type="radio" name="condition" value="EBook"><fmt:message key="condition_Ebook" />
        </div>
      </div>
      <div class="mb-3 row">
        <label class="col-sm-2"><fmt:message key="bookImage" /></label>
        <div class="col-sm-5">
          <input type="file" name="bookImage" class="form-control">
        </div>
      </div>
      <div class="mb-3 row">
        <div class="col-sm-offset-2 col-sm-10">
          <input type="button" class="btn btn-primary" value="<fmt:message key="button" />" onclick="CheckAddBook()">
        </div>
      </div>
    </form>
  </div>
  <jsp:include page="footer.jsp" />
```

```
103   </div>
104 </fmt:bundle>
105 </body>
106 </html>
```

02행: JSTL fmt 태그 라이브러리를 사용하도록 taglib 디렉티브 태그를 작성합니다.

10행: 한글 또는 영문 페이지 요청 시 언어 코드 값 ko와 en을 받아서 로케일을 설정할 수 있도록 <fmt:setLocale> 태그를 작성합니다.

11~104행: 현재 로케일에 따라 리소스번들이 위치한 /src/main/java/bundle/ 디렉터리에 message.properties를 가져오도록 <fmt:bundle> 태그에 basename 속성을 작성합니다.

17, 28, 34, 40, 46, 52, 58, 64, 70, 76, 82, 84, 85, 86, 90, 97행: 현재 로케일에 따라 리소스번들에서 title, bookId, name, unitPrice, author, publisher, releaseDate, description, category, unitsInStock, condition, condition_New, condition_Old, condition_Ebook, bookImage, button 메시지를 가져와 출력하도록 <fmt:message> 태그에 key 속성 값을 작성합니다.

24행: 한글 또는 영문을 선택하면 현재 JSP 페이지에 요청 파라미터 language를 전달하도록 작성합니다.

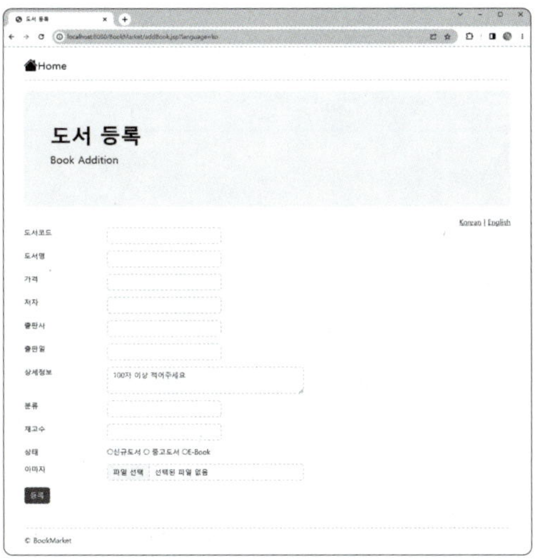

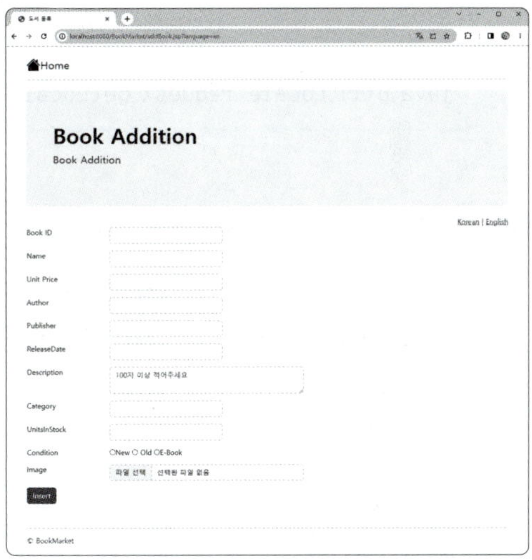

요약

01 (   )는 웹 브라우저를 사용하는 국가에 따라 다양한 언어 및 지역을 지원하는 서비스를 의미합니다.

02 (   )는 사용 국가별 환경에서 특정 언어와 지역에 맞게 적합화하는 것으로, 줄여서 (   )으로 표기하기도 합니다.

03 (   )는 여러 국가에서 사용할 수 있도록 다국어를 지원하는 것으로, 줄여서 (   )으로 표기하기도 합니다. 국제화는 어느 국가에서나 사용할 수 있게 하는 지역화 기능을 포함합니다.

04 (   ) 클래스는 특정 지리적·정치적·문화적 지역을 나타내는 클래스로, 사용자의 지역 환경에 따라 결정되는 지역적 문화(언어, 날짜, 시간 등)의 정보를 담고 있습니다.

05 Locale 객체의 생성은 (   ) 내장 객체를 이용하여 현재 웹 브라우저에 미리 정의된 언어나 국가 정보를 가져오는 방법으로 형식은 다음과 같습니다.

```
java.util.Locale request.getLocale();
```

06 로케일 감지 메소드의 종류는 다음과 같습니다.

메소드	반환 유형	설명
getDefault()	static Locale	디폴트 로케일의 현재 값을 가져온다
( )	String	현재 로케일의 국가/지역 코드(대문자)를 가져온다.
getDisplayCountry()	String	현재 로케일의 ( )을 가져온다.
( )	String	현재 로케일의 언어 코드(소문자)를 가져온다.
getDisplayLanguage()	String	현재 로케일의 ( )을 얻어온다.

07 (   ) 태그는 다국어 문서 처리를 위한 국제화 및 지역화 태그입니다.

08 로케일을 표현할 때는 다음의 메소드를 사용합니다.

- (   ) 설정: request.setHeader()
- 날짜와 시간 설정: DateFormat.getDateTimeInstance()
- (   ) 설정: NumberFormat.getCurrencyInstance()

09 JSTL fmt 태그 라이브러리를 사용하려면 JSP 페이지에 (   ) 디렉티브 태그로 서식 라이브러리를 포함해야 합니다. 또한 JSTL 라이브러리인 (   ) 파일이 필요합니다.

```
<%@ taglib prefix="fmt" uri="http://java.sun.com/jsp/jstl/fmt" %>
```

10 JSTL fmt 태그의 종류는 다음과 같습니다.

구분	태그 유형	설명
Locale 설정	( )	로케일을 설정한다.
	requestEncoding	요청 파라미터의 문자 인코딩을 설정한다.
메시지 처리	( )	사용할 리소스번들을 설정한다.
	message	리소스번들에서 로케일에 맞는 메시지를 가져와 출력한다.
	setBundle	리소스번들을 읽어와 특정 변수에 저장한다.
날짜	formatDate	날짜 형식을 표현한다.
	( )	문자열에서 원하는 패턴의 날짜 형식으로 변환한다.
숫자	parseNumber	문자열에서 원하는 패턴의 숫자 형식으로 변환한다.
	formatNumber	숫자 형식을 표현한다.
시간	setTimeZone	특정 범위의 시간대를 설정한다.
	( )	시간대를 설정한다.

정답

01 다국어 처리 02 지역화, L10n 03 국제화, i18n 04 Locale 05 request 06 getCountry(), 국가 이름, getLanguage(), 언어 이름 07 JSTL fmt 08 언어, 통화와 숫자 09 taglib, jstl.jar 10 setLocale, bundle, parseDate, timeZone

연습문제

01 사용자의 지역 환경에 따라 결정되는 지역적 문화(언어, 날짜, 시간 등)의 정보를 담고 있는 클래스는 무엇인가?

① Local 클래스 ② Locale 클래스

③ Global 클래스 ④ Date 클래스

02 Locale 클래스를 이용한 다국어 처리 기법에서 현재 웹 브라우저에 미리 정의된 언어나 국가 정보를 가져오는 request 내장 객체의 메소드로 옳지 않은 것은 무엇인가?

① getLocale() ② getLanguage()

③ getCountry() ④ getDisplay()

03 웹 브라우저에 설정된 로케일의 특정 날짜와 시간 형식을 표현할 수 있는 클래스는 무엇인가?

① DateFormat ② NumberFormat

③ Date ④ Number

04 웹 브라우저에 설정된 로케일의 특정 통화와 숫자를 표현할 수 있는 클래스는 무엇인가?

① DateFormat ② NumberFormat

③ Date ④ Number

05 JSTL fmt 태그 중에서 다국어 처리를 위해 숫자를 형식에 맞춰 출력하는 태그는 무엇인가?

① setLocale ② formatDate

③ formatNumber ④ Number

06 JSTL fmt 태그 중에서 다국어 처리를 위해 날짜 정보를 담고있는 태그는 무엇인가?

① setLocale ② formatDate

③ formatNumber ④ parseDate

07 JSTL fmt 태그 중에서 다국어 처리를 위해 문자열로 표시된 날짜와 시간 값을 java.util.Date로 변환하는 태그는 무엇인가?

① setLocale

② formatDate

③ formatNumber

④ parseDate

08 JSTL fmt 태그 중에서 다국어 처리를 위해 시간대별로 시간을 처리하는 태그는 무엇인가?

① timeZone

② formatDate

③ formatNumber

④ parseDate

09 Locale 클래스를 이용하여 다음 조건에 맞게 JSP 애플리케이션을 만들고 실행하여 결과를 확인하시오.

조건

❶ locale.jsp 파일을 생성한다.
- request 내장 객체의 getLocale( ) 메소드를 이용하여 현재 로케일을 얻어온다.
- 현재 로케일에 대한 언어와 국가를 출력한다.

❷ 웹 브라우저에 'http://localhost:8080/Exercise/ch09/locale.jsp'를 입력하여 실행 결과를 확인한다.

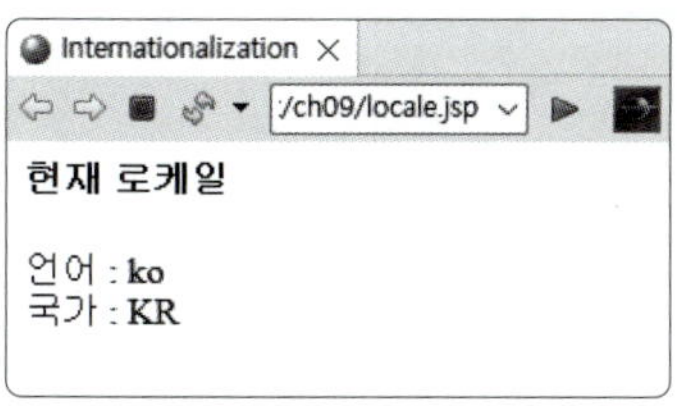

10 JSTL fmt 태그를 이용하여 다음 조건에 맞게 JSP 애플리케이션을 만들고 실행하여 결과를 확인하시오.

조건

1. /src/main/webapp/WEB-INF/lib/ 폴더에 JSTL fmt 태그를 사용하기 위해 jstl-1.2.jar 파일을 추가한다.
2. 한글과 영문 리소스 번들을 생성한다.
   - src/main/java 폴더에 ch09/com/bundle 폴더를 만든 후 이 폴더에 myBundle.properties과 myBundle_en.properties 파일을 생성하고 다음과 같이 메시지를 작성한다.

```
id=아이디
password=비밀번호
button=전송
```

[myBundle.properties 파일]

```
id=id
password=password
button=submit
```

[myBundle_en.properties 파일]

3. jstl_fmt.jsp 파일을 생성한다.
   - input 태그 내에 text 유형을 이용하여 아이디, 비밀번호 항목을 작성한다.
   - 한글 또는 영문 페이지 요청 시 언어 코드 값을 받아서 로케일을 설정할 수 있도록 〈fmt:setLocale〉 태그를 작성한다.
   - 리소드 번들에서 아이디, 비밀번호의 메시지를 가져와 출력하도록 작성한다.
4. 웹 브라우저에 'http://localhost:8080/Exercise/ch09/jstl_fmt.jsp'를 입력하여 실행 결과를 확인한다.

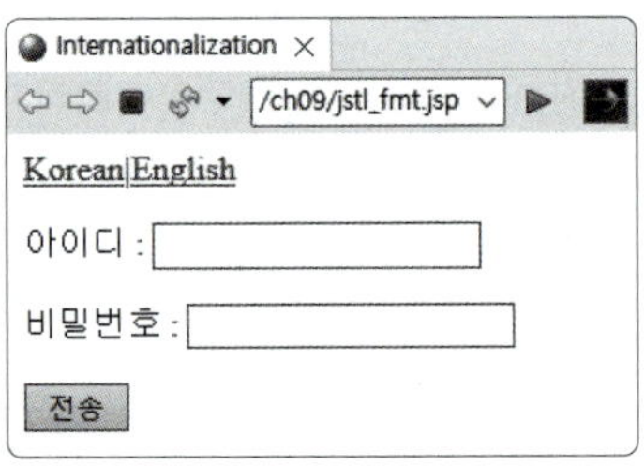

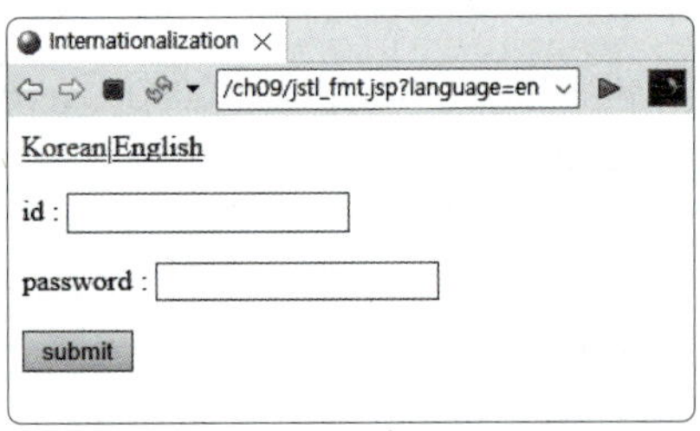

CHAPTER 10

시큐리티: 도서 등록 페이지의 보안 처리하기

학습목표

- 시큐리티의 개념을 이해합니다.
- 선언적 시큐리티 처리 방법을 익힙니다.
- 프로그래밍적 시큐리티 처리 방법을 익힙니다.
- 보안 처리를 이용하여 도서 등록 페이지 접근을 제한합니다.

01 시큐리티의 개요

시큐리티는 허가된 사용자만이 특정 웹 페이지에 접근할 수 있도록 제한하는 보안 기능을 말합니다. 사용자가 웹 브라우저를 사용하여 웹 페이지에 접근할 때 JSP 컨테이너는 요청된 페이지에 보안 제약이 있는지 확인하고 사용자에게 **인증**(authentication)을 요청합니다. 이러한 인증은 일반적으로 사용자의 이름과 암호를 확인하여 수행됩니다. 인증되면 JSP 컨테이너는 특정 사용자가 해당 페이지에 접근할 수 있는지 확인하여 승인하는데 이를 **권한 부여**(authorization)라고 합니다. 시큐리티는 사용자가 권한이 없는 데이터에 접근하는 것을 막거나 웹 공격자가 전송 데이터를 중간에 가로채는 것을 방지하는 등 중요한 역할을 합니다.

1 시큐리티 처리 방법

웹 애플리케이션을 보안하는 방법은 다음과 같습니다.

표 10-1 시큐리티 처리 방법

시큐리티 처리 방법	설명
선언적 시큐리티	코드 작성 없이 web.xml 파일에 보안 구성을 작성하여 사용자의 인증을 수행하는 방식이다.
프로그래밍적 시큐리티	request 내장 객체의 메소드를 통해 사용자의 권한 부여를 처리하는 프로그래밍 방식이다.

2 웹 서버에 역할과 사용자 구성하기

웹 애플리케이션의 인증과 권한 부여를 위해 톰캣 서버에 사용자와 역할을 쉽게 생성하고 구성할 수 있습니다. 톰캣 서버에 인증 정보가 저장되는 장소는 /설치된 톰캣의 루트/conf/ 폴더 내의 **tomcat-users.xml** 파일로, 다음과 같은 형식으로 사용자와 역할이 구성되어 있습니다. 또는 이클립스 내에 웹 애플리케이션과 톰캣 서버 간 연동을 위해 생성한 Server 프로젝트 내의 tomcat-users.xml 파일에 사용자와 역할이 구성되어 있습니다. tomcat-users.xml 파일에서 주석 부분(〈!--, --〉)을 해제해야 기존에 설정된 역할과 사용자를 사용하거나 새로운 역할과 사용자를 추가할 수 있습니다.

```
<?xml version="1.0" encoding="UTF-8"?>
…(생략)…
<tomcat-users …>
…(생략)…
<!--
    <role rolename="tomcat" />  ❶
    <role rolename="role1" />  ❷
    <user username="tomcat" password="<must-be-changed>" roles="tomcat" />  ❸
    <user username="both" password="<must-be-changed>" roles="tomcat, role1" />  ❹
    <user username="role1" password="<must-be-changed>" roles="role1" />  ❺
-->
</tomcat-users>
```

tomcat-users.xml 파일에 설정되어 있는 내용을 살펴보면, 2개의 역할 ❶ tomcat, ❷ role1을 가지고, 3개의 사용자 ❸ tomcat, ❹ both, ❺ role1이 서로 다른 역할에 매핑됩니다. 이때 사용자 both는 2개의 역할 tomcat, role1에 매핑됩니다.

다음은 설정된 역할과 사용자를 사용하면서 새로운 역할과 사용자를 추가하는 예입니다. 새로운 역할로 manager를 등록하고 이 역할에 매핑되는 사용자 admin에 비밀번호 admin1234를 설정했습니다.

[기존 인증 정보와 새로운 인증 정보를 추가하는 예]

```
…(생략)…

    <role rolename="tomcat" />
    <role rolename="role1" />
    <user username="tomcat" password="<must-be-changed>" roles="tomcat" />
    <user username="both" password="<must-be-changed>" roles="tomcat,role1" />
    <user username="role1" password="<must-be-changed>" roles="role1" />
    <role rolename="manager" />
    <user username="admin" password="admin1234" roles="manager" />

</tomcat-users>
```

02 선언적 시큐리티 처리

선언적 시큐리티(declarative security)는 웹 애플리케이션 배포 설명자 web.xml 파일에 보안 구성을 작성하여 수행하는 방식입니다. 즉 웹 애플리케이션의 보안을 달성하기 위해 별도의 코드를 작성할 필요 없이 web.xml 파일에 보안 구성을 작성하여 사용자가 웹 페이지에 접근할 수 있게 합니다. **web.xml** 파일에는 보안 역할, 보안 제약 사항, 인증 처리 등을 설정하여 보안을 구성합니다.

1 시큐리티 역할 설정하기

<security-role>은 웹 애플리케이션에 사용하는 역할을 나열하는 요소로, 형식은 다음과 같습니다. <security-role> 요소는 web.xml 파일에 구성합니다.

```
<security-role>
    <role-name>역할 이름</role-name>
</security-role>
```

여기서 <role-name> 요소에 설정하는 역할 이름은 반드시 tomcat-users.xml에 등록된 역할과 사용자여야 합니다. 다음은 웹 애플리케이션에서 사용되는 역할 manager와 employee를 설정하는 예입니다.

[<security-role> 요소 사용 예]

```
<security-role>
     <role-name>manager</role-name>
</security-role>
<security-role>
     <role-name>employee</role-name>
</security-role>
```

2 시큐리티 제약 사항 설정하기

시큐리티 제약 사항(security constraint)은 사용자의 요청 URL에 대한 접근 권한을 정의하는 데 사용하며 형식은 다음과 같습니다. 시큐리티 제약 사항은 web.xml 파일에 접근 권한 내용을 구성합니다.

```
<security-constraint>
    <web-resource-collection>…</web-resource-collection>
    <auth-constraint>…</auth-constraint>
    <user-data-constraint>…</user-data-constraint>
</security-constraint>
```

표 10-2 <security-constraint>를 구성하는 하위 요소

요소	설명
<web-resource-collection>	웹 자원에 대한 접근을 설정한다.
<auth-constraint>	웹 자원에 접근할 수 있는 인증된 사용자를 설정한다.
<user-data-constraint>	데이터 전송 시 데이터 보호를 설정한다.

<web-resource-collection> 요소

<web-resource-collection>은 웹 자원에 대한 접근을 설정하는 요소로 형식은 다음과 같습니다. <web-resource-collection> 요소는 <url-pattern>, <http-method>, <web-resource-name> 등의 하위 요소로 구성됩니다.

```
<web-resource-collection>
    <web-resource-name>자원 이름</web-resource-name>
    <url-pattern>접근 제한 URL</url-pattern>
    <http-method>전송 방식(GET/POST)</http-method>
</web-resource-collection>
```

표 10-3 <web-resource-collection>을 구성하는 하위 요소

요소	설명
<web-resource-name>	웹 자원의 이름을 설정하며 생략할 수 있다.
<url-pattern>	접근 제한을 요청할 URL 목록을 설정한다. 자원에 대한 접근을 제한하지 않는 경우 생략할 수 있다.
<http-method> 또는 <http-method-omission>	http 메소드를 설정한다(GET 또는 POST).

다음은 웹 애플리케이션에서 /cart/ 폴더의 하위 경로에 보안을 설정하는 예입니다. 예를 들어 사용자가 http://localhost:8080/BookMarket/index.jsp와 같이 보안 경로 /cart/에 위치하지 않은 index.jsp 페이지를 요청하면 누구든지 접근할 수 있습니다. 그러나 http://localhost:8080/BookMarket/cart/index.jsp와 같이 보안 경로 /cart/에 위치한 index.jsp 페이지를 요청하면 권한이 있는 사용자만 접근할 수 있습니다.

[<web-resource-collection> 요소 사용 예]

```
<security-constraint>
    <web-resource-collection>
        <web-resource-name>BookMarket</web-resource-name>
        <url-pattern>cart/*</url-pattern>
    </web-resource-collection>
</security-constraint>
```

<auth-constraint> 요소

권한이 부여된 사용자만이 웹 자원에 접근할 수 있도록 이름을 설정하는 요소로 형식은 다음과 같습니다. <auth-constraint> 요소에는 <web-resource-collection> 요소의 <url-pattern>과 <http-method>에 설정된 경로에 접근할 수 있는 권한이 부여된 사용자의 이름을 지정합니다. <auth-constraint> 요소를 생략하면 웹 서버는 사용자 인증을 요구하지 않고 사용자의 요청을 승인합니다.

<auth-constraint> 요소는 <role-name>, <description> 등의 하위 요소로 구성됩니다. 이때 <role-name> 요소는 필요한 만큼 설정할 수 있습니다.

```
<auth-constraint>
    <description>설명</description>
    <role-name>역할 이름</role-name>
</auth-constraint>
```

다음은 권한이 부여된 사용자 이름으로 manager를 설정하는 예입니다. <role-name>에 설정한 manager는 반드시 tomcat-users.xml 파일에 역할과 사용자가 등록되어 있어야 합니다.

표 10-4 <auth-constraint>를 구성하는 하위 요소

요소	설명
<description>	권한 부여 제약 사항에 대한 설명을 기술한다.
<role-name>	권한이 부여된 사용자의 이름을 대문자와 소문자를 구분하여 설정한다. 이때 반드시 tomcat-users.xml에 등록된 역할과 사용자여야 한다. 만약 모든 사용자에게 권한을 부여하려면 *로 표시한다. <role-name> 요소를 생략하면 <url-pattern> 요소에 설정된 접근 제한 URL에 대한 사용자의 요청을 허용하지 않는다.

[<auth-constraint> 요소 사용 예]

```
<security-constraint>
    <auth-constraint>
        <description>관리자</description>
        <role-name>manager</role-name>
    </auth-constraint>
</security-constraint>
```

<user-data-constraint> 요소

<user-data-constraint>는 클라이언트와 서버 간에 데이터를 전송할 때 데이터를 보호하는 방법을 설정하는 요소로 형식은 다음과 같습니다.

```
<user-data-constraint>
    <transport-guarantee>NONE/INTEGRAL/CONFIDENTIAL</transport-guarantee>
</user-data-constraint>
```

표 10-5 <transport-guarantee>의 종류

종류	설명
NONE	기본값으로 데이터를 보호하지 않겠다는 의미이다.
INTEGRAL	전송 중 데이터가 변경되지 않았음을 보장한다는 의미이다(데이터 무결성).
CONFIDENTIAL	전송 중 데이터를 아무도 훔쳐보지 않았음을 보장한다는 의미이다(기밀성).

다음은 클라이언트와 서버 간에 데이터를 전송할 때 다른 사람이 훔쳐보지 않도록 보장하는 예입니다.

[<user-data-constraint> 요소 사용 예]

```
<security-constraint>
    <user-data-constraint>
        <transport-guarantee>CONFIDENTIAL</transport-guarantee>
    </user-data-constraint>
</security-constraint>
```

3 시큐리티 인증 설정하기

시큐리티 인증은 인증 처리를 위한 로그인 페이지나 오류 페이지를 호출하는 데 사용하며 형식은 다음과 같습니다. 시큐리티 인증은 web.xml 파일에 인증 관련 내용을 구성합니다.

```
<login-config>
    <auth-method>…<auth-method>
    <realm-name>…<realm-name>
    <form-login-config>…<form-login-config>
</login-config>
```

<login-config> 요소는 <security-constraint> 요소에 설정된 접근 제한 자원에 사용자가 접근하는 경우 해당 자원의 접근을 위한 인증 처리 방법을 활성화합니다. 또한 사용자에게 로그인 관련 메시지를 표시할 수 있습니다.

표 10-6 <login-config>를 구성하는 하위 요소

요소	설명
<auth-method>	웹 자원에 대한 인증 처리 방식을 설정한다.
<realm-name>	웹 자원에 접근할 수 있는 인증된 사용자를 설정한다.
<form-login-config>	데이터 전송 시 데이터 보호를 설정한다.

<auth-method> 요소

<auth-method>는 웹 애플리케이션의 인증 처리 기법을 설정하는 요소로 형식은 다음과 같습니다. 인증 처리 기법은 BASIC, DIGEST, FORM, CLIENT-CERT 등으로 이 중 하나를 <auth-method> 요소에 설정합니다.

```
<auth-method>BASIC|DIGEST|FORM|CLIENT-CERT</<auth-method>
```

표 10-7 <auth-method>의 종류

종류	설명
BASIC	웹 자원을 보호하는 간단하고 일반적인 방법이다.
DIGEST	암호화 메커니즘을 이용하여 전송한다. 많이 사용되지 않는 암호화 기법으로 JSP 컨테이너가 반드시 지원하지 않을 수도 있다.
FORM	일반적인 폼 페이지를 이용하여 로그인 정보를 서버에 전송하는 방식이다. 암호화되지 않은 로그인 정보를 그대로 전송한다.
CLIENT-CERT	클라이언트가 인증서를 가지고 공인 키 인증 방식을 사용하여 로그인하는 방식이다. 클라이언트가 인증서를 가지고 있어야만 로그인되므로 비즈니스 환경에서만 사용된다.

다음은 기본 인증 BASIC을 설정하는 예입니다.

[<auth-method> 요소 사용 예: 기본 인증으로 설정]

```
<login-config>
    <auth-method>BASIC</auth-method>
</login-config>
```

다음은 폼 기반 인증 FORM을 설정하는 예입니다.

[<auth-method> 요소 사용 예: 폼 기반 인증으로 설정]

```
<login-config>
    <auth-method>FORM</auth-method>
</login-config>
```

<auth-method> 요소의 종류 중에서 FORM 기반 인증 처리를 사용하려면 정해진 규칙을 따라야 합니다. FORM 기반 인증 처리는 웹 브라우저가 인증 처리에 직접적으로 관여하지 않기 때문에 사용자가 로그인 페이지에 인증 정보를 직접 입력해야 전달됩니다. 이때 로그인 페이지에서 form 태그의 action 속성 값, 사용자 아이디와 비밀번호 등 input 태그의 name 속성 값은 다음과 같이 설정해야 합니다.

표 10-8 FORM 기반 인증 시 로그인 페이지의 요구 사항

속성 이름	속성 값
form 태그의 action 속성	j_security_check
사용자의 name 속성	j_username
비밀번호의 name 속성	j_password

[FORM 기반 인증 시 로그인 페이지의 예]

```
<form action="j_security_check" method="post">
    아 이 디 : <input type="text" name="j_username">
    비밀번호 : <input type="password" name="j_password">
    <input type="submit" value="로그인">
</form>
```

<realm-name> 요소

<realm-name>은 기본 인증의 영역 이름을 설정하는 요소로 형식은 다음과 같습니다. <realm-name> 요소에 설정된 영역 이름은 대개 웹 브라우저의 로그인 대화상자에 표시됩니다. <realm-name> 요소는 FORM 기반 인증이나 다른 인증 방법에 필요하지 않기 때문에 아무런 영향을 미치지 않지만, <login-config> 요소에 대한 설명 속성이 없으므로 데이터를 문서화하는 데 일반적으로 사용됩니다.

```
<realm-name>영역 이름</realm-name>
```

다음은 영역 이름을 login으로 설정하는 예입니다.

[<realm-name> 요소 사용 예]

```
<login-config>
    <realm-name>login</realm-name>
</login-config>
```

〈form-login-config〉 요소

〈form-login-config〉는 인증 처리를 위한 로그인 및 오류 페이지를 설정하는 요소로 형식은 다음과 같습니다. 〈form-login-config〉 요소는 〈auth-method〉 요소가 FORM 기반 인증 처리 기법으로 설정되었을 때 사용됩니다. 〈form-login-config〉 요소는 〈form-loginpage〉, 〈form-error-page〉 등의 하위 요소로 구성됩니다. 로그인 및 오류 페이지의 경로는 웹 애플리케이션 이름(이클립스에서 프로젝트 이름에 해당됨)을 기준으로 설정됩니다.

```
<form-login-config>
    <form-login-page>로그인 페이지 URL</form-login-page>
    <form-error-page>로그인 오류 페이지 URL</form-error-page>
</form-login-config>
```

표 10-9 〈form-login-config〉를 구성하는 하위 요소

요소	설명
〈form-login-page〉	인증을 위한 로그인 페이지를 설정한다.
〈form-error-page〉	인증 실패 시 표시할 오류 페이지를 설정한다.

다음은 폼 기반 인증으로 로그인 페이지 login.jsp와 인증 실패 시 오류 페이지 error.jsp를 설정하는 예입니다.

[〈form-login-config〉 요소 사용 예: 폼 기반 인증]

```
<login-config>
    <auth-method>FORM</auth-method>
    <form-login-config>
        <form-login-page>/login.jsp</form-login-page>
        <form-error-page>/error.jsp</form-error-page>
    </form-login-config>
</login-config>
```

예제 10-1 기본 인증 처리 방법으로 보안 처리하기

1 프로젝트 생성하기: 1장에서 생성한 JSPBook 프로젝트를 사용합니다.

2 웹 서버에 사용자와 역할 설정하기: 이클립스의 Server 프로젝트에 있는 tomcat-users.xml 파일에서 사용자와 역할의 주석 처리를 삭제하고 비밀번호를 추가 수정합니다.

Servers/Tomcat v10.1 Sever at localhost-config/tomcat-users.xml

```
01 <!-- •······················ 주석 처리 삭제
02 <role rolename="tomcat" />
03 <role rolename="role1" />
04 <user username="tomcat" password="tomcat1234" roles="tomcat" />
05 <user username="both" password="both1234" roles="tomcat,role1" />
06 <user username="role1" password="role1234" roles="role1" />
07 -->•······················ 주석 처리 삭제
```

01, 07행: 사용자와 역할을 활성화하도록 주석 처리를 삭제합니다.

04~06행: 주어진 사용자와 역할에 대한 비밀번호를 각각 작성합니다.

TIP tomcat-users.xml 파일은 열면 x가 생기고 닫으면 x가 사라집니다.

3 웹 애플리케이션 배포 설명자 web.xml 만들기: /src/main/webapp/WEB-INF/ 폴더에 web.xml 파일을 생성하고 다음과 같이 작성합니다.

JSPBook/src/main/webapp/WEB-INF/web.xml

```
<?xml version="1.0" encoding="UTF-8"?>
<web-app>
    <security-role>
        <role-name>role1</role-name>
    </security-role>
    <security-constraint>
        <web-resource-collection>
            <web-resource-name>JSPBook</web-resource-name>
            <url-pattern>/ch10/security01.jsp</url-pattern>
            <http-method>GET</http-method>
```

```
11            </web-resource-collection>
12            <auth-constraint>
13                <description></description>
14                <role-name>role1</role-name>
15            </auth-constraint>
16        </security-constraint>
17        <login-config>
18            <auth-method>BASIC</auth-method>
19        </login-config>
20    </web-app>
```

03~05행: 시큐리티 역할을 설정하도록 <security-role> 요소를 작성합니다.

06~16행: 시큐리티 제약 사항을 설정하도록 <security-constraint> 요소를 작성합니다.

09행: 접근을 제한할 요청 경로를 설정하도록 <url-pattern> 요소를 작성합니다.

14행: 권한이 부여된 사용자 이름을 설정하도록 <role-name> 요소를 작성합니다.

17~19행: 시큐리티 인증을 설정하도록 <login-config> 요소를 작성합니다.

18행: BASIC 인증 처리 기법을 설정하도록 <auth-method> 요소를 작성합니다.

4 JSP 페이지 작성하기: JSPBook/src/main/webapp/ 폴더에 ch10 폴더를 만든 후 security01.jsp 파일을 생성하고 다음과 같이 작성합니다.

JSPBook/src/main/webapp/ch10/security01.jsp

```
<%@ page contentType="text/html; charset=utf-8" %>
<html>
<head>
<title>Security</title>
</head>
<body>
    <p> 인증 성공했습니다
</body>
</html>
```

5 프로젝트 실행하기: 웹 브라우저에 'http://localhost:8080/ch10/security01.jsp'를 입력하여 실행 결과를 확인합니다. 그리고 tomcat-users.xml 파일에 등록된 사용자 이름과 비밀번호를 입력하고 〈로그인〉을 클릭하여 실행 결과를 확인합니다.

예제 10-2 폼 기반 인증 방법으로 보안 처리하기

1 web.xml 파일을 다음과 같이 작성합니다.

JSPBook/src/main/webapp/WEB-INF/web.xml

```
<?xml version="1.0" encoding="UTF-8"?>
<web-app>
    <security-role>
        <role-name>role1</role-name>
    </security-role>
    <security-constraint>
        <web-resource-collection>
            <web-resource-name>JSPBook</web-resource-name>
            <url-pattern>/ch10/security01.jsp</url-pattern>
            <http-method>GET</http-method>
        </web-resource-collection>
        <auth-constraint>
            <description></description>
            <role-name>role1</role-name>
        </auth-constraint>
    </security-constraint>
    <login-config>
        <auth-method>FORM</auth-method>
```

```
19            <form-login-config>
20                <form-login-page>/ch10/login.jsp</form-login-page>
21                <form-error-page>/ch10/login_failed.jsp</form-error-page>
22            </form-login-config>
23        </login-config>
24    </web-app>
```

17~23행: 시큐리티 인증을 설정하도록 <login-config> 요소를 작성합니다.

18행: FORM 인증 처리 기법을 설정하도록 <auth-method> 요소를 작성합니다.

19~22행: 인증 처리를 위한 로그인 및 오류 페이지를 설정하도록 <form-login-config> 요소를 작성합니다.

20행: 인증 처리를 위한 로그인 페이지를 설정하도록 <form-login-page> 요소를 작성합니다.

21행: 인증 실패 시 오류 페이지를 설정하도록 <form-error-page> 요소를 작성합니다.

2 /src/main/webapp/ch10/ 폴더에 다음과 같이 웹 페이지를 작성하고 웹 브라우저에 'http://localhost:8080/JSPBook/ch10/security01.jsp'를 입력하여 실행 결과를 확인합니다.

JSPBook/src/main/webapp/ch10/login.jsp

```
01  <%@ page contentType="text/html; charset=utf-8" %>
02  <html>
03  <head>
04  <title>Security</title>
05  </head>
06  <body>
07      <form name="loginForm" action="j_security_check" method="post">
08          <p> 사용자명: <input type="text" name="j_username">
09          <p> 비밀번호 : <input type="password" name="j_password">
10          <p> <input type="submit" value="전송">
11      </form>
12  </body>
13  </html>
```

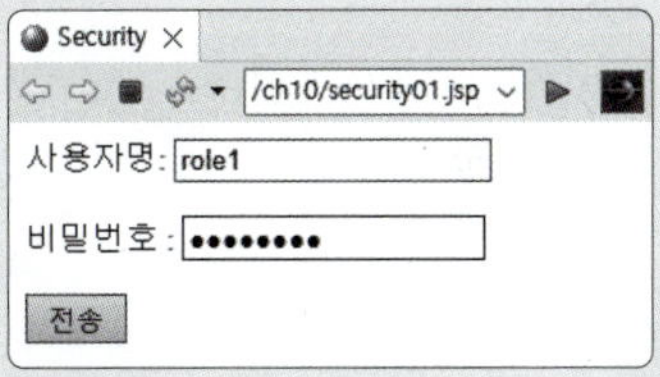

07~11행: 로그인 인증 처리를 위한 form 태그를 작성합니다.

07행: 폼 기반 인증을 처리하도록 action 속성 값을 j_security_check로 작성합니다.

08~09행: 폼 기반 인증을 처리하도록 사용자명과 비밀번호의 name 속성 값을 각각 j_username, j_password로 작성합니다.

JSPBook/src/main/webapp/ch10/login_failed.jsp

```
<%@ page contentType="text/html; charset=utf-8" %>
<html>
<head>
<title>Security</title>
</head>
<body>
    <p> 인증 실패했습니다.
</body>
</html>
```

03 프로그래밍적 시큐리티 처리

프로그래밍적 시큐리티(programmatic security)는 웹 애플리케이션의 보안을 위해 코드를 작성하여 사용자의 권한 부여를 처리하는 방식입니다. 선언적 시큐리티의 보안으로 충분하지 않을 때 request 내장 객체의 메소드를 사용하여 사용자를 승인하는 방법입니다.

표 10-10 보안 관련 request 내장 객체의 메소드

메소드	형식	설명
getRemoteUser()	String	사용자의 인증 상태를 반환한다.
getAuthType()	String	서블릿을 보호하는 데 사용되는 인증 방식의 이름을 반환한다.
isUserInRole(java.lang.String role)	boolean	현재 인증된 사용자에게 설정된 역할이 있는지 확인한다. 설정된 경우 true를 반환하고 그렇지 않은 경우 false를 반환한다.
getProtocol()	String	웹 브라우저의 요청 프로토콜을 가져온다.
isSecure()	boolean	웹 브라우저에서 https 요청으로 request가 들어왔는지 확인한다. 웹 브라우저에서 https로 접근하면 true를 반환하고, http로 접근하면 false를 반환한다.
getUserPrinciple()	Principle	현재 인증한 사용자의 이름을 포함하여 java.security.Principle 객체를 반환한다.

다음은 관리자만 접근할 수 있는 웹 페이지로 연결되는 예로, 현재 요청하는 사용자의 역할이 admin인지 확인하여 승인된 사용자만 addBook.jsp와 member.jsp에 접근할 수 있습니다.

[request 내장 객체의 isUserInRole( ) 메소드 사용 예]

```
<% if (request.isUserInRole("admin")) { %>
    <a href="admin/addBook.jsp">도서 등록</a>
    <a href="admin/member.jsp">회원 관리</a>
<% } %>
```

예제 10-3 프로그래밍 방식으로 보안 처리하기

1 web.xml 파일을 다음과 같이 수정합니다.

JSPBook/src/main/webapp/WEB-INF/web.xml

```
01 <?xml version="1.0" encoding="UTF-8"?>
02 <web-app>
03     <security-role>
04         <role-name>role1</role-name>
05     </security-role>
06     <security-constraint>
07         <web-resource-collection>
08             <web-resource-name>JSPBook</web-resource-name>
09             <url-pattern>/ch10/security02.jsp</url-pattern>
10             <http-method>GET</http-method>
11         </web-resource-collection>
12         <auth-constraint>
13             <description></description>
14             <role-name>role1</role-name>
15         </auth-constraint>
16     </security-constraint>
17     <login-config>
18         <auth-method>FORM</auth-method>
19         <form-login-config>
20             <form-login-page>/ch10/login.jsp</form-login-page>
21             <form-error-page>/ch10/login_failed.jsp</form-error-page>
22         </form-login-config>
23     </login-config>
24 </web-app>
```

09행: 접근을 제한할 요청 경로를 설정하도록 <url-pattern> 요소를 작성합니다.

2 /src/main/webapp/ch10/ 폴더에 다음과 같이 웹 페이지를 작성하고 웹 브라우저에 'http://localhost:8080/JSPBook/ch10/security02.jsp'를 입력하여 실행 결과를 확인합니다.

JSPBook/src/main/webapp/ch10/security02.jsp

```
01 <%@ page contentType="text/html; charset=utf-8" %>
02 <html>
03 <head>
04 <title>Security</title>
05 </head>
06 <body>
07     <p> 사용자명 : <%=request.getRemoteUser() %>
08     <p> 인증방법 : <%=request.getAuthType() %>
09     <p> 인증한 사용자명이 역할명 "tomcat"에 속하는 사용자인가요?
10         <%=request.isUserInRole("tomcat") %>
11     <p> 인증한 사용자명이 역할명 "role1"에 속하는 사용자인가요?
12         <%=request.isUserInRole("role1") %>
13 </body>
14 </html>
```

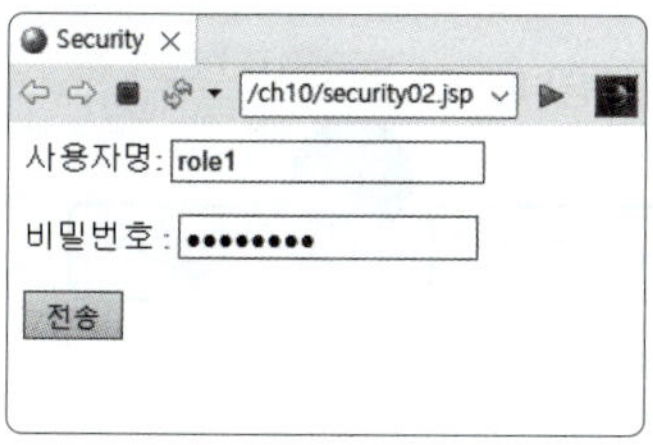

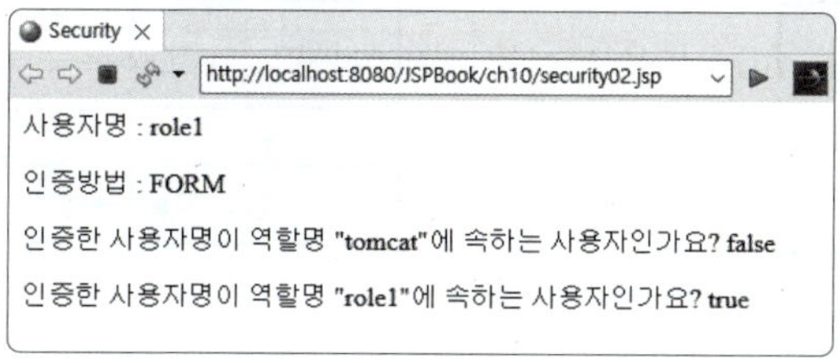

07행: 인증된 사용자를 가져오도록 request 내장 객체의 getRemoteUser() 메소드를 작성합니다.

08행: 인증 처리 방식을 가져오도록 request 내장 객체의 getAuthType() 메소드를 작성합니다.

10, 12행: 로그인 시 인증한 사용자의 역할 이름이 tomcat인지, role1인지 확인하도록 request 내장 객체의 isUserInRole() 메소드를 작성합니다.

04 북마켓 도서 등록 페이지의 보안 처리하기

이번 장에서 배운 보안 처리를 적용하여 도서 등록 페이지에 접근이 허가된 사용자만 접근할 수 있게 하고 로그아웃 처리 기능도 만들어봅니다. 사용자는 로그인 페이지에서 인증을 거쳐야만 도서 등록 페이지에 접근할 수 있습니다.

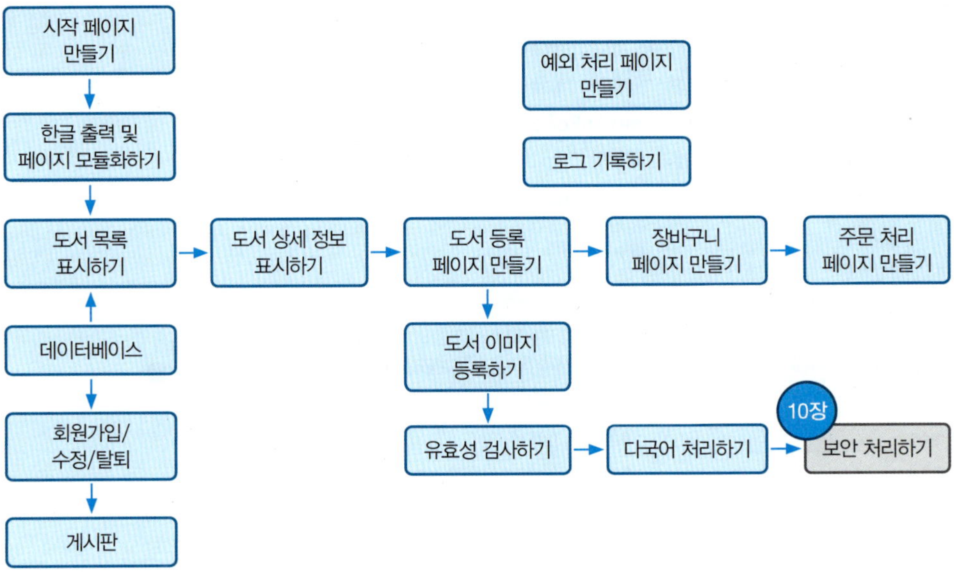

그림 10-1 도서 등록 페이지의 보안 처리하기

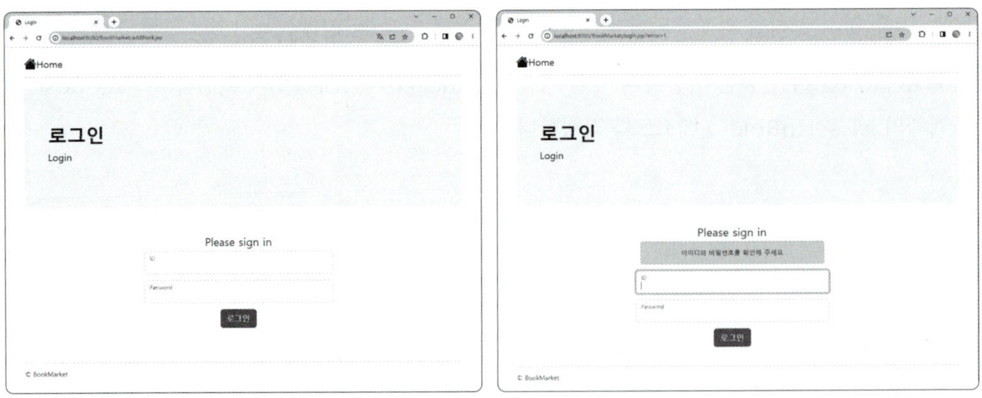

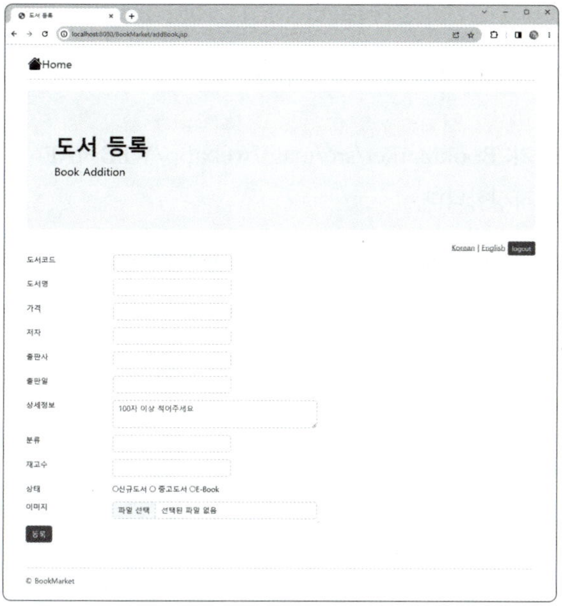

그림 10-2 완성된 북마켓 보안 처리 페이지

예제 10-4 로그인 인증을 통해 도서 등록 페이지에 접근하기

1 웹 서버에 사용자와 역할 설정하기: 이클립스의 Server 프로젝트에 있는 tomcat-users.xml 파일의 사용자와 역할에 대해 다음과 같이 추가 작성합니다.

Servers/Tomcat v10.1 Sever at localhost-config/tomcat-users.xml

```
01 <!-- •·········· 주석 처리 삭제
02 <role rolename="tomcat" />
03 <role rolename="role1" />
04 <role rolename="admin" />
05 <user username="tomcat" password="tomcat1234" roles="tomcat" />
06 <user username="both" password="both1234" roles="tomcat,role1" />
07 <user username="role1" password="role1234" roles="role1" />
08 <user username="admin" password="admin1234" roles="admin" />
09 -->•·········· 주석 처리 삭제
```

01, 09행: 사용자와 역할을 활성화하도록 주석 처리를 삭제합니다.

04행: 새로운 역할로 admin을 추가 작성합니다.

05~07행: 주어진 사용자와 역할에 대한 비밀번호를 각각 작성합니다.

08행: 추가된 새로운 역할 admin에 대해 사용자와 비밀번호를 작성합니다.

2 웹 애플리케이션 배포 설명자 web.xml 만들기: BookMarket/src/main/webapp/WEB-INF/ 폴더에 web.xml 파일을 생성하고 다음과 같이 작성합니다.

BookMarket/src/main/webapp/WEB-INF/web.xml

```
01 <?xml version="1.0" encoding="UTF-8"?>
02 <web-app...>
03     <security-role>
04         <description></description >
05         <role-name>admin</role-name>
06     </security-role>
07     <security-constraint>
08         <display-name>BookMarket Security</display-name>
09         <web-resource-collection>
10             <web-resource-name>BookMarket</web-resource-name>
11             <description></description>
12             <url-pattern>/addBook.jsp</url-pattern>
13         </web-resource-collection>
14         <auth-constraint>
15             <description>권한 관리자명</description>
16             <role-name>admin</role-name>
17         </auth-constraint>
18     </security-constraint>
19     <login-config>
20         <auth-method>FORM</auth-method>
21         <form-login-config>
22             <form-login-page>/login.jsp</form-login-page>
23             <form-error-page>/login_failed.jsp</form-error-page>
24         </form-login-config>
25     </login-config>
26 </web-app>
```

03~06행: 시큐리티 역할을 설정하도록 〈security-role〉 요소를 작성합니다.

07~18행: 시큐리티 제약 사항을 설정하도록 〈security-constraint〉 요소를 작성합니다.

12행: 접근을 제한할 요청 경로를 설정하도록 〈url-pattern〉 요소를 작성합니다.

16행: 권한이 부여된 사용자 이름을 설정하도록 〈role-name〉 요소를 작성합니다.

19~25행: 시큐리티 인증을 설정하도록 〈login-config〉 요소를 작성합니다.

20행: FORM 인증 처리 기법을 설정하도록 〈auth-method〉 요소를 작성합니다.

21~24행: 인증 처리를 위한 로그인 및 오류 페이지를 설정하도록 〈form-login-config〉 요소를 작성합니다.

22행: 인증 처리를 위한 로그인 페이지를 설정하도록 〈form-login-page〉 요소를 작성합니다.

23행: 인증 실패 시 오류 페이지를 설정하도록 〈form-error-page〉 요소를 작성합니다.

3 로그인 페이지 만들기: login.jsp 파일을 생성하고 다음과 같이 작성합니다.

BookMarket/src/main/webapp/login.jsp

```
<%@ page contentType="text/html; charset=utf-8" %>
<html>
<head>
<link rel="stylesheet" href="./resources/css/bootstrap.min.css" />
<title>Login</title>
</head>
<body>
<div class="container py-4">
  <%@ include file="menu.jsp" %>

  <div class="p-5 mb-4 bg-body-tertiary rounded-3">
    <div class="container-fluid py-5">
      <h1 class="display-5 fw-bold">로그인</h1>
      <p class="col-md-8 fs-4">Login</p>
    </div>
  </div>

  <div class="row align-items-md-stretch text-center">
    <div class="row justify-content-center align-items-center">
      <div class="h-100 p-5 col-md-6">
        <h3>Please sign in</h3>
```

```
22          <%
23            String error=request.getParameter("error");
24            if (error!=null) {
25              out.println("<div class='alert alert-danger'>");
26              out.println("아이디와 비밀번호를 확인해 주세요");
27              out.println("</div>");
28            }
29          %>
30          <form class="form-signin" action="j_security_check" method="post">
31          <div class="form-floating  mb-3 row">
32            <input type="text"  class="form-control" name='j_username'
              required autofocus>
33            <label for="floatingInput">ID</label>
34          </div>
35          <div class="form-floating  mb-3 row">
36            <input type="password" class="form-control" name='j_password' >
37            <label for="floatingInput">Password</label>
38          </div>
39          <button class="btn btn-lg btn-success" type="submit">로그인</button>
40          </form>
41        </div>
42      </div>
43    </div>
44    <%@ include file="footer.jsp" %>
45  </div>
46  </body>
47  </html>
```

09행: 머리글에 해당하는 menu.jsp 파일의 내용을 포함하도록 include 디렉티브 태그를 작성합니다.

22~29행: 로그인 인증에 실패했을 때 요청 파라미터의 값을 얻어오도록 request 내장 객체의 getParameter( ) 메소드를 작성합니다. 또한 오류 메시지를 출력하도록 out 내장 객체의 println( ) 메소드를 작성합니다.

30~40행: 로그인 인증 처리를 위한 form 태그를 작성합니다.

30행: 폼 기반 인증을 처리하도록 action 속성 값을 j_security_check로 작성합니다.

32, 36행: 폼 기반 인증을 처리하도록 사용자 이름과 비밀번호의 name 속성 값을 j_username, j_password로 작성합니다.

4 로그인 인증 실패 페이지 만들기: login_failed.jsp 파일을 생성하고 다음과 같이 작성합니다.

BookMarket/src/main/webapp/login_failed.jsp

```
01 <%
02   response.sendRedirect("login.jsp?error=1");
03 %>
```

02행: 로그인 인증에 실패했을 때 login.jsp 페이지로 강제 이동하도록 response 내장 객체의 sendRedirect() 메소드를 작성합니다. 또한 login.jsp에 오류를 전달하도록 요청 파라미터 error를 작성합니다.

예제 10-5 로그아웃 작성하기

1 로그아웃 페이지 만들기: logout.jsp 파일을 생성하고 다음과 같이 작성합니다.

BookMarket/src/main/webapp/logout.jsp

```
01 <%@ page contentType="text/html; charset=utf-8" %>
02 <%
03   session.invalidate();
04   response.sendRedirect("addBook.jsp");
05 %>
```

03행: 로그인 인증을 할 때 웹 브라우저에 저장된 모든 사용자를 삭제하도록 session 내장 객체의 invalidate() 메소드를 작성합니다.

04행: login.jsp 페이지로 강제 이동하도록 response 내장 객체의 sendRedirect() 메소드를 작성합니다.

TIP session 내장 객체에 관한 자세한 내용은 13장을 참고하세요.

2 도서 등록 페이지 수정하기: addBook.jsp 파일에 다음과 같이 추가 작성합니다.

BookMarket/src/main/webapp/addBook.jsp

```
01 <%@ page contentType="text/html; charset=utf-8" %>
02 …(생략)…
03   <div class="row align-items-md-stretch">
04     <div class="text-end">
05       <a href="?language=ko">Korean</a> | <a href="?language=en">
         English</a>
06       <a href="logout.jsp" class="btn btn-sm btn-success pull right">
         logout</a>
07     </div>
08     <form name="newBook" action="./processAddBook.jsp" method="post"
       enctype="multipart/form-data">
09 …(생략)…
```

06행: 〈로그아웃〉을 클릭하면 로그아웃 페이지를 호출하도록 작성합니다.

요약

01 (   )는 허가된 사용자만이 특정 웹 페이지에 접근할 수 있도록 제한하는 보안 기능을 말합니다. (   )는 사용자가 권한이 없는 데이터에 접근하는 것을 막거나 웹 공격자가 전송 데이터를 중간에 가로채는 것을 방지하는 등 중요한 역할을 합니다.

02 선언적 시큐리티는 웹 애플리케이션 배포 설명자 (   ) 파일에 보안 구성을 작성하여 수행하는 방식을 의미합니다. (   ) 파일에는 보안 역할, 보안 제약 사항, 인증 처리 등을 설정하여 보안을 구성하는 내용이 들어 있습니다.

03 프로그래밍적 시큐리티는 웹 애플리케이션의 보안을 위해 코드를 작성하여 (   )를 처리하는 방식을 의미합니다.

04 프로그래밍적 시큐리티는 선언적 시큐리티의 보안으로 충분하지 않을 때 (   ) 내장 객체의 메소드를 사용하여 사용자를 승인합니다.

정답

01 시큐리티, 시큐리티 02 web.xml, web.xml 03 사용자의 권한 부여 04 request

연습문제

01 코드 작성 없이 web.xml 파일에 보안 구성을 작성하여 사용자의 인증을 수행하는 방식의 시큐리티 처리 방법은 무엇인가?

① 프로그래밍적 시큐리티 ② 선언적 시큐리티

③ 정적 시큐리티 ④ 동적 시큐리티

02 request 내장 객체의 메소드를 통해 사용자의 권한 부여를 처리하는 시큐리티 처리 방법은 무엇인가?

① 프로그래밍적 시큐리티 ② 선언적 시큐리티

③ 정적 시큐리티 ④ 동적 시큐리티

03 웹 애플리케이션 배포 설명자 web.xml 파일에 구성하는 웹 애플리케이션에 사용하는 역할을 나열하는 요소은 무엇인가?

① <security-role>

② <security-constraint>

③ <login-config>

④ <logout-config>

04 웹 애플리케이션 배포 설명자 web.xml 파일에 구성하는 사용자의 요청 URL에 대한 접근 권한을 정의하는 데 사용하는 시큐리티 제약 사항의 요소로 옳지 않은 것은 무엇인가?

① <security-role>

② <auth-constraint>

③ <web-resource-collection>

④ <user-data-constraint>

05 웹 애플리케이션 배포 설명자 web.xml 파일에 구성하는 인증 처리를 위한 로그인 페이지나 오류 페이지를 호출하는 데 사용하는 시큐리티 인증의 요소로 옳지 않은 것은 무엇인가?

① <auth-method>

② <realm-name>

③ <form-login-config>

④ <role-name>

06 FORM 기반 인증 처리 기법에서 로그인 페이지를 작성하는 요구사항으로 옳지 않은 것은 무엇인가?

① form 태그의 action 속성

② 사용자의 name 속성

③ 비밀번호의 name 속성

④ form 태그의 enctype 속성

07 FORM 기반 인증 처리 기법에서 로그인 페이지를 작성하는 프로그램의 빈칸을 채우시오.

```
<form action="  __________  " method="post">
    아 이 디 : <input type="text" name="  __________  ">
    비밀번호 : <input type="password" name="  __________  ">
    <input type="submit" value="로그인">
</form>
```

08 시큐리티 관련 request 내장 객체의 메소드에 대한 설명으로 옳지 않은 것은 무엇인가?

① getRemoteUser(): 사용자의 인증 상태를 반환한다.

② getAuthType(): 서블릿을 보호하는 데 사용되는 인증 방식의 이름을 반환한다.

③ getProtocol(): 웹 브라우저의 요청 프로토콜을 가져온다.

④ getUserPrinciple(): 현재 인증한 사용자의 이름만을 반환한다.

09 FORM 기반 인증 처리 기법을 이용하여 다음 조건에 맞게 JSP 애플리케이션을 만들고 실행하여 결과를 확인하시오.

조건

❶ 웹 서버에 사용자와 역할을 설정한다.

- 이클립스의 [Server] 프로젝트에 있는 tomcat-users.xml 파일에 사용자명 admin과 비밀번호 admin1234를 추가한다.

❷ src/main/webapp/WEB-INF 폴더 내에 웹 애플리케이션 배포 설명자 web.xml 파일을 생성하고 시큐리티 태그를 작성한다.

- 접근 제한할 요청 페이지 security.jsp의 경로를 설정한다.
- FORM 인증 처리 기법을 설정한다.

❸ 인증 처리를 위한 로그인 페이지 login.jsp와 인증 실패 처리를 위한 오류 페이지 login-failed.jsp를 생성한다.

❹ success.jsp 파일을 생성한다.

- 사용자명 admin이 인증하면 아래 그림처럼 성공 메시지를 출력하도록 작성한다.

❺ security.jsp 파일을 생성한다.

- 사용자명 admin이 인증을 성공하면 success.jsp로 이동하도록 작성한다.

❻ 웹 브라우저에 'http://localhost:8080/Exercise/ch10/security.jsp'를 입력하여 실행 결과를 확인한다.

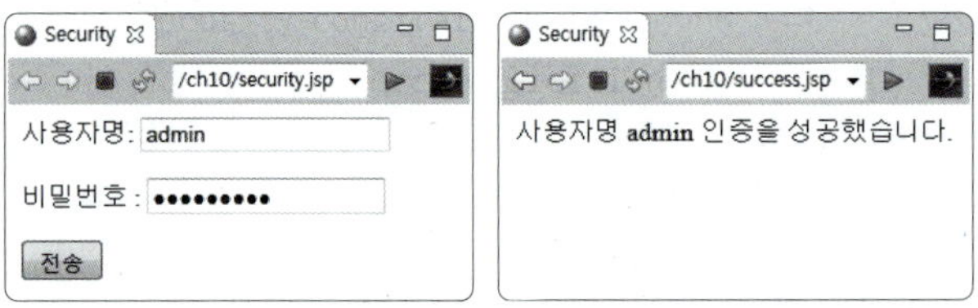

CHAPTER 11

예외 처리: 예외 처리 페이지 만들기

학습목표

- 예외 처리의 개념을 이해합니다.
- page 디렉티브 태그를 이용한 예외 처리 방법을 익힙니다.
- web.xml 파일을 이용한 예외 처리 방법을 익힙니다.
- try-catch-finally를 이용한 예외 처리 방법을 익힙니다.
- 북마켓의 예외 처리 페이지를 만듭니다.

01 예외 처리의 개요

예외 처리는 프로그램이 처리되는 동안 특정한 문제가 발생했을 때 처리를 중단하고 다른 처리를 하는 것으로 오류 처리라고도 합니다. 웹 사이트를 이용하다가 주소를 잘못 입력하면 오류 페이지를 보게 됩니다. 이 페이지는 웹 서버가 제공하는 오류 페이지로 해당 페이지에 발생한 오류, 디렉터리 구조, 톰캣 버전 등의 정보가 나타나 있기 때문에 웹 보안이 취약하여 쉽게 해킹당할 수 있습니다.

이와 같이 웹 애플리케이션 실행 도중에 발생할 수 있는 오류에 대비한 예외 처리 코드를 작성하여 비정상적인 종료를 막을 수 있습니다. 웹 애플리케이션에서 오류가 발생하더라도 정상적인 실행 상태를 유지하는 예외 처리 방법은 다음과 같습니다.

표 11-1 예외 처리 방법의 종류

예외 처리 방법	설명
page 디렉티브 태그를 이용한 예외 처리	errorPage와 isErrorPage 속성을 이용한다.
web.xml 파일을 이용한 예외 처리	〈error-code〉 또는 〈exception-type〉 요소를 이용한다.
try-catch-finally를 이용한 예외 처리	자바 언어의 예외 처리 구문을 이용한다.

NOTE 예외 처리 방법의 우선순위

하나의 웹 애플리케이션에 page 디렉티브 태그, web.xml 파일, try-catch-finally 등의 예외 처리 방법을 모두 사용할 때 다음과 같은 우선순위에 따라 오류 페이지가 호출됩니다.

❶ JSP 페이지에서 try-catch-finally 문으로 처리하는 경우 발생한 오류를 출력합니다.

❷ page 디렉티브 태그의 errorPage 속성에서 설정한 오류 페이지를 출력합니다.

❸ JSP 페이지에서 발생한 예외 유형이 web.xml 파일에서 설정한 예외 유형과 동일한 경우 설정한 오류 페이지를 출력합니다.

❹ JSP 페이지에서 발생한 오류 코드가 web.xml 파일에서 설정한 오류 코드와 동일한 경우 설정한 오류 페이지를 출력합니다.

❺ 이러한 항목에 해당되지 않는 경우 웹 서버가 제공하는 기본 오류 페이지를 출력합니다.

02 page 디렉티브 태그를 이용한 예외 처리

page 디렉티브 태그를 이용한 예외 처리는 page 디렉티브 태그에 errorPage와 isErrorPage 속성을 사용하여 오류 페이지를 호출하는 방법입니다.

1 errorPage 속성으로 오류 페이지 호출하기

errorPage 속성은 오류 페이지를 호출하는 page 디렉티브 태그의 속성으로, 형식은 다음과 같습니다. JSP 페이지가 실행되는 도중에 오류가 발생하면 웹 서버의 기본 오류 페이지를 대신하여 errorPage 속성에 설정한 페이지가 오류 페이지로 호출됩니다.

```
<%@ page errorPage="오류 페이지 URL" %>
```

다음은 오류 페이지를 호출하는 page 디렉티브 태그에 errorPage 속성을 사용하는 예로, JSP 페이지에서 오류가 발생하여 오류 페이지 error.jsp를 출력합니다.

[errorPage 속성 사용 예]

```
<%@ page contentType="text/html; charset=utf-8" %>
<%@ page errorPage="error.jsp" %>    ❷ 오류 페이지 호출
<html>
<head>
<title>Exception</title>
</head>
<body>
<%
    String value=session.getAttribute("id").toString();    ❶ 오류 발생
%>
</body>
</html>
```

예제 11-1 page 디렉티브 태그에 errorPage 속성을 이용하여 오류 페이지 호출하기

1 프로젝트 생성하기: 1장에서 생성한 JSPBook 프로젝트를 사용합니다.

2 JSP 페이지 작성하기: JSPBook/src/main/webapp/ 폴더에 ch11 폴더를 만든 후 errorPage.jsp 파일을 생성하고 다음과 같이 작성합니다.

JSPBook/src/main/webapp/ch11/errorPage.jsp

```
01 <%@ page contentType="text/html; charset=utf-8" %>
02 <%@ page errorPage="errorPage_error.jsp" %>
03 <html>
04 <head>
05 <title>Exception</title>
06 </head>
07 <body>
08     name 파라미터 : <%=request.getParameter("name").toUpperCase() %>
09 </body>
10 </html>
```

02행: JSP 페이지가 실행되는 도중에 오류가 발생하면 오류 페이지를 호출하도록 page 디렉티브 태그에 errorPage 속성을 작성합니다.

08행: toUpperCase() 메소드는 파라미터 값을 대문자로 변환하여 출력합니다. 이때 파라미터 name이 존재하지 않아 오류가 발생합니다.

3 오류 페이지 작성하기: errorPage_error.jsp 파일을 생성하고 다음과 같이 작성합니다.

JSPBook/src/main/webapp/ch11/errorPage_error.jsp

```
<%@ page contentType="text/html; charset=utf-8" %>
<html>
<head>
<title>Exception</title>
</head>
<body>
    오류가 발생하였습니다.
</body>
</html>
```

4 프로젝트 실행하기: 웹 브라우저에 'http://localhost:8080/JSPBook/ch11/errorPage.jsp'를 입력하여 실행 결과를 확인합니다.

2 isErrorPage 속성으로 오류 페이지 만들기

isErrorPage 속성은 현재 JSP 페이지를 오류 페이지로 호출하는 page 디렉티브 태그의 속성으로 형식은 다음과 같습니다. 이때 오류 페이지에서 exception 내장 객체를 사용할 수 있습니다.

```
<%@ page isErrorPage="true" %>
```

표 11-2 exception 내장 객체의 메소드

메소드	형식	설명
getMessage()	String	오류 이벤트와 함께 들어오는 메시지를 출력한다.
toString()	String	오류 이벤트의 toString()을 호출하여 간단한 오류 메시지를 확인한다.
printStackTrace()	String	오류 메시지의 발생 근원지를 찾아 단계별로 오류를 출력한다.

다음은 현재 JSP 페이지가 오류 페이지가 되도록 page 디렉티브 태그에 isErrorPage 속성을 사용하는 예입니다. 앞의 예에서 NullPointerException 오류가 발생하여 현재 JSP 페이지가 오류 페이지로 출력됩니다.

[isErrorPage 속성 사용 예]

error.jsp

```
<%@ page contentType="text/html; charset=utf-8" %>
<%@ page isErrorPage="true" %>
<html>
<head>
<title>Exception</title>
</head>
<body>
```

오류가 발생하였습니다.

예외 유형 : java.lang.NullPointerException

```
        <p> 오류가 발생하였습니다.
        <p> 예외 유형 : <%=exception.toString() %>
</body>
</html>
```

NOTE 웹 브라우저에 따라 출력되지 않는 오류 페이지

크롬을 사용하면 오류 페이지가 출력되지만 인터넷 익스플로러(이클립스 내부 브라우저 포함)에서는 오류 페이지가 출력되지 않는 경우가 있습니다. 인터넷 익스플로러는 오류 페이지의 출력 내용이 513B보다 작으면 오류 페이지를 출력하지 못하고 웹 서버가 자체적으로 제공하는 'HTTP 오류 메시지' 화면을 출력합니다. 인터넷 익스플로러에서도 오류 페이지가 제대로 출력되게 하려면 응답 결과에 임의의 내용을 포함하여 오류 페이지의 길이를 513B 이상으로 만들면 됩니다.

예제 11-2 page 디렉티브 태그에 isErrorPage 속성을 이용하여 오류 페이지 만들기

/src/main/webapp/ch11/ 폴더에 다음과 같이 isErrorPage.jsp, isErrorPage_error.jsp 파일을 만든 후 웹 브라우저에 'http://localhost:8080/JSPBook/ch11/isErrorPage.jsp'를 입력하여 실행 결과를 확인합니다.

JSPBook/src/main/webapp/ch11/isErrorPage.jsp

```
<%@ page contentType="text/html; charset=utf-8" %>
<%@ page errorPage="isErrorPage_error.jsp" %>
<html>
<head>
<title>Exception</title>
</head>
<body>
    name 파라미터 : <%=request.getParameter("name").toUpperCase() %>
</body>
</html>
```

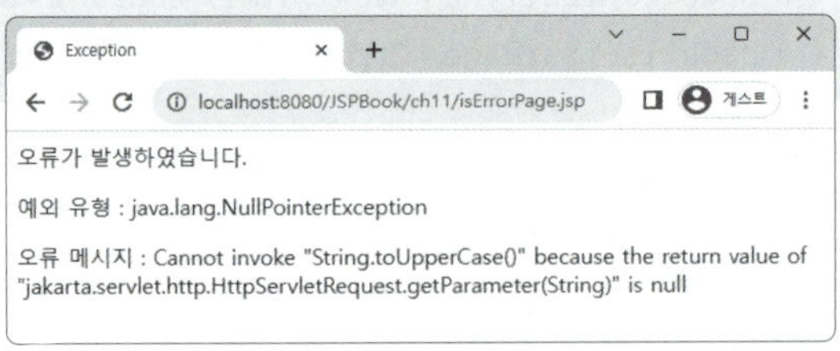

JSPBook/src/main/webapp/ch11/isErrorPage_error.jsp

```
01 <%@ page contentType="text/html; charset=utf-8" %>
02 <%@ page isErrorPage="true" %>
03 <html>
04 <head>
05 <title>Exception</title>
06 </head>
07 <body>
08     <p> 오류가 발생하였습니다.
09     <p> 예외 유형 : <%=exception.getClass().getName() %>
10     <p> 오류 메시지 : <%=exception.getMessage() %>
11 </body>
12 </html>
```

02행: 현재 JSP 페이지가 오류 페이지가 되도록 page 디렉티브 태그에 isErrorPage 속성을 작성합니다.

09행: 오류가 발생했을 때 해당 예외 객체 타입을 가져와 출력하도록 표현문 태그에 exception 내장 객체의 getClass().getName() 메소드를 작성합니다.

10행: 오류가 발생했을 때 오류 메시지를 가져와 출력하도록 표현문 태그에 exception 내장 객체의 getMessage() 메소드를 작성합니다.

예제 11-3 page 디렉티브 태그에 errorPage와 isErrorPage 속성을 이용하여 예외 처리하기

/src/main/webapp/ch11/ 폴더에 다음과 같이 exception.jsp, exception_process.jsp, exception_error.jsp 파일을 만든 후 웹 브라우저에 'http://localhost:8080/JSPBook/ch11/exception.jsp'를 입력하여 실행 결과를 확인합니다.

JSPBook/src/main/webapp/ch11/exception.jsp

```
<%@ page contentType="text/html; charset=utf-8" %>
<html>
<head>
<title>Exception</title>
</head>
<body>
```

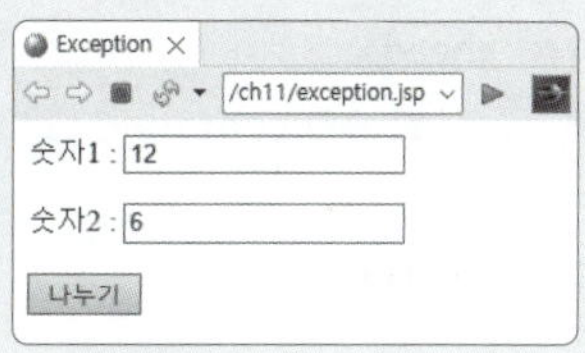

```
    <form action="exception_process.jsp" method="post">
        <p> 숫자1 : <input type="text" name="num1">
        <p> 숫자2 : <input type="text" name="num2">
        <p> <input type="submit" value="나누기">
    </form>
</body>
</html>
```

JSPBook/src/main/webapp/ch11/exception_process.jsp

```
<%@ page contentType="text/html; charset=utf-8" %>
<%@ page errorPage="exception_error.jsp" %>
<html>
<head>
<title>Exception</title>
</head>
<body>
    <%
        String num1=request.getParameter("num1");
        String num2=request.getParameter("num2");
        int a=Integer.parseInt(num1);
        int b=Integer.parseInt(num2);
        int c=a / b;
        out.print(num1 + " / " + num2 + " = " + c);
    %>
</body>
</html>
```

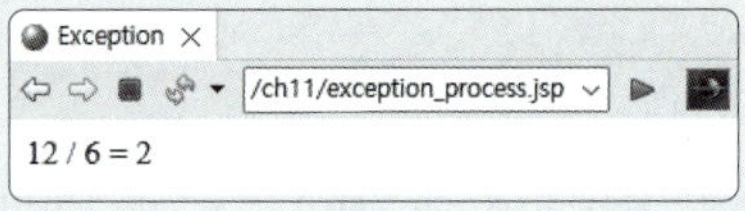

JSPBook/src/main/webapp/ch11/exception_error.jsp

```
<%@ page contentType="text/html; charset=utf-8" %>
<%@ page isErrorPage="true" %>
<html>
<head>
<title>Exception</title>
</head>
<body>
```

```
08        <p> 오류가 발생하였습니다.
09        <p> 예외 : <%=exception %>
10        <p> toString() : <%=exception.toString() %>
11        <p> getClass().getName() : <%=exception.getClass().getName() %>
12        <p> getMessage() : <%=exception.getMessage() %>
13    </body>
14    </html>
```

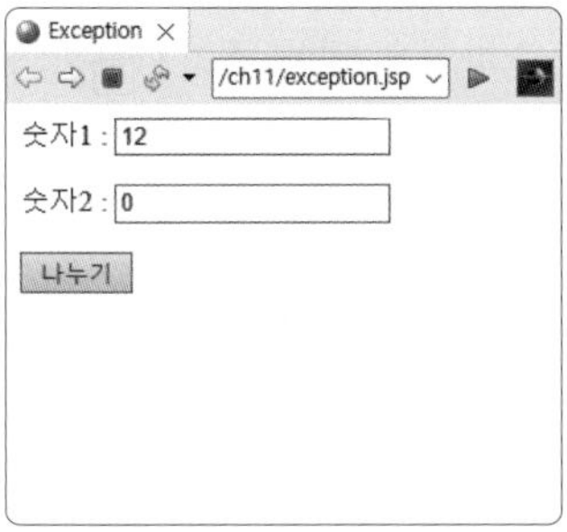

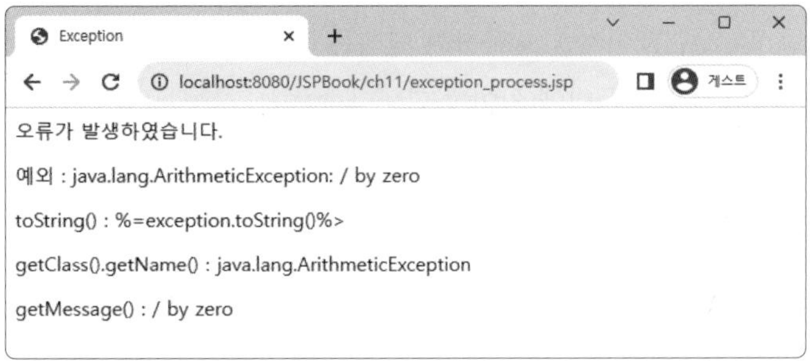

02행: 현재 JSP 페이지가 오류 페이지가 되도록 page 디렉티브 태그에 isErrorPage 속성을 작성합니다.

09행: 오류가 발생했을 때 해당 예외 정보를 출력하도록 표현문 태그에 exception 내장 객체를 작성합니다.

10행: 오류가 발생했을 때 해당 예외 객체 타입을 가져와 출력하도록 표현문 태그에 exception 내장 객체의 toString() 메소드를 작성합니다.

11행: 오류가 발생했을 때 해당 예외 객체 타입을 가져와 출력하도록 표현문 태그에 exception 내장 객체의 getClass().getName() 메소드를 작성합니다.

12행: 오류가 발생했을 때 오류 메시지를 가져와 출력하도록 표현문 태그에 exception 내장 객체의 getMessage() 메소드를 작성합니다.

03 web.xml 파일을 이용한 예외 처리

web.xml 파일을 이용한 예외 처리는 web.xml 파일을 통해 오류 상태와 오류 페이지를 보여주는 방법으로, <error-page>…</error-page> 요소 내에 처리할 오류 코드나 오류 유형 및 오류 페이지를 호출하며 형식은 다음과 같습니다. web.xml 파일은 웹 애플리케이션의 /WEB-INF/ 폴더에 있어야 합니다.

```
<error-page>
    <error-code>…</error-code>|<exception-type>…</error-exception-type>
    <location>…</location>
</error-page>
```

표 11-3 <error-page>를 구성하는 하위 요소

요소	설명
<error-code>	오류 코드를 설정하는 데 사용한다.
<exception-type>	자바 예외 유형의 정규화된 클래스 이름을 설정하는 데 사용한다.
<location>	오류 페이지의 URL을 설정하는 데 사용한다.

1 오류 코드로 오류 페이지 호출하기

오류 코드는 웹 서버가 제공하는 기본 오류 페이지에 나타나는 404, 500과 같이 사용자의 요청이 올바르지 않을 때 출력되는 코드로 응답 상태 코드라고도 합니다. JSP 페이지에서 발생하는 오류가 web.xml 파일에 설정된 오류 코드와 일치하는 경우 오류 코드와 오류 페이지를 보여줍니다. web.xml 파일에 오류 코드와 오류 페이지를 설정하는 형식은 다음과 같습니다.

```
<error-page>
    <error-code>오류 코드</error-code>
    <location>오류 페이지의 URI</location>
</error-page>
```

표 11-4 주요 오류 코드의 종류

코드	설명
200	요청이 정상적으로 처리된다.
307	임시로 페이지가 리다이렉트된다.
400	클라이언트의 요청이 잘못된 구문으로 구성된다.
401	접근이 허용되지 않는다.
404	지정된 URL을 처리하기 위한 자원이 존재하지 않는다(페이지가 없음).
405	요청된 메소드가 허용되지 않는다.
500	서버 내부의 에러이다(JSP에서 예외가 발생하는 경우).
503	서버가 일시적으로 서비스를 제공할 수 없다(서버 과부하나 보수 중인 경우).

다음은 오류 코드와 오류 페이지를 호출하는 예입니다. 만약 사용자가 요청한 페이지가 없으면 404 오류가 발생하여 오류 페이지 errorCode_404.jsp를 출력합니다. 또한 웹 페이지에서 10/0과 같이 잘못된 코드를 실행하는 경우 500 오류가 발생하여 오류 페이지 errorCode_500.jsp를 출력합니다.

[<error-code> 요소 사용 예]

```
<web-app…>
    <error-page>
        <error-code>404</error-code>
        <location>/errorCode_404.jsp</location>
    </error-page>

    <error-page>
        <error-code>500</error-code>
        <location>/errorCode_500.jsp</location>
    </error-page>
</web-app>
```

예제 11-4 web.xml 파일에 오류 코드로 오류 페이지 호출하기

1 /src/main/webapp/WEB-INF/ 폴더에 web.xml 파일을 생성하고 다음과 같이 작성합니다.

JSPBook/src/main/webapp/WEB-INF/web.xml

```
01 <?xml version="1.0" encoding="UTF-8"?>
02 <web-app>
03       …(생략)…
04       <error-page>
05           <error-code>500</error-code>
06           <location>/ch11/errorCode_error.jsp</location>
07       </error-page>
08 </web-app>
```

04~07행: 오류가 발생했을 때 오류 상태와 오류 페이지를 출력하도록 작성합니다.

05행: 오류가 발생했을 때 오류 코드 500을 설정하도록 <error-code> 요소를 작성합니다.

06행: 오류가 발생했을 때 오류 페이지 errorCode_error.jsp를 호출하도록 <location> 요소를 작성합니다.

2 /src/main/webapp/ch11/ 폴더에 다음과 같이 errorCode.jsp, errorCode_process.jsp, errorCode_error.jsp 파일을 만든 후 웹 브라우저에 'http://localhost:8080/JSPBook/ch11/errorCode.jsp'를 입력하여 실행 결과를 확인합니다.

JSPBook/src/main/webapp/ch11/errorCode.jsp

```
<%@ page contentType="text/html; charset=utf-8" %>
<html>
<head>
<title>Exception</title>
</head>
<body>
    <form action="errorCode_process.jsp" method="post">
        <p> 숫자1 : <input type="text" name="num1">
        <p> 숫자2 : <input type="text" name="num2">
        <p> <input type="submit" value="나누기">
    </form>
</body>
</html>
```

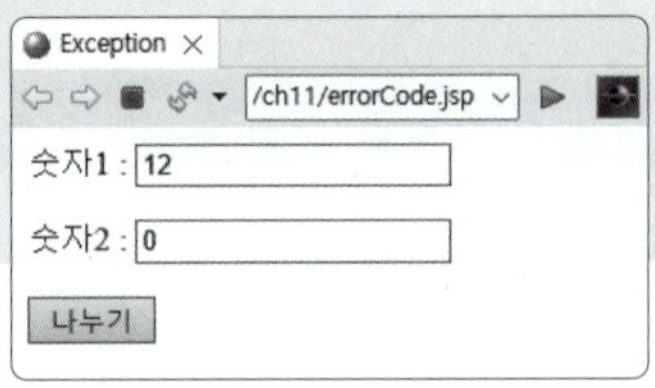

JSPBook/src/main/webapp/ch11/errorCode_process.jsp

```
<%@ page contentType="text/html; charset=utf-8" %>
<html>
<head>
<title>Exception</title>
</head>
<body>
    <%
        String num1=request.getParameter("num1");
        String num2=request.getParameter("num2");
        int a=Integer.parseInt(num1);
        int b=Integer.parseInt(num2);
        int c=a / b;
        out.print(num1 + " / " + num2 + " = " + c);
    %>
</body>
</html>
```

JSPBook/src/main/webapp/ch11/errorCode_error.jsp

```
<%@ page contentType="text/html; charset=utf-8" %>
<html>
<head>
<title>Exception</title>
</head>
<body>
    errorCode 505 오류가 발생하였습니다.
</body>
</html>
```

2 예외 유형으로 오류 페이지 호출하기

예외 유형에 따른 오류 페이지 호출 방법은 JSP 페이지가 발생시키는 오류가 web.xml 파일에 설정된 예외 유형과 일치하는 경우 예외 유형과 오류 페이지를 보여줍니다. web.xml 파일에 예외 유형과 오류 페이지를 설정하는 형식은 다음과 같습니다.

```
<error-page>
    <exception-type>예외 유형</exception-type>
    <location>오류 페이지의 URI</location>
</error-page>
```

표 11-5 주요 예외 유형의 종류

예외 유형	설명
ClassNotFoundException	클래스를 찾지 못했을 때 발생한다.
NullPointerException	null 오브젝트로 접근했을 때 발생한다.
ClassCastException	변환할 수 있는 유형으로 객체를 변환할 때 발생한다.
OutOfMemoryException	메모리 부족으로 메모리를 확보하지 못했을 때 발생한다.
StackOverflowError	스택 오버플로일 때 발생한다.
ArrayIndexOutOfBoundException	범위 밖의 배열 첨자를 설정했을 때 발생한다.
NegativeArraySizeException	음수로 배열 크기를 설정했을 때 발생한다.
illegalArgumentException	부적절한 인자를 메소드에 전달할 때 발생한다.
IOException	입출력 처리에 문제가 있을 때 발생한다.
NumberFormatException	부적절한 문자열을 수치로 변환하려 할 때 발생한다.
ArithmeticException	어떤 값을 0으로 나누었을 때 발생한다.

다음은 예외 유형과 오류 페이지를 호출하는 예입니다. 웹 페이지 처리 과정에서 null 예외가 발생했을 때 예외 유형 java.lang.NullPointerException과 오류 페이지 errorNullPointer.jsp를 출력합니다

[<exception-type> 요소 사용 예]

```
<web-app…>
    <error-page>
        <exception-type>java.lang.NullPointerException</exception-type>
        <location>/errorNullPointer.jsp</location>
    </error-page>
</web-app>
```

예제 11-5 web.xml 파일에 예외 유형으로 오류 페이지 호출하기

1 /src/main/webapp/WEB-INF/ 폴더의 web.xml 파일에 다음과 같이 작성합니다.

JSPBook/src/main/webapp/WEB-INF/web.xml

```
01 <?xml version="1.0" encoding="UTF-8"?>
02 <web-app>
03     …(생략)…
04     <error-page>
05         <exception-type>java.lang.Exception</exception-type>
06         <location>/ch11/exceptionType_error.jsp</location>
07     </error-page>
08 </web-app>
```

04~07행: 오류가 발생했을 때 오류 상태와 오류 페이지를 출력하도록 작성합니다.

05행: 오류가 발생했을 때 예외 유형을 설정하도록 〈exception-type〉 요소를 작성합니다.

06행: 오류가 발생했을 때 오류 페이지 exceptionType_error.jsp를 호출하도록 〈location〉 요소를 작성합니다.

2 /src/main/webapp/ch11/ 폴더에 다음과 같이 exceptionType.jsp, exceptionType_process.jsp, exceptionType_error.jsp 파일을 만든 후 웹 브라우저에 'http://localhost:8080/JSPBook/ch11/exceptionType.jsp'를 입력하여 실행 결과를 확인합니다.

JSPBook/src/main/webapp/ch11/exceptionType.jsp

```
<%@ page contentType="text/html; charset=utf-8" %>
<html>
<head>
<title>Exception</title>
</head>
<body>
    <form action="exceptionType_process.jsp" method="post">
        <p> 숫자1 : <input type="text" name="num1">
        <p> 숫자2 : <input type="text" name="num2">
        <p> <input type="submit" value="나누기">
```

```
    </form>
</body>
</html>
```

JSPBook/src/main/webapp/ch11/exceptionType_process.jsp

```
<%@ page contentType="text/html; charset=utf-8" %>
<html>
<head>
<title>Exception</title>
</head>
<body>
    <%
        String num1=request.getParameter("num1");
        String num2=request.getParameter("num2");
        int a=Integer.parseInt(num1);
        int b=Integer.parseInt(num2);
        int c=a / b;
        out.print(num1 + " / " + num2 + " = " + c);
    %>
</body>
</html>
```

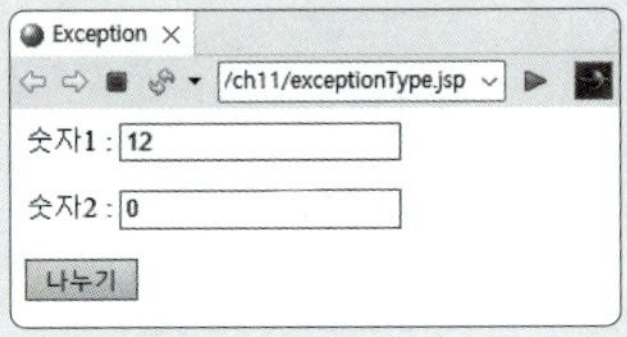

JSPBook/src/main/webapp/ch11/exceptionType_error.jsp

```
<%@ page contentType="text/html; charset=utf-8" %>
<html>
<head>
<title>Exception</title>
</head>
<body>
    exception type 오류가 발생하였습니다.
</body>
</html>
```

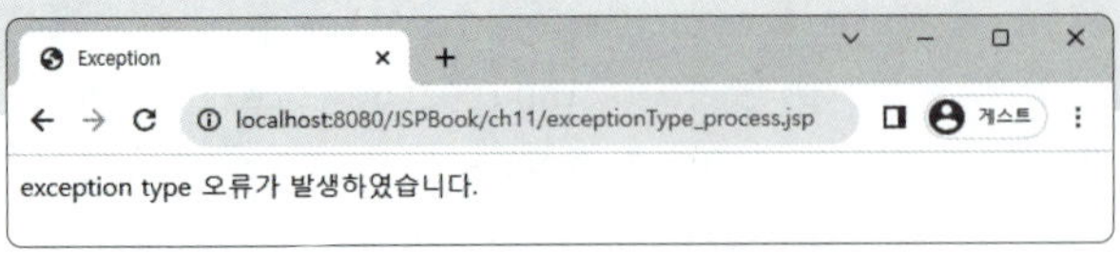

04 try-catch-finally를 이용한 예외 처리

try-catch-finally는 자바의 예외 처리 구문으로 스크립틀릿 태그에 작성하며 형식은 다음과 같습니다. try 구문에는 예외가 발생할 수 있는 코드를 작성하고, catch 구문에는 오류가 발생할 수 있는 예외 사항을 예측하여 오류를 처리하는 코드를 작성합니다. 그리고 finally 구문에는 try 구문이 실행된 후 실행할 코드를 작성하는데 이는 생략할 수 있습니다.

```
try{
     //예외가 발생할 수 있는 실행문
}
catch(처리할 예외 유형 설정) {
     //예외 처리문
}
[finally {
     //예외와 상관없이 무조건 실행되는 문장(생략 가능)
}]
```

try-catch-finally의 실행 순서를 살펴보면, 먼저 try 안에 있는 문장이 실행됩니다. 만약 try 블록 내 실행되는 문장 중 예외가 발생하면 실행을 중단하고, 예외와 일치하는 catch 블록의 내용을 실행합니다. finally 블록은 선택적으로 작성하는 부분으로, 이 블록이 존재하면 반드시 실행됩니다.

다음은 try-catch-finally 구문을 이용한 예외 처리의 예입니다. 10/0과 같이 잘못된 코드를 실행하여 예외가 발생하면 실행을 중단하고 오류 페이지 error.jsp를 출력합니다.

[try-catch-finally 사용 예]

```
<%@ page contentType="text/html; charset=utf-8" %>
<html>
<head>
<title>Exception</title>
```

```
</head>
<body>
    <%
        try {
            int num=10 / 0;
        } catch (NumberFormatException e) {
            RequestDispatcher dispatcher=request.etRequestDispatcher("error.
            jsp");
            dispatcher.forward(request, response);
        }
    %>
</body>
</html>
```

NOTE 웹서블릿에서의 jsp 호출(forward와 include 방식)

forward와 include 메소드는 모두 JSP 페이지를 호출할 수 있지만 다음과 같은 차이점이 있습니다.

- **forward( ) 메소드 방식:** JSP 페이지를 호출하는 순간 서블릿 프로그램이 실행을 멈추며 JSP 페이지로 넘어가 그곳에서 실행하고 프로그램이 끝납니다.

```
RequestDispatcher rd=this.getServletContext().getRequestDispatcher("jspFile");
request.setAttribute("name", "value");
rd.forward(request, response);
```

- **include( ) 메소드 방식:** JSP 페이지가 실행된 후 나머지 서블릿 프로그램이 실행됩니다.

```
RequestDispatcher rd=this.getServletContext().getRequestDispatcher("jspFile");
rd.include(request, response);
```

예제 11-6 try-catch-finally를 이용하여 예외 처리하기

/src/main/webapp/ch11/ 폴더에 다음과 같이 tryCatch.jsp, tryCatch_process.jsp, tryCatch_error.jsp 파일을 만든 후 웹 브라우저에 'http://localhost:8080/JSPBook/ch11/tryCatch.jsp'를 입력하여 실행 결과를 확인합니다.

JSPBook/src/main/webapp/ch11/tryCatch.jsp

```
<%@ page contentType="text/html; charset=utf-8" %>
<html>
<head>
<title>Exception</title>
</head>
<body>
    <form action="tryCatch_process.jsp" method="post">
        <p> 숫자1 : <input type="text" name="num1">
        <p> 숫자2 : <input type="text" name="num2">
        <p> <input type="submit" value="전송">
    </form>
</body>
</html>
```

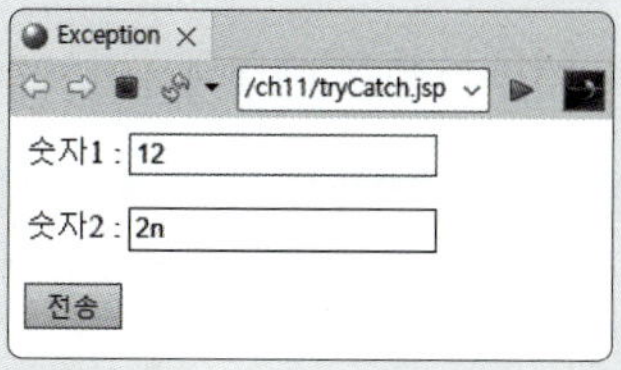

JSPBook/src/main/webapp/ch11/tryCatch_process.jsp

```
<%@ page contentType="text/html; charset=utf-8" %>
<html>
<head>
<title>Exception</title>
</head>
<body>
<%
    try {
        String num1=request.getParameter("num1");
        String num2=request.getParameter("num2");
        int a=Integer.parseInt(num1);
        int b=Integer.parseInt(num2);
        int c=a / b;
    } catch (NumberFormatException e) {
        RequestDispatcher dispatcher=request.getRequestDispatcher
        ("tryCatch_error.jsp");
        dispatcher.forward(request, response);
    }
%>
</body>
</html>
```

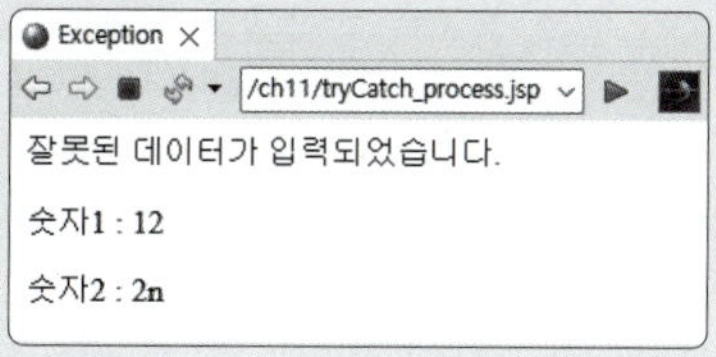

07~18행: 스크립틀릿 태그에 try-catch 구문을 작성합니다.

08~14행: 파라미터 num1, num2를 받아 정수로 변환하여 두 수를 나누도록 try 구문을 작성합니다.

14~17행: 11행과 12행에서 부적절한 문자열을 정수로 변환하려 할 때 오류가 발생하여 오류 페이지 tryCatch_error.jsp로 이동하도록 catch 구문을 작성합니다.

JSPBook/src/main/webapp/ch11/tryCatch_error.jsp

```
<%@ page contentType="text/html; charset=utf-8" %>
<html>
<head>
<title>Exception</title>
</head>
<body>
	<p> 잘못된 데이터가 입력되었습니다.
	<p> <%=" 숫자1 : " + request.getParameter("num1") %>
	<p> <%=" 숫자2 : " + request.getParameter("num2") %>
</body>
</html>
```

05 북마켓 예외 처리 페이지 만들기

이번 장에서 배운 예외 처리 방법을 적용하여 요청된 페이지나 도서 아이디가 없을 때 예외 처리를 하도록 만듭니다.

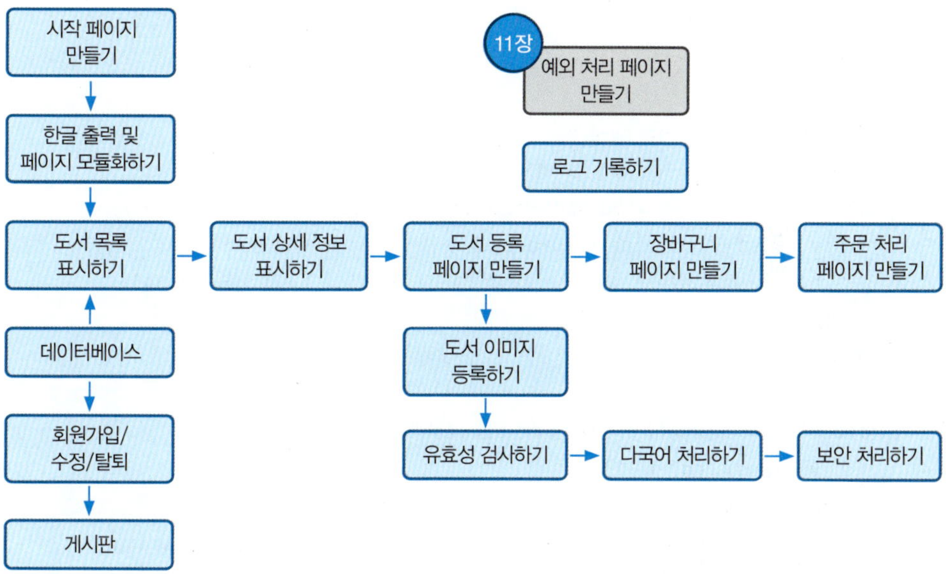

그림 11-1 예외 처리 페이지 만들기

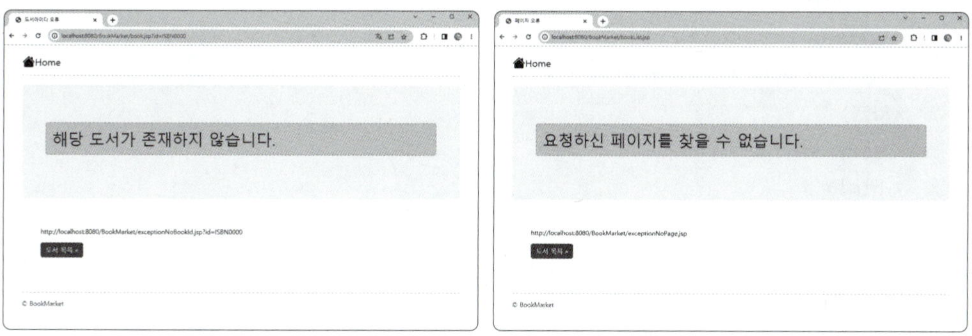

그림 11-2 완성된 북마켓 예외 처리 페이지

예제 11-7 page 디렉티브 태그에 errorPage 속성을 이용하여 오류 페이지 호출하기

1 오류 페이지 작성하기: exceptionNoBookId.jsp 파일을 생성하고 다음과 같이 작성합니다.

BookMarket/src/main/webapp/exceptionNoBookId.jsp

```
01 <%@ page contentType="text/html; charset=utf-8" %>
02 <html>
03 <head>
04 <link rel="stylesheet" href="./resources/css/bootstrap.min.css" />
05 <title>도서아이디 오류</title>
06 </head>
07 <body>
08 <div class="container py-4">
09   <%@ include file="menu.jsp" %>
10   <div class="p-5 mb-4 bg-body-tertiary rounded-3">
11     <div class="container-fluid py-5">
12       <h1 class="alert alert-danger">해당 도서가 존재하지 않습니다.</h1>
13     </div>
14   </div>
15
16   <div class="row align-items-md-stretch">
17     <div class="col-md-12">
18       <div class="h-100 p-5">
19         <p> <%=request.getRequestURL() %>?<%=request.getQueryString() %>
20         <p> <a href="books.jsp" class="btn btn-secondary"> 도서 목록 &raquo;</a>
21       </div>
22     </div>
23   </div>
24   <%@ include file="footer.jsp" %>
25 </div>
26 </body>
27 </html>
```

19행: 오류가 발생했을 때 해당 오류 페이지를 출력하도록 표현문 태그에 request 내장 객체의 getRequestURL() 메소드를 작성합니다. 또한 요청 파라미터를 출력하도록 표현문 태그에 request 내장 객체의 getQueryString() 메소드를 작성합니다.

2 도서 상세 보기 페이지 수정하기: book.jsp 파일에 다음과 같이 추가 작성합니다.

BookMarket/src/main/webapp/book.jsp

```
01 <%@ page contentType="text/html; charset=utf-8" %>
02 <%@ page import="dto.Book" %>
03 <%@ page import="dao.BookRepository" %>
04 <%@ page errorPage="exceptionNoBookId.jsp" %>
05 …(생략)…
```

04행: JSP 페이지가 실행되는 도중에 오류가 발생했을 때 오류 페이지를 호출하도록 page 디렉티브 태그에 errorPage 속성을 작성합니다.

3 프로젝트 실행하기: 웹 브라우저에 'http://localhost:8080/BookMarket/book.jsp?id=ISBN0000'을 입력하여 실행 결과인 오류 화면을 확인합니다.

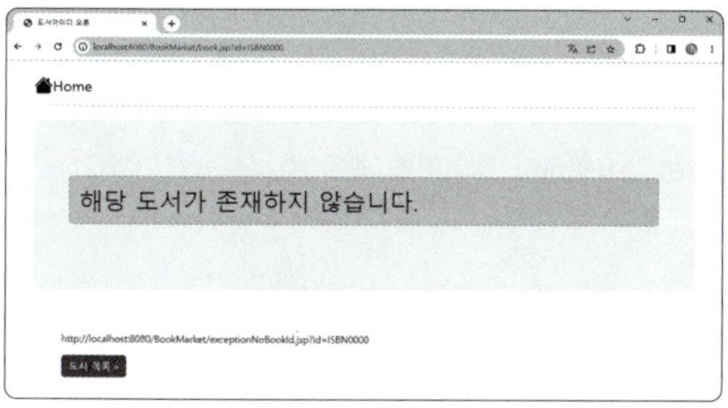

예제 11-8 web.xml 파일에 오류 코드로 오류 페이지 호출하기

1 web.xml 파일에 추가 작성하기: web.xml 파일에 다음과 같이 추가 작성합니다.

BookMarket/src/main/webapp/WEB-INF/web.xml

```
<?xml version="1.0" encoding="UTF-8"?>
<web-app>
    …(생략)…
    <error-page>
        <error-code>404</error-code>
        <location>/exceptionNoPage.jsp</location>
    </error-page>
</web-app>
```

04~07행: 오류가 발생하면 오류 상태와 오류 페이지를 출력하도록 작성합니다.

05행: 오류가 발생하면 오류 코드 404를 설정하도록 〈error-code〉를 작성합니다.

06행: 오류가 발생하면 오류 페이지 exceptionNoPage.jsp를 호출하도록 〈location〉을 작성합니다.

2 오류 페이지 작성하기: exceptionNoPage.jsp 파일을 생성하고 다음과 같이 작성합니다.

BookMarket/src/main/webapp/exceptionNoPage.jsp

```
<%@ page contentType="text/html; charset=utf-8" %>
<html>
<head>
<link rel="stylesheet" href="./resources/css/bootstrap.min.css" />
<title>페이지 오류</title>
</head>
<body>
    <jsp:include page="menu.jsp" />
    <div class="jumbotron">
        <div class="container">
            <h2 class="alert alert-danger">요청하신 페이지를 찾을 수 없습니다.</h2>
        </div>
    </div>
    <div class="container">
    <p><%=request.getRequestURL() %></p>
    <p> <a href="books.jsp" class="btn btn-secondary"> 도서 목록&raquo;</a>
    </div>
</body>
</html>
```

3 프로젝트 실행하기: 웹 브라우저에 'http://localhost:8080/BookMarket/bookList.jsp'를 입력하여 실행 결과를 확인합니다.

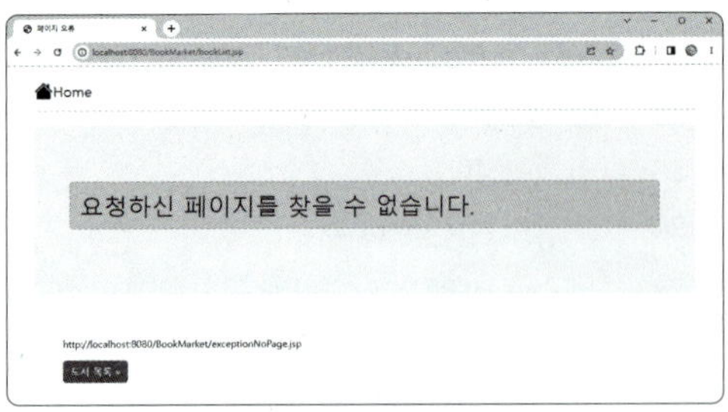

요약

01 (   )는 프로그램이 처리되는 동안 특정한 문제가 발생했을 때 처리를 중단하고 다른 처리를 하는 것으로 오류 처리라고도 합니다.

02 (   ) 디렉티브 태그를 이용한 예외 처리는 errorPage와 isErrorPage 속성을 사용합니다.

03 (   ) 속성은 오류 페이지를 호출하는 page 디렉티브 태그의 속성으로 형식은 다음과 같습니다.

```
<%@ page errorPage="오류 페이지 URL" %>
```

04 (   ) 속성은 현재 JSP 페이지를 오류 페이지로 호출하는 page 디렉티브 태그의 속성으로 형식은 다음과 같습니다.

```
<%@ page isErrorPage="true" %>
```

05 (   ) 파일을 이용한 예외 처리는 (   ) 파일을 통해 오류 상태와 오류 페이지를 보여주는 방법입니다.

- **오류 코드로 오류 페이지 호출하기**

```
<error-page>
    <error-code>오류 코드</error-code>
    <location>오류 페이지의 URI</location>
</error-page>
```

- **유형으로 오류 페이지 호출하기**

```
<error-page>
    <exception-type>예외 유형</exception-type>
    <location>오류 페이지의 URI</location>
</error-page>
```

06 (   )는 자바의 예외 처리 구문으로 스크립틀릿 태그에 작성하며 형식은 다음과 같습니다.

```
try {
    //예외가 발생할 수 있는 실행문
}
catch(처리할 예외 유형 설정) {
    //예외 처리문
}
[finally {
    //예외와 상관없이 무조건 실행되는 문장(생략 가능)
}]
```

정답

01 예외 처리 02 page 03 errorPage 04 isErrorPage 05 web.xml, web.xml 06 try–catch–finally

연습문제

01 프로그램이 처리되는 동안 특정한 문제가 발생했을 때 처리를 중단하고 다른 처리를 하는 것은 무엇인가?

① 예외 처리 ② 시큐리티

③ 유효성 검사 ④ 오류 검사

02 웹 애플리케이션에서 오류가 발생하더라도 정상적인 실행 상태를 유지하는 처리 방법으로 옳지 않은 것은 무엇인가?

① page 디렉티브 태그를 이용한 예외 처리

② web.xml 파일을 이용한 예외 처리

③ try–catch–finally를 이용한 예외 처리

④ 유효성 검사를 이용한 예외 처리

03 JSP 페이지에서 오류가 발생하여 오류 페이지로 error.jsp를 출력하는 프로그램의 빈칸을 채우시오.

```
<%@ page ____________ ="error.jsp" %>
```

04 web.xml 파일을 이용한 예외 처리에서 web.xml 파일을 통해 오류 상태와 오류 페이지를 보여주는 요소로 옳지 않은 것은 무엇인가?

① 〈error–code〉

② 〈error–page〉

③ 〈exception–type〉

④ 〈location–page〉

05 web.xml 파일을 이용한 예외 처리에서 web.xml 파일에 오류 페이지를 호출하는 프로그램이다. 빈칸을 채우시오.

```
<web-app…>
  <error-page>
    __________500__________
    <location>/ch11/errorCode_error.jsp</location>
  </error-page>
</web-app>
```

06 web.xml 파일을 이용한 예외 처리에서 web.xml 파일에 오류 페이지를 호출하는 프로그램이다. 빈칸을 채우시오.

```
<web-app…>
  <error-page>
    __________java.lang.NullPointerException__________
    <location>/errorNullPointer.jsp</location>
  </error-page>
</web-app>
```

07 예외 유형 클래스의 설명으로 옳지 않은 것은 무엇인가?

① NullPointerException: null 오브젝트로 접근했을 때 발생한다.

② NumberFormatException: 부적절한 문자열을 수치로 변환하려 할 때 발생한다.

③ ArithmeticException: 어떤 값을 0으로 나누었을 때 발생한다.

④ IOException: 입력처리만 문제가 있을 때 발생한다.

08 page 디렉티브 태그를 이용한 예외 처리 기법을 이용하여 다음 조건에 맞게 JSP 애플리케이션을 만들고 실행하여 결과를 확인하시오.

> **조건**
>
> ❶ errorPage.jsp 파일을 생성한다.
> - JSP 페이지가 실행되는 도중에 오류가 발생하면 오류 페이지를 호출하도록 page 디렉티브 태그에 errorPage 속성을 작성한다.
>
> ❷ isErrorPage.jsp 파일을 생성한다.
> - 현재 JSP 페이지가 오류 페이지가 되도록 page 디렉티브 태그에 isErrorPage 속성을 작성한다.
> - 아래 그림과 같이 출력되도록 작성한다.
>
> ❸ 웹 브라우저에 'http://localhost:8080/Exercise/ch11/errorPage.jsp'를 입력하여 실행 결과를 확인한다.

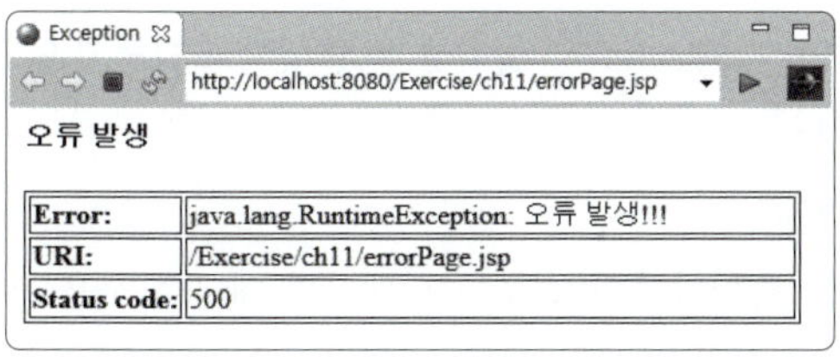

09 try-catch-finally를 이용한 예외 처리 기법을 이용하여 다음 조건에 맞게 JSP 애플리케이션을 만들고 실행하여 결과를 확인하시오.

> **조건**
>
> ❶ tryCatch.jsp 파일을 생성한다.
> - 임의의 숫자를 0으로 나누면 오류를 발생하도록 작성한다.
> - 발생된 오류에 대한 메시지를 출력한다.
>
> ❷ 웹 브라우저에 'http://localhost:8080/Exercise/ch11/tryCatch.jsp'를 입력하여 실행 결과를 확인한다.

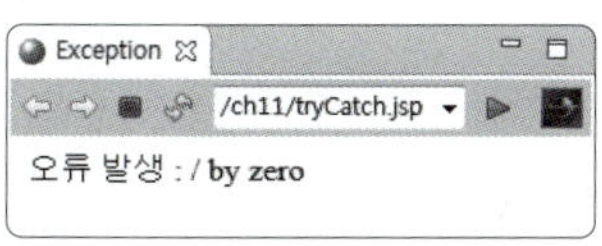

10 web.xml 파일을 이용하는 예외 처리 기법을 이용하여 다음 조건에 맞게 JSP 애플리케이션을 만들고 실행하여 결과를 확인하시오.

조건

❶ /src/main/webapp/WEB-INF/ 폴더의 web.xml 파일에 오류가 발생했을 때 오류 코드, 오류 상태와 오류 페이지 exception_error.jsp를 출력하도록 작성한다.

❷ exception.jsp 파일을 생성한다.
- input 태그 내에 text 유형을 이용하여 아이디, 비밀번호 항목을 작성한다.
- form 태그에 action 속성 값은 exception_process.jsp로 작성한다.

❸ exception_process.jsp 파일을 생성한다.
- JSP 페이지가 실행되는 도중에 오류가 발생하면 오류 페이지를 호출하도록 page 디렉티브 태그에 errorPage 속성 값을 exception_error.jsp로 작성한다.
- request 내장 객체의 getParameter( ) 메소드를 이용하여 전송된 요청 파라미터 값을 전달받는다.
- 전송받은 요청 파리미터 값이 null이면 ServletException을 발생하고 그렇지 않으면 아이디 값을 출력하도록 작성한다.

❹ exception_error.jsp 파일을 생성한다.
- 발생된 오류에 대해 오류 메시지를 출력하고, include 디렉티브 태그를 사용하여 exception.jsp 파일을 포함하도록 작성한다.

❺ 웹 브라우저에 'http://localhost:8080/Exercise/ch11/exception.jsp'를 입력하여 실행 결과를 확인한다.

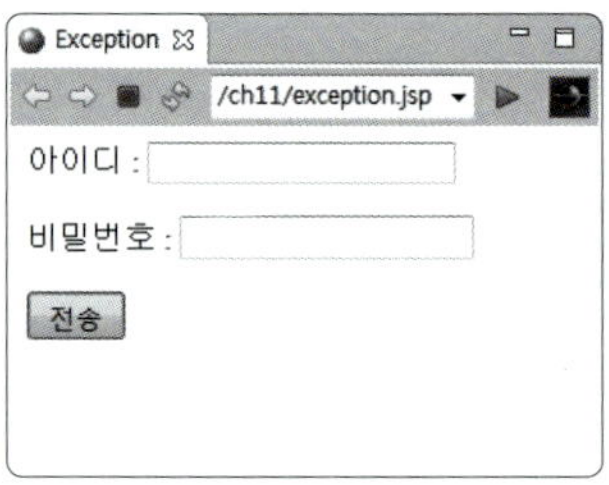

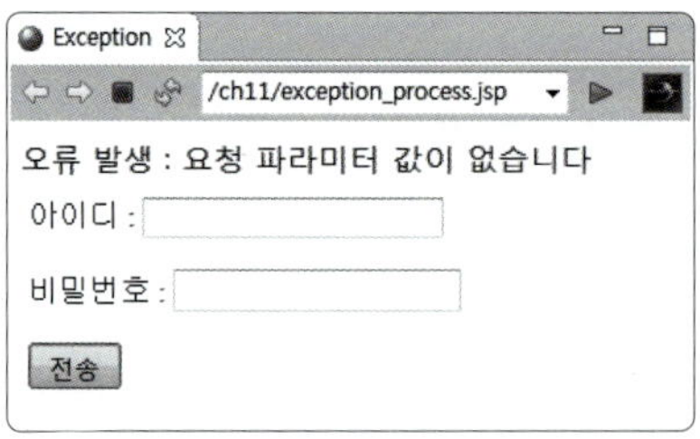

CHAPTER 12

필터: 로그 기록하기

학습목표

- 필터의 개념을 이해합니다.
- Filter 인터페이스의 구현 클래스 작성 방법을 익힙니다.
- web.xml 파일에 필터를 구성하는 방법을 익힙니다.
- 북마켓의 로그 기록을 만듭니다.

01 필터의 개요

필터(filter)는 클라이언트와 서버 사이에서 request와 response 객체를 먼저 받아 사전/사후 작업 등 공통적으로 필요한 부분을 처리하는 것을 말합니다. 필터는 클라이언트의 요청이 웹 서버의 서블릿, JSP, HTML 페이지 같은 정적 리소스에 도달하기 전과, 반대로 정적 리소스에서 클라이언트로 응답하기 전에 필요한 전처리를 가능하게 합니다.

필터는 HTTP 요청과 응답을 변경할 수 있는 코드로 재사용이 가능합니다. 한편 클라이언트와 정적 리소스 사이에 여러 개의 필터로 이루어진 필터 체인을 제공하기도 합니다.

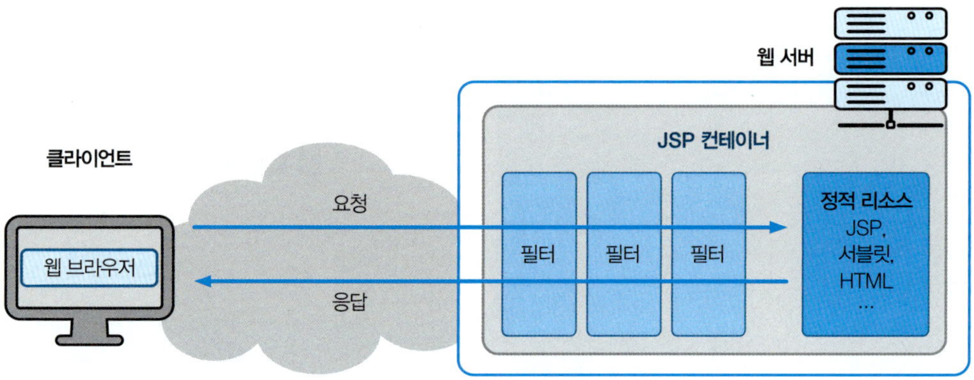

그림 12-1 필터의 구조

이처럼 웹 애플리케이션에 필터 기능을 제공하기 위해 Filter 인터페이스를 구현하는 자바 클래스를 생성하고, 생성된 자바 클래스를 web.xml 파일에 등록합니다.

표 12-1 필터의 기능

필터	기능
Request 필터	• 인증(사용자 인증) • 요청 정보를 로그 파일로 작성 • 암호화 인코딩 작업
Response 필터	• 응답 결과 데이터 압축 • 응답 결과에 내용 추가/수정 • 총 서비스 시간 측정

02 Filter 인터페이스의 구현 클래스

Filter 인터페이스는 필터 기능을 구현하는 데 핵심적인 역할을 합니다. 클라이언트와 서버의 리소스 사이에 위치한 필터의 기능을 제공하기 위해 자바 클래스로 구현해야 하며 형식은 다음과 같습니다. 또한 자바 클래스로 구현할 때 패키지 **jakarta.servlet.Filter**를 임포트해야 합니다.

```
import jakarta.servlet.*;
public class 클래스 이름 implements Filter {
    …(생략)…
}
```

Filter 인터페이스는 다음과 같은 메소드를 가지고 있습니다.

표 12-2 Filter 인터페이스 메소드의 종류

메소드	설명
init()	필터 인스턴스의 초기화 메소드이다.
doFilter()	필터 기능을 작성하는 메소드이다.
destroy()	인스턴스의 종료 전에 호출되는 메소드이다.

1 init() 메소드

init() 메소드는 JSP 컨테이너가 필터를 초기화할 때 호출되는 메소드로, 형식은 다음과 같습니다.

```
public void init(FilterConfig filterConfig) throws ServletException
```

init() 메소드는 JSP 컨테이너 내에서 초기화 작업을 수행할 필터 인스턴스를 생성한 후 한 번만 호출됩니다. init() 메소드는 JSP 컨테이너에 의해 호출되어 필터의 서비스가 시작되고 있음을 나타냅니다.

여기서 매개변수 FilterConfig 객체는 JSP 컨테이너가 초기화 중 필터에 정보를 전달하는 데 사용하는 필터 구성 객체이며 다음과 같은 메소드를 지원합니다.

표 12-3 FilterConfig 인터페이스 메소드의 종류

메소드	반환 유형	설명
getFilterName()	String	web.xml 파일에 설정된 필터 이름을 반환한다.
getInitParameter(Stringname)	String	web.xml 파일에 설정된 매개변수에 대한 매개변수 값을 반환한다. 초기화 매개변수가 존재하지 않으면 null을 반환한다.
getInitParameterNames()	Enumeration<String>	web.xml 파일에 설정된 모든 매개변수 이름을 포함하는 Enumeration 객체 타입을 반환한다. 초기화 매개변수가 존재하지 않으면 비어 있는 Enumeration을 반환한다.
getServletContext()	ServletContext	ServletContext 객체를 반환한다.

다음은 init() 메소드를 구현한 예로, JSP 컨테이너 내에 초기화 작업을 수행할 필터 인스턴스를 생성한 후 init() 메소드를 호출하여 '필터 초기화...' 메시지를 출력합니다.

[init( ) 메소드 사용 예]

```
@Override
public void init(FilterConfig filterConfig) throws ServletException {
    System.out.println("필터 초기화...");
}
```

2 doFilter( ) 메소드

doFilter() 메소드는 JSP 컨테이너가 필터를 리소스에 적용할 때마다 호출되는 메소드로 형식은 다음과 같습니다. doFilter() 메소드는 init() 메소드 후에 호출되며, 필터가 어떤 기능을 수행할 필요가 있을 때마다 호출됩니다.

```
public void doFilter(ServletRequest request,
              ServletResponse response,
              FilterChain chain)
              throws java.io.IOException, ServletException
```

첫 번째 매개변수 **ServletRequest** 객체는 체인을 따라 전달하는 요청이고, 두 번째 매개변수 **ServletResponse** 객체는 체인을 따라 전달할 응답입니다. 세 번째 매개변수 FilterChain 객체는 체인에서 다음 필터를 호출하는 데 사용되는데, 만약 호출 필터가 체인의 마지막 필터이면 체인의 끝에서 리소스를 호출합니다.

필터는 연속된 체인을 따라 다음에 존재하는 필터로 이동하여 연속적으로 수행합니다. 이때 수행해야 할 필터 객체는 doFilter( ) 메소드의 매개변수 FilterChain 객체로 전달됩니다. FilterChain 객체는 동기화를 위해서도 존재하지만 필터의 수행 과정을 연속적으로 하는 방법으로도 사용됩니다. FilterChain 객체는 다음과 같이 하나의 메소드만 지원합니다.

표 12-4 FilterChain 인터페이스 메소드의 종류

메소드	반환 유형	설명
doFilter(ServletRequest request, ServletResponse response)	void	체인의 다음 필터 또는 리소스로 제어를 전달한다.

다음은 doFilter( ) 메소드를 구현한 예입니다. 필터는 한 번만 수행되는 것이 아니라 요청을 받았을 때 수행되고 filterChain.doFilter( )를 통해 다음 부분으로 넘겨주며, 다음 부분이 모두 수행되면 다시 필터로 완전한 응답 객체와 함께 제어권이 넘어옵니다. 따라서 filterChain.doFilter( ) 메소드를 기준으로 전처리, 후처리 부분으로 나뉩니다.

[doFilter( ) 메소드 사용 예]

```
@Override
public void doFilter(ServletRequest request, ServletResponse response,
        FilterChain filterChain) throws IOException, ServletException{
    System.out.println("JSP 처리 전 필터 수행...");
    filterChain.doFilter(request, response);
    System.out.println("JSP 처리 후 필터 수행...");
}
```

위의 예에서 filterChain.doFilter( ) 메소드가 doFilter( ) 메소드 안에 없으면 수행 결과를 확인할 수 없습니다. 즉 filterChain.doFilter( ) 메소드를 사용하여 다음 단계를 수행한 후 결과를 다시 받는 것입니다.

❸ destroy( ) 메소드

destroy() 메소드는 필터 인스턴스를 종료하기 전에 호출하는 메소드로, 형식은 다음과 같습니다. JSP 컨테이너가 필터 인스턴스를 삭제하기 전에 청소 작업을 수행하는 데 사용되며, 이는 필터로 열린 리소스를 모두 닫을 수 있는 방법입니다. destroy() 메소드는 필터의 수명 동안 한 번만 호출됩니다.

```
public void destroy()
```

다음은 destroy() 메소드를 구현한 예로, JSP 컨테이너가 필터 인스턴스를 삭제하기 전에 destroy() 메소드를 호출하여 '필터 해제...' 메시지를 출력합니다.

[destroy( ) 메소드 사용 예]

```
@Override
public void destroy() {
    System.out.println("필터 해제...");
}
```

03 web.xml 파일의 필터 구성

필터를 사용하려면 어떤 필터가 어떤 리소스에 대해 적용되는지 JSP 컨테이너에 알려주어야 합니다. 이는 웹 애플리케이션의 /WEB-INF/ 폴더에 존재하는 web.xml 파일을 통해 이루어지므로 web.xml 파일에 필터를 설정합니다.

web.xml 파일에 필터를 설정할 때는 **<filter>**와 **<filter-mapping>** 요소를 사용하며, 형식은 다음과 같습니다. web.xml 파일에 여러 개의 필터가 설정되어 있으면 선언된 순서대로 실행됩니다.

```
<filter>
    <filter-name>…</filter-name>
    <filter-class>…</filter-class>
    [<init-param>
        <param-name>…</param-name>
        <param-value>…</param-value>
    </init-param>]
</filter>
<filter-mapping>
    <filter-name>…</filter-name>
    <url-pattern>…</url-pattern>
</filter-mapping>
```

표 12-5 <filter>를 구성하는 하위 요소

요소	설명
<filter-name>	필터 이름을 설정한다.
<filter-class>	자바 클래스 이름을 설정한다.
<init-param>	매개변수와 값을 설정한다.

표 12-6 <filter-mapping>을 구성하는 하위 요소

요소	설명
<filter-name>	필터 이름을 설정한다.
<url-pattern>	URL 패턴을 설정한다.

1 <filter> 요소

<filter> 요소는 웹 애플리케이션에서 자바 필터와 매개변수를 설정하는 데 사용하며 형식은 다음과 같습니다.

```
<filter>
    <filter-name>필터 이름</filter-name>
    <filter-class>클래스 이름</filter-class>
    [<init-param>
        <param-name>매개변수 이름</param-name>
        <param-value>매개변수 값</param-value>
    </init-param>]
</filter>
```

<init-param> 요소에 설정된 매개변수와 값을 자바 또는 JSP 코드에서 접근하는 형식은 다음과 같습니다.

```
String value=getServletConfig().getInitParameter("매개변수 이름");
```

다음은 <filter> 요소에 필터 이름과 패키지를 포함한 필터를 구현한 자바 클래스 이름을 설정하는 예입니다. 이때 필터 이름은 자바 클래스 이름과 같지 않아도 됩니다.

[<filter> 요소 사용 예: 필터 이름 myFilter와 클래스 이름 LoggingFilter 설정]

```
<filter>
    <filter-name>myFilter</filter-name>
    <filter-class>ch12.com.filter.LoggingFilter</filter-class>
</filter>
```

다음은 <filter> 요소 내에 <init-param> 요소를 이용하여 매개변수와 값을 설정하는 예입니다. 필터가 초기화될 때, 즉 필터의 init() 메소드가 호출될 때 전달되는 매개변수와 값을 설정했습니다.

[<filter> 요소 사용 예: 매개변수 param과 값 admin 설정]

```
<filter>
    <filter-name>MyFilter</filter-name>
    <filter-class>ch12.com.filter.LoggingFilter</filter-class>
    <init-param>
        <param-name>param</param-name>
        <param-value>admin</param-value>
    </init-param>
</filter>
```

위의 예에서 <init-param> 요소에 설정된 매개변수와 값을 자바 클래스에서 접근하려면 다음과 같이 작성합니다.

```
String value = getServletConfig().getInitParameter("param");
```

2 <filter-mapping> 요소

<filter-mapping> 요소는 특정 리소스에 대해 어떤 필터를 사용할지 설정하는 데 사용하며 형식은 다음과 같습니다.

```
<filter-mapping>
    <filter-name>필터 이름</filter-name>
    <url-pattern>요청 URL 패턴</url-pattern>
</filter-mapping>
```

다음은 <filter-mapping> 요소를 이용하여 모든 리소스에 대해 필터 MyFilter를 적용하는 예입니다. 모든 리소스에 필터를 적용하기 위해 URL 패턴을 /*로 설정했는데, /*는 모든 요청 URL과 일치하는 경로로 매핑한다는 것을 의미합니다.

[<filter-mapping> 요소 사용 예: URL 패턴을 /*로 설정]

```
<filter-mapping>
    <filter-name>MyFilter</filter-name>
    <url-pattern>/*</url-pattern>
</filter-mapping>
```

다음은 <filter-mapping> 요소를 이용하여 특정 리소스에 대해 필터 MyFilter를 적용하는 예입니다. 즉 특정 리소스 /ch12/filter.jsp에 필터가 적용되며, 설정한 패턴은 /ch12/로 시작하고 filter.jsp에 경로로 매핑한다는 것을 의미합니다.

[<filter-mapping> 요소 사용 예: URL 패턴을 /ch12/filter.jsp로 설정]

```
<filter-mapping>
    <filter-name>MyFilter</filter-name>
    <url-pattern>/ch12/filter.jsp</url-pattern>
</filter-mapping>
```

NOTE 요청 URL 패턴의 유형

<url-pattern> 요소에 설정할 수 있는 요청 URL 패턴의 유형은 다음과 같습니다.

- /로 시작하고 /*로 끝나는 url-pattern은 경로 매핑에 사용됩니다.
- *로 시작하는 url-pattern은 확장자에 대한 매핑을 할 때 사용됩니다.
- 나머지 다른 문자열은 정확한 매핑을 하는 데 사용됩니다.

다음은 요청 URL 패턴의 예입니다.

URL 패턴	설명
*.do	.do로 끝나는 모든 URL과 일치하는 파일 확장 패턴
/BookMarket/*	/BookMarket/으로 시작하는 모든 URL과 일치하는 경로 패턴
/MyFilter.jsp	/MyFilter.jsp로만 일치하는 특정 패턴
/BookMarket/cart.jsp	/BookMarket/cart.jsp로만 일치하는 특정 패턴

예제 12-1 폼 페이지에서 전송된 요청 파라미터를 필터로 처리하기

1 프로젝트 생성하기: 1장에서 생성한 JSPBook 프로젝트를 사용합니다.

2 Filter 인터페이스의 구현 클래스 작성하기: /src/main/java/ 폴더에 ch12.com.filter 패키지를 만든 후 이 패키지에 AuthenFilter.java 파일을 생성하고 다음과 같이 작성합니다.

JSPBook/src/main/java/ch12/com/filter/AuthenFilter.java

```
package ch12.com.filter;

import java.io.IOException;
import java.io.PrintWriter;
import jakarta.servlet.Filter;
import jakarta.servlet.FilterChain;
import jakarta.servlet.FilterConfig;
import jakarta.servlet.ServletException;
import jakarta.servlet.ServletRequest;
import jakarta.servlet.ServletResponse;

public class AuthenFilter implements Filter {
    @Override
    public void init(FilterConfig filterConfig) throws ServletException {
        System.out.println("Filter01 초기화...");
    }

    @Override
    public void doFilter(ServletRequest request, ServletResponse response,
    FilterChain filterChain) throws IOException, ServletException {

        System.out.println("Filter01.jsp 수행...");
        String name=request.getParameter("name");

        if (name==null || name.equals("")) {
            response.setCharacterEncoding("UTF-8");
            response.setContentType("text/html; charset=UTF-8");
            PrintWriter writer=response.getWriter();
            String message="입력된 name 값은 null입니다.";
```

```
29             writer.println(message);
30             return;
31         }
32         filterChain.doFilter(request, response);
33     }
34 
35     @Override
36     public void destroy() {
37         System.out.println("Filter01 해제...");
38     }
39 }
```

14~16행: 필터를 초기화하도록 init() 메소드를 작성합니다.

19~33행: 필터를 리소스에 적용하도록 doFilter() 메소드를 작성합니다.

22행: 폼 페이지에서 전송된 요청 파라미터를 전달받도록 request 내장 객체의 getParameter() 메소드를 작성합니다.

24~31행: 폼 페이지에서 전송된 요청 파라미터가 없으면 응답 웹 페이지에 메시지를 출력하도록 응답 웹 페이지에 대한 문자 인코딩, 콘텐츠 유형, 메시지 등을 작성합니다.

32행: 연속적으로 필터가 있으면 다음 필터로 제어를 넘기도록 FilterChain 객체 타입의 doFilter() 메소드를 작성합니다.

36~38행: 필터를 종료하기 전에 호출하도록 destroy() 메소드를 작성합니다.

3 web.xml 파일 필터 구성하기: web.xml 파일에 다음과 같이 작성합니다.

JSPBook/src/main/webapp/WEB-INF/web.xml

```
<web-app...>
    ...(생략)...
    <filter>
        <filter-name>Filter01</filter-name>
        <filter-class>ch12.com.filter.AuthenFilter</filter-class>
    </filter>
    <filter-mapping>
        <filter-name>Filter01</filter-name>
```

```
09         <url-pattern>/ch12/filter01_process.jsp</url-pattern>
10     </filter-mapping>
11 </web-app>
```

03~06행: 필터 이름 Filter01과 Filter 인터페이스를 구현한 자바 클래스 AuthenFilter를 설정하도록 〈filter〉 요소를 작성합니다.

07~10행: 필터 이름 Filter01과 요청 URL 패턴 /ch12/filter01_process.jsp를 설정하도록 〈filter-mapping〉요소를 작성합니다.

4 JSP 페이지 작성하기: JSPBook/src/main/webapp/ 폴더에 ch12 폴더를 만든 후 filter01.jsp, filter01_process.jsp 파일을 생성하고 다음과 같이 작성합니다.

JSPBook/src/main/webapp/ch12/filter01.jsp

```
<%@ page contentType="text/html; charset=utf-8" %>
<html>
<head>
<title>Filter</title>
</head>
<body>
    <form method="post" action="filter01_process.jsp">
        <p> 이름 : <input type="text" name="name">
            <input type="submit" value="전송">
    </form>
</body>
</html>
```

JSPBook/src/main/webapp/ch12/filter01_process.jsp

```
<%@ page contentType="text/html; charset=utf-8" %>
<html>
<head>
<title>Filter</title>
</head>
<body>
    <%
```

```
        String name=request.getParameter("name");
    %>
    <p> 입력된 name 값 :<%=name %>
</body>
</html>
```

5 프로젝트 실행하기: 웹 브라우저에 'http://localhost:8080/JSPBook/ch12/filter01.jsp'를 입력하여 실행 결과를 확인합니다.

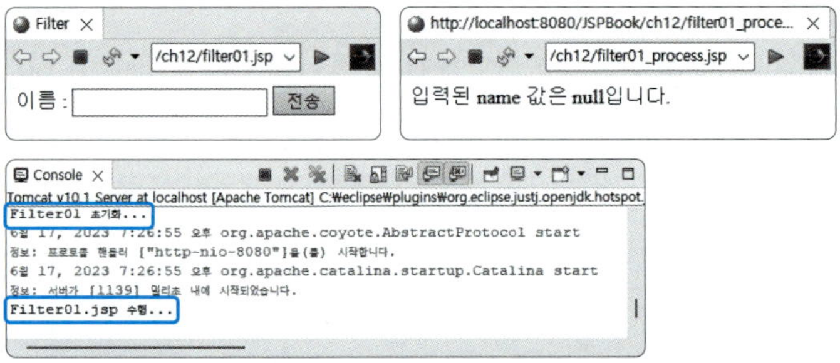

예제 12-2 필터 처리로 매개변수와 값을 전달받아 로그인 인증 처리하기

1 /src/main/java/ 폴더의 ch12.com.filter 패키지에 InitParamFilter.java 파일을 생성하고 다음과 같이 작성합니다.

JSPBook/src/main/java/ch12/com/filter/InitParamFilter.java

```
package ch12.com.filter;

import java.io.IOException;
import java.io.PrintWriter;
import jakarta.servlet.Filter;
import jakarta.servlet.FilterChain;
import jakarta.servlet.FilterConfig;
import jakarta.servlet.ServletException;
import jakarta.servlet.ServletRequest;
import jakarta.servlet.ServletResponse;

public class InitParamFilter implements Filter {
```

```
    private FilterConfig filterConfig=null;

    @Override
    public void init(FilterConfig filterConfig) throws ServletException {
        System.out.println("Filter02 초기화...");
        this.filterConfig=filterConfig;
    }

    @Override
    public void doFilter(ServletRequest request, ServletResponse response,
    FilterChain filterChain) throws IOException, ServletException {
        System.out.println("Filter02 수행...");

        String id=request.getParameter("id");
        String passwd=request.getParameter("passwd");

        String param1=filterConfig.getInitParameter("param1");
        String param2=filterConfig.getInitParameter("param2");

        String message;

        response.setCharacterEncoding("UTF-8");
        response.setContentType("text/html; charset=UTF-8");
        PrintWriter writer=response.getWriter();

        if (id.equals(param1) && passwd.equals(param2))
            message="로그인 성공했습니다.";
        else
            message="로그인 실패했습니다.";

        writer.println(message);

        filterChain.doFilter(request, response);
    }

    @Override
    public void destroy() {
```

```
49            System.out.println("Filter02 해제...");
50        }
51  }
```

16~19행: 필터를 초기화하도록 init() 메소드를 작성합니다.

22~45행: 필터를 리소스에 적용하도록 doFilter() 메소드를 작성합니다.

25~26행: 폼 페이지에서 전송된 요청 파라미터인 아이디와 비밀번호를 전달받도록 request 내장 객체의 gerParameter() 메소드를 작성합니다.

28~29행: web.xml 파일의 〈init-param〉 요소에 설정된 매개변수 param1, param2를 전달받도록 FilterConfig 객체의 getInitParameter() 메소드를 작성합니다.

33~34행: 응답 웹 페이지에 대한 문자 인코딩, 콘텐츠 유형을 설정하도록 response 내장 객체의 메소드를 작성합니다.

37~42행: 폼 페이지에서 전송된 요청 파라미터와 web.xml 파일에 설정된 매개변수의 값을 비교하여 메시지를 출력하도록 작성합니다.

44행: 연속적으로 필터가 있으면 다음 필터로 제어를 넘기도록 FilterChain 객체 타입의 doFilter() 메소드를 작성합니다.

48~50행: 필터를 종료하기 전에 호출하도록 destroy() 메소드를 작성합니다.

2 /src/main/webapp/WEB-INF/ 폴더의 web.xml 파일에 다음과 같이 작성합니다.

JSPBook/src/main/webapp/WEB-INF/web.xml

```
<web-app>
…(생략)…
    <filter>
        <filter-name>Filter02</filter-name>
        <filter-class>ch12.com.filter.InitParamFilter</filter-class>
        <init-param>
            <param-name>param1</param-name>
            <param-value>admin</param-value>
        </init-param>
        <init-param>
            <param-name>param2</param-name>
```

```
12                <param-value>1234</param-value>
13            </init-param>
14        </filter>
15        <filter-mapping>
16            <filter-name>Filter02</filter-name>
17            <url-pattern>/ch12/filter02_process.jsp</url-pattern>
18        </filter-mapping>
19    </web-app>
```

03~14행: 필터 이름 Filter02와 Filter 인터페이스를 구현한 자바 클래스 InitParamFilter를 설정하도록 <filter> 요소를 작성합니다.

06~09행: 매개변수 param1과 매개변수 값 admin을 설정하도록 <init-param> 요소를 작성합니다.

10~13행: 매개변수 param2와 매개변수 값 1234를 설정하도록 <init-param> 요소를 작성합니다.

15~18행: 필터 이름 Filter02와 요청 URL 패턴 /ch12/filter02_process.jsp를 설정하도록 <filter-mapping>요소를 작성합니다.

3 /src/main/webapp/ch12/ 폴더에 다음과 같이 웹 페이지를 작성하고 웹 브라우저에 'http://localhost:8080/JSPBook/ch12/filter02.jsp'를 입력하여 실행 결과를 확인합니다.

JSPBook/src/main/webapp/ch12/filter02.jsp

```
<%@ page contentType="text/html; charset=utf-8" %>
<html>
<head>
<title>Filter</title>
</head>
<body>
    <form method="post" action="filter02_process.jsp">
        <p> 아이디 : <input type="text" name="id">
        <p> 비밀번호 : <input type="text" name="passwd">
        <p> <input type="submit" value="전송">
    </form>
</body>
</html>
```

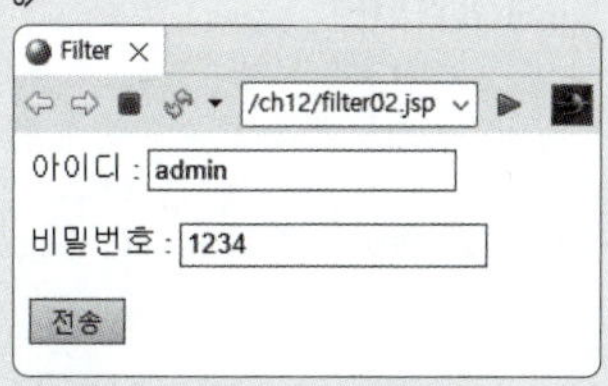

JSPBook/src/main/webapp/ch12/filter02_process.jsp

```
<%@ page contentType="text/html; charset=utf-8" %>
<html>
<head>
<title>Filter</title>
</head>
<body>
    <%
        String id=request.getParameter("id");
        String passwd=request.getParameter("passwd");
    %>
    <p> 입력된 id 값 : <%=id %>
    <p> 입력된 pw 값 : <%=passwd %>
</body>
</html>
```

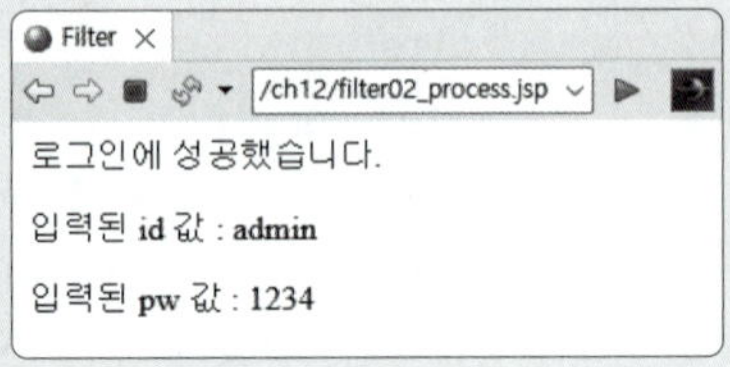

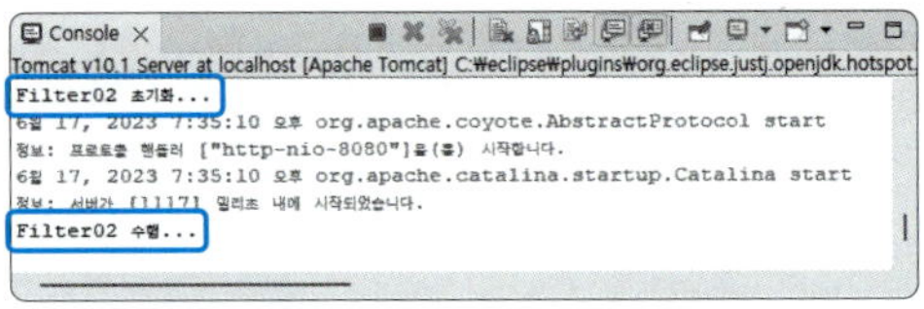

예제 12-3 [예제 12-2]의 웹 페이지를 이용하여 필터로 로그 기록하기

1 /src/main/java/ 폴더의 ch12.com.filter 패키지에 LogFileFilter.java 파일을 생성하고 다음과 같이 작성합니다.

JSPBook/src/main/java/ch12/com/filter/LogFileFilter.java

```
package ch12.com.filter;

import jakarta.servlet.*;
import java.util.*;
import java.text.DateFormat;
import java.text.SimpleDateFormat;
import java.io.FileWriter;
import java.io.PrintWriter;
import java.io.IOException;
```

```
public class LogFileFilter implements Filter {

  PrintWriter writer;

  public void init(FilterConfig filterConfig) throws ServletException {
    String filename = filterConfig.getInitParameter("filename");
    if(filename == null) throw new ServletException("로그 파일의 이름을 찾을 수 없습니다.");
    try {
      writer = new PrintWriter(new FileWriter(filename, true), true);
    } catch (IOException e) {
      throw new ServletException("로그 파일을 열 수 없습니다.");
    }
  }

  public void doFilter(ServletRequest request, ServletResponse response, FilterChain filterChain) throws IOException, ServletException {
    writer.printf("현재일시 : %s %n", getCurrentTime());
    String clientAddr = request.getRemoteAddr();
    writer.printf("클라이언트 주소 : %s %n", clientAddr);

    filterChain.doFilter(request, response);

    String contentType = response.getContentType();
    writer.printf("문서의 콘텐츠 유형 : %s %n", contentType);
    writer.println("---------------------------------------------");
  }

  public void destroy() {
    writer.close();
  }

  private String getCurrentTime() {
    DateFormat formatter = new SimpleDateFormat("yyyy/MM/dd HH:mm:ss");
    Calendar calendar = Calendar.getInstance();
    calendar.setTimeInMillis(System.currentTimeMillis());
```

```
45         return formatter.format(calendar.getTime());
46     }
47 }
```

15~23행: 필터를 초기화하도록 init() 메소드를 작성합니다.

16행: web.xml 파일의 〈init-param〉 요소에 설정된 매개변수 filename 값을 전달받도록 FilterConfig 객체의 getInitParameter() 메소드를 작성합니다.

18~22행: 16행에서 전달받은 매개변수 filename 값이 없으면 예외 처리하도록 try-catch 문을 작성합니다.

25~35행: 필터를 리소스에 적용하도록 doFilter() 메소드를 작성합니다.

26행: 현재 일시를 출력하도록 사용자 정의 메소드인 getCurrentTime()을 호출합니다.

27~28행: 클라이언트 주소를 출력하도록 request 내장 객체의 getRemoteAddr() 메소드를 작성합니다.

30행: 연속적으로 필터가 있으면 다음 필터로 제어를 넘기도록 filterChain 객체 타입의 doFilter() 메소드를 작성합니다.

32행: 응답 웹 페이지에 대한 콘텐츠 유형을 설정하도록 response 내장 객체의 getContentType() 메소드를 작성합니다.

37~39행: 필터를 종료하기 전에 호출하도록 destroy() 메소드를 작성합니다.

41~46행: 현재 시간을 얻어오는 사용자 정의 메소드 getCurrentTime()을 작성합니다.

2 [예제 12-2]에서 작성한 /src/main/webapp/WEB-INF/ 폴더의 web.xml 파일을 다음과 같이 수정합니다.

JSPBook/src/main/webapp/WEB-INF/web.xml

```
<web-app...>
…(생략)…
    <filter>
        <filter-name>Filter02_2</filter-name>
        <filter-class>ch12.com.filter.LogFileFilter</filter-class>
        <init-param>
```

```
07                <param-name>filename</param-name>
08                <param-value>c:\\logs\\monitor.log</param-value>
09            </init-param>
10        </filter>
11        <filter-mapping>
12            <filter-name>Filter02_2</filter-name>
13            <url-pattern>/ch12/filter02_process.jsp</url-pattern>
14        </filter-mapping>
15    </web-app>
```

03~10행: 필터 이름 Filter02_2와 Filter 인터페이스를 구현한 자바 클래스 LogFileFilter를 설정하도록 〈filter〉 요소를 작성합니다.

06~09행: 매개변수 filename과 매개변수 값 c:\\logs\\monitor.log를 설정하도록 〈init-param〉 요소를 작성합니다.

11~14행: 필터 이름 Filter02_2와 요청 URL 패턴 /ch12/filter02_process.jsp를 설정하도록 〈filter-mapping〉 요소를 작성합니다.

3 [예제 12-2]에서 작성한 웹 페이지를 그대로 사용하며 웹 브라우저에 'http://localhost:8080/JSPBook/ch12/filter02.jsp'를 입력하여 실행 결과를 확인합니다.

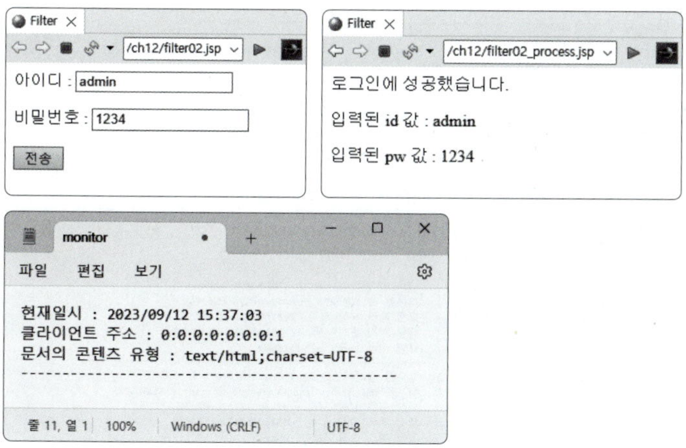

04 북마켓 로그 기록하기

앞에서 배운 필터 처리 방법을 적용하여 로그 기록과 로그 기록 파일을 만듭니다.

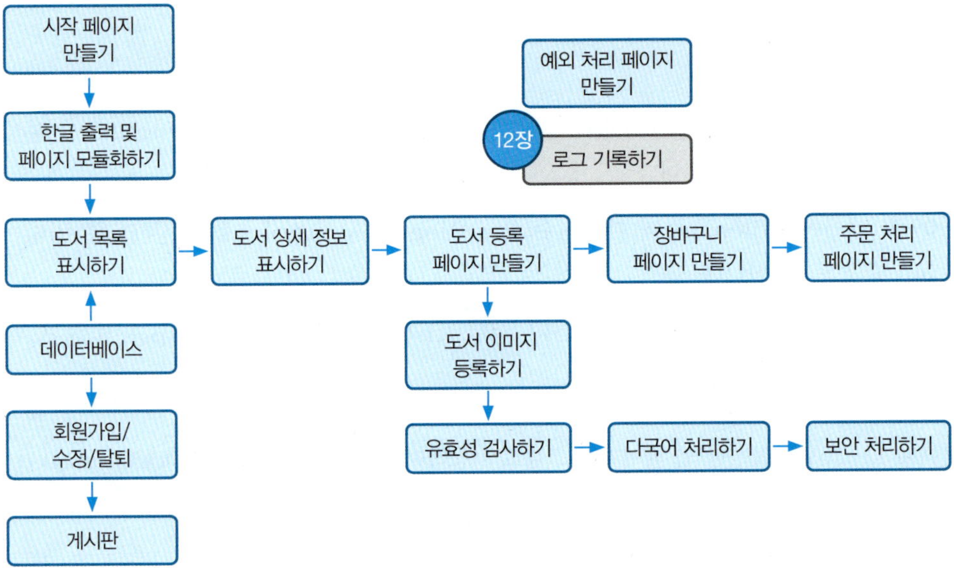

그림 12-2 로그 기록하기

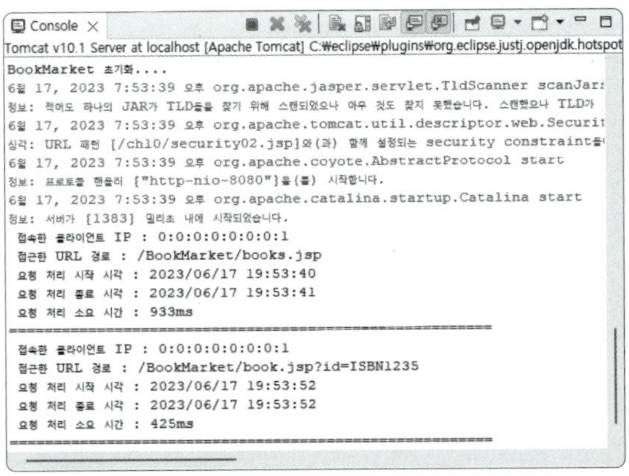

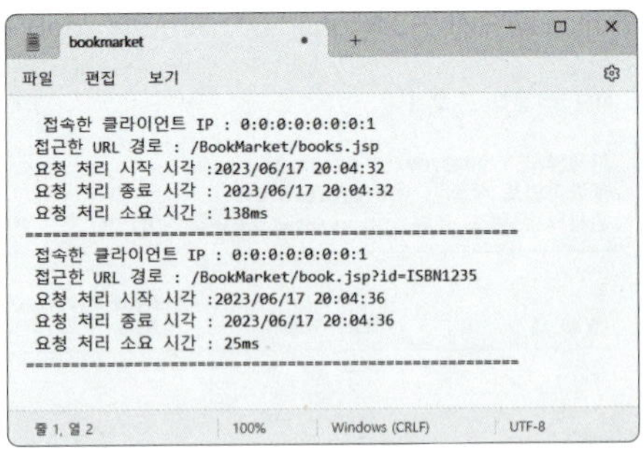

그림 12-3 완성된 북마켓 로그 기록

예제 12-4 필터 처리로 로그 기록하기

1 Filter 인터페이스의 구현 클래스 작성하기: /src/main/java/ 폴더에 filter 패키지를 만든 후 이 패키지에 LogFilter.java 파일을 생성하고 다음과 같이 작성합니다.

BookMarket/src/main/java/filter/LogFilter.java

```
package filter;

import jakarta.servlet.*;
import jakarta.servlet.http.*;
import java.util.*;
import java.text.DateFormat;
import java.text.SimpleDateFormat;

public class LogFilter implements Filter {

  public void init(FilterConfig config) throws ServletException {
    System.out.println("BookMarket 초기화....");
  }

  public void doFilter(ServletRequest request,ServletResponse response,
  FilterChain chain) throws java.io.IOException, ServletException {
    System.out.println(" 접속한 클라이언트 IP : " + request.getRemoteAddr());
    long start = System.currentTimeMillis();
    System.out.println(" 접근한 URL 경로 : " + getURLPath(request));
    System.out.println(" 요청 처리 시작 시각 : " + getCurrentTime());
    chain.doFilter(request,response);

    long end = System.currentTimeMillis();
    System.out.println(" 요청 처리 종료 시각 : " + getCurrentTime());
    System.out.println(" 요청 처리 소요 시간 : " + (end-start)+ "ms ");
    System.out.println(" ============================================");
  }

  public void destroy() {

  }

  private String getURLPath(ServletRequest request) {
```

```
33     HttpServletRequest req;
34     String currentPath = "";
35     String queryString = "";
36     if(request instanceof HttpServletRequest) {
37       req = (HttpServletRequest)request;
38       currentPath = req.getRequestURI();
39       queryString = req.getQueryString();
40       queryString = queryString == null ? "" : "?" + queryString;
41     }
42     return currentPath+queryString;
43   }
44
45   private String getCurrentTime() {
46     DateFormat formatter = new SimpleDateFormat("yyyy/MM/dd HH:mm:ss");
47     Calendar calendar = Calendar.getInstance();
48     calendar.setTimeInMillis(System.currentTimeMillis());
49     return formatter.format(calendar.getTime());
50   }
51 }
```

11~13행: 필터를 초기화하도록 init() 메소드를 작성합니다.

15~26행: 필터를 리소스에 적용하도록 doFilter() 메소드를 작성합니다.

16행: 접속한 클라이언트 IP를 출력하도록 request 내장 객체의 getRemoteAddr() 메소드를 작성합니다.

18행: 접근한 URL 경로를 출력하도록 사용자 정의 메소드인 getURLPath()를 작성합니다.

19행: 현재 일시를 출력하도록 사용자 정의 메소드인 getCurrentTime()을 호출합니다.

20행: 연속적으로 필터가 있으면 다음 필터로 제어를 넘기도록 FilterChain 객체 타입의 doFilter() 메소드를 작성합니다.

23행: 현재 일시를 출력하도록 사용자 정의 메소드인 getCurrentTime()을 호출합니다.

24행: 요청 처리 소요 시간을 출력하도록 17행과 22행에서 System.currentTimeMillis() 메소드로 얻어온 시간을 통해 산출합니다.

28~30행: 필터를 종료하기 전에 호출하도록 destroy() 메소드를 작성합니다.

32~43행: 현재 접속한 URL을 얻어오는 사용자 정의 메소드인 getURLPath()를 작성합니다.

45~50행: 현재 시간을 얻어오는 사용자 정의 메소드인 getCurrentTime()을 작성합니다.

2 web.xml 파일에 필터 구성하기: web.xml 파일에 다음과 같이 추가 작성합니다.

BookMarket/src/main/webapp/WEB-INF/web.xml

```
01 <?xml version="1.0" encoding="UTF-8"?>
02 <web-app...>
03     …(생략)…
04     <filter>
05         <filter-name>LogFilter</filter-name>
06         <filter-class>filter.LogFilter</filter-class>
07     </filter>
08     <filter-mapping>
09         <filter-name>LogFilter</filter-name>
10         <url-pattern>/*</url-pattern>
11     </filter-mapping>
12 </web-app>
```

04~07행: 필터 이름 LogFilter와 Filter 인터페이스를 구현한 자바 클래스 LogFilter를 설정하도록 <filter> 요소를 작성합니다.

08~11행: 필터 이름 LogFilter와 요청 URL 패턴 /*를 설정하도록 <filter-mapping> 요소를 작성합니다.

3 프로젝트 실행하기: 웹 브라우저에 'http://localhost:8080/BookMarket/books.jsp'를 입력하여 실행 결과를 확인합니다.

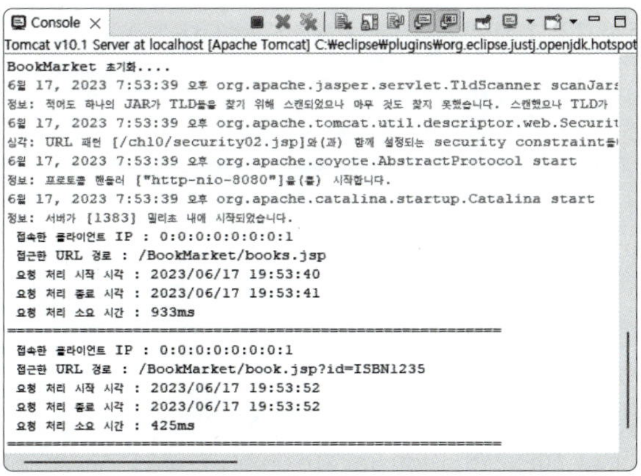

예제 12-5 필터 처리로 로그 기록 파일 만들기

1 로그 기록 파일의 저장 폴더 만들기: C 드라이브에 logs 폴더를 생성합니다.

2 Filter 인터페이스의 구현 클래스 작성하기: /src/main/java/ 폴더의 filter 패키지에 LogFileFilter.java 파일을 생성하고 다음과 같이 작성합니다.

BookMarket/src/main/java/filter/LogFileFilter.java

```
package filter;

import jakarta.servlet.*;
import jakarta.servlet.http.*;
import java.util.*;
import java.text.DateFormat;
import java.text.SimpleDateFormat;
import java.io.FileWriter;
import java.io.PrintWriter;
import java.io.IOException;

public class LogFileFilter implements Filter {

  PrintWriter writer;

  public void init(FilterConfig config) throws ServletException {
    String filename = config.getInitParameter("filename");

    if (filename == null)
      throw new ServletException("로그 파일의 이름을 찾을 수 없습니다.");

      try {
        writer = new PrintWriter(new FileWriter(filename, true), true);
      } catch (IOException e) {
        throw new ServletException("로그 파일을 열 수 없습니다.");
      }
  }

  public void doFilter(ServletRequest request, ServletResponse response,
  ilterChain chain) throws java.io.IOException, ServletException {
```

```
        writer.println(" 접속한 클라이언트 IP : " + request.getRemoteAddr());
        long start = System.currentTimeMillis();
        writer.println(" 접근한 URL 경로 : " + getURLPath(request));
        writer.println(" 요청 처리 시작 시각 :" + getCurrentTime());

        chain.doFilter(request, response);

        long end = System.currentTimeMillis();
        writer.println(" 요청 처리 종료 시각 : " + getCurrentTime());
        writer.println(" 요청 처리 소요 시간 : " + (end - start) + "ms ");
        writer.println(" ========================================");
    }

    public void destroy() {
        writer.close();
    }

    private String getURLPath(ServletRequest request) {
        HttpServletRequest req;
        String currentPath = "";
        String queryString = "";
        if (request instanceof HttpServletRequest) {
            req = (HttpServletRequest) request;
            currentPath = req.getRequestURI();
            queryString = req.getQueryString();
            queryString = queryString == null ? "" : "?" + queryString;
        }
        return currentPath + queryString;
    }

    private String getCurrentTime() {
        DateFormat formatter = new SimpleDateFormat("yyyy/MM/dd HH:mm:ss");
        Calendar calendar = Calendar.getInstance();
        calendar.setTimeInMillis(System.currentTimeMillis());
        return formatter.format(calendar.getTime());
    }
}
```

16~27행: 필터를 초기화하도록 init() 메소드를 작성합니다.

17행: web.xml 파일의 〈init-param〉 요소에 설정된 매개변수 filename 값을 전달받도록 FilterConfig 객체 타입의 getInitParameter() 메소드를 작성합니다.

19~26행: 17행에서 전달받은 매개변수 filename 값이 없으면 예외 처리하도록 try-catch 문을 작성합니다.

29~41행: 필터를 리소스에 적용하도록 doFilter() 메소드를 작성합니다.

30행: 접속한 클라이언트 IP를 출력하도록 request 내장 객체의 getRemoteAddr() 메소드를 작성합니다.

32행: 접근한 URL 경로를 출력하도록 사용자 정의 메소드인 getURLPath()를 작성합니다.

33행: 현재 일시를 출력하도록 사용자 정의 메소드인 getCurrentTime()을 호출합니다.

35행: 연속적으로 필터가 있으면 다음 필터로 제어를 넘기도록 FilterChain 객체 타입의 doFilter() 메소드를 작성합니다.

38행: 현재 일시를 출력하도록 사용자 정의 메소드인 getCurrentTime()을 호출합니다.

39행: 요청 처리 소요 시간을 출력하도록 31행과 37행에서 System.currentTimeMillis() 메소드로 얻어온 시간을 통해 산출합니다.

43~45행: 필터를 종료하기 전에 호출하도록 destroy() 메소드를 작성합니다.

47~58행: 현재 접속한 URL을 얻어오는 사용자 정의 메소드인 getURLPath()를 작성합니다.

60~65행: 현재 시간을 얻어오는 사용자 정의 메소드인 getCurrentTime()을 작성합니다.

3 web.xml 파일에 필터 등록하기: web.xml 파일에 다음과 같이 추가 작성합니다.

BookMarket/src/main/webapp/WEB-INF/web.xml

```
<?xml version="1.0" encoding="UTF-8"?>
<web-app...>
  ···(생략)···
  <filter>
    <filter-name>LogFileFilter</filter-name>
```

```
06       <filter-class>filter.LogFileFilter</filter-class>
07       <init-param>
08          <param-name>filename</param-name>
09          <param-value>c:\\logs\\bookmarket.log</param-value>
10       </init-param>
11    </filter>
12    <filter-mapping>
13       <filter-name>LogFileFilter</filter-name>
14       <url-pattern>/*</url-pattern>
15    </filter-mapping>
16 </web-app>
```

04~11행: 필터 이름 LogFileFilter와 Filter 인터페이스를 구현한 자바 클래스 LogFileFilter를 설정하도록 〈filter〉 요소를 작성합니다.

07~10행: 매개변수 filename과 매개변수 값 c:\\logs\\bookmarket.log를 설정하도록 〈init-param〉 요소를 작성합니다.

12~15행: 필터 이름 LogFileFilter와 요청 URL 패턴 /*를 설정하도록 〈filter-mapping〉 요소를 작성합니다.

4 프로젝트 실행하기: 웹 브라우저에 'http://localhost:8080/BookMarket/books.jsp'를 입력하여 실행 결과를 확인합니다.

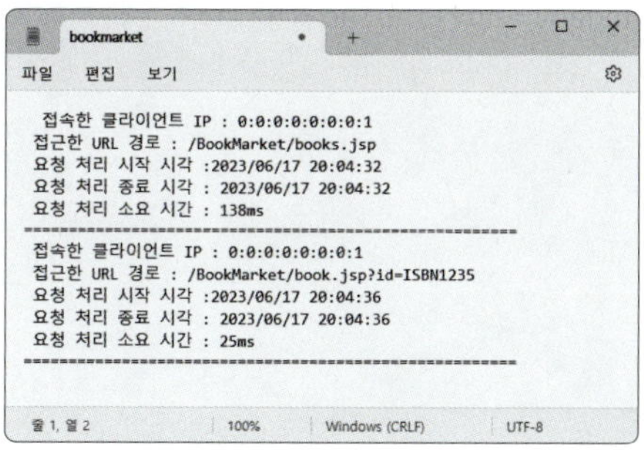

요약

01 (　　　　　　)는 클라이언트와 서버 사이에서 request와 response 객체를 먼저 받아 사전/사후 작업 등 공통적으로 필요한 부분을 처리하는 것을 말합니다.

02 (　　　　　　) 인터페이스는 필터 기능을 구현하는 데 핵심적인 역할을 합니다. 클라이언트와 서버의 리소스 사이에 위치한 필터의 기능을 제공하기 위해 자바 클래스로 구현해야 합니다.

03 Filter 인터페이스 메소드의 종류는 다음과 같습니다.

메소드	설명
init()	필터 인스턴스의 (　　　　　　) 메소드이다.
doFilter()	필터 기능을 작성하는 메소드이다.
(　　　　　　)	인스턴스의 종료 전에 호출되는 메소드이다.

04 web.xml 파일에 필터를 설정할 때는 <filter>와 <filter-mapping> 요소를 사용합니다.

```
__________________
    <filter-name>…</filter-name>
    <filter-class>…</filter-class>
    [<init-param>
        <param-name>…</param-name>
        <param-value>…</param-value>
    </init-param>]
__________________

__________________
    <filter-name>…</filter-name>
    <url-pattern>…</url-pattern>
__________________
```

정답

01 필터　02 Filter　03 초기화, destroy()　04 <filter>, </filter>, <filter-mapping>, </filter-mapping>

연습문제

01 클라이언트와 서버 사이에서 request와 response 객체를 먼저 받아 사전/사후 작업 등 공통적으로 필요한 부분을 처리하는 것은 무엇인가?

① 필터

② 시큐리티

③ 유효성 검사

④ 예외 처리

02 Filter 인터페이스가 가지고 있는 메소드로 옳지 않은 것은 무엇인가?

① init()

② doFilter()

③ destroy()

④ doPost()

03 Filter 인터페이스가 가지고 있는 메소드 중 JSP 컨테이너 내에서 초기화 작업을 수행할 필터 인스턴스를 생성한 후 한 번만 호출되는 메소드는 무엇인가?

① init()

② doFilter()

③ destroy()

④ doPost()

04 Filter 인터페이스가 가지고 있는 메소드 중 JSP 컨테이너가 필터를 리소스에 적용할 때마다 호출되는 메소드는 무엇인가?

① init()

② doFilter()

③ destroy()

④ doPost()

05 Filter 인터페이스가 가지고 있는 메소드 중 JSP 컨테이너가 필터 인스턴스를 종료하기 전에 호출하는 메소드는 무엇인가?

① init()

② doFilter()

③ destroy()

④ doPost()

06 web.xml 파일에 <filter>를 구성하는 요소로 옳지 않은 것은 무엇인가?

① <filter-name>

② <filter-class>

③ <init-param>

④ <init-name>

07 web.xml 파일에 <filter-mapping>을 구성하는 요소는 무엇인가?

① <filter-name>

② <filter-class>

③ <init-param>

④ <init-name>

08 <filter> 요소를 이용하여 매개변수 param의 값 admin을 설정하는 프로그램의 빈칸을 채우시오.

```
<filter>
    <filter-name>MyFilter</filter-name>
    <filter-class>ch12.com.filter.LoggingFilter</filter-class>
    <init-param>
        __________param__________
        __________admin__________
    </init-param>
</filter>
```

09 <filter-mapping> 요소를 이용하여 모든 리소스에 필터를 적용하기 위해 URL 패턴을 /*로 설정하는 프로그램의 빈칸을 채우시오.

```
<filter-mapping>
    <filter-name>MyFilter</filter-name>
    __________/*__________
</filter-mapping>
```

10 Filter 인터페이스를 이용하여 다음 조건에 맞게 JSP 애플리케이션을 만들고 실행하여 결과를 확인하시오.

조건

❶ Filter 인터페이스의 구현 클래스를 작성한다.

- src 폴더에 ch12.com.filter 패키지를 만든 후 이 패키지에 LoginCheckFilter.java 파일을 생성하고 init(), doFilter(), destroy() 메소드를 작성한다.
- doFilter() 메소드에 설정된 세션 값이 null이면 loginForm.jsp로 이동한다.

❷ src/main/webapp/WEB-INF 폴더의 web.xml 파일에 다음과 같이 작성한다.

- 〈filter〉 요소를 이용하여 필터 이름 loginFilter와 Filter 인터페이스를 구현한 자바 클래스 LoginCheckFilter를 설정하도록 작성한다.
- 〈filter-mapping〉 요소를 이용하여 필터 이름이 loginFilter인 요청 URL 패턴 login_success.jsp를 설정하도록 작성한다.

❸ loginForm.jsp 파일을 생성한다.

- input 태그 내에 text 유형을 이용하여 아이디, 비밀번호 항목을 작성한다.
- form 태그에 action 속성 값은 loginForm_process.jsp로 작성한다.

❹ loginForm_process.jsp 파일을 생성한다.

- request 내장 객체의 getParameter() 메소드를 이용하여 전송된 요청 파라미터 값을 전달받는다.
- 아이디와 비밀번호가 인증되면 "로그인 성공"을 출력하고 아이디 값은 세션명 userID에 세션 값으로 설정한다. 인증이 실패하면 "로그인 실패"를 출력한다.

❺ 웹 브라우저에 'http://localhost:8080/Exercise/ch12/loginForm.jsp'를 입력하여 실행 결과를 확인한다.

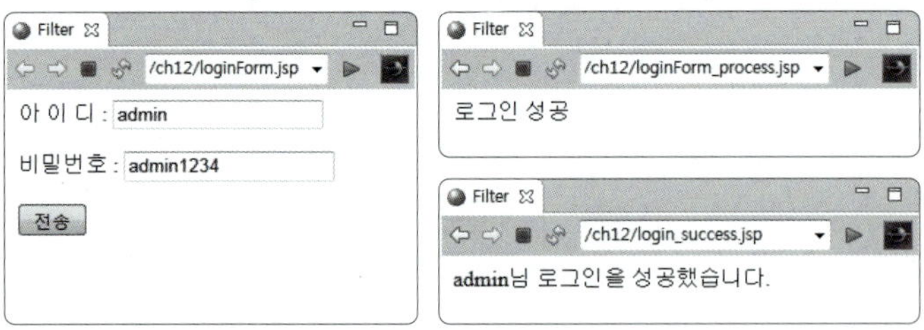

PART 04

JSP 고급 문법

PART 04

JSP 고급 문법

CHAPTER 13

세션: 장바구니 페이지 만들기

학습목표

- 세션의 개념을 이해합니다.
- 세션을 생성하는 방법을 익힙니다.
- 세션 정보를 가져오는 방법을 익힙니다.
- 세션을 삭제하는 방법을 익힙니다.
- 세션 유효 시간을 설정하는 방법을 익힙니다.
- 북마켓의 장바구니 페이지를 만듭니다.

01 세션의 개요

세션(session)은 클라이언트와 웹 서버 간의 상태를 지속적으로 유지하는 방법을 말합니다. 예를 들면 웹 쇼핑몰에서 장바구니나 주문 처리와 같은 회원 전용 페이지의 경우 로그인 인증을 통해 사용 권한을 부여합니다. 그래서 다른 웹 페이지에 갔다가 되돌아와도 로그인 상태가 유지되므로 회원 전용 페이지를 계속 사용할 수 있습니다. 이렇게 사용자 인증을 통해 특정 페이지를 사용할 수 있도록 권한 상태를 유지하는 것이 세션입니다.

세션은 웹 서버에서만 접근이 가능하므로 보안 유지에 유리하며 데이터를 저장하는 데 한계가 없습니다. 세션은 오직 웹 서버에 존재하는 객체로 웹 브라우저마다 하나씩 존재하므로 웹 서버의 서비스를 제공받는 사용자를 구분하는 단위가 됩니다. 이러한 세션을 사용하면 클라이언트가 웹 서버의 세션에 의해 가상으로 연결된 상태가 됩니다. 따라서 웹 브라우저를 닫기 전까지 웹 페이지를 이동하더라도 사용자의 정보가 웹 서버에 보관되어 있어 사용자 정보를 잃지 않습니다.

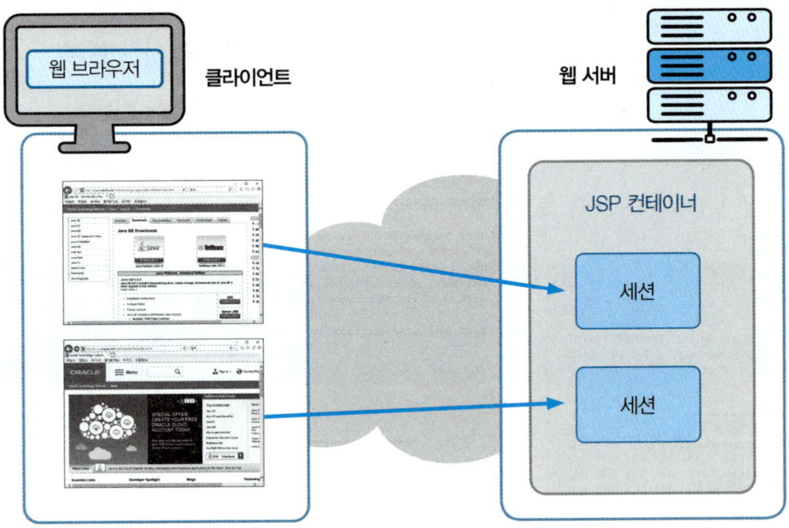

그림 13-1 웹 브라우저와 세션의 관계

이와 같이 JSP 페이지에서는 세션 기능을 사용할 수 있도록 session 내장 객체를 제공합니다. session 내장 객체는 다음과 같은 메소드를 지원합니다.

표 13-1 session 내장 객체 메소드의 종류

메소드	반환 유형	설명
getAttribute(String name)	java.lang.Object	세션 속성 이름이 name인 속성 값을 Object 형으로 반환한다. 해당되는 속성 이름이 없을 때는 null을 반환한다. 반환 값이 Object 형이므로 반드시 형 변환을 하여 사용해야 한다.
getAttributeNames()	java.util.Enumeration	세션 속성 이름을 Enumeration 객체 타입으로 반환한다.
getCreationTime()	long	세션이 생성된 시간을 반환한다. 1970년 1월 1일 0시 0초부터 현재 세션이 생성된 시간까지 경과한 시간을 1/1,000초 값으로 반환한다.
getId()	java.lang.String	세션에 할당된 고유 아이디를 String 형으로 반환한다.
getLastAccessedTime()	long	해당 세션에 클라이언트가 마지막으로 request를 보낸 시간을 반환한다.
getMaxInactiveInterval(int interval)	int	해당 세션을 유지하기 위해 세션 유지 시간을 반환한다. 기본값은 1,800초(30분)이다.
isNew()	boolean	해당 세션의 생성 여부를 반환한다. 처음 생성된 세션이면 true를 반환하고 이전에 생성된 세션이면 false를 반환한다.
removeAttribute(String name)	void	세션 속성 이름이 name인 속성을 제거한다.
setAttribute(String name, Object value)	void	세션 속성 이름이 name인 속성에 value를 할당한다.
setMaxInactiveInterval(int interval)	void	해당 세션을 유지하기 위한 세션 유지 시간을 초 단위로 설정한다.
Invalidate()		현재 세션에 저장된 모든 세션 속성을 제거한다.

02 세션 생성

세션을 사용하려면 먼저 세션을 생성해야 합니다. 세션 생성은 session 내장 객체의 setAttribute() 메소드를 사용하며 형식은 다음과 같습니다. setAttribute() 메소드를 이용하여 세션의 속성을 설정하면 계속 세션 상태를 유지할 수 있습니다. 만약 동일한 세션의 속성 이름으로 세션을 생성하면 마지막에 설정한 것이 세션 속성 값이 됩니다.

```
void setAttribute(String name, Object value)
```

첫 번째 매개변수 name은 세션으로 사용할 세션 속성 이름을 나타내며, 세션에 저장된 특정 값을 찾아오기 위한 키로 사용됩니다. 두 번째 매개변수 value는 세션의 속성 값을 나타냅니다. 세션 속성 값은 Object 객체 타입만 가능하기 때문에 int, double, char 등의 기본 타입은 사용할 수 없습니다.

다음은 세션 속성 이름을 memberId, 세션 속성 값을 admin으로 세션을 생성하는 예입니다.

[setAttribute() 메소드 사용 예]

```
session.setAttribute("memberId", "admin");
```

예제 13-1 세션 생성하기

1 프로젝트 생성하기: 1장에서 생성한 JSPBook 프로젝트를 사용합니다.

2 JSP 페이지 작성하기: JSPBook/src/main/webapp/ 폴더에 ch13 폴더를 만든 후 session01.jsp, session01_process.jsp 파일을 생성하고 다음과 같이 작성합니다.

JSPBook/src/main/webapp/ch13/session01.jsp

```
<%@ page contentType="text/html; charset=utf-8" %>
<html>
<head>
```

```
<title>Session</title>
</head>
<body>
    <form action="session01_process.jsp" method="POST">
        <p> 아 이 디 : <input type="text" name="id">
        <p> 비밀번호 : <input type="text" name="passwd">
        <p> <input type="submit" value="전송">
    </form>
</body>
</html>
```

JSPBook/src/main/webapp/ch13/session01_process.jsp

```
01 <%@ page contentType="text/html; charset=utf-8" %>
02 <html>
03 <head>
04 <title>Session</title>
05 </head>
06 <body>
07     <%
08         String user_id=request.getParameter("id");
09         String user_pw=request.getParameter("passwd");
10 
11         if (user_id.equals("admin") && user_pw.equals("1234")) {
12             session.setAttribute("userID", user_id);
13             session.setAttribute("userPW", user_pw);
14             out.println("세션 설정이 성공했습니다<br>");
15             out.println(user_id + "님 환영합니다");
16         } else {
17             out.println("세션 설정이 실패했습니다");
18         }
19     %>
20 </body>
21 </html>
```

08~09행: 요청 파라미터 아이디와 비밀번호를 전송받도록 request 내장 객체의 getParameter() 메소드를 작성합니다.

11~18행: 전송된 아이디와 비밀번호가 각각 admin, 1234와 일치하면 세션 속성 이름 userID, userPW에 값을 설정하도록 session 내장 객체의 setAttribute( ) 메소드를 작성하고 성공 메시지를 출력합니다. 일치하지 않으면 실패 메시지를 출력하도록 작성합니다.

3 프로젝트 실행하기: 웹 브라우저에 'http://localhost:8080/JSPBook/ch13/session01.jsp'를 입력하여 실행 결과를 확인합니다.

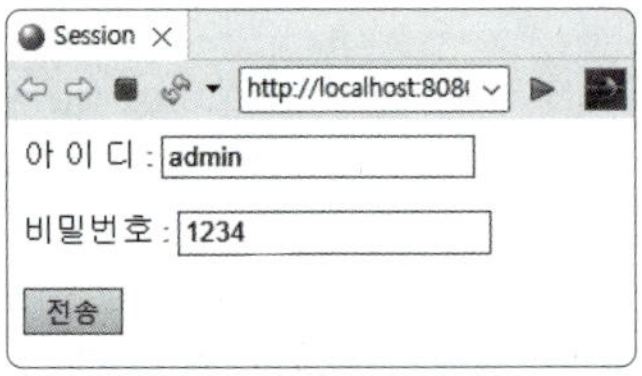

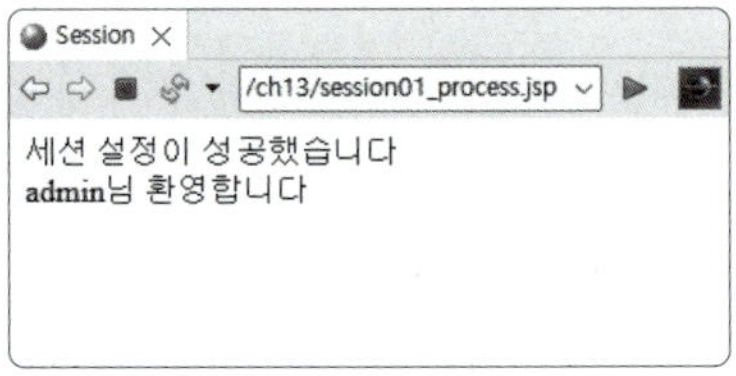

NOTE 세션을 생성하는 또 다른 방법

❶ **request.getSession( )을 이용한 세션 생성**: HttpSession을 생성하는 또 다른 방법은 request 기본 객체의 getSession( ) 메소드를 사용하는 것입니다. request.getSession( ) 메소드는 현재 요청과 관련된 session 내장 객체를 반환합니다.

```
<%@ page session=false" %>
<%
    HttpSession httpSession=request.getSession();
    List list=(List)httpSession.getAttribute("list");
    list.add(bookId);
%>
```

request.getSession( ) 메소드는 세션이 생성되어 있으면 생성된 세션을 반환하고, 생성되어 있지 않으면 새롭게 세션을 생성해서 반환합니다.

❷ **<%@ page session = "true" %>를 이용한 세션 생성**: page 디렉티브 태그 내 session 속성의 기본값이 true이므로 session 속성의 값을 false로 지정하지만 않으면 세션이 생성됩니다. 일단 세션이 생성되면 session 내장 객체를 통해 세션을 사용할 수 있습니다.

```
<%@ page session="true" %>
<%
    …(생략)…
    session.setAttribute("userInfo", userInfo);
    …(생략)…
%>
```

03 세션 정보

생성된 세션의 정보를 얻어오려면 session 내장 객체의 getAttribute( ) 또는 getAttributeNames( ) 메소드를 사용합니다.

1 단일 세션 정보 얻기

세션에 저장된 하나의 세션 속성 이름에 대한 속성 값을 얻어오려면 **getAttribute( ) 메소드**를 사용하며 형식은 다음과 같습니다. getAttribute( ) 메소드는 반환 유형이 Object 형이므로 반드시 형 변환을 하여 사용해야 합니다.

```
Object getAttribute(String name)
```

매개변수 name은 세션에 저장된 세션 속성 이름입니다. 해당 속성 이름이 없는 경우 null을 반환합니다.

다음은 세션에 저장된 세션 속성 이름이 memberId인 세션 속성 값을 얻어오는 예입니다. getAttribute( ) 메소드는 반환 유형이 Object 형이므로, 세션 속성 이름 memberId 값이 String 형의 admin이라면 cast 연산자인 (String)을 사용하여 형 변환을 해야 합니다. 만약 세션에 memberId라는 속성 이름이 저장되어 있지 않으면 null을 반환합니다.

[getAttribute( ) 메소드 사용 예]

```
String id = (String)session.getAttribute("memberId");
```

예제 13-2 세션에 저장된 속성 값 가져와 출력하기

1 [예제 13-1]을 이용하여 세션을 생성합니다.

2 /src/main/webapp/ch13/ 폴더에 다음과 같이 웹 페이지를 작성하고 웹 브라우저에 'http://

localhost:8080/JSPBook/ch13/session02.jsp'를 입력하여 실행 결과를 확인합니다.

JSPBook/src/main/webapp/ch13/session02.jsp

```
01 <%@ page contentType="text/html; charset=utf-8" %>
02 <html>
03 <head>
04 <title>Session</title>
05 </head>
06 <body>
07     <%
08         String user_id=(String) session.getAttribute("userID");
09         String user_pw=(String) session.getAttribute("userPW");
10
11         out.println("설정된 세션의 속성 값 [1] : " + user_id + "<br>");
12         out.println("설정된 세션의 속성 값 [2] : " + user_pw);
13     %>
14 </body>
15 </html>
```

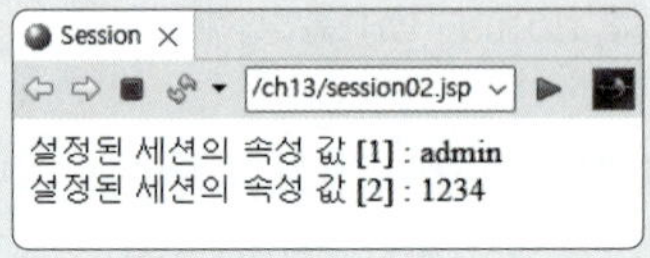

08~09행: 세션에 저장된 세션 속성 이름 userID, userPW의 속성 값을 가져오도록 session 내장 객체의 getAttribute() 메소드를 작성합니다.

11~12행: 세션에 저장된 세션 속성 값을 출력하도록 작성합니다.

2 다중 세션 정보 얻기

세션에 저장된 여러 개의 세션 속성 이름에 대한 속성 값을 얻어오려면 getAttributeNames() 메소드를 사용하며 형식은 다음과 같습니다. getAttributeNames() 메소드는 반환 유형이 Enumeration 객체 타입이므로 모든 세션 정보를 얻어오는 데 유용합니다. Enumeration 객체를 사용하려면 JSP 페이지에 page 디렉티브 태그의 import 속성을 사용하여 java.util.Enumeration을 설정해야 합니다.

```
Enumeration getAttributeNames();
```

다음은 세션에 저장된 모든 세션 속성 이름과 속성 값을 얻어오는 예입니다.

[getAttributeNames( ) 메소드 사용 예]

```
Enumeration enum = session.getAttributeNames();

while(enum.hasMoreElements()) {
    String name = enum.nextElement().toString();
    String value = session.getAttribute(name).toString();
}
```

예제 13-3 세션에 저장된 모든 세션 속성 이름과 속성 값 가져와 출력하기

1 [예제 13-1]을 이용하여 세션을 생성합니다.

2 /src/main/webapp/ch13/ 폴더에 다음과 같이 웹 페이지를 작성하고 웹 브라우저에 'http://localhost:8080/JSPBook/ch13/session03.jsp'를 입력하여 실행 결과를 확인합니다.

JSPBook/src/main/webapp/ch13/session03.jsp

```
<%@ page contentType="text/html; charset=utf-8" %>
<%@ page import="java.util.Enumeration" %>
<html>
<head>
<title>Session</title>
</head>
<body>
    <%
        String name;
        String value;

        Enumeration en = session.getAttributeNames();
        int i = 0;

        while (en.hasMoreElements()) {
            i++;
            name = en.nextElement().toString();
            value = session.getAttribute(name).toString();
            out.println("설정된 세션의 속성 이름 [ " + i + " ] : " + name + "<br>");
```

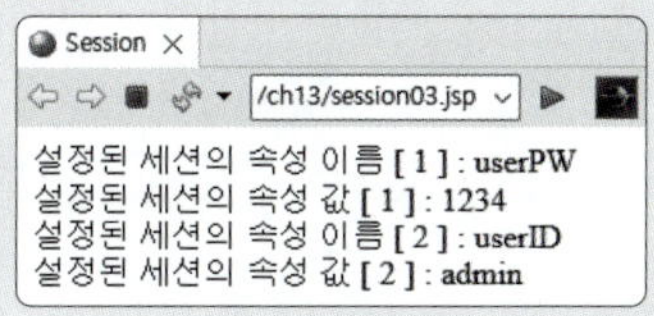

```
20                 out.println("설정된 세션의 속성 값 [ " + i + " ] : " + value + "<br>");
21             }
22         %>
23     </body>
24     </html>
```

12행: 세션에 저장된 모든 세션 속성 이름을 가져오도록 session 내장 객체의 getAttributeNames() 메소드를 작성합니다.

15~21행: Enumeration 객체의 hasMoreElements() 메소드를 통해 저장된 세션 속성 이름이 있을 때까지 반복하도록 while 문을 작성합니다.

17행: 세션 속성 이름을 가져오도록 Enumeration 객체의 nextElement() 메소드를 작성합니다.

18행: 세션 속성 이름의 속성 값을 가져오도록 session 내장 객체의 getAttribute() 메소드를 작성합니다.

19~20행: 세션 속성 이름과 속성 값을 출력하도록 작성합니다.

04 세션 삭제

생성된 세션을 더 유지할 필요가 없으면 session 내장 객체의 removeAttribute() 또는 invalidate() 메소드를 사용하여 세션을 삭제합니다. 세션이 삭제되면 현재 사용 중인 session 내장 객체가 삭제되므로 session 내장 객체에 저장된 모든 속성도 함께 삭제됩니다.

1 단일 세션 삭제하기

세션에 저장된 하나의 세션 속성 이름을 삭제하려면 removeAttribute() 메소드를 사용하며 형식은 다음과 같습니다.

```
void removeAttribute(String name)
```

여기서 매개변수 name은 세션에 저장된 세션 속성 이름입니다.

다음은 세션에 저장된 세션 속성 이름 memberId에 해당하는 세션을 삭제하는 예입니다. 세션 속성 이름이 memberId인 세션을 삭제하면 계속 유지되었던 세션의 속성 이름 memberId는 더 이상 사용할 수 없습니다.

[removeAttribute() 메소드 사용 예]

```
session.removeAttribute("memberId");
```

예제 13-4 세션에 저장된 세션 속성 삭제하기 1

1 [예제 13-1]을 이용하여 세션을 생성합니다.

2 /src/main/webapp/ch13/ 폴더에 다음과 같이 웹 페이지를 작성하고 웹 브라우저에 'http://localhost:8080/JSPBook/ch13/session04.jsp'를 입력하여 실행 결과를 확인합니다.

JSPBook/src/main/webapp/ch13/session04.jsp

```
01 <%@ page contentType="text/html; charset=utf-8" %>
02
03 <html>
04 <head>
05 <title>Session</title>
06 </head>
07 <body>
08     <h4>----- 세션을 삭제하기 전 -----</h4>
09     <%
10         String user_id=(String) session.getAttribute("userID");
11         String user_pw=(String) session.getAttribute("userPW");
12         out.println("설정된 세션 이름 userID : " + user_id + "<br>");
13         out.println("설정된 세션 값 userPW : " + user_pw + "<br>");
14
15         session.removeAttribute("userID");
16     %>
17     <h4>----- 세션을 삭제한 후 -----</h4>
18     <%
19         user_id=(String) session.getAttribute("userID");
20         user_pw=(String) session.getAttribute("userPW");
21         out.println("설정된 세션 이름 userID : " + user_id + "<br>");
22         out.println("설정된 세션 값 userPW : " + user_pw + "<br>");
23     %>
24 </body>
25 </html>
```

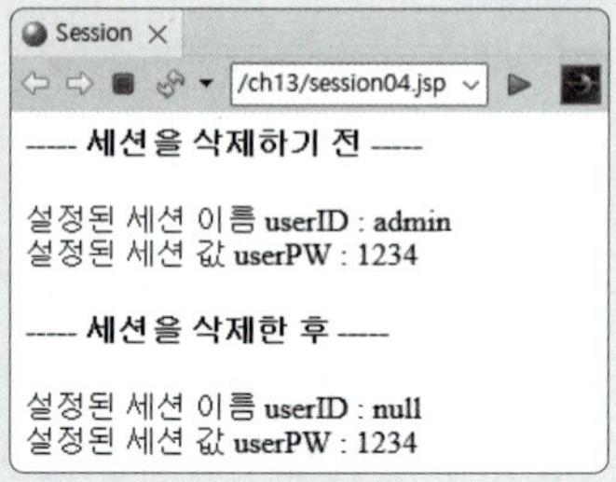

15행: 세션에 저장된 세션 속성 이름 userID를 삭제하도록 session 내장 객체의 removeAttribute() 메소드를 작성합니다.

19~20행: 세션에 저장된 세션 속성 이름 userID, userPW의 속성 값을 가져오도록 session 내장 객체의 getAttribute() 메소드를 작성합니다.

21~22행: 세션에 저장된 세션 속성 값을 출력하도록 작성합니다.

예제 13-5 세션에 저장된 세션 속성 삭제하기 2

1 [예제 13-1]을 이용하여 세션을 생성합니다.

2 /src/main/webapp/ch13/ 폴더에 다음과 같이 웹 페이지를 작성하고 웹 브라우저에 'http://localhost:8080/JSPBook/ch13/session05.jsp'를 입력하여 실행 결과를 확인합니다.

JSPBook/src/main/webapp/ch13/session05.jsp

```
<%@ page contentType="text/html; charset=utf-8" %>
<%@ page import="java.util.Enumeration" %>
<html>
<head>
<title>Session</title>
</head>
<body>
    <h4>----- 세션을 삭제하기 전 -----</h4>

    <%
        String name;
        String value;

        Enumeration en=session.getAttributeNames();
        int i=0;

        while (en.hasMoreElements()) {
            i++;
            name=en.nextElement().toString();
            value=session.getAttribute(name).toString();
            out.println("설정된 세션 이름 [ " + i + " ] : " + name + "<br>");
            out.println("설정된 세션 값 [ " + i + " ] : " + value + "<br>");
        }

        session.removeAttribute("userID");
    %>

    <h4>----- 세션을 삭제한 후 -----</h4>
    <%
```

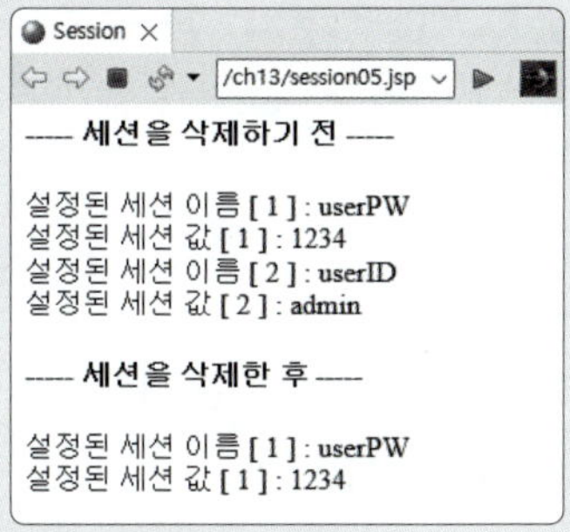

```
30          en = session.getAttributeNames();
31
32          i = 0;
33          while (en.hasMoreElements()) {
34              i++;
35              name = en.nextElement().toString();
36              value = session.getAttribute(name).toString();
37              out.println("설정된 세션 이름 [ " + i + " ] : " + name + "<br>");
38              out.println("설정된 세션 값 [ " + i + " ] : " + value + "<br>");
39          }
40      %>
41  </body>
42  </html>
```

14행: 세션에 저장된 모든 세션 속성 이름을 가져오도록 session 내장 객체의 getAttributeNames() 메소드를 작성합니다.

17~23행: Enumeration 객체의 hasMoreElements() 메소드를 통해 저장된 세션 속성 이름이 있을 때까지 반복하도록 while 문을 작성합니다.

19행: 세션 속성 이름을 가져오도록 Enumeration 객체의 nextElement() 메소드를 작성합니다.

20행: 세션 속성 이름의 속성 값을 가져오도록 session 내장 객체의 getAttribute() 메소드를 작성합니다.

33~39행: Enumeration 객체의 hasMoreElements() 메소드를 통해 저장된 세션 속성 이름이 있을 때까지 반복하도록 while 문을 작성합니다.

2 다중 세션 삭제하기

세션에 저장된 모든 세션 속성 이름을 삭제하려면 **invalidate() 메소드**를 사용하며 형식은 다음과 같습니다.

```
void invalidate()
```

다음은 세션을 종료하고 세션에 저장된 모든 세션 속성을 삭제하는 예입니다.

[invalidate( ) 메소드 사용 예]

```
session.invalidate()
```

예제 13-6 세션에 저장된 모든 세션 속성 삭제하기

1 [예제 13-1]을 이용하여 세션을 생성합니다.

2 /src/main/webapp/ch13/ 폴더에 다음과 같이 웹 페이지를 작성하고 웹 브라우저에 'http://localhost:8080/JSPBook/ch13/session06.jsp'를 입력하여 실행 결과를 확인합니다.

JSPBook/src/main/webapp/ch13/session06.jsp

```
<%@ page contentType="text/html; charset=utf-8" %>

<html>
<head>
<title>Session</title>
</head>
<body>
    <h4>----- 세션을 삭제하기 전 -----</h4>
    <%
        String user_id=(String) session.getAttribute("userID");
        String user_pw=(String) session.getAttribute("userPW");

        out.println("설정된 세션 이름 userID : " + user_id + "<br>");
        out.println("설정된 세션 값 userPW : " + user_pw + "<br>");

        if (request.isRequestedSessionIdValid()==true) {
            out.print("세션이 유효합니다.");
        } else {
            out.print("세션이 유효하지 않습니다.");
        }

        session.invalidate();
    %>
    <h4>----- 세션을 삭제한 후 -----</h4>
```

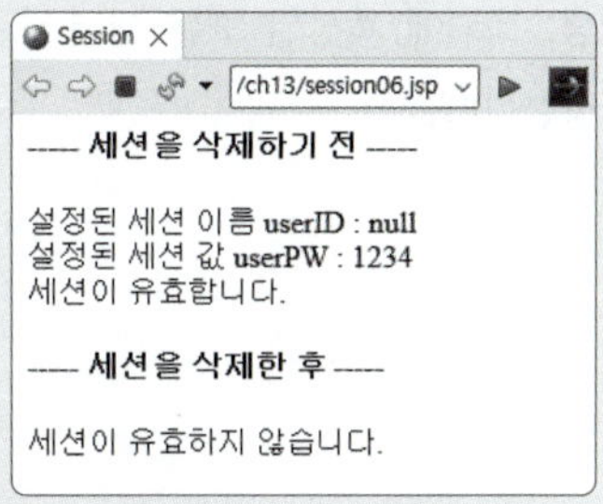

```
25      <%
26          if (request.isRequestedSessionIdValid()==true) {
27              out.print("세션이 유효합니다.");
28          } else {
29              out.print("세션이 유효하지 않습니다.");
30          }
31      %>
32  </body>
33  </html>
```

16~20, 26~30행: 요청에 포함된 클라이언트의 세션이 유효하면 유효한 메시지를 출력하고, 그렇지 않으면 유효하지 않은 메시지를 출력하도록 작성합니다.

22행: 세션에 저장된 모든 세션 속성을 삭제하도록 session 내장 객체의 invalidate() 메소드를 작성합니다.

05 세션 유효 시간 설정

세션 유효 시간은 세션을 유지하기 위한 세션의 일정 시간을 말합니다. 웹 브라우저에 마지막 접근한 시간부터 일정 시간 이내에 다시 웹 브라우저에 접근하지 않으면 자동으로 세션이 종료됩니다. 이러한 세션 유효 시간을 설정하기 위해 session 내장 객체의 setMaxInactiveInterval() 메소드를 사용하며 형식은 다음과 같습니다.

```
void setMaxInactiveInterval(int interval)
```

여기서 매개변수 interval은 세션 유효 시간입니다. 세션 유효 시간은 기본값이 1,800초이고 초 단위로 설정합니다. 만약 세션 유효 시간을 0이나 음수로 설정하면 세션 유효 시간이 없는 상태가 됩니다. 이 경우 세션을 삭제했을 때 session.invalidate() 메소드를 호출하지 않으면 생성된 세션 속성이 웹 서버에서 제거되지 않고 유지됩니다. 즉 세션 유효 시간이 없는 상태에서 session.invalidate() 메소드를 명시적으로 실행하지 않으면 한 번 생성된 세션이 계속 메모리에 남아 있고, 시간이 흐르면 이 세션 때문에 메모리 부족 현상이 발생합니다.

다음은 세션 유효 시간을 360초로 설정하는 예입니다.

[setMaxInactiveInterval( ) 메소드 사용 예]

```
session.setMaxInactiveInterval(60 * 60);
```

예제 13-7 세션 유효 시간을 가져와 출력하기

1 [예제 13-1]을 이용하여 세션을 생성합니다.

2 /src/main/webapp/ch13/ 폴더에 다음과 같이 웹 페이지를 작성하고 웹 브라우저에 'http://localhost:8080/JSPBook/ch13/session07.jsp'를 입력하여 실행 결과를 확인합니다.

JSPBook/src/main/webapp/ch13/session07.jsp

```
01 <%@ page contentType="text/html; charset=utf-8" %>
02 <html>
03 <head>
04 <title>Session</title>
05 </head>
06 <body>
07     <h4>----- 세션 유효 시간 변경 전 -----</h4>
08     <%
09         int time=session.getMaxInactiveInterval() / 60;
10
11         out.println("세션 유효 시간 : " + time + "분<br>");
12     %>
13     <h4>----- 세션 유효 시간 변경 후 -----</h4>
14     <%
15         session.setMaxInactiveInterval(60 * 60);
16         time=session.getMaxInactiveInterval() / 60;
17
18         out.println("세션 유효 시간 : " + time + "분<br>");
19     %>
20 </body>
21 </html>
```

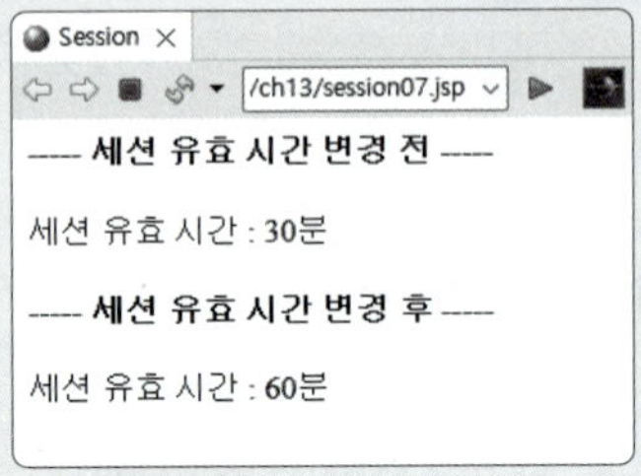

09, 11행: 세션에 설정된 유효 시간을 가져오도록 session 내장 객체의 getMaxInactiveInterval() 메소드를 작성하고, 유효 시간을 출력하도록 작성합니다.

15행: 세션 유효 시간을 60×60초로 설정하도록 session 내장 객체의 setMaxInactiveInterval() 메소드를 작성합니다.

16, 18행: 세션에 설정된 유효 시간을 가져오도록 session 내장 객체의 getMaxInactiveInterval() 메소드를 작성하고, 유효 시간을 출력하도록 작성합니다.

예제 13-8 세션 아이디와 웹 사이트에서 유지한 시간 출력하기

1 [예제 13-1]을 이용하여 세션을 생성합니다.

2 /src/main/webapp/ch13/ 폴더에 다음과 같이 웹 페이지를 작성하고 웹 브라우저에 'http://

localhost:8080/JSPBook/ch13/session08.jsp'를 입력하여 실행 결과를 확인합니다.

JSPBook/src/main/webapp/ch13/session08.jsp

```
01 <%@ page contentType="text/html; charset=utf-8" %>
02 <html>
03 <head>
04 <title>Session</title>
05 </head>
06 <body>
07     <%
08         String sessin_id=session.getId();
09 
10         long last_time=session.getLastAccessedTime();
11 
12         long start_time=session.getCreationTime();
13 
14         long used_time=(last_time - start_time) / 60000;
15 
16         out.println("세션 아이디 : " + sessin_id + "<br>");
17         out.println("요청 시작 시간 : " + start_time + "<br>");
18         out.println("요청 마지막 시간 : " + last_time + "<br>");
19         out.println("웹 사이트의 경과 시간 : " + used_time + "<br>");
20     %>
21 </body>
22 </html>
```

08행: 고유한 세션 내장 객체의 아이디를 가져오도록 session 내장 객체의 getId() 메소드를 작성합니다.

10행: 세션에 마지막으로 접근한 시간을 가져오도록 session 내장 객체의 getLastAccessedTime() 메소드를 작성합니다.

12행: 세션이 생성된 시간을 가져오도록 session 내장 객체의 getCreationTime() 메소드를 작성합니다.

14행: 웹 사이트에 머문 시간을 계산하도록 작성합니다.

16~19행: 8행, 10행, 12행, 14행에서 얻어온 시간을 출력하도록 작성합니다.

06 북마켓 장바구니 페이지 만들기

이번 장에서 배운 세션 처리 방법을 적용하여 장바구니 페이지를 만듭니다.

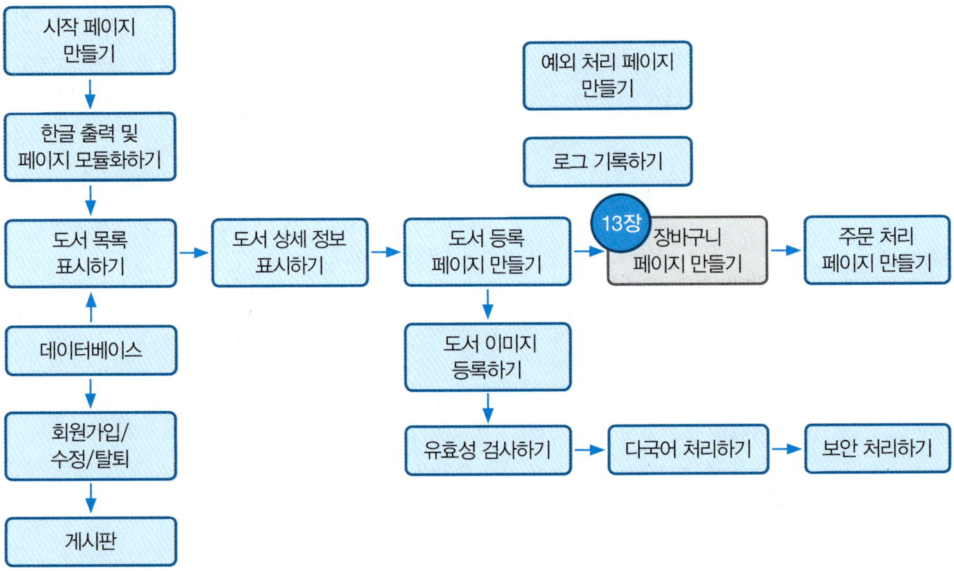

그림 13-2 장바구니 페이지 만들기

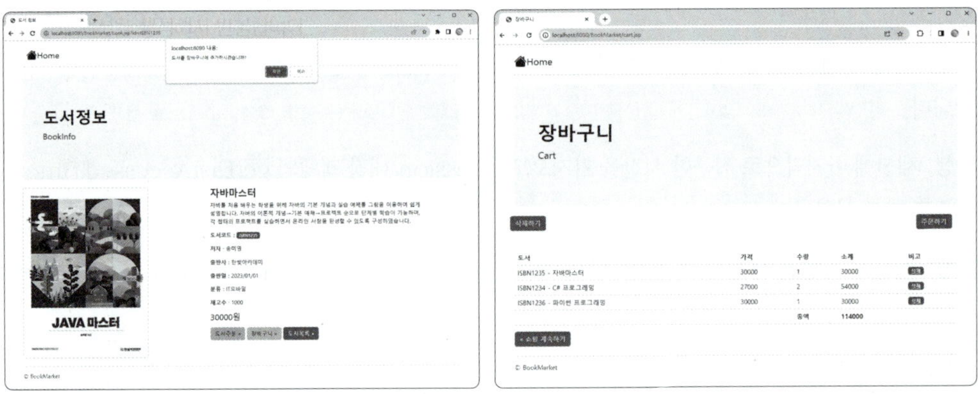

그림 13-3 완성된 북마켓 장바구니 페이지

예제 13-9 세션을 이용하여 장바구니 페이지 만들기

1 도서 클래스에 멤버 변수 추가하기: 장바구니에 담은 도서의 개수를 관리하도록 Book 클래스에 다음과 같이 필드를 선언합니다.

BookMarket/src/main/java/dto/Book.java

```
package dto;

import java.io.Serializable;

public class Book implements Serializable{
…(생략)…
    private String filename;  //이미지 파일명
    private int quantity;     //장바구니에 담은 개수
}
```

2 추가된 멤버 변수의 Setter/Getter( ) 메소드 작성하기: 추가된 멤버 변수 quantity의 Setter/Getter( ) 메소드를 각각 추가합니다.

BookMarket/src/main/java/dto/Book.java

```
package dto;

import java.io.Serializable;

public class Book implements Serializable{
    …(생략)…

    public int getQuantity() {
        return quantity;
    }

    public void setQuantity(int quantity) {
        this.quantity=quantity;
    }
}
```

3 도서 상세 정보 페이지 수정하기: book.jsp 파일에 다음과 같이 추가 작성합니다.

BookMarket/src/main/webapp/book.jsp

```
01 <%@ page contentType="text/html; charset=utf-8" %>
02 …(생략)…
03 <title> 도서 상세 정보</title>
04 <script type="text/javascript">
05   function addToCart() {
06     if (confirm("도서를 장바구니에 추가하시겠습니까?")) {
07       document.addForm.submit();
08     } else {
09         document.addForm.reset();
10     }
11   }
12 </script>
13 …(생략)…
14       <h4><%=book.getUnitPrice() %>원 </h4>
15       <p> <form name="addForm" action="./addCart.jsp?id=<%=book.getBookId()
             %>" method="post">
16           <a href="#" class="btn btn-info" onclick="addToCart()">도서 주문
             &raquo;</a>
17           <a href="./cart.jsp" class="btn btn-warning">장바구니 &raquo;</a>
18           <a href="./books.jsp" class="btn btn-secondary">도서 목록 &raquo;</a>
19           </form>
20 …(생략)…
```

04~12행: 자바스크립트로 장바구니에 등록하기 위한 핸들러 함수 addToCart()를 작성합니다.

06~10행: 메시지 창에서 〈확인〉을 클릭하면 폼 문의 action 속성 값이 실행되고 〈취소〉를 클릭하면 폼 문의 실행을 취소하도록 작성합니다.

15~19행: name과 action 속성 값을 설정하도록 form 태그를 작성합니다.

16행: 〈도서 주문〉을 클릭하면 핸들러 함수 addToCart()가 실행되도록 onclick 속성을 작성합니다.

17행: 〈장바구니〉를 클릭하면 웹 페이지 cart.jsp가 실행되도록 작성합니다.

4 장바구니에 등록하는 페이지 작성하기: addCart.jsp 파일을 생성하고 다음과 같이 작성합니다.

BookMarket/src/main/webapp/addCart.jsp

```
<%@ page contentType="text/html; charset=utf-8" %>
<%@ page import="java.util.ArrayList" %>
<%@ page import="dto.Book" %>
<%@ page import="dao.BookRepository" %>

<%
  String id=request.getParameter("id");
  if (id==null || id.trim().equals("")) {
    response.sendRedirect("books.jsp");
    return;
  }

  BookRepository dao=BookRepository.getInstance();

  Book book=dao.getBookById(id);
  if (book==null) {
    response.sendRedirect("exceptionNoBookId.jsp");
  }

  ArrayList<Book> goodsList=dao.getAllBooks();
  Book goods=new Book();
  for (int i=0; i < goodsList.size(); i++) {
    goods=goodsList.get(i);
    if (goods.getBookId().equals(id)) {
      break;
    }
  }

  ArrayList<Book> list=(ArrayList<Book>) session.getAttribute("cartlist");
  if (list==null) {
    list=new ArrayList<Book>();
    session.setAttribute("cartlist", list);
  }

  int cnt=0;
  Book goodsQnt=new Book();
```

```
37    for (int i=0; i < list.size(); i++) {
38      goodsQnt=list.get(i);
39      if (goodsQnt.getBookId().equals(id)) {
40        cnt++;
41        int orderQuantity=goodsQnt.getQuantity() + 1;
42        goodsQnt.setQuantity(orderQuantity);
43      }
44    }
45
46    if (cnt==0) {
47      goods.setQuantity(1);
48      list.add(goods);
49    }
50
51    response.sendRedirect("book.jsp?id=" + id);
52  %>
```

07~11행: 요청 파라미터 아이디를 전송받도록 request 내장 객체의 getParameter( ) 메소드를 작성하고, 전송된 아이디가 없을 때 웹 페이지 books.jsp로 이동하도록 response 내장 객체의 sendRedirect( ) 메소드를 작성합니다.

13행: 도서 데이터 접근 클래스 BookRepository의 기본 생성자에 대한 객체 변수 instance를 얻어오도록 작성합니다.

15~18행: 도서 아이디에 대한 도서 정보를 얻어오도록 BookRepository 객체의 getBookById( ) 메소드를 호출하고 이를 Book 객체에 저장하도록 작성합니다. 만약 도서 아이디에 대한 도서 정보가 없으면 예외 처리 웹 페이지 exceptionNoBookId.jsp로 이동하도록 response 내장 객체의 sendRedirect( ) 메소드를 작성합니다.

20~27행: 도서 목록을 얻어오도록 BookRepository 객체의 getAllBooks( ) 메소드를 호출하고 이를 ArrayList 객체에 저장하도록 작성합니다. ArrayList 객체에 저장된 도서 목록에 요청 파라미터 아이디의 도서가 존재하는지 검사하도록 작성합니다.

29~33행: 요청 파라미터 아이디의 도서를 담은 장바구니를 초기화하도록 작성합니다. 29행에서는 세션 속성 이름 cartlist(장바구니)의 세션 정보(장바구니에 등록된 데이터)를 얻어와 ArrayList 객체에 저장합니다. 만약 ArrayList 객체에 저장된 세션 정보가 없으면 ArrayList 객체를 생성하고 이를 세션 속성 이름 cartlist의 속성 값으로 저장합니다.

35~44행: 요청 파라미터 아이디의 도서가 장바구니에 담긴 목록이면 해당 도서의 수량을 증가시키도록 작성합니다.

46~49행: 요청 파라미터 아이디의 도서가 장바구니에 담긴 목록이 아니면 해당 도서의 수량을 1로 하고 장바구니 목록에 추가하도록 작성합니다.

51행: 요청 파라미터 아이디를 설정하여 웹 페이지 book.jsp로 이동하도록 response 내장 객체의 sendRedirect() 메소드를 작성합니다.

5 장바구니 페이지 작성하기: cart.jsp 파일을 생성하고 다음과 같이 작성합니다.

BookMarket/src/main/webapp/cart.jsp

```
<%@ page contentType="text/html; charset=utf-8" %>
<%@ page import="java.util.ArrayList" %>
<%@ page import="dto.Book" %>
<%@ page import="dao.BookRepository" %>
<html>
<head>
<link rel="stylesheet" href="./resources/css/bootstrap.min.css" />
<%
  String cartId=session.getId();
%>
<title>장바구니</title>
</head>
<body>
<div class="container py-4">
  <%@ include file="menu.jsp" %>

  <div class="p-5 mb-4 bg-body-tertiary rounded-3">
    <div class="container-fluid py-5">
      <h1 class="display-5 fw-bold">장바구니</h1>
      <p class="col-md-8 fs-4">Cart</p>
    </div>
  </div>

  <div class="row align-items-md-stretch">
    <div class="row">
```

```
      <table width="100%">
      <tr>
      <td align="left"><a href="./deleteCart.jsp?cartId=<%=cartId%>" class="btn btn-danger">삭제하기</a></td>
      <td align="right"><a href="#" class="btn btn-success">주문하기</a></td>
      </tr>
      </table>
    </div>
    <div style="padding-top: 50px">
    <table class="table table-hover">
    <tr>
      <th>도서</th>
      <th>가격</th>
      <th>수량</th>
      <th>소계</th>
      <th>비고</th>
    </tr>
    <%
      int sum=0;
      ArrayList<Book> cartList=(ArrayList<Book>) session.getAttribute("cartlist");
      if (cartList==null)
        cartList=new ArrayList<Book>();
        for (int i=0; i < cartList.size(); i++) { // 상품리스트 하나씩 출력하기
           Book book=cartList.get(i);
           int total=book.getUnitPrice() * book.getQuantity();
           sum=sum + total;
    %>
    <tr>
    <td><%=book.getBookId() %> - <%=book.getName() %></td>
    <td><%=book.getUnitPrice() %></td>
    <td><%=book.getQuantity() %></td>
    <td><%=total %></td>
    <td><a href="./removeCart.jsp?id=<%=book.getBookId()%>" class="badge text-bg-danger">삭제</a></td>
    </tr>
```

```
59      <%
60      }
61      %>
62      <tr>
63        <th></th>
64        <th></th>
65        <th>총액</th>
66        <th><%= sum %></th>
67        <th></th>
68      </tr>
69      </table>
70      <a href="./books.jsp" class="btn btn-secondary"> &laquo; 쇼핑 계속하기
        </a>
71      </div>
72    </div>
73
74    <jsp:include page="footer.jsp" />
75  </div>
76  </body>
77  </html>
```

28~29행: 〈삭제하기〉, 〈주문하기〉 버튼을 작성합니다.

44행: 장바구니인 cartlist에 등록된 모든 도서를 가져오도록 session 내장 객체의 getAttribute() 메소드를 작성합니다.

45~46행: cartlist에 저장된 도서 목록이 없으면 장바구니 cartlist를 생성하도록 작성합니다.

47~60행: cartlist에 등록된 모든 도서를 하나씩 가져와 출력하도록 작성합니다.

53~57행: 도서 아이디, 도서명, 가격, 수량, 소계 및 〈삭제〉 버튼을 출력하도록 작성합니다. 56행은 49행에서 계산된 도서의 가격과 수량을 곱한 금액을 출력합니다.

66행: 장바구니에 등록된 모든 도서의 총액을 출력하도록 작성합니다.

6 장바구니에 등록된 개별 도서 삭제 페이지 작성하기: removeCart.jsp 파일을 생성하고 다음과 같이 작성합니다.

```
01 <%@ page contentType="text/html; charset=utf-8" %>
02 <%@ page import="java.util.ArrayList" %>
03 <%@ page import="dto.Book" %>
04 <%@ page import="dao.BookRepository" %>
05
06 <%
07     String id=request.getParameter("id");
08     if (id==null || id.trim().equals("")) {
09         response.sendRedirect("books.jsp");
10         return;
11     }
12
13     BookRepository dao=BookRepository.getInstance();
14
15     Book book=dao.getBookById(id);
16     if (book==null) {
17         response.sendRedirect("exceptionNoBookId.jsp");
18     }
19
20     ArrayList<Book> cartList=(ArrayList<Book>) session.getAttribute("cartlist");
21     Book goodsQnt=new Book();
22     for (int i=0; i < cartList.size(); i++) {
23         goodsQnt=cartList.get(i);
24         if (goodsQnt.getBookId().equals(id)) {
25             cartList.remove(goodsQnt);
26         }
27     }
28
29     response.sendRedirect("cart.jsp");
30 %>
```

07~11행: 요청 파라미터 아이디를 전송받도록 request 내장 객체의 getParameter() 메소드를 작성하고, 전송된 아이디가 없을 때 웹 페이지 books.jsp로 이동하도록 response 내장 객체의 sendRedirect() 메소드를 작성합니다.

13행: 도서 데이터 접근 클래스 BookRepository의 기본 생성자에 대한 객체 변수 instance를 얻어오도록 작성합니다.

15~18행: 도서 아이디에 대한 도서 정보를 얻어오도록 BookRepository 객체의 getBookById() 메소드를 호출하고 이를 Book 객체에 저장하도록 작성합니다. 만약 도서 아이디에 대한 도서 정보가 없으면 예외 처리 웹 페이지 exceptionNoBookId.jsp로 이동하도록 response 내장 객체의 sendRedirect() 메소드를 작성합니다.

20행: 장바구니인 cartlist에 등록된 모든 도서를 가져오도록 session 내장 객체의 getAttribute() 메소드를 작성합니다.

21행: Book 객체를 생성하도록 작성합니다.

22~27행: cartlist에 등록된 모든 도서를 하나씩 가져와 요청 파라미터 아이디와 같으면 cartlist에서 삭제하도록 작성합니다.

29행: 웹 페이지 cart.jsp로 이동하도록 response 내장 객체의 sendRedirect() 메소드를 작성합니다.

7 장바구니에 등록된 전체 도서 삭제 페이지 작성하기: deleteCart.jsp 파일을 생성하고 다음과 같이 작성합니다.

BookMarket/src/main/webapp/deleteCart.jsp

```
<%@ page contentType="text/html; charset=utf-8" %>
<%@ page import="dto.Book" %>
<%@ page import="dao.BookRepository" %>

<%
    String id=request.getParameter("cartId");
    if (id==null || id.trim().equals("")) {
        response.sendRedirect("cart.jsp");
        return;
    }

    session.invalidate();
    response.sendRedirect("cart.jsp");
%>
```

06~10행: 요청 파라미터 cartId를 전송받도록 request 내장 객체의 getParameter() 메소드를 작성하고, 전송된 cartId가 없을 때 웹 페이지 cart.jsp로 이동하도록 response 내장 객체의 sendRedirect() 메소드를 작성합니다.

12행: 장바구니에 등록된 모든 도서를 삭제하도록 session 내장 객체의 invalidate() 메소드를 작성합니다.

8 프로젝트 실행하기: 웹 브라우저에 'http://localhost:8080/BookMarket/books.jsp'를 입력하여 실행 결과를 확인합니다.

요약

01 (   )은 클라이언트와 웹 서버 간의 상태를 지속적으로 유지하는 방법을 말합니다. (   )은 웹 서버에서만 접근이 가능하므로 보안 유지에 유리하며 데이터를 저장하는 데 한계가 없습니다. (   )은 오직 웹 서버에 존재하는 객체로 웹 브라우저마다 하나씩 존재하므로 웹 서버의 서비스를 제공받는 사용자를 구분하는 단위가 됩니다.

02 세션을 사용하려면 먼저 세션을 생성해야 합니다. 세션 생성은 session 내장 객체의 (   ) 메소드를 사용합니다.

03 세션에 저장된 하나의 세션 속성 이름에 대한 속성 값을 얻어오려면 (   ) 메소드를 사용합니다.

04 세션에 저장된 여러 개의 세션 속성 이름에 대한 속성 값을 얻어오려면 (   ) 메소드를 사용합니다.

05 세션에 저장된 하나의 세션 속성 이름을 삭제하려면 (   ) 메소드를 사용합니다.

06 세션에 저장된 모든 세션 속성 이름을 삭제하려면 (   ) 메소드를 사용합니다.

07 (   )은 세션을 유지하기 위한 세션의 일정 시간을 말합니다. 세션 유효 시간을 설정하려면 session 내장 객체의 (   ) 메소드를 사용합니다.

정답

01 세션, 세션, 세션 02 setAttribute( ) 03 getAttribute( ) 04 getAttributeNames( ) 05 removeAttribute( )
06 invalidate( ) 07 세션 유효 시간, setMaxInactiveInterval( )

연습문제

01 session 내장 객체 메소드에 해당하지 않는 것은 무엇인가?

① getAttribute()

② setAttribute()

③ isNow()

④ removeAttribute()

02 JSP 페이지에서 세션을 설정하는 메소드는 무엇인가?

① getAttribute()

② setAttribute()

③ getAttributeNames()

④ removeAttribute()

03 JSP 페이지에서 설정된 세션을 삭제하는 메소드는 무엇인가?

① getAttribute()

② setAttribute()

③ getAttributeNames()

④ removeAttribute()

04 JSP 페이지에서 세션에 설정된 하나의 세션 정보를 얻는 메소드는 무엇인가?

① getAttribute()

② setAttribute()

③ getAttributeNames()

④ removeAttribute()

05 JSP 페이지에서 세션에 설정된 여러 개의 세션 정보를 얻는 메소드는 무엇인가?

① getAttribute()

② setAttribute()

③ getAttributeNames()

④ removeAttribute()

06 JSP 페이지에서 세션 유효 시간을 30분으로 설정하는 예로 옳은 것은 무엇인가?

① setMaxInactiveInterval(30 * 60);

② setMaxInactiveInterval(30);

③ setMaxInactiveInterval(30 * 60 * 60);

④ setMaxInactiveInterval(30/60);

07 JSP 페이지에서 현재 세션에 저장된 모든 세션 속성을 제거하는 것은 무엇인가?

① isNew()

② getCreationTime()

③ Invalidate()

④ removeAttribute()

08 JSP 페이지에서 현재 세션에 저장된 세션 속성을 제거하는 메소드에 해당하지 않는 것은 무엇인가?

① setMaxInactiveInterval()

② getLastAccessedTime()

③ Invalidate()

④ removeAttribute()

09 세션을 이용하여 다음 조건에 맞게 JSP 애플리케이션을 만들고 실행하여 결과를 확인하시오.

조건

❶ session.jsp 파일을 생성한다.

- input 태그 내에 text 유형을 이용하여 아이디, 비밀번호 항목을 작성한다.
- form 태그에 action 속성 값은 session_process.jsp로 작성한다.

❷ session_process.jsp 파일을 생성한다.

- request 내장 객체의 getParameter() 메소드를 이용하여 전송된 요청 파라미터 값을 전달받는다.
- 아이디와 비밀번호가 인증되면 아이디 값을 세션명 userID에 세션 값으로 설정한다.
- response 내장 객체의 sendRedirect() 메소드를 이용하여 welcome.jsp 파일로 이동한다.

❸ welcome.jsp 파일을 생성한다.

- 설정된 세션명 userID 값이 null이면 response 내장 객체의 sendRedirect() 메소드를 이용하여 session_out.jsp 파일로 이동한다.
- 위의 그림과 같이 '로그아웃'을 클릭하면 설정된 세션을 해제하도록 작성한다.

❹ session_out.jsp 파일을 생성한다.

- 설정된 모든 세션명을 해제하도록 작성한다.
- response 내장 객체의 sendRedirect() 메소드를 이용하여 session.jsp 파일로 이동한다.

❺ 웹 브라우저에 'http://localhost:8080/Exercise/ch13/session.jsp'를 입력하여 실행 결과를 확인한다.

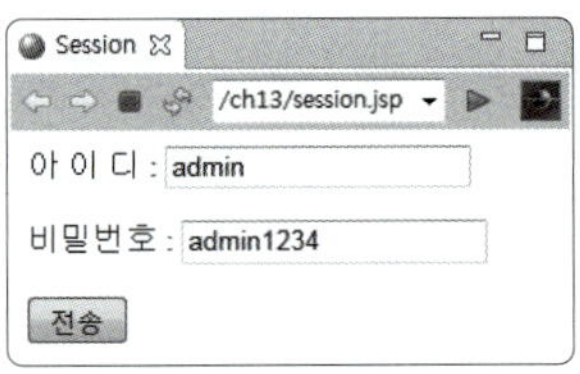

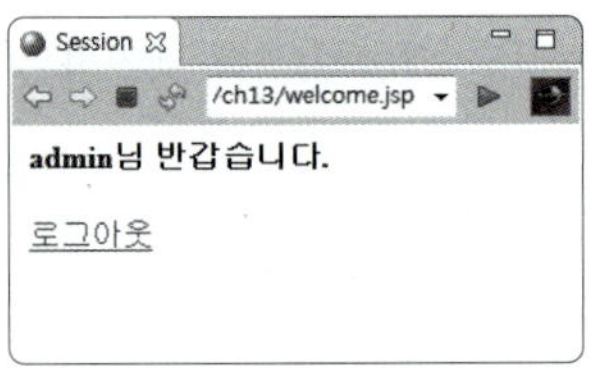

CHAPTER 14

쿠키: 주문 처리 페이지 만들기

학습목표

- 쿠키의 개념을 이해합니다.
- 쿠키 생성 방법을 익힙니다.
- 쿠키 정보를 얻어오는 방법을 익힙니다.
- 쿠키 삭제 방법을 익힙니다.
- 북마켓의 주문 처리 페이지를 만듭니다.

01 쿠키의 개요

쿠키(cookie)는 세션과 마찬가지로 클라이언트와 웹 서버 간의 상태를 지속적으로 유지하는 방법입니다. 하지만 쿠키는 세션과 달리 상태 정보를 웹 서버가 아닌 클라이언트에 저장합니다. 예를 들어 어떤 웹 사이트를 처음 방문한 사용자가 로그인 인증을 하고 나면 아이디와 비밀번호를 기록한 쿠키가 만들어집니다. 그다음부터 사용자가 그 웹 사이트에 접속하면 별도의 절차를 거치지 않고 쉽게 접속할 수 있습니다.

이와 같이 쿠키는 클라이언트의 정보를 웹 브라우저에 저장하므로 이후에 웹 서버로 전송되는 요청에는 쿠키가 가지고 있는 정보가 포함됩니다. 이때 웹 서버는 웹 브라우저의 요청에 포함된 쿠키를 읽어 새로운 웹 브라우저인지, 이전에 요청했던 웹 브라우저인지 판단합니다.

쿠키는 클라이언트의 일정 폴더에 정보를 저장하기 때문에 웹 서버의 부하를 줄일 수 있다는 것이 장점입니다. 반면에 웹 브라우저가 접속했던 웹 사이트에 관한 정보와 개인 정보가 기록되기 때문에 보안에 문제가 있습니다. 이러한 보안상의 문제를 해소하기 위해 웹 브라우저 자체에 쿠키 거부 기능이 추가되었습니다. 그러나 쿠키에 대한 거부가 웹 브라우저에 설정되어 있으면 쿠키 본래의 목적인 웹 브라우저와의 연결을 지속시키는 기능을 수행할 수 없습니다.

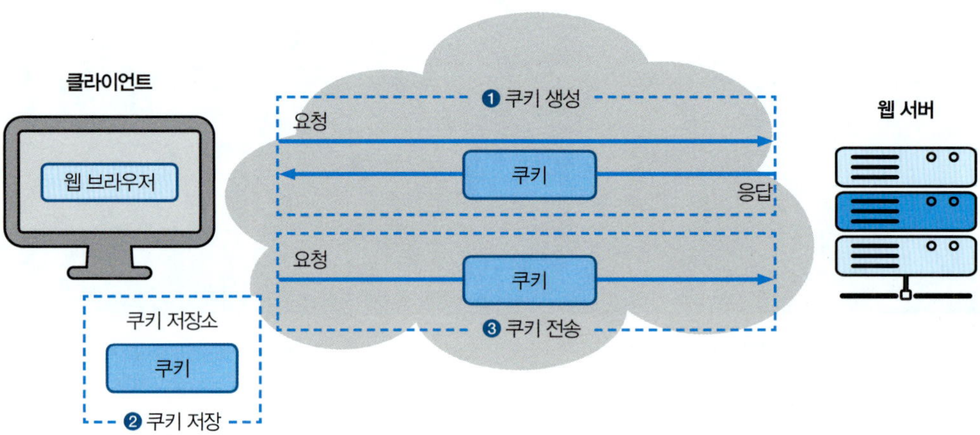

그림 14-1 쿠키의 동작 과정

[그림 14-1]은 쿠키의 동작 과정을 보여줍니다.

❶ **쿠키 생성 단계:** 쿠키를 사용하려면 먼저 쿠키를 생성해야 합니다. 쿠키는 주로 웹 서버 측에서 생성합니다. 생성된 쿠키는 응답 데이터에 함께 저장되어 웹 브라우저에 전송됩니다.

❷ **쿠키 저장 단계:** 웹 브라우저는 응답 데이터에 포함된 쿠키를 쿠키 저장소에 보관합니다. 쿠키는 종류에 따라 메모리나 파일로 저장됩니다.

❸ **쿠키 전송 단계:** 웹 브라우저는 한 번 저장된 쿠키를 요청이 있을 때마다 웹 서버에 전송합니다. 웹 서버는 웹 브라우저가 전송한 쿠키를 사용하여 필요한 작업을 수행할 수 있습니다.

일단 웹 브라우저에 쿠키가 저장되면 웹 브라우저는 쿠키가 삭제되기 전까지 웹 서버에 쿠키를 전송합니다. 따라서 웹 애플리케이션을 사용하는 동안 지속적으로 유지해야 하는 정보는 쿠키를 이용해서 저장하면 됩니다.

이와 같이 JSP 페이지는 쿠키 기능을 사용할 수 있도록 Cookie 클래스를 제공합니다. 또한 Cookie 클래스는 다음과 같은 메소드를 지원합니다.

표 14-1 Cookie 클래스의 메소드 종류

메소드	반환 유형	설명
getComment()	String	쿠키에 대한 설명을 반환한다.
getDomain()	String	쿠키의 유효한 도메인 정보를 반환한다.
getMaxAge()	int	쿠키의 사용 가능 기간에 대한 정보를 반환한다.
getName()	String	쿠키의 이름을 반환한다.
getPath()	String	쿠키의 유효한 디렉터리 정보를 반환한다.
getSecure()	boolean	쿠키의 보안 설정을 반환한다.
getValue()	String	쿠키에 설정된 값을 반환한다.
getVersion()	int	쿠키의 버전을 반환한다.
setComment(String)	void	쿠키에 대한 설명을 설정한다.
setDomain(String)	void	쿠키에 유효한 도메인을 설정한다.
setMaxAge(int)	void	쿠키의 유효 기간을 설정한다.
setPath(String)	void	쿠키의 유효한 디렉터리를 설정한다.
setSecure(boolean)	void	쿠키의 보안을 설정한다.
setValue(String)	void	쿠키의 값을 설정한다.
setVersion(int)	void	쿠키의 버전을 설정한다.

NOTE 쿠키와 세션의 차이

쿠키와 세션은 다음과 같은 차이점을 가지고 있습니다.

구분	쿠키	세션
사용 클래스	Cookie 클래스	HttpSession 인터페이스
저장 형식	텍스트 형식	Object 형
저장 장소	클라이언트	서버(세션 아이디만 클라이언트에 저장)
종료 시점	쿠키 저장 시 설정(설정하지 않을 경우 웹 브라우저 종료 시 소멸)	정확한 시점을 알 수 없음
리소스	클라이언트의 리소스 사용	서버의 리소스 사용
보안	클라이언트에 저장되므로 사용자의 변경이 가능하여 보안에 취약	서버에 저장되어 있어 상대적으로 안정적

쿠키 대신에 세션을 사용하는 첫 번째 이유는 쿠키보다 세션이 보안에 강하기 때문입니다. 쿠키의 이름이나 데이터는 네트워크를 따라서 전달되기 때문에 일반적인 HTTP 프로토콜을 사용할 경우 중간에 누군가가 쿠키의 값을 읽을 수 있습니다. 반면에 세션의 값은 서버에만 저장되기 때문에 중요한 데이터를 저장하기에 적합합니다. 세션을 사용하는 두 번째 이유는, (흔치 않지만) 웹 브라우저가 쿠키를 지원하지 않거나 강제로 쿠키를 막은 경우 쿠키를 사용할 수 없지만 세션은 쿠키 설정 여부에 상관없이 사용할 수 있기 때문입니다.

02 쿠키 생성

쿠키를 사용하려면 먼저 Cookie 클래스를 사용하여 쿠키를 생성해야 합니다. 쿠키를 생성하는 데에는 **Cookie() 메소드**를 사용하며 형식은 다음과 같습니다. 쿠키를 생성한 후에는 반드시 response 내장 객체의 **addCookie() 메소드**로 쿠키를 설정해야 합니다.

```
Cookie Cookie(String name, String value)
```

첫 번째 매개변수 name은 쿠키를 식별하기 위한 이름을 나타내고, 두 번째 매개변수 value는 쿠키 값을 나타냅니다.

다음은 쿠키 이름이 memberId이고 쿠키 값이 admin인 쿠키를 생성하는 예입니다. 첫 번째 행에서는 쿠키 정보를 담고 있는 Cookie 클래스의 생성자 Cookie()를 통해 쿠키 객체를 생성하고, 두 번째 행에서는 response 내장 객체의 addCookie() 메소드를 사용하여 쿠키 객체를 설정합니다. addCookie() 메소드는 웹 브라우저에 쿠키 정보를 추가로 전송합니다.

[Cookie() 메소드 사용 예]

```
Cookie cookie=new Cookie("memberId", "admin");
response.addCookie(cookie);
```

예제 14-1 쿠키 생성하기

1 프로젝트 생성하기: 1장에서 생성한 JSPBook 프로젝트를 사용합니다.

2 JSP 페이지 작성하기: JSPBook/src/main/webapp/ 폴더에 ch14 폴더를 만든 후 cookie01.jsp, cookie01_process.jsp 파일을 생성하고 다음과 같이 작성합니다.

JSPBook/src/main/webapp/ch14/cookie01.jsp

```
<%@ page contentType="text/html; charset=utf-8" %>
<html>
<head>
<title>Cookie</title>
</head>
<body>
    <form action="cookie01_process.jsp" method="POST">
        <p> 아 이 디 : <input type="text" name="id">
        <p> 비밀번호 : <input type="text" name="passwd">
        <p> <input type="submit" value="전송">
    </form>
</body>
</html>
```

JSPBook/src/main/webapp/ch14/cookie01_process.jsp

```
<%@ page contentType="text/html; charset=utf-8" %>
<html>
<head>
<title>Cookie</title>
</head>
<body>
    <%
        String user_id=request.getParameter("id");
        String user_pw=request.getParameter("passwd");

        if (user_id.equals("admin") && user_pw.equals("1234")) {
            Cookie cookie_id=new Cookie("userID", user_id);
            Cookie cookie_pw=new Cookie("userPW", user_pw);
            response.addCookie(cookie_id);
            response.addCookie(cookie_pw);
            out.println("쿠키 생성이 성공했습니다<br>");
            out.println(user_id + "님 환영합니다");
        } else {
            out.println("쿠키 생성이 실패했습니다");
        }
```

```
21          %>
22  </body>
23  </html>
```

08~09행: 요청 파라미터 아이디와 비밀번호를 전송받도록 request 내장 객체의 getParameter() 메소드를 작성합니다.

11~20행: 전송된 아이디와 비밀번호가 각각 admin, 1234와 일치하면 쿠키 이름 userID, userPW에 값을 설정하도록 Cookie 객체를 생성합니다. 생성된 Cookie 객체를 쿠키로 저장하도록 response 내장 객체의 addCookie() 메소드를 작성하고 성공 메시지를 출력합니다. 또한 일치하지 않으면 실패 메시지를 출력하도록 작성합니다.

3 프로젝트 실행하기: 웹 브라우저에 'http://localhost:8080/JSPBook/ch14/cookie01.jsp'를 입력하여 실행 결과를 확인합니다.

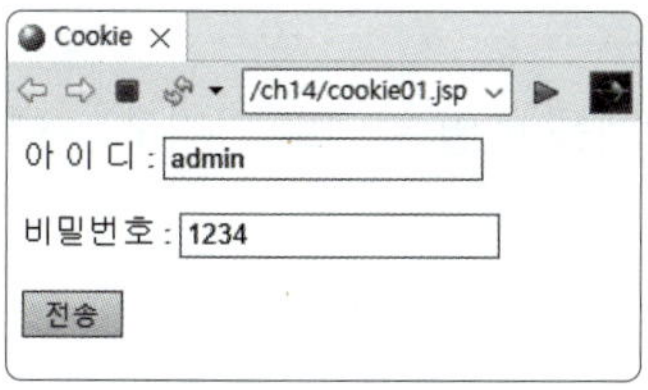

03 쿠키 정보

생성된 쿠키의 정보를 얻어오려면 request 내장 객체의 getCookie( ) 메소드를 사용하여 쿠키 객체를 얻어온 후 getName( ), getValue( ) 메소드로 쿠키 이름과 값을 얻어옵니다.

1 쿠키 객체 얻기

클라이언트에 저장된 모든 쿠키 객체를 가져오려면 request 내장 객체의 **getCookies( ) 메소드**를 사용하며 형식은 다음과 같습니다. 쿠키 객체가 여러 개일 때는 배열 형태로 가져옵니다.

```
Cookie[] request.getCookies()
```

다음은 request 내장 객체의 getCookies( ) 메소드로 쿠키 객체를 배열 형태로 가져오는 예입니다.

[getCookies( ) 메소드 사용 예]

```
Cookie[] cookies=request.getCookies();
```

2 쿠키 객체의 정보 얻기

쿠키 객체를 얻어왔다면 이 쿠키 객체에 저장된 쿠키 이름과 값을 가져오기 위해 **getName( ), getValue( ) 메소드**를 사용하며 형식은 다음과 같습니다.

```
String getName()
String getValue()
```

다음은 request 내장 객체의 getCookies( ) 메소드로 쿠키 객체를 읽어온 후 해당 쿠키 객체의 개수만큼 쿠키 이름과 값을 출력하는 예입니다.

[getName( ), getValue( ) 메소드 사용 예]

```
Cookie[] cookies = request.getCookies();
for (int i = 0; i < cookies.length; i++) {
    out.println(cookies[i].getName() + " : "+ cookies[i].getValue() + "<br>");
}
```

예제 14-2 쿠키 객체에 저장된 모든 쿠키 값 가져와 출력하기

1 [예제 14-1]을 이용하여 쿠키를 생성합니다.

2 /src/main/webapp/ch14/ 폴더에 다음과 같이 웹 페이지를 작성하고 웹 브라우저에 'http://localhost:8080/JSPBook/ch14/cookie02.jsp'를 입력하여 실행 결과를 확인합니다.

JSPBook/src/main/webapp/ch14/cookie02.jsp

```
01 <%@ page contentType="text/html; charset=utf-8" %>
02 <html>
03 <head><title>Cookie</title></head>
04 <body>
05     <% Cookie[] cookies = request.getCookies();
06         out.println("현재 설정된 쿠키의 개수=> " + cookies.length + "<br>");
07         out.println(" ===========================<br>");
08         for (int i=0; i < cookies.length; i++) {
09             out.println("설정된 쿠키의 속성 이름 [ " + i + " ] : " + cookies[i].
               getName() + "<br>");
10             out.println("설정된 쿠키의 속성 값 [ " + i + " ] : " + cookies[i].
               getValue() + "<br>");
11             out.println("------------------------------------------<br>");
12         }
13     %>
14 </body>
15 </html>
```

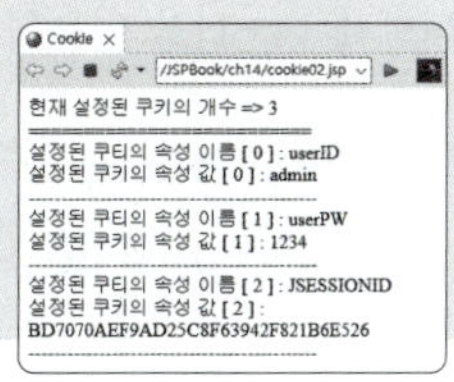

05행: 쿠키 정보를 얻어오도록 request 내장 객체의 getCookies( ) 메소드를 작성합니다.

06행: 얻어온 쿠키 정보의 개수를 출력하도록 Cookie 객체의 length를 작성합니다.

08~12행: 얻어온 쿠키 정보에서 쿠키 이름과 값을 하나씩 출력하도록 Cookie 객체의 getName( ), getValue( ) 메소드를 작성합니다.

04 쿠키 삭제

Cookie 클래스는 쿠키를 삭제하는 기능을 별도로 제공하지 않으며, 쿠키를 더 유지할 필요가 없으면 쿠키의 유효 기간을 만료하면 됩니다. 즉 쿠키의 유효 기간을 결정하는 **setMaxAge() 메소드**에 유효 기간을 0으로 설정하여 쿠키를 삭제할 수 있습니다. setMaxAge() 메소드의 형식은 다음과 같습니다.

```
void setMaxAge(int age)
```

여기서 매개변수 age는 쿠키가 지속되는 유효 기간을 나타냅니다.

다음은 쿠키 이름이 memberId이고 쿠키 값이 admin인 쿠키를 생성한 후 유효 기간을 0으로 설정하여 쿠키를 삭제하는 예입니다.

[setMaxAge() 메소드 사용 예]

```
Cookie cookie=new Cookie("memberId", "admin");
cookie.setMaxAge(0);
response.addCookie(cookie);
```

예제 14-3 쿠키 객체에 저장된 모든 쿠키 삭제하기

1 [예제 14-1]을 이용하여 쿠키를 생성합니다.

2 /src/main/webapp/ch14/ 폴더에 다음과 같이 웹 페이지를 작성하고 웹 브라우저에 'http://localhost:8080/JSPBook/ch14/cookie03.jsp'를 입력하여 실행 결과를 확인합니다.

JSPBook/src/main/webapp/ch14/cookie03.jsp

```
<%@ page contentType="text/html; charset=utf-8" %>
<html>
<head>
```

```
04 <title>Cookie</title>
05 </head>
06 <body>
07     <%
08         Cookie[] cookies = request.getCookies();
09 
10         for (int i = 0; i < cookies.length; i++) {
11             cookies[i].setMaxAge(0);
12             response.addCookie(cookies[i]);
13         }
14         response.sendRedirect("cookie02.jsp");
15     %>
16 </body>
17 </html>
```

08행: 쿠키 정보를 얻어오도록 request 내장 객체의 getCookies() 메소드를 작성합니다.

10~13행: 얻어온 모든 쿠키를 삭제하도록 Cookie 객체의 setMaxAge() 메소드에 유효 기간을 0으로 설정합니다.

14행: 웹 페이지 cookie02.jsp로 이동하도록 response 내장 객체의 sendRedirect() 메소드를 작성합니다.

05 북마켓 주문 처리 페이지 만들기

앞에서 배운 쿠키 처리 방법을 적용하여 주문 처리 페이지를 만듭니다.

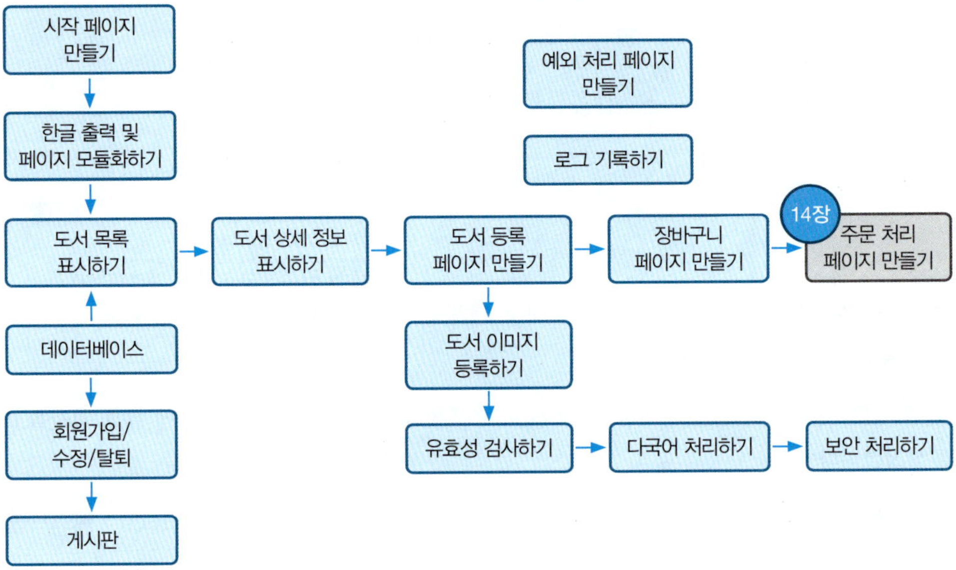

그림 14-2 주문 처리 페이지 만들기

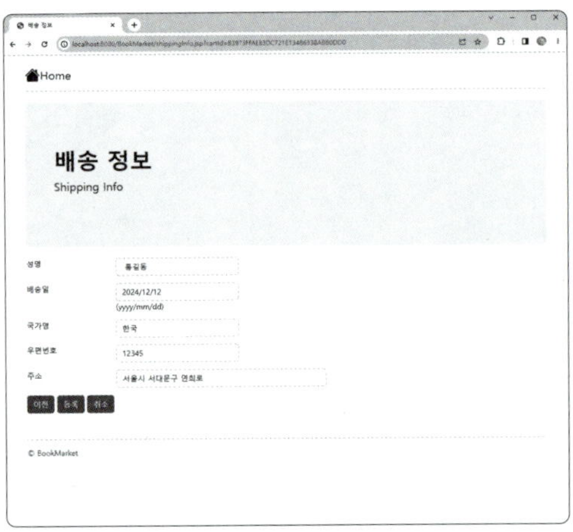

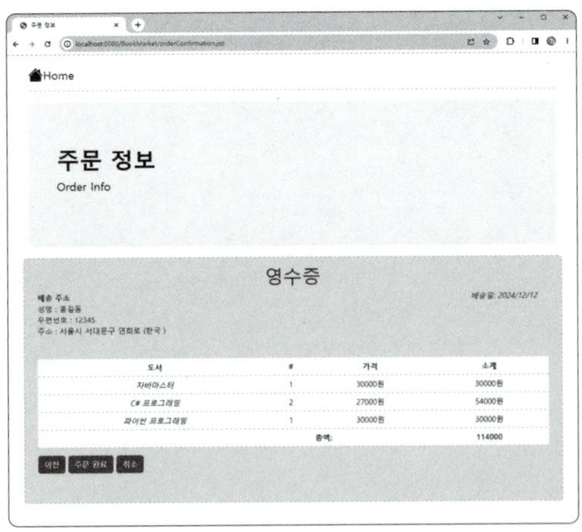

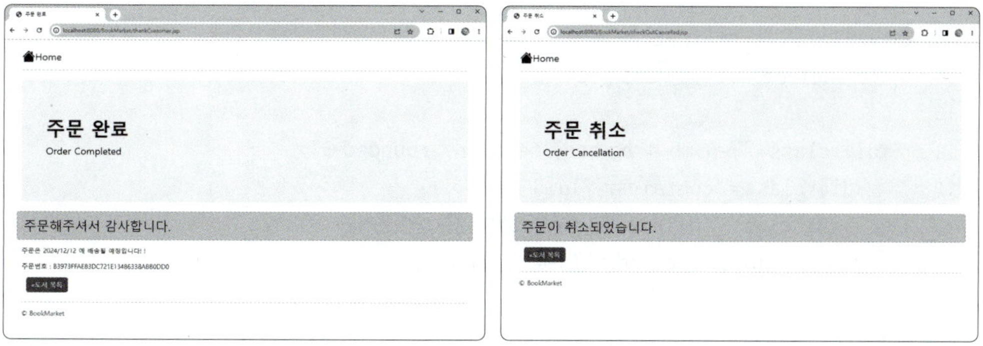

그림 14-3 완성된 북마켓 주문 처리 페이지

예제 14-4 쿠키를 이용하여 주문 처리 페이지 만들기

1 장바구니 페이지 수정하기: cart.jsp 파일에 다음과 같이 추가 작성합니다.

BookMarket/src/main/webapp/cart.jsp

```
01  <%@ page contentType="text/html; charset=utf-8" %>
02  …(생략)…
03      <td align="left"><a href="./deleteCart.jsp?cartId=<%=cartId%>"
        class="btn btn-danger">삭제하기</a></td>
04      <td align="right"><a href="./shippingInfo.jsp?cartId=<%=cartId%>"
        class="btn btn-success">주문하기</a></td>
05  …(생략)…
```

04행: 〈주문하기〉 버튼을 클릭하면 배송 정보 페이지로 이동하도록 작성합니다.

2 배송 정보 페이지 작성하기: shippingInfo.jsp 파일을 생성하고 다음과 같이 작성합니다.

BookMarket/src/main/webapp/shippingInfo.jsp

```
<%@ page contentType="text/html; charset=utf-8" %>
<html>
<head>
<link rel="stylesheet" href="./resources/css/bootstrap.min.css" />
<title>배송 정보</title>
</head>
<body>
```

```
<div class="container py-4">
  <%@ include file="menu.jsp" %>

  <div class="p-5 mb-4 bg-body-tertiary rounded-3">
    <div class="container-fluid py-5">
      <h1 class="display-5 fw-bold">배송 정보</h1>
        <p class="col-md-8 fs-4">Shipping Info</p>
    </div>
  </div>

  <div class="row align-items-md-stretch">
    <form action="./processShippingInfo.jsp" method="post">
      <input type="hidden" name="cartId" value="<%=request.
      getParameter("cartId")%>">
      <div class="mb-3 row">
        <label class="col-sm-2">성명</label>
        <div class="col-sm-3">
          <input type="text" name="name" class="form-control">
        </div>
      </div>
      <div class="mb-3 row">
        <label class="col-sm-2">배송일</label>
        <div class="col-sm-3">
          <input type="text" name="shippingDate" class="form-
          control">(yyyy/mm/dd)
        </div>
      </div>
      <div class="mb-3 row">
        <label class="col-sm-2">국가명</label>
        <div class="col-sm-3">
          <input type="text" name="country" class="form-control">
        </div>
      </div>
      <div class="mb-3 row">
        <label class="col-sm-2">우편번호</label>
        <div class="col-sm-3">
          <input type="text" name="zipCode" class="form-control">
```

```
43          </div>
44        </div>
45        <div class="mb-3 row">
46          <label class="col-sm-2">주소</label>
47          <div class="col-sm-5">
48            <input type="text" name="addressName" class="form-control">
49          </div>
50        </div>
51        <div class="mb-3 row">
52          <div class="col-sm-offset-2 col-sm-10">
53            <a href="./cart.jsp?cartId=<%=request.getParameter("cartId")%>"
              class="btn btn-secondary" role="button"> 이전 </a>
54            <input type="submit" class="btn btn-primary" value="등록" />
55            <a href="./checkOutCancelled.jsp" class="btn btn-secondary"
              role="button"> 취소 </a>
56          </div>
57        </div>
58      </form>
59    </div>
60    <jsp:include page="footer.jsp" />
61  </div>
62  </body>
63  </html>
```

19~58행: 입력 양식에 입력된 데이터를 서버로 전송하여 폼 데이터를 처리하도록 form 태그의 action 속성 값, method 방식을 작성합니다.

20행: 장바구니 아이디 값을 숨겨서 전달하도록 input 태그의 type 속성 값을 hidden으로 작성하고 name 속성 값을 cartId로 작성합니다. value 속성 값은 request 내장 객체의 getParameter() 메소드를 이용하여 장바구니 아이디 cartId를 전송받도록 작성합니다.

24, 30, 36, 42, 48행: 성명, 배송일, 국가, 우편번호, 주소 값을 입력받도록 input 태그의 type 속성 값을 text로 작성하고 name 속성 값을 name, shippingDate, country, zipCode, addressName으로 작성합니다.

53~55행: 〈이전〉, 〈등록〉, 〈취소〉 버튼을 작성합니다.

3 배송 정보 처리 페이지 작성하기: processShippingInfo.jsp 파일을 생성하고 다음과 같이 작성합니다.

BookMarket/src/main/webapp/processShippingInfo.jsp

```
<%@ page contentType="text/html; charset=utf-8" %>
<%@ page import="java.net.URLEncoder" %>
<%
    request.setCharacterEncoding("UTF-8");

    Cookie cartId=new Cookie("Shipping_cartId", URLEncoder.encode(request.
    getParameter("cartId"), "utf-8"));
    Cookie name=new Cookie("Shipping_name", URLEncoder.encode(request.
    getParameter("name"), "utf-8"));
    Cookie shippingDate=new Cookie("Shipping_shippingDate", URLEncoder.
    encode(request.getParameter("shippingDate"), "utf-8"));
    Cookie country=new Cookie("Shipping_country", URLEncoder.
    encode(request.getParameter("country"), "utf-8"));
    Cookie zipCode=new Cookie("Shipping_zipCode", URLEncoder.encode(request.
    getParameter("zipCode"), "utf-8"));
    Cookie addressName=new Cookie("Shipping_addressName", URLEncoder.
    encode(request.getParameter("addressName"), "utf-8"));

    cartId.setMaxAge(24 * 60 * 60);
    name.setMaxAge(24 * 60 * 60);
    zipCode.setMaxAge(24 * 60 * 60);
    country.setMaxAge(24 * 60 * 60);
    addressName.setMaxAge(24 * 60 * 60);

    response.addCookie(cartId);
    response.addCookie(name);
    response.addCookie(shippingDate);
    response.addCookie(country);
    response.addCookie(zipCode);
    response.addCookie(addressName);

    response.sendRedirect("orderConfirmation.jsp");
%>
```

04행: 한글을 처리하기 위해 문자 인코딩 유형을 utf-8로 설정하도록 request 내장 객체의 setCharacterEncoding() 메소드를 작성합니다.

06~11행: 폼 페이지에서 전송된 장바구니 아이디, 성명, 배송일, 국가, 우편번호, 주소 등을 전달받도록 request 내장 객체의 getParameter() 메소드를 작성합니다. 이를 쿠키로 생성하도록 Cookie 클래스를 이용하여 작성합니다.

13~17행: 생성한 쿠키의 유효 기간을 24시간(24×60×60초)으로 설정하도록 작성합니다.

19~24행: 쿠키를 등록하도록 response 내장 객체의 addCookie() 메소드를 작성합니다.

26행: 주문 정보 페이지 orderConfirmation.jsp로 이동하도록 response 내장 객체의 send Redirect() 메소드를 작성합니다.

4 주문 정보 페이지 작성하기: orderConfirmation.jsp 파일을 생성하고 다음과 같이 작성합니다.

BookMarket/src/main/webapp/orderConfirmation.jsp

```
<%@ page contentType="text/html; charset=utf-8" %>
<%@ page import="java.util.ArrayList" %>
<%@ page import="java.net.URLDecoder" %>
<%@ page import="dto.Product" %>
<%@ page import="dao.ProductRepository" %>

<%
  request.setCharacterEncoding("UTF-8");

  String cartId=session.getId();

  String shipping_cartId="";
  String shipping_name="";
  String shipping_shippingDate="";
  String shipping_country="";
  String shipping_zipCode="";
  String shipping_addressName="";

  Cookie[] cookies=request.getCookies();

  if (cookies!=null) {
```

```
    for (int i=0; i < cookies.length; i++) {
      Cookie thisCookie=cookies[i];
      String n=thisCookie.getName();
      if (n.equals("Shipping_cartId"))
        shipping_cartId=URLDecoder.decode((thisCookie.getValue()), "utf-8");
      if (n.equals("Shipping_name"))
        shipping_name=URLDecoder.decode((thisCookie.getValue()), "utf-8");
      if (n.equals("Shipping_shippingDate"))
        shipping_shippingDate=URLDecoder.decode((thisCookie.getValue()),
        "utf-8");
      if (n.equals("Shipping_country"))
        shipping_country=URLDecoder.decode((thisCookie.getValue()),"utf-8");
      if (n.equals("Shipping_zipCode"))
        shipping_zipCode=URLDecoder.decode((thisCookie.getValue()),"utf-8");
      if (n.equals("Shipping_addressName"))
        shipping_addressName=URLDecoder.decode((thisCookie.getValue()),
        "utf-8");
    }
  }
%>
<html>
<head>
<link rel="stylesheet" href="./resources/css/bootstrap.min.css" />
<title>주문 정보</title>
</head>
<body>

<div class="container py-4">
  <%@ include file="menu.jsp" %>

  <div class="p-5 mb-4 bg-body-tertiary rounded-3">
    <div class="container-fluid py-5">
      <h1 class="display-5 fw-bold">주문 정보</h1>
      <p class="col-md-8 fs-4">Order Info</p>
    </div>
  </div>

```

```
    <div class="row align-items-md-stretch alert alert-info">
      <div class="text-center">
        <h1>영수증</h1>
      </div>
      <div class="row justify-content-between">
        <div class="col-4" align="left">
          <strong>배송 주소</strong> <br> 성명 : <% out.println(shipping_name); %><br>
          우편번호 : <% out.println(shipping_zipCode); %><br>
          주소 : <%out.println(shipping_addressName); %>(<%out.println(shipping_country); %>)<br>
        </div>
        <div class="col-4" align="right">
          <p><em>배송일: <% out.println(shipping_shippingDate); %></em>
        </div>
      </div>
      <div class="py-5">
        <table class="table table-hover">
        <tr>
          <th class="text-center">도서</th>
          <th class="text-center">#</th>
          <th class="text-center">가격</th>
          <th class="text-center">소계</th>
        </tr>
        <%
          int sum=0;
          ArrayList<Book> cartList=(ArrayList<Book>) session.getAttribute("cartlist");
          if (cartList==null)
            cartList=new ArrayList<Book>();
            for (int i=0; i < cartList.size(); i++) { //상품리스트 하나씩 출력하기
              Book book=cartList.get(i);
              int total=book.getUnitPrice() * book.getQuantity();
              sum=sum + total;
        %>
        <tr>
        <td class="text-center"><em><%=book.getName() %> </em></td>
        <td class="text-center"><%=book.getQuantity() %></td>
```

```
92          <td class="text-center"><%=book.getUnitPrice() %>원</td>
93          <td class="text-center"><%=total %>원</td>
94          </tr>
95          <%
96            }
97          %>
98          <tr>
99          <td> </td>
100         <td> </td>
101         <td class="text-right"><strong>총액: </strong></td>
102         <td class="text-center text-danger"><strong><%=sum %> </strong>
            </td>
103         </tr>
104         </table>
105         <a href="./ShippingInfo.jsp?cartId=<%=shipping_cartId%>" class="btn
            btn-secondary" role="button"> 이전 </a>
106         <a href="./thankCustomer.jsp" class="btn btn-success" role=
            "button"> 주문 완료 </a>
107         <a href="./checkOutCancelled.jsp" class="btn btn-secondary" role=
            "button"> 취소 </a>
108       </div>
109     </div>
110 </div>
111 </body>
112 </html>
```

10행: 고유한 세션 내장 객체의 아이디를 가져오도록 session 내장 객체의 getId() 메소드를 작성합니다.

19~38행: 쿠키 객체를 얻어와 장바구니 아이디, 성명, 배송일, 국가, 우편번호, 주소 등의 쿠키 정보를 얻어오도록 Cookie 객체의 getValue() 메소드를 작성합니다.

61~70행: 얻어온 쿠키 정보 중에서 성명, 우편번호, 주소, 배송일을 출력하도록 작성합니다.

79~97행: 세션에 저장된 장바구니 정보를 얻어오도록 session 내장 객체의 getAttribute() 메소드를 작성합니다. 장바구니에서 저장된 모든 상품 목록을 하나씩 가져와 출력하도록 작성합니다.

101~102행: 83행의 장바구니에 저장된 모든 상품 목록의 총액을 산출하여 출력하도록 작성합니다.

105~107행: 〈이전〉, 〈주문 완료〉, 〈취소〉 버튼을 작성합니다.

5 주문 완료 페이지 작성하기: thankCustomer.jsp 파일을 생성하고 다음과 같이 작성합니다.

BookMarket/src/main/webapp/thankCustomer.jsp

```
<%@ page contentType="text/html; charset=utf-8" %>
<%@ page import="java.net.URLDecoder" %>
<html>
<head>
<link rel="stylesheet" href="./resources/css/bootstrap.min.css" />
<title>주문 완료</title>
</head>
<body>
<%
  String shipping_cartId="";
  String shipping_name="";
  String shipping_shippingDate="";
  String shipping_country="";
  String shipping_zipCode="";
  String shipping_addressName="";

  Cookie[] cookies=request.getCookies();

  if (cookies!=null) {
    for (int i=0; i < cookies.length; i++) {
      Cookie thisCookie=cookies[i];
      String n=thisCookie.getName();
      if (n.equals("Shipping_cartId"))
        shipping_cartId=URLDecoder.decode((thisCookie.getValue()), "utf-8");
      if (n.equals("Shipping_shippingDate"))
        shipping_shippingDate=URLDecoder.decode((thisCookie.getValue()),
        "utf-8");
    }
  }
%>

<div class="container py-4">
```

```
  <%@ include file="menu.jsp" %>

  <div class="p-5 mb-4 bg-body-tertiary rounded-3">
    <div class="container-fluid py-5">
      <h1 class="display-5 fw-bold">주문 완료</h1>
      <p class="col-md-8 fs-4">Order Completed</p>
    </div>
  </div>

  <div class="row align-items-md-stretch">
    <h2 class="alert alert-danger">주문해주셔서 감사합니다.</h2>
    <p> 주문은<% out.println(shipping_shippingDate); %>에 배송될 예정입니다!
    <p> 주문번호 :<% out.println(shipping_cartId); %>
  </div>
  <div class="container">
    <p> <a href="./books.jsp" class="btn btn-secondary"> &laquo;도서 목록</a>
  </div>
  <%@ include file="footer.jsp" %>
</div>
</body>
</html>
<%
  session.invalidate();

  for (int i=0; i < cookies.length; i++) {
     Cookie thisCookie=cookies[i];
     String n=thisCookie.getName();
      if (n.equals("Shipping_cartId"))
         thisCookie.setMaxAge(0);
      if (n.equals("Shipping_name"))
         thisCookie.setMaxAge(0);
      if (n.equals("Shipping_shippingDate"))
          thisCookie.setMaxAge(0);
      if (n.equals("Shipping_country"))
          thisCookie.setMaxAge(0);
      if (n.equals("Shipping_zipCode"))
          thisCookie.setMaxAge(0);
```

```
69         if (n.equals("Shipping_addressName"))
70             thisCookie.setMaxAge(0);
71 
72         response.addCookie(thisCookie);
73     }
74 %>
```

17~28행: 쿠키 객체를 얻어와 장바구니 아이디, 배송일의 쿠키 정보를 얻어오도록 Cookie객체의 getValue() 메소드를 작성합니다.

43~44행: 배송일과 주문번호를 출력하도록 작성합니다.

54행: 세션으로 저장된 장바구니 정보를 모두 삭제하도록 session 내장 객체의 invalidate() 메소드를 작성합니다.

56~73행: 쿠키에 저장된 배송 정보를 모두 삭제하도록 Cookie 객체의 setMaxAge() 메소드에 유효 기간을 0으로 설정합니다.

6 주문 취소 페이지 작성하기: checkOutCancelled.jsp 파일을 생성하고 다음과 같이 작성합니다.

BookMarket/src/main/webapp/checkOutCancelled.jsp

```
<%@ page contentType="text/html; charset=utf-8" %>
<html>
<head>
<link rel="stylesheet" href="./resources/css/bootstrap.min.css" />
<title>주문 취소</title>
</head>
<body>

<div class="container py-4">
  <%@ include file="menu.jsp" %>

  <div class="p-5 mb-4 bg-body-tertiary rounded-3">
    <div class="container-fluid py-5">
      <h1 class="display-5 fw-bold">주문 취소</h1>
      <p class="col-md-8 fs-4">Order Cancellation</p>
    </div>
```

```
    </div>

    <div class="row align-items-md-stretch">
      <h2 class="alert alert-danger">주문이 취소되었습니다.</h2>
    </div>
    <div class="container">
      <p> <a href="./books.jsp" class="btn btn-secondary"> &laquo;도서 목록</a>
    </div>

    <%@ include file="footer.jsp" %>
  </div>
</body>
</html>
```

요약

01 (   )는 세션과 마찬가지로 클라이언트와 웹 서버 간의 상태를 지속적으로 유지하는 방법입니다. 하지만 쿠키는 세션과 달리 상태 정보를 웹 서버가 아닌 (   )에 저장합니다.

02 쿠키를 사용하려면 먼저 (   ) 클래스를 사용하여 쿠키를 생성해야 합니다. 쿠키를 생성하는 데에는 Cookie( ) 메소드를 사용하며 형식은 다음과 같습니다.

```
Cookie Cookie(String name, String value)
```

03 쿠키를 생성한 후에는 반드시 response 내장 객체의 (   ) 메소드로 쿠키를 설정해야 합니다.

04 생성된 쿠키의 정보를 얻어오려면 request 내장 객체의 (   ) 메소드로 쿠키 객체를 얻어온 후 getName( ), getValue( ) 메소드를 사용하여 쿠키 이름과 값을 얻어옵니다.

05 쿠키를 더 유지할 필요가 없으면 쿠키의 유효 기간을 만료하면 됩니다. 즉 쿠키의 유효 기간을 결정하는 setMaxAge( ) 메소드에 유효 기간을 (   )으로 설정하여 쿠키를 삭제할 수 있습니다.

정답

01 쿠키, 클라이언트 02 Cookie 03 addCookie( ) 04 getCookie( ) 05 0

연습문제

01 Cookie 클래스의 메소드에 해당하지 않는 것은 무엇인가?

① getName()

② getValue()

③ setName()

④ setValue()

02 JSP 페이지에서 쿠키를 설정하는 메소드는 무엇인가?

① Cookie()

② getCookies()

③ setMaxAge()

④ addCookie()

03 JSP 페이지에서 설정된 쿠키를 삭제하는 메소드는 무엇인가?

① Cookie()

② getCookies()

③ setMaxAge()

④ addCookie()

04 JSP 페이지에서 설정된 하나의 쿠키 정보를 얻는 메소드는 무엇인가?

① Cookie()

② getCookies()

③ setMaxAge()

④ addCookie()

05 JSP 페이지에서 설정된 하나의 쿠키 정보를 얻기 위해 쿠키 이름과 값을 가져오는 메소드는 무엇인가?

① getName(), getValue()

② getNameCookie(), getValueCookie()

③ setCookieName(), setCookieValue()

④ setName(), setValue()

06 JSP 페이지에서 쿠키 객체를 생성하는 프로그램의 빈칸을 채우시오.

```
Cookie cookie_id=new Cookie("Id", "admin");
Cookie cookie_pw=new Cookie("pw", "admin234");
response.__________(cookie_id );
response.__________(cookie_pw);
```

07 JSP 페이지에서 쿠키 객체에 저장된 모든 쿠키 이름과 값을 가져와 출력하는 프로그램의 빈칸을 채우시오.

```
Cookie[] cookies=request.__________;
for (int i=0; i < cookies.length; i++) {
   out.println(" 쿠키 이름: " + cookies[i].__________ + " 쿠키 값: "+
   cookies[i] .__________ + "<br>");
 }
```

08 JSP 페이지에서 쿠키 객체에 저장된 모든 쿠키를 삭제하는 프로그램의 빈칸을 채우시오.

```
Cookie cookie=new Cookie("memberId", "admin");
cookie.__________;
response.addCookie(cookie);
```

09 쿠키를 이용하여 다음 조건에 맞게 JSP 애플리케이션을 만들고 실행하여 결과를 확인하시오.

조건

❶ cookie.jsp 파일을 생성한다.
- input 태그 내에 text 유형을 이용하여 아이디, 비밀번호 항목을 작성한다.
- form 태그에 action 속성 값은 cookie_process.jsp로 작성한다.

❷ cookie_process.jsp 파일을 생성한다.
- request 내장 객체의 getParameter() 메소드를 이용하여 전송된 요청 파라미터 값을 전달받는다.
- 아이디와 비밀번호가 인증되면 아이디 값을 쿠키명 userID에 세션 값으로 설정한다.
- response 내장 객쳉의 sendRedirect() 메소드를 이용하여 welcome.jsp 파일로 이동한다.

❸ welcome.jsp 파일을 생성한다.
- 설정된 쿠키명 userID 값이 null이면 response 내장 객체의 sendRedirect() 메소드를 이용하여 cookie_out.jsp 파일로 이동한다.
- 위의 그림과 같이 [로그아웃]을 클릭하면 설정된 세션을 해제하도록 작성한다.

❹ cookie_out.jsp 파일을 생성한다.
- 설정된 모든 쿠키명을 해제하도록 작성한다.
- response 내장 객체의 sendRedirect() 메소드를 이용하여 cookie.jsp 파일로 이동한다.

❺ 웹 브라우저에 'http://localhost:8080/Exercise/ch14/cookie.jsp'를 입력하여 실행 결과를 확인한다.

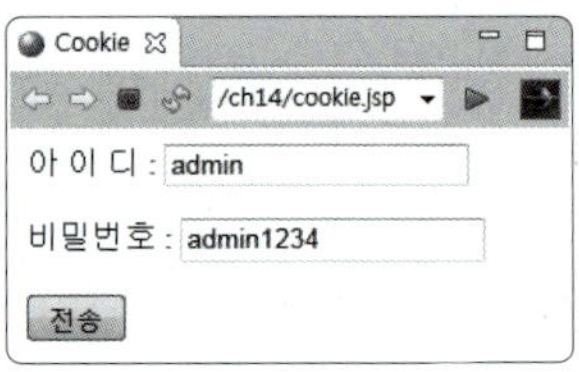

CHAPTER 15

데이터베이스 개발 환경 구축: 도서 관리 테이블 생성 및 도서 등록하기

학습목표

- 데이터베이스의 개념을 이해합니다.
- MySQL 개발 환경을 구축합니다.
- 통합 개발 환경과 데이터베이스 연동 방법을 익힙니다.
- MySQL 기본 명령어 사용법을 익힙니다.
- 북마켓의 도서 관리 테이블을 생성하고 도서를 등록합니다.

01 데이터베이스의 개요

데이터베이스는 여러 자료를 동시에 여러 사람이 공유하여 사용할 수 있도록 체계화한 데이터의 집합을 말합니다. 몇 개의 데이터 파일을 조직적으로 통합하여 중복을 없애고 구조화한 데이터의 모음이므로 검색과 갱신이 효율적으로 처리됩니다.

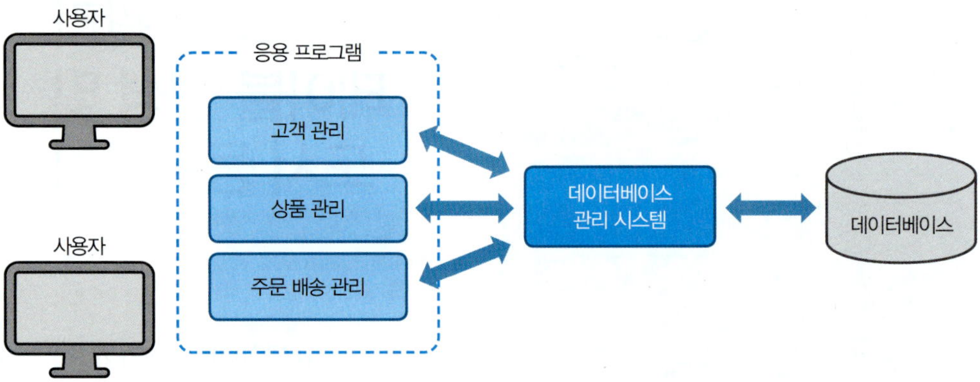

그림 15-1 데이터베이스 시스템의 구조

데이터베이스의 몇 가지 특성을 살펴보면 그 의미를 보다 명확히 알 수 있습니다. 첫째, 똑같은 자료를 중복해서 저장하지 않는 통합된 자료입니다. 둘째, 컴퓨터가 액세스하여 처리할 수 있는 저장 장치에 수록된 자료입니다. 셋째, 어떤 조직의 기능을 수행하는 데 없어서는 안 되는 자료이기 때문에 임시로 모아놓거나 단순한 입출력을 위한 자료가 아닙니다. 넷째, 한 조직이 가지고 있는 데이터베이스는 그 조직의 공동 자료로서 사용자는 응용 목적에 따라 각자 다르게 사용할 수 있습니다. 이러한 자료를 관리하는 시스템을 데이터베이스 관리 시스템이라고 합니다.

1 데이터베이스 관리 시스템

데이터베이스 관리 시스템(DataBase Management System, DBMS)은 데이터베이스를 관리하는 소프트웨어로, 다수의 사용자와 데이터베이스 사이에서 사용자의 요구에 따라 정보를 생성하는 역할을 합니다. 또한 응용 프로그램들이 데이터베이스를 공유하며 사용할 수 있는 환경을 제공하고, 사용자들이 데이터베이스 안에 데이터를 기록하거나 접근할 수 있게 합니다. 그리고 사용자나 다른 프로그램의 요구 사항을 관리함으로써, 사용자나 다른 프로그램이 실제로 그 데이터가 저장 매체의 어디에 저장되어 있는지 알지 못해도 다중 사용자 환경의 누구든 데이터를 이용할 수 있게 합니다. 데이터베이스 관리 시스템은 사용자의 요구 사항을 처리할 때 데이터의 무결성과 허가된 사용자만 데이터에 접근할 수 있는 보안성을 보장합니다.

데이터베이스 관리 시스템은 다음과 같은 장단점이 있습니다.

표 15-1 데이터베이스 관리 시스템의 장단점

장점	단점
• 데이터의 중복 최소화 • 데이터 공유 • 일관성, 무결성, 보안성 유지 • 최신 데이터 유지 • 데이터의 표준화 가능 • 데이터의 논리적물리적 독립성 • 용이한 데이터 접근 • 데이터 저장 공간 절약	• 데이터베이스 전문가가 필요함 • 비용 부담이 큼 • 데이터 백업과 복구가 어려움 • 시스템이 복잡함 • 대용량 디스크로 액세스가 집중되면 과부하가 발생함

데이터베이스 관리 시스템의 종류는 데이터베이스의 모델에 따라 다르지만 일반적으로 **관계형 데이터베이스 관리 시스템**(Relational DataBase Management System, RDBMS)을 많이 사용하며 대표적으로 MySQL, Oracle Database를 꼽을 수 있습니다.

2 MySQL의 개요

MySQL은 전 세계적으로 가장 널리 사용되고 있는 오픈소스 관계형 데이터베이스 관리 시스템입니다. 관계형 데이터베이스 관리 시스템의 표준화된 사용자 및 프로그래밍 인터페이스인 질의 언어 **SQL**(**Structured Query Language**)을 사용하며, 매우 빠르고 유연하고 사용하기 쉽기 때문에 많은 기업에서 다양한 웹 기반 애플리케이션을 개발하는 데 사용하고 있습니다.

MySQL은 다음과 같은 특징 때문에 매우 인기가 있습니다.

- 오픈소스 라이선스에 따라 배포되므로 무료로 사용할 수 있습니다.
- 그 자체로 매우 강력한 프로그램으로서 가장 비싸고 강력한 데이터베이스 패키지의 기능 중 상당 부분을 처리합니다.

NOTE 관계형 데이터베이스 관리 시스템

데이터베이스 관리 시스템의 가장 일반적인 형태인 관계형 데이터베이스 관리 시스템은 다음과 같은 특징을 가지고 있습니다.

- 테이블, 열, 인덱스가 있는 데이터베이스를 구현할 수 있습니다.
- 다양한 테이블 행 사이의 참조 무결성을 보장합니다.
- 인덱스를 자동으로 업데이트합니다.
- SQL 쿼리를 해석하고 다양한 테이블의 정보를 결합합니다.

- 잘 알려진 SQL 데이터 언어의 표준 형식을 사용합니다.
- PHP, 펄(Perl), C, C++, 자바 등 많은 언어로 운영되고 있습니다.
- 매우 빠르게 작동하며 대용량 데이터 세트로도 잘 작동합니다.
- 웹 개발에서 가장 높이 평가되는 PHP에 매우 친숙합니다.
- 테이블에서 최대 5,000만 행 이상의 대형 데이터베이스를 지원합니다. 테이블의 기본 파일 크기 제한은 4GB이지만 운영체제에서 처리하는 경우 이론적인 제한인 800만 TB까지 늘릴 수 있습니다.
- 사용자 정의가 가능합니다. 오픈소스 GPL 라이선스를 통해 프로그래머는 자신의 특정 환경에 맞게 MySQL 소프트웨어를 수정할 수 있습니다.

02 MySQL 개발 환경 구축

웹 애플리케이션에서 데이터베이스와의 연동은 필수적인 작업입니다. 웹 애플리케이션에서 데이터베이스와의 상호 작용을 위해서는 데이터베이스 관리 시스템이 설치되어 있어야 합니다.

1 MySQL 설치하기

오픈소스 데이터베이스 관리 시스템이면서 웹 기반 애플리케이션을 개발하는 데 가장 많이 사용되고 다양한 성능을 지원하는 MySQL을 설치해봅시다.

예제 15-1 MySQL 다운로드하기

1 MySQL 다운로드 사이트에 접속하기: 웹 브라우저에서 MySQL 다운로드 사이트(http://dev.mysql.com/downloads/)에 접속하여 [MySQL Installer for Windows]를 선택합니다.

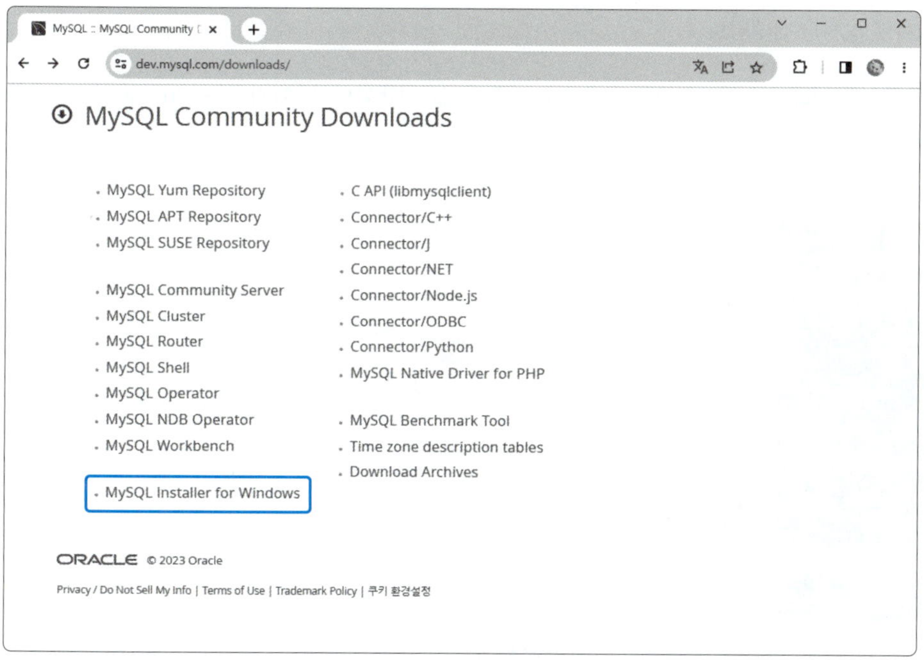

2 MySQL 다운로드하기: MySQL Installer 8.0.33의 'Microsoft Windows'를 선택한 후 〈Download〉를 클릭하여 설치 파일을 다운로드합니다.

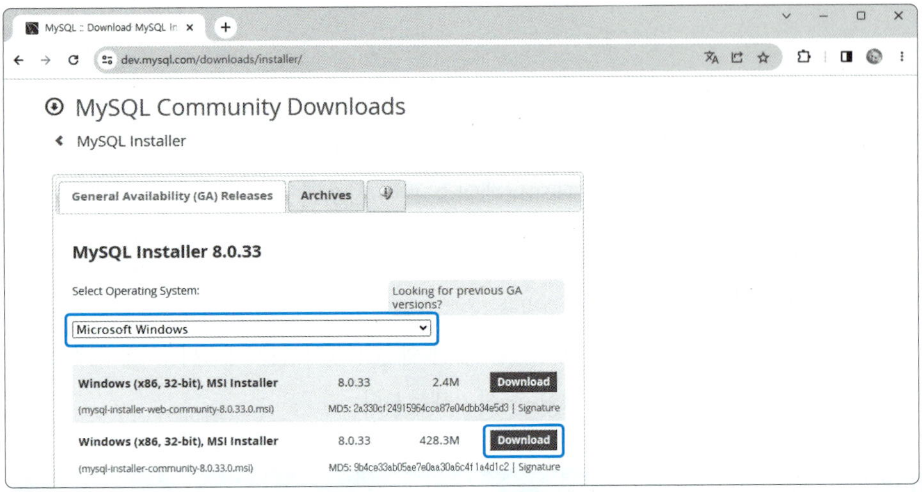

예제 15-2 MySQL 설치하기

1 설치 시작하기: 다운로드한 mysql-installer-community-8.0.33.0.msi 설치 패키지 파일을 더블클릭하여 설치를 진행합니다.

2 설치 유형 선택하기: 사용 목적에 맞게 Setup Type을 선택합니다. 여기서는 'Custom'을 선택하고 〈Next〉를 클릭합니다.

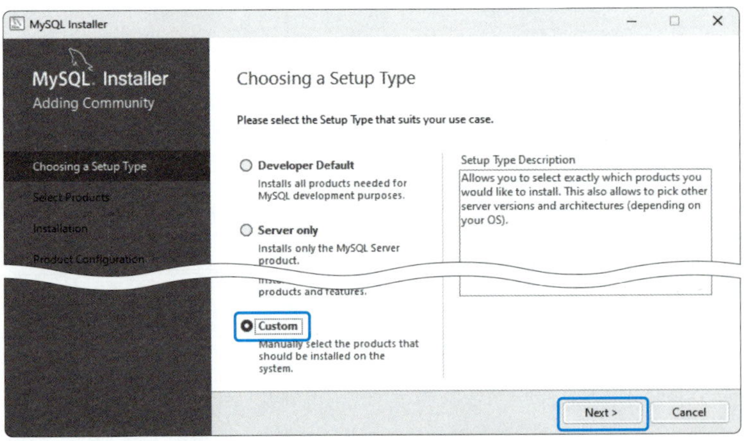

TIP 'Custom'을 선택하면 설치할 제품을 정확히 선택할 수 있고, 또한 다른 서버 버전과 아키텍처를 선택할 수 있습니다.

3 설치 대상 선택하기: 설치 대상을 선택하는 화면의 왼쪽 목록에서 MySQL Server의 아래쪽에 있는 'MySQL Server 8.0.33-X64'와 MySQL Connectors의 아래쪽에 있는 'Connection/ODBC 8.0.33-X64'를 선택한 후 오른쪽 방향 초록색 화살표를 클릭하여 오른쪽의 목록으로 이동하고 〈Next〉를 클릭합니다.

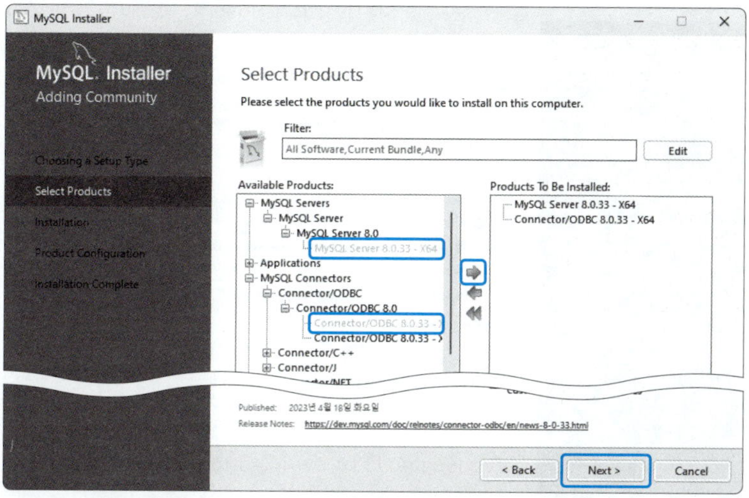

4 설치 대상 설치하기: 설치 확인 화면에서 〈Execute〉를 클릭하여 설치를 시작합니다. 설치가 완료되어 설치 목록에 초록색 체크가 표시되면 〈Next〉를 클릭합니다.

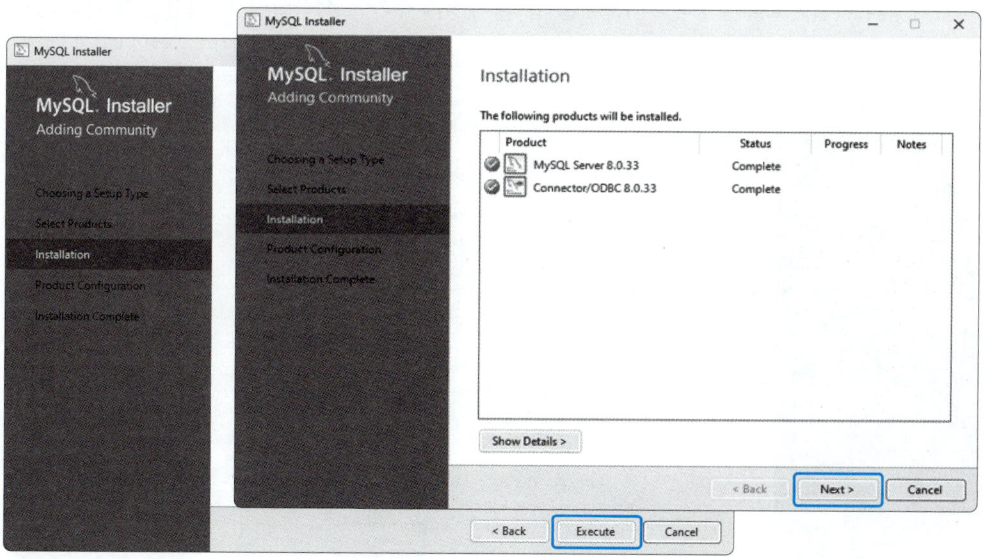

예제 15-3 MySQL 초기 설정하기

1 초기 설정 구성하기: 설치된 MySQL의 초기 설정을 시작합니다. root 계정의 비밀번호 설정 화면이 나올 때까지 모든 기본 설정을 그대로 두고 〈Next〉를 클릭합니다.

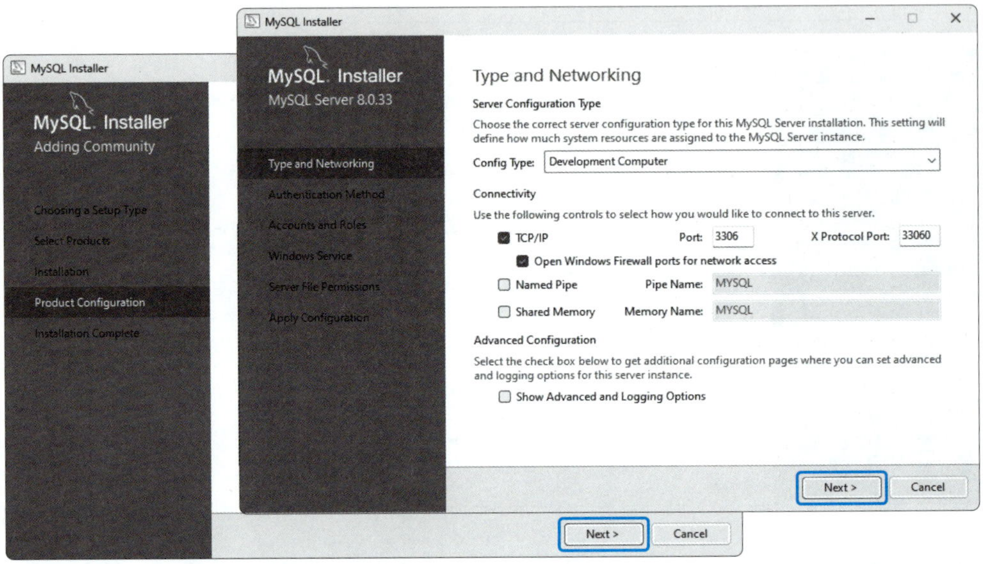

2 root 계정의 비밀번호 설정하기: root 계정의 비밀번호 설정과 계정 추가 화면에서 관리자 계정인 root 계정의 비밀번호를 설정하고('1234'를 입력) 계정의 추가는 생략합니다. 설정한 후 〈Next〉를 클릭합니다.

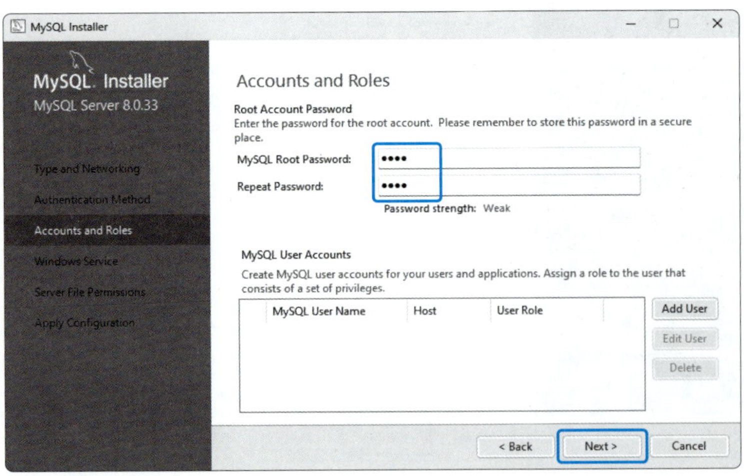

3 설치 진행 및 완료하기: Windows Service 설정 화면부터는 각 설치 단계마다 모든 기본 설정을 그대로 두고 〈Next〉나 〈Execute〉를 클릭합니다. 설치 진행 작업의 완료로 〈Finish〉 버튼이 나오면 클릭합니다.

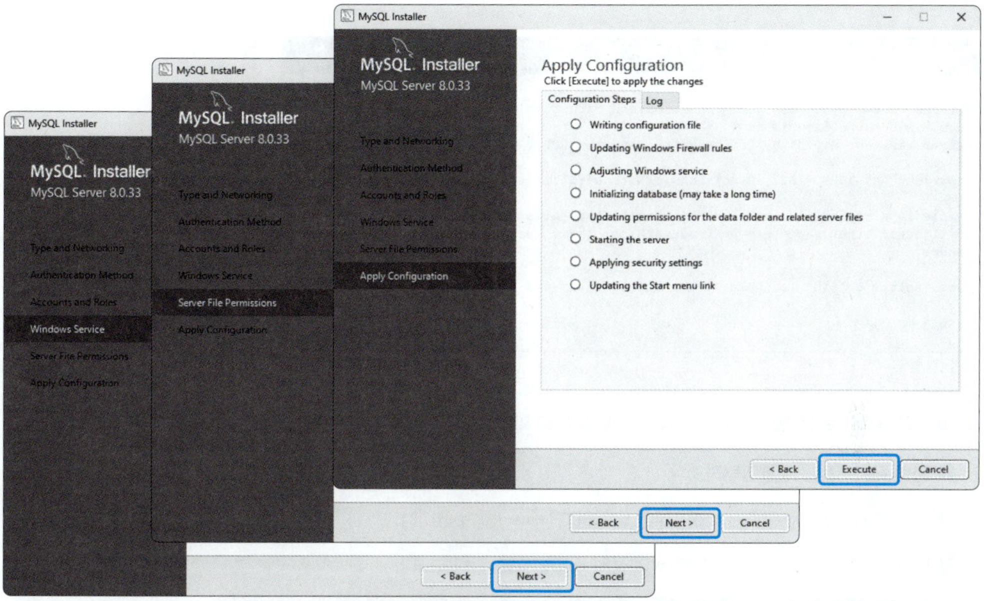

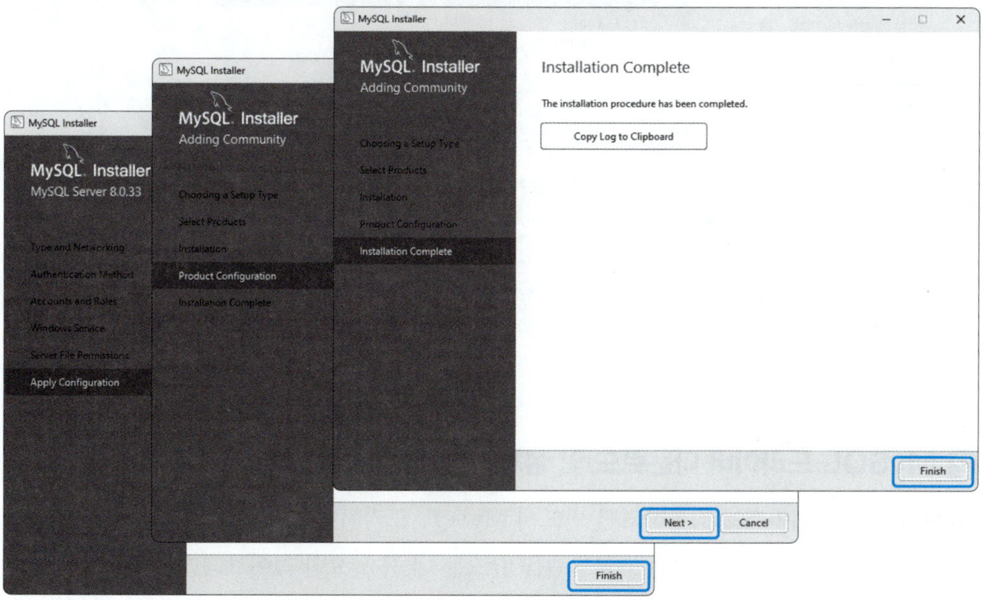

예제 15-4 MySQL 설치 확인하기

윈도우의 〈시작〉 버튼을 클릭하여 MySQL 8.0 Command Line Client를 실행한 후 root 계정의 비밀번호(1234)를 입력하여 MySQL이 제대로 설치되었는지 확인해봅니다.

```
MySQL 8.0 Command Line Cli
Enter password: ****
Welcome to the MySQL monitor.  Commands end with ; or \g.
Your MySQL connection id is 9
Server version: 8.0.33 MySQL Community Server - GPL

Copyright (c) 2000, 2023, Oracle and/or its affiliates.

Oracle is a registered trademark of Oracle Corporation and/or its
affiliates. Other names may be trademarks of their respective
owners.

Type 'help;' or '\h' for help. Type '\c' to clear the current input statement.

mysql>
```

NOTE 명령 프롬프트를 실행하여 MySQL 설치를 확인하는 방법

❶ 명령 프롬프트를 실행합니다.

❷ C: 프롬프트에 'mysql -u root -p'를 입력하고 Enter 를 누릅니다.

❸ Enter password가 나타나면 root 계정의 비밀번호를 입력합니다.

```
명령 프롬프트 - mysql -u root
Microsoft Windows [Version 10.0.22621.1702]
(c) Microsoft Corporation. All rights reserved.

C:\Users\user>mysql -u root -p
Enter password: ****
Welcome to the MySQL monitor.  Commands end with ; or \g.
Your MySQL connection id is 11
Server version: 8.0.33 MySQL Community Server - GPL

Copyright (c) 2000, 2023, Oracle and/or its affiliates.

Oracle is a registered trademark of Oracle Corporation and/or its
affiliates. Other names may be trademarks of their respective
owners.

Type 'help;' or '\h' for help. Type '\c' to clear the current input statement.

mysql>
```

2 MySQL 드라이버 다운로드 및 설치하기

MySQL 데이터베이스에 접속하려면 반드시 MySQL 드라이버를 설치해야 합니다. MySQL 드라이버는 MySQL에 연결하는 프로그램을 만드는 데 꼭 필요한 라이브러리입니다.

예제 15-5 MySQL 드라이버 다운로드하기

1 MySQL 드라이버 다운로드 사이트에 접속하기: 웹 브라우저에서 MySQL 다운로드 사이트(http://dev.mysql.com/downloads)에 접속하여 [Connector/J]를 선택합니다.

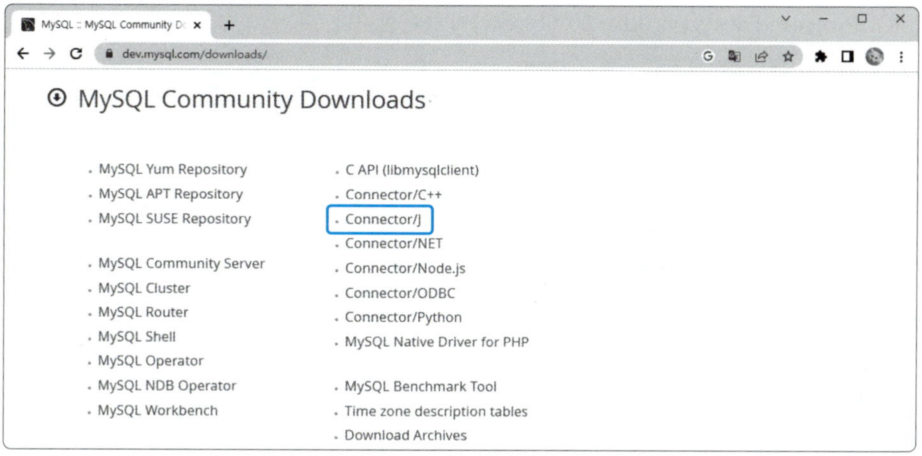

2 MySQL 드라이버 다운로드하기: Connector/J.8.0.33의 'Platform Independent'를 선택한 후 〈Download〉를 클릭하여 설치 파일을 다운로드합니다.

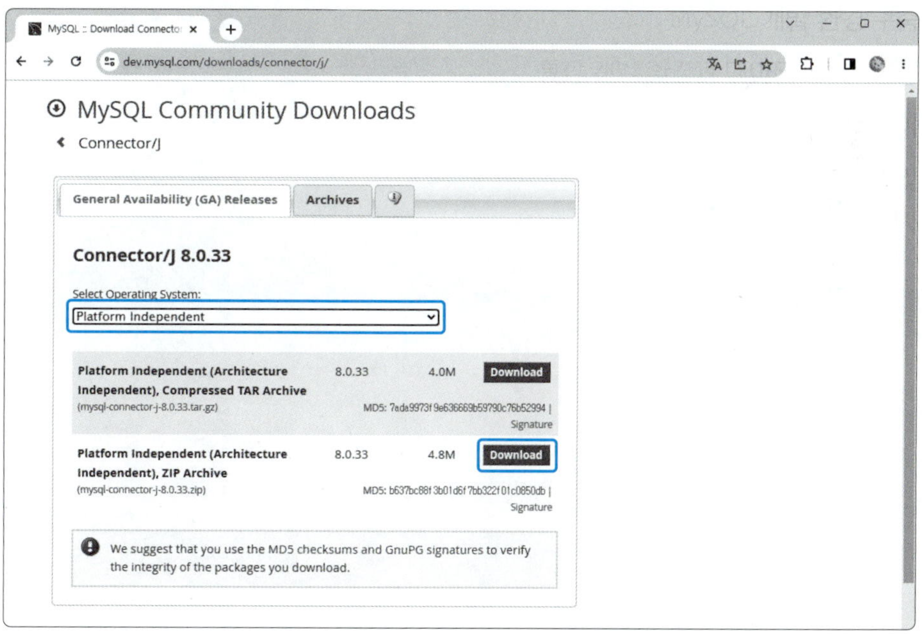

예제 15-6 MySQL 드라이버 설치하기

1 다운로드한 커넥트 드라이버 mysql-connector-j-8.0.33 파일의 압축을 풉니다.

2 압축을 푼 폴더에 mysql-connector-j-8.0.33.jar 파일을 복사하고 자바 설치 드라이버 JDK 버전\lib(C:\Program Files\Java\jdk-20\lib) 폴더에 등록합니다.

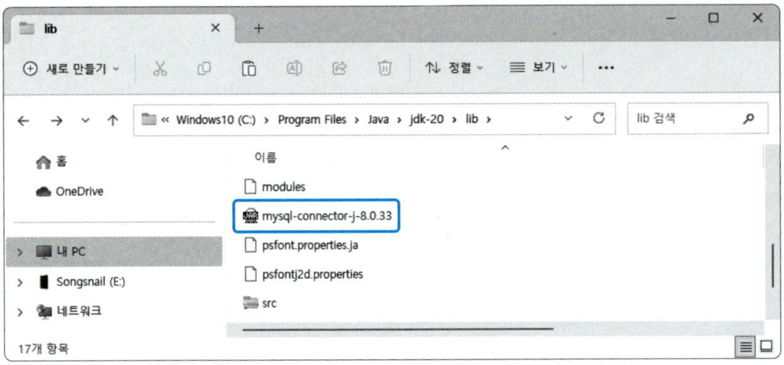

NOTE 이클립스 프로젝트에 MySQL 커넥트 드라이버 연결

이클립스 프로젝트에서 JDBC를 사용하려면 드라이버를 연결해야 합니다. 여기서는 이클립스에서 연결하며, MySQL 커넥터 드라이버는 JDBC를 사용한 데이터베이스 연동이 필요한 프로젝트에서 설정합니다. 이렇게 하는 이유는 각 프로젝트마다 다른 데이터베이스 관리 시스템을 사용할 수 있게 하기 위함입니다. 동적 웹 프로젝트에서 데이터베이스를 연동할 때 해당 드라이버는 반드시 /src/main/webapp/WEB-INF/lib/ 폴더에 위치해야 합니다.

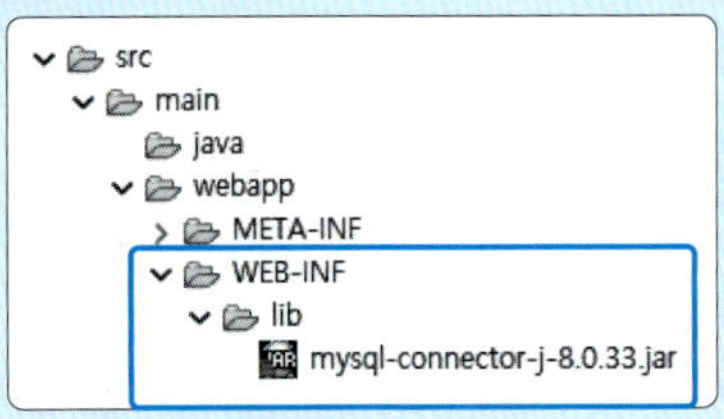

03 통합 개발 환경과 데이터베이스 연동

통합 개발 환경인 이클립스에서는 데이터베이스 관리 시스템과 연동하여 데이터베이스를 직접 제어할 수 있도록 Data Source Explorer 뷰를 제공합니다. 명령 프롬프트 창을 사용하여 데이터베이스를 직접 제어할 수 있지만 자유롭게 쿼리문을 작성하거나 복사해서 재사용하기가 쉽지 않습니다. 반면에 Data Source Explorer 뷰를 사용하면 데이터베이스 관리 시스템과 커넥터를 통해 쿼리문을 작성하고 수행할 수 있습니다.

1 데이터베이스 추가

이클립스에서 데이터베이스를 연동하려면 데이터베이스 커넥션을 설정해야 합니다. 데이터베이스 커넥션을 설정하기 전에 사용할 데이터베이스가 반드시 생성되어 있어야 하는데, 새로운 데이터베이스를 생성하는 형식은 다음과 같습니다.

```
CREATE DATABASE 데이터베이스 이름;
```

예제 15-7 데이터베이스 생성하기

1 MySQL 접속하기: 윈도우의 〈시작〉 버튼을 클릭하여 MySQL 8.0 Command Line Client를 실행한 후 root 계정의 비밀번호(1234)를 입력하여 MySQL에 접속합니다.

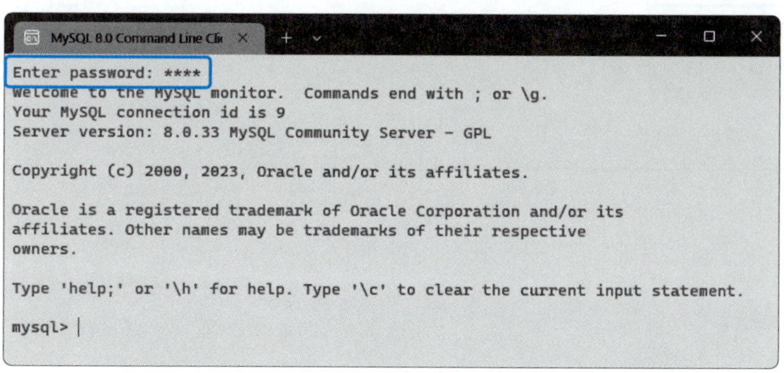

2 새로운 데이터베이스 생성하기: CREATE 명령어를 사용하여 JSPBookDB라는 데이터베이스를 생성합니다. 데이터베이스를 생성한 후 SHOW 명령어를 입력하면 기존의 데이터베이스 목록과 새로 생성한 JSPBookDB를 확인할 수 있습니다.

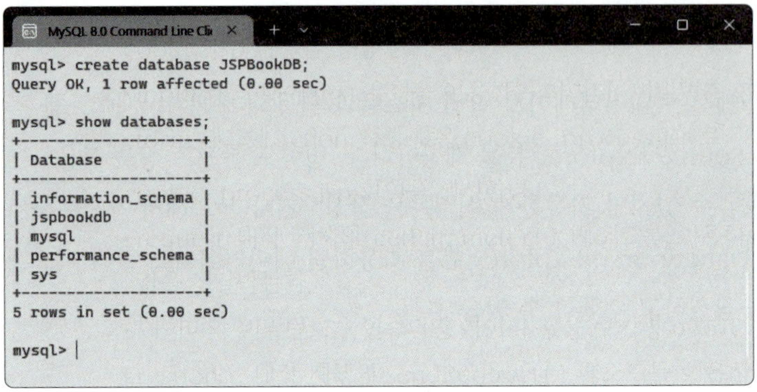

2 데이터베이스 커넥션 설정

사용할 데이터베이스를 생성했다면 Data Source Explorer 뷰를 이용하여 이클립스에 데이터베이스 커넥션을 설정할 수 있습니다.

예제 15-8 이클립스에 데이터베이스 커넥션 설정하기

1 Data Source Explorer 뷰 열기: 이클립스의 [Window]-[Show View] 메뉴에서 'Data Source Explorer'를 선택하면 이클립스의 뷰에 나타납니다. 뷰에서 'Database Connections'를 선택한 후 마우스 오른쪽 버튼을 눌러 [New] 메뉴를 선택합니다.

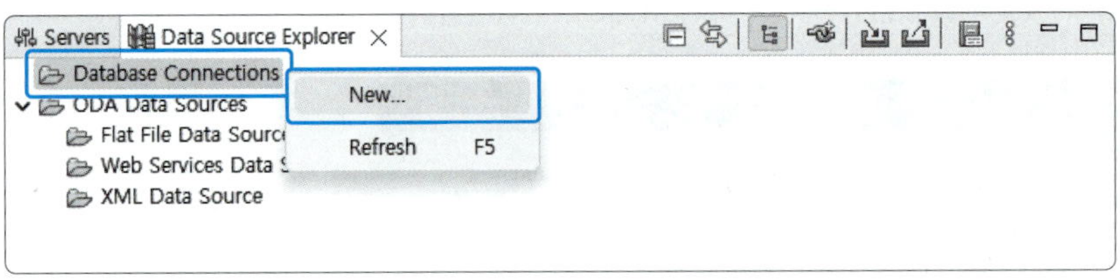

2 커넥션 유형 설정하기: [Connection Profile] 화면이 나타나면 Connection Profile Types에서 'MySQL'을 선택하고 Name에 'MySQL_Conn'을 입력한 후 ⟨Next⟩를 클릭합니다.

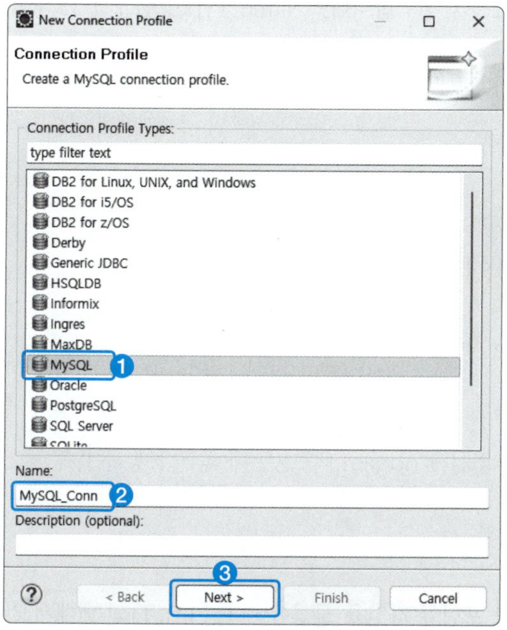

3 드라이버와 커넥션 상세 설정하기: [Specify a Driver and Connection Details] 화면이 나타나면 Drivers 항목의 (New Driver Definition) 버튼을 클릭합니다.

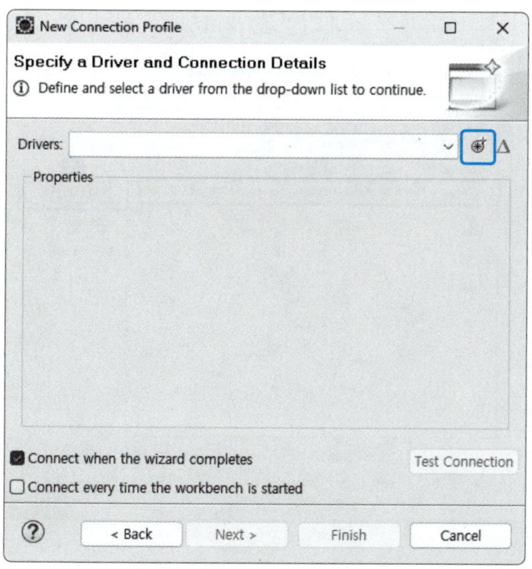

4 새로운 드라이버 설정하기: [New Driver Definition] 화면이 나타나면 [Name/Type], [JAR List], [Properties] 탭에 차례대로 필요한 설정을 합니다.

- **[Name/Type] 탭:** 사용할 JDBC 드라이버와 버전을 선택합니다. [Name/Type] 탭에서 MySQL JDBCDriver의 5.1 버전을 선택합니다.

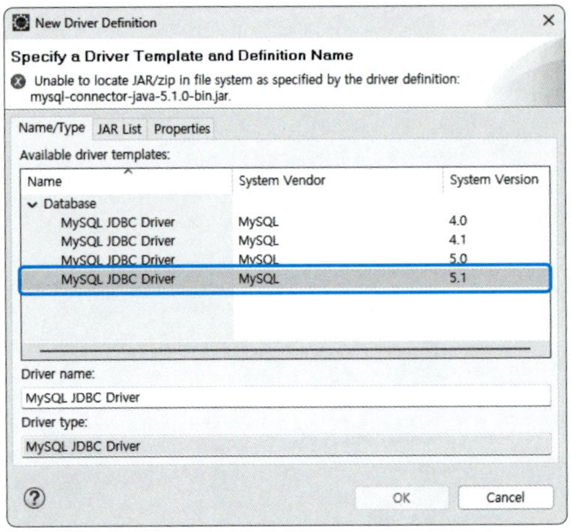

- **[JAR List] 탭:** 사용할 JDBC 드라이버의 경로를 포함한 파일을 설정합니다. [JAR List] 탭에서 기존의 예시로 표시된 드라이버를 선택하고 〈Remove JAR/Zip〉을 클릭하여 제거합니다. 그리고 실제로 사용할 JDBC 드라이버를 추가하기 위해 〈Add JAR/Zip〉을 클릭한 후 JDBC 드라이버를 선택하여 추가합니다.

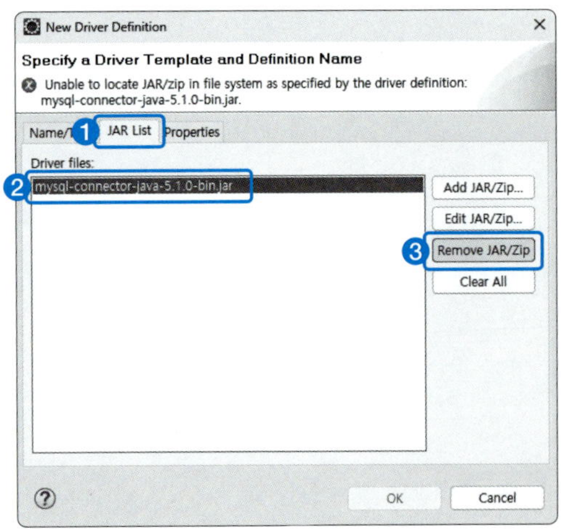

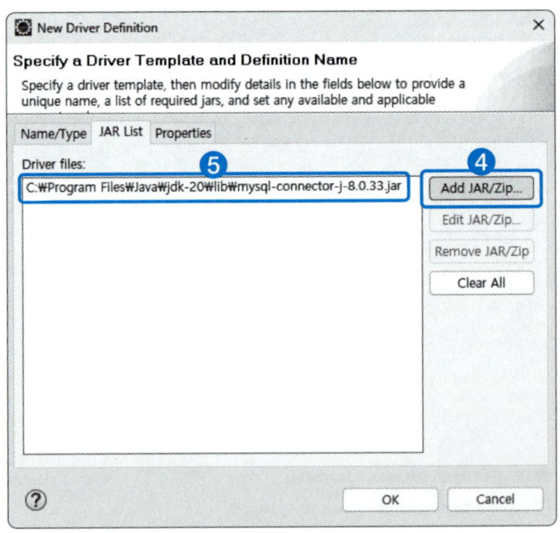

- **[Properties] 탭:** 커넥션 설정에 필요한 URL, 데이터베이스 이름, JDBC 드라이버 클래스, 그리고 데이터베이스 접근에 필요한 계정 이름과 비밀번호를 설정합니다. [Properties] 탭에서 Connection URL을 'jdbc:mysql://localhost:3306/JSPBookDB'로 수정하고 DatabaseName은 'JSPBookDB'로 변경합니다. 그리고 Password에 '1234'를 입력하고 User ID에 'root'를 입력한 후 〈OK〉를 클릭합니다.

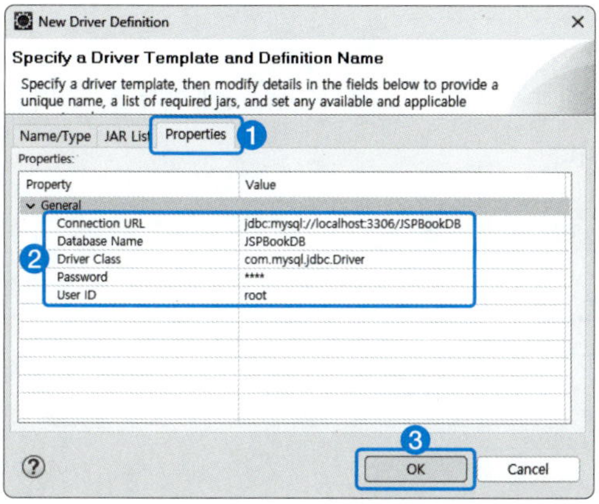

5 커넥션 연결 설정 끝내기: 설정된 JDBC 드라이버와 데이터베이스의 이름이 표시되면 〈Test Connection〉을 클릭합니다. [Success] 대화상자가 나타나면 〈OK〉를 클릭하여 대화상자를 닫고 〈Finish〉를 클릭하면 모든 설정이 완료됩니다.

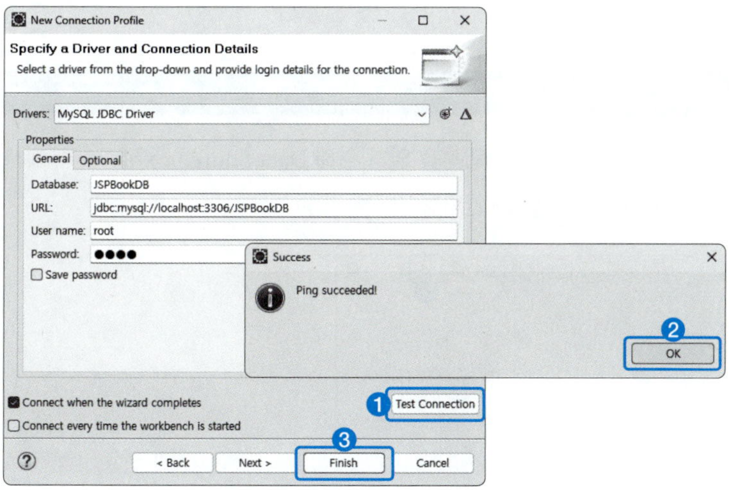

6 **커넥션 연결 확인하기:** MySQL을 직접 제어하는 커넥션이 연결되면 다음과 같이 나타납니다.

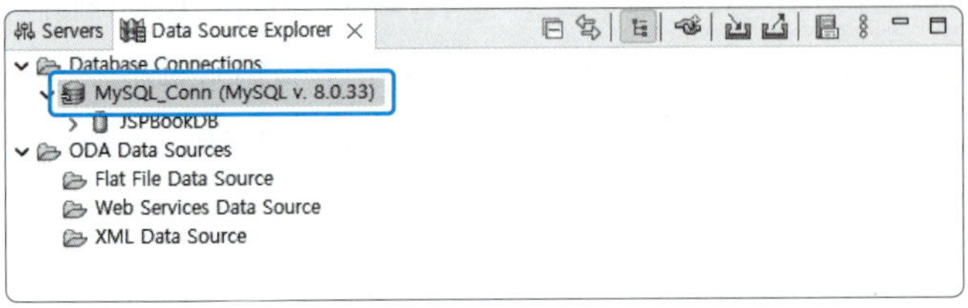

앞으로 커넥션 연결은 MySQL_Conn에서 마우스 오른쪽 버튼을 눌러 [Connect] 메뉴를, 커넥션 해제는 [Disconnect] 메뉴를 사용하여 할 수 있습니다.

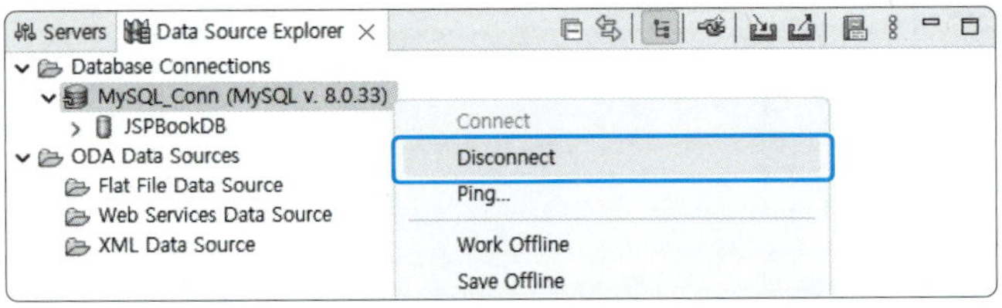

3 데이터베이스 제어

이클립스에서 데이터베이스를 연동하는 작업을 위한 Data Source Explorer 뷰는 SQL 스크랩북을 지원하므로 이를 이용하여 쿼리문을 작성 및 저장하고 어디서든 재사용할 수 있습니다.

예제 15-9 이클립스에서 데이터베이스 제어하기

1 **SQL 스크랩북 열기:** SQL 구문을 편집하는 스크랩북을 열기 위해 Data Source Explorer 뷰에서 'MySQL_Conn (MySQL 버전)'을 선택한 후 [아이콘]을 클릭합니다.

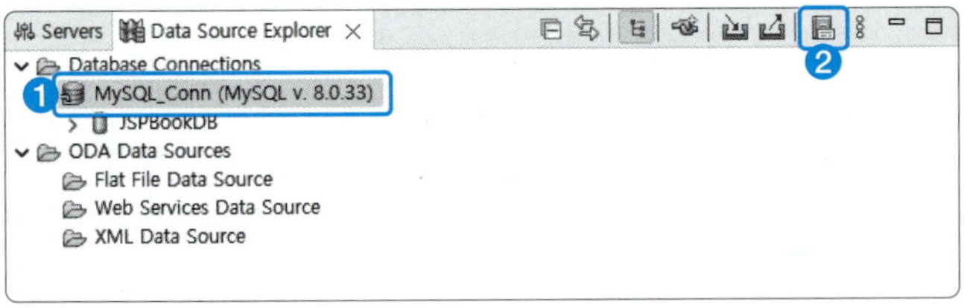

2 **설정된 커넥션 선택하기:** SQL 스크랩북의 Connection profile에서 Type은 'MySql_5.1', Name은 'MySQL_Conn', Database는 'JSPBookDB'를 선택합니다.

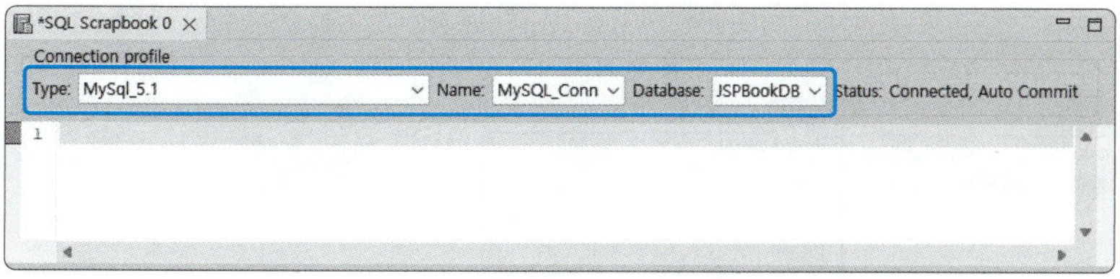

3 **SQL 파일 저장하기:** 이클립스의 [File]-[Save] 메뉴에서 프로젝트(여기서는 JSPBook/ch15)를 선택하고 File name에 'showDB.sql'을 입력합니다. 그리고 〈OK〉를 클릭하여 저장합니다.

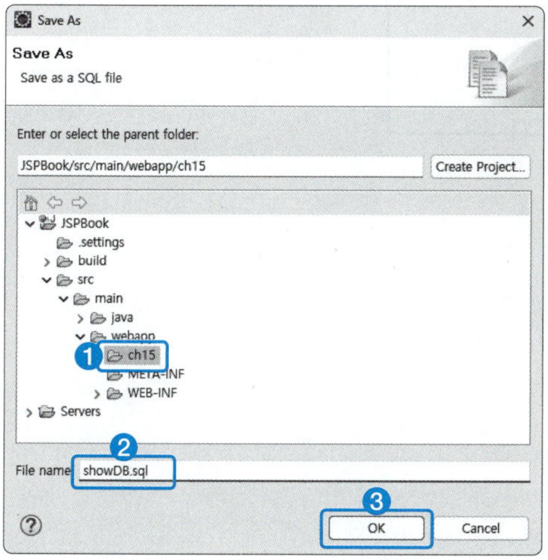

4 **쿼리문 실행하기:** SQL 스크랩북에 'show databases;' 구문을 입력하고 입력한 SQL 구문을 마우스로 드래그하여 블록을 설정한 후 마우스 오른쪽 버튼을 클릭하여 [Execute Selected Text] 메뉴를 선택하거나 Alt+X를 눌러 실행합니다.

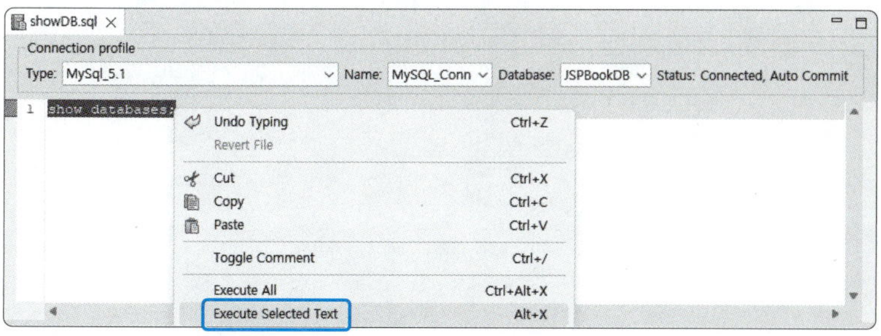

5 실행 결과 확인하기: 쿼리문을 실행하면 화면에 SQL Results 뷰가 나타납니다. SQL Results 뷰의 [Status] 탭에는 실행한 쿼리문의 성공 여부가 표시되고 [Result1] 탭에서는 실행 결과를 확인할 수 있습니다.

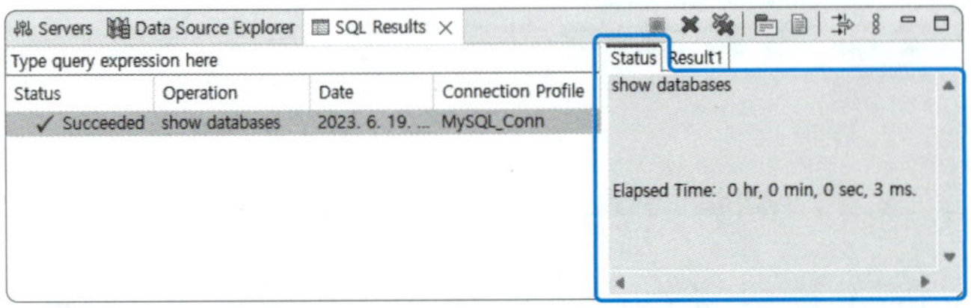

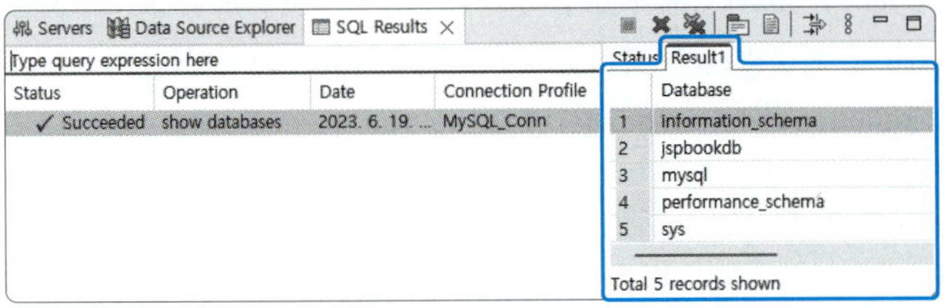

04 MySQL 기본 명령어

데이터베이스 언어는 데이터베이스를 통해 특정 정보를 추출하고 보여주는 언어를 말하며 SQL이 대표적입니다. 데이터베이스용 쿼리 언어의 일종인 SQL은 관계형 데이터베이스를 관리하는 데이터베이스 관리 시스템에서 사용하는 언어입니다. SQL은 질의 기능을 비롯해 데이터 정의 및 조작 기능을 가지고 있으며, 개개의 레코드보다 테이블 단위로 연산을 수행합니다.

표 15-2 SQL 문장의 종류

SQL 문장	종류
데이터 정의 언어(Data Definition Language, DDL)	CREATE, ALTER, DROP, …
데이터 조작 언어(Data Manipulation Language, DML)	SELECT, INSERT, DELETE, UPDATE, …
데이터 제어 언어(Data Control Language, DCL)	GRANT, REVOKE, COMMIT, ROLLBACK, …

1 테이블 관련 명령어

테이블 생성하기

테이블 생성은 데이터베이스에서 매우 기본적인 작업이며 형식은 다음과 같습니다.

```
CREATE TABLE 테이블 이름(필드 이름1 자료형1[, 필드 이름2 자료형2, …]);
```

다음은 3개의 열 id, name, passwd가 포함된 member라는 테이블을 생성하는 예입니다. 반드시 사용할 데이터베이스를 선택해야 테이블을 생성할 수 있습니다. id 열은 int 형으로 정수를 포함합니다. name과 passwd 열은 varchar 형으로 문자를 포함하며 이 필드의 최대 길이는 각각 100자, 50자입니다.

[CREATE 명령어 사용 예]

```
CREATE TABLE member(
    id int NOT NULL AUTO_INCREMENT,
    name VARCHAR(100) NOT NULL,
```

```
    passwd VARCHAR(50) NOT NULL,
    PRIMARY KEY (id)
);
```

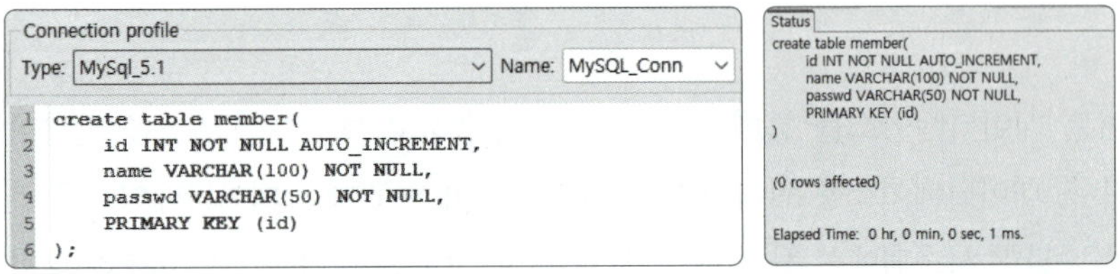

여기서 NOT NULL은 NULL을 허용하지 않는다는 것을 의미합니다. PRIMARY KEY는 고유한 키 인덱스로, 다른 테이블을 참조하는 데 사용될 수 있음을 의미하는 id 열에 사용됩니다. 이때 id는 AUTO_INCREMENT이기도 합니다. 즉 이 id는 새로운 행을 삽입할 때 자동으로 생성되며 기본적으로 1씩 증가합니다.

테이블 목록 조회하기

현재 선택된 데이터베이스에 존재하는 테이블 목록을 출력하는 MySQL 명령어는 SHOW이며 형식은 다음과 같습니다.

```
SHOW TABLES;
```

다음은 테이블 목록을 출력하는 예입니다. 앞의 예제에서 생성한 데이터베이스 JSPBookDB를 적용하면 이 데이터베이스에 존재하는 테이블 목록을 확인할 수 있습니다.

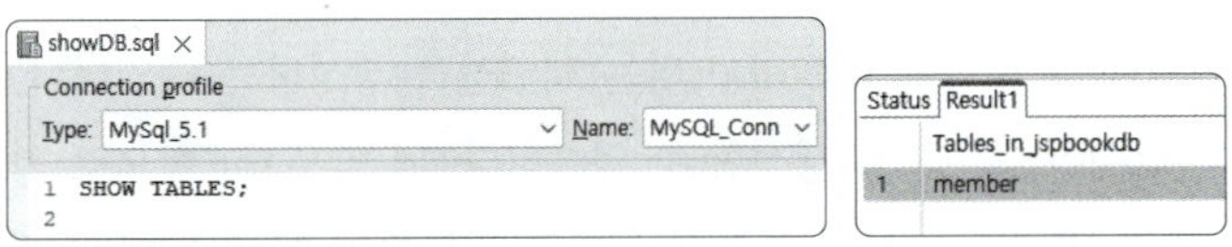

그림 15-2 SHOW 명령어 사용 예

테이블 세부 조회하기

특정 테이블의 세부 사항을 확인하는 MySQL 명령어는 DESC이며 형식은 다음과 같습니다.

```
DESC 테이블 이름;
```

다음은 앞의 예에서 생성한 member 테이블의 세부 사항을 출력하는 예입니다.

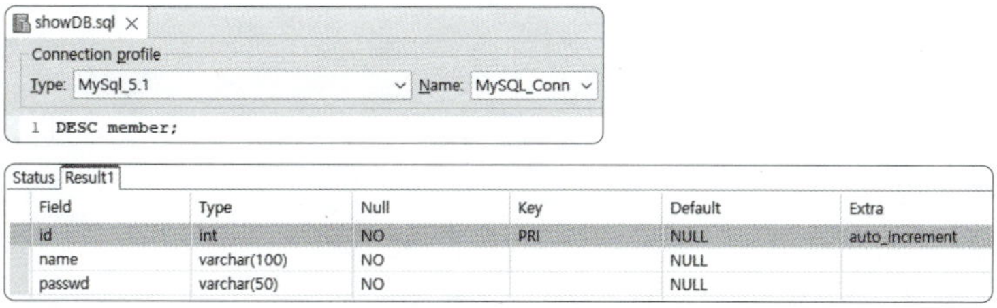

그림 15-3 DESC 명령어 사용 예

테이블 구조 변경하기

특정 테이블의 구조를 변경하는 MySQL 명령어는 ALTER이며 형식은 다음과 같습니다.

```
ALTER TABLE 테이블 이름
[ADD 필드 이름 자료형 ¦
DROP COLUMN 필드 이름 ¦
CHANGE COLUMN 기존 필드 이름 새 필드 이름 자료형];
```

■ 기존 테이블에 열을 추가하는 경우

기존 테이블 이름이 Member이고 여기에 새로운 열 이름 phone을 추가하는 경우는 다음과 같습니다.

```
ALTER TABLE Member ADD phone varchar(100);
```

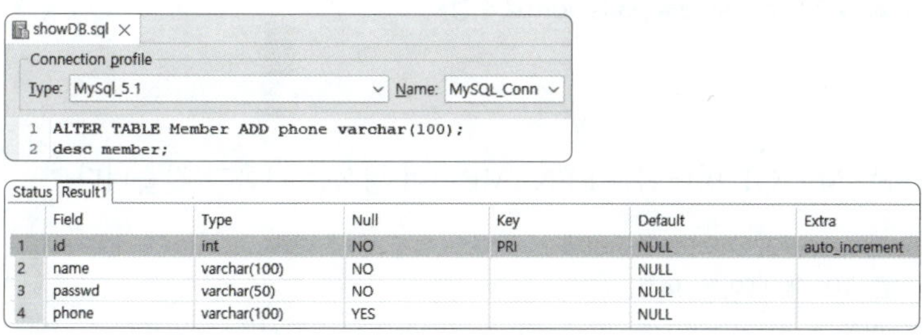

그림 15-4 ALTER 명령어 사용 예: 열 이름 phone 추가

■ 기존 테이블의 열을 삭제하는 경우

기존 테이블 이름이 Member이고 여기서 열 이름 phone을 삭제하는 경우는 다음과 같습니다.

```
ALTER TABLE Member DROP COLUMN phone;
```

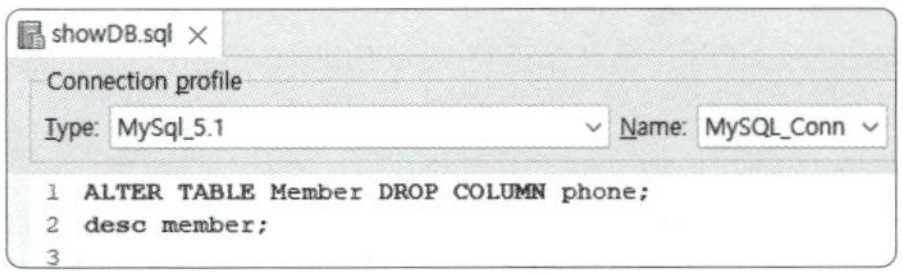

Status | Result1

	Field	Type	Null	Key	Default	Extra
1	id	int	NO	PRI	NULL	auto_increment
2	name	varchar(100)	NO		NULL	
3	passwd	varchar(50)	NO		NULL	

그림 15-5 ALTER 명령어 사용 예: 열 이름 phone 삭제

■ 기존 테이블의 열 이름을 수정하는 경우

기존 테이블 이름이 Member이고 여기서 열 이름 passwd를 password로 변경하는 경우는 다음과 같습니다.

```
ALTER TABLE Member CHANGE COLUMN passwd password varchar(60);
```

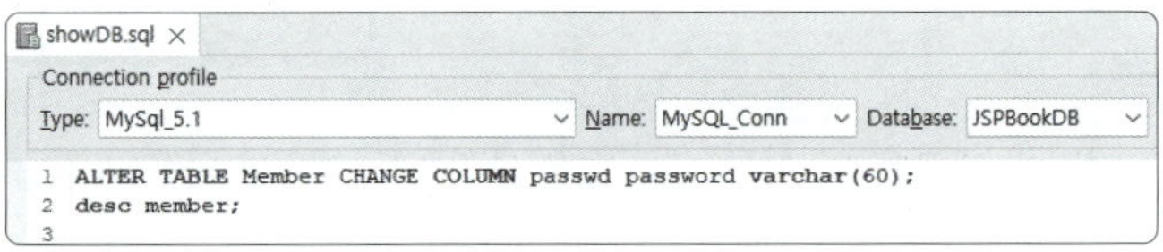

Status | Result1

	Field	Type	Null	Key	Default	Extra
1	id	int	NO	PRI	NULL	auto_increment
2	name	varchar(100)	NO		NULL	
3	password	varchar(60)	YES		NULL	

그림 15-6 ALTER 명령어 사용 예: 열 이름 passwd을 password로 수정

테이블 이름 변경하기

특정 테이블 이름을 변경하는 MySQL 명령어는 RENAME이며 형식은 다음과 같습니다.

```
RENAME TABLE 테이블 이름 TO 새 테이블 이름[,
테이블 이름 TO 새 테이블 이름, …];
```

다음은 테이블 이름 Member를 Student로 변경하는 예입니다.

[RENAME 명령어 사용 예]

```
RENAME TABLE Member TO Student;
```

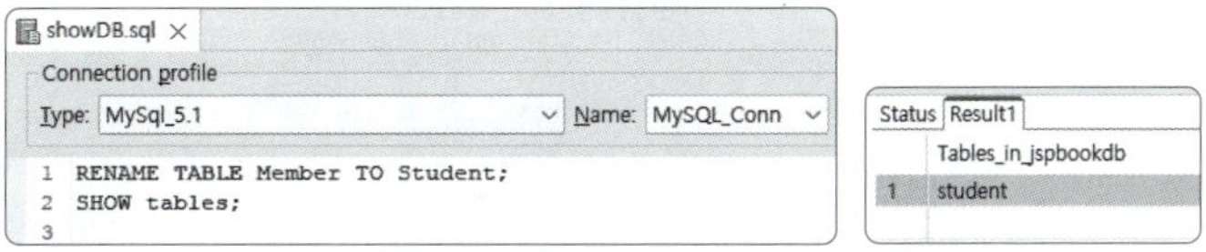

그림 15-7 RENAME 명령어 사용 예

2 데이터 조작 명령어

데이터 조작 명령어는 사용자가 적절한 데이터 모델로 구성된 데이터에 접근하거나 데이터를 조작할 수 있도록 하는 언어를 말합니다. 데이터베이스 내의 데이터 연산을 위한 언어로 데이터베이스 내에서 데이터 검색, 추가, 삭제, 갱신 작업이 가능합니다.

표 15-3 데이터 조작 명령어의 종류

명령어	설명	명령어	설명
INSERT	데이터를 등록한다.	DELETE	데이터를 삭제한다.
UPDATE	데이터를 수정한다.	SELECT	데이터를 조회한다.

데이터 등록하기

테이블에 새로운 데이터를 삽입하는 MySQL 명령어는 INSERT이며 형식은 다음과 같습니다.

```
INSERT [INTO] 테이블 이름 [(필드 이름, 필드 이름, …)] VALUES(필드 값, 필드 값, …)
```

다음은 JSPBookDB라는 데이터베이스에 있는 Student 테이블에 새로운 데이터를 삽입하는 예입니다.

[INSERT 명령어 사용 예]

```
INSERT INTO Student VALUES('1', '홍길동','1234') ;
```

데이터 조회하기

테이블에 존재하는 데이터를 검색하는 MySQL 명령어는 SELECT이며 형식은 다음과 같습니다.

```
SELECT 필드 이름[, 필드 이름, …] FROM 테이블 이름
[WHERE 검색조건]
[ORDER BY 필드 이름 [ASC or DESC]] [GROUP BY 필드 이름[, 필드 이름, …]] …
```

■ **테이블의 모든 행을 조회하는 경우**

다음은 JSPBookDB에 있는 Student 테이블의 모든 행을 조회하는 예입니다.

```
SELECT * FROM Student;
```

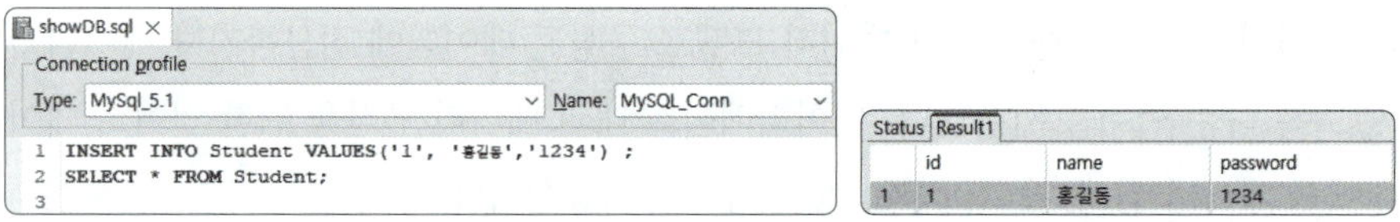

그림 15-8 SELECT 명령어 사용 예: 모든 행 검색

■ **특정 필드의 데이터를 조회하는 경우**

다음은 JSPBookDB에 있는 Student 테이블에서 name, password 필드의 데이터를 조회하는 예입니다.

```
SELECT name, password FROM Student ;
```

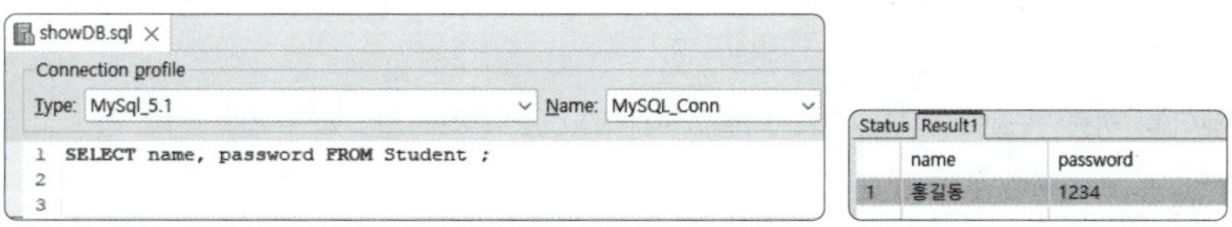

그림 15-9 SELECT 명령어 사용 예: name, password 필드의 데이터 검색

■ **테이블에 데이터를 삽입하고 조회하는 경우**

다음은 JSPBookDB에 있는 Student 테이블에 데이터를 삽입하고 조회하는 예입니다.

```
INSERT INTO Student VALUES('2', '홍길순','1235') ;
INSERT INTO Student VALUES('3', '수여인','1236') ;
INSERT INTO Student VALUES('4', '수여남','1237') ;

SELECT * FROM Student limit 3;
```

데이터 삽입

데이터 조회

Status | Result1

	id	name	password
1	1	홍길동	1234
2	2	홍길순	1235
3	3	수여인	1236

다음은 JSPBookDB에 있는 Student 테이블에서 id를 내림차순으로 정렬한 후 3개의 행을 조회하는 예입니다.

```
SELECT * FROM Student ORDER BY id DESC LIMIT 3;
```

Status | Result1

	id	name	password
1	3	수여인	1236
2	2	홍길순	1235
3	1	홍길동	1234

다음은 JSPBookDB에 있는 Student 테이블에서 id가 2인 행을 조회하는 예입니다.

```
SELECT * FROM Student WHERE id=2;
```

Status | Result1

	id	name	password
1	2	홍길순	1235

데이터 수정하기

테이블의 데이터를 수정(갱신)하는 MySQL 명령어는 UPDATE이며 형식은 다음과 같습니다.

```
UPDATE 테이블 이름 SET 필드 이름=필드 값[, 필드 이름=필드 값, …]
[WHERE 검색조건]
```

다음은 JSPBookDB에 있는 Student 테이블에서 name 필드 값이 '홍길동'인 것을 검색하여 '관리자'로 수정하는 예입니다.

[UPDATE 명령어 사용 예]

```
UPDATE Student SET name='관리자' WHERE name='홍길동';

SELECT * FROM Student;
```

Status | Result1

	id	name	password
1	1	관리자	1234
2	2	홍길순	1235
3	3	수여인	1236
4	4	수여남	1237

데이터 삭제하기

테이블의 데이터를 삭제하는 MySQL 명령어는 DELETE이며 형식은 다음과 같습니다.

```
DELETE FROM 테이블 이름 [WHERE 검색조건]
```

다음은 JSPBookDB에 있는 Student 테이블에서 id 필드 값이 4인 것을 검색하여 해당 행을 삭제하는 예입니다.

[DELETE 명령어 사용 예]

```
DELETE FROM Student WHERE id=4;

SELECT * FROM Student;
```

Status | Result1

	id	name	password
1	1	관리자	1234
2	2	홍길순	1235
3	3	수여인	1236

다음은 JSPBookDB에 있는 Student 테이블의 모든 행을 삭제하는 예입니다.

```
DELETE FROM Student;

SELECT * FROM Student;
```

Status | Result1

	id	name	password

05 북마켓 도서 관리 테이블 생성 및 도서 등록하기

데이터베이스와 테이블을 생성하여 북마켓 데이터베이스 연동을 준비합니다.

예제 15-10 북마켓의 데이터베이스 연동하기

1 데이터베이스 생성하기: 명령 프롬프트로 MySQL에 접속하여 BookMarketDB라는 데이터베이스를 생성합니다.

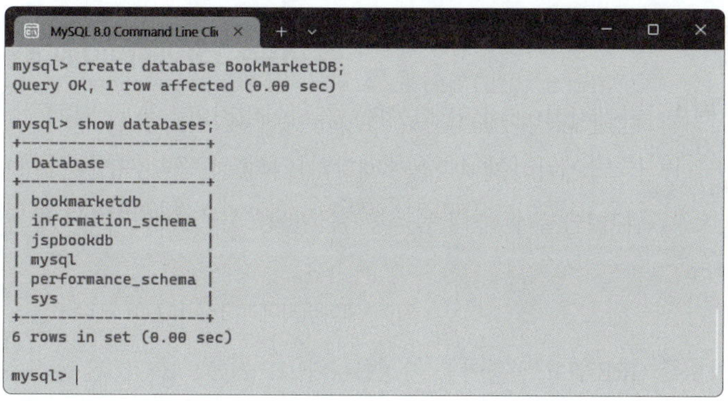

2 데이터베이스 커넥션 설정하기: 다음과 같이 커넥션 이름은 Market_Conn, 데이터베이스 이름은 BookMarketDB로 설정합니다.

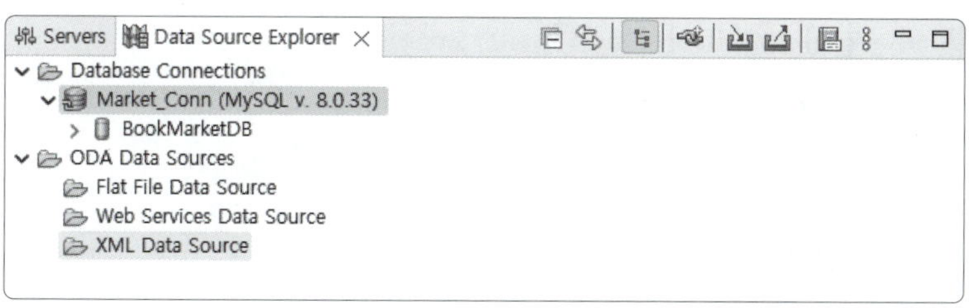

예제 15-11 북마켓의 도서 관리 테이블 만들기

1 도서 관리 테이블 생성하기: /BookMarket/main/webapp/resources 폴더에 sql 폴더를 만든 후 이 폴더에 book.sql 파일을 생성하고 다음과 같이 작성합니다.

BookMarket/src/main/webapp/resources/sql/book.sql

```
01 CREATE TABLE IF NOT EXISTS book(
02     b_id VARCHAR(10) NOT NULL,
03     b_name VARCHAR(20),
04     b_unitPrice INTEGER,
05     b_author VARCHAR(20),
06     b_description TEXT,
07     b_publisher VARCHAR(20),
08     b_category VARCHAR(20),
09     b_unitsInStock LONG,
10     b_releaseDate VARCHAR(20),
11     b_condition VARCHAR(20),
12     b_fileName VARCHAR(20),
13     PRIMARY KEY (b_id)
14 ) default CHARSET=utf8;
```

01~14행: book 테이블을 생성하도록 CREATE 명령어를 작성합니다. IF NOT EXISTS 옵션은 book 테이블이 없다면 테이블을 생성하라는 의미입니다.

02행: 도서 아이디이고 문자형, 최대 길이 10자로 작성합니다. NOT NULL은 NULL을 허용하지 않는다는 것을 나타냅니다.

03행: 도서명이고 문자형, 최대 길이 20자로 작성합니다.

04행: 도서 가격이고 정수형으로 작성합니다.

05행: 저자이고 문자형, 최대 길이 20자로 작성합니다.

06행: 도서 상세 설명이고 문자열로 작성합니다.

07행: 출판사이고 문자형, 최대 길이 20자로 작성합니다.

08행: 도서 카테고리이고 문자형, 최대 길이 20자로 작성합니다.

09행: 도서 재고 수이고 정수형으로 작성합니다.

10행: 출판일이고 문자형, 최대 길이 20자로 작성합니다.

11행: 도서 상태이고 문자형, 최대 길이 20자로 작성합니다.

12행: 도서 이미지 파일명이고 문자형, 최대 길이 20자로 작성합니다.

13행: 도서 아이디를 고유한 키 인덱스인 PRIMARY KEY로 작성합니다.

14행: book 테이블의 캐릭터 세트를 utf-8로 작성합니다.

2 실행 결과 확인하기: Data Source Explorer 뷰에서 실행 결과를 확인해봅니다.

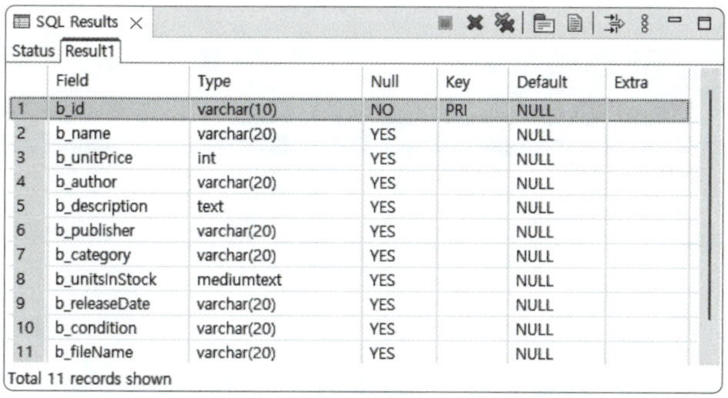

	Field	Type	Null	Key	Default	Extra
1	b_id	varchar(10)	NO	PRI	NULL	
2	b_name	varchar(20)	YES		NULL	
3	b_unitPrice	int	YES		NULL	
4	b_author	varchar(20)	YES		NULL	
5	b_description	text	YES		NULL	
6	b_publisher	varchar(20)	YES		NULL	
7	b_category	varchar(20)	YES		NULL	
8	b_unitsInStock	mediumtext	YES		NULL	
9	b_releaseDate	varchar(20)	YES		NULL	
10	b_condition	varchar(20)	YES		NULL	
11	b_fileName	varchar(20)	YES		NULL	

Total 11 records shown

예제 15-12 북마켓에 도서 등록하기

1 도서 목록 삽입하기: /BookMarket/main/webapp/resources/sql/ 폴더에 insert.sql 파일을 생성하고 다음과 같이 작성합니다.

BookMarket/src/main/webapp/resources/sql/insert.sql

```
INSERT INTO book VALUES('ISBN1234', 'C# 프로그래밍', 27000, '우재남','C#을 처음 접하는 독자를 대상으로 일대일 수업처럼 자세히 설명한 책이다. 꼭 알아야 할 핵심 개념은 기본 예제로 최대한 쉽게 설명했으며, 중요한 내용은 응용 예제, 퀴즈, 셀프 스터디, 예제 모음으로 한번 더 복습할 수 있다.', '한빛아카데미', 'IT모바일', 1000,  '2022/10/06', 'new', 'ISBN1234.jpg');
INSERT INTO book VALUES('ISBN1235', '자바마스터', 30000, '송미영', '자바를 처음 배우는 학생을 위해 자바의 기본 개념과 실습 예제를 그림을 이용하여 쉽게 설명합니다. 자바의 이론적 개념→기본 예제→프로젝트 순으로 단계별 학습이 가능하며, 각 챕터의 프로젝트를 실습하면서 온라인 서점을 완성할 수 있도록 구성하였습니다.', '한빛아카데미', 'IT모바일',1000, '2023/01/01', 'new', 'ISBN1235.jpg');
```

```
03 INSERT INTO book VALUES('ISBN1236', '파이썬 프로그래밍', 30000, '최성철', '파이썬으로 프로그래밍을 시작하는 입문자가 쉽게 이해할 수 있도록 기본 개념을 상세하게 설명하며, 다양한 예제를 제시합니다. 또한 프로그래밍의 기초 원리를 이해하면서 파이썬으로 데이터를 처리하는 기법도 배웁니다.', '한빛아카데미', 'IT모바일', 1000, '2023/01/01', 'new', 'ISBN1236.jpg');
```

01~03행: book 테이블의 필드 순서에 따라 설정된 값을 저장하도록 INSERT 명령어를 작성합니다.

2 실행 결과 확인하기: Data Source Explorer 뷰에서 실행 결과를 확인해봅니다.

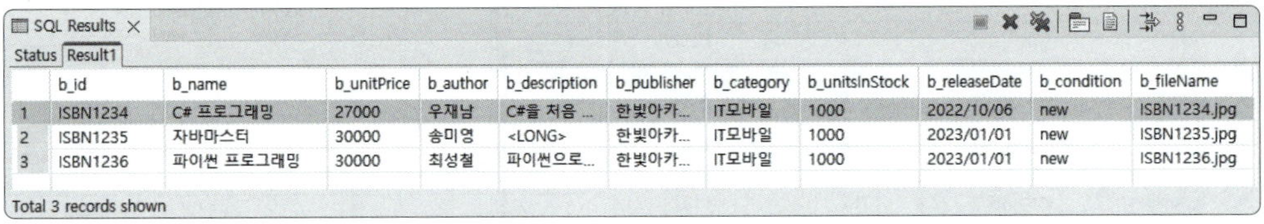
SQL Results

Status | Result1

	b_id	b_name	b_unitPrice	b_author	b_description	b_publisher	b_category	b_unitsInStock	b_releaseDate	b_condition	b_fileName
1	ISBN1234	C# 프로그래밍	27000	우재남	C#을 처음 ...	한빛아카...	IT모바일	1000	2022/10/06	new	ISBN1234.jpg
2	ISBN1235	자바마스터	30000	송미영	<LONG>	한빛아카...	IT모바일	1000	2023/01/01	new	ISBN1235.jpg
3	ISBN1236	파이썬 프로그래밍	30000	최성철	파이썬으로...	한빛아카...	IT모바일	1000	2023/01/01	new	ISBN1236.jpg

Total 3 records shown

요약

01 (　　　　　　　　)는 여러 자료를 동시에 여러 사람이 공유하여 사용할 수 있도록 체계화한 데이터의 집합을 말합니다. 몇 개의 데이터 파일을 조직적으로 통합하여 중복을 없애고 구조화한 데이터의 모음이므로 검색과 갱신이 효율적으로 처리됩니다.

02 (　　　　　　　　)은 데이터베이스를 관리하는 소프트웨어로, 다수의 사용자와 데이터베이스 사이에서 사용자의 요구에 따라 정보를 생성하는 역할을 합니다.

03 (　　　　　　　　)은 전 세계적으로 가장 널리 사용되고 있는 오픈소스 관계형 데이터베이스 관리 시스템입니다. 관계형 데이터베이스 관리 시스템의 표준화된 사용자 및 프로그래밍 인터페이스인 질의 언어 SQL을 사용하며, 매우 빠르고 유연하고 사용하기 쉽기 때문에 많은 기업에서 다양한 웹 기반 애플리케이션을 개발하는 데 사용하고 있습니다.

04 데이터베이스 언어는 데이터베이스를 통해 특정 정보를 추출하고 보여주는 언어를 말하며 (　　　　　　　　)이 대표적입니다.

05 SQL 문장의 종류는 다음과 같습니다.

SQL 문장	종류
데이터 (　　　　　　) 언어	CREATE, ALTER, DROP, …
데이터 (　　　　　　) 언어	SELECT, INSERT, DELETE, UPDATE, …
데이터 (　　　　　　) 언어	GRANT, REVOKE, COMMIT, ROLLBACK, …

정답

01 데이터베이스　02 데이터베이스 관리 시스템　03 MySQL　04 SQL　05 정의, 조작, 제어

연습문제

01 MySQL의 특징에 대한 설명으로 옳지 않은 것은 무엇인가?

① 오픈소스 라이선스의 관계형 데이터베이스 관리 시스템이다.

② SQL 데이터 언어의 표준 형식을 사용한다.

③ 매우 빠르게 작동하며 대용량 데이터 세트로도 잘 작동한다.

④ 웹 개발보다는 모바일 개발에 매우 친숙하다.

02 MySQL의 테이블관련 명령어에 대해 옳지 않은 것은 무엇인가?

① 테이블 생성하기: CREATE TABLE 테이블명(...);

② 테이블 조회하기: SELECT TABLES;

③ 테이블 세부 조회하기: DESC 테이블명;

④ 테이블 이름 변경하기: RENAME TABLE 테이블명 TO 새 테이블명;

03 MySQL의 데이터 조작 명령어에 대해 옳지 않은 것은 무엇인가?

① INSERT: 데이터를 등록한다.

② MODIFY: 데이터를 수정한다.

③ DELETE: 데이터를 삭제한다.

④ SELECT: 데이터를 조회한다.

04 Student 테이블에서 id 필드 값이 4인 것을 검색하여 해당 행을 삭제하는 명령어의 빈칸을 채우시오.

```
DELETE FROM Student ________
```

05 데이터베이스를 연결하여 다음 조건에 맞게 만들고 실행하여 결과를 확인하시오.

조건

❶ MySQL 접속하여 데이터베이스명 ExerciseDB를 생성한다.

❷ 이클립스에서 Data Source Explorer의 Database Connections를 선택하여 커넥션 이름을 Exercise_Conn, 데이터베이스 이름을 ExerciseDB로 생성한다.

❸ Student 테이블을 생성한다.

```
CREATE TABLE IF NOT EXISTS Student(
    num int NOT NULL,     //학번
    depart  VARCHAR(20), //학과
    name VARCHAR(30),     //이름
    address VARCHAR(50), //주소
    phone VARCHAR(20),    //전화번호
    PRIMARY KEY (num)
);
```

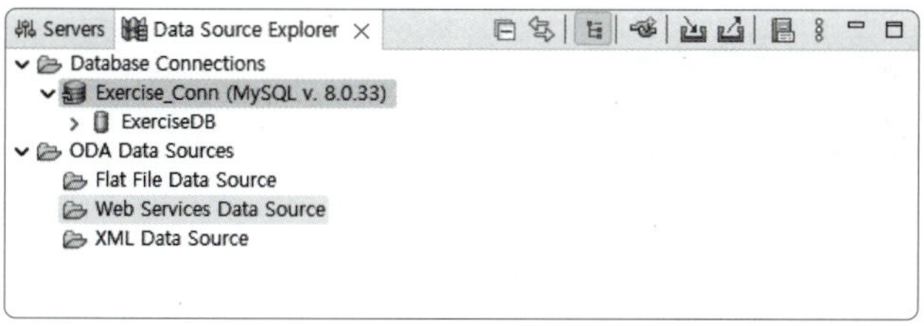

06 Student 테이블에 다음과 같이 레코드를 삽입하여 결과를 확인하시오.

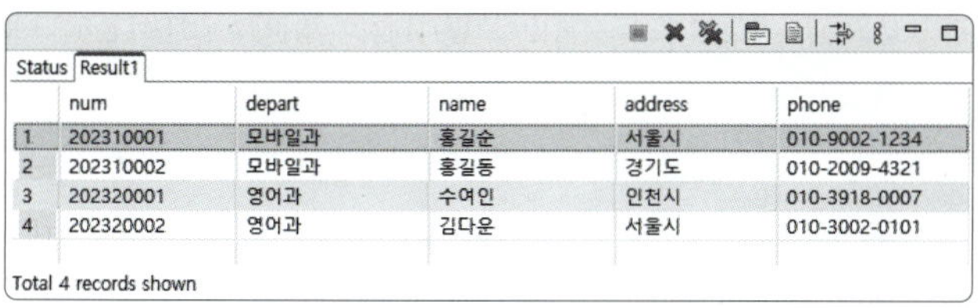

Status | Result1

	num	depart	name	address	phone
1	202310001	모바일과	홍길순	서울시	010-9002-1234
2	202310002	모바일과	홍길동	경기도	010-2009-4321
3	202320001	영어과	수여인	인천시	010-3918-0007
4	202320002	영어과	김다운	서울시	010-3002-0101

Total 4 records shown

07 Student 테이블에 depart 필드 값이 '모바일과'인 레코드를 조회하여 결과를 확인하시오.

Status | Result1

	num	depart	name	address	phone
1	202310001	모바일과	홍길순	서울시	010-9002-1234
2	202310002	모바일과	홍길동	경기도	010-2009-4321

Total 2 records shown

08 Student 테이블에 depart 필드 값이 '모바일과'인 레코드를 모두 '컴퓨터과'로 변경하여 결과를 확인하시오.

Status | Result1

	num	depart	name	address	phone
1	202310001	컴퓨터과	홍길순	서울시	010-9002-1234
2	202310002	컴퓨터과	홍길동	경기도	010-2009-4321
3	202320001	영어과	수여인	인천시	010-3918-0007
4	202320002	영어과	김다운	서울시	010-3002-0101

Total 4 records shown

09 Student 테이블에 depart 필드 값이 '영어과'인 레코드를 삭제하여 결과를 확인하시오.

Status | Result1

	num	depart	name	address	phone
1	202310001	컴퓨터과	홍길순	서울시	010-9002-1234
2	202310002	컴퓨터과	홍길동	경기도	010-2009-4321

Total 2 records shown

CHAPTER 16

JDBC로 데이터베이스와 JSP 연동: 도서 조회, 등록, 수정, 삭제하기

학습목표

- JDBC의 개념을 이해합니다.
- JDBC 드라이버 로딩 및 DBMS 접속 방법을 익힙니다.
- 데이터베이스 쿼리 실행 방법을 익힙니다.
- 쿼리문 실행 결과 값을 가져오는 방법을 익힙니다.
- 북마켓의 도서 조회, 등록, 수정, 삭제 페이지를 만듭니다.

01 JDBC의 개요

JDBC(Java DataBase Connectivity)는 자바/JSP 프로그램 내에서 데이터베이스와 관련된 작업을 처리할 수 있도록 도와주는 자바 표준 인터페이스로, 관계형 데이터베이스 시스템에 접근하여 SQL 문을 실행하기 위한 자바 API 또는 자바 라이브러리입니다. JDBC API를 사용하면 DBMS의 종류에 상관없이 데이터베이스 작업을 처리할 수 있습니다.

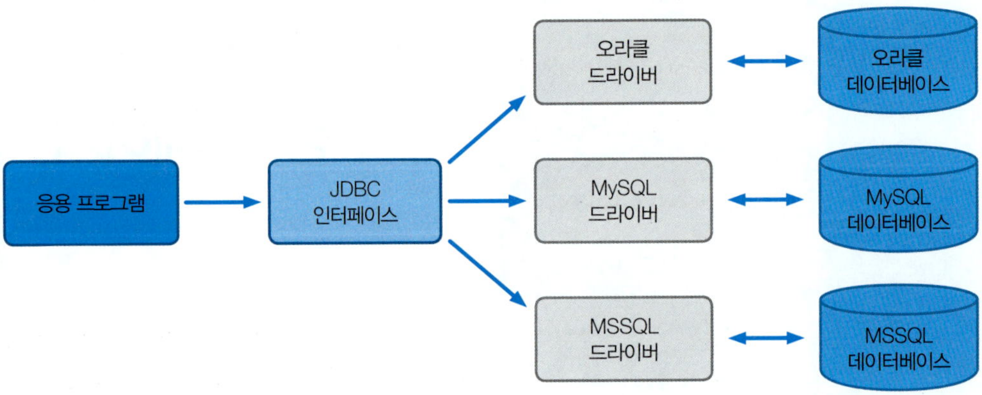

그림 16-1 JDBC의 구조

JDBC API는 java.sql.* 패키지에 의해 구현되며, 이 패키지는 여러 종류의 데이터베이스에 접근할 수 있습니다. java.sql.* 패키지는 단일 API를 제공하는 클래스와 인터페이스의 집합입니다. JDBC API를 사용하려면 JSP 페이지에 page 디렉티브 태그의 import 속성을 사용하여 패키지 java.sql.*을 설정해야 합니다.

JDBC를 사용한 JSP와 데이터베이스의 연동은 다음과 같은 단계로 프로그래밍됩니다.

❶ java.sql.* 패키지 임포트, ❷ JDBC 드라이버 로딩, ❸ 데이터베이스 접속을 위한 Connection 객체 생성, ❹ 쿼리문을 실행하기 위한 Statement/PreparedStatement/CallableStatement 객체 생성, ❺ 쿼리 실행, ❻ 쿼리 실행의 결과 값(int, ResultSet) 사용, ❼ 사용된 객체(ResultSet, Statement/PreparedStatement/CallableStatement, Connection) 종료

02 JDBC 드라이버 로딩 및 DBMS 접속

데이터베이스에 접근하는 첫 단계는 JDBC 드라이버를 로딩하는 것이고, JDBC 드라이버를 로딩하고 나면 데이터베이스를 연결합니다. 그리고 데이터베이스 관련 작업이 종료되면 데이터베이스 연결을 해제합니다.

1 JDBC 드라이버 로딩하기

JDBC 드라이버 로딩 단계에서는 드라이버 인터페이스를 구현하는 작업으로 Class.forName() 메소드를 이용하여 JDBC 드라이버를 로딩합니다. JDBC 드라이버가 로딩되면 자동으로 객체가 생성되고 DriverManager 클래스에 등록되며 형식은 다음과 같습니다. JDBC 드라이버 로딩은 프로그램 수행 시 한 번만 필요합니다.

```
Class.forName(String className);
```

여기서 매개변수 className은 JDBC 드라이버의 이름입니다.

다음은 MySQL 드라이버를 로딩하는 예입니다.

[MySQL 드라이버 로딩 예]

```
<%
    try {
        Class.forName("com.mysql.jdbc.Driver");
    } catch (SQLException ex) {
        //예외 발생 처리
    }
%>
```

NOTE JDBC 드라이버 로딩을 하는 또 다른 방법

웹 애플리케이션에서 많은 노력을 기울이지 않고 MySQL에서 다른 DBMS로 전환하려면 다음과 같이 WEBINF/web.xml 파일의 <init-param> 요소에 드라이버 이름을 설정합니다. 이렇게 하면 서블릿을 초기화할 때 로딩됩니다.

```
<init-param>
    <param-name>jdbcDriver</param-name>
    <param-value>com.mysql.jdbc.Driver</param-value>
</init-param>
```

드라이버를 로딩하고 나서 <init-param> 요소에 설정한 드라이버 이름을 사용하면 데이터베이스에 연결됩니다.

```
java.lang.Class.forName(config.getInitParameter("jdbcDriver"));
```

2 Connection 객체 생성하기

JDBC 드라이버에서 데이터베이스와 연결된 커넥션을 가져오기 위해 DriverManager 클래스의 getConection( ) 메소드를 사용하며 형식은 다음과 같습니다. DriverManager 클래스로 Connection 객체를 생성할 때 JDBC 드라이버를 검색하고, 검색된 드라이버를 이용하여 Connection 객체를 생성한 후 이를 반환합니다.

```
static Connection getConnection(String url)
static Connection getConnection(String url, String user, String password)
static Connection getConnection(String url, Properties info)
```

여기서 매개변수 url은 데이터베이스 경로입니다. url의 표현 형식은 'jdbc:dbms 이름:주소:포트 번호[데이터베이스 식별자]'입니다. 매개변수 user는 데이터베이스 사용자 이름이고 password는 데이터베이스 비밀번호입니다. 그리고 매개변수 info는 사용자 및 비밀번호 등의 추가 정보를 포함한 Properties 객체이고, 이 객체를 사용하려면 패키지 java.util.Properties를 임포트해야 합니다.

다음은 데이터베이스 경로만을 이용하여 Connection 객체를 생성하는 예입니다.

[Connection 객체 생성 예: getConnection(String url) 메소드 사용]

```
<%
    Connection conn=null;
    try {
        Class.forName("com.mysql.jdbc.Driver");
        conn=DriverManager.getConnection(
        "jdbc:mysql://localhost:3306/JSPBookDB?user=root&password=12341");
    } catch (SQLException ex) {
        //예외 발생 처리
    }
%>
```

다음은 데이터베이스 URL, 사용자 이름, 비밀번호를 이용하여 Connection 객체를 생성하는 예입니다.

[Connection 객체 생성 예: getConnection(String url, String user, String password) 메소드 사용]

```
<%
    Connection conn=null;
    try {
        Class.forName("com.mysql.jdbc.Driver");
        conn=DriverManager.getConnection(
            "jdbc:mysql://localhost:3306/JSPBookDB", "root", "1234");
    } catch (SQLException ex) {
        //예외 발생 처리
    }
%>
```

다음은 데이터베이스 URL과 Properties 객체를 이용하여 Connection 객체를 생성하는 예입니다.

[Connection 객체 생성 예: getConnection(String url, Properties info) 메소드 사용]

```
<%
    Connection conn=null;
    try {
```

```
        Class.forName("com.mysql.jdbc.Driver");
        Properties props=new Properties();
        props.put("user", "root");
        props.put("password", "1234");
        conn=DriverManager.getConnection(
            "jdbc:mysql://localhost:3306/JSPBookDB", props);
    } catch (SQLException ex) {
        //예외 발생 처리
    }
%>
```

3 데이터베이스 연결 닫기

데이터베이스 연결이 더 이상 필요하지 않으면 데이터베이스와 JDBC 리소스가 자동으로 닫힐 때까지 대기하는 것이 아니라 close() 메소드로 생성한 Connection 객체를 해제합니다. 일반적으로 데이터베이스 리소스를 사용하지 않기 위해 사용을 끝내자마자 리소스를 해제하는 것이 좋습니다.

```
void close() throws SQLException
```

다음은 데이터베이스의 연결을 종료하는 예입니다.

[Close( ) 메소드 사용 예: 데이터베이스의 연결 종료하기]

```
<%
    Connection conn = null;
    try {
        //JDBC 드라이버 로딩
        //Connection 객체 생성
    } catch (SQLException e) {
        //예외 발생 처리
    } finally {
        if (conn!=null) conn.close();
    }
%>
```

예제 16-1 JDBC API로 데이터베이스 접속하기

1 프로젝트 생성하기: 1장에서 생성한 JSPBook 프로젝트를 사용합니다.

2 데이터베이스 커넥션 설정하기: 커넥션 이름은 MySQL_Conn이고 다음과 같이 데이터베이스 이름을 JSPBookDB로 설정합니다.

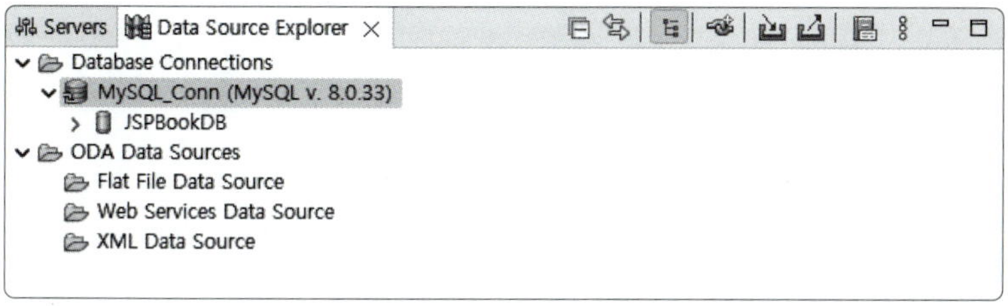

3 JSP 페이지 작성하기: JSPBook/src/main/webapp/ 폴더에 ch16 폴더를 만든 후 connection.jsp 파일을 생성하고 다음과 같이 작성합니다.

JSPBook/src/main/webapp/ch16/connection.jsp

```
<%@ page contentType="text/html; charset=utf-8" %>
<%@ page import="java.sql.*" %>
<html>
<head>
<title>Database SQL</title>
</head>
<body>
    <%
        Connection conn=null;
        try {
            String url="jdbc:mysql://localhost:3306/JSPBookDB";
            String user="root";
            String password="1234";

            Class.forName("com.mysql.jdbc.Driver");
            conn=DriverManager.getConnection(url, user, password);
            out.println("데이터베이스 연결이 성공했습니다.");
        } catch (SQLException ex) {
            out.println("데이터베이스 연결이 실패했습니다.<br>");
```

```
20             out.println("SQLException: " + ex.getMessage());
21         } finally {
22             if (conn!=null)
23                 conn.close();
24         }
25     %>
26 </body>
27 </html>
```

09행: Connection 객체를 null로 초기화하도록 작성합니다.

11~13행: 데이터베이스 이름을 포함한 URL, 사용자 계정, 비밀번호를 작성합니다.

15행: 데이터베이스와 연동하기 위해 JDBC를 로딩하도록 Class.forName() 메소드를 작성합니다.

16행: DriverManager 객체로부터 Connection 객체를 얻어오도록 getConnection() 메소드를 작성합니다.

17행: 데이터베이스 커넥션이 제대로 연결되면 출력하도록 out.println() 메소드를 작성합니다.

18~21행: 예외가 발생하면 예외 상황을 처리하도록 catch 구문을 작성합니다.

21~24행: 생성된 Connection 객체를 해제하도록 close() 메소드를 작성합니다.

4 프로젝트 실행하기: 웹 브라우저에 'http://localhost:8080/JSPBook/ch16/connection.jsp'를 입력하여 실행 결과를 확인합니다.

- **데이터베이스 연결 성공**

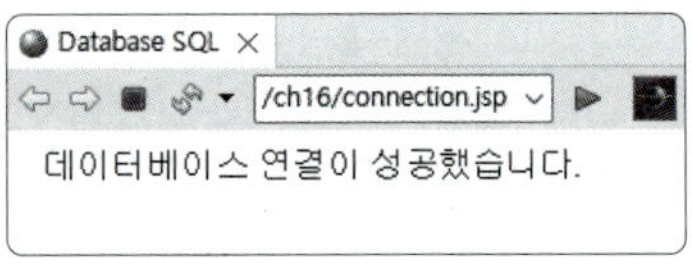

- **데이터베이스 연결 실패**

[데이터베이스 이름이 잘못된 경우]

[데이터베이스 사용자 이름이 잘못된 경우]

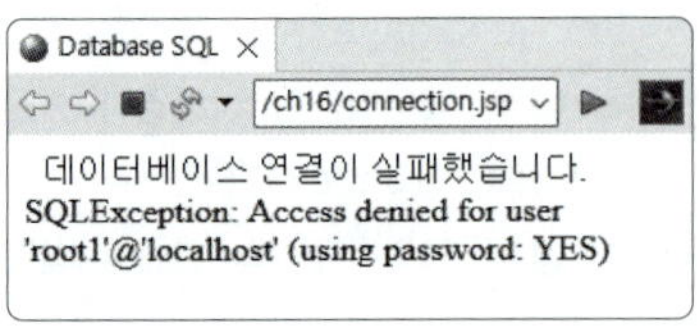

03 데이터베이스 쿼리 실행

Connection 객체를 생성하여 데이터베이스가 연결되었다면 쿼리 실행 객체를 이용하여 쿼리를 실행합니다. 쿼리 실행 객체는 Statement, PreparedStatement, CallableStatement입니다. 쿼리의 실행 성공이나 실패 여부와 상관없이 쿼리 실행 객체와 Connection 객체의 리소스를 해제해야 합니다.

1 Statement 객체로 데이터 접근하기

Statement 객체는 정적인 쿼리에 사용하며 형식은 다음과 같습니다. 이 객체는 하나의 쿼리를 사용하고 나면 더는 사용할 수 없습니다. 하나의 쿼리를 끝내면 close()를 사용하여 객체를 즉시 해제해야 합니다. close()를 사용하여 객체를 즉시 해제하지 않으면 무시할 수 없는 공간이 필요하며 페이지가 다른 작업을 수행하는 동안 멈추지 않기 때문입니다. Statement 객체는 복잡하지 않은 간단한 쿼리문을 사용하는 경우에 좋습니다.

```
Statement createStatement() throws SQLException
```

일단 Statement 객체를 생성하면 Statement 객체의 executeQuery()나 executeUpdate() 메소드를 호출하여 쿼리문을 실행합니다. 이러한 메소드는 쿼리문 대부분의 요구 사항을 처리할 수 있습니다.

표 16-1 Statement 객체의 메소드 종류

메소드	반환 유형	설명
executeQuery(String sql)	ResultSet	SELECT 문을 실행할 때 사용한다(ResultSet 객체 반환).
executeUpdate(String sql)	int	삽입, 수정, 삭제와 관련된 SQL 문 실행에 사용한다.
close()	void	Statement 객체를 반환할 때 사용한다.

executeQuery() 메소드로 데이터 조회하기

executeQuery() 메소드는 정적인 SELECT 쿼리문을 통해 데이터를 검색하는 데 사용하며

형식은 다음과 같습니다.

```
ResultSet executeQuery(String sql) throws SQLException
```

여기서 매개변수 sql은 데이터베이스에 보낼 쿼리문입니다.

다음은 executeQuery() 메소드를 사용하여 SELECT 문을 실행하는 예로, 쿼리문이 Member 테이블에서 id가 1인 레코드를 검색하여 ResultSet 객체의 rs에 모든 필드 값을 반환합니다.

[executeQuery() 메소드 사용 예: SELECT 쿼리문]

```
<%
    Connection conn=null;
    …(생략)…
    Statement stmt=conn.createStatement();
    String sql="SELECT * FROM Member WHERE id='1'";
    ResultSet rs=stmt.executeQuery(sql);
    stmt.close();
%>
```

TIP ResultSet 객체에 관한 자세한 내용은 4절을 참고하세요.

executeUpdate() 메소드로 데이터 삽입, 수정, 삭제하기

executeUpdate() 메소드는 INSERT, UPDATE, DELETE 쿼리문을 통해 데이터를 삽입, 수정, 삭제하는 데 사용하며 형식은 다음과 같습니다.

```
int executeUpdate(String sql) throws SQLException
```

여기서 매개변수 sql은 데이터베이스에 보낼 쿼리문입니다.

다음은 executeUpdate() 메소드로 INSERT 쿼리문을 실행하여 데이터베이스에 새로운 데이터를 삽입하는 예로, Member 테이블의 id, name, passwd 필드에 각각 '1', '홍길순', '1234'를 삽입합니다.

[executeUpdate( ) 메소드 사용 예(삽입): INSERT 쿼리문]

```
<%
    Connection conn=null;
    …(생략)…
    Statement stmt=conn.createStatement();
    String sql="INSERT INTO Member(id, name, passwd) VALUES('1', '홍길순', '1234')";
    int rs=stmt.executeUpdate(sql);
%>
```

다음은 executeUpdate() 메소드로 UPDATE 쿼리문을 실행하여 데이터베이스에 저장된 데이터를 수정하는 예로, Member 테이블의 id 필드 값이 '1'인 것을 찾아 name 필드 값을 '관리자'로 변경합니다.

[executeUpdate( ) 메소드 사용 예(수정): UPDATE 쿼리문]

```
<%
    Connection conn=null;
    …(생략)…
    Statement stmt=conn.createStatement();
    String sql="UPDATE Member SET name='관리자' WHERE id='1'";
    int rs=stmt.executeUpdate(sql);
%>
```

다음은 executeUpdate() 메소드로 DELETE 쿼리문을 실행하여 데이터베이스에 저장된 데이터를 삭제하는 예로, Member 테이블의 id 필드 값이 '1'인 것을 찾아 레코드를 삭제합니다.

[executeUpdate( ) 메소드 사용 예(삭제): DELETE 쿼리문]

```
<%
    Connection conn=null;
    …(생략)…
    Statement stmt=conn.createStatement();
    String sql="DELETE FROM Member WHERE id='1'";
    int rs=stmt.executeUpdate(sql);
%>
```

예제 16-2 Statement 객체로 INSERT 쿼리문 실행하기

1 데이터베이스 커넥션 설정하기: 커넥션 이름은 MySQL_Conn이고 데이터베이스 이름을 JSPBook DB로 설정합니다.

2 테이블 생성 파일 만들기: SQL 스크랩북에서 다음과 같이 작성하여 /src/main/webapp/ch16/ 폴더에 Member.sql 파일로 저장한 후 이를 Data Source Explorer에서 실행합니다.

JSPBook/src/main/webapp/ch16/Member.sql

```
01 CREATE TABLE IF NOT EXISTS Member(
02     id VARCHAR(20) NOT NULL,
03     passwd VARCHAR(20),
04     name VARCHAR(30),
05     PRIMARY KEY (id)
06 );
07
08 SELECT * FROM Member;
```

01~06행: Member 테이블을 생성하도록 CREATE 명령어를 작성합니다. IF NOT EXISTS 옵션은 Member 테이블이 없다면 테이블을 생성하라는 의미입니다.

02행: 아이디이고 문자형으로 최대 길이 20자로 작성합니다. NOT NULL은 NULL을 허용하지 않는다는 것을 나타냅니다.

03행: 비밀번호이고 문자형으로 최대 길이 20자로 작성합니다.

04행: 이름이고 문자형으로 최대 길이 30자로 작성합니다.

05행: id를 고유한 키 인덱스인 PRIMARY KEY로 작성합니다.

08행: 작성된 쿼리문을 실행하면 다음과 같이 생성된 Member 테이블의 형태를 볼 수 있습니다.

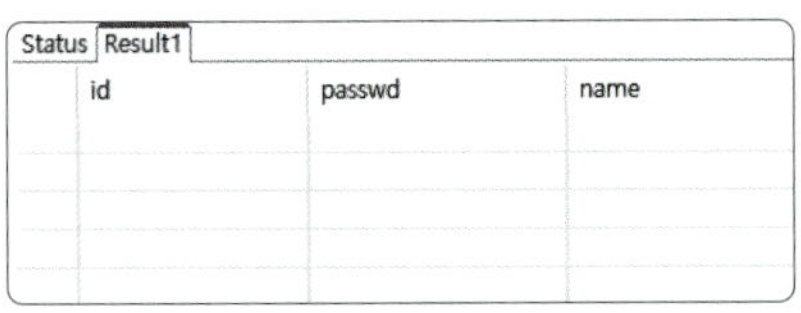

3 프로젝트 실행하기: /src/main/webapp/ch16/ 폴더에 다음과 같이 웹 페이지를 작성하고 웹 브라우저에 'http://localhost:8080/JSPBook/ch16/insert01.jsp'를 입력하여 실행 결과를 확인합니다.

JSPBook/src/main/webapp/ch16/insert01.jsp

```
<%@ page contentType="text/html; charset=utf-8" %>
<html>
<head>
<title>Database SQL</title>
</head>
<body>
    <form method="post" action="insert01_process.jsp">
        <p> 아이디 : <input type="text" name="id">
        <p> 비밀번호 : <input type="password" name="passwd">
        <p> 이름 : <input type="text" name="name">
        <p> <input type="submit" value="전송">
    </form>
</body>
</html>
```

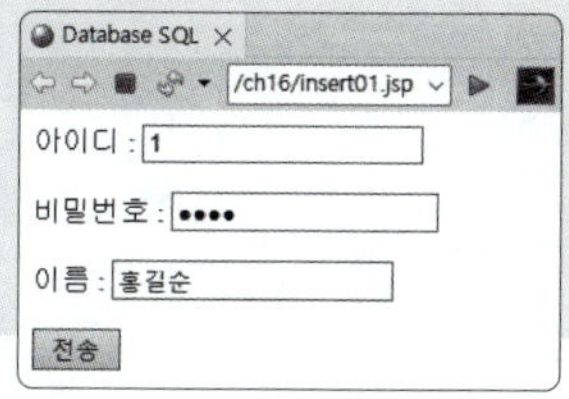

JSPBook/src/main/webapp/ch16/dbconn.jsp

```
<%@ page import="java.sql.*" %>
<%
    Connection conn=null;

    String url="jdbc:mysql://localhost:3306/JSPBookDB";
    String user="root";
    String password="1234";

    Class.forName("com.mysql.jdbc.Driver");
    conn=DriverManager.getConnection(url, user, password);
%>
```

JSPBook/src/main/webapp/ch16/insert01_process.jsp

```
<%@ page contentType="text/html; charset=utf-8" %>
<%@ page import="java.sql.*" %>
<html>
<head>
<title>Database SQL</title>
```

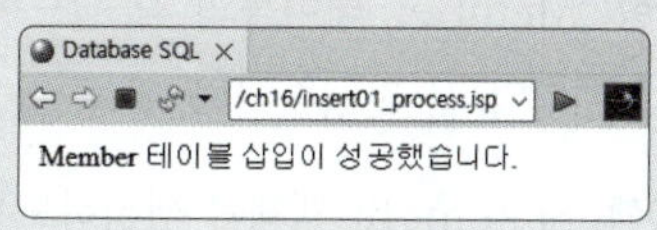

```
06 </head>
07 <body>
08     <%@ include file="dbconn.jsp" %>
09     <%
10         request.setCharacterEncoding("utf-8");
11 
12         String id=request.getParameter("id");
13         String passwd=request.getParameter("passwd");
14         String name=request.getParameter("name");
15 
16         Statement stmt=null;
17 
18         try {
19             String sql="INSERT INTO Member(id, passwd, name) VALUES('"
               + id + "','" + passwd + "', '" + name + "')";
20             stmt=conn.createStatement();
21             stmt.executeUpdate(sql);
22             out.println("Member 테이블 삽입이 성공했습니다.");
23         } catch (SQLException ex) {
24             out.println("Member 테이블 삽입이 실패했습니다.<br>");
25             out.println("SQLException: " + ex.getMessage());
26         } finally {
27             if (stmt!=null)
28                 stmt.close();
29             if (conn!=null)
30                 conn.close();
31         }
32     %>
33 </body>
34 </html>
```

16행: Statement 객체를 null로 초기화하도록 작성합니다.

19행: Member 테이블의 각 필드에 폼 페이지에서 전송된 아이디, 비밀번호, 이름을 삽입하도록 INSERT 문을 작성합니다.

20행: Statement 객체를 생성하도록 작성합니다.

21행: INSERT 문을 실행하도록 Statement 객체의 executeUpdate() 메소드를 작성합니다.

22행: INSERT 문의 실행이 성공하면 메시지를 출력하도록 out.println() 메소드를 작성합니다.

27~30행: 생성한 Statement 객체와 Connection 객체를 해제합니다.

2 PreparedStatement 객체로 데이터 접근하기

PreparedStatement 객체는 동적인 쿼리에 사용하며 형식은 다음과 같습니다. Prepared Statement 객체는 하나의 객체로 여러 번의 쿼리를 실행할 수 있으며, 동일한 쿼리문을 특정 값만 바꾸어서 여러 번 실행해야 할 때, 매개변수가 많아서 쿼리문을 정리해야 할 때 유용합니다.

```
PreparedStatement prepareStatement(String sql) throws SQLException
```

여기서 매개변수 sql은 데이터베이스에 보낼 쿼리문이며, 쿼리문에 정해지지 않은 값을 물음표(?)로 표시하여 사용합니다. 이 물음표에 값을 할당하기 위해 setXxx() 메소드를 사용하는데, 이 메소드는 2개의 매개변수로 설정한 물음표 위치 값(1부터 시작함)과 실제 할당될 값을 가집니다. 이때 Xxx는 필드의 데이터형으로, 해당 필드의 데이터형이 문자열이면 setString()이 되고 int이면 setInt()가 됩니다.

표 16-2 setXxx() 메소드의 종류

메소드	반환 유형	설명
setString(int parameterIndex, String x)	void	필드 유형이 문자열인 경우
setInt(int parameterIndex, int x)	void	필드 유형이 정수형인 경우
setLong(int parameterIndex, long x)	void	필드 유형이 정수형인 경우
setDouble(int parameterIndex, double x)	void	필드 유형이 실수형인 경우
setFloat(int parameterIndex, float x)	void	필드 유형이 실수형인 경우
setObject(int parameterIndex, Object x)	void	필드 유형이 객체형인 경우
setDate(int parameterIndex, Date x)	void	필드 유형이 날짜형인 경우
setTimestamp(int parameterIndex, Timestamp x)	void	필드 유형이 시간형인 경우

표 16-3 PreparedStatement 객체의 메소드 종류

메소드	반환 유형	설명
executeQuery()	ResultSet	SELECT 문을 실행할 때 사용한다(ResultSet 객체 반환).
executeUpdate()	int	삽입, 수정, 삭제와 관련된 SQL 문 실행에 사용한다.
close()	void	PreparedStatement 객체를 반환할 때 사용한다.

executeQuery( ) 메소드로 데이터 조회하기

executeQuery( ) 메소드는 동적인 SELECT 쿼리문을 통해 데이터를 검색하는 데 사용하며 형식은 다음과 같습니다.

```
int executeQuery() throws SQLException
```

여기서 매개변수 sql은 데이터베이스에 보낼 쿼리문입니다.

다음은 executeQuery( ) 메소드를 사용하여 SELECT 문을 실행하는 예로, 쿼리문이 Member 테이블에서 id가 1인 레코드를 검색하여 ResultSet 객체의 rs에 모든 필드 값을 반환합니다. 이 예의 실행 결과는 앞서 Statement 객체가 제공하는 메소드로 SELECT 문을 실행한 예의 실행 결과와 동일합니다.

[executeQuery( ) 메소드 사용 예: SELECT 쿼리문]

```
<%
    Connection conn=null;
    …(생략)…
    String sql="SELECT * FROM Member WHERE id=? ";
    PreparedStatement pstmt=conn.prepareStatement(sql);
    pstmt.setString(1,"1");
    ResultSet rs=pstmt.executeQuery(sql);
    …(생략)…
    pstmt .close();
%>
```

executeUpdate( ) 메소드로 데이터 삽입, 수정, 삭제하기

executeUpdate( ) 메소드는 INSERT, UPDATE, DELETE 쿼리문을 통해 데이터를 삽입, 수정, 삭제하는 데 사용하며 형식은 다음과 같습니다.

```
int executeUpdate() throws SQLException
```

여기서 매개변수 sql은 데이터베이스에 보낼 쿼리문입니다.

다음은 executeUpdate( ) 메소드로 INSERT 쿼리문을 실행하여 데이터베이스에 새로운 데이터를 삽입하는 예로, Member 테이블의 id, name, passwd 필드에 각각 '1', '홍길순', '1234'를 삽입합니다. 이 예의 실행 결과는 앞서 Statement 객체가 제공하는 메소드로 INSERT 문을 실행한 예의 실행 결과와 동일합니다.

[executeUpdate( ) 메소드 사용 예(삽입): INSERT 쿼리문]

```
<%
    Connection conn=null;
    …(생략)…
    String sql="INSERT INTO Member(id, name, passwd) VALUES(?,?,?)";
    PreparedStatement pstmt=conn.prepareStatement(sql);
    pstmt.setString(1, "1");
    pstmt.setString(2, "홍길순");
    pstmt.setString(3, "1234");
    pstmt.executeUpdate();
    …(생략)…
    pstmt.close();
%>
```

다음은 executeUpdate( ) 메소드로 UPDATE 쿼리문을 실행하여 데이터베이스에 저장된 데이터를 수정하는 예로, Member 테이블의 id 필드 값이 1인 것을 찾아 name 필드 값을 '관리자'로 변경합니다.

[executeUpdate( ) 메소드 사용 예(수정): UPDATE 쿼리문]

```
<%
    Connection conn=null;
    …(생략)…
    String sql="UPDATE Member SET name=?' WHERE id=?";
    PreparedStatement pstmt=conn.prepareStatement(sql);
    pstmt.setString(1, "1");
    pstmt.setString(2, "관리자");
    pstmt.executeUpdate();
    …(생략)…
    pstmt.close();
%>
```

다음은 executeUpdate( ) 메소드로 DELETE 쿼리문을 실행하여 데이터베이스에 저장된 데이터를 삭제하는 예로, Member 테이블의 id 필드 값이 1인 것을 찾아 레코드를 삭제합니다.

[executeUpdate( ) 메소드 사용 예(삭제): DELETE 쿼리문]

```
<%
    Connection conn=null;
    …(생략)…
    String sql="DELETE FROM Member WHERE id=?";
    PreparedStatement pstmt=conn.prepareStatement(sql);
    pstmt.setString(1, "1");
    pstmt.executeUpdate();
    …(생략)…
    pstmt.close();
%>
```

예제 16-3 PreparedStatement 객체로 INSERT 쿼리문 실행하기

1 [예제 16-2]와 같이 Data Source Explorer 뷰를 이용하여 커넥션 이름은 MySQL_Conn, 데이터베이스 이름은 JSPBookDB로 데이터베이스 커넥션을 설정합니다. 그리고 생성한 Member 테이블을 사용합니다.

2 /src/main/webapp/ch16/ 폴더에 있는 insert01.jsp 파일에서 다음과 같이 form 태그의 action 속성을 수정하여 insert02.jsp 파일을 작성하고, 웹 브라우저에 'http://localhost:8080/JSPBook/ch16/insert02.jsp'를 입력하여 실행 결과를 확인합니다.

JSPBook/src/main/webapp/ch16/insert02.jsp

```
<%@ page contentType="text/html; charset=utf-8" %>
…(생략)…
    <form method="post" action="insert02_process.jsp">
…(생략)…
```

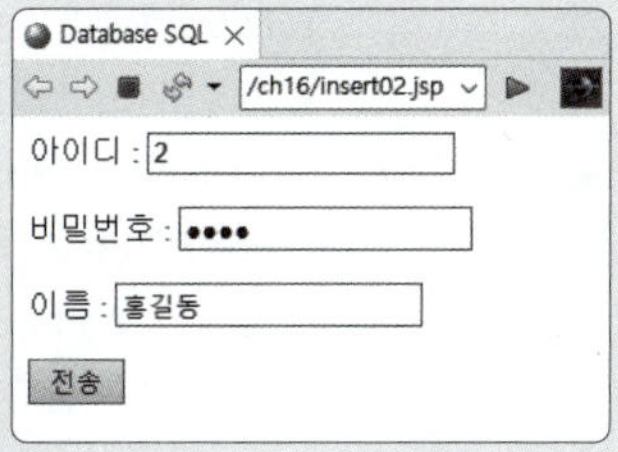

JSPBook/src/main/webapp/ch16/insert02_process.jsp

```
<%@ page contentType="text/html; charset=utf-8" %>
<%@ page import="java.sql.*" %>
<html>
<head>
<title>Database SQL</title>
</head>
<body>
    <%@ include file="dbconn.jsp" %>
    <%
        request.setCharacterEncoding("utf-8");

        String id=request.getParameter("id");
        String passwd=request.getParameter("passwd");
        String name=request.getParameter("name");

        PreparedStatement pstmt=null;

        try {
            String sql="INSERT INTO Member(id, passwd, name) VALUES(?,?,?)";
            pstmt=conn.prepareStatement(sql);
            pstmt.setString(1, id);
            pstmt.setString(2, passwd);
            pstmt.setString(3, name);
```

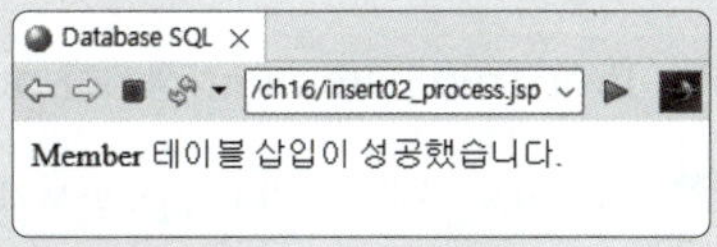

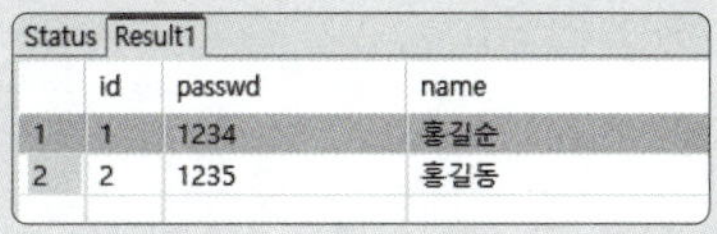

```
24              pstmt.executeUpdate();
25              out.println("Member 테이블 삽입이 성공했습니다.");
26          } catch (SQLException ex) {
27              out.println("Member 테이블 삽입이 실패했습니다.<br>");
28              out.println("SQLException: " + ex.getMessage());
29          } finally {
30              if (pstmt!=null)
31                  pstmt.close();
32              if (conn!=null)
33                  conn.close();
34          }
35      %>
36  </body>
37  </html>
```

16행: PreparedStatement 객체를 null로 초기화하도록 작성합니다.

19행: Member 테이블의 id, passwd, name 필드에 정해지지 않은 값을 삽입하도록 INSERT 문을 작성합니다.

20행: PreparedStatement 객체를 생성하도록 작성합니다.

21~23행: 폼 페이지에서 전송된 아이디, 비밀번호, 이름을 19행의 물음표에 설정하도록 setString() 메소드를 작성합니다.

24행: INSERT 문을 실행하도록 PreparedStatement 객체의 executeUpdate() 메소드를 작성합니다.

25행: INSERT 문의 실행이 성공하면 메시지를 출력하도록 out.println() 메소드를 작성합니다.

30~33행: 생성한 PreparedStatement 객체와 Connection 객체를 해제합니다.

04 쿼리문 실행 결과 값 접근

앞에서 select 쿼리문 실행 시 executeQuery() 메소드를 사용하고 실행 결과가 java.sql.ResultSet 형으로 반환된 것을 보았습니다. ResultSet 객체는 Statement 또는 Prepared Statement 객체로 SELECT 문을 사용하여 얻어온 레코드 값을 테이블 형태로 가진 객체입니다. SELECT 쿼리문의 실행 결과 값을 가져오는 ResultSet 객체의 형식은 다음과 같습니다.

[Statement 객체를 사용하는 경우]

```
ResultSet executeQuery(String sql) throws SQLException
```

[PreparedStatement 객체를 사용하는 경우]

```
ResultSet executeQuery() throws SQLException
```

ResultSet 객체는 SELECT 문으로 필드 값을 가져오기 위해 getXxx() 메소드를 사용하고 Xxx는 필드의 데이터형과 관련이 있습니다. 즉 해당 필드의 데이터형이 문자열이면 getString()이 되고 int이면 getInt()가 됩니다. 이때 한 가지 주의할 점은 ResultSet 객체의 getXxx() 메소드를 사용하여 필드 순번으로 필드 값을 가져온다면 첫 번째는 1부터 시작한다는 것입니다.

표 16-4 ResultSet 객체의 메소드 종류

메소드	반환 유형	설명
getXxx(int ColumnIndex)	XXX	SELECT 문을 실행할 때 사용한다(ResultSet 객체 반환).
getXxx(String ColumnName)	XXX	삽입, 수정, 삭제와 관련된 SQL 문 실행에 사용한다.
absolute(int row)	boolean	설정한 row 행으로 커서를 이동한다.
beforeFirst()	void	첫 번째 행의 이전으로 커서를 이동한다.
afterLast()	void	마지막 행의 다음으로 커서를 이동한다.
first()	void	첫 번째 행으로 커서를 이동한다.

last()	void	마지막 행으로 커서를 이동한다.
next()	boolean	다음 행으로 커서를 이동한다.
previous()	boolean	현재 행의 이전 행으로 커서를 이동한다.
close()	void	ResultSet 객체를 반환할 때 이동한다.

TIP 다양한 ResultSet 객체의 메소드 종류는 https://docs.oracle.com/javase/7/docs/api/java/sql/ResultSet.html을 참고하세요.

다음은 executeQuery() 메소드를 사용하여 SELECT 문을 실행한 결과 값을 ResultSet 객체로 가져오는 예입니다. 쿼리문은 Member 테이블에서 id가 1인 레코드를 검색하여 ResultSet 객체의 rs에 모든 필드 값을 반환합니다. 그리고 rs.getString() 메소드로 원하는 필드 값을 추출하여 출력합니다.

[executeQuery( ) 메소드 사용 예: SELECT 쿼리문]

```
<%
    Connection conn=null;
    …(생략)…
    Statement stmt=conn.createStatement();
    String sql="SELECT * FROM Member WHERE id='1";
    ResultSet rs=stmt.executeQuery(sql);

    while (rs.next()) {
        out.println(rs.getString(2) + ", " + rs.getString(3) + "<br/>");
    }
    rs.close();
    stmt.close();
%>
```

예제 16-4 Statement 객체를 이용하여 SELECT 쿼리문 실행 결과 값 가져오기

1 커넥션 이름은 MySQL_Conn이고 데이터베이스 이름은 JSPBookDB를 사용하여 Data Source Explorer에서 실행합니다. 그리고 생성한 Member 테이블을 사용합니다.

2 /src/main/webapp/ch16/ 폴더에 다음과 같이 웹 페이지를 작성하고 웹 브라우저에 'http://localhost:8080/JSPBook/ch16/select01.jsp'를 입력하여 실행 결과를 확인합니다.

JSPBook/src/main/webapp/ch16/select01.jsp

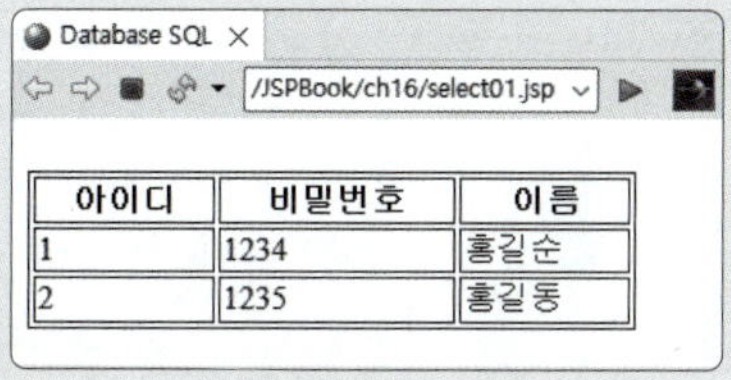


```
<%@ page contentType="text/html; charset=utf-8" %>
<%@ page import="java.sql.*" %>
<html>
<head>
<title>Database SQL</title>
</head>
<body>
    <%@ include file="dbconn.jsp" %>
    <table width="300" border="1">
        <tr>
            <th>아이디</th>
            <th>비밀번호</th>
            <th>이름</th>
        </tr>
        <%
            ResultSet rs=null;
            Statement stmt=null;

            try {
                String sql="SELECT * FROM Member";
                stmt=conn.createStatement();
                rs=stmt.executeQuery(sql);

                while (rs.next()) {
                    String id=rs.getString("id");
                    String pw=rs.getString("passwd");
                    String name=rs.getString("name");
        %>
        <tr>
            <td><%=id %></td>
            <td><%=pw %></td>
            <td><%=name %></td>
        </tr>
```

```
34          <%
35                  }
36              } catch (SQLException ex) {
37                  out.println("Member 테이블 호출이 실패했습니다.<br>");
38                  out.println("SQLException: " + ex.getMessage());
39              } finally {
40                  if (rs!=null)
41                      rs.close();
42                  if (stmt!=null)
43                      stmt.close();
44                  if (conn!=null)
45                      conn.close();
46              }
47          %>
48      </table>
49  </body>
50  </html>
```

16~17행: ResultSet, Statement 객체를 null로 초기화하도록 작성합니다.

20행: Member 테이블의 모든 필드 값을 가져오도록 SELECT 문을 작성합니다.

21행: Statement 객체를 생성하도록 작성합니다.

22행: SELECT 문을 실행하도록 Statement 객체의 executeQuery() 메소드를 작성합니다.

24~35행: SELECT 문으로 가져온 레코드가 있을 때까지 id, passwd, name 필드 값을 가져와 출력하도록 반복해서 실행합니다.

40~45행: 생성한 객체를 해제합니다.

예제 16-5 PreparedStatement 객체를 이용하여 SELECT 쿼리문 실행 결과 값 가져오기

1 커넥션 이름은 MySQL_Conn이고 데이터베이스 이름은 JSPBookDB를 사용하여 Data Source Explorer에서 실행합니다. 그리고 생성한 Member 테이블을 사용합니다.

2 /src/main/webapp/ch16/ 폴더에 다음과 같이 웹 페이지를 작성하고 웹 브라우저에 'http://localhost:8080/JSPBook/ch16/select02.jsp'를 입력하여 실행 결과를 확인합니다.

JSPBook/src/main/webapp/ch16/select02.jsp

```
<%@ page contentType="text/html; charset=utf-8" %>
<%@ page import="java.sql.*" %>
<html>
<head>
<title>Database SQL</title>
</head>
<body>
    <%@ include file="dbconn.jsp" %>
    <table width="300" border="1">
        <tr>
            <th>아이디</th>
            <th>비밀번호</th>
            <th>이름</th>
        </tr>
        <%
            ResultSet rs=null;
            PreparedStatement pstmt=null;

            try {
                String sql="SELECT * FROM Member";
                pstmt=conn.prepareStatement(sql);
                rs=pstmt.executeQuery();

                while (rs.next()) {
                    String id=rs.getString("id");
                    String pw=rs.getString("passwd");
                    String name=rs.getString("name");
        %>
        <tr>
            <td><%=id %></td>
            <td><%=pw %></td>
            <td><%=name %></td>
        </tr>
        <%
                }
            } catch (SQLException ex) {
```

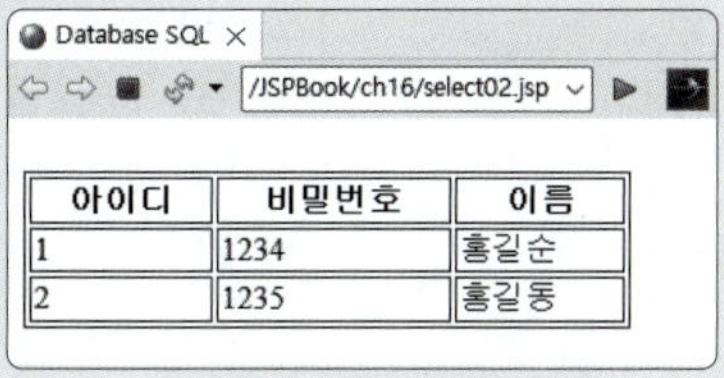

```
37                  out.println("Member 테이블 호출이 실패했습니다.<br>");
38                  out.println("SQLException: " + ex.getMessage());
39              } finally {
40                  if (rs!=null)
41                      rs.close();
42                  if (pstmt!=null)
43                      pstmt.close();
44                  if (conn!=null)
45                      conn.close();
46              }
47          %>
48      </table>
49  </body>
50  </html>
```

16~17행: ResultSet, PreparedStatement 객체를 null로 초기화하도록 작성합니다.

20행: Member 테이블의 모든 필드 값을 가져오도록 SELECT 문을 작성합니다.

21행: PreparedStatement 객체를 생성하도록 prepareStatement() 메소드를 작성합니다.

22행: SELECT 문을 실행하도록 PreparedStatement 객체의 executeQuery() 메소드를 작성합니다.

24~35행: SELECT 문으로 가져온 레코드가 있을 때까지 id, passwd, name 필드 값을 가져와 출력하도록 반복해서 실행합니다.

40~45행: 생성한 객체를 해제합니다.

예제 16-6 Statement 객체를 이용하여 UPDATE 쿼리문 실행 결과 값 가져오기

1 커넥션 이름은 MySQL_Conn이고 데이터베이스 이름은 JSPBookDB를 사용하여 Data Source Explorer에서 실행합니다. 그리고 생성한 Member 테이블을 사용합니다.

2 /src/main/webapp/ch16/ 폴더에 있는 update01.jsp 파일에서 다음과 같이 <form> 태그의 action 속성을 수정하여 웹 페이지를 작성하고, 웹 브라우저에 'http://localhost:8080/JSPBook/ch16/update01.jsp'를 입력하여 실행 결과를 확인합니다.

JSPBook/src/main/webapp/ch16/update01.jsp

```
<%@ page contentType="text/html; charset=utf-8" %>
…(생략)…
    <form method="post" action="update01_process.jsp">
…(생략)…
```

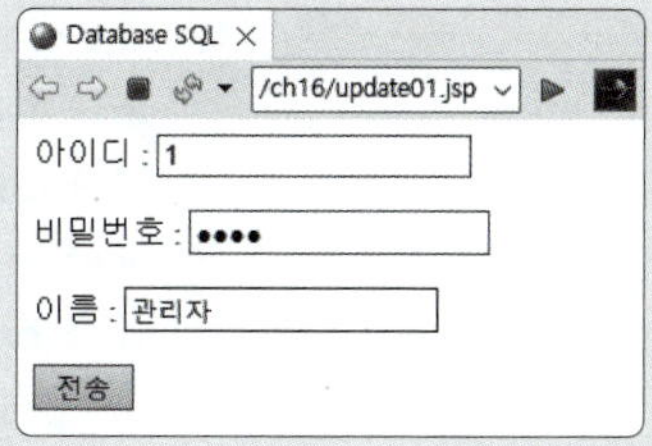

JSPBook/src/main/webapp/ch16/update01_process.jsp

```
<%@ page contentType="text/html; charset=utf-8" %>
<%@ page import="java.sql.*" %>
<html>
<head>
<title>Database SQL</title>
</head>
<body>
    <%@ include file="dbconn.jsp" %>
    <%
        request.setCharacterEncoding("utf-8");

        String id=request.getParameter("id");
        String passwd=request.getParameter("passwd");
        String name=request.getParameter("name");

        ResultSet rs=null;
        Statement stmt=null;

        try {
            String sql="SELECT id, passwd FROM Member WHERE id='" + id + "'";
            stmt=conn.createStatement();
            rs=stmt.executeQuery(sql);

            if (rs.next()) {
                String rId=rs.getString("id");
                String rPasswd=rs.getString("passwd");
```

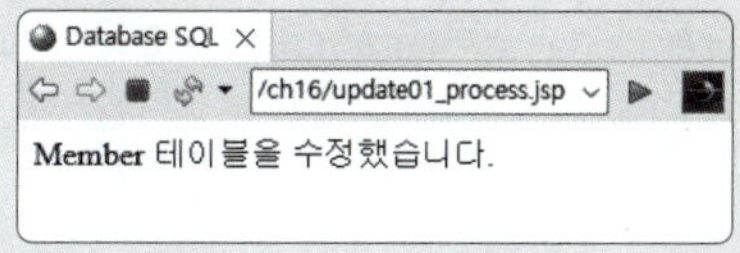

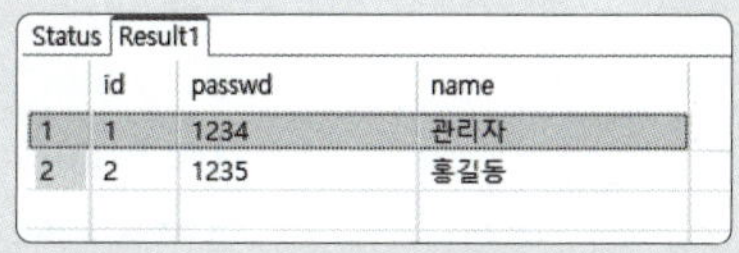

```
27
28              if (id.equals(rId) && passwd.equals(rPasswd)) {
29                  sql="UPDATE Member SET name='" + name + "' WHERE id='" + id + "'";
30                  stmt=conn.createStatement();
31                  stmt.executeUpdate(sql);
32                  out.println("Member 테이블을 수정했습니다.");
33              } else
34                  out.println("일치하는 비밀번호가 아닙니다.");
35          } else
36              out.println("Member 테이블에 일치하는 아이디가 없습니다.");
37          } catch (SQLException ex) {
38              out.println("SQLException: " + ex.getMessage());
39          } finally {
40              if (rs!=null)
41                  rs.close();
42              if (stmt!=null)
43                  stmt.close();
44              if (conn!=null)
45                  conn.close();
46          }
47      %>
48  </body>
49  </html>
```

16~17행: ResultSet, Statement 객체를 null로 초기화하도록 작성합니다.

20행: Member 테이블에서 폼 페이지로부터 전송된 id와 일치하는 레코드를 찾아 해당 id, passwd 필드 값을 가져오도록 SELECT 문을 작성합니다.

21행: Statement 객체를 생성하도록 createStatement( ) 메소드를 작성합니다.

22행: SELECT 문을 실행하도록 Statement 객체의 executeQuery( ) 메소드를 작성합니다.

24~35행: SELECT 문으로 가져온 레코드가 있으면 실행합니다.

29행: Member 테이블에서 폼 페이지로부터 전송된 id와 일치하는 레코드를 찾아 name 필드 값을 변경하도록 UPDATE 문을 작성합니다.

30행: Statement 객체를 생성하도록 createStatement() 메소드를 작성합니다.

31행: SELECT 문을 실행하도록 Statement 객체의 executeUpdate() 메소드를 작성합니다.

40~45행: 생성한 객체를 해제합니다.

예제 16-7 PreparedStatement 객체를 이용하여 UPDATE 쿼리문 실행 결과 값 가져오기

1 커넥션 이름은 MySQL_Conn이고 데이터베이스 이름은 JSPBookDB를 사용하여 Data Source Explorer에서 실행합니다. 그리고 생성한 Member 테이블을 사용합니다.

2 /src/main/webapp/ch16/ 폴더에 있는 update02.jsp 파일에서 다음과 같이 form 태그의 action 속성을 수정하여 웹 페이지를 작성하고, 웹 브라우저에 'http://localhost:8080/JSPBook/ch16/update02.jsp'를 입력하여 실행 결과를 확인합니다.

JSPBook/src/main/webapp/ch16/update02.jsp

```
<%@ page contentType="text/html; charset=utf-8" %>
…(생략)…
    <form method="post" action="update02_process.jsp">
…(생략)…
```

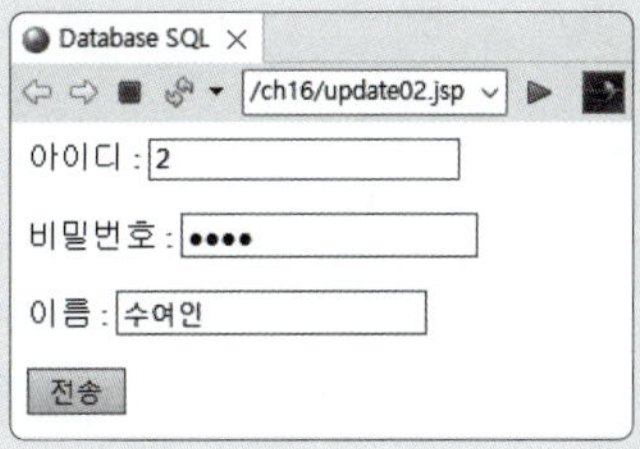

JSPBook/src/main/webapp/ch16/update02_process.jsp

```
<%@ page contentType="text/html; charset=utf-8" %>
<%@ page import="java.sql.*" %>
<html>
<head>
<title>Database SQL</title>
</head>
<body>
    <%@ include file="dbconn.jsp" %>
    <%
        request.setCharacterEncoding("utf-8");

        String id=request.getParameter("id");
        String passwd=request.getParameter("passwd");
```

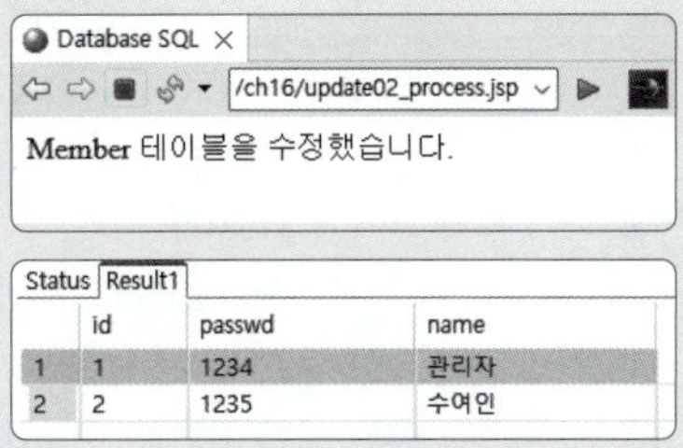

```
        String name=request.getParameter("name");

        ResultSet rs=null;
        PreparedStatement pstmt=null;

        try {
            String sql="SELECT id, passwd FROM Member WHERE id=?";
            pstmt=conn.prepareStatement(sql);
            pstmt.setString(1, id);
            rs=pstmt.executeQuery();

            if (rs.next()) {
                String rId=rs.getString("id");
                String rPasswd=rs.getString("passwd");

                if (id.equals(rId) && passwd.equals(rPasswd)) {
                    sql="UPDATE Member SET name=? WHERE id=?";
                    pstmt=conn.prepareStatement(sql);
                    pstmt.setString(1, name);
                    pstmt.setString(2, id);
                    pstmt.executeUpdate();
                    out.println("Member 테이블을 수정했습니다.");
                } else
                    out.println("일치하는 비밀번호가 아닙니다.");
            } else
                out.println("Member 테이블에 일치하는 아이디가 없습니다.");
        } catch (SQLException ex) {
            out.println("SQLException: " + ex.getMessage());
        } finally {
            if (rs!=null)
                rs.close();
            if (pstmt!=null)
                pstmt.close();
            if (conn!=null)
                conn.close();
        }
    %>
```

```
51  </body>
52  </html>
```

16~17행: ResultSet, PreparedStatement 객체를 null로 초기화하도록 작성합니다.

20행: Member 테이블에서 폼 페이지로부터 전송된 id와 일치하는 레코드를 찾아 해당 id, passwd 필드 값을 가져오도록 SELECT 문을 작성합니다.

21행: PreparedStatement 객체를 생성하도록 prepareStatement() 메소드를 작성합니다.

22행: 20행의 물음표에 해당하는 값을 설정하도록 setString() 메소드를 작성합니다.

23행: SELECT 문을 실행하도록 PreparedStatement 객체의 executeQuery() 메소드를 작성합니다.

25~38행: SELECT 문으로 가져온 레코드가 있으면 실행합니다.

30행: Member 테이블에서 폼 페이지로부터 전송된 id와 일치하는 레코드를 찾아 name 필드 값을 변경하도록 UPDATE 문을 작성합니다.

31행: PreparedStatement 객체를 생성하도록 prepareStatement() 메소드를 작성합니다.

32~33행: 30행의 물음표에 해당하는 값을 설정하도록 setString() 메소드를 작성합니다.

34행: SELECT 문을 실행하도록 PreparedStatement 객체의 executeUpdate() 메소드를 작성합니다.

43~48행: 생성한 객체를 해제합니다.

예제 16-8 Statement 객체를 이용하여 DELETE 쿼리문 실행 결과 값 가져오기

1 커넥션 이름은 MySQL_Conn이고 데이터베이스 이름은 JSPBookDB를 사용하여 Data Source Explorer에서 실행합니다. 그리고 생성한 Member 테이블을 사용합니다.

2 /src/main/webapp/ch16/ 폴더에 다음과 같이 웹 페이지를 작성하고 웹 브라우저에 'http://localhost:8080/JSPBook/ch16/delete01.jsp'를 입력하여 실행 결과를 확인합니다.

JSPBook/src/main/webapp/ch16/delete01.jsp

```
<%@ page contentType="text/html; charset=utf-8" %>
<html>
<head>
<title>Database SQL</title>
</head>
<body>
    <form method="post" action="delete01_process.jsp">
        <p> 아이디 : <input type="text" name="id">
        <p> 비밀번호 : <input type="password" name="passwd">
        <p> <input type="submit" value="전송">
    </form>
</body>
</html>
```

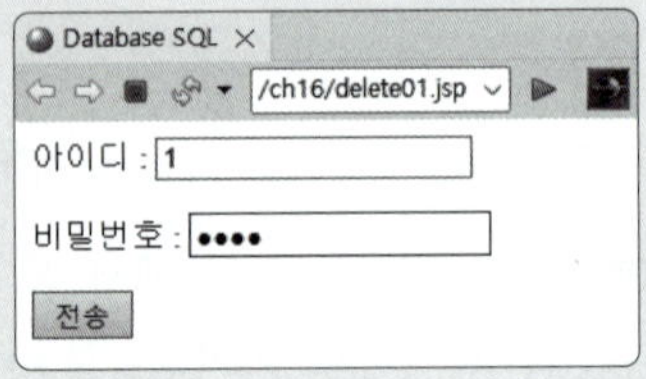

JSPBook/src/main/webapp/ch16/delete01_process.jsp

```
<%@ page contentType="text/html; charset=utf-8" %>
<%@ page import="java.sql.*" %>
<html>
<head>
<title>Database SQL</title>
</head>
<body>
<%@ include file="dbconn.jsp" %>
    <%
        request.setCharacterEncoding("utf-8");

        String id=request.getParameter("id");
        String passwd=request.getParameter("passwd");
        String name=request.getParameter("name");

        ResultSet rs=null;
        Statement stmt=null;

        try {
            String sql="SELECT id, passwd FROM Member WHERE id='" +
            id + "'";
```

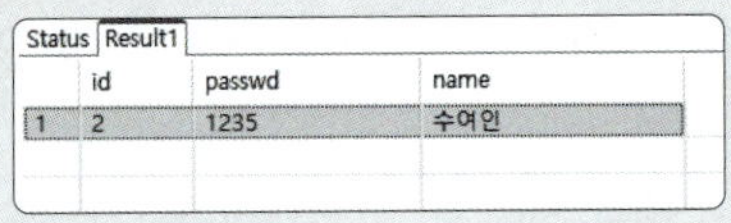

```
21              stmt=conn.createStatement();
22              rs=stmt.executeQuery(sql);
23
24              if (rs.next()) {
25                  String rId=rs.getString("id");
26                  String rPasswd=rs.getString("passwd");
27
28                  if (id.equals(rId) && passwd.equals(rPasswd)) {
29                      sql="DELETE FROM Member WHERE id='"+ id +"' AND
                        passwd='"+ passwd + "'";
30                      stmt=conn.createStatement();
31                      stmt.executeUpdate(sql);
32                      out.println("Member 테이블에서 데이터를 삭제했습니다.");
33                  } else
34                      out.println("일치하는 비밀번호가 아닙니다.");
35              } else
36                  out.println("Member 테이블에 일치하는 아이디가 없습니다.");
37          } catch (SQLException ex) {
38              out.println("SQLException: " + ex.getMessage());
39          } finally {
40              if (rs!=null)
41                  rs.close();
42              if (stmt!=null)
43                  stmt.close();
44              if (conn!=null)
45                  conn.close();
46          }
47      %>
48  </body>
49  </html>
```

16~17행: ResultSet, Statement 객체를 null로 초기화하도록 작성합니다.

20행: Member 테이블에서 폼 페이지로부터 전송된 id와 일치하는 레코드를 찾아 해당 id, passwd 필드 값을 가져오도록 SELECT 문을 작성합니다.

21행: Statement 객체를 생성하도록 createStatement( ) 메소드를 작성합니다.

22행: SELECT 문을 실행하도록 Statement 객체의 executeQuery() 메소드를 작성합니다.

24~35행: SELECT 문으로 가져온 레코드가 있으면 실행합니다.

29행: Member 테이블에서 폼 페이지로부터 전송된 id와 일치하는 레코드를 찾아 삭제하도록 DELETE 문을 작성합니다.

30행: Statement 객체를 생성하도록 createStatement() 메소드를 작성합니다.

31행: SELECT 문을 실행하도록 Statement 객체의 executeUpdate() 메소드를 작성합니다.

40~45행: 생성한 객체를 해제합니다.

예제 16-9 PreparedStatement 객체를 이용하여 DELETE 쿼리문 실행 결과 값 가져오기

1 커넥션 이름은 MySQL_Conn이고 데이터베이스 이름은 JSPBookDB를 사용하여 Data Source Explorer에서 실행합니다. 그리고 생성한 Member 테이블을 사용합니다.

2 /src/main/webapp/ch16/ 폴더에 있는 delete01.jsp 파일에서 다음과 같이 form 태그의 action 속성을 수정하여 delete02.jsp 파일을 작성하고, 웹 브라우저에 'http://localhost:8080/JSPBook/ch16/delete02.jsp'를 입력하여 실행 결과를 확인합니다.

JSPBook/src/main/webapp/ch16/delete02.jsp

```
<%@ page contentType="text/html; charset=utf-8" %>
…(생략)…
    <form method="post" action="delete02_process.jsp">
…(생략)…
```

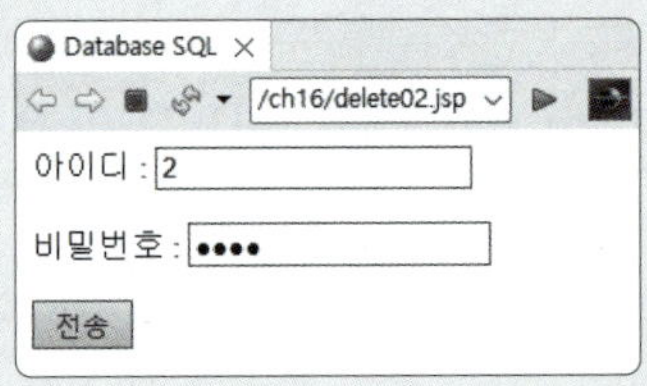

JSPBook/src/main/webapp/ch16/delete02_process.jsp

```
<%@ page contentType="text/html; charset=utf-8" %>
<%@ page import="java.sql.*" %>
<html>
<head>
<title>Database SQL</title>
</head>
<body>
<%@ include file="dbconn.jsp" %>
```

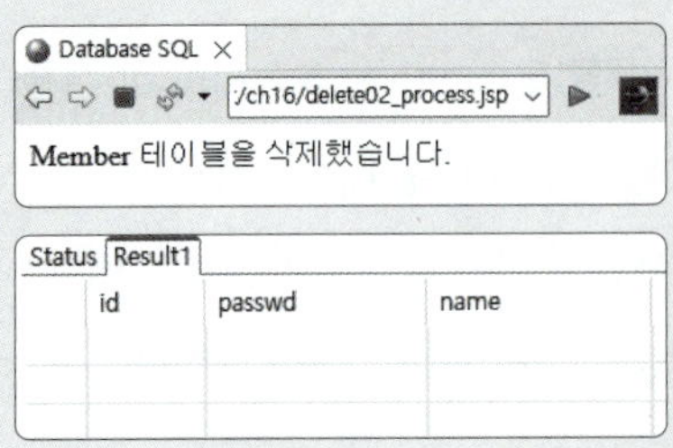

```
<%
    request.setCharacterEncoding("utf-8");

    String id=request.getParameter("id");
    String passwd=request.getParameter("passwd");
    String name=request.getParameter("name");

    ResultSet rs=null;
    PreparedStatement pstmt=null;

    try {
        String sql="SELECT id, passwd FROM Member WHERE id=?";
        pstmt=conn.prepareStatement(sql);
        pstmt.setString(1, id);
        rs = pstmt.executeQuery();

        if (rs.next()) {
            String rId=rs.getString("id");
            String rPasswd=rs.getString("passwd");

            if (id.equals(rId) && passwd.equals(rPasswd)) {
                sql="DELETE FROM Member WHERE id=? AND passwd=?";
                pstmt=conn.prepareStatement(sql);
                pstmt.setString(1, id);
                pstmt.setString(2, passwd);
                pstmt.executeUpdate();
                out.println("Member 테이블에서 데이터를 삭제했습니다.");
            } else
                out.println("일치하는 비밀번호가 아닙니다.");
        } else
            out.println("Member 테이블에 일치하는 아이디가 없습니다.");
    } catch (SQLException ex) {
        out.println("SQLException: " + ex.getMessage());
    } finally {
        if (rs!=null)
            rs.close();
        if (pstmt!=null)
```

```
46                  pstmt.close();
47              if (conn!=null)
48                  conn.close();
49          }
50      %>
51  </body>
52  </html>
```

16~17행: ResultSet, PreparedStatement 객체를 null로 초기화하도록 작성합니다.

20행: Member 테이블에서 폼 페이지로부터 전송된 id와 같은 레코드를 검색하여 해당 id, passwd 필드 값을 가져오도록 SELECT 문을 작성합니다.

21행: PreparedStatement 객체를 생성하도록 prepareStatement( ) 메소드를 작성합니다.

22행: 20행의 물음표에 해당하는 값을 설정하도록 setString( ) 메소드를 작성합니다.

23행: SELECT 문을 실행하도록 PreparedStatement 객체의 executeQuery( ) 메소드를 작성합니다.

25~38행: SELECT 문으로 가져온 레코드가 있으면 실행합니다.

30행: Member 테이블에서 폼 페이지로부터 전송된 id와 일치하는 레코드를 찾아 삭제하도록 DELETE 문을 작성합니다.

31행: PreparedStatement 객체를 생성하도록 prepareStatement( ) 메소드를 작성합니다.

32~33행: 30행의 물음표에 해당하는 값을 설정하도록 setString( ) 메소드를 작성합니다.

34행: SELECT 문을 실행하도록 PreparedStatement 객체의 executeUpdate( ) 메소드를 작성합니다.

43~48행: 생성한 객체를 해제합니다.

05 북마켓 도서 조회, 등록, 수정, 삭제하기

앞에서 배운 JDBC API를 적용하여 도서 조회, 등록, 수정, 삭제 페이지를 만듭니다.

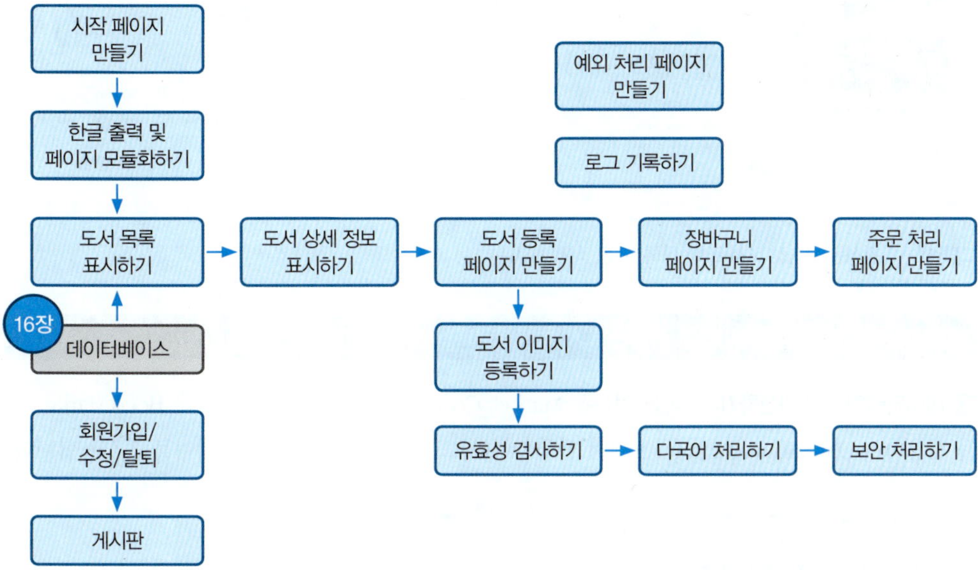

그림 16-2 도서 조회, 등록, 수정, 삭제하기

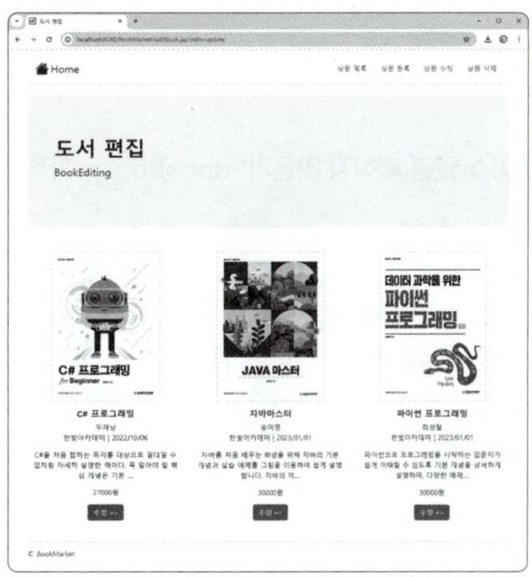

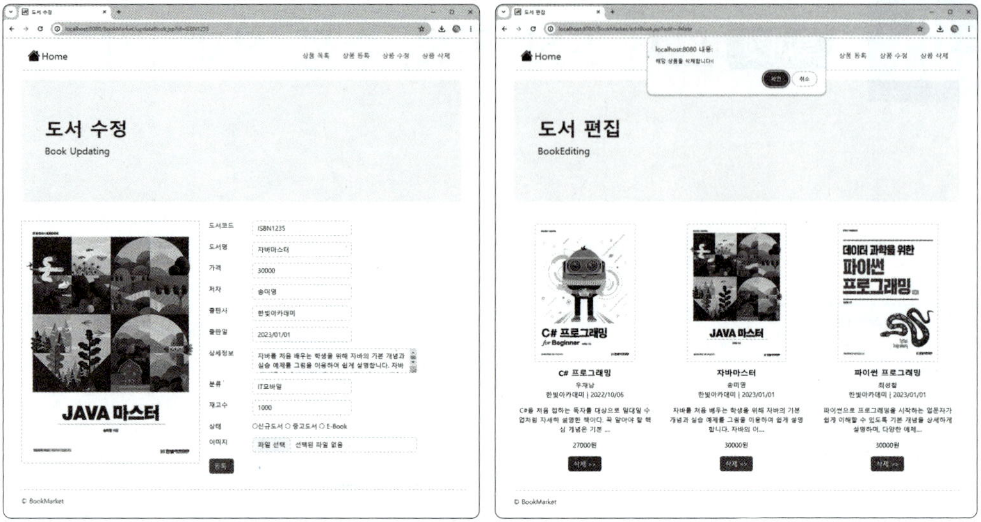

그림 16-3 완성된 북마켓 도서 조회, 등록, 수정, 삭제 페이지

예제 16-10 데이터베이스에 저장된 도서 목록을 가져와 출력하기

1 데이터베이스 커넥션하기: 커넥션 이름은 Market_Conn이고 데이터베이스 이름은 BookMarketDB를 사용하여 Data Source Explorer에서 실행합니다. 그리고 생성한 product 테이블을 사용합니다.

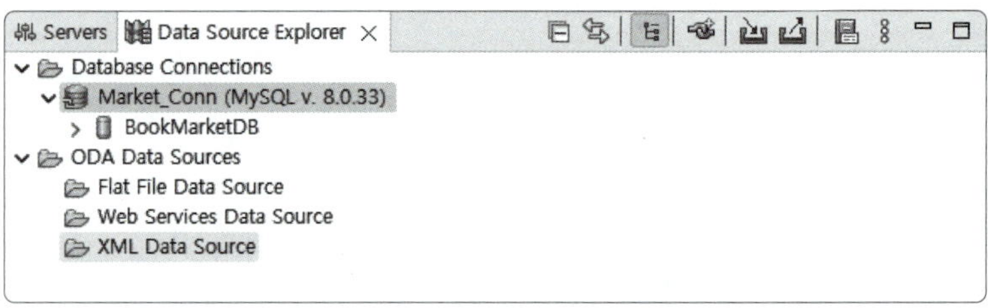

2 데이터베이스 연결 페이지 만들기: dbconn.jsp 파일을 생성하고 다음과 같이 작성합니다.

BookMarket/src/main/webapp/dbconn.jsp

```
<%@ page contentType="text/html; charset=utf-8" %>
<%@ page import="java.sql.*" %>
<%
    Connection conn=null;

```

```
06      try {
07          String url = "jdbc:mysql://localhost:3306/BookMarketDB";
08          String user = "root";
09          String password = "1234";
10
11          Class.forName("com.mysql.jdbc.Driver");
12          conn = DriverManager.getConnection(url, user, password);
13
14      } catch (SQLException ex) {
15          out.println("데이터베이스 연결이 실패했습니다.<br>");
16          out.println("SQLException: " + ex.getMessage());
17      }
18  %>
```

04행: Connection 객체를 null로 초기화하도록 작성합니다.

07~09행: 데이터베이스 이름이 포함된 URL, 사용자 계정, 비밀번호를 작성합니다.

11행: 데이터베이스와 연동하기 위해 JDBC를 로딩하도록 Class.forName() 메소드를 작성합니다.

12행: DriverManager 객체로부터 Connection 객체를 얻어오도록 getConnection() 메소드를 작성합니다.

3 관리자 접근 페이지 수정하기: web.xml 파일에 다음과 같이 추가 작성합니다.

BookMarket/src/main/webapp/WEB-INF/web.xml

```
<?xml version="1.0" encoding="UTF-8"?>
<web-app>
...
<web-resource-collection>
   <web-resource-name>BookMarket</web-resource-name>
   <description></description>
   <url-pattern>/addBook.jsp</url-pattern>
   <url-pattern>/editBook.jsp</url-pattern>
</web-resource-collection>
...
```

4 메뉴 페이지 수정하기: menu.jsp 파일에 다음과 같이 추가 작성합니다.

BookMarket/src/main/webapp/menu.jsp

```
01 <%@ page contentType="text/html; charset=utf-8" %>
02 <header class="pb-3 mb-4 border-bottom">
03   <div class="container">
04     <div class="d-flex flex-wrap align-items-center justify-content-
       center justify-content-lg-start">
05       <a href="./welcome.jsp" class="d-flex align-items-center mb-3
         mb-md-0 me-md-auto text-dark text-decoration-none">
06         <svg width="32" height="32" fill="currentColor" class="bi
           bi-house-fill" viewBox="0 0 16 16">
07           <path d="M8.707 1.5a1 1 0 0 0-1.414 0L.646 8.146a.5.5 0 0 0 .708.708L8
             2.207l6.646 6.647a.5.5 0 0 0 .708-.708L13 5.793V2.5a.5.5 0 0 0-.5-.5h-1a
             .5.5 0 0 0-.5.5v1.293L8.707 1.5Z" />
08           <path d="m8 3.293 6 6V13.5a1.5 1.5 0 0 1-1.5 1.5h-9A1.5 1.5 0 0 1 2 13
             .5V9.293l6-6Z" />
09         </svg>
10         <span class="fs-4">Home</span>
11       </a>
12       <ul class="nav nav-pills">
13         <li class="nav-item"><a href="./books.jsp" class="nav- link">
           도서 목록</a></li>
14       </ul>
15     </div>
16   </div>
17 </header>
```

13행: 도서 목록 메뉴를 추가하도록 작성합니다.

5 도서 목록 페이지 수정하기: books.jsp 파일을 다음과 같이 수정하고 추가 작성합니다.

BookMarket/src/main/webapp/books.jsp

```
<%@ page contentType="text/html; charset=utf-8" %>
<%@ page import="java.sql.*" %>
<html>
```

```
<head>
<link href="./resources/css/bootstrap.min.css" rel="stylesheet">
<title>도서 목록</title>
</head>
<body>
<div class="container py-4">
  <%@ include file="menu.jsp" %>
  <div class="p-5 mb-4 bg-body-tertiary rounded-3">
    <div class="container-fluid py-5">
      <h1 class="display-5 fw-bold">도서목록</h1>
        <p class="col-md-8 fs-4">BookList</p>
    </div>
  </div>
  <%@ include file="dbconn.jsp" %>
  <div class="row align-items-md-stretch text-center">
  <%
    PreparedStatement pstmt=null;
    ResultSet rs=null;
    String sql="SELECT * FROM book";
    pstmt=conn.prepareStatement(sql);
    rs=pstmt.executeQuery();
    while (rs.next()) {
  %>
  <div class="col-md-4">
    <div class="h-100 p-2">
      <img src="./resources/images/<%=rs.getString("b_filename")%>" style
      ="width: 250; height:350" />
      <h5><b><%=rs.getString("b_name") %></b></h5>
      <p> <%=rs.getString("b_author") %>
      <br><%=rs.getString("b_publisher") %> | <%=rs.getString("b_
      unitPrice") %>원
      <p> <%=rs.getString("b_description").substring(0,60) %>....
      <p> <%=rs.getString("b_unitPrice") %> 원
      <p> <a href="./book.jsp?id=<%=rs.getString("b_id")%>" class="btn
          btn-secondary" role="button"> 상세 정보 &raquo;</a></div>
    </div>
    <%
```

```
38         }
39         if (rs!=null)
40           rs.close();
41         if (pstmt!=null)
42           pstmt.close();
43         if (conn!=null)
44           conn.close();
45     %>
46   </div>
47   <%@ include file="footer.jsp" %>
48   </div>
49 </body>
50 </html>
```

17행: 데이터베이스를 연결하는 외부 파일 dbconn.jsp의 내용을 포함하도록 include 디렉티브 태그를 작성합니다.

22행: book 테이블의 모든 필드 값을 가져오도록 SELECT 문을 작성합니다.

23행: PreparedStatement 객체를 생성하도록 prepareStatement() 메소드를 작성합니다.

24행: SELECT 문을 실행하도록 PreparedStatement 객체의 executeQuery() 메소드를 작성합니다.

29~35행: SELECT 문으로 가져온 레코드가 있을 때까지 b_fileName, b_name, b_author, b_publisher, b_unitPrice, b_description, b_unitPrice, b_id 필드 값을 가져와 출력하도록 반복해서 실행합니다.

39~44행: 생성한 객체를 해제합니다.

예제 16-11 데이터베이스에 새로운 도서 등록하기

1 메뉴 페이지 수정하기: menu.jsp 파일에 다음과 같이 추가 작성합니다.

BookMarket/src/main/webapp/menu.jsp

```
<%@ page contentType="text/html; charset=utf-8" %>
…(생략)…
      <ul class="nav nav-pills">
```

```
04         <li class="nav-item"><a href="./books.jsp" class="nav-link">
           도서 목록</a></li>
05         <li class="nav-item"><a href="./addBook.jsp" class="nav-link">
           도서 등록</a></li>
06       </ul>
07     </div>
08   </div>
09 </header>
```

05행: 도서 등록 메뉴를 추가하도록 작성합니다.

2 도서 등록 처리 페이지 수정하기: processAddBook.jsp 파일을 다음과 같이 수정하고 추가 작성합니다.

BookMarket/src/main/webapp/processAddBook.jsp

```
<%@ page contentType="text/html; charset=utf-8" %>
<%@ page import="com.oreilly.servlet.*" %>
<%@ page import="com.oreilly.servlet.multipart.*" %>
<%@ page import="java.util.*" %>
<%@ page import="java.sql.*" %>
<%@ include file="dbconn.jsp" %>
<%
    …(생략)…
    if (unitsInStock.isEmpty())
      stock=0;
    else
      stock=Long.valueOf(unitsInStock)

    PreparedStatement pstmt=null;

    String sql="INSERT INTO book VALUES(?,?,?,?,?,?,?,?,?,?,?)";

    pstmt=conn.prepareStatement(sql);
    pstmt.setString(1, bookId);
    pstmt.setString(2, name);
    pstmt.setInt(3, price);
```

```
22      pstmt.setString(4, author);
23      pstmt.setString(5, description);
24      pstmt.setString(6, publisher);
25      pstmt.setString(7, category);
26      pstmt.setLong(8, stock);
27      pstmt.setString(9, releaseDate);
28      pstmt.setString(10, condition);
29      pstmt.setString(11, fileName);
30      pstmt.executeUpdate();
31
32      if (pstmt!=null)
33          pstmt.close();
34      if (conn!=null)
35          conn.close();
36
37      response.sendRedirect("books.jsp");
38  %>
```

16행: book 테이블의 새로운 필드 값을 삽입하도록 INSERT 문을 작성합니다.

18행: PreparedStatement 객체를 생성하도록 prepareStatement() 메소드를 작성합니다.

19~29행: 폼 페이지에서 전송된 도서 아이디, 도서명, 가격, 저자, 설명, 출판사, 분류, 재고수, 출판일, 상태, 파일명을 16행의 물음표에 설정하도록 setString() 메소드를 작성합니다.

30행: INSERT 문을 실행하도록 PreparedStatement 객체의 executeUpdate() 메소드를 작성합니다.

예제 16-12 데이터베이스에 저장된 도서 수정하기

1 메뉴 페이지 수정하기: menu.jsp 파일에 다음과 같이 추가 작성합니다.

BookMarket/src/main/webapp/menu.jsp

```
<%@ page contentType="text/html; charset=utf-8" %>
…(생략)…
        <li class="nav-item"><a href="./addBook.jsp" class="nav-link">
        도서 등록</a></li>
```

```
04          <li class="nav-item"><a href="./editBook.jsp?edit=update"
            class="nav-link">도서 수정</a></li>
05        </ul>
06      </div>
07    </div>
08  </header>
```

04행: 도서 수정 메뉴를 추가하도록 작성합니다.

2 웹 애플리케이션 배포 설명자 web.xml 수정하기: web.xml 파일을 다음과 같이 수정하고 추가 작성합니다.

BookMarket/src/main/webapp/WEB-INF/web.xml

```
01  <?xml version="1.0" encoding="UTF-8"?>
02  <web-app...>
03  …(생략)…
04    <web-resource-collection>
05      <web-resource-name>BookMarket</web-resource-name>
06      <description></description>
07      <url-pattern>/addBook.jsp</url-pattern>
08      <url-pattern>/editBook.jsp</url-pattern>
09  …(생략)…
```

08행: 생성할 도서 편집 페이지 editBook.jsp에 대해 접근 제한 요청 경로를 설정하도록 <url-pattern> 요소를 작성합니다.

3 도서 편집 페이지 작성하기: editBook.jsp 파일을 생성하고 다음과 같이 작성합니다.

BookMarket/src/main/webapp/editBook.jsp

```
<%@ page contentType="text/html; charset=utf-8" %>
<%@ page import="java.sql.*" %>
<html>
<head>
<link rel="stylesheet" href="./resources/css/bootstrap.min.css" />
<title>도서 편집</title>
```

```
</head>
<%
  String edit=request.getParameter("edit");
%>
<body>
<div class="container py-4">
  <%@ include file="menu.jsp" %>

  <div class="p-5 mb-4 bg-body-tertiary rounded-3">
    <div class="container-fluid py-5">
      <h1 class="display-5 fw-bold">도서 편집</h1>
      <p class="col-md-8 fs-4">BookEditing</p>
    </div>
  </div>
  <%@ include file="dbconn.jsp" %>
  <div class="row align-items-md-stretch text-center">
  <%
    PreparedStatement pstmt=null;
    ResultSet rs=null;
    String sql="SELECT * FROM book";
    pstmt=conn.prepareStatement(sql);
    rs=pstmt.executeQuery();
    while (rs.next()) {
  %>
  <div class="col-md-4">
    <div class="h-100 p-2 round-3">
      <img src="./resources/images/<%=rs.getString("b_filename")%>" style
      ="width: 250; height:350" />
      <p> <h5><b><%=rs.getString("b_name") %></b></h5>
      <p> <%=rs.getString("b_author") %>
      <br> <%=rs.getString("b_publisher") %> | <%=rs.getString
          ("b_releaseDate") %>
      <p> <%=rs.getString("b_description").substring(0,60) %>....
      <p> <%=rs.getString("b_unitPrice") %>원
      <p> <%
          if (edit.equals("update")) {
          %>
```

```
42          <a href="./updateBook.jsp?id=<%=rs.getString("b_id")%>" class="btn
            btn-success" role="button"> 수정 &raquo;</a>
43          <%
44            }
45          %>
46        </div>
47      </div>
48      <%
49        }
50        if (rs!=null)
51           rs.close();
52        if (pstmt!=null)
53           pstmt.close();
54        if (conn!=null)
55           conn.close();
56      %>
57      </div>
58  <%@ include file="footer.jsp" %>
59  </div>
60  </body>
61  </html>
```

09행: 요청 파라미터 edit 값을 전달받도록 request 내장 객체의 getParameter() 메소드를 작성합니다.

26행: book 테이블의 모든 필드 값을 가져오도록 SELECT 문을 작성합니다.

27행: PreparedStatement 객체를 생성하도록 prepareStatement() 메소드를 작성합니다.

28행: SELECT 문을 실행하도록 PreparedStatement 객체의 executeQuery() 메소드를 작성합니다.

33~42행: SELECT 문으로 가져온 레코드가 있을 때까지 b_fileName, b_name, b_author, “b_publisher, b_description, b_unitPrice, b_id 필드 값을 가져와 출력하도록 반복해서 실행합니다.

39~45행: 요청 파라미터 edit의 값이 update이면 39행의 〈수정〉 버튼을 출력하도록 작성합니다.

4 도서 수정 페이지 작성하기: updateBook.jsp 파일을 생성하고 다음과 같이 작성합니다.

BookMarket/src/main/webapp/updateBook.jsp

```
<%@ page contentType="text/html; charset=utf-8" %>
<%@ page import="java.sql.*" %>
<html>
<head>
<link rel="stylesheet" href="./resources/css/bootstrap.min.css" />

<title>도서 수정</title>
</head>
<body>
<div class="container py-4">
  <%@ include file="menu.jsp" %>

  <div class="p-5 mb-4 bg-body-tertiary rounded-3">
    <div class="container-fluid py-5">
      <h1 class="display-5 fw-bold">도서 수정</h1>
      <p class="col-md-8 fs-4">Book Updating</p>
    </div>
  </div>
  <%@ include file="dbconn.jsp" %>
  <%
    String bookId=request.getParameter("id");
    PreparedStatement pstmt=null;
    ResultSet rs=null;
    String sql="SELECT * FROM book WHERE b_id=?";
    pstmt=conn.prepareStatement(sql);
    pstmt.setString(1, bookId);
    rs=pstmt.executeQuery();
    if (rs.next()) {
  %>
  <div class="row align-items-md-stretch">
    <div class="col-md-5">
      <img src="./resources/images/<%=rs.getString("b_filename")%>" alt=
      "image" style="width: 100%" />
    </div>
```

```
    <div class="col-md-7">
      <form name="newBook" action="./processUpdateBook.jsp" method="post" enctype="multipart/form-data">
      <div class="mb-3 row">
        <label class="col-sm-2">도서코드</label>
        <div class="col-sm-5">
         <input type="text" name="bookId" id="bookId" class="form-control" value='<%=rs.getString("b_id")%>'>
        </div>
      </div>
      <div class="mb-3 row">
        <label class="col-sm-2">도서명</label>
        <div class="col-sm-5">
          <input type="text" name="name" id="name" class="form-control" value='<%=rs.getString("b_name")%>'>
        </div>
      </div>
      <div class="mb-3 row">
        <label class="col-sm-2">가격</label>
        <div class="col-sm-5">
          <input type="text" name="unitPrice" id="unitPrice" class="form-control" value='<%=rs.getString("b_unitPrice")%>'>
        </div>
      </div>
      <div class="mb-3 row">
        <label class="col-sm-2">저자</label>
        <div class="col-sm-5">
          <input type="text" name="author" class="form-control" value='<%=rs.getString("b_author")%>'>
        </div>
      </div>
      <div class="mb-3 row">
        <label class="col-sm-2">출판사</label>
        <div class="col-sm-5">
          <input type="text" name="publisher" class="form-control" value='<%=rs.getString("b_publisher")%>'>
        </div>
```

```
		</div>
		<div class="mb-3 row">
			<label class="col-sm-2">출판일</label>
			<div class="col-sm-5">
				<input type="text" name="releaseDate" class="form-control"
				value='<%=rs.getString("b_releaseDate")%>'>
			</div>
		</div>
		<div class="mb-3 row">
			<label class="col-sm-2">상세정보</label>
			<div class="col-sm-8">
				<textarea name="description" id="description" cols="50"
				rows="2" class="form-control" placeholder="100자 이상 적어주세
				요"><%=rs.getString("b_description") %></textarea>
			</div>
		</div>
		<div class="mb-3 row">
			<label class="col-sm-2">분류</label>
			<div class="col-sm-5">
				<input type="text" name="category" class="form-control"
				value='<%=rs.getString("b_category")%>'>
			</div>
		</div>
		<div class="mb-3 row">
			<label class="col-sm-2">재고수</label>
			<div class="col-sm-5">
				<input type="text" name="unitsInStock" id="unitsInStock"
				class="form-control" value='<%=rs.getString("b_unitsInStock")%>'>
			</div>
		</div>
		<div class="mb-3 row">
			<label class="col-sm-2">상태</label>
			<div class="col-sm-8">
				<input type="radio" name="condition" value="New">신규도서
				<input type="radio" name="condition" value="Old">중고도서
				<input type="radio" name="condition" value="EBook">E-Book
			</div>
```

```
97         </div>
98         <div class="mb-3 row">
99           <label class="col-sm-2">이미지</label>
100          <div class="col-sm-8">
101            <input type="file" name="bookImage" class="form-control">
102          </div>
103        </div>
104        <div class="mb-3 row">
105          <div class="col-sm-offset-2 col-sm-10">
106            <input type="submit" class="btn btn-primary" value="등록">
107          </div>
108        </div>
109      </form>
110      </div>
111    <%
112       }
113       if (rs!=null)
114           rs.close();
115       if (pstmt!=null)
116           pstmt.close();
117       if (conn!=null)
118           conn.close();
119    %>
120    <jsp:include page="footer.jsp" />
121 </div>
122 </body>
123 </html>
```

24행: book 테이블에서 b_id 필드 값과 일치하는 값을 가져오도록 SELECT 문을 작성합니다.

25행: PreparedStatement 객체를 생성하도록 prepareStatement() 메소드를 작성합니다.

26행: 요청 파라미터 id의 값을 22행의 물음표에 설정하도록 setString() 메소드를 작성합니다.

27행: SELECT 문을 실행하도록 PreparedStatement 객체의 executeQuery() 메소드를 작성합니다.

39, 45, 51, 57, 63, 69, 75, 81, 87행: SELECT 문으로 가져온 레코드에 대해 b_id, b_name, b_ unitPrice, b_author, b_publisher, b_releaseDate, b_description, b_category, b_unitsInStock 필드 값을 가져와 출력하도록 작성합니다.

106행: 〈등록〉 버튼을 작성합니다.

5 도서 수정 처리 페이지 작성하기: processUpdateBook.jsp 파일을 생성하고 다음과 같이 작성합니다.

BookMarket/src/main/webapp/processUpdateBook.jsp

```
<%@ page contentType="text/html; charset=utf-8" %>
<%@ page import="java.util.*" %>
<%@ page import="com.oreilly.servlet.*" %>
<%@ page import="com.oreilly.servlet.multipart.*" %>
<%@ page import="java.sql.*" %>
<%@ include file="dbconn.jsp" %>
<%
  request.setCharacterEncoding("UTF-8");


  String filename="";
  String realFolder="C:\\Users\\user\\eclipse-workspace\\.metadata\\.plugins\\org.eclipse.wst.server.core\\tmp0\\wtpwebapps\\BookMarket\\resources\\images";
  String encType="utf-8";        //인코딩 타입
  int maxSize=5 * 1024 * 1024; //최대 업로드될 파일의 크기5Mb

  MultipartRequest multi=new MultipartRequest(request, realFolder, maxSize, encType, new DefaultFileRenamePolicy());

  String bookId=multi.getParameter("bookId");
  String name=multi.getParameter("name");
  String unitPrice=multi.getParameter("unitPrice");
  String author=multi.getParameter("author");
  String publisher=multi.getParameter("publisher");
  String releaseDate=multi.getParameter("releaseDate");
  String description=multi.getParameter("description");
  String category=multi.getParameter("category");
```

```
String unitsInStock=multi.getParameter("unitsInStock");
String condition=multi.getParameter("condition");

Enumeration files=multi.getFileNames();
String fname=(String) files.nextElement();
String fileName=multi.getFilesystemName(fname);

int price;

if (unitPrice.isEmpty())
  price=0;
else
  price=Integer.valueOf(unitPrice);

long stock;

if (unitsInStock.isEmpty())
  stock=0;
else
  stock=Long.valueOf(unitsInStock);

PreparedStatement pstmt=null;
ResultSet rs=null;

String sql="SELECT * FROM book WHERE b_id=?";
pstmt=conn.prepareStatement(sql);
pstmt.setString(1, bookId);
rs=pstmt.executeQuery();

if (rs.next()) {
  if (fileName!=null) {
    sql="UPDATE book SET b_name=?, b_unitPrice=?, b_author=?,
    b_description=?, b_publisher=?, b_category=?, b_unitsInStock=?,
    b_releaseDate=?, b_condition=?, b_fileName=? WHERE b_id=?";
    pstmt=conn.prepareStatement(sql);
    pstmt.setString(1, name);
    pstmt.setInt(2, price);
```

```
61          pstmt.setString(3, author);
62          pstmt.setString(4, description);
63          pstmt.setString(5, publisher);
64          pstmt.setString(6, category);
65          pstmt.setLong(7, stock);
66          pstmt.setString(8, releaseDate);
67          pstmt.setString(9, condition);
68          pstmt.setString(10, fileName);
69          pstmt.setString(11, bookId);
70          pstmt.executeUpdate();
71        } else {
72          sql = "UPDATE book SET b_name = ?, b_unitPrice = ?, b_author = ?,
            b_description = ?, b_publisher = ?, b_category = ?, b_unitsInStock = ?,
            b_releaseDate = ?, b_condition = ? WHERE b_id = ?";
73          pstmt = conn.prepareStatement(sql);
74          pstmt.setString(1, name);
75          pstmt.setInt(2, price);
76          pstmt.setString(3, author);
77          pstmt.setString(4, description);
78          pstmt.setString(5, publisher);
79          pstmt.setString(6, category);
80          pstmt.setLong(7, stock);
81          pstmt.setString(8, releaseDate);
82          pstmt.setString(9, condition);
83          pstmt.setString(10, bookId);
84          pstmt.executeUpdate();
85        }
86      }
87      if (pstmt != null)
88        pstmt.close();
89      if (conn != null)
90        conn.close();
91
92      response.sendRedirect("editBook.jsp?edit = update");
93    %>
```

50행: book 테이블에서 b_id 필드 값과 일치하는 값을 가져오도록 SELECT 문을 작성합니다.

51행: PreparedStatement 객체를 생성하도록 prepareStatement() 메소드를 작성합니다.

52행: 요청 파라미터 id의 값을 50행의 물음표에 설정하도록 setString() 메소드를 작성합니다.

53행: SELECT 문을 실행하도록 PreparedStatement 객체의 executeQuery() 메소드를 작성합니다.

55~86행: SELECT 문으로 가져온 레코드가 있으면 실행합니다.

56~70행: 요청 파라미터 중에서 이미지 파일이 있으면 실행합니다.

72~84행: 요청 파라미터 중에서 이미지 파일이 없으면 실행합니다.

57, 72행: book 테이블에서 b_id 필드 값과 일치하는 값이 있으면 해당 레코드를 수정하도록 UPDATE 문을 작성합니다.

58, 73행: PreparedStatement 객체를 생성하도록 prepareStatement() 메소드를 작성합니다.

59~69, 74~83행: 요청 파라미터의 값을 57행과 72행의 물음표에 설정하도록 setXxx() 메소드를 작성합니다.

70, 84행: UPDATE 문을 실행하도록 PreparedStatement 객체의 executeUpdate() 메소드를 작성합니다.

예제 16-13 데이터베이스에 저장된 도서 삭제하기

1 메뉴 페이지 수정하기: menu.jsp 파일에 다음과 같이 추가 작성합니다.

BookMarket/src/main/webapp/menu.jsp

```
<%@ page contentType="text/html; charset=utf-8" %>
…(생략)…
   <li class="nav-item"><a href="./editBook.jsp?edit=update" class="nav-link">도서 수정</a></li>
   <li class="nav-item"><a href="./editBook.jsp?edit=delete" class="nav-link">도서 삭제</a></li>
     </ul>
    </div>
  </div>
</header>
```

04행: 도서 삭제 메뉴를 추가하도록 작성합니다.

2 도서 편집 페이지 작성하기: editBook.jsp 파일에 다음과 같이 작성합니다.

BookMarket/src/main/webapp/editBook.jsp

```
01 <%@ page contentType="text/html; charset=utf-8" %>
02 …(생략)…
03 <title>도서 편집</title>
04 <script type="text/javascript">
05   function deleteConfirm(id) {
06     if (confirm("해당 도서를 삭제합니다!!")==true)
07       location.href="./deleteBook.jsp?id=" + id;
08     else
09       return;
10   }
11 </script>
12 …(생략)…
13   <p> <%
14         if (edit.equals("update")) {
15       %>
16       <a href="./updateBook.jsp?id=<%=rs.getString("b_id")%>" class="btn
         btn-success" role="button"> 수정 &raquo;</a>
17       <%
18         } else if (edit.equals("delete")) {
19       %>
20       <a href="#" onclick="deleteConfirm('<%=rs.getString("b_id")%>')"
         class="btn btn-danger" role="button">삭제 &raquo;</a>
21       <%
22         }
23       %>
24       </div>
25     </div>
26 …(생략)…
```

04~11행: 자바스크립트로 도서 삭제 여부를 확인하는 핸들러 함수 deleteConfirm()을 작성합니다.

18~22행: 요청 파라미터 edit의 값이 delete이면 20행의 〈삭제〉 버튼을 출력하도록 작성합니다.

20행: 〈삭제〉 버튼을 클릭하면 핸들러 함수 deleteConfirm()이 실행되도록 onclick 속성을 작성합니다.

3 도서 삭제 페이지 작성하기: deleteBook.jsp 파일을 생성하고 다음과 같이 작성합니다.

BookMarket/src/main/webapp/deleteBook.jsp

```
01 <%@ page contentType="text/html; charset=utf-8" %>
02 <%@ page import="java.sql.*" %>
03 <%@ include file="dbconn.jsp" %>
04 <%
05     String bookId=request.getParameter("id");
06 
07     String sql="SELECT * FROM book";
08     pstmt=conn.prepareStatement(sql);
09     rs=pstmt.executeQuery();
10 
11     if (rs.next()) {
12         sql="DELETE FROM book WHERE b_id=?";
13         pstmt=conn.prepareStatement(sql);
14         pstmt.setString(1, bookId);
15         pstmt.executeUpdate();
16     } else
17         out.println("일치하는 도서가 없습니다");
18 
19     if (rs!=null)
20         rs.close();
21     if (pstmt!=null)
22         pstmt.close();
23     if (conn!=null)
24         conn.close();
25 
26     response.sendRedirect("editBook.jsp?edit=delete");
27 %>
```

07행: book 테이블에서 모든 필드 값을 가져오도록 SELECT 문을 작성합니다.

08행: PreparedStatement 객체를 생성하도록 prepareStatement() 메소드를 작성합니다.

09행: SELECT 문을 실행하도록 PreparedStatement 객체의 executeQuery() 메소드를 작성합니다.

11~16행: SELECT 문으로 가져온 레코드가 있으면 실행합니다.

12행: book 테이블에서 b_id 필드 값과 일치하는 값이 있으면 해당 레코드를 삭제하도록 DELETE 문을 작성합니다.

13행: PreparedStatement 객체를 생성하도록 prepareStatement() 메소드를 작성합니다.

14행: 요청 파라미터 id의 값을 12행의 물음표에 설정하도록 setString() 메소드를 작성합니다.

15행: DELETE 문을 실행하도록 PreparedStatement 객체의 executeUpdate() 메소드를 작성합니다.

16~17행: 요청 파라미터가 없으면 메시지를 출력하도록 작성합니다.

요약

01 (   )는 자바/JSP 프로그램 내에서 데이터베이스와 관련된 작업을 처리할 수 있도록 도와주는 자바 표준 인터페이스로, 관계형 데이터베이스 시스템에 접근하여 SQL 문을 실행하기 위한 자바 API 또는 자바 라이브러리입니다.

02 JDBC 드라이버 로딩 단계에서는 드라이버 인터페이스를 구현하는 작업으로 Class.(   ) 메소드를 이용하여 JDBC 드라이버를 로딩합니다. JDBC 드라이버가 로딩되면 자동으로 객체가 생성되고 DriverManager 클래스에 등록됩니다.

03 JDBC 드라이버에서 데이터베이스와 연결된 커넥션을 가져오기 위해 DriverManager 클래스의 (   ) 메소드를 사용합니다.

04 데이터베이스 연결이 더 이상 필요하지 않으면 데이터베이스와 JDBC 리소스가 자동으로 닫힐 때까지 대기하는 것이 아니라 (   ) 메소드로 Connection 객체를 해제합니다.

05 (   ) 객체는 정적인 쿼리에 사용합니다.

- executeQuery() 메소드: 정적인 SELECT 쿼리문을 통해 데이터를 검색하는 데 사용합니다.
- executeUpdate() 메소드: INSERT, UPDATE, SELECT 쿼리문을 통해 데이터를 삽입, 수정, 삭제하는 데 사용합니다.

06 (   ) 객체는 동적인 쿼리에 사용합니다.

- executeQuery() 메소드: 동적인 SELECT 쿼리문을 통해 데이터를 검색하는 데 사용합니다.
- executeUpdate() 메소드: INSERT, UPDATE, SELECT 쿼리문을 통해 데이터를 삽입, 수정, 삭제하는 데 사용합니다.

07 (   ) 쿼리문의 실행 결과 값을 가져오는 ResultSet 객체의 형식은 다음과 같습니다.

- **Statement 객체를 사용하는 경우**

```
ResultSet executeQuery(String sql) throws SQLException
```

- **PreparedStatement 객체를 사용하는 경우**

```
ResultSet executeQuery() throws SQLException
```

정답

01 JDBC 02 forName() 03 getConnection() 04 close() 05 Statement 06 PreparedStatement 07 SELECT

연습문제

01 JDBC를 사용한 JSP와 데이터베이스를 연동하는 기법을 단계별로 나열한 것으로 옳은 것은 무엇인가?

> ❶ JDBC 드라이버 로딩
> ❷ java.sql.* 패키지 임포트
> ❸ 쿼리 실행
> ❹ 쿼리문을 실행하기 위한 Statement/PreparedStatement/CallableStatement 객체 생성
> ❺ 데이터베이스 접속을 위한 Connection 객체 생성
> ❻ 사용된 객체(ResultSet, Statement/PreparedStatement/CallableStatement, Connection) 종료
> ❼ 쿼리 실행의 결과 값(int, ResultSet) 사용

① ❷-❶-❺-❹-❸-❼-❻
② ❷-❶-❹-❺-❸-❼-❻
③ ❷-❶-❹-❺-❼-❸-❻
④ ❶-❷-❸-❹-❺-❻-❼

02 Statement 객체와 PreparedStatement 객체의 메소드이면서 데이터베이스로부터 검색 SQL 문 쿼리를 실행하여 데이터 접근을 할 수 있는 메소드는 무엇인가?

① executeQuery()
② executeUpdate()
③ close()
④ Query()

03 JDBC 드라이버를 로딩하는 메소드는 무엇인가?

① Class.forName()
② DriverManager.getConnection()
③ Connection.createStatement()
④ ResultSet.executeQuery()

04 Statement 객체와 PreparedStatement 객체의 메소드이면서 데이터베이스로부터 삽입, 수정, 삭제와 관련된 SQL문 쿼리를 실행하여 데이터 접근을 할 수 있는 메소드는 무엇인가?

① executeQuery( )　　② executeUpdate( )

③ close( )　　④ Query( )

05 데이터베이스로부터 쿼리문의 실행 결과 값을 가져오는 ResultSet 객체의 메소드로 옳지 <u>않은</u> 것은 무엇인가?

① getString( )　　② getInt( )

③ first( )　　④ end( )

06 데이터베이스로부터 쿼리문의 실행 결과 값을 가져오는 ResultSet 객체의 메소드 중에서 설정한 row 행으로 커서를 이동하는 메소드는 무엇인가?

① first( )　　② next( )

③ previous( )　　④ absolute( )

07 PreparedStatement 객체로 데이터를 조회하도록 다음 조건에 맞게 JSP 애플리케이션을 만들고 실행하여 결과를 확인하시오.

조건

❶ select.jsp 파일을 생성한다.

- Student 테이블에 저장된 모든 레코드들을 조회하여 그림과 같이 출력하도록 작성한다.

❷ 웹 브라우저에 'http://localhost:8080/Exercise/ch16/select.jsp'를 입력하여 실행 결과를 확인한다.

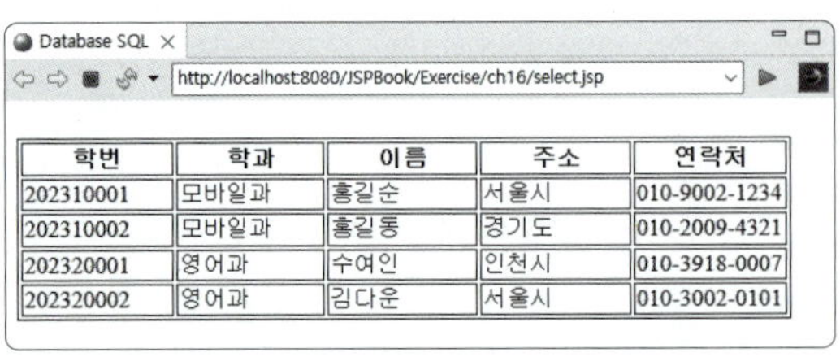

학번	학과	이름	주소	연락처
202310001	모바일과	홍길순	서울시	010-9002-1234
202310002	모바일과	홍길동	경기도	010-2009-4321
202320001	영어과	수여인	인천시	010-3918-0007
202320002	영어과	김다운	서울시	010-3002-0101

08 PreparedStatement 객체로 데이터를 삽입하도록 다음 조건에 맞게 JSP 애플리케이션을 만들고 실행하여 결과를 확인하시오.

조건

❶ 데이터베이스 연결 및 테이블을 생성한다.

- MySQL에 접속하여 데이터베이스명 ExerciseDB를 생성한다.
- 이클립스에서 Data Source Explorer의 Database Connections를 선택하여, 커넥션 이름을 Exercise_Conn, 데이터베이스 이름을 ExerciseDB로 생성한다.
- Student 테이블을 생성하고 아래 그림과 같이 레코드를 삽입한다.

Status | Result1

	num	depart	name	address	phone
1	202310001	모바일과	홍길순	서울시	010-9002-1234
2	202310002	모바일과	홍길동	경기도	010-2009-4321
3	202320001	영어과	수여인	인천시	010-3918-0007
4	202320002	영어과	김다운	서울시	010-3002-0101

Total 4 records shown

❷ insert.jsp 파일을 생성한다.

- input 태그 내에 text 유형을 이용하여 학번, 학과, 이름, 주소, 연락처 항목을 작성한다.
- form 태그에 action 속성값은 insert_process.jsp로 작성한다.

❸ insert_process.jsp 파일을 생성한다.

- request 내장 객체의 getParameter() 메소드를 이용하여 전송된 요청 파라미터 값을 전달받아 Student 테이블에 삽입하도록 작성한다.

❹ 웹 브라우저에 'http://localhost:8080/Exercise/ch16/insert.jsp'를 입력하여 실행 결과를 확인한다.

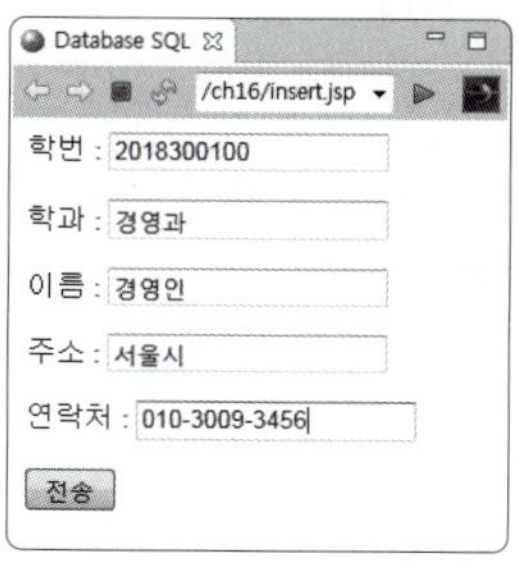

09 PreparedStatement 객체로 데이터를 갱신하도록 다음 조건에 맞게 JSP 애플리케이션을 만들고 실행하여 결과를 확인하시오.

조건

❶ update.jsp 파일을 생성한다.
- input 태그 내에 text 유형을 이용하여 변경 전 학과명, 변경 후 학과명 항목을 작성한다.
- form 태그에 action 속성값은 update_process.jsp로 작성한다.

❷ update_process.jsp 파일을 생성한다.
- request 내장 객체의 getParameter( ) 메소드를 이용하여 전송된 요청 파라미터 값을 전달받아 변경 전 학과명을 Student 테이블에서 조회하여 변경 후 학과명으로 수정하도록 작성한다.

❸ 웹 브라우저에 'http://localhost:8080/Exercise/ch16/update.jsp'를 입력하여 실행 결과를 확인한다.

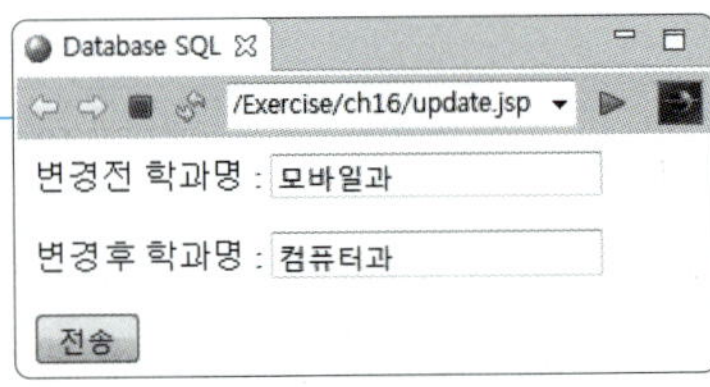

10 PreparedStatement 객체로 데이터를 삭제하도록 다음 조건에 맞게 JSP 애플리케이션을 만들고 실행하여 결과를 확인하시오.

조건

❶ delete.jsp 파일을 생성한다.
- input 태그 내에 text 유형을 이용하여 삭제할 학과명 항목을 작성한다.
- form 태그에 action 속성값은 delete_process.jsp로 작성한다.

❷ delete_process.jsp 파일을 생성한다.
- request 내장 객체의 getParameter( ) 메소드를 이용하여 전송된 요청 파라미터 값을 전달받아 Student 테이블에서 조회하여 삭제하도록 작성한다.

❸ 웹 브라우저에 'http://localhost:8080/Exercise/ch16/delete.jsp'를 입력하여 실행 결과를 확인한다.

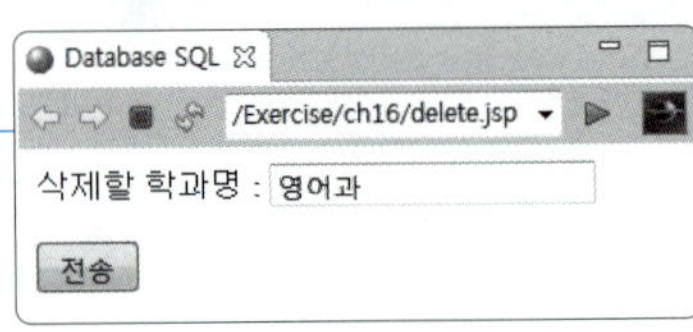

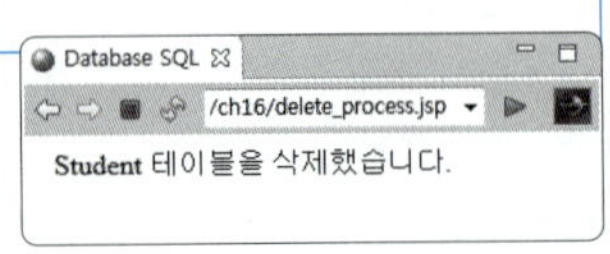

CHAPTER 17

JSP 표준 태그 라이브러리: 회원 가입, 수정, 탈퇴하기

학습목표

- JSTL의 개념을 이해합니다.
- Core 태그의 기능과 사용법을 익힙니다.
- Sql 태그의 기능과 사용법을 익힙니다.
- Functions 태그의 기능과 사용법을 익힙니다.
- 북마켓의 회원 가입, 수정, 탈퇴 페이지를 만듭니다.

01 JSTL의 개요

JSTL(JSP Standard Tag Library)은 JSP 페이지에서 스크립트 요소로 인한 코드의 복잡함을 해결하기 위한 일종의 사용자 정의 태그의 표준입니다. JSP 페이지에 JSP의 스크립트 요소와 HTML 코드를 혼용하면 편리하게 개발할 수 있으나 코드의 복잡성이 증가되는 것이 문제입니다. 따라서 JSP 페이지의 로직을 담당하는 부분인 if, for, while, 데이터베이스 처리 등과 관련된 코드를 JSTL로 대치하여 코드를 깔끔하게 하고 가독성을 좋게 하는 것입니다. 이렇게 함으로써 JSP 내장 객체에 쉽게 접근할 수 있을 뿐 아니라 파라미터, 헤더, 쿠키 등의 복잡한 코드를 사용하지 않고 쉽고 직관적으로 사용할 수 있습니다. 또한 객체 간의 비교를 equals() 메소드로 처리하는 대신 ==와 같은 간단한 연산자로 구현할 수 있습니다.

JSTL 작성 시 주의할 점은 모든 태그가 시작 태그와 종료 태그의 쌍으로 이루어져야 한다는 것입니다.

NOTE JSTL과 같은 사용자 정의 태그(커스텀 태그) 사용의 이점

- 한 번 작성한 사용자 정의 태그는 언제든 필요한 곳에서 재사용이 가능하며 다른 사용자에게 배포하여 재사용할 수도 있습니다.
- 사용자 정의 태그는 프로그램의 가독성을 향상하므로 수백 줄인 프로그램의 이해를 높이는 데 중요합니다.
- 사용자 정의 태그는 JSP의 자바 문법에 의존적인 스크립트 요소를 사용하지 않으므로 JSP 페이지의 작성이 보다 쉽습니다.
- HTML과 비슷한 태그를 이용함으로써 일반 사용자가 순수 자바 언어를 모르더라도 쉽게 이해할 수 있습니다.
- 디자인 부분인 HTML 태그와 프로그램 부분인 사용자 정의 태그에 대해 각각 디자이너와 프로그래머의 역할로 분담할 수 있으므로 효율적인 작업이 가능합니다.

02 JSTL 표준 태그의 유형과 사용법

JSTL이 제공하는 태그는 기능에 따라 다음과 같이 분류할 수 있으며 각각 다양한 하위 태그가 있습니다. 이 장에서는 회원 가입, 수정, 탈퇴 페이지를 작성하는 데 필요한 태그를 중심으로 사용법을 알아보겠습니다.

표 17-1 JSTL이 제공하는 태그의 종류

태그	설명
Core 태그	변수 선언, 삭제 등 변수와 관련된 작업 및 if 문, for 문과 같은 제어 기능, URL 처리로 페이지 이동 기능을 제공한다.
Formatting 태그	문자열이나 컬렉션을 처리하는 함수 태그로 숫자날짜시간 등을 형식화하는 기능, 국제화다국어 지원 기능을 제공한다(9장의 다국어 처리 참고).
Sql 태그	데이터베이스와 상호 작용하기 위해 사용하는 태그로 데이터베이스의 데이터 삽입, 수정, 삭제, 조회 기능을 제공한다.
Functions 태그	문자열을 처리하는 함수를 제공한다.

JSTL이 제공하는 태그를 사용하려면 다음과 같이 JSP 페이지에 〈%@ taglib... %〉 디렉티브 태그를 사용해야 합니다. 또한 JSTL 라이브러리인 jstl.jar 파일이 필요합니다. taglib 디렉티브 태그의 prefix 속성은 uri 속성에 명시된 값 대신 해당 페이지에서 prefix 속성 값으로 명시된 값을 사용하겠다는 것을 의미합니다.

```
<%@ taglib prefix="태그 식별이름" uri="태그 지원 URL" %>
```

NOTE JSTL 라이브러리 JSTL-x.x 버전 설치 방법

- **JSTL 라이브러리 JSTL-1.2 버전 설치 방법:** 배포 사이트(https://mvnrepository.com/)에서 jstl-1.2.jar 파일을 다운로드합니다.

- **아파치 톰캣에서 제공하는 JSTL 라이브러리 설치 방법**

❶ 아파치 톰캣 사이트(https://tomcat.apache.org//)에 접속하여 [Download]-[Taglibs] 메뉴를 선택하여 taglibs-standard-impl-1.2.5.jar, taglibs-standard-spec-1.2.5.jar, taglibs-standard-jstlel-1.2.5.jar 파일을 모두 다운로드합니다.

❷ 다운로드한 taglibs-standard-impl-1.2.5.jar, taglibs-standard-spec-1.2.5.jar, taglibs-standard-jstlel-1.2.5.jar 파일을 톰캣 10버전으로 마이그레이션합니다(마이그레이션 방법은 7장을 참고하세요).

❸ 웹 애플리케이션의 /src/main/webapp/WEB-INF/lib/ 폴더에 마이그레이션한 모든 파일을 포함합니다. 또는 서버 톰캣의 lib/ 폴더와 자바 JDK의 lib 폴더에 마이그레이션한 모든 파일을 포함합니다.

1 Core 태그

Core 태그는 다음과 같은 태그를 제공합니다.

표 17-2 Core 태그의 종류

태그	설명
<c:out>	출력하는 데 사용한다.
<c:set>	사용할 변수를 설정하는 데 사용한다.
<c:remove>	설정한 변수를 제거하는 데 사용한다.
<c:catch>	예외 처리에 사용한다.
<c:if>	조건문을 처리하는 데 사용한다.
<c:choose>	다중 조건문을 처리하는 데 사용한다.
<c:when>	<choose>의 서브 태그로 조건문이 참일 때 수행한다.
<c:otherwise>	<choose>의 서브 태그로 조건문이 거짓일 때 수행한다.
<c:import>	URL을 사용하여 다른 리소스의 결과를 삽입하는 데 사용한다.
<c:forEach>	반복문을 처리하는 데 사용한다.
<c:forTokens>	구분자로 분리된 각각의 토큰을 처리하는 데 사용한다.
<c:param>	URL 관련 태그의 파라미터를 설정하는 데 사용한다.
<c:redirect>	설정한 경로로 이동하는 데 사용한다.
<c:url>	URL을 재작성하는 데 사용한다.

NOTE JSTL Core 태그의 기능별 분류

- **표현 언어 지원 기능:** <c:catch>, <c:out>, <c:remove>, <c:set>
- **흐름 제어 기능:** <c:choose>, <c:when>, <c:otherwise>, <c:forEach>, <c:forTokens>, <c:if>
- **URL 관리 기능:** <c:import>, <c:param>, <c:redirect>, <c:url>

예제 17-1 웹 브라우저 헤더를 변수에 설정하고 설정한 변수 삭제하기

JSPBook 프로젝트에 ch17 폴더를 만든 후 core01.jsp 파일을 생성하고 다음과 같이 작성합니다. 웹 브라우저에 'http://localhost:8080/JSPBook/ch17/core01.jsp'를 입력하여 실행 결과를 확인합니다.

JSPBook/src/main/webapp/ch17/core01.jsp

```
01 <%@ page contentType="text/html; charset=utf-8" %>
02 <%@ taglib prefix="c" uri="http://java.sun.com/jsp/jstl/core" %>
03 <html>
04 <head>
05 <title>JSTL</title>
06 </head>
07 <body>
08     browser 변수 값 설정
09     <c:set var="browser" value="${header['User-Agent']}" />
10     <br>
11     <c:out value="${browser}" />
12     <p> browser 변수 값 제거 후
13         <c:remove var="browser" />
14         <c:out value="${browser}" />
15 </body>
16 </html>
```

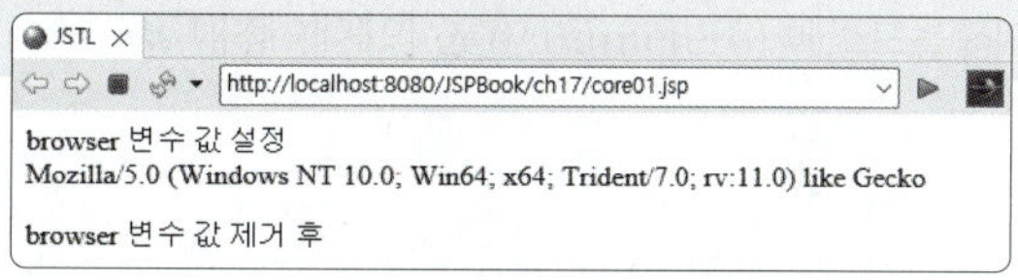

02행: JSP 페이지에 JSTL의 Core 태그를 사용하도록 taglib 디렉티브 태그를 작성합니다.

09행: browser 변수에 변수 값으로 header['User-Agent']를 설정하도록 〈c:set〉 태그를 작성합니다.

11행: browser 변수 값을 출력하도록 〈c:out〉 태그를 작성합니다.

13행: browser 변수 값을 삭제하도록 〈c:remove〉 태그를 작성합니다.

14행: browser 변수 값을 출력하도록 〈c:out〉 태그를 작성합니다.

예제 17-2 숫자가 짝수 또는 홀수인지 판단하기

/src/main/webapp/ch17/ 폴더에 다음과 같이 웹 페이지를 작성하고 웹 브라우저에 'http://localhost:8080/JSPBook/ch17/core02.jsp'를 입력하여 실행 결과를 확인합니다.

JSPBook/src/main/webapp/ch17/core02.jsp

```
<%@ page contentType="text/html; charset=utf-8" %>
<html>
<head>
<title>JSTL</title>
</head>
<body>
    <form action="core02_process.jsp" method="post">
        <p> 숫자: <input type="text" name="number">
        <p> <input type="submit" value="전송">
    </form>
</body>
</html>
```

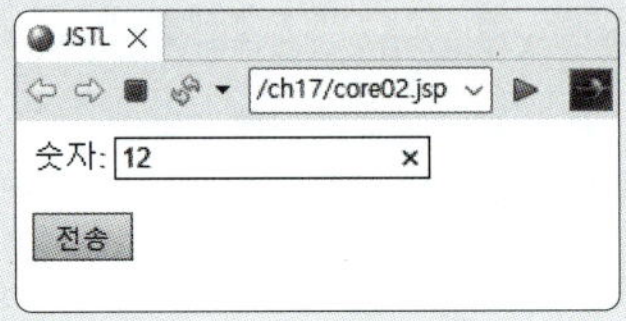

JSPBook/src/main/webapp/ch17/core02_process.jsp

```
<%@ page contentType="text/html; charset=utf-8" %>
<%@ taglib prefix="c" uri="http://java.sun.com/jsp/jstl/core" %>

<html>
<head>
<title>JSTL</title>
</head>
<body>
    <%
        String number=request.getParameter("number");
    %>
    <c:set var="number" value="<%=number%>" />
    <c:choose>
        <c:when test="${number%2==0}">
            <c:out value="${number}" />은 짝수입니다.
        </c:when>
```

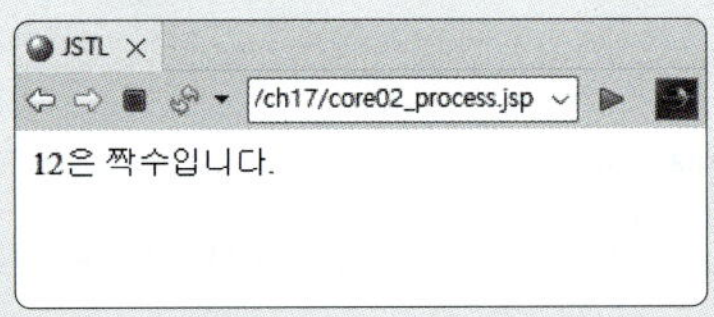

```
17            <c:when test="${number%2==1}">
18                <c:out value="${number}" />은 홀수입니다.
19            </c:when>
20            <c:otherwise>
21                숫자가 아닙니다.
22            </c:otherwise>
23        </c:choose>
24  </body>
25  </html>
```

12행: number 변수에 폼에서 전송된 number 값을 설정하도록 〈c:set〉 태그를 작성합니다.

13~23행: 다중 조건문을 처리하도록 〈c:choose〉 태그를 작성합니다.

14~16행: 〈c:when〉 태그를 사용하여 조건문 number%2==0이 참이면 number 변수 값을 출력하도록 〈c:out〉 태그를 작성합니다.

17~19행: 〈c:when〉 태그를 사용하여 조건문 number%2==1이 참이면 number 변수 값을 출력하도록 〈c:out〉 태그를 작성합니다.

20~22행: 14행과 17행의 조건문에 해당하지 않으면 실행하도록 〈c:otherwise〉 태그를 작성합니다.

예제 17-3 구구단 출력하기

/src/main/webapp/ch17/ 폴더에 다음과 같이 웹 페이지를 작성하고 웹 브라우저에 'http://localhost:8080/JSPBook/ch17/core03.jsp'를 입력하여 실행 결과를 확인합니다.

JSPBook/src/main/webapp/ch17/core03.jsp

```
<%@ page contentType="text/html; charset=euc-kr" %>
<%@ taglib prefix="c" uri="http://java.sun.com/jsp/jstl/core" %>

<html>
<head>
<title>JSTL</title>
</head>
<body>
    <h3>구구단</h3>
```

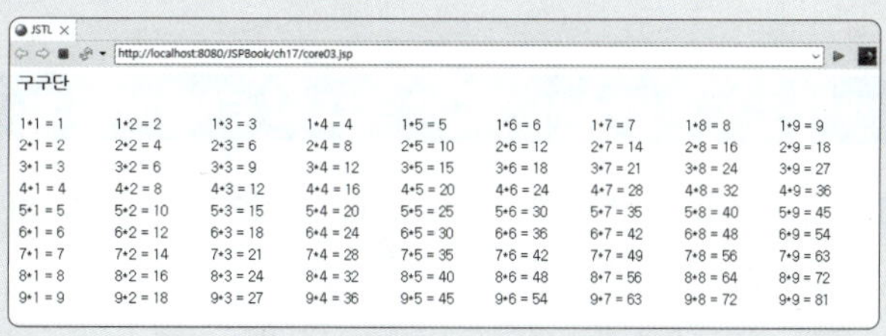

```
10     <table>
11         <c:forEach var="i" begin="1" end="9">
12             <tr>
13                 <c:forEach var="j" begin="1" end="9">
14                     <td width=100>${ i }*${ j }=${ i * j }</td>
15                 </c:forEach>
16             </tr>
17         </c:forEach>
18     </table>
19 </body>
20 </html>
```

11~17행: 1부터 9까지 반복하도록 <c:forEach> 태그를 작성합니다.

13~15행: 1부터 9까지 반복하도록 <c:forEach> 태그를 작성합니다.

2 Sql 태그

Sql 태그는 다음과 같은 태그를 제공합니다.

표 17-3 Sql 태그의 종류

태그	설명
<sql:setDataSource>	DataSource를 설정하는 데 사용한다.
<sql:query>	조회 쿼리문을 실행하는 데 사용한다.
<sql:update>	삽입, 수정, 삭제 쿼리문을 실행하는 데 사용한다.
<sql:dateParam>	쿼리문에 날짜 형식의 파라미터를 설정하는 데 사용한다.
<sql:param>	쿼리문에 문자열 형식의 파라미터를 설정하는 데 사용한다.
<sql:transaction>	트랜잭션을 구현하는 데 사용한다.

예제 17-4 <sql:query> 태그로 SELECT 쿼리문 실행하기

1 커넥션 이름은 MySQL_Conn, 데이터베이스 이름은 JSPBookDB를 사용하여 Data Source Explorer에서 실행합니다.

2 SQL 스크랩북에서 다음과 같이 작성하고 /src/main/webapp/ch17/ 폴더에 member.sql 파일로 저장한 후 이를 Data Source Explorer에서 실행합니다.

JSPBook/src/main/webapp/ch17/member.sql

```sql
drop table member;

CREATE TABLE IF NOT EXISTS member(
    id VARCHAR(20) NOT NULL,
    passwd VARCHAR(20),
    name VARCHAR(30),
    PRIMARY KEY (id)
);
INSERT INTO member VALUES('1', '1234', '홍길순');
INSERT INTO member VALUES('2', '1235', '홍길동');

SELECT * FROM member;
```

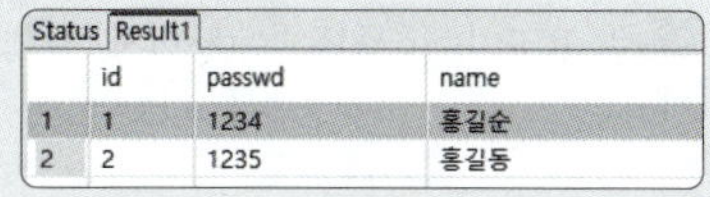

3 /src/main/webapp/ch17/ 폴더에 다음과 같이 웹 페이지를 작성하고 웹 브라우저에 'http://localhost:8080/JSPBook/ch17/sql01.jsp'를 입력하여 실행 결과를 확인합니다.

JSPBook/src/main/webapp/ch17/sql01.jsp

```jsp
<%@ page contentType="text/html; charset=utf-8" %>
<%@ taglib prefix="c" uri="http://java.sun.com/jsp/jstl/core" %>
<%@ taglib prefix="sql" uri="http://java.sun.com/jsp/jstl/sql" %>
<html>
<head>
<title>JSTL</title>
</head>
<body>
    <sql:setDataSource var="dataSource"
        url="jdbc:mysql://localhost:3306/JSPBookDB"
        driver="com.mysql.jdbc.Driver" user="root" password="1234" />

    <sql:query var="resultSet" dataSource="${dataSource}">
        SELECT * FROM member
    </sql:query>
```

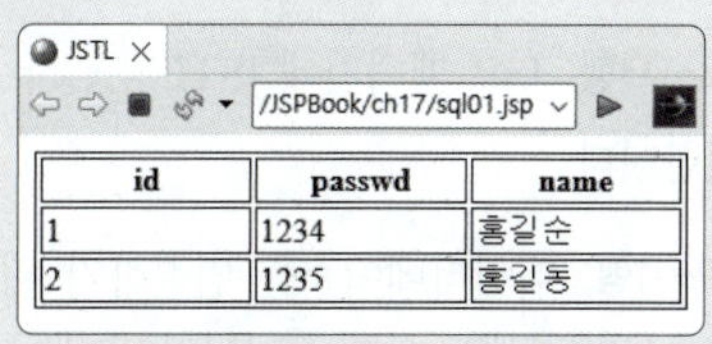

```
16
17      <table border="1">
18          <tr>
19              <c:forEach var="columnName" items="${resultSet.columnNames}">
20                  <th width="100"><c:out value="${columnName}" /></th>
21              </c:forEach>
22          </tr>
23          <c:forEach var="row" items="${resultSet.rowsByIndex}">
24          <tr>
25              <c:forEach var="column" items="${row}" varStatus="i">
26              <td>
27                  <c:if test="${column!=null}">
28                      <c:out value="${column}" />
29                  </c:if>
30                  <c:if test="${column==null}">
31                       
32                  </c:if>
33              </td>
34              </c:forEach>
35          </tr>
36          </c:forEach>
37      </table>
38  </body>
39  </html>
```

02~03행: JSP 페이지에 JSTL의 Core 태그와 Sql 태그를 사용하도록 taglib 디렉티브 태그를 작성합니다.

09~11행: 데이터베이스를 연결하기 위한 기본 설정을 하도록 〈sql:setDataSource〉 태그를 작성합니다.

13~15행: member 테이블의 모든 필드 값을 가져오도록 〈sql:query〉 태그로 SELECT 문을 작성합니다.

19~21행: SELECT 문으로 가져온 필드 이름이 있을 때까지 반복하도록 〈c:forEach〉 태그를 작성하고 〈c:out〉 태그로 필드 이름을 출력합니다.

23~36행: SELECT 문으로 가져온 레코드가 있을 때까지 id, passwd, name 필드 값을 가져와 출력하도록 <c:forEach> 태그로 반복하여 실행합니다.

예제 17-5 <sql:update> 태그로 INSERT 쿼리문 실행하기

1 커넥션 이름은 MySQL_Conn, 데이터베이스 이름은 JSPBookDB를 사용하여 Data Source Explorer에서 실행합니다. 그리고 생성한 member 테이블을 사용합니다.

2 /src/main/webapp/ch17/ 폴더에 다음과 같이 웹 페이지를 작성하고 웹 브라우저에 'http://localhost:8080/JSPBook/ch17/sql02.jsp'를 입력하여 실행 결과를 확인합니다.

JSPBook/src/main/webapp/ch17/sql02.jsp

```
<%@ page contentType="text/html; charset=utf-8" %>
<html>
<head>
<title>Database SQL</title>
</head>
<body>
    <form method="post" action="sql02_process.jsp">
        <p> 아이디 : <input type="text" name="id">
        <p> 비밀번호 : <input type="password" name="passwd">
        <p> 이름 : <input type="text" name="name">
        <p> <input type="submit" value="전송">
    </form>
</body>
</html>
```

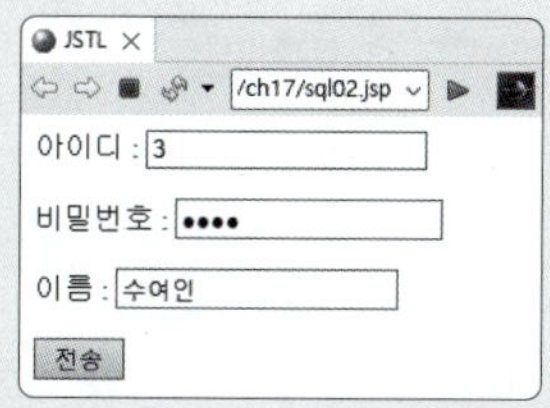

JSPBook/src/main/webapp/ch17/sql02_process.jsp

```
<%@ page contentType="text/html; charset=utf-8"%>
<%@ taglib prefix="c" uri="http://java.sun.com/jsp/jstl/core" %>
<%@ taglib prefix="sql" uri="http://java.sun.com/jsp/jstl/sql" %>
<html>
<head>
<title>JSTL</title>
</head>
<body>
```

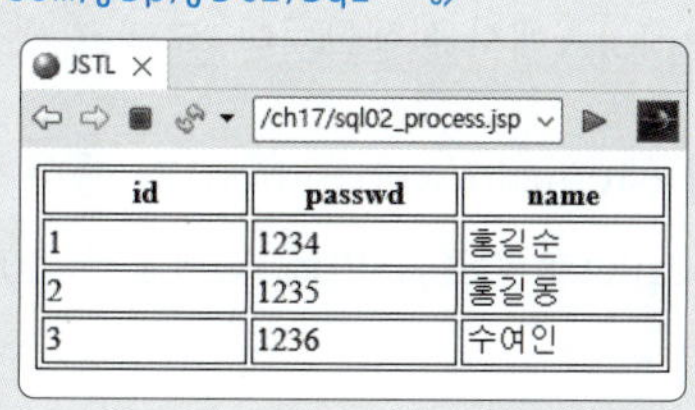

```
09      <%
10          request.setCharacterEncoding("utf-8");
11
12          String id = request.getParameter("id");
13          String passwd = request.getParameter("passwd");
14          String name = request.getParameter("name");
15      %>
16      <sql:setDataSource var="dataSource"
17          url="jdbc:mysql://localhost:3306/JSPBookDB"
18          driver="com.mysql.jdbc.Driver" user="root" password="1234" />
19
20      <sql:update dataSource="${dataSource}" var="resultSet">
21          INSERT INTO member(id, name, passwd) VALUES(?,?,?)
22          <sql:param value="<%=id%>" />
23          <sql:param value="<%=name%>" />
24          <sql:param value="<%=passwd%>" />
25      </sql:update>
26      <c:import var="url" url="sql01.jsp" />
27      ${url}
28  </body>
29  </html>
```

20~25행: member 테이블의 새로운 필드 값을 삽입하도록 〈sql:update〉 태그로 INSERT 문을 작성합니다.

22~24행: 폼 페이지에서 전송된 아이디, 이름, 비밀번호를 21행의 물음표에 설정하도록 〈sql:param〉 태그를 작성합니다.

예제 17-6 〈sql:update〉 태그로 UPDATE 쿼리문 실행하기

1 커넥션 이름은 MySQL_Conn, 데이터베이스 이름은 JSPBookDB를 사용하여 Data Source Explorer에서 실행합니다. 그리고 생성한 member 테이블을 사용합니다.

2 /src/main/webapp/ch17/ 폴더에 다음과 같이 웹 페이지를 작성하고 웹 브라우저에 'http://localhost:8080/JSPBook/ch17/sql03.jsp'를 입력하여 실행 결과를 확인합니다.

JSPBook/src/main/webapp/ch17/sql03.jsp

```
<%@ page contentType="text/html; charset=utf-8" %>
<html>
<head>
<title>JSTL</title>
</head>
<body>
    <form method="post" action="sql03_process.jsp">
        <p> 아이디 : <input type="text" name="id">
        <p> 비밀번호 : <input type="password" name="passwd">
        <p> 이름 : <input type="text" name="name">
        <p> <input type="submit" value="전송">
    </form>
</body>
</html>
```

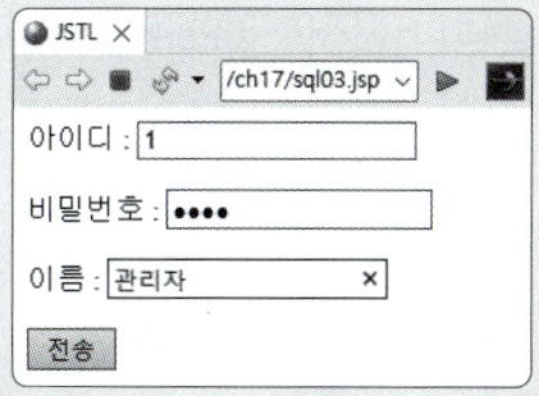

JSPBook/src/main/webapp/ch17/sql03_process.jsp

```
<%@ page contentType="text/html; charset=utf-8" %>
<%@ taglib prefix="c" uri="http://java.sun.com/jsp/jstl/core" %>
<%@ taglib prefix="sql" uri="http://java.sun.com/jsp/jstl/sql" %>
<html>
<head>
<title>JSTL</title>
</head>
<body>
    <%
        request.setCharacterEncoding("utf-8");

        String id=request.getParameter("id");
        String passwd=request.getParameter("passwd");
        String name=request.getParameter("name");
    %>
    <sql:setDataSource var="dataSource"
        url="jdbc:mysql://localhost:3306/JSPBookDB"
        driver="com.mysql.jdbc.Driver" user="root" password="1234" />

```

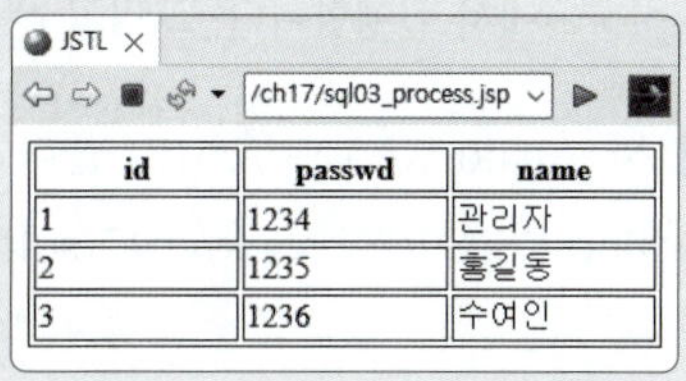

```
20      <sql:update dataSource="${dataSource}" var="resultSet">
21          UPDATE member SET name=? WHERE id=? AND passwd=?
22          <sql:param value="<%=name%>" />
23          <sql:param value="<%=id%>" />
24          <sql:param value="<%=passwd%>" />
25      </sql:update>
26      <c:import var="url" url="sql01.jsp" />
27      ${url}
28  </body>
29  </html>
```

20~25행: member 테이블에 id, passwd 필드 값과 일치하는 값이 있으면 해당 레코드를 수정하도록 〈sql:update〉 태그로 UPDATE 문을 작성합니다.

22~24행: 폼 페이지에서 전송된 아이디, 이름, 비밀번호를 21행의 물음표에 설정하도록 〈sql:param〉 태그를 작성합니다.

예제 17-7 〈sql:update〉 태그로 DELETE 쿼리문 실행하기

1 커넥션 이름은 MySQL_Conn, 데이터베이스 이름은 JSPBookDB를 사용하여 Data Source Explorer에서 실행합니다. 그리고 생성한 member 테이블을 사용합니다.

2 /src/main/webapp/ch17/ 폴더에 다음과 같이 웹 페이지를 작성하고 웹 브라우저에 'http://localhost:8080/JSPBook/ch17/sql04.jsp'를 입력하여 실행 결과를 확인합니다.

JSPBook/src/main/webapp/ch17/sql04.jsp

```
<%@ page contentType="text/html; charset=utf-8" %>
<html>
<head>
<title>JSTL</title>
</head>
<body>
    <form method="post" action="sql04_process.jsp">
        <p> 아이디 : <input type="text" name="id">
        <p> 비밀번호 : <input type="password" name="passwd">
        <p> <input type="submit" value="전송">
```

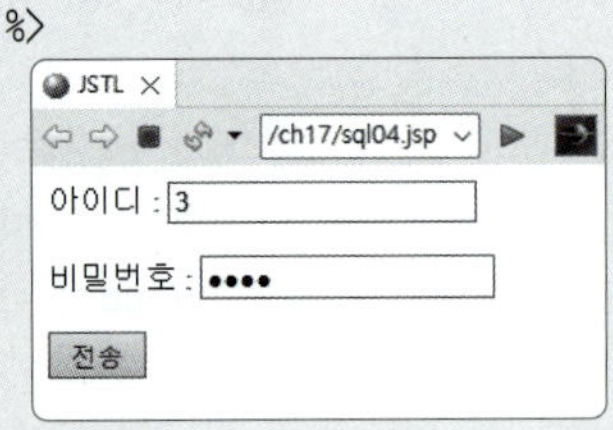

```
        </form>
</body>
</html>
```

JSPBook/src/main/webapp/ch17/sql04_process.jsp

```
01 <%@ page contentType="text/html; charset=utf-8" %>
02 <%@ taglib prefix="c" uri="http://java.sun.com/jsp/jstl/core" %>
03 <%@ taglib prefix="sql" uri="http://java.sun.com/jsp/jstl/sql" %>
04 <html>
05 <head>
06 <title>JSTL</title>
07 </head>
08 <body>
09     <%
10         request.setCharacterEncoding("utf-8");
11 
12         String id=request.getParameter("id");
13         String passwd=request.getParameter("passwd");
14     %>
15     <sql:setDataSource var="dataSource"
16         url="jdbc:mysql://localhost:3306/JSPBookDB"
17         driver="com.mysql.jdbc.Driver" user="root" password="1234" />
18 
19     <sql:update dataSource="${dataSource}" var="resultSet">
20         DELETE FROM member WHERE id =? AND passwd =?
21         <sql:param value="<%=id%>" />
22         <sql:param value="<%=passwd%>" />
23     </sql:update>
24     <c:import var="url" url="sql01.jsp" />
25     ${url}
26 </body>
27 </html>
```

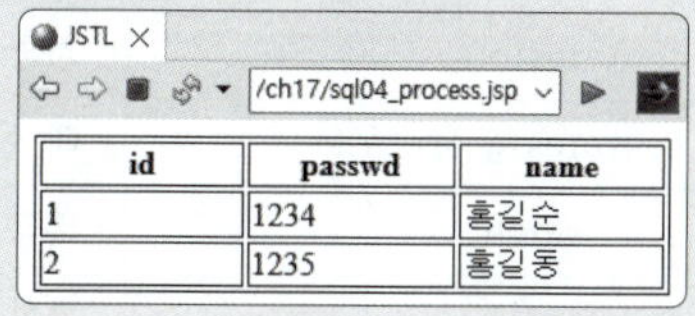

19~23행: book 테이블에 id, passwd 값과 일치하는 값이 있으면 해당 레코드를 삭제하도록 <sql:update> 태그로 DELETE 문을 작성합니다.

21~22행: 폼 페이지에서 전송된 아이디와 비밀번호를 20행의 물음표에 설정하도록 <sql:param> 태그를 작성합니다.

3 Functions 태그

Functions 태그는 다음과 같은 태그를 제공합니다.

표 17-4 Functions 태그의 종류

태그	설명
contains()	검색 대상 문자열의 포함 여부를 확인한다.
containsIgnoreCase()	대·소문자에 관계없이 검색 대상 문자열의 포함 여부를 확인한다.
startsWith()	특정 문자열로 시작하는지 여부를 확인한다.
endsWith()	특정 문자열로 끝나는지 여부를 확인한다.
escapeXml()	문자열에 포함된 특수문자를 특정 코드로 변환한다.
indexOf()	검색 대상 문자열의 첫 위치 값을 반환한다.
split()	문자열을 설정한 구분자로 분리하여 배열 형태로 반환한다.
join()	배열 형태의 문자열을 설정한 구분자로 연결하여 반환한다.
length()	문자열의 길이를 반환한다.
substring()	특정 위치의 문자열을 반환한다.
substringAfter()	설정한 문자열 이후의 부분에 있는 문자열을 반환한다.
substringBefore()	설정한 문자열 이전의 부분에 있는 문자열을 반환한다.
replace()	검색 대상 문자열을 설정한 문자열로 변경하여 반환한다.
toLowerCase()	모두 소문자로 변환한다.
toUpperCase()	모두 대문자로 변환한다.
trim()	문자열 앞뒤의 공백을 제거하여 반환한다.

예제 17-8 <fn:contains>와 <fn:containsIgnoreCase> 태그로 문자열 검색하기

/src/main/webapp/ch17/ 폴더에 다음과 같이 웹 페이지를 작성하고 웹 브라우저에 'http://localhost:8080/JSPBook/ch17/functions01.jsp'를 입력하여 실행 결과를 확인합니다.

JSPBook/src/main/webapp/ch17/functions01.jsp

```
01 <%@ page contentType="text/html; charset=utf-8" %>
02 <%@ taglib prefix="fn" uri="http://java.sun.com/jsp/jstl/functions" %>
03 <html>
04 <head>
05 <title>JSTL</title>
06 </head>
07 <body>
08     <p> java 문자열 검색
09     <p> Hello, Java Server Pages! => ${fn:contains("Hello, Java Server
           Pages!", "java")}
10     <p> hello, java server pages! => ${fn:containsIgnoreCase("hello, java
           server pages!", "java")}
11 </body>
12 </html>
```

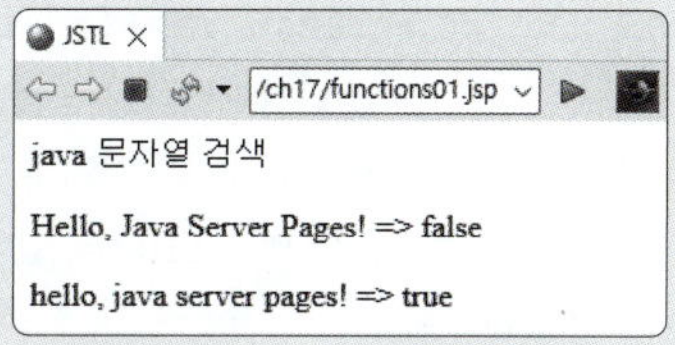

02행: JSP 페이지에 JSTL의 Functions 태그를 사용하도록 taglib 디렉티브 태그를 작성합니다.

09행: 설정된 문자열 'Hello, Java Server Pages!'에 검색 문자열 java가 포함되었는지 확인하도록 <fn:contains> 태그를 작성합니다.

10행: 설정된 문자열 'hello, java server pages!'에 대·소문자와 상관없이 검색 문자열 java가 포함되었는지 확인하도록 <fn:containsIgnoreCase> 태그를 작성합니다.

예제 17-9 <fn:split>와 <fn:join> 태그로 문자열 분리하고 연결하기

/src/main/webapp/ch17/ 폴더에 다음과 같이 웹 페이지를 작성하고 웹 브라우저에 'http://localhost:8080/JSPBook/ch17/functions02.jsp'를 입력하여 실행 결과를 확인합니다.

JSPBook/src/main/webapp/ch17/functions02.jsp

```
<%@ page contentType="text/html; charset=utf-8" %>
<%@ taglib prefix="c" uri="http://java.sun.com/jsp/jstl/core" %>
<%@ taglib prefix="fn" uri="http://java.sun.com/jsp/jstl/functions" %>
<html>
<head>
<title>JSTL</title>
```

```
07 </head>
08 <body>
09     <c:set var="texts" value="${fn:split('Hello, Java Server Pages!', ' ')}" />
10     <c:forEach var="i" begin="0" end="${fn:length(texts)-1}">
11         <p> text[${i}]=${texts[i]}
12     </c:forEach>
13     <p> <c:out value="${fn:join(texts, '-')}" />
14 </body>
15 </html>
```

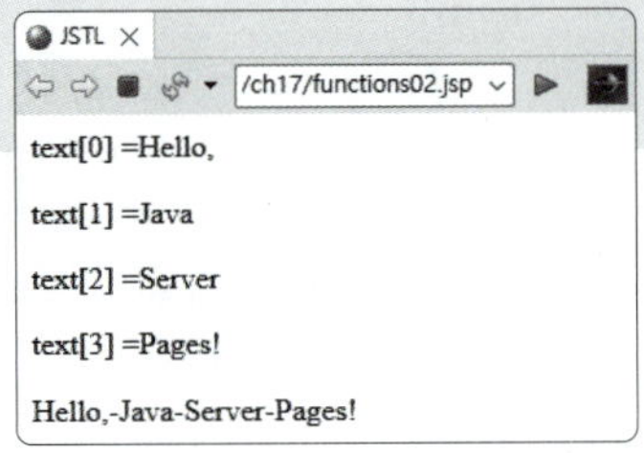

02~03행: JSP 페이지에 JSTL의 Core 태그와 Functions 태그를 사용하도록 taglib 디렉티브 태그를 작성합니다.

09행: 설정된 문자열 'Hello, Java Server Pages!'에서 공백문자를 기준으로 문자열을 분리하도록 〈fn:split〉 태그를 작성합니다.

10~12행: 09행에서 분리된 문자열 길이만큼 반복하여 분리된 문자열을 출력하도록 작성합니다.

13행: 09행에서 분리된 문자열과 '-'를 연결하도록 〈fn:join〉 태그를 작성합니다.

03 북마켓 회원 가입, 수정, 탈퇴하기

앞에서 배운 JSTL Sql 태그를 적용하여 회원 가입, 수정, 탈퇴 페이지를 만듭니다.

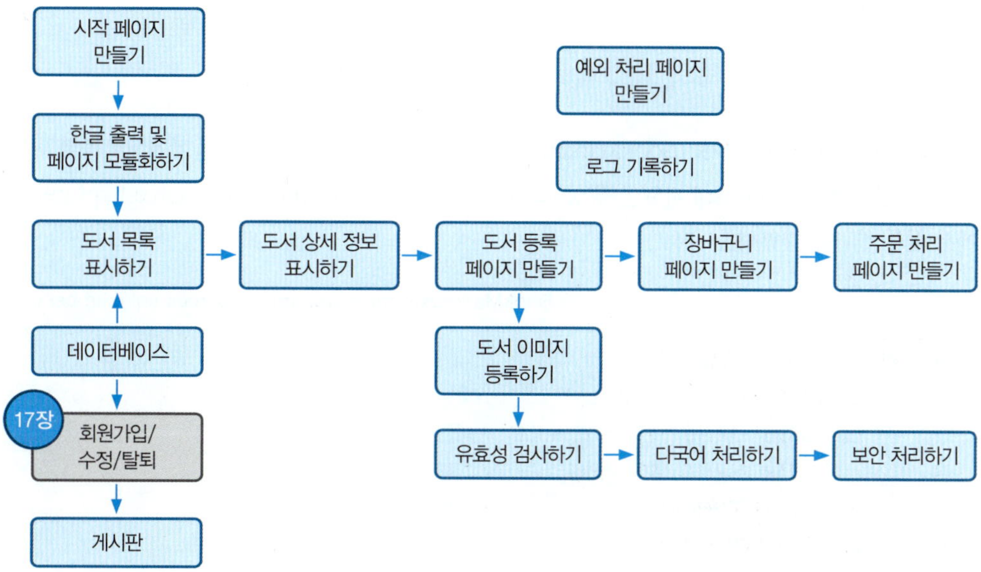

그림 17-1 회원 가입, 수정, 탈퇴하기

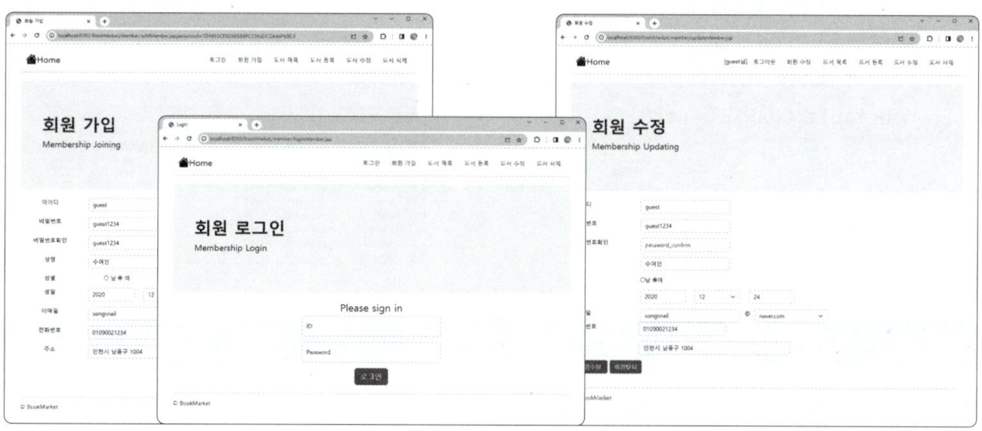

그림 17-2 완성된 북마켓(도서 쇼핑몰) 회원 가입, 수정, 탈퇴 페이지

예제 17-10 북마켓의 데이터베이스에 회원 관리 테이블 만들기

1 데이터베이스 커넥션 설정하기: 커넥션 이름은 Market_Conn, 데이터베이스 이름은 BookMarketDB를 사용하여 Data Source Explorer에서 실행합니다.

2 회원 관리 테이블 생성하기: /BookMarket/src/main/webapp/resources/ 폴더에 sql 폴더를 만든 후 이 폴더에 member.sql 파일을 생성하고 다음과 같이 작성합니다. Data Source Explorer 뷰에서 실행 결과를 확인해봅니다.

BookMarket/src/main/webapp/resources/sql/member.sql

```
CREATE table MEMBER (
    id VARCHAR(10) NOT NULL,         //회원 아이디
    password VARCHAR(10) NOT NULL,   //비밀번호
    name VARCHAR(10) NOT NULL,       //이름
    gender VARCHAR(4),               //성별
    birth VARCHAR(10),               //생일
    mail VARCHAR(30),                //메일
    phone VARCHAR(20),               //전화번호
    address VARCHAR(90),             //주소
    regist_day VARCHAR(50),          //가입 일자
    PRIMARY KEY(ID)                  //회원 아이디를 고유 키로 설정
) default CHARSET=utf8;
```

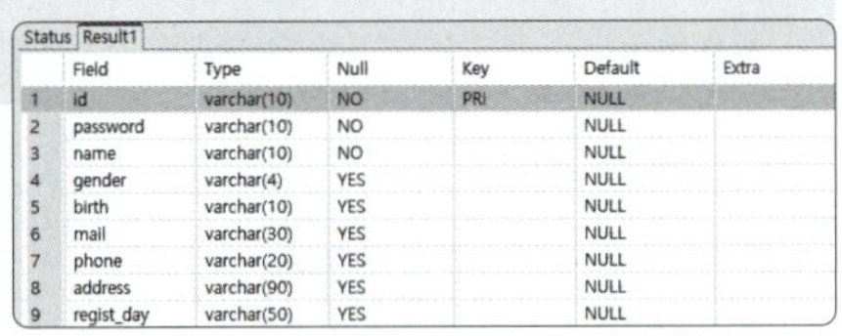
Status | Result1

	Field	Type	Null	Key	Default	Extra
1	id	varchar(10)	NO	PRI	NULL	
2	password	varchar(10)	NO		NULL	
3	name	varchar(10)	NO		NULL	
4	gender	varchar(4)	YES		NULL	
5	birth	varchar(10)	YES		NULL	
6	mail	varchar(30)	YES		NULL	
7	phone	varchar(20)	YES		NULL	
8	address	varchar(90)	YES		NULL	
9	regist_day	varchar(50)	YES		NULL	

예제 17-11 데이터베이스에 회원 정보 등록하기

1 JSTL 라이브러리 jstl-1.2.jar 등록하기: 배포 사이트(https://mvnrepository.com/)에서 jstl-

1.2.jar 파일을 다운로드하여 /src/main/webapp/WEB-INF/lib/ 폴더에 등록합니다.

TIP 여기서 아파치 톰캣 10버전을 사용하므로 마이그레이션해야 합니다. 마이그레이션 방법은 7장을 참고하세요.

2 메뉴 페이지 수정하기: menu.jsp 파일에 다음과 같이 추가 작성합니다.

BookMarket/src/main/webapp/menu.jsp

```
<%@ page contentType="text/html; charset=utf-8" %>
<%@ taglib prefix="c" uri="http://java.sun.com/jsp/jstl/core" %>
<%
  String sessionId=(String) session.getAttribute("sessionId");
%>

<header class="pb-3 mb-4 border-bottom">
  <div class="container">
    <div class="d-flex flex-wrap align-items-center justify-content-
    center justify-content-lg-start">
      <a href="./welcome.jsp" class="d-flex align-items-center mb-3
      mb-md-0 me-md-auto text-dark text-decoration-none">
        <svg width="32" height="32" fill="currentColor" class="bi
        bi-house-fill" viewBox="0 0 16 16">
        <path d="M8.707 1.5a1 1 0 0 0-1.414 0L.646 8.146a.5.5 0 0 0 .708.708L8
        2.207l6.646 6.647a.5.5 0 0 0 .708-.708L13 5.793V2.5a.5.5 0 0 0-.5-.5h-1a.5
        .5 0 0 0-.5.5v1.293L8.707 1.5Z"/>
        <path d="m8 3.293 6 6V13.5a1.5 1.5 0 0 1-1.5 1.5h-9A1.5 1.5 0 0 1 2
        13.5V9.293l6-6Z">
        </svg>
```

```
15              <span class="fs-4">Home</span>
16            </a>
17
18            <ul class="nav nav-pills">
19              <c:choose>
20                <c:when test="${empty sessionId}">
21                  <li class="nav-item"><a class="nav-link" href="<c:url value
                    ="/member/loginMember.jsp"/>">로그인 </a></li>
22                  <li class="nav-item"><a class="nav-link" href='<c:url value
                    ="/member/addMember.jsp"/>'>회원 가입</a></li>
23                </c:when>
24                <c:otherwise>
25                  <li style="padding-top: 7px; color: white">[<%=sessionId %>님]
                    </li>
26                  <li class="nav-item"><a class="nav-link" href="<c:url value
                    ="/member/logoutMember.jsp"/>">로그아웃</a></li>
27                  <li class="nav-item"><a class="nav-link" href="<c:url value
                    ="/member/updateMember.jsp"/>">회원 수정</a></li>
28                </c:otherwise>
29              </c:choose>
30              <li class="nav-item"><a href="<c:url value="/books.jsp"/>" class
                ="nav-link">도서 목록</a></li>
31              <li class="nav-item"><a href="<c:url value="/addBook.jsp"/>"
                class="nav-link">도서 등록</a></li>
32              <li class="nav-item"><a href="<c:url value="/editBook.jsp?
                edit=update"/>" class="nav-link">도서 수정</a></li>
33              <li class="nav-item"><a href="<c:url value="/editBook.jsp?
                edit=delete"/>" class="nav-link">도서 삭제</a></li>
34            </ul>
35          </div>
36        </div>
37      </header>
```

02행: JSP 페이지에 JSTL의 Core 태그를 사용하도록 taglib 디렉티브 태그를 작성합니다.

04행: 세션에 저장된 세션 속성 이름 sessionId의 속성 값을 가져오도록 session 내장 객체의 getAttribute() 메소드를 작성합니다.

19~29행: 다중 조건문을 처리하도록 〈c:choose〉 태그를 작성합니다.

20~23행: 〈c:when〉 태그를 사용하여 조건문 세션 속성 이름 sessionId의 속성 값이 없으면 로그인, 회원 가입 메뉴를 출력하도록 〈c:out〉 태그를 작성합니다.

24~28행: 〈c:when〉 태그의 조건문에 해당하지 않으면 로그아웃, 회원 수정 메뉴를 출력하도록 〈c:otherwise〉 태그를 작성합니다.

30~33행: 도서 목록, 도서 등록, 도서 수정, 도서 삭제 메뉴에 대해 절대 경로로 설정하도록 〈c:url〉 태그를 작성합니다.

3 회원 가입 관련 페이지 작성: 각 파일의 내용은 이 책의 예제 소스 파일을 참고하세요.

- **회원 가입 페이지:** BookMarket/src/main/webapp/member/addMember.jsp
- **회원 가입 처리 페이지:** BookMarket/src/main/webapp/member/processAddMember.jsp
- **회원 가입 완료 페이지:** BookMarket/src/main/webapp/member/resultMember.jsp

4 회원 로그인, 로그아웃 관련 페이지 작성: 각 파일의 내용은 이 책의 예제 소스 파일을 참고하세요.

- **회원 로그인 페이지:** BookMarket/src/main/webapp/member/loginMember.jsp
- **회원 로그인 처리 페이지:** BookMarket/src/main/webapp/member/processLoginMember.jsp
- **회원 로그아웃 페이지:** BookMarket/src/main/webapp/member/logoutMember.jsp

5 회원 정보 수정, 회원 탈퇴 관련 페이지 작성: 각 파일의 내용은 이 책의 예제 소스 파일을 참고하세요.

- **회원 정보 수정 페이지:** BookMarket/src/main/webapp/member/updateMember.jsp
- **회원 정보 수정 처리 페이지:** BookMarket/src/main/webapp/member/processUpdateMember.jsp
- **회원 탈퇴 페이지:** BookMarket/src/main/webapp/member/deleteMember.jsp

요약

01 (   )은 JSP 페이지에서 스크립트 요소로 인한 코드의 복잡함을 해결하기 위한 일종의 사용자 정의 태그의 표준입니다.

02 JSP 페이지에 JSP의 스크립트 요소와 HTML 코드를 혼용하면 편리하게 개발할 수 있으나 코드의 복잡성이 증가되는 것이 문제입니다. 따라서 JSP 페이지의 (   )을 담당하는 부분인 if, for, while, 데이터베이스 처리 등과 관련된 코드를 JSTL로 대치하여 코드를 깔끔하게 하고 가독성을 좋게 만듭니다.

03 JSTL이 제공하는 태그의 종류는 다음과 같습니다.

태그	설명
( ) 태그	변수 선언, 삭제 등 변수와 관련된 작업 및 if 문, for 문과 같은 제어 기능, URL 처리로 페이지 이동 기능을 제공한다.
Formatting 태그	문자열이나 컬렉션을 처리하는 함수 태그로 숫자날짜시간 등을 형식화하는 기능, 국제화·다국어 지원 기능을 제공한다(9장의 다국어 처리 참고).
( ) 태그	데이터베이스와 상호 작용하기 위해 사용하는 태그로 데이터베이스의 데이터 삽입, 수정, 삭제, 조회 기능을 제공한다.
Functions 태그	문자열을 처리하는 함수를 제공한다.

정답

01 JSTL **02** 로직 **03** Core, Sql

연습문제

01 JSTL이 제공하는 태그의 종류로 옳지 않은 것은 무엇인가?

① Core 태그

② Template 태그

③ Sql 태그

④ Functions 태그

02 변수 선언, 삭제 등 변수와 관련된 작업 및 if 문, for 문과 같은 제어 기능, URL 처리로 페이지 이동 등과 같은 JSTL이 제공하는 태그는 무엇인가?

① Core 태그

② Template 태그

③ Sql 태그

④ Functions 태그

03 데이터베이스와 상호 작용하기 위해 사용하는 태그로, 데이터베이스의 데이터 삽입, 수정, 삭제, 조회 기능과 같은 JSTL이 제공하는 태그는 무엇인가?

① Core 태그

② Template 태그

③ Sql 태그

④ Functions 태그

04 문자열을 처리하는 함수 기능과 같은 JSTL이 제공하는 태그는 무엇인가?

① Core 태그

② Template 태그

③ Sql 태그

④ Functions 태그

05 JSTL이 제공하는 Core 태그의 종류에 대한 설명으로 옳지 <u>않은</u> 것은 무엇인가?

① 〈c:out〉: 출력하는 데 사용한다.

② 〈c:if〉: 조건문을 처리하는 데 사용한다.

③ 〈c:forEach〉: 반복문을 처리하는 데 사용한다.

④ 〈c:choose〉: 단일 조건문을 처리하는 데만 사용한다.

06 JSTL의 core 태그를 이용하여 다음 조건에 맞게 JSP 애플리케이션을 만들고 실행하여 결과를 확인하시오.

조건

❶ core.jsp 파일을 생성한다.

- input 태그 내에 text 유형을 이용하여 점수 항목을 작성한다.
- form 태그에 action 속성 값은 core_process.jsp로 작성한다.

❷ core_process.jsp 파일을 생성한다.

- request 내장 객체의 getParameter( ) 메소드를 이용하여 전송된 요청 파라미터 값을 전달받는다.
- core 태그를 이용하여 점수에 해당하는 학점을 출력하도록 작성한다.

❸ 웹 브라우저에 'http://localhost:8080/Exercise/ch17/core.jsp'를 입력하여 실행 결과를 확인한다.

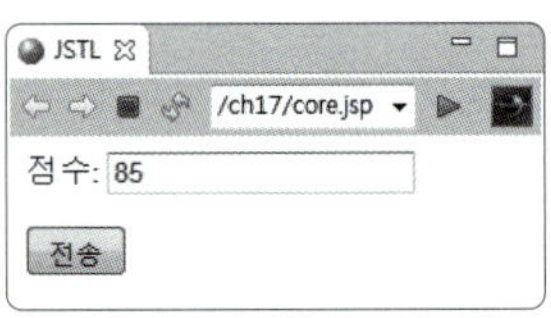

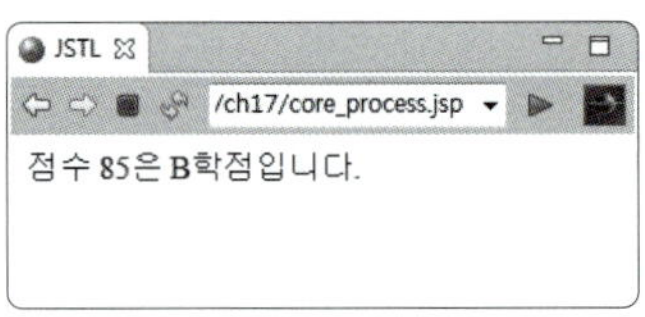

07 JSTL의 sql 태그로 데이터를 조회하도록 다음 조건에 맞게 JSP 애플리케이션을 만들고 실행하여 결과를 확인하시오.

> **조건**
>
> ❶ 데이터베이스 연결 및 테이블을 생성한다.
> - MySQL에 접속하여 데이터베이스명 ExerciseDB를 생성한다.
> - 이클립스에서 Data Source Explorer의 Database Connections를 선택하여 커넥션 이름을 Exercise_Conn, 데이터베이스 이름을 ExerciseDB로 생성한다.
> - student 테이블을 생성하고 위의 그림과 같이 레코드를 삽입한다.
>
> ❷ sql01.jsp 파일을 생성한다.
> - student 테이블에 저장된 모든 레코드를 조회하여 그림과 같이 출력하도록 작성한다.
>
> ❸ 웹 브라우저에 'http://localhost:8080/Exercise/ch17/sql01.jsp'를 입력하여 실행 결과를 확인한다.

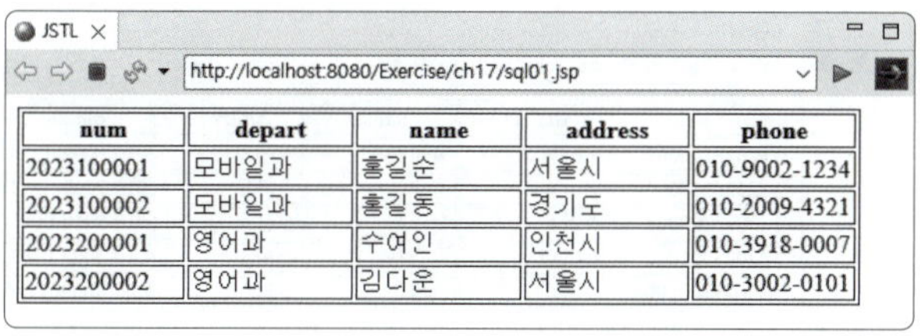

num	depart	name	address	phone
2023100001	모바일과	홍길순	서울시	010-9002-1234
2023100002	모바일과	홍길동	경기도	010-2009-4321
2023200001	영어과	수여인	인천시	010-3918-0007
2023200002	영어과	김다운	서울시	010-3002-0101

08 JSTL의 sql 태그로 데이터를 삽입하도록 다음 조건에 맞게 JSP 애플리케이션을 만들고 실행하여 결과를 확인하시오.

조건

❶ sql02.jsp 파일을 생성한다.

- input 태그 내에 text 유형을 이용하여 학번, 학과, 이름, 주소, 연락처 항목을 작성한다.
- form 태그에 action 속성 값은 sql02_process.jsp로 작성한다.

❷ sql02_process.jsp 파일을 생성한다.

- request 내장 객체의 getParameter( ) 메소드를 이용하여 전송된 요청 파라미터 값을 전달받아 student 테이블에 삽입하도록 작성한다.

❸ 웹 브라우저에 'http://localhost:8080/Exercise/ch17/sql02.jsp'를 입력하여 실행 결과를 확인한다.

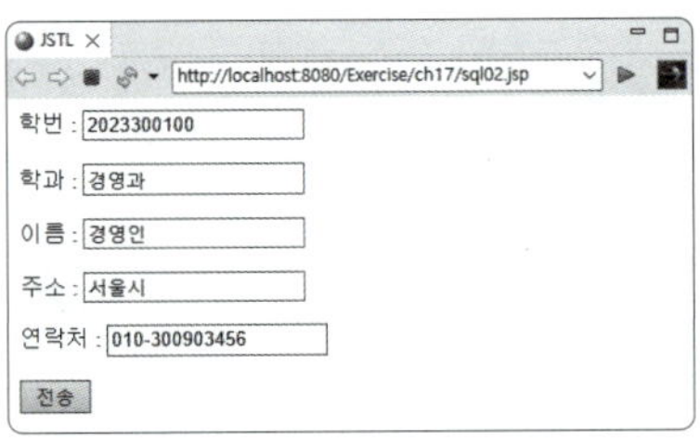

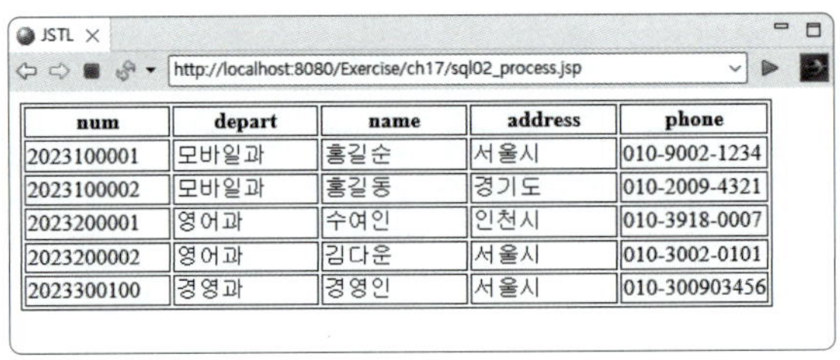

num	depart	name	address	phone
2023100001	모바일과	홍길순	서울시	010-9002-1234
2023100002	모바일과	홍길동	경기도	010-2009-4321
2023200001	영어과	수여인	인천시	010-3918-0007
2023200002	영어과	김다운	서울시	010-3002-0101
2023300100	경영과	경영인	서울시	010-300903456

09 JSTL의 sql 태그로 데이터를 갱신하도록 다음 조건에 맞게 JSP 애플리케이션을 만들고 실행하여 결과를 확인하시오.

조건

❶ sql03.jsp 파일을 생성한다.
- input 태그 내에 text 유형을 이용하여 변경 전 학과명, 변경 후 학과명 항목을 작성한다.
- form 태그에 action 속성 값은 sql03_process.jsp로 작성한다.

❷ sql03_process.jsp 파일을 생성한다.
- request 내장 객체의 getParameter() 메소드를 이용하여 전송된 요청 파라미터 값을 전달받아 변경 전 학과명을 student 테이블에서 조회하여 변경 후 학과명으로 수정하도록 작성한다.

❸ 웹 브라우저에 'http://localhost:8080/Exercise/ch17/sql03.jsp'를 입력하여 실행 결과를 확인한다.

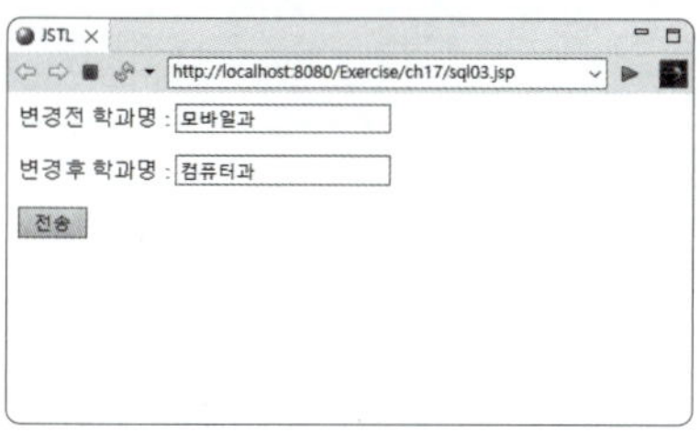

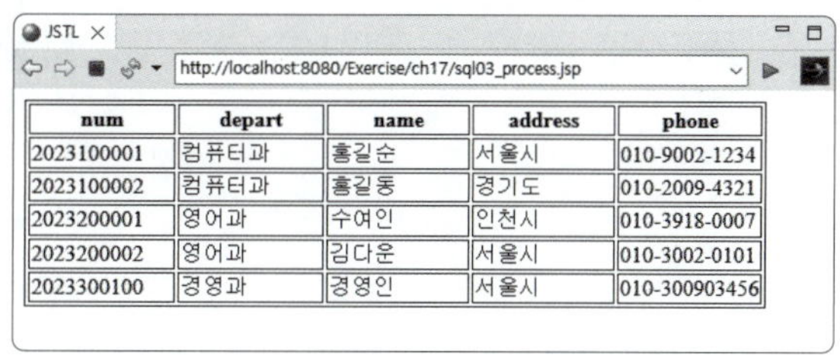

num	depart	name	address	phone
2023100001	컴퓨터과	홍길순	서울시	010-9002-1234
2023100002	컴퓨터과	홍길동	경기도	010-2009-4321
2023200001	영어과	수여인	인천시	010-3918-0007
2023200002	영어과	김다운	서울시	010-3002-0101
2023300100	경영과	경영인	서울시	010-300903456

10 JSTL의 sql 태그로 데이터를 삭제하도록 다음 조건에 맞게 JSP 애플리케이션을 만들고 실행하여 결과를 확인하시오.

조건

❶ sql04.jsp 파일을 생성합니다.

- input 태그 내에 text 유형을 이용하여 삭제할 학과명 항목을 작성합니다.
- form 태그에 action 속성 값은 sql04_process.jsp로 작성합니다.

❷ sql04_process.jsp 파일을 생성합니다.

- request 내장 객체의 getParameter( ) 메소드를 이용하여 전송된 요청 파라미터 값을 전달받아 student 테이블에서 조회하여 삭제하도록 작성합니다.

❸ 웹 브라우저에 'http://localhost:8080/Exercise/ch17/sql04.jsp'를 입력하여 실행 결과를 확인합니다.

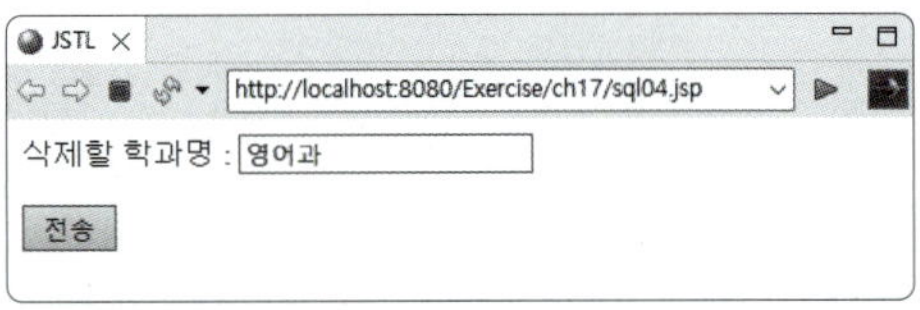

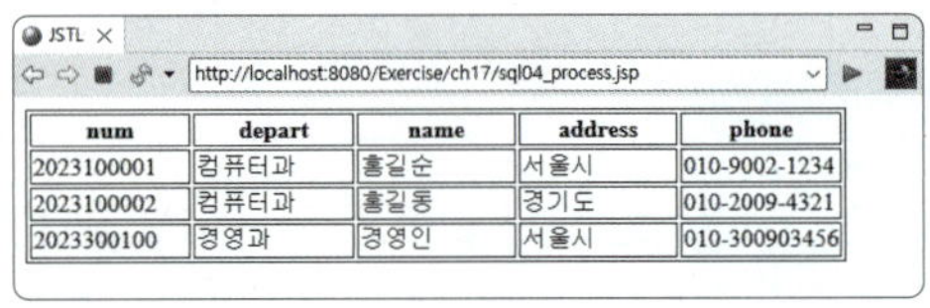

CHAPTER 18

웹 MVC: 게시판 만들기

학습목표

- MVC의 개념을 이해합니다.
- MVC 패턴 구조를 이해합니다.
- MVC 패턴 구현 방법을 익힙니다.
- 북마켓의 게시판을 만듭니다.

01 MVC의 개요

MVC는 Model, View, Controller의 약자로, 웹 애플리케이션을 비즈니스 로직, 프레젠테이션 로직, 데이터로 분리하는 디자인 패턴입니다. 웹 애플리케이션에서는 일반적으로 애플리케이션을 비즈니스 로직, 프레젠테이션, 요청 처리 데이터로 분류합니다. 비즈니스 로직은 애플리케이션의 데이터, 즉 고객, 제품, 주문 정보의 조작에 사용되는 용어이고, 프레젠테이션은 애플리케이션이 사용자에게 어떻게 표시되는지, 즉 위치, 폰트, 크기를 나타냅니다. 그리고 요청 처리 데이터는 비즈니스 로직과 프레젠테이션 파트를 함께 묶는 것을 말합니다.

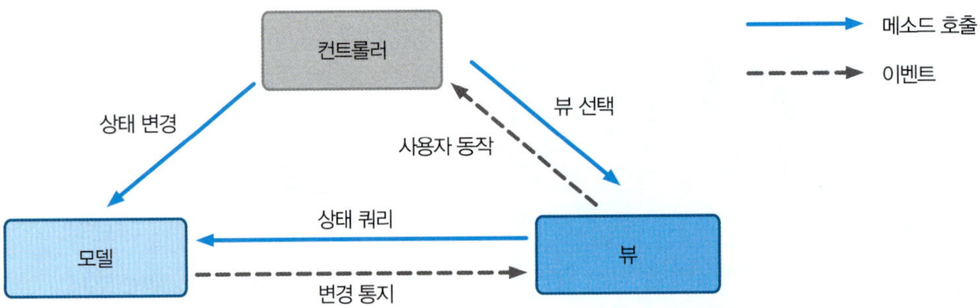

그림 18-1 MVC 패턴의 구성 요소

- **모델(Model)**: 애플리케이션의 데이터와 비즈니스 로직을 담는 객체입니다.
- **뷰(View)**: 사용자에게 모델의 정보(데이터)를 보여주는 역할을 합니다. 비즈니스 로직을 포함하지 않으며, 하나의 모델을 다양한 뷰에서 사용할 수 있습니다.
- **컨트롤러(Controller)**: 모델과 뷰 사이에 어떤 동작이 있을 때 조정하는 역할을 합니다. 웹으로부터 받은 요청에 가장 적합한 모델을 생성하는 것을 처리하는 역할과 사용자에게 응답하는 적절한 뷰를 선택하여 해당 모델을 전달하는 역할을 합니다.

웹 애플리케이션에 MVC 패턴을 사용하면 유지 보수가 용이하고 쉽게 확장 및 테스트할 수 있습니다. 또한 내비게이션 컨트롤이 중앙 집중화되어 있습니다.

02 MVC 패턴 구조

웹 애플리케이션 개발을 시작하기 전에 개발 구조에 대한 기본 계획이 있어야 합니다. 요청 처리가 이루어지는 위치(서블릿 또는 JSP)에 따라 MVC의 모델은 두 가지가 있습니다. 웹 애플리케이션에서 MVC 패턴인 JSP(뷰)와 자바빈즈(모델), 서블릿(컨트롤러)을 이용하면 쉽게 구현할 수 있습니다. 규모가 큰 프로젝트도 MVC를 통해 훨씬 더 효율적으로 개발할 수 있습니다.

1 모델 1

모델 1은 기존의 JSP로만 구현한 웹 애플리케이션으로, 웹 브라우저의 요청을 JSP 페이지가 받아서 처리하는 구조입니다. 즉 JSP 페이지에 비즈니스 로직을 처리하는 코드와 웹 브라우저에 결과를 출력하는 코드가 섞이는 것입니다.

모델 1에서는 JSP가 핵심 역할을 수행하며, 웹 브라우저가 요청한 작업을 자바빈즈나 서비스 클래스를 사용하여 처리합니다. JSP는 웹 브라우저의 요청을 수행하고 JSP에 응답을 전달하는 자바빈즈 객체를 생성한 후 클라이언트에 응답을 보냅니다. 모델 1은 모델 2와 달리 대부분의 처리가 JSP 자체에 의해 수행됩니다.

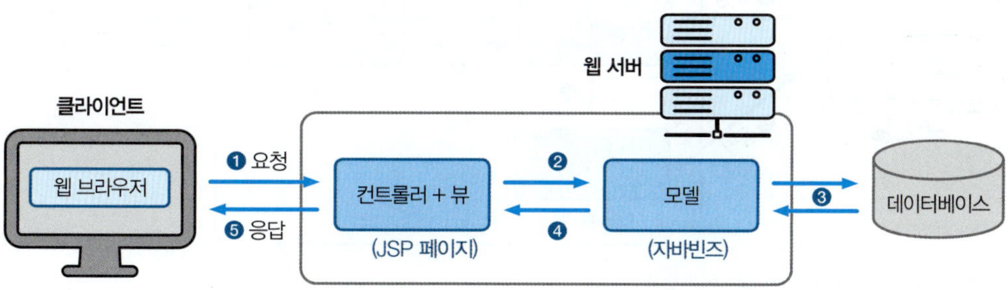

그림 18-2 모델 1의 구조와 요청 처리 흐름

표 18-1 모델 1의 장단점

장점	단점
• 구조가 단순하여 개발자의 수준이 낮아도 쉽게 익힐 수 있어 구현이 용이하다. • 개발 초기에 복잡한 설정이 필요 없어 빠른 개발이 가능하다. • 개발 속도가 빠르다.	• 출력을 위한 뷰 코드와 로직 처리를 위한 자바 코드(컨트롤러)가 섞여 있어 분업이 용이하지 않다. • 코드가 복합하여 유지 보수가 어렵다. • 자바 코드와 JSP, HTML이 섞이기 때문에 코드가 복잡하다.

2 모델 2

모델 2는 클라이언트의 요청 처리, 응답 처리, 비즈니스 로직 처리 부분을 모듈화한 구조입니다. 웹 브라우저의 요청이 들어오면 모든 처리를 JSP 페이지가 담당하는 모델 1과 달리, 요청에 대한 로직을 처리할 자바빈즈나 자바 클래스인 모델, 요청 결과를 출력하는 JSP 페이지인 뷰, 모든 흐름을 제어하는 서블릿인 컨트롤러로 나눠어 웹 브라우저가 요청한 작업을 처리합니다.

모델 2에서는 서블릿이 중요한 역할을 하며, 웹 브라우저가 요청한 모든 작업을 하나의 서블릿이 처리합니다. 서블릿은 웹 브라우저의 요청을 알맞게 처리한 후 그 결과를 보여줄 JSP 페이지로 포워딩하고, 이를 통해 요청 흐름을 받은 JSP 페이지는 결과 화면을 웹 브라우저에 전송합니다. 즉 서블릿이 비즈니스 로직 부분을 처리합니다.

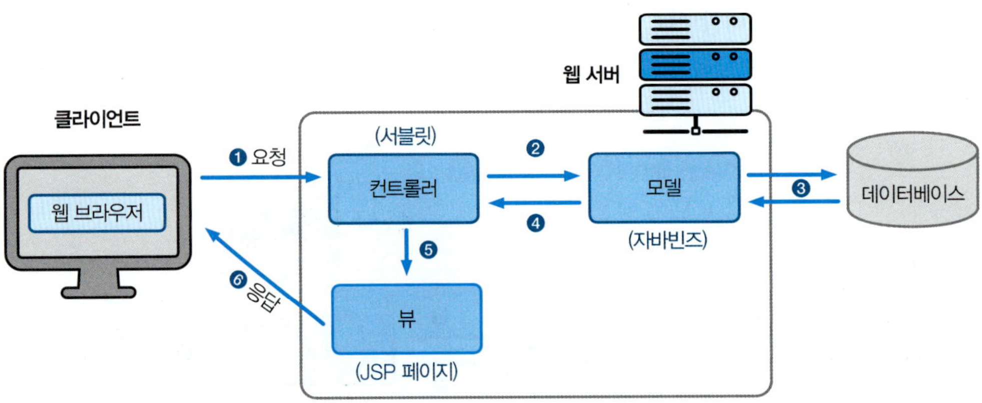

그림 18-3 모델 2의 구조와 요청 처리 흐름

❶ 웹 브라우저가 웹 서버에 웹 애플리케이션 실행을 요청하면 웹 서버는 요청을 처리할 수 있는 컨트롤러(서블릿)를 찾아서 요청을 전달합니다.

❷ 컨트롤러(서블릿)는 모델 자바 객체의 메소드를 호출합니다.

❸ 데이터를 가공하여 값 객체를 생성하거나 JDBC를 사용하여 데이터베이스와의 인터렉션을 통해 값 객체를 생성합니다.

❹ 업무 수행을 마친 결과 값을 컨트롤러에 반환합니다.

❺ 컨트롤러는 모델로부터 받은 결과 값을 뷰에 전달합니다.

❻ JSP는 전달받은 값을 참조해서 출력할 결과를 만들어 웹 서버에 전달하고, 웹 브라우저는 웹 서버로부터 결과 값을 받아 화면에 출력합니다.

표 18-2 모델 2의 장단점

장점	단점
• 출력을 위한 뷰 코드와 로직 처리를 위한 자바 코드를 분리하기 때문에 모델 1보다 코드가 간결하다. • 뷰와 로직 처리에 대한 분업이 용이하다. • 기능에 따라 분리되어 있기 때문에 유지 보수가 용이하다. • 확장이 용이하다.	• 구조가 복잡하여 습득하기 어렵고 작업량이 많다. • 개발 초기에 설정이 필요한 부분이 모델 1보다 많기 때문에 실질적인 작업을 시작하기까지 시간이 걸린다. • 코드가 분리됨으로써 관리해야 할 파일이 많아진다.

03 MVC 패턴 구현 방법

1 web.xml 파일에 서블릿 구성하기

웹 MVC에서는 클라이언트로부터 컨트롤러인 서블릿을 통해 요청을 받아야 합니다. 이를 위해 웹 애플리케이션(톰캣 기반)의 /WEB-INF/ 폴더에 있는 환경 설정 파일인 web.xml에 서블릿 클래스와 웹 브라우저의 요청 URL 패턴을 등록해야 합니다.

〈servlet〉 요소로 서블릿 클래스 등록하기

〈servlet〉은 웹 애플리케이션에서 사용될 기본 서블릿 객체와 매개변수를 설정하는 요소로, 형식은 다음과 같습니다.

```
<servlet>
    <servlet-name>서블릿 이름</servlet-name>
    <servlet-class>서블릿 클래스(패키지 이름.클래스)</servlet-class>
    [<init-param>
        <param-name>매개변수 이름</param-name>
        <param-value>매개변수 값</param-value>
    </init-param>]
</servlet>
```

다음은 〈servlet〉 요소에 서블릿 이름 myController와 패키지를 포함한 서블릿을 구현한 자바 클래스 이름 MyController를 설정하는 예입니다. 서블릿 이름은 자바 클래스 이름과 같지 않아도 됩니다.

[〈servlet〉 요소로 서블릿 클래스를 등록한 예]

```
<web-app>
<servlet>
    <servlet-name>myController</servlet-name>
    <servlet-class>ch18.com.controller.MyController</servlet-class>
```

```
</servlet>
</web-app>
```

<servlet-mapping> 요소로 요청 URL 패턴 설정하기

<servlet-mapping>은 웹 브라우저에서 요청되는 URL과 서블릿 클래스를 매핑하기 위해 URL 패턴을 설정하는 요소로, 형식은 다음과 같습니다.

```
<servlet-mapping>
    <servlet-name>서블릿 이름</servlet-name>
    <url-pattern>요청할 URL 패턴</url-pattern>
</servlet-mapping>
```

다음은 <servlet-mapping> 요소에 웹 브라우저의 모든 요청 URL과 서블릿 클래스를 매핑하도록 URL 패턴 '/'로 설정하는 예입니다. 만약 웹 브라우저의 요청 URL이 http://localhost:8080/JSPBook/home이라면 <url-pattern> 요소에서 설정한 URL 패턴 '/' 값은 루트 경로인 http://localhost:8080/JSPBook/의 모든 하위 경로에 해당되고 이를 서블릿 클래스가 처리합니다.

[<servlet-mapping> 요소로 요청 URL 패턴을 등록한 예]

```
<servlet-mapping>
    <servlet-name>myController</servlet-name>
    <url-pattern>/</url-pattern>
</servlet-mapping>
```

NOTE 웹 브라우저의 요청 URL과 서블릿 클래스를 매핑하는 <url-pattern> 설정 방법

- **웹 브라우저의 요청 URL 입력 시 확장자가 .jsp인 요청을 처리하는 경우**

```
<servlet-mapping>
    <servlet-name>myController</servlet-name>
    <url-pattern>*.jsp</url-pattern>
</servlet-mapping>
```

- 요청 URL의 예: http://localhost:8080/JSPBook/home.jsp

■ 웹 브라우저의 요청 URL 입력 시 확장자가 .do인 요청을 처리하는 경우

```
<servlet-mapping>
    <servlet-name>myController</servlet-name>
    <url-pattern>*.do</url-pattern>
</servlet-mapping>
```

• 요청 URL의 예: http://localhost:8080/JSPBook/home.do

2 컨트롤러 생성하기

컨트롤러는 뷰와 모델 간의 인터페이스 역할을 하여 웹 브라우저의 모든 요청 URL을 받아들이고 요청 URL과 함께 전달되는 요청 파라미터를 받아 처리하는 서블릿 클래스입니다. 컨트롤러는 요청된 데이터를 처리하기 위해 모델로 보내고 처리된 결과를 받아서 응답할 JSP 페이지로 이동합니다.

서블릿 클래스 생성하기

서블릿 클래스는 HttpServlet 클래스를 확장하여 생성하며 형식은 다음과 같습니다. 생성된 서블릿 클래스는 웹 브라우저에서 전송되는 GET 방식과 POST 방식에 따라 각각 doGet(), doPost() 메소드를 통해 요청 작업을 수행한 후 웹 브라우저에 응답합니다.

```
public class 서블릿 이름 extends HttpServlet {
    @Override
    public void doGet(HttpServletRequest request, HttpServletResponse
    response) throws ServletException, IOException {
      //Get 방식으로 전송되는 요청을 처리
    }
    @Override
    public void doPost(HttpServletRequest request, HttpServletResponse
    response) throws ServletException, IOException {
      //Post 방식으로 전송되는 요청을 처리
    }
}
```

만약 웹 브라우저로의 전송 방식이 GET 방식이든 POST 방식이든 상관없이 처리하려 한다

면 doGet()[또는 doPost()] 메소드에 doPost[또는 doGet()] 메소드를 포함하여 설정하거나 임의의 메소드를 만들어 doGet(), doPost() 메소드 내에 각각 설정해도 됩니다.

TIP GET 방식과 POST 방식의 차이에 관한 자세한 내용은 6장을 참고하세요.

페이지 이동하기

서블릿 클래스에서 웹 브라우저로부터 요청된 처리 결과를 보여줄 응답 페이지로 이동하는 형식은 다음과 같습니다. 이때 현재 뷰 페이지에서 이동할 뷰 페이지에 요청 정보를 그대로 전달하며, 뷰 페이지가 이동해도 처음에 요청된 URL을 계속 유지하기 위해 포워딩 방식을 사용합니다.

```
RequestDispacher dispatcher=request.getR equestDispacher("JSP 페이지");
dispacher.forword(request, response);
```

TIP 페이지 이동 방식에 관한 자세한 내용은 5장을 참고하세요.

[컨트롤러인 서블릿 클래스 MyController 생성 예]

```
public class MyController extends HttpServlet {
    protected void doGet(HttpServletRequest request,
                HttpServletResponse response)
                throws ServletException, IOException {
        request.setAttribute("message", "Hello! Jakarta Server Page.");
        RequestDispatcher rd=request.getRequestDispatcher("view.jsp");
        rd.forward(request, response);
    }
}
```

3 모델 생성하기

모델은 웹 애플리케이션의 비즈니스 로직을 포함하는 데이터로 웹 애플리케이션의 상태를 나타냅니다. 모델은 데이터베이스에서 데이터를 가져오거나, 웹 애플리케이션에 필요한 서비스를 수행하는 간단한 자바 클래스로 자바빈즈를 의미합니다. 자바빈즈는 데이터를 담을 멤버 변수인 프로퍼티와 데이터를 가져오거나 저장하는 Getter/Setter() 메소드로 구성됩니다.

TIP 자바빈즈와 작성 방법에 관한 자세한 내용은 4장을 참고하세요.

4 뷰 생성하기

뷰는 웹 브라우저의 요청을 처리한 결과를 사용자에게 보여주는 JSP 페이지를 의미합니다. 뷰는 JSP가 제공하는 태그를 사용하여 컨트롤러가 전송한 모델 데이터를 웹 브라우저에 출력합니다. 다음은 앞의 예에서 작성한 컨트롤러 MyController 클래스로부터 뷰 페이지에 전달된 message 속성 값을 출력하는 예입니다.

[뷰인 view.jsp 페이지 생성 예]

view.jsp

```
<%@ page contentType="text/html; charset=utf-8" %>
<%
    String msg=(String)request.getAttribute("message");
    out.println(msg);
%>
```

Hello! Jakarta Server Page.

예제 18-1 MVC를 적용한 로그인 인증하기

1 프로젝트 생성하기: 1장에서 생성한 JSPBook 프로젝트를 사용합니다.

2 web.xml 파일에 서블릿 구성하기: web.xml 파일에 다음과 같이 추가 작성합니다.

JSPBook/src/main/webapp/WEB-INF/web.xml

```
<web-app>
    …(생략)…
    <servlet>
        <servlet-name>myController</servlet-name>
        <servlet-class>ch18.com.controller.ControllerServlet</servlet-class>
    </servlet>

    <servlet-mapping>
        <servlet-name>myController</servlet-name>
        <url-pattern>/ch18/ControllerServlet</url-pattern>
    </servlet-mapping>
</web-app>
```

3 모델 생성하기: /src/main/java/ 폴더에 ch18.com.model 패키지를 만든 후 이 패키지에 LoginBean.java 파일을 생성하고 다음과 같이 작성합니다.

JSPBook/src/main/java/ch18/com/model/LoginBean.java

```java
package ch18.com.model;

public class LoginBean {
    private String id;
    private String password;

    public String getId() {
        return id;
    }

    public void setId(String id) {
        this.id=id;
    }

    public String getPassword() {
        return password;
    }

    public void setPassword(String password) {
        this.password=password;
    }

    public boolean validate() {
        if (password.equals("admin"))
            return true;
        else
            return false;
    }
}
```

4 컨트롤러 생성하기: /src/main/java/ 폴더에 ch18.com.controller 패키지를 만든 후 이 패키지에 ControllerServlet.java 파일을 생성하고 다음과 같이 작성합니다.

JSPBook/src/main/java/ch18/com/controller/ControllerServlet.java

```java
package ch18.com.controller;

import java.io.IOException;
import javax.servlet.RequestDispatcher;
import javax.servlet.ServletException;
import javax.servlet.http.HttpServlet;
import javax.servlet.http.HttpServletRequest;
import javax.servlet.http.HttpServletResponse;

import ch18.com.model.LoginBean;

public class ControllerServlet extends HttpServlet {

    private static final long serialVersionUID=1L;

    protected void doPost(HttpServletRequest request, HttpServletResponse response) throws ServletException, IOException {
        response.setContentType("text/html; charset=utf-8");

        String id=request.getParameter("id");
        String password=request.getParameter("passwd");

        LoginBean bean=new LoginBean();
        bean.setId(id);
        bean.setPassword(password);
        request.setAttribute("bean", bean);

        boolean status=bean.validate();

        if (status) {
            RequestDispatcher rd=request.getRequestDispatcher("mvc_success.jsp");
            rd.forward(request, response);
        } else {
            RequestDispatcher rd=request.getRequestDispatcher("mvc_error.jsp");
```

```
                rd.forward(request, response);
            }
        }

        @Override
        protected void doGet(HttpServletRequest req, HttpServletResponse 
        resp)throws ServletException, IOException {
            doPost(req, resp);
        }
}
```

5 뷰 생성하기: JSPBook/src/main/webapp/ 폴더에 ch18 폴더를 만든 후 mvc.jsp, mvc_success.jsp, mvc_error.jsp 파일을 생성하고 다음과 같이 작성합니다.

JSPBook/src/main/java/main/webapp/ch18/mvc.jsp

```
<%@ page contentType="text/html; charset=utf-8" %>
<html>
<head>
<title>MVC</title>
</head>
<body>
    <form method="post" action="ControllerServlet">
        <p> 아이디 : <input type="text" name="id">
        <p> 비밀번호 : <input type="password" name="passwd">
        <p> <input type="submit" value="보내기">
    </form>
</body>
</html>
```

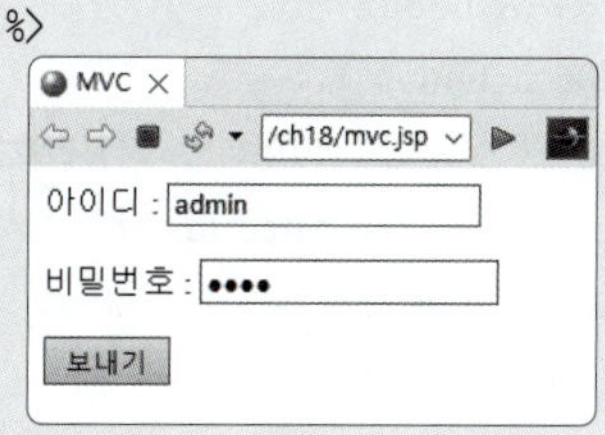

JSPBook/src/main/webapp/ch18/mvc_success.jsp

```
<%@ page contentType="text/html; charset=utf-8" %>
<%@ page import="ch18.com.model.LoginBean" %>
<html>
<head>
<title>MVC</title>
```

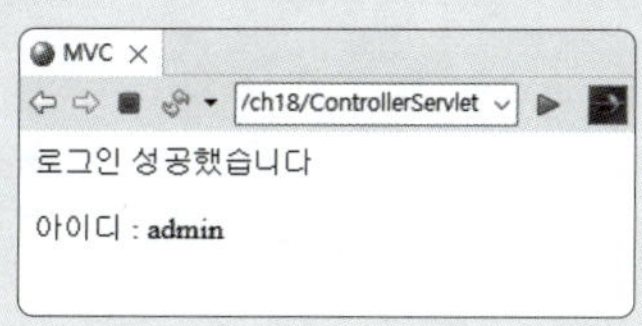

```
</head>
<body>
    <p> 로그인 성공했습니다
    <p> <%
            LoginBean bean = (LoginBean) request.getAttribute("bean");
            out.print("아이디 : " + bean.getId());
         %>
</body>
</html>
```

JSPBook/src/main/webapp/ch18/mvc_error.jsp

```
%@ page contentType = "text/html; charset = utf-8" %>
<html>
<head>
<title>MVC</title>
</head>
<body>
    <p> 아이디와 비밀번호를 확인해주세요
    <%@ include file = "mvc.jsp" %>
</body>
</html>
```

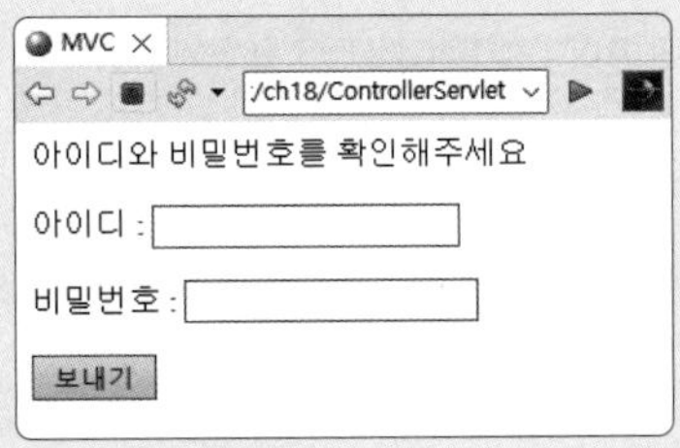

04 북마켓 게시판 만들기

MVC 모델을 적용하여 게시판의 글 목록 보기, 글 등록하기, 게시글 내용 보기, 게시글 수정하기, 게시글 삭제하기 등을 만듭니다.

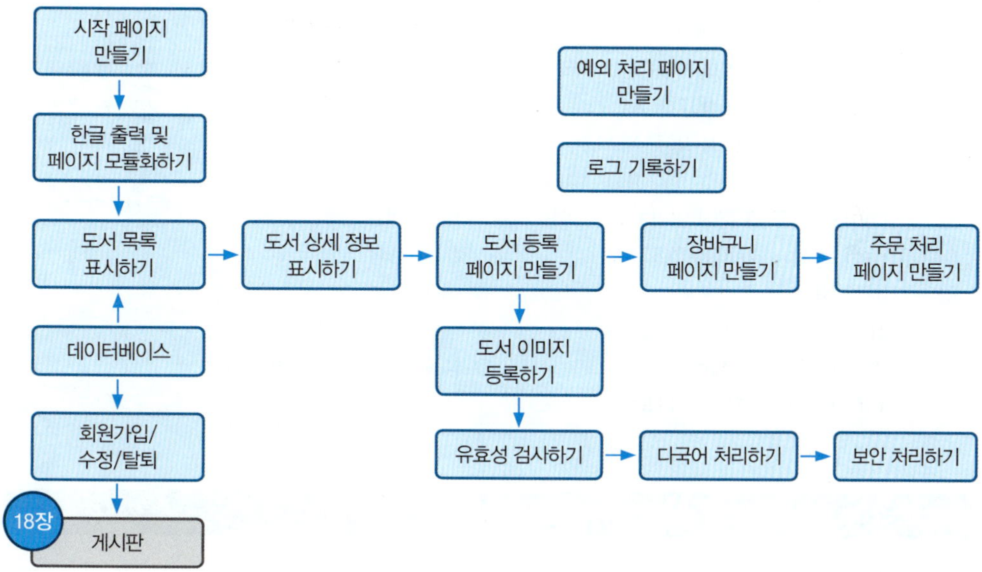

그림 18-4 게시판 만들기

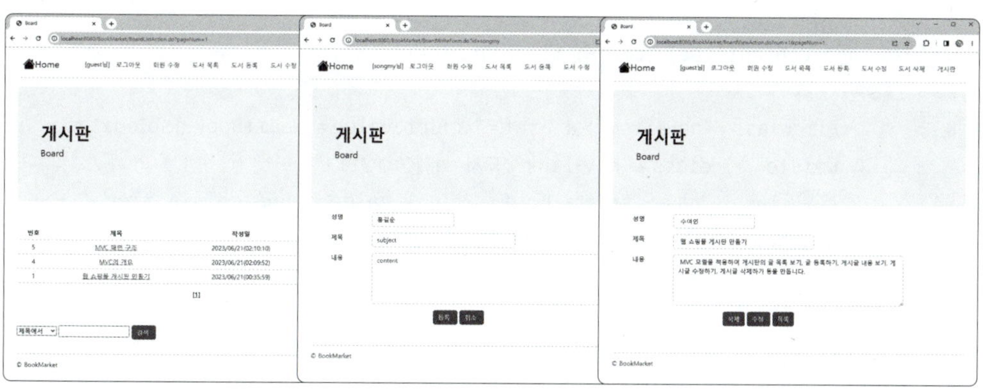

그림 18-5 완성된 북마켓의 게시판

예제 18-2 북마켓의 데이터베이스에 게시판 관리 테이블 만들기

1 데이터베이스 커넥션 설정하기: 커넥션 이름은 Market_Conn, 데이터베이스 이름은 BookMarketDB를 사용하여 Data Source Explorer에서 실행합니다.

2 회원 관리 테이블 생성하기: /BookMarket/src/main/webapp/resources/ 폴더에 sql 폴더를 만든 후 이 폴더에 board.sql 파일을 생성하고 다음과 같이 작성합니다.

BookMarket/src/main/webapp/resources/sql/board.sql

```
CREATE TABLE board (
   num INT NOT NULL AUTO_INCREMENT, //게시글 순번
   id VARCHAR(10) NOT NULL,         //회원 아이디
   name VARCHAR(10) NOT NULL,       //회원 이름
   subject VARCHAR(100) NOT NULL,   //게시글 제목
   content TEXT NOT NULL,           //게시글 내용
   regist_day VARCHAR(30),          //게시글 등록 일자
   hit INT,                         //게시글 조회 수
   ip VARCHAR(20),                  //게시글 등록 시 IP
   PRIMARY KEY (num)                //게시글 순번을 고유 키로 설정
) default CHARSET=utf8;
```

Status | Result1

	Field	Type	Null	Key	Default	Extra
1	num	int	NO	PRI	NULL	auto_increment
2	id	varchar(10)	NO		NULL	
3	name	varchar(10)	NO		NULL	
4	subject	varchar(100)	NO		NULL	
5	content	text	NO		NULL	
6	regist_day	varchar(30)	YES		NULL	
7	hit	int	YES		NULL	
8	ip	varchar(20)	YES		NULL	

예제 18-3 MVC 기반 웹 게시판의 기본 페이지 준비하기

1 메뉴 페이지 수정하기: menu.jsp 파일에 다음과 같이 추가 작성합니다.

BookMarket/src/main/webapp/menu.jsp

```
<%@ page contentType="text/html; charset=utf-8" %>
…(생략)…
         <li class="nav-item"><a href="<c:url value="/editBook.jsp?edit=
         delete"/>" class="nav-link">도서 삭제</a></li>
         <li class="nav-item"><a href="<c:url value="/BoardListAction.do?
         pageNum=1"/>" class="nav-link">게시판</a></li>
      </ul>
      </div>
    </div>
</header>
```

2 web.xml 파일에 추가 작성하기: web.xml 파일에 다음과 같이 추가 작성합니다.

BookMarket/src/main/webapp/WEB-INF/web.xml

```
<?xml version="1.0" encoding="UTF-8"?>
<web-app...>
  ···(생략)···
  <servlet>
    <servlet-name>BoardController</servlet-name>
    <servlet-class>mvc.controller.BoardController</servlet-class>
  </servlet>

  <servlet-mapping>
     <servlet-name>BoardController</servlet-name>
     <url-pattern>*.do</url-pattern>
  </servlet-mapping>
</web-app>
```

3 데이터베이스 연결 클래스 생성하기: /src/main/java/ 폴더에 mvc.database 패키지를 만든 후 이 패키지에 DBConnection 클래스를 생성하고 다음과 같이 작성합니다.

BookMarket/src/main/java/mvc/database/DBConnection.java

```
package mvc.database;

import java.sql.Connection;
import java.sql.SQLException;
import java.sql.DriverManager;

public class DBConnection {

  public static Connection getConnection() throws SQLException,
  ClassNotFoundException {

    Connection conn=null;

    String url="jdbc:mysql://localhost:3306/BookMarketDB";
    String user="root";
```

```
        String password="1234";

        Class.forName("com.mysql.jdbc.Driver");
        conn=DriverManager.getConnection(url, user, password);

        return conn;
    }
}
```

4 게시판 데이터 클래스 생성하기: /src/main/java/ 폴더에 mvc.model 패키지를 만든 후 이 패키지에 BoardDTO 클래스를 생성하고 기본 생성자와 선언된 필드에 대한 Setter/Getter( ) 메소드를 작성합니다. BoardDTO.java 파일의 내용은 이 책의 예제 소스 파일을 참고하세요.

BookMarket/src/main/java/mvc/model/BoardDTO.java

```
package mvc.model;

public class BoardDTO {
  private int num;              //순번
  private String id;            //등록자 아이디
  private String name;          //등록자 이름
  private String subject;       //등록 제목
  private String content;       //등록 내용
  private String regist_day;    //등록 일자
  private int hit;              //조회 수
  private String ip;            //IP 주소

  public BoardDTO() {           //기본 생성자
    super();
  }
  //Getter() 메소드와 Setter() 메소드
  public int getNum() {
    return num;
  }
  …(생략)…
  public void setIp(String ip) {
```

```
    this.ip=ip;
  }
}
```

예제 18-4 웹 게시판에 등록된 글 목록 보기

1 컨트롤러 작성하기: /src/main/java/ 폴더에 mvc.controller 패키지를 만든 후 이 패키지에 BoardController 클래스를 생성하고 다음과 같이 작성합니다. BoardController.java 파일의 내용은 이 책의 예제 소스 파일을 참고하세요.

BookMarket/src/main/java/mvc/controller/BoardController.java

```
package mvc.controller;

import java.io.IOException;
import java.util.ArrayList;
import java.util.List;

import jakarta.servlet.RequestDispatcher;
import jakarta.servlet.ServletException;
import jakarta.servlet.http.HttpServlet;
import jakarta.servlet.http.HttpServletRequest;
import jakarta.servlet.http.HttpServletResponse;

import mvc.model.BoardDAO;
import mvc.model.BoardDTO;

public class BoardController extends HttpServlet {
  private static final long serialVersionUID=1L;
  static final int LISTCOUNT=5;

  public void doGet(HttpServletRequest request, HttpServletResponse
  response) throws ServletException, IOException {
    doPost(request, response);
  }

```

```
public void doPost(HttpServletRequest request, HttpServletResponse
response) throws ServletException, IOException {
  String RequestURI = request.getRequestURI();
  String contextPath = request.getContextPath();
  String command = RequestURI.substring(contextPath.length());

  response.setContentType("text/html; charset=utf-8");
  request.setCharacterEncoding("utf-8");

  if (command.equals("/BoardListAction.do")) { //등록된 글 목록 페이지 출력하기
    requestBoardList(request);
    RequestDispatcher rd = request.getRequestDispatcher("./board/list.
    jsp");
    rd.forward(request, response);
  }
}

//등록된 글 목록 가져오기
public void requestBoardList(HttpServletRequest request) {
  …(생략)…
}
}
```

2 모델 작성하기: /src/main/java/ 폴더의 mvc.model 패키지에 BoardDAO 클래스를 생성하고 다음과 같이 작성합니다. BoardDAO.java 파일의 내용은 이 책의 예제 소스 파일을 참고하세요.

BookMarket/src/mvc/model/BoardDAO.java

```
package mvc.model;

import java.sql.Connection;
import java.sql.PreparedStatement;
import java.sql.ResultSet;
import java.util.ArrayList;

import mvc.database.DBConnection;

```

```
public class BoardDAO {

  private static BoardDAO instance;

  private BoardDAO() {
  }

  public static BoardDAO getInstance() {
    if (instance==null)
      instance=new BoardDAO();
      return instance;
  }
  //board 테이블의 레코드 개수
  public int getListCount() {
    …(생략)…
  }
  //board 테이블의 레코드 가져오기
  public ArrayList<BoardDTO> getBoardList(int page, int limit, String items, String text) {
    …(생략)…
  }
}
```

3 뷰 작성하기: /src/main/webapp/ 폴더에 board 폴더를 만든 후 이 폴더에 list.jsp 파일을 생성합니다. list.jsp 파일의 내용은 이 책의 예제 소스 파일을 참고하세요.

예제 18-5 웹 게시판에 글 등록하기

1 컨트롤러 작성하기: BoardController.java 파일에 다음과 같이 추가 작성합니다. BoardController.java 파일의 추가 내용은 이 책의 예제 소스 파일을 참고하세요.

BookMarket/src/main/java/mvc/controller/BoardController.java

```
package mvc.controller;
…(생략)…

```

```
public class BoardController extends HttpServlet {
  …(생략)…
  public void doPost(HttpServletRequest request, HttpServletResponse response) throws ServletException, IOException {
    …(생략)…
    if (command.equals("/BoardListAction.do")) {
      requestBoardList(request);
      RequestDispatcher rd=request.getRequestDispatcher("./board/list.jsp");
      rd.forward(request, response);
    } else if (command.equals("/BoardWriteForm.do")) { //글 등록 페이지 출력
        requestLoginName(request);
        RequestDispatcher rd=request.getRequestDispatcher("./board/writeForm.jsp");
        rd.forward(request, response);
    } else if (command.equals("/BoardWriteAction.do")) { //새로운 글 등록
        requestBoardWrite(request);
        RequestDispatcher rd=request.getRequestDispatcher("/BoardListAction.do");
        rd.forward(request, response);
    }
  }
  …(생략)…
  public void requestLoginName(HttpServletRequest request) {
    //인증된 사용자명 가져오기
    …(생략)…
  }

  //새로운 글 등록하기
  public void requestBoardWrite(HttpServletRequest request) {
    …(생략)…
  }
}
```

2 모델 작성하기: BoardDAO.java 파일에 다음과 같이 추가 작성합니다. BoardDAO.java 파일의 추가 내용은 이 책의 예제 소스 파일을 참고하세요.

BookMarket/src/main/java/mvc/model/BoardDAO.java

```
package mvc.model;
...
public class BoardDAO {
  …(생략)…
  //member 테이블에서 인증된 id의 사용자명 가져오기
  public String getLoginNameById(String id) {
    …(생략)…
  }
  //board 테이블에 새로운 글 삽입하기
  public void insertBoard(BoardDTO board) {
    …(생략)…
  }
}
```

3 뷰 작성하기: /src/main/webapp/board/ 폴더에 writeForm.jsp 파일을 생성합니다. writeForm.jsp 파일의 내용은 이 책의 예제 소스 파일을 참고하세요.

예제 18-6 웹 게시판에 등록된 글 확인하기

1 컨트롤러 작성하기: BoardController.java 파일에 다음과 같이 추가 작성합니다. BoardController.java 파일의 추가 내용은 이 책의 예제 소스 파일을 참고하세요.

BookMarket/src/main/java/mvc/controller/BoardController.java

```
package mvc.controller;
  …(생략)…
  public class BoardController extends HttpServlet {
    …(생략)…
    public void doPost(HttpServletRequest request, HttpServletResponse
    response) throws ServletException, IOException {
      …(생략)…
    } else if (command.equals("/BoardWriteAction.do")) {
      requestBoardWrite(request);
      RequestDispatcher rd=request.getRequestDispatcher("/
      BoardListAction.do");
```

```
        rd.forward(request, response);
          //선택된 글 상자 페이지 가져오기
      } else if (command.equals("/BoardViewAction.do")) {
          requestBoardView(request);
          RequestDispatcher rd=request.getRequestDispatcher("/BoardView.do");
          d.forward(request, response);
      } else if (command.equals("/BoardView.do")) { //글 상세 페이지 출력하기
          RequestDispatcher rd=request.getRequestDispatcher("./board/view.jsp");
          rd.forward(request, response);
      }
  }
  …(생략)…
  //선택된 글 상세 페이지 가져오기
  public void requestBoardView(HttpServletRequest request) {
      …(생략)…
  }
}
```

2 모델 작성하기: BoardDAO.java 파일에 다음과 같이 추가 작성합니다. BoardDAO.java 파일의 추가 내용은 이 책의 예제 소스 파일을 참고하세요.

BookMarket/src/main/java/mvc/model/BoardDAO.java

```
package mvc.model;
…(생략)…
public class BoardDAO {
    …(생략)…
    //선택된 글의 조회수 증가시키기
    public void updateHit(int num) {
        …(생략)…
    }
    //선택된 글 상세 내용 가져오기
    public BoardDTO getBoardByNum(int num, int page) {
        …(생략)…
    }
}
```

3 뷰 작성하기: /src/main/webapp/board/ 폴더에 view.jsp 파일을 생성합니다. view.jsp 파일의 내용은 이 책의 예제 소스 파일을 참고하세요.

예제 18-7 웹 게시판에 등록된 글 수정하기

1 컨트롤러 작성하기: BoardController.java 파일에 다음과 같이 추가 작성합니다. BoardController.java 파일의 추가 내용은 이 책의 예제 소스 파일을 참고하세요.

BookMarket/src/main/java/mvc/controller/board/BoardController.java

```
package mvc.controller;
…(생략)…
public class BoardController extends HttpServlet {
  …(생략)…
  public void doPost(HttpServletRequest request, HttpServletResponse response) throws ServletException, IOException {
    …(생략)…
    } else if (command.equals("/BoardView.do")) {
      RequestDispatcher rd=request.getRequestDispatcher("./board/view.jsp");
      rd.forward(request, response);
    } else if (command.equals("/BoardUpdateAction.do")) { //선택된 글 수정하기
      requestBoardUpdate(request);
      RequestDispatcher rd=request.getRequestDispatcher("/BoardListAction.do");
      rd.forward(request, response);
    }
  }
  …(생략)…
  //선택된 글 내용 수정하기
  public void requestBoardUpdate(HttpServletRequest request) {
    …(생략)…
  }
}
```

2 모델 작성하기: BoardDAO.java 파일에 다음과 같이 추가 작성합니다. BoardDAO.java 파일의 추가 내용은 이 책의 예제 소스 파일을 참고하세요.

BookMarket/src/main/java/mvc/model/BoardDAO.java

```java
package mvc.model;
…(생략)…
public class BoardDAO {
   …(생략)…
   //선택된 글 내용 수정하기
   public void updateBoard(BoardDTO board) {
      …(생략)…
   }
}
```

예제 18-8 웹 게시판에 등록된 글 삭제하기

1 컨트롤러 작성하기: BoardController.java 파일에 다음과 같이 추가 작성합니다. BoardController.java 파일의 추가 내용은 이 책의 예제 소스 파일을 참고하세요.

BookMarket/src/main/java/mvc/controller/BoardController.java

```java
package mvc.controller;
…(생략)…
public class BoardController extends HttpServlet {
   …(생략)…
   public void doPost(HttpServletRequest request, HttpServletResponse
   response) throws ServletException, IOException {
      …(생략)…
   } else if (command.equals("/BoardUpdateAction.do")) {
      requestBoardUpdate(request);
      RequestDispatcher rd=request.getRequestDispatcher("/
      BoardListAction.do");
      rd.forward(request, response);
   } else if (command.equals("/BoardDeleteAction.do")) { //선택된 글 삭제하기
      requestBoardDelete(request);
      RequestDispatcher rd=request.getRequestDispatcher("/
      BoardListAction.do");
      rd.forward(request, response);
   }
   }
```

```
    …(생략)…
    public void requestBoardDelete(HttpServletRequest request) { //선택된 글 삭제하기
        …(생략)…
    }
}
```

2 모델 작성하기: BoardDAO.java 파일에 다음과 같이 추가 작성합니다. BoardDAO.java 파일의 추가 내용은 이 책의 예제 소스 파일을 참고하세요.

BookMarket/src/main/java/mvc/model/BoardDAO.java

```
package mvc.model;
…(생략)…
public class BoardDAO {
    …(생략)…
    //선택된 글 삭제하기
    public void deleteBoard(int num) {
        …(생략)…
    }
}
```

요약

01 (　　　　　　)는 Model, View, Controller의 약자로, 웹 애플리케이션을 비즈니스 로직, 프레젠테이션 로직, 데이터로 분리하는 디자인 패턴입니다.

02 MVC의 (　　　　　　)은 애플리케이션의 데이터와 비즈니스 로직을 담는 객체입니다. (　　　　　　)는 사용자에게 모델의 정보(데이터)를 보여주는 역할을 합니다. (　　　　　　)는 모델과 뷰 사이에 어떤 동작이 있을 때 조정하는 역할을 합니다.

03 MVC 패턴 구조의 (　　　　　　)은 기존의 JSP로만 구현한 웹 애플리케이션으로, 웹 브라우저의 요청을 JSP 페이지가 받아서 처리하는 구조를 의미합니다.

04 MVC 패턴 구조의 (　　　　　　)는 클라이언트의 요청 처리, 응답 처리, 비즈니스 로직 처리 부분을 모듈화한 구조입니다.

05 MVC 패턴을 구현하는 방법은 다음과 같습니다.

❶ (　　　　　　) 파일에 서블릿 구성하기
❷ 컨트롤러 생성하기
❸ 모델 생성하기
❹ 뷰 생성하기

정답

01 MVC　02 모델(Model), 뷰(View), 컨트롤러(Controller)　03 모델 1　04 모델 2　05 web.xml

연습문제

01 MVC 패턴 구조의 구성 요소에 해당하지 않는 것은 무엇인가?

① 모델(Model)

② 컨트롤러(Controller)

③ 뷰(View)

④ 서블릿(Servlet)

02 MVC 모델2의 구조와 요청 처리 흐름을 그림으로 표현하고 설명하시오.

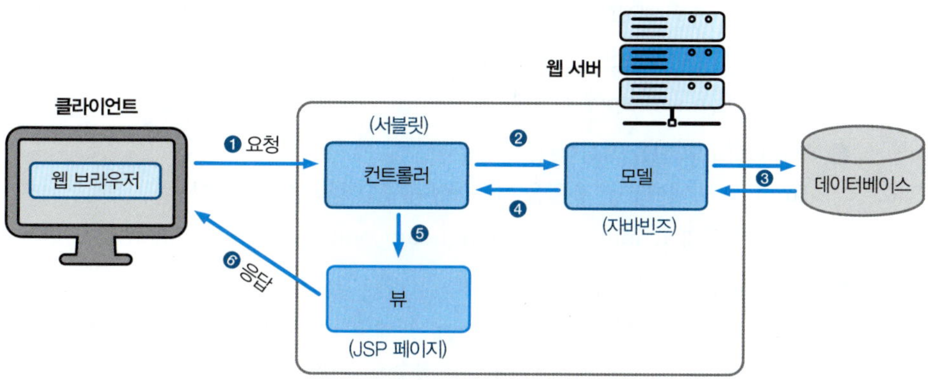

03 MVC 패턴을 구현하는 기법을 설명하시오.

04 MVC2 패턴 구조를 이용하여 다음 조건에 맞게 JSP 애플리케이션을 만들고 실행하여 결과를 확인하시오.

> **조건**
>
> ❶ web.xml 파일에 서블릿을 구성한다.
> - 〈servlet〉 요소로 서블릿 이름과 패키지를 포함한 클래스를 등록한다.
> - 〈servlet-mapping〉 요소로 요청 URL 패턴을 설정한다.
>
> ❷ 모델 GugudanModel을 생성한다.
> - 임의의 숫자에 대한 1부터 9까지 계산하여 이를 반환하는 메소드를 작성한다.
>
> ❸ 컨트롤러 GugudanController를 생성한다.
> - request 내장 객체의 getParameter( ) 메소드를 이용하여 전송된 요청 파라미터 값을 전달받아 GugudanModel 모델의 구구단을 계산하는 메소드를 호출하고 결과를 뷰인 result.jsp에 전달한다.
>
> ❹ 뷰 mvc.jsp 파일을 생성한다.
> - input 태그 내에 text 유형을 이용하여 구구단 항목을 작성한다.
> - form 태그의 action 속성 값은 GugudanController로 작성한다.
>
> ❺ 뷰 result.jsp 파일을 생성한다.
> - request 내장 객체의 getParameter( ) 메소드를 이용하여 전송된 요청 파라미터 값을 전달받아 core 태그를 이용하여 점수에 해당하는 학점을 출력하도록 작성한다.
>
> ❻ 웹 브라우저에 'http://localhost:8080/Exercise/ch18/mvc.jsp'를 입력하여 실행 결과를 확인한다.

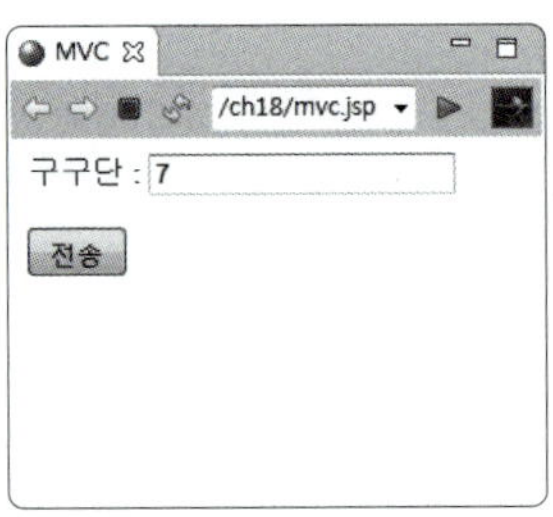

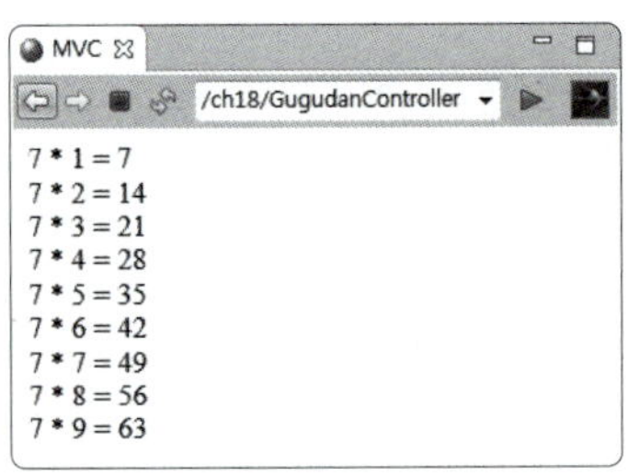

찾아보기